KŒLNER STADTBUCH

JUGEND KRIMINALITÄT

Gegen die Kriminalisierung
von Jugendlichen

Klaus Jünschke, Uğur Tekin (Hg.)

Ein Buch des KÖLNER APPELL GEGEN RASSISMUS E.V.
Edition DER ANDERE BUCHLADEN

KŒLNER STADTBUCH

JUGENDKRIMINALITÄT

Gegen die Kriminalisierung
von Jugendlichen

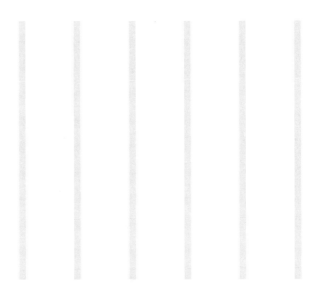

Klaus Jünschke, Uğur Tekin (Hg.)

Ein Buch des **KÖLNER APPELL GEGEN RASSISMUS E.V.**
Edition **DER ANDERE BUCHLADEN**

Das Foto auf der Titelseite wurde von
der Filmemacherin Barbara Metzlaff vom Video »The Wanderers«,
einem Jugendbandenfilm, abfotographiert.

Fotos innerhalb der JVA Köln: Stefan Worring, Kölner Stadt-Anzeiger
Alle anderen Fotos: Klaus Jünschke und Uğur Tekin
Layout: Andy Goral, Elke Schwirtheim
Druck: Farbo Druck

© 1997 Kölner Apell e.V.
1. Auflage

ISBN - NUMMER   3-929041-12-X
Edition DER ANDERE BUCHLADEN
Zülpicher Strasse 197
50937 Köln

Bestellungen an:
Kölner Appell e.V.
Körner-Strasse 77-79
50823 Köln
Telefon: 0221 - 95 21 1 99
Fax: 0221 - 95 21 1 97

Das Projekt Haftvermeidung des Kölner Appell
wurde von der Europäischen Kommission gefördert.

FÜR

Achim, Hans, Peter,
Adnan, Harald, Pierre,
Ahmet, Horst, Ramazan,
Alex, Hüseyin, René,
Alexander, Igor, Reza,
Ali, Ilhan, Robert,
Allesandro, Ingo, Rolf,
Andreas, Jan, Romano,
Antonio, Kadir, Rudolf,
Arnd, Kais, Ruslan,
Bernhard, Kaspar, Sadi,
Christoph, Kemal, Sali,
Cihan, Lars, Samet,
David, Levent, Samir,
Devid, Marc, Sascha,
Denis, Marcel, Savaş,
Dieter, Marcus, Soner,
Dirk, Mario, Stefan,
Dinçer, Martin, Tarak,
Domenico, Mathias, Thomas,
Elmar, Mehmet, Thorsten,
Emre, Mesut, Timo,
Engin, Michael, Tony,
Ephraim, Mohamed, Ünal,
Erhan, Muharrem, Valerius,
Ersan, Murat, Valentin,
Eşref, Musa, Veli,
Fabrizio, Mustafa, Wais,
Ferhat, Namık, Wasili,
Frank, Noridin, Werner,
Günay, Ömür, Yücel,
Guido, Özlem, Zoran
Hacı, Özgür, und all die anderen,
Halil, Ozan, die wir im Klingelpütz
Hamdi, Paul, kennengelernt haben

INHALT:

EINLEITUNG	11
VORWORT	15
A: KINDER UND JUGENDLICHE HABEN RECHTE	19
UN-Kinderkonvention	19
Jugendschutz	25
Amt für Kinderinteressen	35
Jugendamt	39
B: DIE DOPPELBESTRAFUNG AUSLÄNDISCHER JUGENDLICHER	41
HANS HEINZ HELDMANN: *Ausländerrecht und Jugendstrafe*	41
WOLFGANG REIF: *Zur Situation nicht-deutscher Inhaftierter in den Justizvollzugsanstalten*	47
STEPHAN SCHLEHBUSCH: *Ausweisung von zu Jugendstrafe verurteilten ausländischen Inhaftierten*	55
EBERHARD BORNEMANN: *Dokumentation von Ausweisungen Jugendlicher*	65
C: DER WEG INS GEFÄNGNIS	77
Wie entstand Kriminalität? Was ist Kriminalität?	77
Die Strafbarkeit von Jugendlichen und Heranwachsenden	79
Medien und Kriminalität	80
OPFER UND GESCHÄDIGTE	83
Opfergruppen	91
Allgemeine Opferhilfs-Organisationen	119
Täter-Opfer-Ausgleich	122
POLIZEI	131
RECHTSANWÄLTINNEN	161

DOLMETSCHERINNEN	167
JUGENDGERICHTSHILFE UND DIVERSION	173
JUGENDGERICHT	185
JUGENDARREST	207
UNTERSUCHUNGSHAFT UND STRAFVOLLZUG IN KÖLN	213
Die Geschichte	213
Das Gebäude	221
Die Zelle	227
Das Personal	234
Die Gefangenen	257
Die freiwillige und die professionelle Hilfe von draußen	317
Datenschutz?	329
BEWÄHRUNGSHILFE UND FÜHRUNGSAUFSICHT	333
ABSCHIEBEHAFT UND ABSCHIEBUNG	337
STRAFFÄLLIGENHILFE	347

D: ALTERNATIVEN 375

Weitere Informationen	375
Ein Beispiel aus dem Stadtteil	377
Entkriminalisierungen und Entpoenalisierungen	381
WOLFGANG ZASCHKE:	385

Offene Jugendarbeit als Alternative zu Ausgrenzung und Kriminalisierung?
Die Verantwortung der kommunalen Jugendpolitik am Bespiel der Stadt Köln

Literaturliste	419
Register	422

Einleitung

Seit 1993 gibt es vom Kölner Appell e.V. eine Gesprächsgruppe gegen Rassismus in der Jugendabteilung der Justizvollzugsanstalt Köln-Ossendorf. Im Kapitel »Untersuchungshaft und Strafvollzug in Köln« berichten wir darüber. Dadurch wurden wir auf die Tatsache aufmerksam, daß drei von vier männlichen Jugendlichen und Heranwachsenden in der Untersuchungshaft keinen deutschen Paß besitzen. Da die ausländischen Jugendlichen in der Bevölkerung aber nur 30 % der Jugendlichen stellen, sind sie deutlich überrepräsentiert. Woher das kommt, liegt auf der Hand: sie sind nicht schlechter als die deutschen Jugendlichen, sondern wesentlich schlechter dran.

In der deutschen Öffentlichkeit spielt der Begriff bzw. das Unwort »Ausländerkriminalität« eine wachsende Rolle. Man kann sagen, daß das soziale Phänomen Kriminalität zunehmend ethnisiert wird - Kriminalität wird zur »Ausländereigenschaft«. MigrantInnnen und Flüchtlinge werden zu Sündenböcken gesamtgesellschaftlicher Probleme gemacht, sie werden von PolitikerInnen JournalistInnen und VertreterInnen der Kontrollorgane als Bedrohung präsentiert und in der Bevölkerunng entsprechend wahrgenommen. Ein Großteil der eskalierenden Kriminalitätsfurcht speist sich aber aus der Angst vor Rentenkürzungen, Verlust von Arbeits- und Ausbildungsplatz, der Sorge um die Gesundheit angesichts wachsender Umweltprobleme Für diese Bedrohungen sind weder Jugendliche im allgemeinen noch die nichtdeutschen Jugendlichen im besonderen verantwortlich.

Um auf beides zu reagieren - die hohe Zahl der jugendlichen Untersuchungsgefangenen ohne deutschen Paß und die zunehmende Ethnisierung von Kriminalität in der Öffentlichkeit - haben wir 1995 beschlossen ein Projekt »Haftvermeidung« zu initiieren. Aufgrund unserer bisherigen Arbeit in der Justizvollzugsanstalt Köln-Ossendorf war uns klar, daß dieses Projekt realistischerweise über mehrere Jahre hin angelegt sein muß, wenn damit tatsächlich etwas bewirkt werden soll. Und daß wir das nicht im Alleingang schaffen, ist keine Frage. Über »United for Intercultural Action«, dem europäischen Netzwerk gegen Nationalismus, Rassismus, Faschismus und zur Unterstützung von Migranten und Flüchtlingen, konnten wir unser Vorhaben europaweit ankündigen. Das Echo war gering. Es hat sich nur eine Gruppe aus Barcelona gemeldet, die Flüchtlingsarbeit macht und nähere Informationen über uns haben wollte. Unser Eindruck ist, daß es in Europa z.Zt. keine antirassistische Initiative gibt, die sich dem Thema der Überrepräsentation der MigrantInnen in den Gefängnissen stellt.

Parallel dazu machten wir uns mit allen Initiativen, Verbänden und sonstigen Stellen vertraut, die hier in Köln in der Straffälligenhilfe arbeiten. Dabei stellten wir fest, daß auch hier wie bei der Polizei, bei Gericht und im Strafvollzug, die Stellen fast ausschließlich von Deutschen besetzt sind. Eine Ausnahme ist dabei die Jugendgerichtshilfe der Arbeiterwohlfahrt.

Um die Perspektive der MitgrantInnen und Flüchtlinge, ihre besondere Diskriminierung zu thematisieren, haben wir Mitte 1996 eine „Arbeitsgemeinschaft gegen die Kriminalisierung von MigrantInnen und Flüchtlingen" gegründet, in der Frauen und Männer aus den Bereichen Anti-Rassismus und Straffälligenhilfe mitarbeiten, aber auch SozialarbeiterInnen und PfarrerInnen, die in verschiedenen Gefängnissen ihren Dienst tun. Sie trifft sich alle zwei Monate in den Räumen des Kölner Appell. Ein erstes konkretes Ergebnis war die Gründung des Vereins „Kölner Rechtshilfe gegen die Abschiebung von Gefangenen" am 18.1.1997.

Unter Haftvermeidung sind alle Bemühungen zu verstehen, die dazu führen, daß jemand erst gar nicht inhaftiert wird. Wie wir in diesem Buch zeigen, geht es uns dabei nicht einseitig um die MigrantInnen und Flüchtlinge. Jugendliche gehören überhaupt nicht ins Gefängnis. Auch für Erwachsene ist das Gefängnis kein Ort, wo „soziale Verantwortung" gelernt werden könnte. Das Gegenteil ist der Fall.

Da wir keine Anhänger der Multi-Kulti-Folklore sind, verschließen wir nicht die Augen vor der Tatsache, daß in unserer Gesellschaft täglich Taten geschehen, gegen die es Maßnahmen geben muß. Ob ein Wohnungseinbruch, ein Raubüberfall, eine Vergewaltigung oder ein Tötungsdelikt von einem Menschen mit oder ohne deutschen Paß begangen wird, macht für die Opfer keinen Unterschied. Aber die strafrechtlichen und ausländerrechtlichen Reaktionen machen aus sozialen Problemen zumeist Probleme der Überwachung und Kontrolle, die unter der Fahne der „Inneren Sicherheit" das gesellschaftliche Leben nicht sicherer, sondern unsicherer machen.

Prof. Dr. Hassemer, jetzt Richter am Bundesverfassungsgericht, erklärte wie viele andere WissenschaftlerInnen wiederholt, daß die Kriminalpolitik seit etwa 20 Jahren auf Verschärfung und Verbilligung setzt, und sachverständige Beratung in zunehmenden Maße keine Berücksichtigung findet. Als Hauptgrund dafür nannte er, daß das Strafjustizsystem als Allzweckwaffe überanstrengt werde - gegen Terrorismus, Drogenmißbrauch, Umweltgefährdung, illegale Einwanderung, Korruption, so daß Lösungen außerhalb des Strafrechts nicht mehr gesucht werden. Das zeigt, wie notwendig die Entwicklung einer starken Bürgerrechtsbewegung ist. Reformpolitik bedarf eines Reformklimas. Die „Law and Order"-Politik, die auf immer mehr Repression setzt, brutalisiert das öffentliche Klima.

In den USA hat die Verbrechensbekämpfung längst wahnhafte Züge angenommen. Aus dem unter Kennedy versprochenen „Kampf gegen die Armut" ist ein „Krieg gegen die Armen" geworden. Und die „Law and Order"- Männer hier in der Bundesrepublik sind längst auf diesen Zug aufgesprungen. 1996 forderten CDU-Bundestagsabgeordnete die Einführung der nächtlichen Ausgangssperre für Jugendliche, die Herabsetzung des Strafmündigkeitsalters und die Bestrafung der über 18jährigen nach dem Erwachsenenstrafrecht. Trotz des Desasters der Drogenpolitik wird mit religiöser Inbrunst an dem Glauben von der drogenfreien Gesellschaft festgehalten und alle Initiativen zur Entkriminalisierung des Drogengebrauchs werden verächtlich gemacht. Die Bundesrepublik wird von denselben Hütern von Recht und Ordnung, die die wachsende Arbeitslosigkeit, das sich ausbreitende soziale Elend und die zunehmende Gefährdung der ökologischen Lebensgrundlagen zu verantworten haben, als von der Mafia umzingelt und unterwandert dargestellt. Angesichts der 1998 anstehenden Bundestagswahlen kann das nur schlimmer werden.

Mit dem vorliegenden Buch wollen wir dazu beitragen, hier in Köln das Engagement für Alternativen zur herrschenden Kriminalpolitik zu wecken und zu stärken. Wir haben uns bemüht, möglichst alle vorgestellten Institutionen, Verbände und Initiativen mit ihren eigenen Texten zu Wort kommen zu lassen. Vollständige Selbstdarstellungen und weitere Informationen können sich alle LeserInnen über die im Buch genannten Anschriften besorgen. Aus Platzgründen haben wir ein Kapitel „Wegweiser für soziale Hilfen" mit fast 100 Seiten von A wie Armut bis W wie Wohnen nicht abdrucken können. Über die im Buch genannten Anschriften der Wohlfahrtsverbände und der Vereine, wie dem Kölner Arbeitslosenzentrum (KALZ), können sich alle, die Hilfe brauchen, selbst orientieren. Diesen „Wegweiser für soziale Hilfen" hatten wir nicht geschrieben, weil wir denken, daß Armut, Arbeitslosigkeit, fehlende Schulabschlüsse, Obdachlosigkeit und Schulden Kriminalitätsursachen sind. Wir konnten im Gefängnis nur feststellen, daß Menschen mit diesen Problemen extrem überrepräsentiert inhaftiert sind.

In unseren vielen Gesprächen mit Jugendlichen und Heranwachsenden in der JVA Ossendorf mußten wir feststellen, daß sie sich nicht selbst bewußt machen können, wie sehr ihnen durch die Inhaftierung das bißchen Boden, auf dem sie glauben, sich sicher bewegen zu können, unter den Füßen weggezogen wird. Ohne es zu wollen, werden sich viele von ihnen im Erwachsenenstrafvollzug wiedertreffen. Bei allem Bemühen sachlich zu informieren - darüber läßt sich nicht nur sachlich schreiben.

Neben den Jugendlichen, die wir in Ossendorf kennengelernt haben, danken wir allen, die an dem Zustandekommen dieses Buches außerhalb der JVA mitgewirkt haben: Nihal Akça, Hüseyin Aktülün, Birgit Altmann, Eberhard Bornemann, Christiane Ensslin, Ulrike Fäuster, Ingrid Frings, Brigitte und Jupp Gerwin, Katia Hilleke, Andy Goral, Jörg Prüfer, Wolfgang Reif, Stephan Schlebusch, Elke Schwirtheim, Gisela Strauff, Barbara Tekin, Sebastian Trautmann, Hans-Jürgen Weber und Wolfgang Zaschke. Wir danken auch besonders herzlich Maryam Ghaffari, die mit dem verstorbenen Rechtsanwalt Dr. Hans Heinz Heldmann verheiratet war, und uns den Text ihres Mannes zum Abdurck überlassen hat. Hans Heinz Heldmann war ein großartiger Strafverteidiger, er engagierte sich sein ganzes Leben lang entschieden an der Seite der MigrantInnen und Flüchtlinge gegen das ihnen angetane Unrecht.

Da man so ein Buch nicht schreiben kann, ohne von den Arbeiten anderer Autorinnen und Autoren zu lernen, sei an dieser Stelle besonders gedankt: Henner Hess, Gabriele Kawamura, Christian Pfeiffer, Fritz Sack, Sebastian Scheerer und Michael Walter.

Vorwort

Jugendliche und Heranwachsende sind in erster Linie als Jugendliche und Heranwachsende wahrzunehmen, so wie sie wirklich sind, in ihrer ganzen Vielfalt, mit all ihren Beziehungen, Fähigkeiten, Eigenschaften, Wünschen und Träumen und nicht als »Kriminelle« oder als »Ausländer« oder als junge Menschen mit bestimmten Defiziten, schon gar nicht als „Gefahr" oder „Bedrohung". Für das, was aus Kindern und Jugendlichen in einer Gesellschaft wird, haben die Erwachsenen die Verantwortung zu übernehmen, nicht nur verbal, sondern praktisch, durch Veränderung der Lebensbedingungen von Kindern, Jugendlichen und Heranwachsenden. Die Strafmündigkeit von Jugendlichen ist daher aufzuheben. Auf Handlungen von Jugendlichen, die in die Rechte anderer eingreifen, ist nicht staatlich repressiv zu reagieren, sondern helfend. Das Aufwachsen in einer immer unüberschaubarer und belastender werdenden Erwachsenenwelt wird immer schwieriger. Prof. Klaus Hurrelmann kommt in einer aktuellen Studie zu dem Ergebnis, daß 30% aller Jugendlichen an chronischen Krankheiten wie Allergien und Asthma leiden und 75% der zwölf bis sechzehnjährigen Kinder und Jugendlichen psychische Störungen haben. Es ist deshalb nicht nur geboten, Kindern und Jugendlichen mehr Zeit zu lassen, in eine Welt hineinzuwachsen, die sie stark belastet - diese Überforderungen müssen aufhören. Statt Ausgrenzung und Kriminalisierung ist die offene Jugendarbeit als Alternative auszubauen. Mit der Verantwortung der kommunalen Jugendpolitik am Bespiel der Stadt Köln setzt sich Wolfgang Zaschke vom Jugendladen Nippes im Schlußkapitel dieses Buches auseinander.

Die Zahlen der Jugendlichen und Heranwachsenden, die der Polizei als Tatverdächtige 1996 in Köln bekannt geworden sind, haben wir kurz vor Redaktionsschluß erhalten: danach sind 3.611 Jugendliche und 3.175 Heranwachsende aufgefallen. Damit sind rund 20% der in Köln gezählten Tatverdächtigen Jugendliche und Heranwachsende. Da die allermeisten der von ihnen begangenen Delikte Bagatelldelikte sind, bleibt eine kleine überschaubare Zahl von Jugendlichen und Heranwachsenden auf die reagiert werden muß. In einer Millionenstadt wie Köln sollte das die Jugendhilfe leisten können - es ist vernünftiger und billiger, als der Jugendstrafvollzug. Im Buch befassen wir uns mit den Zahlen für das Jahr 1995. Für das Jahr 1996 sind die Zahlen zwar leicht angestiegen, aber das berührt unsere Einschätzungen nicht. In diesem Buch gibt es kein Kapitel »Kriminalitätsursachen«. Wer sich über die verschiedenen Theorien zu diesem Problem kundig machen will, kann das Buch „Jugendkriminalität" von Prof. Michael Walter lesen. Wir halten die Frage, warum jemand etwas Bestimmtes tut, überhaupt nicht für verächtlich. Sie ist sinnvoll für jeden Einzelnen, der durch die Beantwortung dieser Frage mehr Verantwortung übernehmen kann und mehr Autonomie gewinnt, und sie ist sinnvoll für die Gesellschaft, die dadurch erkennen kann, was verändert werden muß, damit es weniger Konflikte dieser Art gibt. Angesichts der vorliegenden Forschungsergebnisse halten wir allerdings diesen Zugang zum Phänomen Jugendkriminalität für zweitrangig. Die wirkliche Gefahr geht vom repressiven staatlichen Umgang mit den Jugendlichen aus.

Jugendkriminalität bei männlichen Jugendlichen ist weitgehend normal und von vorübergehender Natur. Die folgerichtige Konsequenz lautet daher uneingeschränktes Nicht-Eingreifen durch das Strafrecht. Was wir »Jugendkriminalität« nennen, entsteht aufgrund eines Auswahlprozesses. Über ihn wachen und entscheiden die Polizei, die Staatsanwaltschaft und die Gerichte. Wir plädieren also dafür, daß sich diese Institutionen wegen der kontraproduktiven Folgen ihrer Maßnahmen mehr und mehr zurückhalten und es zu einer Entstaatlichung der Konfliktregelung kommt. Damit das gelingt, sind Vorkehrungen für eine gesellschaftliche Konfliktregelungen zu treffen. Für ein friedliches gesellschaftliches Zusammenleben sind in allen Stadtteilen Konfliktschlichtungsstellen auszubauen, die Opfern und Geschädigten soweit es geht Wiedergutmachung ermöglichen.

Wenn aus der Bevölkerung weniger Anzeigen kommen, weil immer mehr Menschen Zugang zu Konfliktschlichtungen haben, und die Polizei mehr auf Konfliktregelung als auf Repression setzt, könnten sich vielleicht auch endlich die JugendstaatsanwältInnen und die JugendrichterInnen für die Ergebnisse der Sanktionsforschung öffnen. Die immer härteren Sanktionen gegen einen winzigen Teil der Jugendlichen, der wiederholt vor den Gerichten landet, werden nicht einmal von dem schlechten Jugendstrafrecht gefordert, das wir haben. Jugendstrafen bewirken kein straffreies Verhalten und sie schrecken nicht ab. Es ist die Justiz selbst, die sich einen „harten Kern" von „Unverbesserlichen" schafft, auf den sie immer härter eindrischt, ohne zu sehen, daß das, was als Makel an einer bestimmten Person erscheint, das Ergebnis ihrer persönlichen staatsanwaltlichen oder richterlichen Maßnahmen ist.

Die Abschiebung von straffällig gewordenen Jugendlichen und Heranwachsenden ist eine Folge der Weigerung, anzuerkennen, daß die Bundesrepublik eine Einwanderungsgesellschaft ist. Als Gürsün Ince, geborene Genc, 27, Hatice Genc, 18, Gülistan Öztürk, 12, Hülya Genc, 9, und Saime Genc, 4 Jahre alt, am 29. Mai 1993 in Solingen verbrannten, haben Regierungspolitiker vor den Augen der Weltöffentlichkeit versprochen, die Gleichberechtigung der hier lebenden MigrantInnen voranzubringen. Gegen den europaweit anwachsenden Rassismus gegen MitgrantInnen und Flüchtlinge hat die Europäische Union das Jahr 1997 zum Jahr gegen Rassismus erklärt. Am 15.Januar 1997 hat Innenminister Kanther die Aufenthalts- und Visumspflicht für Kinder und Jugendliche der in der Bundesrepublik lebenden Familien aus den ehemaligen Anwerbestaaten Ex-Jugoslawien, Marroko, Türkei und Tunesien eingeführt.

In Köln sind davon 26.000 Kinder und Jugendliche betroffen. Unser Anliegen ist daher nicht nur eine Neuorientierung der Kriminalpolitik – ohne eine Neufassung des Ausländergesetzes und des Staatsbürgerrechts, die zur Beendigung der Diskriminierung der MigrantInnen und Flüchtlinge führt, kann uns das nicht gelingen.

Schlagzeile der Bild-Zeitung vom Freitag, 6. Dezember 1996

A: Kinder und Jugendliche haben Rechte

Wenn es um die Rechte von Kindern und Jugendlichen geht, hat man/frau es auch mit Gesetzen und Paragraphen zu tun, d.h. mit einer Welt, in der eine schwer verständliche Sprache gesprochen wird. Doch davon darf man sich nicht abschrecken lassen. Unsere Welt ist so verrechtlicht, daß man sich auch in diesem Bereich auskennen muß, wenn man etwas bewegen und verbessern will.

UN-KINDERKONVENTION
Übereinkommen über die Rechte des Kindes vom 20. November 1989

Die UN-Kinderechtskonvention (KRK) mit dem gleichlautenden Titel wurde am 26. Januar 1990 von der Bundesrepublik Deutschland unterzeichnet und ist am 5. April 1992 für Deutschland in Kraft getreten.

Artikel 1 (Geltung für das Kind; Begriffsbestimmung)
Im Sinne dieses Übereinkommens ist ein Kind jeder Mensch, der das achtzehnte Lebensjahr noch nicht vollendet hat, soweit die Volljährigkeit nach dem auf das Kind anzuwendenden Recht nicht früher eintritt.

Artikel 2 (Achtung der Kindesrechte; Diskriminierungsverbot)
(1) Die Vertragsstaaten achten die in diesem Übereinkommen festgelegten Rechte und gewährleisten sie jedem ihrer Hoheitsgewalt unterstehenden Kind ohne jede Diskriminierung unabhängig von der Rasse, der Hautfarbe, dem Geschlecht, der Sprache, der Religion, der politischen oder sonstigen Anschauung, der nationalen, ethnischen oder sozialen Herkunft, des Vermögens, einer Behinderung, der Geburt oder des sonstigen Status des Kindes, seiner Eltern oder seines Vormunds.
(2) Die Vertragsstaaten treffen alle geeigneten Maßnahmen, um sicherzustellen, daß das Kind vor allen Formen der Diskriminierung oder Bestrafung wegen des Status, der Tätigkeiten, der Meinungsäußerungen oder der Weltanschauung seiner Eltern, seines Vormunds oder seiner Familienangehörigen geschützt wird.

Artikel 3 (Wohl des Kindes)
(1) Bei allen Maßnahmen, die Kinder betreffen, gleichviel ob sie von öffentlichen oder privaten Einrichtungen der sozialen Fürsorge, Gerichten, Verwaltungs-

behörden oder Gesetzgebungsorganen getroffen werden, ist das Wohl des Kindes ein Gesichtspunkt, der vorrangig zu berücksichtigen ist.
(2) Die Vertragsstaaten verpflichten sich, dem Kind unter Berücksichtigung der Rechte und Pflichten seiner Eltern, seines Vormunds oder anderer für das Kind gesetzlich verantwortlicher Personen den Schutz und die Fürsorge zu gewährleisten, die zu seinem Wohlergehen notwendig sind; zu diesem Zweck treffen sie alle geeigneten Gesetzgebungs- und Verwaltungsmaßnahmen.
(3) Die Vertragsstaaten stellen sicher, daß die für die Fürsorge für das Kind oder dessen Schutz verantwortlichen Institutionen, Dienste und Einrichtungen den von den zuständigen Behörden festgelegten Normen entsprechen, insbesondere im Bereich der Sicherheit und der Gesundheit sowie hinsichtlich der Zahl und der fachlichen Eignung des Personals und des Bestehens einer ausreichenden Aufsicht.

Artikel 12 (Berücksichtigung des Kinderwillens)
(1) Die Vertragsstaaten sichern dem Kind, das fähig ist, sich eine eigene Meinung zu bilden, das Recht zu, diese Meinung in allen das Kind berührenden Angelegenheiten frei zu äußern, und berücksichtigen die Meinung des Kindes angemessen und entsprechend seinem Alter und seiner Reife.
(2) Zu diesem Zweck wird dem Kind insbesondere die Gelegenheit gegeben, in allen das Kind berührenden Gerichts- oder Verwaltungsverfahren entweder unmittelbar oder durch einen Vertreter oder eine geeignete Stelle im Einklang mit den innerstaatlichen Verfahrensvorschriften gehört zu werden.

Artikel 13 (Meinungs- und Informationsfreiheit)
(1) Das Kind hat das Recht auf freie Meinungsäußerung; dieses Recht schließt die Freiheit ein, ungeachtet der Staatsgrenzen Informationen und Gedankengut jeder Art in Wort, Schrift oder Druck, durch Kunstwerke oder andere vom Kind gewählte Mittel sich zu beschaffen, zu empfangen und weiterzugeben.
(2) Die Ausübung dieses Rechts kann bestimmten, gesetzlich vorgesehenen Einschränkungen unterworfen werden, die erforderlich sind
a) für die Achtung der Rechte oder des Rufes anderer oder
b) für den Schutz der nationalen Sicherheit, der öffentlichen Sicherheit (ordre public), der Volksgesundheit oder der öffentlichen Sittlichkeit.

Neben diesen allgemeinen Prinzipien sind für das Jugendstrafrecht und den Jugendstrafvollzug folgende Artikel von besonderer Bedeutung:
Artikel 19
gibt das Recht auf Schutz vor Gewaltanwendung, und Verwahrlosung;
Artikel 24
gibt den Anspruch auf bestmögliche Gesundheitsfürsorge;

ARTIKEL 25
gibt den Anspruch auf regelmäßige Überprüfung bei Unterbringung außerhalb der Familie;

ARTIKEL 30
gerantiert Angehörigen von Minderheitsgruppen das Recht auf Ausübung der eigenen Religion, die eigene Kultur zu leben und die eigene Sprache zu verwenden;

ARTIKEL 33
verpflichtet den Staat, Kinder vor Drogenmißbrauch zu schützen;

ARTIKEL 34
gibt jedem Kind den Anspruch auf Schutz vor sexueller Ausbeutung und sexuellem Mißbrauch.

ARTIKEL 37
(a) gibt den Anspruch auf Schutz vor grausamer, unmenschlicher oder entwürdigender Behandlung;
(b) verpflichtet den Staat, sicherzustellen, daß Festnahme, Freiheitsentziehung oder Freiheitsstrafe im Einklang mit dem Gesetz nur als letztes Mittel und für die kürzeste Zeit angewendet werden;
(c) gibt jedem Kind, dem die Freiheit entzogen wird, das Recht auf menschenwürdige Behandlung und den Anspruch auf Kontakt mit den Familienmitgliedern. Insbesondere ist jedes Kind, dem die Freiheit entzogen ist, von Erwachsenen zu trennen, sofern nicht ein anderes Vorgehen als dem Wohl des Kindes dienlich erachtet wird.

ARTIKEL 40 (BEHANDLUNG DES KINDES IN STRAFRECHT UND STRAFVERFAHREN)
(1) Die Vertragsstaaten erkennen das Recht jedes Kindes an, das der Verletzung der Strafgesetze verdächtigt, beschuldigt oder überführt wird, in einer Weise behandelt zu werden, die das Gefühl des Kindes für die eigene Würde und den eigenen Wert fördert, seine Achtung vor den Menschenrechten und Grundrechten anderer stärkt und das Alter des Kindes sowie die Notwendigkeit berücksichtigt, seine soziale Wiedereingliederung sowie die Übernahme einer konstruktiven Rolle in der Gesellschaft durch das Kind zu fördern.
(2) Zu diesem Zweck stellen die Vertragsstaaten unter Berücksichtigung der einschlägigen Bestimmungen internationaler Übereinkünfte insbesondere sicher,
a) daß kein Kind wegen Handlungen oder Unterlassungen, die zur Zeit ihrer Begehung nach innerstaatlichem Recht oder Völkerrecht nicht verboten waren, der Verletzung der Strafgesetze verdächtigt, beschuldigt oder überführt wird;
b) daß jedes Kind, das einer Verletzung der Strafgesetze verdächtigt oder beschuldigt wird, Anspruch auf folgende Mindestgarantien hat:
i) bis zum gesetzlichen Nachweis der Schuld als unschuldig zu gelten,

ii) unverzüglich und unmittelbar über die gegen das Kind erhobenen Beschuldigungen unterrichtet zu werden, gegebenenfalls durch seine Eltern oder seinen Vormund, und einen rechtskundigen oder anderen geeigneten Beistand zur Vorbereitung und Wahrnehmung seiner Verteidigung zu erhalten,
iii) seine Sache unverzüglich durch eine zuständige Behörde oder ein zuständiges Gericht, die unabhängig und unparteiisch sind, in einem fairen Verfahren entsprechend dem Gesetz entscheiden zu lassen, und zwar in Anwesenheit eines rechtskundigen oder anderen geeigneten Beistands sowie - sofern dies nicht insbesondere in Anbetracht des Alters oder der Lage des Kindes als seinem Wohl widersprechend angesehen wird - in Anwesenheit seiner Eltern oder seines Vormunds,
iv) nicht gezwungen zu werden, als Zeuge auszusagen oder sich schuldig zu bekennen, sowie die Belastungszeugen zu befragen oder befragen zu lassen und das Erscheinen und die Vernehmung der Entlastungszeugen unter gleichen Bedingungen zu erwirken,
v) wenn es einer Verletzung der Strafgesetze überführt ist, diese Entscheidung und alle als Folge davon verhängten Maßnahmen durch eine zuständige übergeordnete Behörde oder ein zuständiges höheres Gericht, die unabhängig und unparteiisch sind, entsprechend dem Gesetz nachprüfen zu lassen,
vi) die unentgeltliche Hinzuziehung eines Dolmetschers zu verlangen, wenn das Kind die Verhandlungssprache nicht versteht oder spricht,
vii) sein Privatleben in allen Verfahrensabschnitten voll geachtet zu sehen.
(3) Die Vertragsstaaten bemühen sich, den Erlaß von Gesetzen sowie die Schaffung von Verfahren, Behörden und Einrichtungen zu fördern, die besonders für Kinder, die einer Verletzung der Strafgesetze verdächtigt, beschuldigt oder überführt werden, gelten und zuständig sind; insbesondere
a) legen sie ein Mindestalter fest, das ein Kind erreicht haben muß, um als strafmündig angesehen zu werden,
b) treffen sie, soweit dies angemessen und wünschenswert ist, Maßnahmen, um den Fall ohne ein gerichtliches Verfahren zu regeln, wobei jedoch die Menschenrechte und die Rechtsgarantien uneingeschränkt beachtet werden müssen.
(4) Um sicherzustellen, daß Kinder in einer Weise behandelt werden, die ihrem Wohl dienlich ist und ihren Umständen sowie der Straftat entspricht, muß eine Vielzahl von Vorkehrungen zur Verfügung stehen, wie Anordnungen über Betreuung, Anleitung und Aufsicht, wie Beratung, Entlassung auf Bewährung, Aufnahme in eine Pflegefamilie, Bildungs- und Berufsbildungsprogramme und andere Alternativen zur Heimerziehung.

Artikel 41 (Weitergehende inländische Bestimmungen)

Dieses Übereinkommen läßt zur Verwirklichung der Rechte des Kindes besser geeignete Bestimmungen unberührt, die enthalten sind

a) im Recht eines Vertragsstaats oder
b) in dem für diesen Staat geltenden Völkerrecht.

ARTIKEL 42 (VERPFLICHTUNG ZUR BEKANNTMACHUNG)

Die Vertragsstaaten verpflichten sich, die Grundsätze und Bestimmungen dieses Übereinkommens durch geeignete und wirksame Maßnahmen bei Erwachsenen und auch bei Kindern allgemein bekannt zu machen.

Der vollständige Text des Übereinkommens über die Rechte des Kindes kann bezogen werden bei: Arbeitsgemeinschaft Kinder- und Jugendschutz (AJS), Landesstelle Nordrhein-Westfalen e.V., Poststr. 15-23, 50676 Köln, Tel.931392-0, Fax 92139220

Wegen des in Art. 40 Abs. 2 (a) (ii) Kinderrechtskonvention (KRK) festgelegten Anspruchs auf Beiordnung eines Verteidigers oder Beistands hat Deutschland bei Hinterlegung der Ratifizierungsurkunde eine Vorbehaltserklärung abgegeben. Danach soll die Verpflichtung auf Beiordnung eines Verteidigers bei Straftaten von geringer Schwere nicht in allen Fällen bestehen.

Von großer Bedeutung ist die UN-Konvention über die Rechte des Kindes, weil sie Kinder als Träger eigenständiger Menschenrechte erklärt. Dagegen heißt es im §17 des Jugendgerichtsgesetzes (JGG) der Bundesrepublik Deutschland:
(1) Die Jugendstrafe ist Freiheitsentzug in einer Jugendstrafanstalt.
(2) Der Richter verhängt Jugendstrafe, wenn wegen der schädlichen Neigungen des Jugendlichen, die in der Tat hervorgetreten sind, Erziehungsmaßregeln oder Zuchtmittel zur Erziehung nicht ausreichen oder wenn wegen Schwere der Schuld Strafe erforderlich ist.

Begriffe wie »schädliche Neigungen« und »Zuchtmittel zur Erziehung« verraten ein anderes Menschenbild, als das der UN-Konvention. Eine Änderung dieser Sprache und dieser Inhalte im Jugendgerichtsgesetz ist im Bundestag zur Zeit nicht auf die Tagesordnung zu bringen. Wenn doch, dann ist eher ein weiterer Abbau von Kinder- und Jugendrechten zu erwarten. Das Parlament selbst trägt durch die Benutzung solcher Begriffe wie »schädliche Neigungen« dazu bei, daß es in der Gesellschaft ein Feindbild Jugend gibt.

BERICHTERSTATTUNG
DER BUNDESREPUBLIK AN DEN UN-KINDERRECHTSAUSSCHUSS

Artikel 44 der KRK schreibt vor, daß die Unterzeichnerstaaten regelmäßig über Maßnahmen zu berichten haben, die sie zur Verwirklichung der Konventionsrechte getroffen haben. Die Bundesrepublik Deutschland hat dem UN-Kinderrechtsausschuß ihren ersten Bericht im August 1994 vorgelegt. Dieser Bericht kann beim BMFSFJ, Rochusstr.8-10, 53123 Bonn angefordert werden. Der nächste Bericht ist 1999 fällig.

Dem Beispiel anderer Länder folgend hat sich in der Bundesrepublik seit 1993 eine Kinderrechtskoalition aus Kinder- und Jugendverbänden, Wohlfahrtsverbänden, Fachorganisationen sowie interessierten Kreisen innerhalb der Jugendhilfe gebildet. Der Zusammenschluß heißt in Anlehnung an den internationalen Sprachgebrauch »National Coalition für die Umsetzung der UN-Kinderrechtskonvention in Deutschland« und ist organisatorisch bei der Arbeitsgemeinschaft für Jugendhilfe (AGJ) in Bonn angebunden. Diese Koalition hat eine gemeinsame Stellungnahme zum Erstbericht der Bundesregierung erarbeitet. Abgedruckt wurde der Bericht in der Zeitschrift FORUM-Jugendhilfe 2/1995. Der Bericht spricht eine Fülle von Bereichen an, in denen eine Umsetzung der KRK nicht oder nur unzulänglich erfolgt ist.

Am 6. und 7. November 1995 fand in Genf eine öffentliche Anhörung im UN-Kinderrechtsausschuß statt. Die Vertreter des Bundesministeriums für Familie, Senioren, Frauen und Jugend mußten einräumen, daß man in Deutschland die Bedeutung der Kinderrechte bislang nur unzureichend erkannt hat. In seinem 36 Punkte umfassenden Schlußdokument vermerkt der UN-Ausschuß u.a. positiv, daß die deutsche Regierung die Absicht habe, das Jugendstrafrecht zu reformieren.

Wir hoffen in diesem Buch deutlich machen zu können, was alles reformiert werden müsste, damit es weniger kriminalisierte Jugendliche und weniger Jugendkriminalität gibt.

INTERNATIONALE DOKUMENTE

Angesichts der vorherrschenden reaktionären Tendenzen in der Jugendkriminalpolitik ist es von großem praktischen Nutzen, wenn außerhalb der Expertenzirkel zur Kenntnis genommen wird, daß es internationale Dokumente und Regelwerke gibt, die für unsere Arbeit hier hilfreich sind:
▸ United Nations Standard Minimum Rules on the Administration of Justice (The Beijing Rules) vom 29. November 1985. Siehe dazu: Schüler-Springorum: Die Mindestgrundsätze der Vereinten Nationen für die Jugendgerichtsbarkeit, ZstW, 99 (1987), S.253ff.
▸ United Nations Guidelines for the Prevention of Juvenile Delinquency (The Riyadh Guidelines) vom 14.Dezember 1990. Siehe dazu Schüler-Springorum: Die Richtlinien der Vereinten Nationen für die Prävention von Jugendkriminalität, ZStW, 104 (1992), S.169ff.
▸ Außerdem ist zu empfehlen:
Jung: Jugendgerichtsbarkeit und Menschenrechte, DVJJ, 1994, S.220

JUGENDSCHUTZ

Das Wort Jugendschutz ist ein Sammelbegriff für alle gesetzlichen Regelungen, die dem Schutz Minderjähriger dienen sollen. Das erste Gesetz eigens für Kinder wurde 1839 in Preußen erlassen und betraf die Beschäftigung Jugendlicher in Fabriken, 1840 folgte die königlich bayrische Verordnung, die Industriearbeit von Kindern bis zu zehn Jahren verbot.

In den vergangenen Jahrhunderten wurden Kinder als »kleine Erwachsene« behandelt. Die Reformpädagogen - eine der bekanntesten ist Maria Montessori (1870-1952) - forderten eine Erziehungspraxis »vom Kinde aus«. Hier liegen die Anfänge des Jugendschutzes, der bis in die 50er Jahre hinein nur eine Art Kontrollinstanz war, um die Minderjährigen mit Hilfe von Ge- und Verboten »vor industrieller Ausbeutung sowie gesundheitlichen und sittlichen Gefährdungen zu schützen«.

Heute ist der Jugendschutz ein »Bestandteil der öffentlichen Kinder- und Jugendhilfe und besitzt eine Sicherungsfunktion für die Rechte der Kinder und Jugendlichen auf Erziehung und auf eine gesunde körperliche und geistig-seelische Entwicklung«, die im Kinder- und Jugendhilfegesetz (KJHG) verankert ist. Dieser »erzieherische Jugendschutz« gilt als der zentrale Aufgabenbereich des Jugendschutzes, und er richtet sich natürlich an die Erwachsenen im allgemeinen und an die Politiker im besonderen, denn nur sie »können die Rechte der Kinder und Jugendlichen auf eine positive Entwicklung und Erziehung sichern, nur sie können die dazu notwendigen Reformen und Strukturveränderungen durchsetzen, die die Lebensbedingungen für die nachwachsende Generation verbessern«. Dieser »erzieherische Jugendschutz« soll die Jugendlichen »befähigen, sich vor gefährdenden Einflüssen zu schützen und ... zu Kritikfähigkeit, Entscheidungsfähigkeit und Eigenverantwortlichkeit sowie zur Verantwortung gegenüber ihren Mitmenschen« führen.

Außerdem existieren Jugendschutzbestimmungen in fast allen Rechtsgebieten, im Zivilrecht (Geschäftsfähigkeit), im Familienrecht (Vormundschaftsgerichte, Unterhaltsansprüche), im Strafgesetzbuch (StGB), im Bürgerlichen Gesetzbuch (BGB), im Gaststättengesetz, der Gewerbeordnung, im Seemannsgesetz, im Rundfunkgesetz und im Staatsvertrag der Länder. Eigens für Kinder und Jugendliche gibt es das Jugendgerichtsgesetz (JGG), das internationale Übereinkommen der Vereinten Nationen über die Rechte des Kindes (siehe oben: Kinderkonvention der UNO) und außerdem noch ein spezielles nationales Jugendschutzrecht, das sich in drei Gesetze gliedert:
▸ Das Gesetz zum Schutz der Jugend in der Öffentlichkeit (JÖSchG). Es regelt

u.a. Fragen des Besuchs von Gaststätten, Filmveranstaltungen und Spielhallen, die Abgabe von Alkohol und Videofilmen usw.
- Das Gesetz über die Verbreitung jugendgefährdender Schriften (GJS). Bei Schriften sind alle übrigen Medien - also nicht nur die Printmedien, sondern Filme, Videos, Computer, Comics - mit einbezogen, die »unsittliche, verrohend wirkende, zu Gewalttätigkeiten, Verbrechen und Rassenhaß anreizende sowie kriegverherrlichende« Inhalte verbreiten.
- Das Gesetz zum Schutze der arbeitenden Jugend (JArbSchG) sichert einen altersspezifischen Arbeitsschutz.

Die Kontrollen, daß diese geltenden Vorschriften auch eingehalten werden, liegen bei der Polizei und den Ordnungsbehörden, die in vielen Bundesländern durch die Jugendämter unterstützt werden und bei Gewerbetreibenden und Veranstaltern stichprobenartig Überprüfungen vornehmen.

Man könnte meinen, daß z.B. Kinderarbeit in der reichen Bundesrepublik kein Thema ist. Doch eine Untersuchung im Raum des Gewerbeaufsichtsamtes Münster kam 1989 zu dem Ergebnis, daß dort fast jedes fünfte Kind zu verbotener Kinderarbeit herangezogen wird. Sie arbeiten vor allem in der Landwirtschaft und im Zeitungs- und Zeitschriftenvertrieb, aber auch in Heimarbeit, im Dienstleistungsgewerbe, Sport, Kultur und Kinderprostitution. Die staatliche Gewerbeaufsicht ist personell überhaupt nicht in der Lage, ihre Kontrollfunktion zu erfüllen. So gibt es in einer Großstadt mit einer halben Million Einwohnern nur einen Beamten, der für die Kontrolle der Bestimmungen des Jugendarbeitsschutzgesetzes zuständig ist.

aus: »Kinder haben Rechte«; Deutsches Komitee der UNICEF, Köln 1991

In der vom Bundesministerium für Familie, Senioren, Frauen und Jugend herausgegebenen Broschüre (Dez. 1995) werden folgende Themenschwerpunkte des Jugendschutzes genannt:
- Suchtprävention (Alkohol, Tabak, Medikamente und Drogen, außerdem Eßstörungen und problematisches Spielverhalten)
- Medienschutz (Printmedien, Schallplatten, Radio, Fernsehen, Filme, Video, Comics, Computer)
- Werbung
- Religiöse Bewegungen und Psychokulte
- Okkultismus
- Gewalt und Aggression
- Rechtsextremismus
- Jugendkriminalität und Delinquenzverhalten
- Kindesmißhandlung
- Sexueller Mißbrauch von Kindern und Jugendlichen
- Kinderpornographie und Kinderprostitution
- Aidsprävention

Diese vielen Aufgabenbereiche werden von unterschiedlichen Institutionen wahrgenommen. Auf Bundesebene durch das Bundesministerium für Familie, Senioren, Frauen und Jugend. Es soll vor allem jugendpolitische Leitlinien entwickeln und den Jugendschutz länderübergreifend fördern. Es repräsentiert den Jugendschutz Deutschlands auf internationaler Ebene und arbeitet mit an Entwürfen zur Vereinheitlichung von Jugendschutznormen in Europa.

Im Jahr 1993 (Stand 31.12.1993) hat das Bundesministerium für Familie, Senioren, Frauen und Jugend bei einem Etat von etwa 30.000 Millionen ganze 221 Millionen - also nichtmal 1% - für den Kinder- und Jugendplan ausgegeben. Und der Etat für 1996 für dieses Ministerium ist von 33 062 Millionen Mark im Jahr 1995 auf 13.308 Millionen im Jahr 1996 gekürzt worden - das bedeutet eine Kürzung von über 50%. Zwei Vergleiche: der Etat des Bundesverteidigungsministeriums sank von 53.235 Millionen im Jahr 1995 auf 50.894 im Jahr 1996; der Etat des Bundeskanzleramts von 586 Millionen im Jahr 1995 ist auf 592 Millionen Mark im Jahr 1996 gestiegen, d.h. sein Etat ist fast halb so groß wie der für das Bundesministerium in dem auch die nachwachsende Generation untergebracht ist.

Diese 221 Millionen Mark, die dem Kinder- und Jugendplan des Bundes im Jahr 1993 zur Verfügung standen, wurden wie folgt aufgeteilt. Der größte Teil (ca. 30 Millionen Mark) wurde für Internationale Jugendarbeit ausgegeben, gefolgt von Sondermaßnahmen der Jugendhilfe in den neuen Bundesländern und für die Zentralen Jugend- und Studentenverbände (jeweils ca. 26 Millionen Mark), für die Jugendsozialarbeit (ca. 23 Millionen Mark), für Politische Bildung außerhalb der Jugendverbände (ca. 22 Millionen Mark), für Soziale Bildung (ca. 20 Millionen Mark) und für Kulturelle Arbeit (ca. 16 Millionen Mark), alle anderen Bereiche (im ganzen sind 23 aufgeführt) haben weniger als 10 Millionen Mark bekommen. Bei rund 15,5 Millionen Jugendlichen unter 18 Jahren in der Bundesrepublik - einschließlich der hier lebenden ausländischen Minderjährigen, sind das nicht ganz zwei Mark im Jahr 1993. Wie das 1996 aussieht, bei einer Kürzung dieses Etats auf die Hälfte, ist leicht auszurechnen.

Auf Bundesebene gibt es außerdem die »Kommission zur Wahrnehmung der Belange der Kinder« des deutschen Bundestages. Die Fraktionen ernannten 1987 je eine Abgeordnete bzw. einen Abgeordneten zur Fraktions-Kinderbeauftragten und der Ältestenrat des Deutschen Bundestages beschloß im Mai 1988, diese Kinderbeauftragten als eine Kommission einzusetzen. In der Beschreibung der Aufgaben dieser Kinderkommission, wie sie kurz genannt wird, heißt es u.a. »Kinderpolitik ist eine Querschnittsaufgabe, die in viele Politikfelder hineinreicht. Wichtigste Aufgabe ist es, alle bundesrechtlichen Vorschriften auf ihre Auswirkungen für Kinder zu prüfen und gegebenenfalls zu beeinflussen.«

KOMMISSION ZUR WAHRNEHMUNG DER BELANGE DER KINDER

Bundeshaus
53113 Bonn
Tel 0228 - 16-22271 / 22948
Fax 0228 - 16-26066

Am 19. Juni 1996 zog die Kinderkommission Schlußfolgerungen aus der Anhörung »Mitwirkungsrechte von Kindern in der Gesellschaft« vom 5. Februar 1996 und faßte folgenden Beschluß: Artikel 12 der Kinderrechtskonvention der Vereinten Nationen verlangt die Berücksichtigung der Meinungen von Kindern in allen sie berührenden Angelegenheiten. Die Anhörung der Kinderkommission diente der Bestandsaufnahme und der Bewertung von Möglichkeiten zur Verwirklichung dieses Ziels.
Die Kinderkommission zieht aus der Anhörung die folgenden Schlüsse:
1. Die Kompetenz von Kindern zur Artikulierung ihrer eigenen Interessen wird vielfach unterschätzt.
2. Kinder sind keine defizitären Erwachsenen. Kindheit ist eine eigene Lebensphase, und Kinder sind vollwertige Bürger von Geburt.
3. Kinder stellen besonders hohe Anforderungen an die Effizienz und die Glaubwürdigkeit ihrer Beteiligung an sie betreffenden Entscheidungen. Es muß sichergestellt werden, daß die Kinder Resonanz von den politisch Verantwortlichen erfahren.
4. Je orts- und sachnäher Kindern Mitwirkungsrechte eingeräumt werden, desto größer ist der Erfolg. Übermäßiger Formalismus und quasi-parlamentarische Rituale sind im Regelfall wenig geeignet.
5. Die vielfältigen Möglichkeiten und positiven Erfahrungen der Beteiligung von Kindern an kommunalpolitischen Entscheidungen sollten bundesweite Nachahmung finden.
6. Keine einheitliche Stellungnahme gab es zur Frage des Absenkung des Wahlalters.
7. Die Kinderkommission bittet die Bundesregierung, einen schriftlichen Bericht mit einer Bestandsaufnahme bereits bestehender Mitwirkungs- und Beteiligungsmöglichkeiten von Kindern vorzulegen.

Der Kinderbeauftragte der Landesregierung Nordrhein-Westfalen, Dr. Reinald Eichholz vom Ministerium für Arbeit, Gesundheit und Soziales, forderte Kinderforen und Jugendräte in Nordrhein-Westfalen zu gründen. Er schreibt: »... in den letzten Jahren (sind) Kinderparlamente, Kinderforen oder Kinder- und Jugendräte entstanden ... In Nordrhein-Westfalen gibt es zur Zeit 11 derartige Einrichtungen. Der Blick über die Grenze nach Frankreich, wo es inzwischen rd. 750 Kinder- und Jugendgemeinderäte gibt, zeigt jedoch, daß es hier um eine Entwicklung geht, die grenzüberschreitend in Europa stattfindet ... Unter Berücksichtigung der Altersdifferenzierung spricht die Praxis ... dafür, für die Altersspanne von ca. 8 bis 14 Jahren »Kinderforen« und für die Jugendlichen »Jugendräte« zu schaffen ... Als Element der Verlebendigung der Politik vor Ort können Kinderforen und Jugendräte nur wirksam werden, wenn das Zusammenspiel mit der politischen Gemeinde funktioniert ... Entscheidende Vorbedingungen ehrlicher Zusammenarbeit ist es, offen zu legen, daß die politische und vor allem haushaltsrechtliche Verantwortung bei der gewählten Bürgervertretung liegt. Dadurch wird zugleich klargestellt, daß sich die Erwachsenen ... nicht von ihrer Verantwortung entlasten können ... Regelmäßige Beteiligung der Vertreter von Rat und Verwaltung müssen sichtbar machen, daß die Anliegen der Kinder und Jugendlichen wahrgenommen und ernstgenommen werden ... und auf diese Weise die Verpflichtung eingelöst wird, positive Lebensbedingungen für junge Menschen ... zu schaffen.«

Auf Landesebene sind es die obersten Sozial- Kultus- oder Familien- bzw. Jugendministerien, die zuständig sind für die Koordination der Jugendschutzmaßnahmen und die Durchführung des gesetzlichen Jugendschutzes sowie für die Anlage und inhaltliche Ausrichtung von Projekten und Modellmaßnahmen. Und die Landesjugendämter als Mittelbehörde und Förderstelle. Sie unterstützen die kommunalen Institutionen sowohl finanziell als auch ideell, sie beraten Mitarbeiter auf lokaler Ebene und bieten Fortbildungsmaßnahmen an.

IN NORDRHEIN WESTFALEN SIND ES VOR ALLEM FOLGENDE:
Auf lokaler Ebene sind es die Stadt- und Kreisjugendämter, die für die Durchführung des erzieherischen und die Durchsetzung des gesetzlichen Jugendschutzes zuständig sind.

Der Rat der Stadt Köln, der eine Bevölkerung von über 1.000.000 Einwohnern repräsentiert, hat derzeit 82 Ratsmitglieder (42 SPD, 33 CDU, 17 Bündnis90/Die Grünen). Im Dezernat VI ist auch das Jugendamt und das Amt für Kinderinteressen untergebracht, außerdem ist es u.a. zuständig für Familienberatung und Kinderheime. Sie werden weiter unten vorgestellt.

Nordrhein-Westfalen ist in 31 Kreise und 396 Gemeinden eingeteilt. Das Gros der Gemeinden hat Einwohnerzahlen zwischen 10 000 und 50 000, und mehr als die Hälfte der Einwohner des Landes lebt in Städten mit mehr als 50 000 Einwohnern. Nach dem Grundgesetz muß den Gemeinden das Recht gewährleistet sein, alle Angelegenheiten der örtlichen Gemeinschaft im Rahmen der Gesetze in eigener Verantwortung zu regeln. Auch die Verfassung für Nordrhein-Westfalen garantiert die kommunale Selbstverwaltung.

Zu den sogenannten höheren Gemeindeverbänden zählen die Landschaftsverbände Westfalen-Lippe und Rheinland.

Landschaftsverband Rheinland Zentralverwaltung
Kennedy-Ufer 2
50679 Köln
Tel 809-0
Fax 809-2200

Zuständig für die Belange der Jugendlichen ist vor allem das Dezernat 4: Jugendwohlfahrt, Schulen. Landschaftsverbände sind Körperschaften des öffentlichen Rechts mit dem Recht der Selbstverwaltung durch ihre gewählten Organe. Mitglieder sind die Kreise und die kreisfreien Städte (früher Westfalen und Lippe). Ihre Aufgaben liegen vor allem in den Bereichen Gesundheit, Soziales, Jugendhilfe, Straßenwesen, landschaftliche Kulturpflege, Kommunalwirtschaft.

In einigen Städten gibt es so etwas wie Kinderparlamente, wo die Kinder mit z.B. dem Bürgermeister diskutieren. Doch häufig dienen diese Veranstaltungen mehr der eigenen Propaganda als den Anliegen der Kinder. Neben diesen öffentlichen Trägern existieren auch freie Träger der Kinder- und Jugendhilfe und des Jugendschutzes. Sie arbeiten nach dem Subsidiaritätsprinzip und werden vollständig oder teilweise mit Bundes- oder Landesmitteln gefördert. Die wichtigsten sind:

Bundesarbeitsgemeinschaft Kinder- und Jugendschutz (BAJ)
Haager Weg 44
53127 Bonn
Tel 0228 - 299421
Fax 0228 - 282773

Die BAJ koordiniert auf Bundesebene die Aktivitäten und Vorhaben im Bereich der gesetzlichen, des erzieherischen und des strukturellen Kinder- und Jugendschutzes. Ihr angeschlossen sind 14 Landesarbeitsgemeinschaften. Sie führt Fachtagungen und Expertengespräche durch und fördert den Dialog über Jugendschutzfragen mit den zuständigen Stellen der Legislative und der Exekutive auf Bundesebene. Sie ist Herausgeberin der Fachzeitschrift für Jugendschutz »Kind, Jugend, Gesellschaft« und betreut Projekte aus dem Bereich des Kinder- und Jugendschutzes.

Deutscher Bundesjugendring
Haager Weg 44
53127 Bonn
Tel 0228 - 91021-0
Fax 0228 - 91021-22

Dem Bundesjugendring sind 21 Jugendverbände, 5 Anschlußverbände und 16 Landesjugendringe angeschlossen. Seine Arbeit umfaßt drei Schwerpunkte: Die Vertretung jugendpolitischer Interessen gegenüber Parlament, Regierung und Öffentlichkeit. Die Aufrechterhaltung des Informationsflusses zwischen den Mitgliedsorganisationen insbesondere in Fragen der Jugendpolitik. Die Repräsentation der Jugendorganisationen im Ausland.

Arbeitsgemeinschaft der Evangelischen Jugend in der Bundesrepublik Deutschland
Otto-Brenner Str. 9
30159 Hannover
Tel 0511 - 1215-0
Fax 0551 - 1215-299

Diese Arbeitsgemeinschaft vertritt als Dachorganisation die Interessen der evangelischen Jugend auf Bundesebene gegenüber Bundesministerien, Fachorganisationen und internationalen Partnern.

Bund der Deutschen Katholischen Jugend (BDKJ)
Carl-Mosters-Platz 1
40477 Düsseldorf
Tel 0211 - 4693-0
Fax 4693-120

Als Dachorganisation der katholischen Jugendverbände vertritt er die Interessen junger Menschen in Kirche, Gesellschaft und Staat, insbesondere in der Jugendgesetzgebung und -förderung sowie in der Bildungs-, Berufs- und Gesellschaftspolitik.

Ministerium für Arbeit, Gesundheit und Soziales
Abt. IV Kinder, Jugend und Familie
Landeshaus
Horionplatz 1
40213 Düsseldorf
Tel 0211 - 837-03
Fax 0211 - 837-3683

BERATUNG UND HILFE

Ministerium für die Gleichstellung von Frau und Mann
Breite Str. 27
40213 Düsseldorf
Tel 0211 - 837-05
Fax 0211 - 837-4708

Innerhalb dieses Ministerium werden die Belange der Kinder und Jugendlichen vor allem verwaltet in der Gruppe III Soziale und politische Infrastruktur, Familie, Jugend, Bildung, Kultur und dort im Referat III 2: Familie, Kinderbetreuung, Jugend und im Referat III 3: Gewalt gegen Frauen und sexueller Mißbrauch von Kindern

Ministerium für Bundesangelegenheiten des Landes Nordrhein-Westfalen
Friedrich-Ebert-Allee 30
53113 Bonn
Tel 0228 - 5303-0
Fax 0228 - 5303-221
Hier im Referat 7: Arbeit und Soziales, Familie und Jugend, Gesundheitswesen, Vertriebene, Flüchtlinge und Kriegsgeschädigte.

BERATUNG UND HILFE

Ev. Arbeitskreis für Kinder- und Jugendschutz Nordrhein-Westfalen
Friesenring 32
48147 Münster
Tel 0251 - 2709-290/91
Fax 0251 - 2709-253

Kath. Landesarbeitsgemeinschaft Kinder- und Jugendschutz Nordrhein-Westfalen
Salzstraße 8
48143 Münster
Tel 0251 - 54027 und 40142
Fax 0251 - 518609

Arbeitsgemeinschaft Kinder- und Jugendschutz (AJS) Landesstelle Nordrhein-Westfalen
Poststr. 15-18
50676 Köln
Tel 921392-0
Fax 921392-20

Rückseite des Amtsgerichts, Luxemburger Straße

Der deutsche Kinderschutzbund (DKSB) gliedert sich in einen Bundesverband, verschiedene Landesverbände und zahlreiche Ortsverbände.

DEUTSCHER KINDERSCHUTZBUND

Schiffgraben 29
30159 Hannover
Tel 0551 - 30485-0
Fax 0511 - 30485-49

Der Kinderschutzbund hat in der Bundesrepublik über 50 000 Mitglieder. (Der Deutsche Tierschutzbund hat ca. 700.000 Mitglieder). Sein Ziel ist, die im Grundgesetz verankerten Rechte für Kinder und Jugendliche zu verwirklichen, ihre körperliche, seelische, geistige und soziale Entwicklung zu fördern, deren Gefährdung entgegenzuwirken, in diesem Sinne Gesetzgebung und Behörden zu entsprechenden Maßnahmen anzuregen und die öffentliche Meinung zu beeinflussen.

AUS EINEM BERICHT DES KINDERSCHUTZBUNDES:
In der Bundesrepublik ist es in den letzten Jahren gelungen, auch die familiale Gewalt gegen Kinder zu einem öffentlichen Thema zu machen ... Lebensumstände und eigene lebensgeschichtliche Erfahrungen der Eltern wurden zur Erklärung ihrer gewaltsamen Übergriffe gegen Kinder herangezogen ... Allerdings gestaltet sich die Etablierung entsprechender Hilfseinrichtungen äußerst schwierig. Von den Kommunen wird hierfür ihre Finanzknappheit ins Feld geführt.

Der Deutsche Kinderschutzbund sieht hier allerdings eine Mißachtung der Rechte der Kinder. Er erkennt dabei einen Zusammenhang zwischen der Einstellung der Erwachsenen gegenüber Kindern, einer unzureichenden Politik im Hinblick auf die Bedürfnisse von Kindern und der Gewalt in Familien. »Wenn sich Erwachsene beim Einkaufen vor Kinder drängen oder mit ihrem Auto Gehwege blockieren, wenn Tempo-30-Zonen verhindert werden ... dann werden das Wohlergehen oder die Sicherheit von Kindern unmittelbar beeinträchtigt. Wenn den Kindern ein Rechtsanspruch auf einen Kindergartenplatz oder andere Jugendhilfeleistungen vorenthalten wird ... dann drückt sich darin die gleiche Vernachlässigung von Kindern aus. Sie führt letztlich dazu, daß ein Teil der Eltern unter dem Druck der Verhältnisse ihrer Aufgabe nicht mehr gerecht werden kann und sich schließlich sogar an seinen eigenen Kindern vergreift. So gibt es eine Skala, die verdeutlicht, daß die alltäglichen Beeinträchtigungen, unter denen Kinder leiden, letztlich bis zur psychischen und körperlichen Mißhandlung führen können.«

Der vom Kinderschutzbund beschriebene »Druck der Verhältnisse«, durch den Eltern ihrer Aufgabe nicht mehr gerecht werden können wird indirekt auch von den Medien ausgeübt, die ständig nach härteren Strafen gegen auffällig gewordene Kinder und Jugendliche rufen. Man muß kein Prophet sein, um voraussagen zu können, daß alle wohlmeinenden Kinder- und Jugendschutzmaßnahmen gut gemeint sind, aber zur Wirkungslosigkeit verkommen, wenn die Verarmung weiter wächst und Jugendliche keine Ausbildungsplätze finden oder nach beendeter Ausbildung in der Dauerarbeitslosigkeit landen. Am 6.2.1997 schlug der DGB Alarm: jeder fünfte Jugendliche in der Bundesrepublik ist ohne Ausbildungsplatz. Die Zahl derjenigen, die einen Ausbildungsplatz haben, und nach der Ausbildung keine Arbeit finden, betrifft sogar jeden vierten Jugendlichen. Jedes elfte Kind wächst in der Bundesrepublik inzwischen in einer Familie auf, die von der Sozialhilfe lebt. Die zweithöchste Armutsbelastung tragen -nach den SeniorInnen - die Jugendlichen im Alter bis 17 Jahren, dann folgen die 18 - 20jährigen. Der Anteil der jungen Wohnungslosen steigt.

Umfrageergebnisse zum Thema Politik und Jugend ergeben, daß nur noch ein verschwindend geringer Teil der Jugendlichen und Heranwachsenden glaubt, daß ihre Interessen von der Politik wirklich berücksichtigt werden. Mit der abgerissenen Verbindung der Politik zu immer größer werdenden Teilen der Jugend, hat der Jugendschutz seine Basis verloren. Und weil die Jugendlichen den für ihre Misere Verantwortlichen nicht mehr trauen, kriegen sie prompt die Quittung - in alter selbstgerechter Manier: in der Öffentlichkeit wird zunehmend Schutz vor Teilen der Jugend thematisiert, ja man spricht sogar schon vom einem Feindbild Jugendliche.

Polizei sucht nach überfallener Frau

Drei Kinder im Alter von zehn und elf Jahren haben am Montag abend eine ältere Frau beraubt. Die Kinder hatten der Frau an der Straßenbahnhaltestelle Sülzgürtel/ Luxemburger Straße die Handtasche entrissen. Ein Zeuge nahm die Verfolgung der Räuber auf und stellte sie nach wenigen Metern. Als die Polizei am Tatort eintraf, war die Überfallene bereits verschwunden. Die Frau wird gebeten, sich unter 02 21/2 29-1 bei der Polizeiinspektion 3 zu melden. Die drei Kinder wurden ins Sülzer Kinderheim gebracht. (pf)

Kölner Stadt-Anzeiger vom 13.2.1997

AMT FÜR KINDERINTERESSEN

Stadt Köln
Johannisstraße 66-80
50668 Köln
Tel 221-5834/-5835

Der Rat der Stadt Köln hat 1990 die Einrichtung eines Amtes für Kinderinteressen beschlossen. Das so in der Bundesrepublik erstmalig geschaffene Amt stützt seine Aufgabenbestimmung auf die Globalziele des präventiv orientierten Kinder- und Jugendhilfegesetzes:
- junge Menschen sollen in ihrer individuellen und sozialen Entwicklung gefördert und Benachteiligungen abgebaut werden.
- jungen Menschen soll das Hineinwachsen in die Gesellschaft erleichtert werden.
- jungen Menschen sollen möglichst positive Lebensbedingungen in Familie und Umwelt geschaffen werden.
- Wo immer hierzu Konzeptionen und Planungen entwickelt werden, ist das Amt für Kinderinteressen zuständig.

INTERESSENVERTRETUNG UND PLANUNG
Folgende Aufgaben werden wahrgenommen:
ANWALTSCHAFT UND BERATUNG, TEL 221-2026
Kinder und Eltern finden hier für Ihre Anregungen und Hilfeersuchen Beratung und Unterstützung. Zur Anwaltschaft gehören alle Aktivitäten, die der Umsetzung von Kinderinteressen in Köln dienen. Hier wird für den Transfer in die »Welt der Erwachsenen« gesorgt.
KÖLNER KINDERTELEFON »JULE«, TEL 221-4050
Jule ist ein Bürgertelefon für grundsätzliche und persönliche Anliegen der Kinder in Köln. Jule ist damit ihr »heißer Draht« zur Stadtverwaltung. Junge Menschen, aber auch Eltern und andere Bürger, können sich hier informieren und beraten lassen. In den üblichen Dienstzeiten finden sie aufgeschlossene Gesprächspartner.
RATHAUSSCHULE, TEL 221-2928
Hier werden kommunalpolitische Themen mit Kinder- und Jugendgruppen lebendig und praxisnah durchleuchtet.
JUGENDHILFEPLANUNG
Eine wichtige Aufgabe des Amtes ist die Jugendhilfeplanung. Diese ist Planungsstelle für alle Aufgaben der Jugendhilfe. Sie wird vor allem für das Jugendamt tätig, arbeitet aber auch mit allen anderen Dienststellen zusammen, deren Tätigkeiten die Lebensbedingungen von Kindern, Jugendlichen und ihren Familien beeinflussen. Hier wird der Bedarf an Einrichtungen und Diensten unter Berück-

sichtigung der Wünsche, Bedürfnisse und Interessen der jungen Menschen und der Personensorgeberechtigten für einen mittelfristigen Zeitraum ermittelt. Selbstverständlich werden alle anderen Dienste, insbesondere die freien Träger, in die Arbeit einbezogen.

Freizeit- und Spielpädagogik

Eine weitere Schwerpunktaufgabe des Amtes für Kinderinteressen ist die Verbesserung der Freizeit- und Spielmöglichkeiten von Kindern und Jugendlichen.

Spielräume für Kinder:

Öffentliche Spielplätze, Tel 221-5429/-5567/-4145

Die Stadt Köln unterhält 561 öffentliche Spielplätze. Das Amt für Kinderinteressen ist zuständig für die Planung und den Bau dieser Spielplätze. Hier gibt es Auskunft über alle Fragen im Zusammenhang mit öffentlichen Spielplätzen. Auch die Spielplatzsatzung der Stadt Köln für öffentliche Spielplätze ist hier erhältlich.

Kita-Aussenflächen, Tel 221-4588

Das Amt ist auch für die Gestaltung der Außenanlagen von städtischen Kitas zuständig. Die Aufgabe umfaßt sowohl die Planung als auch den Bau dieser Flächen. Auskunft über Gestaltungsfragen werden unter o.g. Telefonnummer gegeben.

Schulhöfe, Tel 221-5567/-5429

Wenn Sie Fragen zur Schulhofgestaltung haben, dann können Sie sich bei den Mitarbeitern des Amtes beraten lassen.

Private Spielplätze, Tel 221-5429

Die Träger von privaten Spielplätzen oder auch andere Interessierte können sich bei der Planung und Realisierung dieser Einrichtungen beraten lassen. Zu diesem Thema ist auch die Satzung der Stadt Köln über die Lage, Größe, Beschaffenheit und Ausstattung und Unterhaltung von Spielflächen für Kleinkinder erhältlich.

Beteiligungsprojekte, Tel 221-5429/-5567

Im Rahmen von Beteiligungsprojekten können Kinder und Jugendliche gemeinsam mit Fachleuten der Stadtverwaltung Ideen für ihren zukünftigen Spielplatz entwickeln. Die Kinder erfahren dabei auch, welche Schritte erforderlich sind, um einen Spielplatz zu bauen.

Spielplatzpaten, Tel 221-4145

Viele Bürger, aber auch Vereine und Initiativen haben bereits die ehrenamtliche Aufgabe übernommen und kümmern sich in Zusammenarbeit mit der Stadtverwaltung engagiert um einen Spielplatz. Weitere Spielplatzpaten werden noch gesucht! Melden Sie sich doch!

Spielcontainer, Tel 221-5520/-4145

Eltern, Initiativgruppen oder Vereine können sich z.B. für Kinderfeste einen Spielcontainer gegen eine Gebühr ausleihen. Die großen, bunt angemalten Spielkisten (3,50m Länge, 2,50m Breite, 2,50m Höhe) sind vollgefüllt mit vielfältigen Spielmaterialien und Geräten.

KIND UND VERKEHR, TEL 221-3789
Auf dem Weg zur Schule, zum Spielplatz und zu Freizeiteinrichtungen kommen Kinder überall mit dem Straßenverkehr in Berührung, der aufgrund der heutigen Verkehrsverhältnisse vielfältige Anforderungen an sie stellt.
   Das Projekt Kind und Verkehr sieht seine Aufgabe darin, Kinder als gleichberechtigte Partner im Straßenverkehr zu unterstützen, das Bewußtsein der Erwachsenen für die Belange der Kinder im Straßenverkehr zu fördern und Akzente für eine verkehrssichere und kinderfreundliche Umwelt im Rahmen einer integrierten Verkehrssicherheitsarbeit zu setzen.

JUGEND-VERKEHRSSCHULEN, TEL 221-5567
Die Durchführung des praktischen Verkehrsunterrichts in der Jugendverkehrsschule ist integrierter Bestandteil der Verkehrserziehungsarbeit an Kölner Grundschulen. Kinder üben im Rahmen der schulischen Verkehrserziehung, sich als Fußgänger und Radfahrer sicher und verkehrsgerecht zu bewegen.

FREILUFT- UND GARTENARBEITSSCHULE (FREILUGA), TEL 221-4588
Hier erleben Schülerinnen und Schüler unter fachlicher Anleitung von Lehrern Biologieunterricht anhand praktischer Beispiele im Schulgarten. Es wird versucht, bei den Schülern Verständnis für die Natur und ökologische Zusammenhänge zu wecken. Dabei ist es nicht nur Ziel, den Großstadtkindern eine vorbildlich gepflegte Gartenanlage vorzuführen, sondern auch einen verantwortungsvollen Umgang mit der Natur zu vermitteln. Dazu werden vom Amt für Kinderinteressen auch Führungen angeboten.

SPIELPÄDAGOGISCHE PROGRAMME:

ROLLENDE SPIELPLÄTZE, »JUPPI«, TEL 221-5570
Dies sind zwei zu Spielmobilen umgerüstete Lastkraftwagen, die mit vielerlei Spielmaterial für drinnen und draußen ausgerüstet sind. Jede Woche steuern sie einen anderen Standpunkt in rechts- oder linksrheinischen Stadtgebieten an. Kinder finden hier Rutsche, Trampolin, Planschbecken, Sprungbecken, Hockeyschläger, Bastel- und Werkmaterial und vieles mehr. Bei schlechtem Wetter ist der Juppi ein überdachter Gruppenraum.

FERIENSPIELAKTIONEN, TEL 221-5570
Im Rahmen dieser Programme werden in allen Schulferien Spielfeste und Ferienangebote zu bestimmten Themen durchgeführt, z.B.«Abenteuer im Dschungel« oder »Sommerspuk im Mülheimer Stadtgarten«.

KÖLN-FERIEN-PROGRAMM, TEL 221-5570
In diesem Programm erfahren Kinder und Jugendliche, was in den Sommerferien in Köln los ist. Aufgeführt sind Sommerferienprogramme der Kinder- und Ju-

gendeinrichtungen, Kurse und Workshops, Adressen, Telefonnummern, Öffnungszeiten und vieles mehr.

»ÄKTSCHEN«-TELEFON, TEL 221-5555
»Äktschen«-Tips rund um die Uhr. Ein automatischer Ansagedienst informiert Kinder und Jugendliche über Freizeitangebote wie Spielaktionen, Kindertheater, Ferienprogramme, Ausflüge, Discos und Feste. Veranstalter für Kinder- und Jugendaktionen können über das »Äktschen«-Telefon ihre Informationen direkt an interessierte Kinder weiterleiten. Die Ansagen werden wöchentlich aktualisiert.

WELTKINDERTAG, TEL 221-5570
Jedes Jahr findet anläßlich des Weltkindertages (20.09.) jeweils an einem Sonntag ein Riesenspielefest am Rheinufer statt. Ein buntes Programm erwartet Groß und Klein. Dazu sind alle Kinder und Erwachsenen herzlich eingeladen.

BERATUNGSSERVICE »GUTES SPIELZEUG«, TEL 221-4278/-5568
Hinweise und Empfehlungen für Kinder- und Jugendliteratur sowie Spielzeug können beim Beratungsservice eingeholt werden. Über die Beratung bei der Auswahl von Büchern und Spielzeug hinaus informiert der Service über kindliche Bedürfnisse und die entwicklungspsychologische Bedeutung von Spielen.
Telefonische Beratung, Terminabsprachen für ein persönliches Gespräch oder Informationen über Broschüren, Vorträge und Seminare zum Thema:
dienstags von 9.00 bis 11.00 Uhr,
donnerstags von 13.00 bis 15.00 Uhr und nach Absprache.

SPIELMÖGLICHKEITEN FÜR KINDER IM HÄUSLICHEN NAHBEREICH, TEL 221-5429
Kinder benötigen »ihren Platz«. Um für Kinder eine Wohnumgebung zu schaffen, die eine gesunde Bewegung ermöglicht, Sinne entfaltet und Kreativität sowie soziales Verhalten fördert, wurden Ideen entwickelt, die Eltern und anderen Erwachsenen bei Gestaltungsfragen Anregungen geben sollen.

JUGENDAMT DER STADT KÖLN

Pädagogische und soziale Dienste
Zimmer 376 und 377
Johannisstr. 66 - 80
50668 Köln
Tel 2215575 - 2214413

Beratung und Hilfe für Kinder und jugendliche Ausreißer und Trebegänger, die nicht aus Köln kommen.

STREETWORK DOM, HAUPTBAHNHOF, NEUMARKT:
Ansprechpartner/Ansprechpartnerin für alle Kinder und Jugendlichen, die sich in diesem Bereich aufhalten.
Beratung bei allgemeinen Schwierigkeiten, z.b.
▸ Kontaktaufnahme mit den Eltern, mit Heimen, mit der Vermißtenstelle
▸ bei wirtschaftlichen Problemen usw.

Beratung und Hilfe für alleinreisende minderjährige Flüchtlinge
Johannisstr. 66-80
Zimmer 457
50668 Köln
Tel 2216120

Jugendberatungsstelle für Arbeits- und Berufsfragen
Hansaring 84
50670 Köln
Tel 221-9544

BERATUNGSHILFEN
▸ für arbeitslose und von Arbeitslosigkeit bedrohte Jugendliche und junge Erwachsene, für Schüler der Sekundarstufe I, Auszubildende und Jungarbeiter
▸ bei Fragen der Berufswahl, der Berufsplanung, des Berufseinstiegs, der Arbeitsplatzsicherung und der schulischen Weiterbildung

In Informations- und Bildungsveranstaltungen werden außerdem Probleme der beruflichen Bildungs- und Handlungsmöglichkeiten zur Überwindung von Arbeitslosigkeit diskutiert.

In Fortbildungsveranstaltungen für Multiplikatoren aus Schule und Sozialarbeit werden Einrichtungen und deren Angebote vorgestellt.

Jugendgerichtshilfe
Johannisstr. 66 - 80
50668 Köln
Tel 2214865 - 2214854
siehe Kapitel Jugendgerichtshilfe

Jugendförderung Drogen- und Suchtprävention
Johannisstr. 66 - 80
50668 Köln
Tel 2215425

Im Jahresbereicht von Rat und Verwaltung 1995 steht auch der Jahresbericht des Jugendamtes der Stadt Köln. Da das über 30 Seiten sind, können wir allen, die die Arbeit des Jugendamtes nicht kennen, nur empfehlen, sich dieses Jahresbericht mal durchzulesen. Er ist erhältlich bei:

Amt für Statistik
  Stadthaus Chorweiler
  Athener Ring 4
  50765 Köln

Wachturm der JVA Köln

B: Die Doppelbestrafung ausländischer Jugendlicher

AUSLÄNDERRECHT UND JUGENDSTRAFE
von Dr. Hans Heinz Heldmann

DREI THESEN VORAB:
A. Jugendstrafe darf im Ausländerrecht nicht der Freiheitsstrafe gleichgesetzt werden.
B. Ein kriminogener Faktor ersten Ranges für strafbares Verhalten junger Ausländer ist die Deklassierung von Ausländern durch unser Ausländerrecht.
C. Wenn das Leben in unserer Gesellschaft den jungen Ausländer asozial geraten ließ, dann ist es die Aufgabe unserer Gesellschaft, ihn zu resozialisieren. Dieser Aufgabe dürfen wir uns nicht durch Ausweisung des jungen Ausländers entziehen.

1. Im Wahljahr 1994 haben die Regierungsparteien die Eingebung empfangen, daß Verbrechen bekämpft werden müssen, woraus das »Verbrechensbekämpfungsgesetz« vom 28.10.1994 geriet, was neben vielem anderen ganz subcutan auch das Ausländerrecht neu regelte, indem es der »Freiheitsstrafe« die »Jugendstrafe« gleichsetzte, um noch mehr als bisher ausweisen zu können (§47 Ausländergesetz (AuslG)).

2. Das Jugendgerichtsgesetz (JGG) von 1974 (zuletzt geändert durch das »Verbrechensbekämpfungsgesetz« vom 28.10.1994) bestimmt Strafmündigkeit mit 14 Jahren, behandelt als »Jugendliche« Personen von 14-18 Jahren, als »Heranwachsende« Personen von 18 Jahren bis zur Vollendung des 21. Lebensjahres (§ 1 JGG).

Auf einen Heranwachsenden ist Jugendstrafrecht anzuwenden, wenn »er zur Zeit der Tat nach seiner sittlichen und geistigen Entwicklung noch einem Jugendlichen gleichstand« oder wenn »es sich nach der Art, den Umständen oder den Beweggründen der Tat um eine Jugendverfehlung handelt« (§105 JGG).

3. Die Jugendstrafe ist nur eine der Sanktionen im Jugendstrafrecht, welches dem

Erziehungsgedanken sich verpflichtet fühlen soll, und es ist die letzte, die härteste: »wenn wegen der schädlichen Neigungen des Jugendlichen, die in der Tat hervorgetreten sind,«Erziehungsmaßregeln oder Zuchtmittel zur Erziehung nicht ausreichen oder wenn wegen der Schwere der Schuld Strafe erforderlich ist« (§17 JGG).

Das Mindestmaß der Jugendstrafe beträgt 6 Monate (§18 JGG), während im Erwachsenenstrafrecht die Mindestdauer ein Monat ist.

Und dieses Jugendstrafrecht steht unter dem Leitsatz (§18 Abs.2 JGG): »Die Jugendstrafe ist so zu bemessen, daß die erforderliche erzieherische Einwirkung möglich ist.«

§31 Abs.2 JGG gibt eine weitere Besonderheit: Der Jugendrichter hat eine sehr viel größere Freiheit als der Strafrichter, Gesamtstrafen zu bilden und in eine Gesamtfreiheitsstrafe etwa auch Erziehungsmaßregeln und Zuchtmittel einzuschließen, solche also bei der Gesamtfreiheitsstrafe vorangegangenen Freiheitsstrafen gleichzubehandeln.

4. Wer je in ein jugendstrafrechtliches Ermittlungsverfahren geraten ist, steckt in allen möglichen Dateien; in erster Linie in denen der Ausländerverwaltung: §76 Abs.4 des Ausländergesetzes von 1990 schreibt zwingend den Verfolgungsbehörden (auch den für Ordnungswidrigkeiten zuständigen Verwaltungsbehörden) die »Übermittlung an Ausländerbehörden« vor. Die meisten Juristen außer den Regierungsjuristen halten diese unermeßlichen Übermittlungspflichten als Verletzung der Persönlichkeitsrechte für verfassungswidrig. Aber die Datenübermittlung funktioniert (auch wenn der Betroffene nichts davon weiß).

5. Damit schon befinden wir uns im Ausländerrecht; und zwar zuvörderst im Ausweisungsrecht. Und das ist unermeßlich wie das ausländerrechtliche Datenübermittlungsrecht. Basisnorm ist §45 Abs.1 AuslG, welcher den Geist dieses ganzen Gesetzes widerspiegelt: »Ein Ausländer kann ausgewiesen werden, wenn sein Aufenthalt die öffentliche Sicherheit und Ordnung oder sonstige erhebliche Interessen der Bundesrepublik Deutschland beeinträchtigt.«

Dieser hervorragend unbestimmte Text beschreibt den schwerstwiegenden Eingriff im Ausländerrecht: Ausweisung vernichtet, regelmäßig, die inländische Existenz und wirkt schlimmer als Kriminalstrafe. Deswegen hat recht, wer hier von »Doppelbestrafung« des Ausländers spricht. Besonders schlimm trifft junge Ausländer, die hier herangewachsen sind, die Entfernung aus ihrer gewohnten Umgebung, aus ihrer Schule, aus ihrem Freundeskreis, aus ihrer Familie, und die Deportation in ein ihnen völlig fremdes Land, mit welchem sie nichts anderes mehr verbindet als das formelle Band der Staatsangehörigkeit.

6. Die Unbestimmtheit des Grundtatbestandes für die Ausweisung in §45 Abs.1

AuslG soll gerechtfertigt werden mit der systematischen Bindung an §46 (»Einzelne Ausweisungsgründe«). Aber dort wird es erst richtig schlimm, z.B. in §46 Nr.2 AuslG: »Nach §45 Abs.1 kann insbesondere ausgewiesen werden, wer...2. einen nicht nur vereinzelten oder geringfügigen Verstoß gegen Rechtsvorschriften oder gerichtliche oder behördliche Entscheidungen oder Verfügungen begangen...hat.«

So verweist ein Blankette-Tatbestand auf den nächsten Blankette-Tatbestand. Und es erweist sich damit, daß nicht §45 Abs.1 AuslG aus etwa §46 Nr.2 AuslG konkretisiert werden kann. Und auf diesen beiden Beinen steht fest unser Ausweisungsrecht.

7. In die innere Problematik führt uns dann §47 AuslG, wo Ausweisung bemessen wird nach Quantität von Freiheitsstrafe. Das heißt: »Ausweisung wegen besonderer Gefährlichkeit«. Der Gesetzgeber von 1990 hat dem §47 AuslG (den Tatbeständen der sogenannten Muß-Ausweisung) Freiheitsstrafen als Kriterium gegeben - nicht also (ausdrücklich) die »Jugendstrafe«. Und bis zur »Verbrechensbekämpfung« von 1994 hatte sich in Literatur und Rechtsprechung als die herrschende Meinung gebildet, daß der »Freiheitsstrafe« in 47 AuslG nicht die »Jugendstrafe« gleichgesetzt werden darf.

Gegen den Bayerischen Verwaltungsgerichtshof und das Verwaltungsgericht Darmstadt war, soweit ich sehe, einheitliche Rechtsprechung: Jugendstrafe ist keine Freiheitsstrafe im Sinne von § 47 des Ausländergesetzes.

Seit 1994 (»Verbrechensbekämpfungsgesetz«) heißt es statt dessen in §47 AuslG: »Freiheits- oder Jugendstrafe«.

8. Wer Jugendstrafe der Freiheitsstrafe im Sinne des §47 AuslG gleichsetzt, übersieht die §18 Abs.2 und §31 Abs.2 JGG, §18 Abs.2 JGG: » Die Jugendstrafe ist so zu bemessen, daß die erforderliche erzieherische Einwirkung möglich ist.« §31 Abs.2 JGG: »Ist gegen den Jugendlichen wegen eines Teil der Straftaten bereits rechtskräftig die Schuld festgestellt oder eine Erziehungsmaßregel, ein Zuchtmittel oder eine Jugendstrafe festgesetzt worden, aber noch nicht vollständig ausgeführt, verbüßt oder sonst erledigt, wo wird unter Einbeziehung des Urteils in gleicher Weise nur einheitlich auf Maßnahmen oder Jugendstrafe erkannt. Die Anrechnung bereits verbüßten Jugendarrestes steht im Ermessen des Richters, wenn er auf Jugendstrafe erkennt.«

Das Kriminologische Forschungsinstitut Niedersachsen e.V., (Prof.Dr. Christian Pfeiffer) hat im Mai 1991 seinen Forschungsbericht veröffentlicht: »Unser Jugendstrafrecht - eine Strafe für die Jugend? Die Schlechterstellung junger Straftäter durch das JGG - Ausmaß, Entstehungsgeschichte und kriminalpolitische Folgerungen«. Die Studie belegt, daß Jugendliche »erheblich härter« als Erwachsene bestraft werden und »daß sie ein erheblich höheres Risiko haben, mit Freiheitsentzug bestraft zu werden als Erwachsene«.

Die Kriminologen kommen - etwas summarisch wiedergegeben - zu dem Ergebnis, daß Jugendliche bis zur Vollendung des 21. Lebensjahres im Bundesdurchschnitt doppelt so hohe Freiheitsstrafen bekommen wie Erwachsene. Pfeiffer sagt: »es paßt so gar nicht zu den gängigen Alltagstheorien, daß das so viel gepriesene JGG ein Gesetz sein soll, das unter dem Deckmantel einer gefälligen Erziehungsterminologie besonders scharfe Repression ermöglicht.« Das folgt aus der Mindest-Strafen-Regelung im Jugendstrafrecht (§ 18 JGG, siehe oben); ferner aus dem Strafbemessungsgebot der erforderlichen erzieherischen Einwirkung (§18 Abs.2 JGG); ferner aus den Geamtstrafen-Regeln des §31 JGG (anders als im Erwachsenenstrafrecht), wonach ganz verschiedene Sanktionen des Jugendstrafrechts aus mehreren Verfahren am Ende des letzten oder gar nach dem Ende des letzten zu einer Gesamtfreiheitsstrafe zusammengefaßt werden können. (»nur einheitlich ... oder eine Jugendstrafe«). Die Anrechnung bereits verbüßten Jugendarrestes steht im Ermessen des Richters, wenn er auf Jugendstrafe erkennt. So kommt es dann im Schnitt zu beträchtlich höheren Jugendstrafen (als vergleichsweise im Erwachsenenstrafrecht). Pfeiffer und seine Arbeitsgruppe erklären das auch historisch: Das Jugendgerichtsgesetz beruht auf dem Reichsjugendgerichtsgesetz von 1923, das tatsächlich die Stellung der Jugendlichen im Strafrecht verbessern wollte und dafür den Grundsatz voranstellte: Erziehen statt Strafen. Die nationalsozialistische Gesetzesreform von 1934 machte daraus das Gegenprinzip: Erziehen durch Strafe. Den Gesetzgebern der Bundesrepublik ist nicht gelungen, diese Rechtsperversion zu wenden: »Im Jahr 1953 hat der Bundestag zwar dann solche Passagen des R JGG nicht in das JGG übernommen, die offenkundig nationalsozialistisches Gedankengut enthielten. Die nach 1933 durchgesetzte Wandlung des Erziehungsgedankens im Jugendstrafrecht von einer rein pädagogischen zu einer strafrechtlich-autoritären Konzeption hat man dagegen beibehalten.«

Ich zitiere Pfeiffers abschließende Bemerkung aus dem Gutachten vom Mai 1991: »Im JGG von 1923 konnte der Erziehungsgedanke noch die Funktion übernehmen, strafende Eingriffe gegen junge Menschen zurückzudrängen und auf ein Minimum zu begrenzen. Sein beschriebener Wandel hat ihn zunächst in der Zeit des Nationalsozialismus, dann aber auch seit Einführung des heute geltenden JGG geradezu zum Einfallstor für pädagogisch verbrämte Repression werden lassen. Die das JGG kennzeichnende inflationäre Verwendung einer gefälligen Erziehungsterminologie ... läßt nicht erkennbar werden, daß sich hinter den Begriffen Hilfe und Erziehung oft Strafe verbirgt, die weit über das hinaus geht, was nach dem Schuldprinzip des Allgemeinen Strafrechts zu erwarten wäre.«

9. Es ist aber nicht nur das Ausweisungsrecht unmittelbar, das im Falle einer

Straffälligkeit des jungen Ausländers seine hiesige Existenz berührt. Sondern es gibt eine neue Art von Negativschranke im Ausländergesetz: auch der Anspruch auf Aufenthaltserlaubnis wird vernichtet durch den Befund, daß ein Ausweisungsgrund vorliege; gleich, ob er zu einer Ausweisung oder auch nur zu einer Ausweisungsverfügung geführt hat/hatte, das betrifft das Wiederkehrrecht des jungen Ausländers nach § 16 AuslG. Das trifft sein Familiennachzugsrecht nach den §§ 18 und 20 AuslG. Mit dem »Ausweisungsgrund« wird die unbefristete Aufenthaltserlaubnis auch bei Vorliegen aller Voraussetzungen verwehrt, § 24 AuslG. Jugendstrafe von sechs Monaten, die nicht zur Bewährung ausgesetzt und nach Ablauf der Bewährungszeit erlassen worden ist, oder Jugendstrafe von mehr als sechs Monaten vernichtet den Einbürgerungsanspruch des jungen Ausländers nach § 85 AuslG.

Erfährt - wie es kommen muß, § 76 AuslG - die Ausländerbehörde die Einleitung eines Ermittlungsverfahrens, dann wir sie auch eine befristete Aufenthaltserlaubnis nicht verlängern, sondern dann wird sie quartalsweise sogenannte Erfassungsstempel nach § 69 AuslG geben, mit welchem kein junger Ausländer einen Arbeitsplatz oder eine Lehrstelle bekommen kann.

Dann fängt er eines Tages an, spazieren zu gehen. Und wie das weitergeht und wo das endet, können wir täglich im Lokalteil unserer Zeitung nachlesen.

10. § 48 AuslG ist überschrieben: »Besonderer Ausweisungsschutz«. Positiven Inhalt jedenfalls hat sein Absatz 2: Auch minderjährige Ausländer, deren Eltern sich rechtmäßig im Bundesgebiet aufhalten, können ausgewiesen werden.

Das halte ich für eine mehrfache Verfassungsverletzung:
Artikel 6 Abs.1 des Grundgesetzes (GG) stellt die Familie unter den »besonderen« Schutz der staatlichen Ordnung. Und Absatz 2 gibt jedem Kind das Grundrecht auf Pflege und Erziehung durch seine Eltern und gewährleistet auch für ausländische Eltern in Deutschland das Pflichtrecht zur Pflege und Erziehung ihrer Kinder. Dazu gehört das Aufenthaltsbestimmungsrecht.

Artikel 6 GG gibt ein Jedermann-Grundrecht, gilt also nicht nur für Deutsche, und ist ein vorbehaltfreies Grundrecht, steht also nicht unter dem Vorbehalt eines einschränkenden Gesetzes. Vor vielen Jahren hat dazu das Bundesverfassungsgericht einmal gesagt - es ist 24 Jahre her - : »Anders als einige andere Grundrechtsbestimmungen enthält Art.6 Abs.1 GG keine Beschränkung auf Deutsche, zudem betrifft das Grundrecht einen für alle Menschen bedeutsamen Bereich der persönlichsten Lebensgestaltung.«

Die Verfassung selbst enthält den Vorbehalt spezifischer Einschränkung dieses Grundrechts von Eltern und Kindern in Abs.3 von Art.6: »Gegen den Willen der Erziehungsberechtigten dürfen Kinder nur aufgrund eines Gesetzes von der

Familie getrennt werden, wenn die Erziehungsberechtigten versagen oder wenn die Kinder aus anderen Gründen zu verwahrlosen drohen.« Aber dieses Vorbehalt-Gesetz ist eben nicht das Ausländergesetz. Es steht vielmehr dort, wo es hingehört, im Familienrecht des Bürgerlichen Gesetzbuchs, in § 1666a BGB: Maßnahmen zum Schutze des Minderjährigen, mit welchen Familientrennung verbunden ist, »sind nur zulässig, wenn der Gefahr nicht auf andere Weise, auch nicht durch öffentliche Hilfe, begegnet werden kann«. Die Trennung des Minderjährigen von seiner Familie muß also gerade zu seinem Schutze zwingend erforderlich sein (nicht: aus Gründen der öffentlichen Sicherheit und Ordnung). Das Vorbehalt-Gesetz nach Art.6 Abs.3 GG ist strikt zweckbestimmt. Und über § 1666a BGB hinaus erlaubt die Verfassung keine Trennung von Eltern und Kindern »gegen den Willen des Erziehungsberechtigten«.

Frankfurt, den 1.2.1995

Fahndungsplakate, Eingang Polizeipräsidium Köln, Februar 1997

ZUR SITUATION
NICHTDEUTSCHER INHAFTIERTER IN DEN JUSTIZVOLLZUGSANSTALTEN
von Wolfgang Reif

I. ALLGEMEINES
Die Situation der Inhaftierten ohne deutschen Paß in den Justizvollzugsanstalten des Landes ist durch Probleme gekennzeichnet, die von denen der deutschen Inhaftierten z.T. merklich abweichen. Inhaftierte Ausländer, die in Untersuchungs- oder Strafhaft sitzen, sind aufgrund sprachlicher Barrieren isolierter als ihre deutschen Mitinhaftierten und aufgrund ausländerrechtlicher Bestimmungen darüber hinaus auch dem Risiko ausgesetzt, neben einer Freiheitsstrafe auch mit der Landesverweisung rechnen zu müssen. Diese erlebte bzw. erwartete »Doppelbestrafung« durch die Justiz einerseits und die Ausländerbehörden andererseits prägt in entscheidender Weise die Situation der Inhaftierten ohne deutschen Paß in den Justizvollzugsanstalten.

II. STATISTISCHES
Am 31.7.1995 befanden sich in den Justizvollzugsanstalten des Landes Nordrhein-Westfalen 16.503 Inhaftierte. Davon waren 5.180 nichtdeutscher Nationalität. Dies entspricht einem Anteil von 31,4% an der Gesamtbelegung. Für die Justizvollzugsanstalt Köln ergibt sich gegenüber dem Landesdurchschnitt ein etwas anderes Bild: zum Stichtag 31.7.1996 befanden sich 461 Inhaftierte ohne deutschen Paß in der Justizvollzugsanstalt Köln: dies sind 40,6%.

Die Abweichung vom Landesdurchschnitt dürfte mit der urbanen Lage der Justizvollzugsanstalt Köln in Verbindung stehen. Traditionell stellen die Inhaftierten mit türkischem Paß die größte Gruppe der nichtdeutschen Inhaftierten. Ebenfalls zum Stichtag 31.7.1995 betrug ihr Anteil 32,5%, gefolgt von der Gruppe aus dem Gebiet des ehemaligen Jugoslawien mit jeweils 8,7%.

Für die Erhebung der Zahlen am 31.3.1996 liegen, bezogen auf das Land Nordrhein-Westfalen, keine Zahlen vor. Für die Justizvollzugsanstalt Köln ist eine Abnahme sowohl der absoluten wie auch der relativen Zahlen des Anteils der nichtdeutschen Inhaftierten zu verzeichnen. So betrug ihr Anteil am Stichtag mit 395 Inhaftierten 34,8%. Wiederum stellen die türkischen Inhaftierten den größten Anteil mit 33,9%, diesmal gefolgt von den Italienern mit 7,6%, dem Gebiet des ehemaligen Jugoslawien mit 6,8% und den Polen mit 6,1% dar.

Vereinfacht formuliert bedeutet dies, daß in der Justizvollzugsanstalt Köln derzeit jeder Dritte Inhaftierte keinen deutschen Pass besitzt und wiederum jeder dritte nichtdeutsche Inhaftierte türkischer Nationalität ist. Die Nennung der größten ausländischen Gruppen darf jedoch nicht darüber hinwegtäuschen, daß insgesamt 48 Nationalitäten (bezogen auf die Stichtagserhebung vom 31.3.1996) die Gruppe der nichtdeutschen Inhaftierten prägen. Dies führt zu großen Verständigungsschwierigkeiten, die insgesamt betrachtet das größte Problem der nichtdeutschen Inhaftierten ausmachen.

III. PROBLEMBESCHREIBUNG

Bei der Beschreibung der (Haft-)Situation der nichtdeutschen Inaftierten empfiehlt es sich aus pragmatischen Gründen auf den aufenthaltsrechtlichen Status vor Inhaftierungsbeginn und der strafrechtlichen Sanktionierung abzuheben. Zu unterscheiden ist somit zwischen

- nichtdeutschen Untersuchungshäftlingen, die sich vor der Inhaftierung illegal in der Bundesrepublik Deutschland aufgehalten haben, mithin ausreisepflichtig sind, und denen Delikte geringerer Schwere von der Staatsanwaltschaft vorgeworden werden.
- nichtdeutschen Untersuchungshäftlingen, die sich vor der Inhaftierung illegal in der Bundesrepublik Deutschland aufgehalten haben, mithin ausreisepflichtig sind, die aufgrund der Schwere des vorgeworfenen Delikts eine höhere Strafe zu erwarten haben und
- nichtdeutsche Sträflinge, die bereits in Strafhaft sind und eine längere Freiheitsstrafe zu verbüßen haben.

A. ILLEGALER AUFENTHALT BEI GERINGEREM DELIKTVORWURF

1. Allgemeines

Bei diesem Personenkreis ist im allgemeinen eine soziale Integration in der Bundesrepublik Deutschland nicht vorhanden. Es sind illegal in die Bundesrepublik Deutschland eingereiste, die von vornherein in der Illegalität gelebt oder z.B. nach Ablehnung ihres Asylantrags in die Illegalität abgetaucht sind. Häufig stellen die Staatsanwaltschaften zugunsten der Landesverweisungen gem. § 154b StPO das Verfahren ein und die Betroffenen werden durch die Ausländerbehörden in Abschiebehaft genommen und abgeschoben, wobei das Abschiebeverfahren unterschiedlich lange dauert.

2. Persönliche Situation

Die persönliche Situation dieser Personengruppe ist häufig durch große Sprachprobleme gekennzeichnet. Sie sind selten, kaum oder gar nicht in der Lage, sich mit ihren Anliegen oder Problemen verständlich zu machen. Obendrein sind sie finanziell schlecht gestellt. Zwar können Untersuchungshäftlinge nach dem Bundessozialhilfegesetz Taschengeld erhalten, allerdings ist es häufig schwierig, das hierfür zuständige Sozialamt ausfindig zu machen. Sofern ein Wechsel von Untersuchungs- in Abschiebehaft erfolgt, erhält diese Gruppe Taschengeld vom Justizfiskus in Höhe von 1,50 DM täglich. Darüber hinaus erhalten sie aufgrund der in der Regel fehlenden sozialen Integration in der Bundesrepublik Deutschland keine Besuche. Der Kontakt zur Familie in der Heimat ist in den meisten Fällen vollständig abgerissen oder durch die richterliche Postkontrolle aufgrund der Sprachprobleme nur schwierig aufrechtzuerhalten, auf jeden Fall aber nur mit erheblichem Zeitverzug möglich. Der Anteil der Analphabeten unter dieser Personengruppe dürfte nach den Erfahrungen aus der Praxis sehr hoch sein.

3. Rechtliche Situation

Die Rechtsberatung ist mangelhaft. Soweit Untersuchungshaft vollzogen wird, erfolgt die Bestellung eines Pflichtverteidigers gemäß den Vorschriften der StPO nicht sofort, sondern zu einem späteren Zeitpunkt des Verfahrens. Häufig ist dann jedoch schon das Verfahren zugunsten der Abschiebung eingestellt. Zwar haben die Betroffenen hier in der Justizvollzugsanstalt Köln die Gelegenheit, die kostenlose Rechtsberatung des Kölner Anwaltsvereins in Anspruch zu nehmen, jedoch ist diese Erstberatung auch aufgrund der sprachlichen Probleme vielfach unbefriedigend.

Eine notwendige Beratung in ausländerrechtlichen Fragen ist in den meisten Fällen nicht gewährleistet. Betroffene Ausländer sind der Ausländerbehörde ausgeliefert, ohne sich rechtlich gegen getroffene oder beabsichtigte Maßnahmen wehren zu können. Diese Art der rechtlichen Hilfe scheitert an der desolaten wirtschaftlichen Situation der Betroffenen, da der Weg über die Prozeßkostenhilfe für die Anwälte/Innen zu unattraktiv und zum Teil aussichtslos ist. Die wenigen bekannten Rechtsanwälte/Innen, die in diesem Rechtsgebiet Spezialkenntnisse erworben haben, müssen, um auf ihre Kosten zu kommen, entsprechend honoriert werden. Dies ist in vielen Fällen aus den oben dargestellten Gründne nicht möglich.

B. ILLEGALER AUFENTHALT BEI HOHER STRAFERWARTUNG

1. Allgemeines

Im wesentlichen gilt für diesen Personenkreis das gleiche, wie unter »A« beschrieben. Auch hier ist eine Ausweisung wahrscheinlich. Diese liegt wegen der hohen Straferwartung aber in weiter Ferne. Die vorhandenen Probleme verstärken sich regelmäßig im späteren Strafvollzug, da die Verweildauer in den Haftanstalten entsprechend der Höhe der Freiheitsstrafe länger ist. Eine Planung des Vollzuges, wie sie das StVollzG vorsieht, klammert z.B. Hafturlaub und Verlegung in den offenen Vollzug aus.

2. Persönliche Situation
Siehe III.A.2.

3. Rechtliche Situation
Die rechtliche Situation ist nach Rechtskraft des Urteils und Übertritt in die Strafhaft durch die drohende Ausweisung geprägt. Da die Ausreise des Betreffenden nach § 49 II AuslG der Überwachung bedarf, wird eine freiwillige Ausreise nicht in Betracht kommen, sondern die Abschiebung durch die Ausländerbehörde. Diese Perspektive blockiert manche Vollzugsentscheidung (siehe hierzu C.).

Nichtdeutsche Inhaftierte aus Staaten, mit denen die Bundesrepublik Deutschland das Übereinkommen über die Überstellung verurteilter Personen (Transferübereinkommen) ratifiziert hat, haben die Gelegenheit, auf Antrag die zu verbüßende Freiheitsstrafe in ihrem Heimatstaat zu verbüßen. Allerdings machen nur wenige inhaftierte Ausländer hiervon Gebrauch. Über die Rechtsberatungsmöglichkeiten gilt dasselbe wie schon unter III.A.3. beschrieben wurde.

C. Legaler Aufenthalt bei langer Freiheitsstrafe
1. Allgemeines
Dieser Personenkreis unterscheidet sich von den zuvor genannten in der Regel dadurch, daß vor der Inhaftierung eine Aufenthaltsgenehmigung oder Aufenthaltsgestattung vorlag. Es besteht bei nicht wenigen dieser Gruppe eine mehr oder weniger verfestigte soziale Integration innerhalb der Bundesrepublik Deutschland.

2. Persönliche Situation
In der Regel sind bei diesen Inhaftierten ausreichende Sprachkenntnisse vorhanden, die eine allgemeine Verständigung ermöglichen. Im Gegensatz zu den zuvor genannten Gruppen ist die soziale Isolation nicht so stark ausgeprägt. Sie halten Kontakt zu den in der Bundesrepublik Deutschland lebenden Angehörigen.

3. Rechtliche Situation
Für Ausländer in Strafhaft gelten grundsätzlich keine anderen Regeln als für deutsche Inhaftierte. Dennoch spielt insbesondere in der Strafhaft das Ausländerrecht in manche Entscheidung der Justizvollzugsanstalt hinein. Dies ist immer dann besonders schwierig, wenn nicht klar ist, ob es zu einer Ausweisung überhaupt kommen wird.

a) Beispiel Vollzugsplanung
Für Strafgefangene gilt allgemein, daß die zu verbüßende Strafzeit geplant werden muß. Der Gesetzgeber hat nicht vorgesehen, auf eine Vollzugsplanung für nichtdeutsche Gefangene zu verzichten. Immer spielt aber die Entscheidung der Ausländerbehörde, ob oder ob keine Ausweisung beabsichtigt ist, bei der Vollzugsplanung eine gewichtige Rolle. Bestimmte Maßnahmen (Ausbildung, Urlaub, offener Vollzug) sind leichter durchzuführen, wenn diese Entscheidung schon getroffen ist.

b) Beispiel Urlaub und Verlegung in den offenen Vollzug
Sofern das Ausländeramt eine rechtskräftige Ausweisungsverfügung erlassen hat, ist die Gewährung von Urlaub oder die Verlegung in den offenen Vollzug aufgrund der Vorschriftenlage (Verwaltungsvorschriften zum StVollzG) praktisch blockiert. Die noch vorhandene theoretische Möglichkeit scheitert in der Praxis in der Regel an den hohen Anforderungen.

Falls die Ausweisung noch nicht rechtskräftig entschieden ist, weil bereits Widerspruch eingelegt wurde oder noch wird oder bereits ein verwaltungsgerichtliches Verfahren anhängig ist, ist die Beurlaubung bzw. Verlegung in den offenen Vollzug zwar leichter möglich als bei rechtskräftiger Ausweisungsverfügung, aber dennoch ist die Auffassung der Ausländerbehörde zu dieser Frage einzuholen und entsprechend zu würdigen. In den Praxis bedeutet dies häufig, daß es nicht zu den Maßnahmen kommt.

IV. FORDERUNGEN

▸ Beschleunigung des ausländerrechtlichen Verfahrens, wenn klar ist, das eine Einstellung des Ermittlungsverfahrens bei Landesverweisung in Frage kommt, sofern der Betroffene dies wünscht.

Begründung: In der Regel bedeutet ein längerer Aufenthalt dieses Personenkreises in deutschen Justizvollzuganstalten angesichts der sprachlichen und sozialen Probleme eine besondere Härte, die durch ein beschleunigtes Verfahren ausgeglichen werden kann.

▸ Ausländerrechtliche Entscheidungen sind unverzüglich nach Rechtskraft des Urteils durch die Ausländerbehörde zu treffen.

Begründung: Die vom Gesetzgeber vorgesehene Resozialisierung von Straftätern - Ausländer sind hier nicht ausgenommen - ist nur möglich, wenn rasch nach Strafantritt klar ist, ob der Betreffende für eine Rückkehr in die Heimat oder auf eine Reintegration in die Gesellschaft der Bundesrepublik Deutschland vorbereitet werden muß.

▸ Die Differenzierung zwischen der richterlichen Prognose bei Strafrestaussetzung zur Bewährung gem. §57 StGB und ordnungsrechtlicher Gefahrenprognose ist aufzugeben.

Begründung: Es ist niemanden zu vermitteln, daß eine vom Gesetzgeber gewollte gelungene Resozialisierung durch eine vorzeitige Haftentlassung bei guter Prognose ihren Abschluß findet und die Ausländerbehörden an diese Prognose nicht ebenfalls gebunden sind und die Ausweisung betreibt.

▸ Verbot der Verhängung von Abschiebehaft bei längeren Freiheitsstrafen.

Begründung: Abschiebehaft verhindert in jedem Fall eine Lockerung des Vollzuges (Urlaub, offener Vollzug). Bei längeren Freiheitsstrafen haben die Ausländerbehörden genügend Zeit, ihre vorbereitenden Maßnahmen zur Abschiebung während der laufenden Freiheitsentziehung zu treffen, ohne daß Abschiebehaft als Überhaft verhängt werden muß.

▸ Übersetzung der Haftbefehle, Abschiebehaftbefehle, Anklageschriften und Urteile in eine dem Betroffenen verständliche Sprache.

Begründung: Betroffene Ausländer, die die deutsche Sprache nicht beherrschen, wissen in der Regel nicht, was im einzelnen in den Dokumenten steht. Es muß zum rechtsstaatlichen Grundsatz gehören, Betroffene umfassend und d.h. auch in Schriftform über das aufzuklären, was mit ihnen geschieht.

▸ Herausnahme der Jugendstrafe aus dem § 47 AuslG.

Begründung: Jugendstrafe gilt subsidiär. Sie darf nur verhängt werden, wenn andere Rechtsfolgen des JGG nicht mehr ausreichen (Richtlinien zu §17 JGG). Die Jugendstrafe ist nach § 18 II JGG so zu bemessen, daß die erforderliche erzieherische Einwirkung möglich ist. Die derzeitige Gesetzeslage in §47 AuslG steht mit diesem Gedanken in Widerspruch. Ein Richter, der in gutem Glauben die Höhe der Jugendstrafe u.a. an einer Behandlungsmaßnahme (z.B. Berufsausbildung) ausrichtet, liefert damit möglicherweise die Grundlage für eine Ausweisung.

▸ Schaffung eines Rechtshilfefonds zur Honorierung von Rechtsberatungen in ausländerrechtlichen Verfahren.

Begründung: Die Prozeßkostenhilfe kommt die Rechtsberatung und Rechtsvertretung in ausländerrechtlichen Angelegenheiten kaum infrage. Eigene finanzielle Mittel haben die Betroffenen nur in den seltensten Fällen. Dies sollte Anlaß sein, einen Rechtshilfefonds zu schaffen, der dieses Ungleichgewicht zwischen Rechtsanspruch auf Rechtsvertretung und Wirklichkeit in Einzelfällen reduziert.

▸ Freistellung geeigneter, fremdsprachiger Bediensteter für die Betreuung von nichtdeutschen Inhaftierten.
Begründung: Die Erfahrungen in der Justizvollzugsanstalt Köln mit der Freistellung eines deutschen Bediensteten türkischer Herkunft zeigen, daß dies der richtige Weg ist, das Betreuungsbedürfnis der nichtdeutschen Inhaftierten in geeigneter Weise abzudecken.

V. LITERATURHINWEISE:

Die obigen Ausführungen können wegen der komplexen Problematik nur einen allgemeiner Überblick über die Situation der Inhaftierten ohne deutschen Paß in den Justizvollzuganstalten der Landes NRW bieten; ebenso läßt sich der Forderungskatalog sicherlich beliebig erweitern. Wesentlich umfassender setzen sich einzelne Autoren in den u.g. Fachzeitschriften mit diesem Thema auseinander.

▸ Bewährungshilfe (BewHi) - Fachzeitschrift für Bewährungs-, Gerichts- und Straffälligenhilfe: Jahrgang 42, Nummer 2 mit dem Schwerpunktthema: Straffälligenhilfe Ausländer und Sozialarbeit

▸ Kriminalpädagogische Praxis: Jahrgang 21, Heft 32 mit dem Schwerpunkt: Kriminelle Ausländer

▸ Joachim Steinke: Ausländer in der Untersuchungshaft sprachlos? In: Zeitschrift für Strafvollzug und Straffälligenhilfe, Heft 4/95, S. 223 ff

Demo in Köln

AUSWEISUNG VON AUSLÄNDISCHEN INHAFTIERTEN

von Stephan Schlebusch

Ausgehend von der Tätigkeit als Sozialarbeiter im Jugendstrafvollzug wird die Problematik der Ausweisung junger inhaftierter Ausländer dargestellt. Grundlage des Vortrags ist die Überzeugung, daß eine Ausweisung von ausländischen Jugendlichen und Heranwachsenden, die ihre wesentlichen Sozialisationserfahrungen in der Bundesrepublik gesammelt haben, menschlich wie fachlich unvertretbar ist. (Die Ausführungen beschränken sich auf den Personenkreis der männlichen jungen Ausländer im Jugendstrafvollzug; Altersstruktur ca. 16-24 Jahre, Durchschnittsalter ca. 20 Jahre; die Begriffe »Jugendlicher« und »Heranwachsender« werden mit Ausnahme in Teil 2 -Rechtssituation - synonym verwandt.)

1. STATISTISCHES ZUM PERSONENKREIS

Die Zahl der ausländischen Menschen in Haft ist - unabhängig davon, ob Erwachsene oder Jugendliche - konstant angestiegen und hat sich im letzten Jahrzehnt weit mehr als verdoppelt. Während im Erwachsenenvollzug die Zahlen seit 1993 rückgängig sind, stagniert die Zahl ausländischer Jugendlicher und Heranwachsender in Haft auf hohem Niveau. Waren im rheinischen Bereich (Justizvollzugsamtsbezirk Rheinland) 1985 119 und 1990 110 ausländische Jugendliche inhaftiert, so waren es 1995 268. Diese Entwicklung steht im krassen Gegensatz zu den deutlich rückläufigen Inhaftiertenzahlen im nordrhein-westfälischen Jugendstrafvollzug: Befanden sich 1980 noch 1334 (1985: 1259) Jugendliche und Heranwachsende in Haft, so waren es 1993 »nur noch« 691 (1990: 717) (Zahlen aus. JM NW: Justiz in Zahlen 1994). Grob gesagt: Während sich in den letzten 10 Jahren die Gesamtzahl der im Jugendstrafvollzug Befindlichen nahezu halbiert hat, hat sich der Ausländeranteil mehr als verdoppelt.

Der Anteil der ausländischen Gefangenen an der Gesamtzahl der Inhaftierten in den einzelnen Justizvollzugsanstalten (JVA) ist stark abhängig von der jeweiligen Vollzugsform: im offenen Vollzug und bei Langzeit-Inhaftierten ist der Anteil am geringsten, im Jugendvollzug höher als im Erwachsenenvollzug: in der Jugenduntersuchungshaft liegt der Anteil zeitweilig über 70 %, im Jugendstrafvollzug um 40 %.

Parallel zur Erhöhung des Ausländeranteils unter den Inhaftierten ist seit Beginn der 90-iger Jahre die Nationalitätenvielfalt gestiegen. 1987 befanden sich im Strafvollzug (Jugendliche und Erwachsene) 46 Nationen, 1994 ca. 90 Nationalitäten. Im Jugendvollzug selbst befinden sich überwiegend Ausländer aus dem außereuropäischen Raum, zumeist türkische und kurdische Jugendliche (seit 1984 ca. 50-60%).In den letzten Jahren ist die Zahl Jugendlicher aus dem ehemaligen Jugoslawien (1995 ca. 10-15%) und die marokkanischer Nationalität (ca. 15%) angestiegen.

Der Justizvollzug erhebt keine Statistiken, die Ausländer und Deutsche hinsichtlich ihrer Delikt- und Sozialstruktur vergleichen. Für die JVA Heinsberg habe ich im November 1995 (Stichtag 9.11.95) u.a. folgende Zahlen ermittelt:
- Von den zum damaligen Zeitpunkt 80 inhaftierten ausländischen Jugendlichen und Heranwachsenden - ca. 35% der Gesamtzahl der Inhaftierten- waren 17 (ca. 20%) minderjährig und 63 (ca. 80%) volljährig.
- Von ihnen sind 47 (ca. 60%) in der Bundesrepublik geboren; weitere 16 (ca. 20%) leben seit dem Grundschulalter hier.
- Bei 73 (ca. 90%) leben Eltern bzw. Elternteile in der Bundesrepublik.
- 59 (ca. 70%) wurden zu Jugendstrafe von 2 Jahren und höher verurteilt.

Im Regelfall handelt es sich bei den inhaftierten ausländischen Jugendlichen und Heranwachsenden um Kinder der sog. 2.Ausländergeneration, die hier ihren Lebensmittelpunkt haben, ihre zentralen Sozialisationserfahrungen hier »genossen« haben und hier über die engsten Sozialbeziehungen verfügen. Es sind Inländer mit Urlaubserfahrungen zum Paßland.

Der psycho-soziale Hintergrund ausländischer und deutscher Jugendlicher im Strafvollzug ist zunächst sehr ähnlich: Sie leben unabhängig von der Nationalität in problematischen Wohnverhältnissen mit hoher Arbeitslosigkeit und Kriminalitätsbelastung. Sie haben in der Regel nur selten einen Schul- oder Ausbildungsabschluß, weisen häufig u.a. eine ausgeprägte Konsumhaltung und vielfach eine erhebliche Suchtproblematik auf.

Unterschiede ergeben sich m. E. (noch) besonders vor dem familiären Hintergrund. Während deutsche Jugendliche in Haft nahezu ausnahmlos aus unvollständigen Familien entstammen, verfügen ausländische Jugendliche zumeist über intensive familiäre Kontakte. Dieser kriminalprognostisch günstige Faktor wird aufgrund der bestehenden Generationenprobleme, den bi-kulturellen Sozialisationsbedingungen und der durchweg empfundenen Diskriminierung als Ausländer (u.a. aufgrund der rechtlichen Benachteiligung) relativiert. Schließlich werden nach meinem Eindruck ausländische Jugendliche viel weniger durch Angebote der Jugendarbeit und Jugendhilfe aufgefangen (z.B. durch erlebnispädagische Maßnahmen). Ein weiterer, aber in Bezug auf die Thematik nicht so wesentlicher Unterschied: Ausländische Jugendliche handeln und leben mehr in Gruppen. Zusammenfassend läßt sich sagen, daß die Kriminalität ausländischer Jugendlicher nicht im »Ausländer-Sein« begründet ist, sondern als Folge einer fehlenden Integration anzusehen ist. Das Problem der Kriminalität ausländischer Jugendlicher ist hausgemacht.

2. ZUR RECHTLICHEN SITUATION

Die Rechtsstellung eines Ausländers in der BRD ist durch das sog. Ausländerrecht geregelt. Ausländer im juristischen Sinne sind Menschen, die nicht die deutsche Staatsangehörigkeit besitzen, also auch der hier geborene Jugendliche, dessen Eltern in den 60-iger Jahren per Anwerbung in die BRD gekommen sind.

Zentrales Gesetz des Ausländerrechts ist das am 14.7.1990 neu verkündete und am 1.1.1991 in kraft getretene Ausländergesetz (AuslG), in dem auch, und zwar in den §§ 45 ff. Ausweisungsbestimmungen enthalten sind. Das AuslG unterscheidet drei Ausweisungsstufen in eine Kann-, Ist- und Regelausweisung. Für den zur Diskussion stehenden Personenkreis sind die §§ 47, 48 AuslG, die Ausweisungsbestimmungen wegen besonderer Gefährlichkeit, die nur die Folge der Ist- oder Regelausweisung kennt, maßgebend.

Das AuslG von 1991 sah zunächst nur eine Ausweisung bei einer Verurteilung zu einer Freiheitsstrafe vor. Jugendliche / Heranwachsende hingegen werden aber zu einer Jugendstrafe verurteilt, so daß es zu unterschiedlichen Ausweisungsentscheidungen kam. So war meines Wissens nach das OVG Münster in der einen Kammer der Auffassung, daß Jugend- und Freiheitsstrafe gleichzusetzen seien, während die andere entschied, daß Jugendstrafe anders zu behandeln sei als die Freiheitsstrafe, da ihr die Intention der »Erziehung« zugrunde läge.

Im Zuge der allgemeinen Diskussion über die innere Sicherheit, organisierte und »Ausländer«-Kriminalität - das vorherrschende Wahlkampfthema der Bundestagswahl 1994 - wurde das Verbrechensbekämpfungsgesetzs vom 28.10.1994 erlassen, in dessen Folge sich die Ausweisungsbestimmungen für ausländische Jugendliche wie folgt verschärften:

a) Die Ist-Ausweisung (§ 47 I AuslG) bei Jugendlichen erfolgt
▸ bei einer Verurteilung zu einer Jugendstrafe von mindestens fünf Jahren,
▸ bei mehreren Verurteilungen zu Jugendstrafen von zusammen mindestens acht Jahren und
▸ bei einer Verurteilung zu einer Jugendstrafe nach dem Betäubungsmittelgesetz (BtmG) von mindestens zwei Jahren.

b) Die Regelausweisung (§ 47 II AuslG) gründet sich auf eine Verurteilung zu einer Jugendstrafe von mindestens zwei Jahren.

Jugendliche und Heranwachsende genießen eigentlich einen besonderen Ausweisungsschutz:

Für Jugendliche gelten §§ 47 III S.4, 48 II S.1 AuslG:
Demzufolge werden Jugendliche / Minderjährige nicht in den Fällen des § 47 I u. II Nr.1 AuslG ausgewiesen und nicht ausgewiesen, wenn ihre Elternteile sich rechtmäßig in der Bundesrepublik aufhalten, es sei denn, der Jugendliche wird wegen serienmäßiger, nicht unerheblicher Straftaten oder wegen einer besonders

schweren Straftat verurteilt (dies ist allerdings bei in Haft befindlichen Jugendlichen der Fall).

FÜR HERANWACHSENDE GELTEN §§ 47 III S.3, 48 II S. 2 AUSLG:
Hiernach wird ein Heranwachsender, der in der BRD aufgewachsen und eine unbefristete Aufenthaltserlaubnis oder eine Aufenthaltsberechtigung besitzt, bei Ist- und Regelausweisung nach Ermessen ausgewiesen. Lebt er in häuslicher Gemeinschaft mit den Eltern wird er ausgewiesen, wenn er der Ist- oder Regelausweisung unterliegt (damit besitzen Heranwachsende, die zu zwei Jahren Jugendstrafe verurteilt wurden, keinen besonderen Ausweisungsschutz).

ANMERKUNG:
Da eine Aufenthaltsverfestigung erst ab dem 16 Lebensjahr möglich ist, beginnende »Kriminalitätskarrieren« häufig aber früher einsetzen, hat so gut wie kein ausländischer Inhaftierter im Jugendvollzug einen verfestigten Aufenthaltsstatus.

ES IST FOLGENDES FESTZUHALTEN:
1. Die Ausweisung ist abhängig von
a) der Dauer der Jugendstrafe,
b) dem Alter (ggf. dem Zusammenleben mit den Eltern) und
c) dem Aufenthaltsstatus (unbefristete Aufenthaltserlaubnis, Aufenthaltsberechtigung).
2. Die Ausweisung ist - sofern es sich nicht um eine Ist-Ausweisung handelt und kein besonderer Ausweisungsschutz vorliegt - eine Ermessensentscheidung der Ausländerbehörde, auf die ggf. Einfluß genommen werden könnte.

3. FALLBEISPIEL

A. ENTWICKLUNG:
Ali wurde im November 1972 als zweiter von vier Söhnen einer türkischen Familie in Deutschland geboren. Die Eltern kamen Mitte der 60-iger Jahre aus einem türkischen Dorf in das Ruhrgebiet; der Vater arbeitet seitdem dort als Bergmann. Die Familie bewohnt eine 3-Zimmerwohnung, in der sechs Personen leben. Ali wurde altersgerecht eingeschult und besuchte nach der Grundschule die Gesamtschule, die er nach der 9. Klasse verließ. Nach dem Schulbesuch begann er im September 1990 eine Ausbildung zum Straßenbauer, die er nach ca. 21 Monaten nach Konflikten mit Vorgesetzten abbrach. Nach der Ausbildung war er ca. 1 Jahr arbeitslos, um dann als Hilfsarbeiter verschiedene Jobs zu verrichten.

B. STRAFFÄLLIGKEIT:
Er wurde erstmals im Alter von 17 Jahren straffällig. In den Jahren 1990-1993 wurde er insgesamt 6 mal überwiegend wegen Eigentumsdelikten, zuletzt im November 1993, noch 20-jährig, wegen Straftaten verurteilt, die er bis Oktober 1992

begangen hatte. Er erhielt zunächst zweimal Bewährungsstrafen (zuerst 10, dann 18 Monate), die in die jetzige Verurteilung zu 2 2 Jahren Jugendstrafe einbezogen wurden.

Individueller Hintergrund seiner Straffälligkeit ist eine ausgeprägte Konsumorientierung. Der Schwerpunkt der Straffälligkeit fällt in die Zeit der Arbeitslosigkeit. Als er sich im Juni 1994 zum Haftantritt stellt, liegen die Straftaten ca. 21 Monate zurück.

c. Haftverlauf:
Ali wurde in Oktober 1994 in die zuständige JVA verlegt, wo er eine Ausbildung zum Hochbaufacharbeiter absolvieren sollte. Anfänglich war hierzu seine Motivation sehr gering, sein Eifer steigerte sich jedoch nach einigen Wochen.

Aufgrund der Ausländerdatenübermittlungsordnung (§ 4 AuslDÜV) muß die JVA den Haftantritt, die Verlegung in eine andere JVA und die Haftentlassung eines Ausländers dem zuständigen Ausländeramt mitteilen. Das zuständige Ausländeramt war für Inhaftierte bis zum Herbst letzten Jahres die Ausländerbehörde am Haftort, seitdem die Behörde des Heimatortes, sofern der Inhaftierte dort soziale Beziehungen hat. Weiterhin muß die JVA vor der Durchführung von Vollzugslockerungen die zuständige Ausländerbehörde benachrichtigen und ihre Stellungnahme berücksichtigen.

Dies geschah in Alis Fall im Februar 1995. Die Ausländerbehörde reagierte hierauf mit dem Anhörungsverfahren, in dem sie Ali Ausweisung und deren sofortige Vollziehbarkeit androhte. Ali nutzte die Möglichkeit, sich innerhalb der gesetzten Frist zu äußern; die JVA nahm die Anhörung unaufgefordert zum Anlaß, einen Erstbericht abzugeben, in dem die Eingewöhnungsschwierigkeiten und die anschließende positive Entwicklung dargestellt wurden. Schließlich wandte sich sein Anwalt erstmalig an das Ausländeramt, das alles geschah im März und April 1995.

Zu den Berichten der JVA an die Ausländerbehörde ist anzumerken:
a) Mit Einführung des neuen Ausländergesetzes 1991 wurde ein Erlaß des Innenministeriums Nordrhein-Westfalen (REerl. des IM-NW vom 10.12.1980 - I C 4 / 43.40) aufgehoben, der gutachterliche Äußerungen des Jugendamts und der JVA an die Ausländerbehörde vorsah. Dieser Erlaß wurde durch einen neuen (RErl. des IM-NW vom 10.7.1994 - I C 2 / 43.40 - bereits aktualisiert) ersetzt, durch den das Ausländeramt vom zuständigen Jugendamt eine gutachterliche Stellungnahme einzuholen hat. In diesem zweiten Erlaß ist die Bedeutung der Stellungnahme gravierend abgeschwächt, die JVA wird nicht mehr beteiligt.

b) Die JVAen berichten nur bei Einwilligung des Jugendlichen.

Im Mai 1995 erhielt Ali dann die Ordnungsverfügung, in der die unbefristete Ausweisung nach § 47 II 1 (Regelausweisung) verkündet, die unmittelbare Abschiebung aus der Haft angekündigt und die sofortige Vollziehbarkeit angeordnet wurde. Sein Fall weise keine vom Regelfall abweichenden Besonderheiten auf, die Abschiebung sei keine unangemessene Härte. Im übrigen sei er bereits im April 1991 ausländerrechtlich verwarnt worden. Trotz der Geburt in Deutschland und obwohl die Familie hier lebe, seien keine entlastenden Gründe erkennbar. Sein persönliches Interesse an einem Verbleib stehe hinter dem öffentlichen Interesse (Generalprävention) zurück. Weder Abschiebungshindernisse noch Duldungsgründe seien erkennbar. Die sofortige Vollziehbarkeit sei wegen der Gefahr der erneuten Straffälligkeit erforderlich.

Gegen die Ordnungsverfügung legte der Rechtsanwalt im Mai 1995 Widerspruch ein und beantragte die Wiederherstellung der aufschiebenden Wirkung beim Verwaltungsgericht (§ 80 V VwGO). Ali wandte sich parallel dazu an den Petitionsausschuß des Landtags NW.

In einem Schreiben an die JVA im Mai 1995 erhob die Ausländerbehörde Bedenken gegen Vollzugslockerungen. In einem ergänzenden Bericht an die Ausländerbehörde im Juni 1995 erklärte die JVA, daß pauschalisierte Bedenken nicht ausreichend seien und daß diese im Einzelfall begründet sein müßten. Hierauf erwiderte das Ausländeramt im August 1995, daß es aufgrund des anhängigen Verwaltungsgerichtsverfahrens Bedenken gegen Vollzugslockerungen hätte.

Im August 1995 erging dann der Beschluß des Verwaltungsgerichts, der die Ordnungsverfügung der Ausländerbehörde in formeller wie materieller Hinsicht voll deckte.

AUS DER BEGRÜNDUNG:

▸ ... die Stellungnahme des Leiters der JVA sei nur bedingt positiv »mit der Folge, daß sie nicht in einem einen Ausnahmefall begründenden Maß als entlastend angesehen werden kann«;

▸ ... es »kann in der Ausweisung auch unter Berücksichtigung der Tatsache, daß der Antragsteller in der BRD geboren und aufgewachsen ist, keine besondere Härte gesehen werden.«

▸ ... aufgrund seines Alters verliere die Familie ohnehin an Bedeutung. »Ihm ist deshalb zuzumuten, eigene Anstrengungen zu unternehmen, um sich in die fremdem Lebensverhältnisse einzugewöhnen.«

▸ »Der Antragsteller kann auch keinen Ausweisungsschutz nach § 47 III oder § 48 II AuslG geltend machen, da der ... Antragsteller im maßgeblichen Beurteilungszeitpunkt... weder Minderjähriger noch Heranwachsender im Sinne dieser Bestimmungen war.«

▸ »Dessen ungeachtet gehörte der Antragsteller während der Dauer seiner Haft und damit jedenfalls zum Zeitpunkt der Ausweisungsverfügung und im maßgeblichen Zeitpunkt der gerichtlichen Entscheidung dem regulären Arbeitsmarkt aus allein von ihm zu vertretenden Gründen nicht mehr an...«

Nach dem Beschluß des Assoziationsrates müssen begünstigte türkische Kinder eine Berufsausbildung abgeschlossen haben. »Dies hat der Antragsteller, der seine ... Ausbildung als Straßenbauer ... abgebrochen hat, ersichtlich nicht getan. Die in der Haft ... aufgenommene Ausbildung ... ist nicht abgeschlossen.« Durch den Anwalt wird das Rechtsmittel der Beschwerde eingelegt.

Die JVA will Ali trotzdem Vollzugslockerungen gewähren, kann dies aufgrund des Verfahrensstandes nur noch mit der Zustimmung der Aufsichtsbehörde. Ein entsprechender Bericht wird verfaßt und - nach einigem hin und her - willigt die Aufsichtsbehörde ein, so daß Ali ab Dezember 1995 Vollzugslockerungen erhält. Im Januar 1996 fällt er durch die theoretische Prüfung in der Ausbildung, dennoch wird er in den offenen Vollzug verlegt. Im Februar 1996 befürwortet die Anstalt die vorzeitige Entlassung, die dann Anfang April 1996 erfolgt.

Zum Entlassungszeitpunkt ist das beim OVG anhängige Verfahren nicht abgeschlossen, der Widerspruch ist noch nicht beschieden und ein Bescheid des Petitionsausschusses kann noch nicht ergangen sein.

4. PRAXIS-PROBLEME / PERSPEKTIVEN / NOTWENDIGKEITEN

Ali ist aus vollzuglicher Sicht - Erstinhaftierter, längerer delinquenzfreier Zeitraum, keine Gewalt- oder Suchtproblematik, selbst gestellt, Ausbildung, angemessenes Verhalten - eher ein Musterfall, für die Ausländerbehörde ein Regelfall.

War die Ausweisung bis 1991 noch die absolute Ausnahme und beschränkte sich in den Jahren 1991-94 auf »zugereiste Straftäter« sowie ausländische Inhaftierte mit Jugendstrafen ab 5 Jahren (im Einzelfall), so war es 1995 Praxis, jeden ausländischen Jugendlichen und Heranwachsenden ab einer Jugendstrafe von 2 Jahren auszuweisen. Darüber hinaus wurde das Verwaltungsverfahren auch bei Heranwachsenden eingeleitet, die unter der 2-Jahres-Grenze liegen. Eine mögliche Ermessensausübung fand für inhaftierte junge Ausländer nicht statt. Dies bedeutete für die in der JVA Heinsberg inhaftierten ausländischen Jugendlichen, daß in 74 der 80 Fälle (92,4%) ein Ausweisungsverfahren betrieben wurde. Die Praxis mag sich durch die geänderte örtliche Zuständigkeit der Ausländerämter abschwächen, verläßliche Anzeichen hierfür liegen mir zur Zeit noch nicht vor.

Aus meiner Sicht war/ist eine konstruktive und verläßliche Zusammenarbeit mit der Ausländerbehörde aufgrund der radikalen, einseitigen Abschiebungspraxis nicht möglich.

Unsere Strategie war es, möglichst früh das Verfahren einzuleiten, um ggf. den Ausweisungsschutz nach § 48 AuslG zu sichern, um dann das Verfahren (in Zusammenarbeit mit Anwälten, Jugendämtern und freien Verbänden) in der Hoffnung zu verschleppen, daß nach der Haftentlassung eine andere Ausländerbehörde zuständig wird. Bei kurzen Haftstrafen war/ist es sinnvoll, die jungen Ausländer dazu zu bewegen, auf Vollzugslockerungen zu verzichten, um nicht über die

Beteiligung der Ausländerbehörde »schlafende Hunde« zu wecken. Das Ausweisungsverfahren führt zu einer eindeutigen Benachteiligung ausländischer Jugendlicher und Heranwachsender im Vollzug. Es widerspricht dem Auftrag des Jugendstrafvollzugs, Verurteilte zu einem rechtschaffenen und veranwortungsbewußten Lebenswandel zu erziehen (§ 91 JGG). Unter diesen Bedingungen Perspektiven zu erschließen, für Angebote zu motivieren, Entlassungsvorbereitung zu betreiben, ist fast unmöglich. Für Jugendliche ist die Abschiebung eine Doppelbestrafung. Mir schrieb ein abgeschobener Heranwachsender: »Lieber in Deutschland im Knast als hier in der Türkei.«

Eine Ausländerbehörde drohte einem Jugendlichen für den Fall, daß er nach seiner Haftentlassung Jugendhilfe in Form einer Unterbringung in einer Jugendwohngemeinschaft in Anspruch nehmen würde, die Abschiebung an. Die Kostenzusage für eine stationäre Drogentherapie eines ausländischen Drogenabhängigen über Eingliederungshilfe nach § 39 BSHG wurde vom Landschaftsverband unter Hinweis auf die drohende Ausweisung verwehrt. Das Sozialstaatsgebot verpflichtet den Staat, Angebote - sei es Jugend- oder Sozialhilfe unabhängig von der Nationalität - für in Not geratene Bürger vorzuhalten. Straffälligen, inhaftierten Ausländern werden zunehmend diese Hilfen verwehrt, dadurch verschlechtern sich die Entlassungssituationen und die Rückfallwahrscheinlichkeit erhöht sich, Feindbilder werden so verifiziert und das Problem »Straffälligkeit« wird exportiert.

WAS IST ZU TUN?

Wir müssen von dieser pauschalisierten, formal-juristisch nicht, aus humanistischer Sicht sehr wohl zu beanstandenden lebensfremden Ausweisungspraxis wegkommen. Kriterium muß nicht der Paß, sondern die individuelle Sozialisationserfahrung werden: Wo bestehen die größten Reintegrationschancen?

Hierzu ist zunächst einmal ein Einmischen in Entscheidungen, ein Herstellen von Öffentlichkeit und die Einflußnahme auf politische Entscheidungsträger erforderlich.

Ein entscheidendes Problem hierbei ist es, daß das Ausländer- und Staatsangehörigkeitsrecht Bundesrecht ist und der politische Handlungsspielraum im Land begrenzt ist. Notwendig wäre eine frühzeitigere Aufenthaltsverfestigung durch die Kopplung an die Strafmündigkeitsgrenze. Auch erscheint mir eine rechtzeitige, behutsame Beratung von Ausländern über die Einbürgerungsmöglichkeiten ihrer Kinder im Einzelfall aus pragmatischen Gründen angezeigt.

Seit dem 1.1.96 besteht beim Innenministerium eine Härtefallkommission, die - aus Vertretern verschiedener Verbände und Behörden zusammengesetzt - Ausweisungsfälle überprüfen kann. Ein Einschalten der Härtefallkommission ist nur möglich, wenn kein Petitionsverfahren läuft. Mir sind Empfehlungen dieser Kommission bislang nicht bekannt, jedoch befürchte ich, daß ihre Einflußmöglichkeiten infolge unzureichender Kompetenzen zu gering sein werden.

IM EINZELNEN HALTE ICH FÜR ERFORDERLICH:
a) Der Widerspruch zwischen den Zielen des Jugendstrafvollzugs und den ausländerrechtlichen Bestimmungen muß dahingehend aufgelöst werden, daß der Entwicklung in Haft bzw. seit der letzten Verurteilung eine größere Bedeutung beigemessen wird.

b) Ebenso muß der Widerspruch zwischen der strafrechtlichen Legalprognose und der ausländerrechtlichen Gefahrenprognose aufgehoben werden. Es kann nicht sein, daß ein junger Ausländer vorzeitig aus der Haft entlassen wird, weil die Justiz verantworten kann, daß er Bewährung erhält und eine andere staatliche Institution, die Ausländerbehörde, aber generalpräventiv ausweist. Eine vorzeitige Haftentlassung zur Bewährung muß eine Abschiebung ausschliessen!

c) Im Jugendstrafverfahren ist es möglich, bei erneuter Straffälligkeit Jugendeinheitsstrafen zu bilden, also frühere Verurteilungen in die aktuelle einzubeziehen. Bei ausländischen Jugendlichen wird dieses jugendrichterliche Instrumentarium dadurch konterkariert, daß ausländische Jugendliche dann über die Zweijahresgrenze des § 47 II AuslG kommen und abgeschoben werden (können). Sollte deswegen - aus taktischen Gründen - etwa bei ausländischen Jugendlichen früher Haft verhängt werden? Nein - natürlich nicht! Sinnvoll kann es allerdings sein, mehrere Jugendstrafen nebeneinander auszusprechen (unterhalb der Zweijahresgrenze).

Argumentationshilfe in dieser Hinsicht könnte die Überlegung darstellen, daß § 47 II AuslG auf die Verurteilung zu einer Jugendstrafe von mindestens zwei Jahren (doch wohl wegen der Schwere der Verfehlung) abstellt und damit nicht eine Jugendeinheitsstrafe, die sich aus mehreren Verurteilungen unterhalb dieser Grenze gebildet hat, in die Regelausweisung einzubeziehen.

d) Nach meinem Eindruck wird zum gegenwärtigen Zeitpunkt die gutachterliche Äußerung des Jugendamts (und ggf. der JVA) überwiegend dazu benutzt, eine formal geforderte Beteiligung sicherzustellen und die Ordnungsverfügung argumentativ abzurunden; eine inhaltliche Bedeutung besitzt sie jedenfalls nicht.

ES IST ZU FORDERN,
▸ daß die gutachterliche Äußerung des Jugendamts ihre frühere Wertigkeit erhält (»kommt der Stellungnahme besondere Bedeutung zu«)
▸ daß die JVA wieder gutachterlich beteiligt wird.

Die geänderte Zuständigkeit macht eine erhöhten Abstimmungsbedarf zwischen Jugendämtern und dem Sozialdienst im Vollzug erforderlich. In diesem Zusammenhang kommt es zuweilen vor, daß Ausländerämter Jugendämter nicht mehr beteiligen, weil der betreffende junge Ausländer zwischenzeitlich in Haft 21 Jahre alt geworden ist. Der Erlaß des Innenministeriums trägt den Titel »straffällig gewordene Jugendliche und Heranwachsende« und stellt damit nicht auf das aktuelle, sondern auf das Alter zum Zeitpunkt der Straffälligkeit ab.

e) Ähnlich - in bezug auf das Alter - verhält es sich mit dem ausländerrechtlichen Verfahren insgesamt, in dem gilt, daß das Alter zum Zeitpunkt des Verfahrens und nicht das Alter zum Zeitpunkt der Straffälligkeit bzw. der Verurteilung maßgeblich ist. So wird als Ausweisungsgrund die Straffälligkeit benannt, und das aktuelle Alter hält bei Volljährigen als Argument dafür her, daß der Betroffene einerseits sich nicht auf die Bedeutung von familiärer Einbindung berufen kann und andererseits ja alleine im Paßland klarkommen kann. Es ist m.E. am gerechtesten, wenn der Inhaftierungstag als Zeitpunkt der ausländerrechtlichen Prüfung gelten würde und die Entwicklung in Haft über eine gutachterliche Stellungnahme abgesichert wäre.

f) In Ordnungsverfügungen findet sich zuweilen die zynisch anmutende Formulierung, daß der inhaftierte, ausländische Heranwachsende einen besonderen Ausweisungsschutz nicht geltend machen könne, da er nicht in häuslicher Gemeinschaft mit seiner Eltern lebe. Hier wird unterstellt, daß die Inhaftierung der gewöhnliche Aufenthaltsort des jungen Mannes ist. Eine Inhaftierung begründet keinesfalls einen gewöhnlichen Aufenthalt.

g) Ausländische Jugendliche müssen die gleichen Möglichkeiten haben, sich Hilfsangebote der Jugend- und Sozialhilfe zu erschließen, wie deutsche Jugendliche. So muß z.B. die Teilnahme an Drogentherapien, Substitutions-Programmen, erlebnispädagogischen Maßnahmen (rehabilitative Angebote) eine Ausweisung ausschließen, da sie konstruktive Lösungen aus dem Teufelskreis »Straffälligkeit« darstellen.

Stephan Schlehbusch war bis 1996 Vorsitzender der Landesarbeitsgemeinschaft der Sozialarbeiterinnen / Sozialpädagoginnen bei den Justizvollzugsanstalten des Landes NRW. Sein Text basiert auf einem Vortrag, den er am 17.04.96 auf Einladung des Kölner Appell gegen Rassismus e.V. im Bürgerzentrum der Alten Feuerwache in Köln gehalten hat.

DOKUMENTATION VON ABSCHIEBUNGEN
STRAFFÄLLIG GEWORDENER JUGENDLICHER AUS DER JVA SIEGBURG
von Eberhard Bornemann, Evangelischer Seelsorger

VORBEMERKUNG

Die nachstehend geschilderten Fälle stammen aus den Jahren 1983 bis 1996 . Dies, um zu zeigen, daß das Problem nicht neu ist und auch, um die Kontinuität der Ausweisungspraxis darzustellen. Alle Fälle sind natürlich anonymisiert, hinter ihnen stehen jedoch konkrete straffällig gewordene Menschen. Und alle zitierten Entscheidungen, mit Ausnahme des Falles »Ali«, sind »rechtmäßig« und mitunter bis zur Unanfechtbarkeit durchgeklagt. Der Rechtsweg endet bei Ausweisung und Abschiebung derzeit beim Oberverwaltungsgericht. D.h., der Jugendliche wird spätestens nach diesem Richterspruch in sein »Heimatland« abgeschoben. Von dort aus könnte er theoretisch und praktisch Verfassungsbeschwerde beim Bundesverfassungsgericht erheben. Dazu müßte er einen Anwalt in Deutschland beauftragen, denn die Verfassungsbeschwerde kann nur von einem sachkundigen Anwalt geschrieben werden. Meines Wissens wurde aber diese höchste Instanz noch nicht angerufen. Wie soll die auch von Abgeschobenen aus fernem Land, die in der Regel ohne finanzielle Mittel sind, bewerkstelligt werden?

Die bestehenden Gesetze (Ausländergesetz, Asylverfahrensgesetz, diverse Nebengesetze und Verordnungen) sind nicht nur rigide, sie sind auch außerordentlich kompliziert. Es bedarf daher zur - meist erfolglosen - Rechtshilfe besonders informierter und qualifizierter Anwälte, die dünn gesät sind, ihnen gilt besonderer Dank! Meines Erachtens handelt es sich bei den vielen tausend Abschiebungen aus dem deutschen Strafvollzug heraus in vielen Fällen um staatliches Unrecht, zumindest moralisch. Sie sind aber meist völlig legal. Menschen, die oft hier geboren und aufgewachsen sind, deren Angehörige meist nur in Deutschland leben, werden regelrecht verbannt in »Heimatländer«, die sie oft kaum oder gar nicht kennen.

Die folgenden Beispiele stammen alle aus der Justizvollzugsanstalt (JVA) Siegburg, überwiegend sind es zu Jugendstrafe Verurteilte. In diesem Jugendgefängnis läuft ständig eine dreistellige Zahl von Ausweisungsverfahren. Die Ausweisungen und Abschiebungen werden nicht von der Justiz, den Strafanstalten oder verurteilenden Richtern verfügt, sondern von den zuständigen Ausländerämtern, die ihrerseits dem Innenressort zugeordnet sind. Die Justiz ist allerdings verpflichtet, Amtshilfe zu leisten.

MUSTAFA · 1993

Mustafa, 20 Jahre, ist berberischer Marokkaner, in Deutschland geboren und aufgewachsen. Er spricht perfekt deutsch, Richtung rheinisches Platt, kein arabisch, kein französisch, einige Brocken »Berber-Dialekt«. Er bekam ein Jugendstrafe von 8 Monaten, wegen kleiner Diebstähle. Alle Angehörigen wohnen in Deutschland. Die Eltern würden ihn jederzeit wieder bei sich aufnehmen. In Marokko kennt er niemand. Aber er hat einen marokkanischen Paß. Gegen ihn wurden Ausweisung und Abschiebung rechtskräftig verfügt. Das angestrengte Rechtsschutzverfahren verlor er. Nach §456 a StPO kann vom weiteren Strafvollzug abgesehen werden, wenn gleichzeitig abgeschoben wird. Das wird von Gerichten und Ausländerämtern als Rechtswohltat verstanden und entsprechend praktiziert. »Immerhin kommt er früher aus der Haft heraus.« Im November 1993 wird Mustafa mit 1, 75 DM nach Marokko abgeschoben.

HASSAN · 1983

Hassan wurde 1963 im kurdischen Teil der Türkei geboren. Er kam mit sechs Jahren zu seinen schon lange in Deutschland lebenden Eltern. 1978 heiratet er in Deutschland eine Frau aus seiner kurdischen Heimat. Das junge Paar bezieht eine eigene Wohnung und bekommt zwei Kinder. 1983 sind sie zwei und vier Jahre alt. 1981 wird Hassan verhaftet und später zu viereinhalb Jahren Jugendstrafe verurteilt. Seitdem muß die junge Ehefrau von Sozialhilfe leben. 1983 erläßt das Ausländeramt an die Ehefrau folgende Verfügung (Auszug): »Ich fordere Sie daher auf, das Bundesgebiet unter Mitnahme ihrer beiden Kinder - spätestens bis ... (innerhalb eines Monats) zu verlassen. Sollten Sie dieser Aufforderung nicht nachkommen, so drohe ich Ihnen hiermit zwangsweise Abschiebung an.« Im gleichen Schreiben heißt es weiter: »Während Ihres bisherigen Aufenthaltes wurde Ihnen keine Arbeitserlaubnis erteilt. Sie lebten daher zunächst vom Einkommen Ihres Ehegatten, bis dieser ... in Untersuchungshaft genommen wurde. Ab ... wurde Ihnen vom Sozialamt der Stadt ... laufende Hilfe zum Lebensunterhalt gezahlt. Laut Mitteilung des Arbeitsamtes in ... erhalten Sie in Zukunft keine Arbeitserlaubnis, so daß Sie auch weiterhin auf den Bezug von Sozialhilfe angewiesen sind...

Dies stellt eine erhebliche Beeinträchtigung der Belange der Bundesrepublik Deutschland dar. Ihr etwaiges privates Interesse an einem weiteren Aufenthalt in der Bundesrepublik Deutschland muß gegenüber dem öffentlichen Interesse an der Wahrung der Belange dieses Staates zurückstehen.« Hassan hat sich notgedrungen mit der Ausweisung der gesamten Familie einverstanden erklärt, aber nur, wenn er selber auch dabei ist.

GÖKSEL - 1983 und 1994

Göksel ist bei seinen türkischen Eltern in Deutschland großgeworden. Nach dem Tod der Mutter und der Rückkehr des Vaters in die Türkei lebt er bei einer deutschen »Nenngroßmutter«. Wegen einiger Diebstähle kommt er in die Jugendstrafanstalt. Einen Brief an den inzwischen in der Türkei lebenden Vater beantwortet dieser mit der Aufforderung, seinen Sohn »in Deutschland zu lassen. Ich habe keinen Sohn mehr«. Diese Formulierung ist bei türkischen Eltern sehr selten, wenn sie aber gemacht wird, von großer Konsequenz. Göksel verliert den Rechtsstreit gegen die Abschiebe-Verfügung. Unter anderem, weil die Jugendgerichtshilfe, in diesem Fall die Arbeiterwohlfahrt, eine vernichtende Stellungnahme von fünf Zeilen schreibt. Er kommt nach Strafende in Abschiebehaft und wird mit 17 Jahren in sein »Heimatland« abgeschoben. Durch regelmäßiges Briefkontakt bin ich über seinen weiteren Weg informiert.

In der Türkei versucht Göksel vergeblich Hilfe von seinem Vater zu bekommen. Er bietet sich deutschen Touristen als Dolmetscher an, die darüber zunächst erfreut sind. Aber in seiner Not beklaut er sie. Er wird angezeigt, erwischt und wandert ins türkische Gefängnis (Strafmaß: 10 Jahre, den größten Teil verbüßt er). Immerhin kann er im türkischen Gefängnis einen Schulabschluß erwerben. Nach Verbüßung des größten Teils der Strafe wird er entlassen, kommt zum Militär, desertiert, kommt wieder ins Gefängnis, kommt wieder raus, findet in der Türkei eine deutsche Freundin. Er trifft Aufsichtsbeamte aus seiner damaligen deutschen Strafanstalt, die in der Türkei ihren Urlaub verbringen. Er beklaut sie nicht. Mit seiner deutschen Freundin ist er inzwischen verheiratet, darf aber nicht nach Deutschland. Ausweisungen sind in aller Regel unbefristet. Irgendwie fristet Göksel dort weiter sein Leben, im Grunde seines Herzens immer noch »Deutscher« und von den Türken dort auch so behandelt.

ERHAN - 1994

Erhan wurde in Deutschland geboren, war als Kleinkind in der Türkei und lebte ab dem 4. Lebensjahr ununterbrochen in Deutschland. Er gerät in die deutsche kriminelle Szene, zuletzt in Drogen-Dealer-Kreise. Schließlich landet er in der Jugendstrafanstalt. Dort soll er resozialisiert werden. Das schreiben Jugendgerichtsgesetz und Strafvollzugsgesetz so vor. Am Anfang seiner Haftzeit macht er einen Fehler: Er fällt auf eine vage Zusage herein, einen Vertrag mit einem türkischen Fußballverein zu bekommen. Daraufhin beantragt er zunächst seine Abschiebung, weil er dann »früher aus dem Knast kommt«. Als ihm klar wird, daß die Vertragszusage eine Luftblase ist, zieht er seinen Antrag zurück. Doch inzwischen sind Ausweisung und Abschiebung verfügt. Das verhindert in aller Regel Vollzugslockerungen, wie Sozialurlaub und Entlassung auf Bewährung. Obwohl

Ausweisungsverfahren und Bewährungsentlassung nichts miteinander zu haben, vermischen Richter und Strafvollzug die beiden Sachen und verweigern oder verzögern eine Bewährungsentlassung, die bei deutschen Inhaftierten gang und gäbe ist. Dennoch erreicht Erhan beim Vollstreckungsleiter - so heißt der für Bewährungsentlassung zuständige Richter - einen Beschluß zur vorzeitigen Entlassung am 26. Januar 1994.

Allerdings läuft gleichzeitig das Rechtsschutzverfahren gegen die Ausweisungsverfügung. Das Verwaltungsgericht (1.Instanz) lehnt ab und protokolliert in dieser Ablehnung die Schlußerklärung Erhans: »Ich kann nicht in die Türkei zurückkehren - meine Rückkehr in die Türkei wäre für mich Selbstmord. Ich wurde mehrmals zum Handeltreiben mit Rauschgift gezwungen. Ich wurde mit dem Tode bedroht.« Die beschlossene Bewährungsentlassung wird konterkariert durch die Beantragung eines Abschiebehaftbefehls durch das Ausländeramt, weil er »untertauchen« könnte. Über die weitere Beschwerde beim Oberverwaltungsgericht ist noch nicht entschieden. Er kann und will zu seinen Eltern in Deutschland. Das gleiche Gericht, das die Bewährungsentlassung angeordnet hat, erläßt durch einen anderen Richter (quasi »eine Tür weiter«) Abschiebehaftbefehl. So kommt Erhan am Tage seiner Bewährungsentlassung in Abschiebehaft. Inzwischen ist er in die Türkei abgeschoben worden.

ERCAN - 1994

Ercan ist jetzt 20 Jahre alt. Er ist Kurde aus dem Grenzgebiet zwischen Türkei und Irak, wo die Auseinandersetzungen zwischen Armee und Kurden besonders heftig sind. Er bekommt Probleme mit dem türkischen Staat, und entschließt sich 1992 mit Hilfe einer Schlepperorganisation nach Deutschland zu gehen und dort Asyl zu beantragen. Aus finanzieller Not läßt er sich 1993 verleiten, Drogen im Wert von 3000 DM auf »Kommissionsbasis« zu verkaufen, wird erwischt und zu einer Jugendstrafe von einem Jahr verurteilt., die zur Bewährung ausgesetzt wird.

Zwischenzeitlich ist sein Asylantrag abgelehnt. Er wird Anfang 1994 gegen seinen Willen in die Türkei abgeschoben und der türkischen Polizei überstellt, die ihm unter Schlägen und Folterung ein Geständnis abpressen will. Er soll gestehen, daß er für die PKK aus Deutschland Waffen besorgen wollte. Schließlich muß die türkische Polizei ihn - gegen Meldeauflagen - rauslassen. Inzwischen erfährt er durch Verwandte, daß sein Heimatdorf zerstört wurde. Sein Elternhaus steht nicht mehr. Wo seine Eltern jetzt leben, erfährt er nicht. So entschließt er sich erneut - »illegal« durch eine Schlepperorganisation - nach Deutschland zu reisen und einen Asylfolgeantrag zu stellen. Auch der Asylfolgeantrag wird abgelehnt, seine Darstellung sei unglaubhaft und »nicht schlüssig«. Die zur Bewährung ausgesetzte Jugendstrafe wird widerrufen. Außer der illegalen Einreise ist er nicht erneut straffällig geworden. Nun wartet er im deutschen Gefängnis auf seine erneute Auslieferung. Einen Rechtsanwalt hat er nicht, weil er das Honorar nicht bezahlen kann. Die Ablehnung des Asylfolgeantrags wird unter anderem damit begründet, daß es in der Türkei »innerstaatliche Fluchtmöglichkeiten« gebe. Selbst wenn das so sein sollte: zuerst wird er durch die erneute Abschiebung der türkischen Polizei überstellt, wodurch das Argument »innerstaatliche Fluchtmöglichkeit« ad absurdum geführt wird.

EMIN - 1994

Emin ist 1970 in Deutschland geboren. Als einjähriges Kind geben ihn die Eltern zur Großmutter in die Türkei. Vom 4. bis 8. Lebensjahr lebt er wieder bei den Eltern in Deutschland, danach nochmals drei Jahre bei der Oma, ab da ununterbrochen in Deutschland. Die soziale Entwicklung gestaltet sich schwierig: Diebstähle, Entweichungen, Heimaufenthalte. Die Diebstähle eskalieren und münden in eine achtmonatige Jugendstrafe. Die Beziehung zu den Eltern in Deutschland ist inzwischen wieder gut und tragfähig. Auch Emin erhält in der Jugendstrafanstalt Ausweisung und Abschiebung mitgeteilt. Er könne ja bei der Oma in der Türkei wohnen. Wie immer hat der Widerspruch dagegen keine aufschiebende Wirkung. Man könnte also sofort »vollstrecken«. Dagegen ist aber »Antrag auf Herstellung der aufschiebenden Wirkung« beim Verwaltungsgericht möglich. Dies beantragt Emin.

Daraufhin teilt das Gericht mit, der »Antragsgegner » - das Ausländeramt - habe zugesagt, bis zu einer gerichtlichen Entscheidung von einer Vollziehung abzusehen. Nun hat Emin im Januar 1994 Endstrafe und denkt, er könne in Freiheit in Deutschland den Rechtsstreit zu Ende führen. Die Zusage des Ausländeramtes hindert dieses nicht daran, Abschiebehaft zu beantragen, Weil er ja zwischenzeitlich »untertauchen« könne. Diesem Antrag entspricht der zuständige Haftrichter, »zunächst für die Dauer von sechs Monaten«. So kommt Emin am Tag seiner verbüßten Jugendstrafe in Abschiebehaft., zunächst nach Wuppertal, einen Containerknast für 200 »Abschüblinge«. Ein paar Monate später wird dieser aufgelöst und statt dessen der Abschiebeknast in Büren/Westfalen eröffnet, wo in einer ehemaligen Kaserne bis zu 600 Menschen auf ihre Abschiebung warten. Von dort wird Emin abgeschoben. Die Oma in der Türkei lebt nicht mehr.

AYHAN - 1994

Ayhan kam mit 17 Jahren nach Deutschland, weil er wegen politischer Betätigung und seiner kurdischen Volkszugehörigkeit verfolgt wurde und seine Verhaftung drohte. Sein Asylantrag, einschließlich Beschwerden, wurden abgelehnt, obwohl ihm bei der Einreise in die Türkei Verhaftung oder zumindest Einziehung zum Militärdienst und Einsatz in kurdischen Gebieten erwarten. Seine Heirat mit einer deutschen Frau hat für das Gericht keine Bedeutung. In solchen Fällen greift der Schutz von Ehe und Familie nach Art.6 Grundgesetz nicht, weil »Güterabwägung« vorgenommen wird, wobei die Abwendung der möglichen Gefahr erneuter Straffälligkeit stärker gewichtet wird.. Die Ehefrau könne ja mitausreisen; der Familienkontakt lasse sich auch »in Drittländern aufrechterhalten«. 1994 wurde Ayhan abgeschoben.

BENJAMIN - 1994
Benjamin ist Schwarzafrikaner (19 Jahre alt) aus Burkina Faso (früher Obervolta). Dort hat er sich von einem Weißen überreden lassen, Drogen und 5.000 DM nach Amsterdam zu überbringen für 1.000,- DM Botenlohn. Beim Zwischenstop in Düsseldorf kommt alles raus. Drogen und die 5.000 DM werden eingezogen. Benjamin kommt in den Jugendknast. Von dort schreib er seinem Auftraggeber, daß das Geld von der Polizei eingezogen sei. Der schreibt zurück: »Wenn Du zurückkommst, töte ich Dich.« Das nimmt Benjamin sehr ernst. Er will nicht in Deutschland bleiben, aber auch nicht zurück nach Burkina Faso. Er hat im benachbarten Togo Verwandte. Auf Anfrage erklärt sich die togolesische Botschaft bereit, ihn jederzeit einreisen zu lassen. Er könnte also .- auch juristisch abgesichert - nach Togo abgeschoben werden. Dennoch wird er nach Burkino Faso abgeschoben. Ob der »Auftraggeber« ihn erwischt hat, ist nicht bekannt.

ALI - 1995
Ali ist Kurde und hat in seiner Heimat schon früh für die PKK Botendienste übernommen, d.h. er hat PPK-Leuten Essen und Zeitungen gebracht. Er kam in Konflikt mit der türkischen Polizei, wurde mehrfach dort geschlagen und gefoltert. Er flüchtete nach Deutschland und stellte zunächst keinen Asylantrag, weil ihm diese Möglichkeit und die ganzen Formalitäten unbekannt waren. Er geriet aber in die falschen Kreise und kam ins Jugendgefängnis wegen Drogenhandels. Dort erhielt er eine Ausweisungsverfügung. Die zur Hilfe hinzugezogene Anwältin erkannte schnell, daß Ali als politischer Flüchtlinge nach Deutschland gekommen war. Nunmehr aufgeklärt, stellt er einen Asylantrag. Die Anhörung durch das Bundesamt findet im Gefängnis statt. Dabei »vergißt« der amtliche Dolmetscher zu übersetzen, daß er bei den Folterungen tief in Exkrementen stehen mußte. Erwartungsgemäß wird der Asylantrag abgelehnt. Das Bundesamt kommt aber nicht umhin, ihm Schutz nach §51 Ausländergesetz zuzuerkennen. Das bedeutet Abschiebungsverbot. Dies wird auch rechtskräftig. Dennoch versucht der

Oberkreisdirekror (OKD) Rhein-Sieg, ihn aus der Haft heraus kurzfristig abzuschieben. Morgens um 7.00 Uhr wird ihm gesagt: »Sachen packen, Du wirst heute früh abgeschoben.« Er verweist auf das Abschiebeverbot und zeigt den Beschluß des Bundesamtes. Ihm wird geantwortet: »Das interessiert uns nicht.« Die umgehend eingeschaltete Anwältin erfährt beim Sachbearbeiter des momentan zuständigen OKD Rhein-Sieg dasselbe: »Das interessiert uns nicht.« Als ihre Vorhaltungen über die Unrechtmäßigkeit des Vorhabens nicht fruchten, sieht sie sich genötigt, die Leitung des Bundesamtes in Nürnberg einzuschalten, die diese Rechtsauffassung bestätigt. Auch danach weigert sich der OKD von der äußerst kurzfristig anberaumten Abschiebung abzusehen. Außerdem ist die im Ausländergesetz vorgesehene fristgerechte Benachrichtigung des Betroffenen - eine Woche vorher - ebenfalls unterblieben. Nunmehr sieht die Anwältin sich veranlaßt, beim Verwaltungsgericht eine telefonische einstweilige Verfügung zu erwirken. Das ist unter diesem Zeitdruck sehr schwierig. Es muß der zuständige Verwaltungsrichter eruiert werden. Man muß ihn erreichen, ihm den Sachverhalt erklären und ihn zur telefonischen Intervention veranlassen. Sozusagen im letzten Moment gelingt dies noch. Diese Abschiebung wäre schlichtweg rechtswidrig gewesen, aber - wenn durchgeführt - nicht mehr rückgängig zu machen gewesen.

HALIL - 1995
Halil ist in einem kurdischen Dorf in der Türkei 1960 geboren. Im Jahr 1987 hat er bei einer politischen Diskussion jemand mit einem Messer verletzt und wurde in der Türkei zu fünf Jahren Gefängnis verurteilt, die er bis zum Mai 1991 verbüßte. Er kehrte in sein Dorf zurück, mußte sich aber wöchentlich in der Kreisstadt melden. Polizisten haben ihn auch in seinem Dorf oft aufgesucht, ihn verhört und auch seine Familie belästigt. Beim Verteilen von prokurdischen Zeitungen wurde er erwischt, von der Militärpolizei verhaftet und verhört. In der Bezirkshauptstadt Konya kam er auch zeitweilig in die politische Abteilung des Gefängnisses, wo er auch geschlagen und der Bastonade unterzogen wurde. Er wurde entlassen, weil die Beweislage sogar für die türkischen Behörden schwierig war. Wiederum wurde sein Haus öfter durchsucht. Darüber hinaus mußte er sich täglich in der Kreisstadt melden. Schließlich flüchtete er über Istanbul nach Deutschland. Hier wurde er aufgrund einer von ihm bestrittenen Aussage eines türkischen Landsmanns, er habe ihm Heroin verkauft, nach sechs Monaten Untersuchungshaft zu 30 Monaten Gefängnis verurteilt wurde, die am 28.5.1995 beendet gewesen wäre. Ein dann gestellter Asylantrag wird abgelehnt. Auch die dagegen erhobene Klage beim Verwaltungsgericht wird abgelehnt. Abgelehnt wird auch die dagegen eingereichte Beschwerde, ebenfalls die Zulassung zur Berufung und die Beiordnung eines Rechtsanwaltes.

ZITAT AUS DEM URTEIL DES OBERVERWALTUNGSGERICHTS (OVG) MÜNSTER:

»...daß Kurden in der Westtürkei vor politischer Verfolgung hinreichend sicher sind.. ... kurdische abgelehnte Asylbewerber im allgemeinen bei ihrer Rückkehr in die Türkei keine menschenrechtswidrige Behandlung zu erwarten haben...« Das OVG erwähnt nicht, daß Halil durch Ausweisung und Abschiebung zunächst direkt der türkischen verfolgenden Behörde überstellt wird und es erwähnt nicht die zahllosen entgegenstehenden Berichte über die Praxis der türkischen Behörden. Es geht auch nicht ein auf die jüngste Stellungnahme des deutschen Außenministeriums, die Rechtsverletzungen in solchen Fällen durchaus konstatiert. Der Beschluß des OVG ist aber unanfechtbar und damit Ausweisung und Abschiebung rechtskräftig. Weitere Rechtsmittel gibt es nicht mehr. Vielfache flehentliche Bitten Halils im Gefängnis an die dortigen Seelsorge, unter anderem auch an den besuchenden Weihbischof ändern daran nichts. Die Angesprochenen haben keine Möglichkeit, die Überstellung an die Folterer zu verhindern. Schließlich wird Halil am 22.Feburar 1995 aus dem Gefängnis heraus gegen seinen Willen abgeschoben und den türkischen Behörden überstellt. Am gleichen Tag geht in der JVA ein Brief des türkischen Richters mit Unterschrift und Gerichtssiegel ein, den dieser auf Anfrage des noch in der Türkei lebenden Vaters an diesen richtete. Darin teilt das türkische Gericht mit, die Vorwürfe gegen seinen Sohn seinen inzwischen »erwiesen«. Zu einer anberaumten Verhandlung sei dieser »nicht erschienen«. Der Termin werde nachgeholt und er habe eine Strafe zwischen 8 und 12 Jahren zu erwarten. Streng nach deutscher Rechtslage ist die Abschiebung »legal«. Leider pflegen Folterer keine gerichtsverwertbare Bescheinigung über frühere und geplante Folter auszustellen. Ob bei einem früheren Eingang des o.g. Briefes nach etwas hätte abgewendet werden können, erscheint fraglich. Dennoch hätte es wenigstens versucht werden können.

AVNI - 1995/96

Avni ist 1975 im Grenzgebiet zwischen Mazedonien und Kosovo geboren. Daher ist er nominell »Makedonier«. Seine Eltern sind Kosovo-Albaner, Avni nach Sprache und seinem Herzen auch. Die Kosovo-Albaner werden von den dort herrschenden Serben verfolgt. Avnis Vater lebt seit 1970 in Deutschland. Er selbst kam mit seiner Mutter im Jahre 1989 ebenfalls nach Deutschland. Hier geht er in die Hauptschule bis zur 8. Klasse. Obwohl er ganz gut deutsch spricht, besucht er in der Haft zur Vervollkommnung seiner Deutschkenntnisse den Lehrgang »Deutsch für Ausländer«, aus dem heraus er durch die Abschiebung herausgenommen wird. Der soziale Umschwung aus dem früher straff kommunistisch regierten Kosovo ins »liberale« Deutschland überfordert ihn. Er wird straffällig und erhält eine Jugendstrafe. Das vorgeschriebene Resozialisierungsgebot des

Strafvollzugsgesetzes kollidiert mit dem geltenden Ausländergesetzen und der radikalen Ausweisungs- und Abschiebepraxis der deutschen Behörde und Gerichte. Das Ausländeramt schickt dem jungen Mann in die Haft die Ausweisungsandrohung und die entsprechende Verfügung. Dagegen kann man Widerspruch einlegen, aber der hat keine aufschiebende Wirkung. Dagegen wiederum kann man unter Rekurs auf § 80.5 der Verwaltungsgerichtsordnung klagen und das heißt: »Antrag auf Herstellung der aufschiebenden Wirkung«. Darüber entscheidet das Verwaltungsgericht Köln.

Der Anwalt, den Avni unter erheblicher finanzieller Beteiligung der zu ihm haltenden und in Deutschland lebenden Eltern einschaltet, stellt diesen Antrag. Mit Beschluß vom 21. März 1995 lehnt das Verwaltungsgericht diesen Antrag ab. Am gleichen Tag - um 9.04 Uhr - faxt das Ausländeramt die Haftanstalt an, Avni werde am 22.März 1995 »nach Makedonien« abgeschoben, abgeholt werde er dazu um 6.30 Uhr. Der Anwalt hat den Gerichtsbeschluß noch nicht erhalten und fragt beim Verwaltungsgericht an. Der Beschluß sei »unterwegs«. Dennoch faxt das Gericht - wohl aufgrund von »kalten Füßen« - den ablehnenden Beschluß an den Anwalt am Nachmittag durch, allerdings zu einem Zeitpunkt, als die Einlegung des weiteren und letzten Rechtsmittels, nämlich die Beschwerde beim Oberverwaltungsgericht Münster, nicht mehr möglich ist. Dort ist inzwischen kein Richter mehr zu erreichen.

Diese erstaunliche Schnelligkeit läßt nur zwei Möglichkeiten zu:
a) Das Gericht hat den Beschluß schon vor Morgengrauen verfaßt und ebenfalls vor Morgengrauen ans Ausländeramt durchgefaxt, weil diese ja bereits um 9.04 Uhr die Haftanstalt anfaxte oder
b) Das Gericht hat schon vor Beschlußfassung das Ausländeramt informiert.
So wird Avni am nächsten Morgen um 6.30 Uhr deutschen Polizisten übergeben, die ihn zum Flughafen Düsseldorf »zur Abschiebung nach Mazedonien« bringen. Wo er wirklich gelandet ist, wußte ich damals nicht.

NACHTRAG FEBRUAR 1996:
Avni befindet sich kurzfristig wieder in der Haftanstalt Siegburg. Er berichtet: er wurde nach Skopje abgeschoben, wo ihn die dortigen Machthaber zunächst für 9 Monate ins Gefängnis steckten. Nach der Entlassung (er kennt ja niemand in Mazedonien) schlägt er sich über die grüne Grenze illegal nach Deutschland durch. Dort wurde er sofort wieder inhaftiert. Denn die illegale Einreise ist ein Straftatbestand und er macht daher den Rest der damaligen Jugendstrafe ab. Nach § 456a Strafprozeßordnung kann bei gleichzeitiger Abschiebung bzw. Auslieferung in ein anderes Land die Strafhaft abgebrochen werden; gleichzeitig wird die Restverbüßung angeordnet, falls der Betreffende wieder nach Deutschland kommt. Deshalb muß Avni jetzt die paar Wochen Reststrafe abmachen. Das Ausländeramt reagiert diesmal sehr schnell, erläßt eine erneute Abschiebeverfügung und bean-

tragt Erlaß eines Abschiebungs-Haftbefehls. Dem entspricht der zuständige Haftrichter - wie fast immer - und so wird Avni am 23.2.1996 in eine Abschiebehaftanstalt verlegt, wo er auf die erneute Verbringung in seine »Paßheimat« Mazedonien wartet.

ISMET - 1996
Ismet ist 1976 in Deutschland als »Gastarbeiterkind« geboren. Von einem kürzeren Türkeiaufenthalt als Kleinkind bei der Oma in der Türkei abgesehen, hat er in Deutschland gelebt. Er spricht besser deutsch als türkisch. Er geriet in die Drogenszene und dadurch in das Jugendgefängnis. Hier ereilt ihn die Ausweisungsverfügung, die zunächst seine Bewährungsentlassung verhindert. Der Widerspruch gegen die Verfügung läuft, hat jedoch keine aufschiebende Wirkung. Darüber hinaus stellt er beim Verwaltungsgericht in Köln »Antrag auf Herstellung der aufschiebenden Wirkung« nach § 80.5 Verwaltungsgerichtsordnung. Daraufhin hat der »Antragsgegner« - die Ausländerbehörde - »zugesagt, von der Vollstreckung bis zur gerichtlichen Entscheidung über den Aussetzungsantrag abzusehen«.

Der Vollstreckungsleiter - zuständig für eventuelle Bewährungsentlassung - hatte ihm dennoch Entlassung zur Bewährung avisiert, wenn er sich mit einer ambulanten Drogenberatung in Verbindung setzt. Das tut er und erhält auch eine Zusage. Daraufhin bekommt er den Beschluß zur Bewährungsentlassung am 23.2.1996. Wohnen könnte er jederzeit bei seinen Eltern im Ruhrgebiet. Er hat jedoch die Befürchtung, daß die »Zusage« der Behörde diese nicht daran hindern werde, einen Abschiebe-Haftbefehl zu erwirken - wie er mehrfach bei Mitgefangenen erlebt hat. Er schaltet - mit finanzieller Unterstützung einer Kirchengemeinde - einen spezialisierten Anwalt ein, macht aber dennoch eine Zitterpartie bis zum Entlassungstermin durch. Wenige Tage vor der Bewährungsentlassung lehnt das Verwaltungsgericht - wie fast immer - den Antrag auf Herstellung der aufschiebenden Wirkung ab. Damit hat die Ausländerbehörde »freie Hand« und schiebt ihn am 23.2.1996 - eigentlich dem Tag der Entlassung zur Bewährung - in eine fremde Türkei ab. Die dadurch verhinderte und bereits zugesagte Drogentherapie wird erst gar nicht mehr von den Behörden erörtert.

SERDAL - 1996
Serdal ist 1973 im Ruhrgebiet geboren. Als Kleinkind reiste er mit der Mutter in die Türkei und kam 1986 zurück in den Haushalt des Vaters im Ruhrgebiet. Die soziale weitere Entwicklung gestaltet sich schwierig. Wegen einer Anzahl von Diebstählen wird er mehrfach verurteilt und zum Schluß - u.a. wegen »Beförde-

rungserschleichung« (Schwarzfahren) unter Einbezug der früheren Strafen zu einer Jugendeinheitsstrafe von 30 Monaten verurteilt. In der Haftanstalt besucht er die Schule, um sich auf die Fachoberschulreife vorzubereiten.
Er erhält die Ausweisungsandrohung. Seine Gegenvorstellungen, sein Lebensmittelpunkt sei im Haushalt des Vaters in Deutschland, er stehe vor dem Abschluß der Fachoberschulreife, beeindrucken das Ausländeramt nicht. Die Verfügung wird erlassen, gegen die er Widerspruch einlegt. U.a. begründet er diesen damit, daß der Vorschlag der JVA berücksichtigt wird, in drei Monaten einen neuen Bericht zur Frage der Sozialprognose einzuholen. In diesem Bericht wäre die vernichtende soziale Beurteilung durch die Ausländerbehörde durch seine positive Entwicklung widerlegt worden. Die erforderliche Stellungnahme des Jugendamtes war offensichtlich nicht eingeholt worden. Sein Widerspruch hat nach den deutschen Gesetzen keine aufschiebende Wirkung. Eine Klage gegen die nichtaufschiebende Wirkung ist nach den gemachten Erfahrungen annähernd aussichtslos.

Statt dessen wir ihm »angeboten«, wenn er auf Rechtsmittel verzichtet und sich »freiwillig« abschieben lasse, könne die Strafe nach § 456a Strafprozeßordnung »abgebrochen« werden. Er könne dann also früher aus der Haftanstalt kommen, allerdings unter Abschiebung am gleichen Tag. Serdal kämpft lange mit sich, ob er den Klageweg durchhalten soll und dann vermutlich »länger im Knast bleiben muß«. Er sieht die wahrscheinliche Möglichkeit, daß er dennoch verliert und dann eben nach Vollverbüßung der Haftstrafe dennoch abgeschoben wird. Schließlich entscheidet er sich doch »früher aus dem Gefängnis herauszukommen«, bittet aber darum, wenigstens noch den Schulabschluß zuende führen zu können. Inzwischen hat der Richter den Haftabbruch bereits beschlossen und die tatsächliche Abschiebung erfolgt sehr schnell. Seine Bitte, den Schulabschluß noch zu Ende machen zu können, wird erst gar nicht mehr erörtert. So wird er aus der laufenden Schulmaßnahme heraus abgeschoben.

Eingang JVA Köln

C: Der Weg ins Gefängnis

Wie entstand Kriminalität?
Was ist Kriminalität?

Es scheint so, als habe es Kriminalität schon immer gegeben, von Adam und Eva angefangen, über Kain und Abel, bis heute. Das scheint aber nur so, selbst die Worte »Kriminalität«, »kriminell« »Kriminalpolizei« und andere sind erst seit dem 17.Jahrhundert nach und nach im deutschen Sprachraum aufgetaucht. Sie wurden der französischen Sprache entlehnt und in diese kamen sie durch das lateinische »crimen« = Beschuldigung, Anklage, Vergehen, Verbrechen, Schuld. Die Herkunft des lateinischen Wortes »crimen« ist umstritten.

Von Beginn der menschlichen Geschichte an hat es soziale Ordnungen gegeben, und damit von Anfang an auch Konflikte der einzelnen Menschen untereinander und der einzelnen mit der Gemeinschaft, in der sie lebten. Dieser Widerspruch zwischen dem Individuum und der Gesellschaft ist universal. Aber er allein reichte nicht aus, um in der Menschheitsgeschichte Kategorien wie Kriminalität und Strafe hervorzubringen.

In den Urgesellschaften gab es keine zentralen Instanzen, die mit zwingender Autorität sagen konnten, was richtig und falsch ist. Unter der Bedingung der prinzipiellen Gleichheit der Mitglieder einer Wildbeutergruppe, eines Stammes oder sonstigen Verbandes, wird die soziale Ordnung als bedroht angesehen, wenn Individuen sich privilegierten Zugang zu Ressourcen und Macht über andere Menschen verschaffen oder gar, etwa durch Erbfolge, institutionalisieren wollen. Solche Aktivitäten werden in herrschaftsfreien Gesellschaften z.B. als Zauberei definiert und sanktioniert, um das Gegenseitigkeits- und Gleichheitsprinzip wiederherzustellen. Die Sanktionen gegenüber solchen Bedrohungen der sozialen Ordnung ähneln allerdings kaum dem, was später - mit dem Auftreten des Staates - als öffentliche Strafe Einzug halten sollte. Es gibt weder Polizei noch Gericht, Recht noch Gefängnis, und die soziale Kontrolle funktioniert trotzdem: kollektivistisch statt individualistisch, kompromißbereit statt strafend, zukunftsorientiert statt an vergangenem Unrecht orientiert. Diese Form der sozialen Kontrolle bezieht ihre Wirksamkeit nicht aus theatralischer Härte, sondern aus dem geschickten Verhandeln und nicht zuletzt dem häufigen Versickernlassen von Konflikten.

Erst an dem Punkt der sozialen Entwicklung, wo Konflikte um Güter und Positionen nicht mehr im Interesse aller geregelt werden, sondern wo es einigen

Gesellschaftsmitgliedern gelingt, sich privilegierte Positionen zu verschaffen, kommt es zu jener drastischen Änderung von Konflikten und Konfliktregelungen, aus der sich die Kategorien Verbrechen, Kriminalität und Strafe entwickeln. Erst mit dauerhaften Herrschaftsstrukturen etablieren sich auch entsprechend dauerhafte Interessengegensätze. Diese systematisch begründeten Gegensätze, die sich aus dem Herrschaftswiderspruch ergeben, werden zur Quelle zahlloser besonderer Gefährdungen der herrschaftlich organisierten sozialen Ordnung. Es ist nun die soziale Ordnung selbst, die Interessengegensätze hervorbringt, welche sich als Bestandsrisiken auswirken und auch so wahrgenommen werden, denn die Gesellschaft funktioniert nun zunehmend nach Prinzipien, die in vielerlei Hinsicht denen der herrschaftsfreien Gesellschaften geradezu entgegensteuern und von vornherein eine gewisse Sprengkraft in sich tragen: man denke an Ehre, Konkurrenz und Privateigentum, die Einführung des Geldes als eines universalen Tauschmittels, die Käuflichkeit von Gütern und Dienstleistungen, die zunehmende Bedeutung von Prestige, Konsum, Erlebnissuche und anderen individualistischen Werten. Alle diese Prinzipien sind an sich weder gut noch schlecht, aber extrem riskant in ihren Wirkungen. Was als schwerwiegender Konflikt definiert wird, ändert sich vollkommen. In den Urgesellschaften hatten sich wesentliche Störungen gegen die Prinzipien der Gegenseitigkeit und Gleichheit gerichtet - von nun an werden solche Handlungen besonders negativ bewertet, die sich gegen die Vorzugsstellungen der Machthaber richten. Die Reaktion wird rachsüchtig, täterfixiert, bezieht sich zunehmend auf die Gesinnung, schafft die Kategorie der persönlichen Schuld, für die bezahlt werden muß und setzt insofern das moderne Individuum nicht etwa nur voraus, sondern schafft es geradezu mit.

Nicht die klassischen Delikte wie Mord und Raub waren es, die Anlaß zur Entstehung der Kategorie Kriminalität gaben, sondern die Verletzungen der Interessen derjenigen, die sich Positionen der Herrschaft erobert hatten. Mit dem Stigma der Straftat wurde belegt, wer im Verdacht stand, die Herrschaft gefährden zu wollen. Um das Verbrechen gegen die Majestät organisierte sich dann allmählich eine Vielfalt weiterer Strafbestimmungen. Im kontinentaleuropäischen Rechtskreis wurden sie allgemein-abstrakt formuliert, indem ein bestimmter Straftatbestand mit einer bestimmten negativen Sanktion verknüpft wurde. Strafgesetzbücher erhielten den Aufbau einer Ansammlung von Sätzen der folgenden Art: »Wer x tut, wird mit y bestraft.«

Was in einer Gesellschaft als Kriminalität gilt, muß in einer anderen Gesellschaft nicht unbedingt auch als Straftat gelten, Homosexualität z.B. Und weil das, was als Kriminalität definiert und im Strafgesetzbuch festgehalten ist, historisch gewachsen ist und Veränderungen unterliegt gibt es auch in der Gesellschaft davon abweichende ganz unterschiedliche Auffassungen von dem, was kriminell ist. Man denke nur an die heftigen Diskussionen um den Spruch »Soldaten sind Mörder.« Aber auch bei winzigen Ärgernissen gibt es Kriminalitätsvorwürfe. Im Zusammenhang mit der Debatte um die »saubere Stadt« stehen auf der einen Seite Menschen, die sich von den Punks, den Straßenmusikern und Bettlern belästigt fühlen und wünschen, daß sie als »Kriminelle« behandelt werden. Auf der anderen Seite sind Stimmen zu vernehmen, die diejenigen als »kriminell« bezeichnen, die an den Schalthebeln des Staates sitzen und es zulassen, daß immer mehr Menschen verelenden. Dritte-Welt-Initiativen und Gruppen aus der Flüchtlingssolidarität prangern Polizei- und Wirtschaftshilfe für Folter-Regime als »kriminell« an.

Neben dem breiten Konsens über die Notwendigkeit von Maßnahmen gegen viele Handlungen in der Gesellschaft - und der reicht bis in die Gefängnisse hinein -, gibt es diese Diskussion um Kriminalität in der ganz unterschiedliche und teilweise völlig unvereinbare Interessen aufeinanderstoßen. In dieser Debatte finden sich beide Widersprüche wieder: der anthropologisch begründete Widerspruch zwischen Individuum und Gesellschaft und der keineswegs anthropologische Widerspruch zwischen Herrschern und Beherrschten. Die einen wollen eine Gesellschaft, die mehr von Gegenseitigkeit und Gleichheit geprägt ist, und die anderen eine Gesellschaft, die die Verteilung von Macht und Privilegien so läßt, wie sie ist.

DIE STRAFBARKEIT VON JUGENDLICHEN UND HERANWACHSENDEN

Grundlage für ein gerichtliches Verfahren gegen jungen Menschen ist das Jugendgerichtsgesetz (JGG). Dieses Gesetz unterscheidet drei Altersgruppen. Für die Zugehörigkeit eines jungen Menschen zu einer Altersgruppe ist grundsätzlich der Zeitpunkt der Tat maßgebend.

KINDER BIS 14 JAHREN:
Strafmündig sind nur Jugendliche, die bereits 14 Jahre alt sind. Jugendliche und Kinder, die jünger als 14 Jahre sind, fallen nicht unter das JGG und können damit auch nicht zu einer Strafe verurteilt werden. Sie sind ausdrücklich nach gesetzlicher Bestimmung schuldunfähig.

JUGENDLICHE ZWISCHEN 14 UND 18 JAHREN:
Junge Menschen, die zum Zeitpunkt der Tatbegehung bereits 14 Jahre alt sind, können auch für ihr Tun strafrechtlich zur Verantwortung gezogen werden. Für diese Gruppe gilt jedoch nicht das allgemeine Strafrecht des Strafgesetzbuches (StGB), sondern das Sonderstrafrecht des Jugendgerichtsgesetzes (JGG).

HERANWACHSENDE ZWISCHEN 18 UND 21 JAHREN:
Heranwachsender ist, wer zum Zeitpunkt der Tat 18, aber noch nicht 21 Jahre alt ist. Die Heranwachsenden fallen insofern unter das JGG, als sie grundsätzlich vor

den Jugendgerichten abzuurteilen sind. Dagegen ist auf sie Jugendstrafrecht nur unter bestimmten Voraussetzungen anwendbar. Das JGG verlangt nämlich für die Anwendung des Jugendstrafrechts auf Heranwachsende, daß sich bei einer Gesamtwürdigung der Persönlichkeit des Täters und der Berücksichtigung der sozialen Bedingungen ergibt, daß er zur Zeit der Tat nach seiner geistigen und sittlichen Entwicklung noch einem Jugendlichen gleichstand und es sich bei der Art der Verfehlung um eine Jugendverfehlung handelte.

MEDIEN UND KRIMINALITÄT

Tagtäglich wählen JournalistInnen und RedakteurInnen aus der enormen Menge verfügbarer Nachrichten diejenigen aus, welche zu einem Kriminaltätsbericht werden. Was sie dabei erhalten ist oft auch schon vorsortiert und nach bestimmten Interessen aufbereitet. Bei den Polizeipressestellen, die einen Großteil der Meldungen für die lokalen Medien liefern, dominieren die Bedürfnisse und Eigeninteressen der Polizei, z.B. wenn es darum geht, Fahndungsaufrufe unterzubringen. Die PressesprecherInnen versuchen aber auch die Bedürfnisse der JournalistInnen zu bedienen - das fördert die gegenseitige Zusammenarbeit. Von den Nachrichtenagenturen im Lokalteil der Kölner Tageszeitungen, kommen nur wenige Prozent der Mitteilungen. Aber in ihren überregionalen Teilen besteht die Berichterstattung zu über 50% aus Agenturmeldungen. Neben diesen beiden Quellen kommen gerade in den lokalen Medien sehr viele Berichte über Kriminalfälle durch Eigenrecherchen von JournalistInnen zustande, beispielsweise durch Besuche von Gerichtsverhandlungen

Da die JournalistInnen in der Regel abhängig Beschäftigte von Wirtschaftsunternehmen sind, die in einem Konkurrenzkampf zu anderen Zeitungen und Zeitschriften stehen, wird das, was letztlich in die Blätter kommt, von den Profitinteressen bestimmt. Da die Zeitungen bis zu 75% ihrer Unkosten durch Anzeigen decken, werden die Anzeigenkunden kaum unberücksichtigt bleiben, wenn es um Beiträge geht, die dazu führen könnten, daß die Zahl der Anzeigen zurückgeht. Ein anderes Kriterium, nach dem die Berichte ausgewählt und geschrieben werden ist ihr Unterhaltungswert. Sex & Crime machen Kasse, also gibt es Sex & Crime.

Gerade 3% der 1996 in Köln bekannt gewordenen Straftaten waren Gewaltdelikte. Aber da Gewalt aktuell ist, findet man sie das Jahr über breit abgehandelt in den Medien wieder: Gewalt gegen Alte, Gewalt gegen Frauen, Gewalt gegen Kinder und natürlich Gewalt von Jugendlichen.

Der Kölner Stadt-Anzeiger und die Kölnische Rundschau haben weniger deftige Schlagzeilen als Bild und Express, aber im Prinzip ist die Berichterstattung bei allen personifizierend. Die sozialen Zusammenhänge, die Schilderung einer Lebensgeschichte, die verstehbar macht, wie es zu bestimmten Taten kommen konnte, das alles wird ignoriert oder allenfalls nur hin und wieder thematisiert. Folglich sind auch soziale Forderungen in der Berichterstattung kaum zu finden, dafür jede Menge Rufe nach schärferen Gesetzen und härteren Strafen.

Es gibt viele Untersuchungen zum Thema Medien und Kriminalität. Als gesichert kann gelten, daß die Medien wesentlich dafür verantwortlich sind, daß die MigrantInnen und Flüchtlinge als Bedrohung wahrgenommen werden. Bis in die 90er Jahre waren über 2/3 aller Berichte in den bundesdeutschen Printmedien, in denen Nichtdeutsche Erwähnung fanden, Berichte über von ihnen begangene Straftaten. Nach der Serie von Anschlägen gegen MigrantInnen und Flüchtlinge Anfang der 90er Jahre haben einige Medien aufgehört, in der Kriminalberichterstattung die Nationalität zu erwähnen. Beim Thema Kriminalitätsfurcht sind die Zusammenhänge nicht so eindeutig. Menschen, die sich schwach und einsam fühlen, werden sicher auch dann noch Angst haben, wenn die Berichterstattung über Gewalttaten weniger reißerisch aufgemacht wäre.

Ein Fazit von Prof. Michael Walter: »Eine Einflußnahme auf die Medien unter dem Gesichtspunkt einer gleichsam moralischen Verbesserung ihrer Produkte erscheint kaum möglich.«

Daher sind auch hier die kritischen WissenschaftlerInnen und die Bürgerrechtsgruppen gefordert, die Öffentlichkeit durch lesbare Bücher, Zeitschriften und Informationsveranstaltungen in den Stadtteilen selbst aufzuklären.

Täter sind Jugendliche
14 Einbrüche in Kindergärten

Die insgesamt 14 Einbrüche in Kindergärten von Neu-Brück während der vergangenen sieben Monate sind aufgeklärt. Bei den Tätern handelt es sich um fünf Jugendliche im Alter von 14 bis 16 Jahren. Am Freitag abend erwischten die Beamten die Jugendlichen gegen 20.15 Uhr auf frischer Tat im Kindergarten am Europaring. An Ort und Stelle nahm die Polizei zwei Tatverdächtige fest, die drei flüchtigen jungen Männer wurden später ermittelt. Ein großer Teil der Beute aus den Straftaten konnte wiederbeschafft werden. Die fünf Jugendlichen wurden ihren Eltern übergeben. **KE**

Kölnische Rundschau vom 25.2.1997

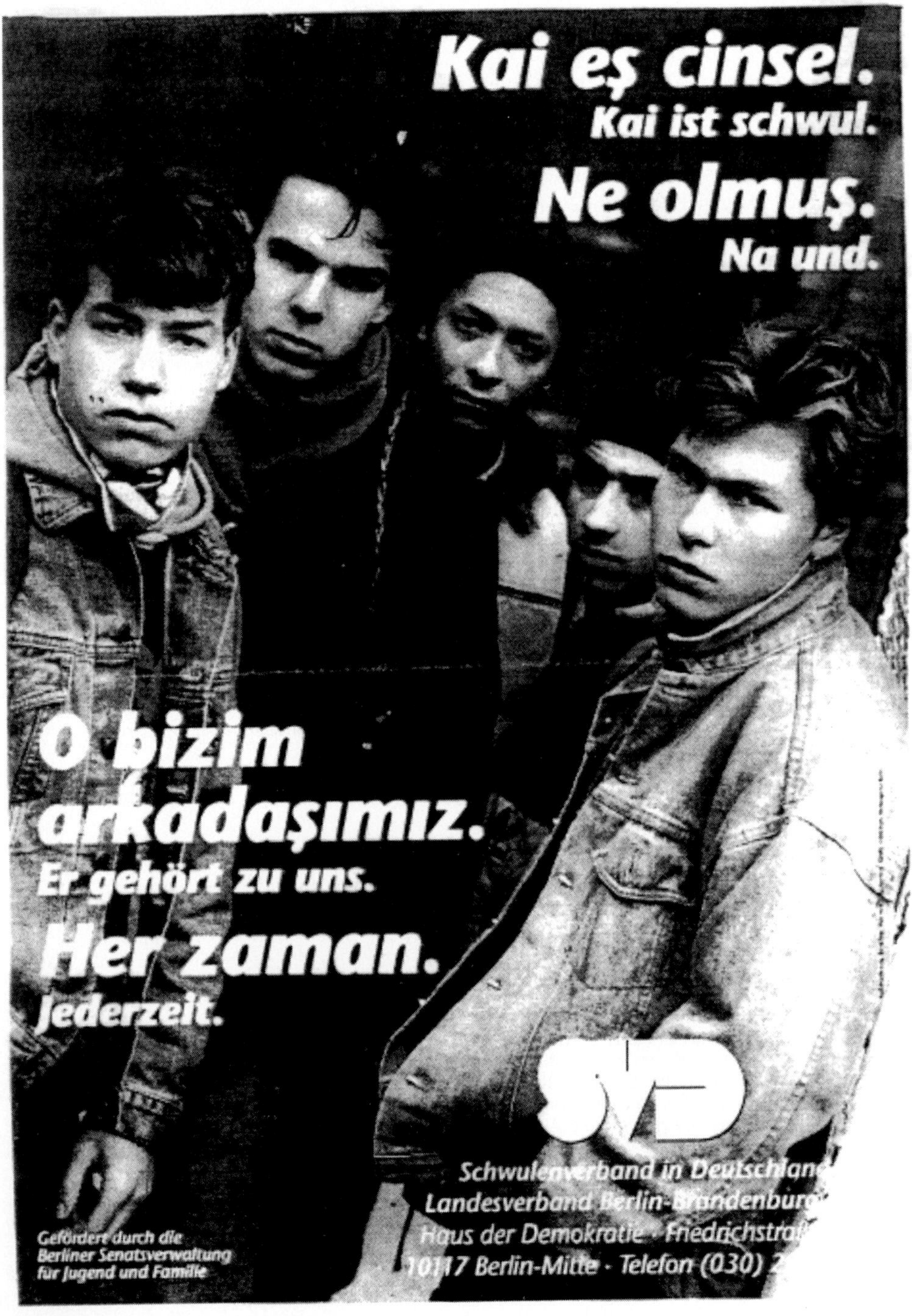

Plakat des Schwulenverbandes in Deutschland (SVD)

Opfer und Geschädigte

DAS TÄTER-OPFER-SCHEMA

Schlägt man im Brockhaus unter dem Stichwort »Opfer« nach, so erfährt man, daß das Wort religiösen Ursprungs ist. Seit wann und warum wir im deutschen Sprachraum von »Opfer eines Verbrechens«, »Verbrechensopfer« oder »Opfer eines Straftäters«, aber auch von »Unfallopfer« sprechen, konnten wir nicht herausfinden, obwohl wir uns sehr darum bemüht haben. Es schient uns wichtig zu sein, nachzuvollziehen, wie sich dieses Schwarz-Weiß-Schema von Opfer und Täter seit seiner Entstehung - Opfer für Gott - schließlich so verwandeln konnte, daß vom Opfer eines Täters oder Opfer der Kriminalität oder eines Verbrechens gesprochen wird.

Vergleicht man die verschiedensten Delikte, wegen denen jemand als Täter, Verbrecher oder Krimineller bezeichnet wird, stellt man fest, daß es Straftaten ohne Opfer, ohne geschädigte Personen gibt. Wenn z.B. ein Asylbewerber die ihm zugewiesene Stadt entgegen der ihm gemachten Auflagen verläßt, dann taucht sein Verhalten als Straftat nach dem Ausländer- und Asylverfahrensgesetz in der Polizeilichen Kriminalstatistik auf. Was hier aus der Perspektive des Flüchtlings ein Verwandtenbesuch war, ist in der Perspektive des aufnehmenden Polizeibeamten eine zu verfolgende strafbare Handlung. Umgekehrt gibt es Opfer ohne Straftaten und Straftäter - Menschen in Asien, Afrika und Lateinamerika verhungern elend angesichts von Zucker- und Butter- und Fleischbergen in den reichen Ländern.

An der Spitze der Skala der schwersten Delikte stehen die Tötungsdelikte - Mord und Totschlag. Handlungen also, die durch nichts mehr rückgängig gemacht werden können, die nicht mehr korrigiert werden können, die auch nicht wieder gut gemacht werden können. Aber auch hier ist das scheinbar so klare Schwarz-Weiß-Schema vom Täter und vom Opfer alles andere als eindeutig. Die Massenmorde an den europäischen Juden waren ganz offensichtlich Handlungen gegen völlig unschuldige Menschen - auf einer Seite die Täter und auf der anderen Seite ihre Opfer. Aber ohne den Antisemitismus und den Nationalsozialismus in Deutschland kann das nicht erklärt werden.

Der Streit um den Satz »Soldaten sind Mörder« zeigt exemplarisch, daß ein und dieselbe Handlung - je nach dem Kontext, in dem sie geschieht - völlig konträr bezeichnet und bewertet wird. In Friedenszeiten wird das Tötungsdelikt als Mord verurteilt und in Kriegszeiten wird der in der Kampfhandlung tötende Soldat unter bestimmten Umständen sogar mir Orden ausgezeichnet. Ob eine Tat positiv oder negativ bewertet wird, ist immer ein Produkt gesellschaftlicher Auseinandersetzung. Ganz allgemein: abweichendes Verhalten ist das, was andere als abweichend definieren.

Eine Frau, die nach Jahren der Vergewaltigung und brutalster Schläge ihren körperlich überlegenen Peiniger im Schlaf erstickt, ist nach dem Strafgesetzbuch Mörderin. Das schlichte Täter-Opfer-Schema versagt auch hier völlig.

Manchmal ist der Täter eine im wahrsten Sinn des Wortes von den Umständen oder der kaputten Lebensgeschichte getriebene Person. Dann ist die Rede vom »Triebtäter«. Der Täter, der aktiv handelnde Mensch ist nicht immer Subjekt und Herr seiner selbst. Und umgekehrt gilt dasselbe: der Mensch, dem etwas angetan wird, der vergewaltigt und getötet wird, ist nicht nur passives Objekt, leidendes Opfer. Gerade in der Frauenbewegung sind Opferhaltungen kritisiert und teilweise zurückgewiesen worden. Das Machtungleichgewicht zwischen den Geschlechtern läßt sich sicher nicht mit Karatekursen auflösen, aber Selbstverteidigungskurse, die das Ziel haben, zur Gegenwehr zu befähigen, führen zur Auflösung von Opferhaltungen und dem Denken, man könne nichts tun.

Durch die Psychoanalyse wissen wir dank Sigmund Freud, daß menschliches Handeln nicht allein über das Bewußtsein, sondern auch durch das Unterbewußtsein gesteuert wird. Davor hat schon Karl Marx darauf hingewiesen, wie sehr die wirtschaftlichen Verhältnisse das Denken und Verhalten von Menschen beeinflussen können. Die Sozialwissenschaften lehren uns, wie groß der Einfluß der Umwelt auf das menschliche Verhalten ist. Die Einsichten in die Gruppendynamik hat nicht nur die Ausnahmesituation als überwältigende Ursache von Straftaten identifiziert, sondern auch erklären können, wie sich Menschen durch ihre Verhalten zueinander auf eine Weise beeinflussen können, daß daraus schließlich etwas entsteht, was keiner der Beteiligten gewollt hat.

Schuld- und Vergeltungsdenken blenden diesen sozialen Konfliktcharakter von Straftaten aus. So wissen heute viele nicht, daß die meisten Gewalttaten zwischen Menschen geschehen, die sich gut kennen. Sie glauben, daß es hauptsächlich Fremde sind, die in dunklen Ecken und Parks über ihnen völlig Unbekannte herfallen. Das Gegenteil ist wahr - die meisten Gewalttaten in unserer Gesellschaft geschehen da, wo viele sich eine heile Welt vorstellen, in der Familie, in Freundschaftsbeziehungen und in der Ausbildung und am Arbeitsplatz. Und die meisten Opfer sind die Kinder und die Frauen der Täter. Jürgen Habermas nennt die bis zu 500.000 Kindesmißhandlungen und die bis zu vier Millionen Mißhandlungen von Ehefrauen im Jahr den »verbreitetsten Typus der Gewaltkriminalität«. Die Gewalt im sozialen Nahbereich ist allerdings nicht ausschließlich Männersache. Kinder sind auch Opfer ihrer Mütter und Lehrerinnen. Menschliches Verhalten ist eine Funktion von Persönlichkeit und Umwelt bzw. Situation. Wer von Emanzipation, von Selbstbestimmung und Selbstverantwortung spricht, muß auch deshalb mithelfen, Verhältnisse zu schaffen, die es allen erlauben, frei und sozial verantwortlich zu handeln. Wer behauptet, es käm allein auf den Menschen an, wer dem Täter alle Schuld auflädt, will, daß die Verhältnisse unbehelligt bleiben.

Die Opferhilfsorganisation WEISSER RING ignoriert diese Binsenweisheiten. Deshalb werden die Fahndungsserie »XY-ungelöst« und die Sendungen gleicher Strickart zurecht als Denunziantensendungen bezeichnet. Wer behauptet, die Zahl der Verbrechen senken zu können, wenn »die Verbrecher« nur entschieden genug bekämpft werden, täuscht sich und andere. Sowenig wie die Armut durch einen Krieg gegen die Armen bekämpft werden kann, sowenig kann »das Verbrechen« durch einen »Krieg gegen die Verbrecher« bekämpft werden. Kriminalität ist ein soziales Phänomen und wenn nicht alles schlimmer werden soll, müssen wir dafür soziale Lösungen und soziale Umgangsformen finden.

VIKTIMOLOGIE - OPFERFORSCHUNG

In der Geschichte der Erforschung der Ursachen von Straftaten und der Bekämpfung von Kriminalität kamen die Opfer nur als Anzeigensteller oder als Zeugen vor. Mit der neuen Frauenbewegung änderte sich das. Traditionell wurden Körperverletzungsdelikte in Deutschland seit der Einführung des Strafgesetzbuchs 1871 weniger hart bestraft als Eigentumsdelikte. Bei Vergewaltigungsdelikten wurden die Opfer oft sogar als die eigentlich Schuldigen hingestellt. Die Vernehmung der vergewaltigten Frau fand durch Männer statt, und das Ganze wurde meist als eine Art Kavaliersdelikt abgehandelt. Das ging häufig so weit, daß viele der vergewaltigte Frauen Schuldgefühle hatten, daß ihnen das geschehen ist. Die Frauenbewegung hat das zu einem ihrer Themen gemacht. Sie hat erreicht, daß Vergewaltigungen als das wahrgenommen werden, was sie sind, brutale Gewalttaten, ein Machtmißbrauch und keineswegs eine sexuelle Handlung von sexuell verführten Männern. Die Öffentlichkeit, die Polizei und die Richter wurden im Umgang mit den Vergewaltigungsopfern sensibilisiert. Heute werden in der Regel vergewaltigte Frauen nicht mehr von Männern vernommen, und in den Gerichtsverhandlungen ist es schwerer geworden, die Opfer zusätzlich zu demütigen und als die eigentlich Schuldigen an der Tat hinzustellen.

Die Viktimologie entstand aus diesem Zusammenhang, sie hat der Frauenbewegung viel zu verdanken. Nach Beginn der Opferforschung Anfang der siebziger Jahre dauerte es noch mal zwei Jahrzehnte, bis begonnen wurde, die Folgen für die Opfer von einfacheren Straftaten zu untersuchen. Die erste bundesdeutsche Forschungsstudie über die seelischen Folgen von Wohnungseinbrüchen, die der Psychologe Günther Degener von der Universität Homburg 1990 und 1991 durchführte, macht deutlich, daß eine Verletzung der als sicher eingeschätzten Wohnung für die Opfer oft wie eine Vergewaltigung empfonden wird. Auch hier wird die Intimsphäre verletzt. Das ist weder der Öffentlichkeit noch den Tätern immer bewußt. Diese denken sich »den Schaden zahlt doch die Versicherung«. Daß es aber neben dem materiellen Schaden eine Beschädigung der Menschen durch den Wohnungseinbruch gibt, kommt ihnen meist nicht in den Sinn.

In Europa gibt es inzwischen eine Reihe von Zentren zur Behandlung von Folteropfern aus der Dritten Welt, und die Frauenbewegung hat Einrichtungen für mißhandelte und vergewaltigte Frauen geschaffen. Besondere Maßnahmen zur Behandlung traumatisierter Verbrechensopfer gibt es in der Bundesrepublik noch nicht.

KÖLNER OPFERHILFE MODELL (KOM)

Prof. Gottfried Fischer, Direktor der Abteilung Klinische Psychologie und Psychotherapie an der Universität Köln erforscht gerade, wie Menschen, die einem Verbrechen zum Opfer gefallen sind, am besten geholfen werden kann. Dieses Projekt heißt »Kölner Opferhilfe Modell« (KOM). Unter anderem soll das Opfer mit den Folgen des Verbrechens nicht mehr alleingelassen werden. In einem Interview mit Detlev Schmalenberg für den Kölner Stadt-Anzeiger schilderte Prof. Fischer den Verlauf eines Traumas, einer starken seelischen Erschütterung, die bei Opfern von Gewalttaten oft auftreten: »Zum Beispiel, daß man in der Schockphase so durcheinander ist, daß man seinen Namen nicht mehr weiß oder den eigenen Haustürschlüssel nicht mehr findet. Man steht neben sich, glaubt, man ist in einem Film. Diese Dinge sind ganz normal, beunruhigen aber die Betroffenen oder deren Angehörige. Das kann bis zu fünf Stunden anhalten. Dann gibt es eine Einwirkungsphase, die etwa eine Woche dauern kann: Mit sehr starker Vergeßlichkeit, Konzentrationsstörungen, Schlaflosigkeit und ständiger Angst. Danach kommt eine Wiederanpassungsphase, die bis zu einem Monat dauern kann. Es ist wichtig, daß ein Opfer davon weiß und sich diese Zeit zugesteht...Wenn die Symptome länger als ein bis zwei Monate anhalten, besteht die Gefahr, daß eine Dauerstörung entsteht. Wir sprechen von einem psychotraumatischen Belastungssyndrom: Schreckhaftigkeit, ständiges Durchleben der Situation, Vermeidung von allem, was an das Trauma erinnert oder emotionelle Abstumpfung. Die Betroffenen können keine Freude mehr empfinden, sind depressiv...Das kann sehr hartnäckig sein und bis zu zwanzig Jahren anhalten. Wer zum Beispiel auf der Straße überfallen wurde, traut sich im Exremfall nicht mehr vor die Tür. Die Leute können dann natürlich auch nicht mehr arbeiten, werden Frührentner.«

DER STADTTEIL ALS OPFER

In den Stadtteilen amerikanischer Großstädte, die als Slums und Gettos bezeichnet werden, werden nicht nur einzelne Menschen, sondern ganze Viertel zum Opfer von Verbrechen. Wo die Jugendarbeitslosigkeit über 50% hoch ist, wo es keine Arbeit gibt und sich der Drogenhandel zur Haupteinnahmequelle entwickelt, kommt es zu Bandenkriegen, wie wir sie in Deutschland bisher noch nicht kennen. Die Polizei bezeichnet diese Gebiete als Kriegsgebiete - es sind Stadtteile, wo die ganze Bevölkerung so von der Gewalt, Drogen und Alkohol demoralisiert werden kann, daß das Leben zu einem apathischen Dahinvegetieren verkommt. Damit das verhindert werden kann, muß es auch eine »Opferhilfe« für ganze Stadtteile geben, doch Initiativen allein können das nicht verhindern, sie müssen durch die Politik in ihrer Arbeit unterstützt werden - durch Arbeits- und Freizeitangebote für die Bewohner, aber auch durch finanzielle Mittel. Wenn erst die Mehrheit eines Viertels durch Verelendung und Gewalt demoralisiert wird, ist emanzipatorische Arbeit und Politik kaum noch möglich.

OPFER UND STRAFE

Die Opfer von Straftaten reagieren beileibe nicht alle so, wie es uns die »Law-and-Order«-Propagandisten weismachen wollen. Das Kriminologische Forschungsinstitut in Hannover befragte 707 Opfer von Straftaten wie Handtaschenraub, Betrug oder Körperverletzung, was ihrer Meinung nach mit dem Täter geschehen sollte. Ihre Empfehlungen:

Prügel	13,4 Prozent
Freiheitsentzug ohne Bewährung	17,4 Prozent
Freiheitsentzug mit Bewährung	10,1 Prozent
Schadensersatz	29,5 Prozent
Schmerzensgeld	14,9 Prozent
Geldstrafe	11,5 Prozent
soziale Hilfsdienste	11,5 Prozent
gemeinnützige Arbeit	10,5 Prozent

15,7 Prozent der Opfer wollten keinerlei Bestrafung. Mehrfachnennungen waren möglich. Wer nach immer härteren Strafen ruft und glaubt, daß eine Strafe umso besser wirkt, je härter sie ausfalle, befindet sich auf dem Holzweg. Die kriminologische Erforschung der Wirksamkeit von Strafen kommt zu dem Ergebnis, daß strafrechtliche Eingriffe unwirksam sind und kein Unterschied in der Wirkung von härteren und milderen Sanktionen festzustellen ist. Richter können daraus lernen, daß sie mit der leichteren Strafe im Zweifel dieselbe Wirkung erzielen, wie mit der härteren. Alle, die nach nicht-repressiven Wegen und Methoden im Umgang mit Kriminalität suchen und dafür arbeiten, können aus diesen Untersuchungen ersehen, daß auch die Mehrheit der Opfer auf ihrer Seite ist. Aber auch das ist Resultat einer gesellschaftlichen Auseinandersetzung - es muß nicht so bleiben. Die Art und Weise, wie die Morde an den Kindern in Belgien verarbeitet wurde, hat dazu geführt, daß die Zahl der Todesstrafenbefürworter für diese Delikte wieder über die 50%-Marke gestiegen ist.

OPFERENTSCHÄDIGUNG

1976 wurde das Gesetz über die Entschädigung für Opfer von Gewalttaten (OEG) verabschiedet und 1986 das Opferschutzgesetz, das unter anderem den Versuch unternommen hat, einen Mindestbestand pozessualer Befugnisse des Verletzten zu regeln (zum Beispiel Opferanwalt).

So gut sich das anhören mag, so scharf fällt die Kritik gerade am OEG aus. Der WEISSE RING - und das kann man nur anerkennen - erklärte, daß nur gut jedes zehnte Verbrechensopfer einen Antrag auf Entschädigung stelle, weil sie von der Justiz und den Behörden nicht ausreichend über ihre Rechte informiert werden. Dieter Eppstein, der Generalsekretär des WEISSEN RINGs sagte, um dem abzuhelfen, würde es bereits ausreichen, daß Polizei oder Staatsanwaltschaft dem Opfer eine Durchschrift der Strafanzeige mit dem Vermerk »Zur Vorlage beim Versorgungsamt« geben würden. Eppstein erklärte die Unterlassung dieser Hilfestellung, die er als »ausgesprochen rücksichtslos« qualifizierte, »mit fiskalischen Gesichtspunkten«. Mit anderen Worten: in einer Zeit allgemeinen Sozialabbaus wird auch - entgegen den Vorschriften des OEG - an den Verbrechensopfern gespart.

DAS OPFERENTSCHÄDIGUNGSGESETZ

Grundlage für Entschädigungsleistungen an Gewaltopfer ist das Gesetz über die Entschädigung für Opfer von Gewalttaten (OEG). Der Katalog der Einzelleistungen entspricht im wesentlichen der Versorgung, wie sie Kriegsopfer erhalten.

Ausländische Mitbürgerinnen und Mitbürger sind seit dem 1. Juli 1990 in die Entschädigungsregelungen einbezogen worden. Auch Besucher, die sich nicht nur vorübergehend im Bundesgebiet aufhalten, können unter bestimmten Voraussetzungen eine Entschädigung erhalten. Ansprechpartner sind die zuständigen Versorgungsämter (Adresse für Köln siehe unten).

Grundsatz

Wer in Deutschland durch eine Gewalttat einen gesundheitlichen Schaden erlitten hat, kann nach dem Gesetz über die Entschädigung für Opfer von Gewalttaten (OEG) Versorgung erhalten.

Geltungsbereich des Gesetzes

Das Gesetz gilt für Ansprüche aus Gewalttaten, die nach dem 15. Mai 1976 begangen worden sind. Es gilt dann, wenn die Schädigung im Bundesgebiet oder außerhalb dieses Gebietes auf einem deutschen Schiff oder in einem deutschen Luftfahrzeug eingetreten ist.

Personen, die in der Zeit vom 23. Mai 1949 bis zum 15. Mai 1976 eine gesundheitliche Schädigung erlitten haben, können durch eine »Härteausgleichsregelung« ebenfalls Leistungen erhalten. Hier ist jedoch Voraussetzung, daß die Berechtigten allein infolge dieser Schädigung schwer beschädigt sind (Minderung der Erwerbsfähigkeit mindestens 50 v.H.) und bedürftig sind und im Geltungsbereich des OEG ihren Wohnsitz oder Aufenthalt haben. Ob jemand »bedürftig« ist, wird im Einzelfall geprüft und ist auch abhängig von dessen Einkommen.

Anspruchsvoraussetzungen

Es muß eine Gewalttat vorliegen. Gewalttaten im Sinne des Gesetzes sind: Ein vorsätzlicher, rechtwidriger tätlicher Angriff gegen eine Person. Dazu zählen auch: Die vorsätzliche Beibringung von Gift, die fahrlässige Herbeiführung einer Gefahr für Leib und Leben eines anderen durch ein Verbrechen mit gemeingefährlichen Mitteln, zum Beispiel Brandstiftung oder ein Sprengstoffanschlag.

Anspruchsberechtigt sind der Geschädigte oder seine Hinterbliebenen (Witwen, Witwer, Waisen, Eltern). Geschädigter ist auch, wer die gesundheitliche Schädigung bei der rechtmäßigen Abwehr eines vorsätzlichen, tätlichen Angriffs erlitten hat. Ausländer, die nicht Angehörige eines Mitgliedstaates der Europäischen Gemeinschaft sind und mit deren Heimatland keine gegenseitigen Abkommen bestehen, haben für die Dauer ihres rechtmäßigen, nicht nur vorübergehenden Aufenthalts von längstens sechs Monaten in der Bundesrepublik ebenfalls Anspruch auf Versorgung. Auch Touristen und Besucher können unter bestimmten Voraussetzungen einen Versorgungsanspruch haben, wenn die Aufenthaltsdauer bis zu sechs Monaten beträgt.

Versorgung wird nur auf Antrag gewährt. Der Beginn der Versorgungsleistung hängt ab vom Zeitpunkt der Antragstellung. Es empfiehlt sich, den Antrag unverzüglich zu stellen. Ein formloser Antrag beim Versorgungsamt genügt. Der Antrag kann aber auch bei allen anderen Sozialleistungsträgern, zum Beispiel einer Krankenkasse oder einem Rentenversicherungsträger und in den Gemeinden abgegeben werden. Der Geschädigte sollte unverzüglich Strafanzeige erstatten oder aber Strafantrag stellen. Diesen Beitrag zur Aufklärung des Sachverhaltes und zur Verfolgung des Täters hat er zu leisten, um seine Ansprüche nicht zu verlieren.

Umfang der Leistungen

Die Versorgung wird nach den Vorschriften des Bundesversorgungsgesetzes gewährt. Sie umfaßt insbesondere
- Heil- und Krankenbehandlung
- Leistungen der Kriegsopferfürsorge
- Beschädigten- und Hinterbliebenenrente
- Witwen- und Waisenbeihilfe
- Bestattungs- und Sterbegeld
- Kapitalabfindungen/Grundrentenabfindung
- Ein Schmerzensgeld wird nicht gezahlt. Sach- und Vermögensschäden werden dem Geschädigten grundsätzlich nicht ersetzt. Ausnahmen gelten für am Körper getragene Hilfsmittel, Brillen, Kontaktlinsen oder Zahnersatz.

Ablehnungsgründe

Anträge sind insbesondere abzulehnen, wenn der Geschädigte die Schädigung verursacht hat oder wenn sein Verhalten Grund für die Schädigung ist. Eine aktive Beteiligung an politischen oder kriegerischen Auseinandersetzungen im Heimatland oder die Verwicklung in die organisierte Kriminalität führen ebenfalls zum Leistungsausschluß. Leistungen nach dem OEG können abgelehnt werden, wenn der Geschädigte es unterlassen hat, das ihm Mögliche zur Aufklärung des Sachverhalts und zur Verfolgung des Täters beizutragen, insbesondere unverzüglich Strafanzeige zu erstatten.

Ausnahme

Das Gesetz findet keine Anwendung bei Schäden aus einem tätlichen Angriff, die vom Angreifer durch den Gebrauch eines Kraftfahrzeuges oder eines Anhängers verursacht worden sind. In einem solchen Fall kann ein Antrag an den Entschädigungsfonds für Schäden aus Kraftfahrzeugunfällen gerichtet werden.
Anschrift:
Verein Verkehrsopferhilfe e.V.
   Glockengießerwall 1/V
   20095 Hamburg

Zuständigkeit

Örtlich zuständig ist das Versorgungsamt, in dessen Bereich Sie als Antragstellerin Ihren Wohnsitz oder gewöhnlichen Aufenthalt haben.
Anschrift des Versorgungsamtes Köln:
Versorgungsamt Köln
   Boltensternstraße 10
   50730 Köln
   Tel 77831

Das Versorgungsamt Köln ist zuständig für die Kreise Erftkreis, Oberbergischer Kreis, Rheinisch-Bergischer Kreis, Rhein-Sieg-Kreis und die kreisfreien Städte Bonn, Köln und Leverkusen.

OPFERGRUPPEN

Behinderte, Frauen, Kinder, MigrantInnen, Flüchtlinge, ZigeunerInnen, Juden und Jüdinnen, Obdachlose, Schwule und SeniorInnen sind Menschen eines bestimmten Geschlechts, einer bestimmten sexuellen Orientierung, eines bestimmten Alters, einer bestimmten Herkunft, einer bestimmten Religon oder einer bestimmten sonstigen Gruppenzugehörigkeit. Wegen dieses einen hervorgehobenen Merkmals sind sie in der Gesellschaft diskrimiert und sie werden wegen dieses Merkmals auch Opfer von Straftaten. Manchmal treffen auf eine Person auch zwei oder mehrere dieser Merkmale zu. Wer sich selbst auf dieses Merkmal reduziert und wer andere darauf reduziert macht sich und andere zu einem Ding, zu einem Objekt, entmenschlicht sich und andere.

Der Hamburger Kriminologe Fritz Sack hat darauf aufmerksam gemacht, daß das strukturelle Ungleichgewicht in sozialen Beziehungen den privilegierten Partner zum Ausspielen seiner Macht verführt. Und umgekehrt gerät der unterlegene Partner ständig in Versuchung, die Bedingungen dieser einseitigen Machtverteilung in Frage zu stellen, zu unterlaufen und zu verletzen. Fritz Sack: »Dieser strukurelle Mechanismus asymmetrischer Sozialbeziehungen ist der vermutlich wirksamste »Generator« von Gewalt in sozialen Auseinandersetzungen und politischen Konflikten«.

Wäre daher unsere Gesellschaft tatsächlich so strukturiert, wie es im Artikel 3 des Grundgesetzes steht, gäbe es wesentlich weniger Gewalt. Dieser Artikel lautet:
(1) Alle Menschen sind vor dem Gesetz gleich.
(2) Männer und Frauen sind gleichberechtigt
(3) Niemand darf wegen seines Geschlechts, seiner Abstammung, seiner Rasse, seiner Sprache und Herkunft, seines Glaubens, seiner religiösen oder politischen Anschauungen benachteiligt oder bevorzugt werden.

Die Opfer von Gewalt sind deshalb auch nicht zufällig meistens diejenigen, die nicht gleichberechtigt in unserer Gesellschaft leben, die nicht die gleichen Chancen haben, die diskriminiert sind. Unabweisbar deutlich wird dadurch auch, daß die Bekämpfung von Gewalt in letzter Instanz keine polizeiliche, sondern eine politische Aufgabe ist. Die Menschen, deren Gleichberechtigung im Grundgesetz garantiert wird, sind Opfer viktiminogener gesellschaftlichen Strukturen, d.h. sie sind Opfer von Strukturen, die sie zu Opfern machen. Bei Frauen sind dies die Männerdominanz im öffentlichen Leben, in der Wirtschaft und Wissenschaft, aber auch die Männlichkeitsvorstellungen und die männlichen Rollenbilder, es sind die schlechter bezahlten Arbeitsplätze, die Doppel- und Dreifachbelastung der Frauen. Wer hier und jetzt überfallen, getötet oder vergewaltigt wird, kann in den Visionen einer zukünftigen gerechten und gleichberechtigten Gesellschaft keinen Trost finden. Es ist sein Recht, daß den Tätern Einhalt geboten wird, daß Maßnahmen ergriffen werden, die sie stoppen. Der realpolitische Traum ist dann nicht eine Gesellschaft, die keine Konflikte kennt und damit auch keine Polizei mehr nötig hat, sondern eine demokratisch intakte Polizei, die mithilft, Probleme zu lösen und Gewalt vermeidet, wo es geht. Dabei sollte man im Blick haben, daß ein wachsender Polizeiapparat signalisiert, daß soziale Probleme in unserer Gesellschaft falsch gelöst werden. Das zeigt auch die Tatsache, daß neben der Polizei private Sicherheitsdienste zum größten Arbeitgeber im Lande werden. Immer mehr Polizei, immer mehr privates Sicherheitspersonal und immer mehr Demokratie? Das geht nicht zusammen.

FRAUEN UND MÄDCHEN

Jede siebte Frau unter 60 war einmal in ihrem Leben Opfer einer schwerwiegenden sexuellen Gewalttat. Zwei Drittel der Taten geschehen »im familiären Nahbereich«, sagte Prof. Cornelia Helfferich von der Fachhochschule für Soziales in Freiburg auf einer Tagung des baden-württembergischen Sozialministeriums im Herbst 1996 in Stuttgart. Nicht einmal 10% dieser Gewalttaten innerhalb der Familien würden angezeigt und 90% der betroffenen Frauen hätten auf Dauer unter Angstzuständen zu leiden.

BERATUNG UND HILFE

FRAUEN IN NOT
Wo erhalten Sie Hilfe
▸ wenn Sie es zuhause nicht mehr aushalten
▸ weil Sie mißhandelt oder bedroht werden
▸ weil Sie Konflikte mit dem Partner haben
▸ wen Sie für die Nacht keine Bleibe haben

Sozialamt der Stadt Köln
Hilfe für Frauen , Zi. 288-291
Johannisstr.66-80 (Nähe Hauptbahnhof)
50668 Köln
Tel 221-7471 / 75 / 76 / 78

Frauenberatungszentrum
Sülzburgstr.203
50937 Köln-Sülz
Tel 4201620

Rund um die Uhr - Notaufnahme
Elisabeth-Fry-Haus
Albert-Schweitzer Str.2
50968 Köln
Tel 384030

Frauen helfen Frauen
Schutzhaus für mißhandelte Frauen
1. Frauenhaus Tel 515502
2. Frauenhaus Tel 515554

Vermittlung einer Unterkunft
Amt für Wohnungswesen der Stadt Köln
Johannisstr.66-80 (Nähe Hauptbahnhof)
50668 Köln
Tel 221-4004 / 6167 / 6731

Sozialdienst katholischer Frauen
Georgstr. 20 (Nähe Waidmarkt)
50676 Köln
Tel 2401495

Kriminalkommisariat Vorbeugung
Hohe Pforte 4
50676 Köln
Tel 2298955

Das Frauenamt der Stadt Köln hat zusammen mit dem Kriminalkommissariat Vorbeugung ein Faltblatt »Keine Gewalt gegen Mädchen und Frauen« herausgegeben. Wir dokumentieren den Text, weil er vermittelt, wie die Gewalt in den normalen Alltag eingebettet ist - in der Alltäglichkeit von Diskrimierungen, Beleidigungen, Bevormundungen und Belästigungen.

Das Frauenamt der Stadt Köln
Markmannsgasse 7
50667 Köln
Tel 2216482

GEWALT GEGEN MÄDCHEN UND FRAUEN

Wenn von Gewalt gegen Mädchen und Frauen die Rede ist, denken viele Menschen an brutale Handlungen wie Vergewaltigung oder sexuellen Mißbrauch. Dies ist jedoch nur die Spitze des Eisbergs. Gewalt ist kein Einzelschicksal. Sie kommt in allen gesellschaftlichen Schichten vor und gehört zum Alltag vieler Frauen und Mädchen. Wo, wann und wie Gewalt anfängt, erleben sie sehr unterschiedlich. Wichtig dabei ist, daß jede sich mit ihren Gefühlen ernst nimmt und ihrer Wahrnehmung traut.

Beleidigung

Eine Vorstufe zur Gewalt gegen Mädchen und Frauen ist auch Beleidigung. Wenn zum Beispiel
- gemeine Witze über sie gemacht werden.
- jemand dumme Sprüche zu ihrem Aussehen und über ihre Figur losläßt.

Beleidigung muß sich niemand gefallen lassen.

Bevormundung

Eine Vorstufe zur Gewalt gegen Mädchen und Frauen ist auch Bevormundung. Wenn ihnen zum Beispiel
- alle sagen wollen, was sie zu tun oder zu lassen haben.
- bestimmte Dinge nicht zugetraut werden, weil sie als Mädchen geboren wurden.
- immer wieder vorgeschrieben wird, wie sie sich zu verhalten haben.

Bevormundungen sind nicht immer bös gemeint. Trotzdem hat jede das Recht, sich dagegen zu wehren.

Erniedrigung

Gewalt gegen Mädchen und Frauen ist auch Erniedrigung. Wenn sie zum Beispiel
- bewußt klein gehalten und vor anderen lächerlich gemacht werden.

Wenn zum Beispiel
- versucht wird, ihr Selbstbewußtsein zu zerstören indem ihnen immer wieder gesagt wird, daß sie nichts wert sind.

Erniedrigungen sind immer böse gemeint und dienen dazu, das Mädchen oder die Frau zu demütigen. Vielen fällt es schwer, über erfahrene Erniedrigungen zu sprechen, weil ihnen das Reden darüber peinlich ist. Sie sollten nichts für sich behalten und mit einer Person Ihres Vertrauens sprechen!

Sexuelle Belästigung

Gewalt gegen Mädchen und Frauen ist auch sexuelle Belästigung. Wenn sie zum Beispiel
- in der Straßenbahn sitzen und der Nebenmann sich absichtlich breit macht und ihnen näherkommt, als ihnen lieb ist.
- in der Lehre sind und der Ausbilder sexuelle Anspielungen macht, ihnen in den Po kneift oder Küsse aufzwingt.
- einen Chef haben, der andeutet, daß er sie nur dann fördert, wenn sie ihm in gewiser Weise entgegen kommen.

Sexuelle Belästigungen haben nichts mit flirten zu tun. Wenn Mädchen oder Frauen sich in der Lehre/im Büro unwohl fühlen oder verärgert sind, sollten sie ihren Gefühlen trauen und sich wehren. Sexuelle Belästigungen muß sich niemand gefallen lassen.

Sexueller Missbrauch

Gewalt gegen Kinder ist u.a. sexueller Mißbrauch. Wenn zum Beispiel
- ein Mädchen oder ein Junge in eindeutig pornographischen Posen abgelichtet wird.
- eine Person ein Mädchen oder einen Jungen zwingt, ihn an den Genitalien zu berühren oder die Person das Kind dort berührt.
- wenn von einem Mädchen oder Jungen sexuelle Dinge verlangt werden, vor denen sie sich ekeln oder die weh tun.

Sexuellen Mißbrauch erleben leider viele Mädchen und Jungen. Es fängt schon damit an, wenn von einem Kind erwartet wird, daß es »Begrüßungsküsse« auf Kommando geben soll und es dies aber nicht will. Häufig ist der Täter (manchmal auch die Täterin) jemand, den das Mädchen oder der Junge kennt und lieb hat. Das macht es so schwer, sich dagegen zu wehren. Wichtig ist, daß die Kinder »ihr Geheimnis« nicht für sich behalten! Sie sollten es ihren Eltern, einer Lehrerin oder einer anderen Person erzählen, der sie vertrauen. In so einer Situation brauchen die Kinder die Hilfe von anderen Menschen.

VERGEWALTIGUNG UND SEXUELLE NÖTIGUNG
Gewalt gegen Mädchen und Frauen ist Vergewaltigung und Nötigung, wenn ihnen zum Beispiel
- Sexpraktiken aufgezwungen werden, die ihnen zuwider sind.

Wenn sie zum Beispiel
- gegen ihren Willen zum Geschlechtsverkehr gezwungen werden.

Vergewaltigung und sexuelle Nötigung sind die schlimmsten und extremsten Gewaltformen.

Nein heißt Nein, denn:
- egal, wie gut ein Mädchen oder eine Frau den Täter vorher gekannt hat,
- egal, wie ein Mädchen oder eine Frau sich kleidet,
- egal, wie weit sich ein Mädchen oder eine Frau auf einen Flirt eingelassen hat,
- egal, ob ein Mädchen oder eine Frau freiwillig in die Wohnung des Mannes gegangen ist.

Keiner hat das Recht, anderen seinen Willen aufzuzwingen. Für Vergewaltigung gibt es keine Rechtfertigung.

FRAUEN-NOTRUF 562035
NOTRUF UND BERATUNG FÜR VERGEWALTIGTE FRAUEN UND MÄDCHEN.
FRAUEN GEGEN GEWALT E.V.

Den Kölner »Notruf und Beratung für vergewaltigte Frauen und Mädchen - Frauen gegen Gewalt e.V.« gibt es seit 1978. Wir arbeiten seit jeher unbezahlt - aus politischen Gründen haben und wollen wir keine bezahlten Stellen - und finanzieren unsere Arbeit aus Mitgliedsbeiträgen, Spenden, Honoraren, Bußgeldern; für bestimmte Projekte, z.B. unseren Selbstverteidigungskurs für Frauen mit (sexuellen) Gewalterfahrungen, bekommen wir auch Zuschüsse von anderen Organisationen und Gruppen.

Unsere beiden Arbeitsschwerpunkt sind Beratung und Öffentlichkeitsarbeit. Das Notruftelefon dient als erste Anlaufstelle für betroffene Frauen. Wenn die Frau es wünscht, bleibt es bei einem anonymen Telefongespräch. Es besteht auch die Möglichkeit einer persönlichen Beratung und - wenn erwünscht - einer längerfristigen Begleitung. Das bedeutet auch praktische Unterstützung bei Gängen zur Ärztin, Anwältin, zur Polizei, zum Gericht und die Vermittlungen von Anwältinnen, Selbsthilfegruppen, Therapeutinnen, Ärztinnen usw. Oft rufen auch Frauen an, bei denen die Gewalterfahrung schon längere Zeit zurückliegt; oder Frauen, die sozusagen als 'Vermittlerinnen' den Erstkontakt für betroffene Familienangehörige, Freundinnen oder Klientinnen aufnehmen; oder Männer, deren Partnerinnen sexuelle Gewalterfahrungen hinter sich haben und nicht wissen, wie sie in der Beziehung damit umgehen sollen, etc. In allen Gesprächen stehen die Bedürfnisse der betroffenen Frauen im Vordergrund und wir versuchen,

Unterstützung und Hilfestellung bei der Verarbeitung der Gewalterfahrung zu geben. Wir wollen aufzeigen, daß Vergewaltigungen nicht einigen wenigen Frauen »passiert«, sondern daß durch die ständige Bedrohung alle Frauen von Vergewaltigung betroffen sind. Mit unserer Öffentlichkeitsarbeit wollen wir hautpsächlich auf gesellschaftliche Hintergründe, Motive und Zusammenhänge von Vergewaltigung und sexueller Gewalt aufmerksam machen. Wir wollen deutlich machen, daß jede Vergewaltigung durch strukturelle Gewalt gefördert, begünstigt und ermöglicht wird. Wir arbeiten zu verschiedenen Aspekten der strukturellen Gewalt und stellen Referentinnen für Veranstaltungen wie workshops, Podiumsdiskussionen und Seminare. Wir veranstalten regelmäßig Selbstverteidigungswochenenden für Frauen mit Gewalterfahrungen und planen, in Kürze eine Selbsthilfegruppe für vergewaltigte Frauen einzurichten. Über interessierte Frauen, die bei uns mitarbeiten wollen, freuen wir uns jederzeit!

Unser Spendenkonto: 3242955 bei der Stadtsparkasse Köln

Frrauen helfen Frauen e.V.
Kinderhaus Frauen helfen Frauen e.V.
Förderverein Frauen helfen Frauen e.V.
Gutenbergstr.57
50823 Köln
Tel 515512
Fax 5101352

1. Autonomes Frauenhaus
Postfach 900 725
51117 Köln
Tel 515502

2. Autonomes Frauenhaus
Postfach 620 373
50696 Köln
Tel 515554

1976 gründeten Studentinnen einer Projektgruppe an der Fachhochschule Köln den Verein »Frauen Helfen Frauen e.V.« Am 15.12.1976 eröffnete das Frauenhaus Köln. Es war nach Berlin das erste in der Bundesrepublik Deutschland. Damit war ein erster Schritt getan, Gewalt gegen Frauen als ein gesellschaftliches Problem öffentlich zu machen und dazu beizutragen, sie abzubauen und ihr entgegenzuwirken. Mit dem Auszug einer Frau aus dem Frauenhaus haben sich nicht alle Probleme »erledigt«, und nicht für jede Frau ist das Frauenhaus die »Lösung«. Es wurde eine Nachbetreuung ehemaliger Bewohnerinnen organisiert und ein Beratungskonzept für Frauen, die nicht im Frauenhaus leben, entwickelt.

Aus dieser Arbeit ergab sich nach und nach eine offene Beratungsarbeit mit Frauen in Trennungssituationen. 1980 wurde die Frauenberatungsstelle eröffnet. Frauenhaus bedeutet immer auch Kinderhaus. Von Anfang an gibt es in dafür vorgesehenen Räumen die Arbeit mit den im Frauenhaus lebenden Mädchen und Jungen. 1982 wurde zur finanziellen Absicherung dieser Arbeit ein eigener Verein, das »Kinderhaus Frauen Helfen Frauen e.V.« gegründet. Im November 1991 - nach über zweijähriger Vorarbeit - konnte das zweite Autonome Frauenhaus eröffnet werden. Der Verein vergrößert sich. Ende 1993 - die Stadt Köln »muß« sparen. Sie tut dies vor allem im Sozialbereich. Fast alle sozialen Projekte, vor allem die Frauenprojekte sind von den Kürzungen betroffen. Durch die großen Sozialkürzungen wird der Verein gezwungen, vier Mitarbeiterinnen zu kündigen. Seitdem hat sich die Personalsituation nicht mehr stabilisiert. 1993 betrug die »jährliche Anzahl der zufluchtssuchenden Frauen in NRW ca. 5400«. (Gleichstellungsministerium, NRW 1994)

Zum 1.1.1995 übernimmt der Verein »Frauenberatungszentrum e.v.« die Frauenberatungsstelle und die offene Beratungsarbeit. »Frauen Helfen Frauen e.v.« bleibt Trägerin der beiden Frauenhäuser. 1996 feiern wir das 5-jährige und das 20-jährige Bestehen der Autonomen Frauenhäuser Köln. Zu jeden 45 DM, die wir von Stadt und Land erhalten, benötigen wir 5.- DM Spende. Mit 5.- DM können Sie uns helfen, dem Verein 45.- DM städtische Zuschüsse zu sichern. Wenn Sie uns regelmäßig unterstützen wollen: mit einem monatlichen Betrag ab 5.- DM treten Sie dem Förderverein von »Frauen helfen Frauen e.v.« bei.

SPENDENKONTO
Konto-Nr 124 965-500; Postgiroamt Köln, BLZ 370 100 50

KINDER
Eine Information der Stadt Köln:
GEGEN SEXUELLE GEWALT - WIE WIR KINDER SCHÜTZEN KÖNNEN

Liebe Eltern,

vielleicht haben auch Sie sich in den letzten Wochen und Monaten verstärkt Sorgen um den Schutz ihrer Kinder vor sexuellen Gewalttaten gemacht. Es vergeht kaum ein Tag, an dem nicht in den Nachrichten, Zeitungen, Talkshows und Fernsehmagazinen von diesen schrecklichen Taten berichtet wird. Das macht vielen Eltern Angst. Sie fühlen sich vielleicht ohnmächtig oder sind auch wütend. Vielleicht trauen sie sich kaum noch, Ihre Tochter oder Ihren Sohn alleine zum Spielen oder zur Schule gehen zu lassen. Oder Ihr Kind hat Sie gefragt, was ein »Kinderschänder« ist, was er mit Kindern macht und warum. Vielen fällt es schwer, auf solche Fragen sicher und ruhig zu antworten.

ES SIND SELTEN FREMDE
Wie häufig werden Kinder verschleppt, um sie sexuell zu mißbrauchen? Die meisten Kinder werden nach wie vor im Bekanntenkreis oder in der Familie sexuell mißbraucht - oft jahrlang. Kindesentführungen von Fremden, mit der Absicht ein Kind sexuell zu mißbrauchen und der anschließende Versuch, durch seine Ermordung die Handlungen zu vertuschen, sind selten. Im Jahr 1995 wurden in Deutschland 5 Kinder Opfer von Sexualmorden. Die Anzahl dieser Verbrechen hat nach Angaben der Kriminalpolizei in den letzten Jahren nicht zugenommen.

KONTAKT HALTEN
Wie müssen sich Kinder verhalten? Dürfen sie überhaupt allein aus dem Haus gehen? Sicherlich ist es sinnvoll zu wissen, wo sich ihre Kinder aufhalten. Es ist wichtig, mit ihren Kindern genau abzusprechen, bei welche Personen sie im Auto mitfahren dürfen. Und es ist auch gut, wenn mehrere Kinder zusammen zur Schule oder auf den Spielplatz gehen. Doch müssen Mädchen und Jungen auch die Möglichkeit haben, alleine zu spielen. Und manchmal gibt es niemanden, mit dem ein Kind nach Hause oder zum Sport gehen kann.

AUFKLÄREN OHNE ANGST
Mädchen und Jungen brauchen Informationen und Verhaltensregeln, um sich möglichst sicher in ihrer Welt zu bewegen. Sie brauchen kindgerechte Erklärungen über sexuelle Gewalt, ohne ängstlich zu werden. Angst ist ein schlechter Ratgeber und schwächt die Handlungsfähigkeit von Jungen und Mädchen. Kinder, die gelernt haben, daß Erwachsene nicht immer Recht haben, daß sie ernstgenommen werden und wissen, wie sie sich z.B. gegen ungewollte Zärtlichkeiten auch des Vaters und der Mutter erfolgreich wehren können, haben größere Chancen, sich schon gegen die Anfänge der sexuellen Gewalt zu wehren. Sie vertrauen ihrem Gefühl, daß da etwas nicht stimmt.

WAS SOLLEN WIR UNSEREN KINDERN SAGEN
Mädchen und Jungen brauchen die Informationen, daß es »blöde« oder »gemeine« Erwachsene gibt, die mit Kindern »blöde Sachen« machen, auch wenn sie aus dem Bekannten- oder Verwandtenkreis der Kinder kommen. Also: Es gibt Männer, die zeigen Kindern ihren Penis, obwohl die Kinder das gar nicht wollen. Es gibt Leute, die fassen Jungen am Penis und Mädchen an der Scheide an oder wollen, daß Kinder sie anfassen. Es gibt Menschen, die erschrecken Kinder am Telefon, indem sie eklige Sachen sagen oder merkwürdige Geräusche machen.

Mädchen und Jungen müssen wissen, daß sie sich gegen solche Menschen wehren dürfen. Und zwar auf jede Art und Weise, die den Kindern einfällt. Sie dürfen unhöflich sein, kratzen, spucken, weglaufen, Freunde oder Erwachsene um Hilfe bitten. Natürlich können Kinder sich nicht immer wehren, denn Erwachsene sind nun einmal stärker als Kinder. Deshalb müssen sie die Erlaubnis und die Ermutigung bekommen, daß sie Ihnen oder anderen vertrauten Personen alles erzählen dürfen, wenn ihnen etwas passiert ist. Übrigens: Kinder lernen viel durch das Verhalten ihrer Eltern. Wo kann ich mir Hilfe holen, wenn ich Fragen habe? Beratungsstellen mit dem Schwerpunkt sexuelle Gewalt

Deutscher Kinderschutzbund Ortsverband Köln e.V.
Kinderschutz-Zentrum Köln
Spichernstr.55
50672 Köln
Tel 520086

BERATUNG UND HILFE

Fachliche Hilfen in Krisensituationen unter Tel 11103 (diese Rufnummer ist zeittaktfrei, d.h. auch ein längeres Telefonat kostet nur eine Gebühreneinheit)

ZARTBITTER KÖLN E.V.

Kontakt- und Informationsstelle gegen
sexuellen Mißbrauch an Mädchen und Jungen
Stadtwaldgürtel 89
50935 Köln
Tel 405780

Jeder Mensch hat das Recht, über den eigenen Körper selbst zu bestimmen. Mädchen und Jungen dürfen selbst entscheiden, mit wem sie zärtlich sein möchten. Oftmals wird dieses Recht gegenüber Kindern und Jugendlichen nicht respektiert. Wenn jemand Mädchen oder Jungen gegen deren Willen anfaßt oder zu sexuellen Handlungen zwingt, so ist das sexueller Mißbrauch. Meistens sind die Täter Väter, Brüder, Lehrer, Erzieher, Freunde, Onkel, Nachbarn, Mütter oder andere Menschen, denen Kinder vertrauen. Es fällt schwer, sich gegen sexuellen Mißbrauch zu wehren und darüber zu sprechen. Zartbitter Köln ist eine Kontakt- und Informationsstelle, die betroffenen Mädchen und Jungen sowie allen, die mit Kindern leben und arbeiten, Hilfe anbietet.

Helfen

▸ In einem ersten Telefongespräch können sich Mädchen und Jungen oder ihre Kontaktperson über Möglichkeiten der Hilfe informieren.
▸ In persönlichen Beratungsgesprächen können betroffene Mädchen und Jungen, ohne ihre Namen zu nennen, über ihre Erfahrungen und Probleme sprechen und mit uns gemeinsam nach Lösungen suchen.
▸ Falls Mädchen und Jungen dies wünschen, bieten wir eine langfristige therapeutische Begleitung an.
▸ Im Falle einer Strafanzeige begleiten wird die betroffenen Mädchen und Jungen während des Verfahrens.
▸ Mütter und Väter von betroffenen Kindern unterstützen wir im Rahmen von Einzelgesprächen und Elterngruppen, damit sie die durch den Mißbrauch ausgelöste persönliche Krise und die Folgen für die Eltern-Kind-Beziehung bewältigen können.
▸ Mitarbeiterinnen und Mitarbeiter aus Schulen, Beratungsstellen, Kindergärten, Heimen, Krankenhäusern...bekommen bei uns Hilfen im Einzelfall.

Vorbeugen

▸ Auf Elternabenden in Kindergärten und Schulen informieren wir Mütter und Väter, wie sie ihre Kinder über sexuellen Mißbrauch aufklären können, ohne ihnen Angst zu machen und ohne die Freude am eigenen Körper und den Austausch von Zärtlichkeiten zu nehmen.

▸ Für und mit jugendlichen Mädchen und Jungen erarbeitete Zartbitter die Wanderausstellung »NEIN IST NEIN«, die mit viel Humor und Ernsthaftigkeit Jugendliche ermutigt, sich selbstbewußt gegen sexuelle Übergriffe zu wehren.
▸ »Der siebte Sinn ist Eigensinn«. Unter diesem Titel produzierte Zartbitter das Kindertheaterstück »KOMM MIT - HAU AB«, das Kids von 6 - 99 in ihrer Lebensfreude und Widerstandskraft gegen Grenzverletzungen stärkt.
▸ Das von Zartbitter mitentwickelte Theaterstück »HEISS AM STIEL« thematisiert alles, was Jungen bewegt (z.B. Anmache, Selbstbefriedigung, das erste Mal, Arbeitslosigkeit, Bodybuilding, sexuelle Übergriffe). Für Mädchen nicht verboten!
▸ Für Mitarbeiterinnen und Mitarbeiter aus pädagogischen und sozialtherapeutischen Arbeitsfeldern bieten wir Fortbildungen und Fachtagungen an.

INFORMIEREN
Die von Zartbitter Köln erstellten Materialien (z.B. Fach- und Kinderbücher, Poster, Musikcassetten, Spiele) stärken Mädchen und Jungen und helfen ihren Vertrauenspersonen, sexueller Gewalt vorzubeugen und für betroffene Mädchen und Jungen Partei zu ergreifen.

FACHBÜCHER:
Enders, Ursula (Hg.): Zart war ich, bitter war's. Köln 1995
Bange, Dirk / Enders, Ursula: Auch Indianer kennen Schmerz. Köln 1995
Enders, Ursula / Stumpf, Johanna: Mein Kinder wurde sexuell mißbraucht. Mütter und Väter melden sich zu Wort. Köln 1966

MATERIALIEN:
Zartbitter Köln (Hg.): Auf den Spuren starker Mädchen - diesseits von Gut und Böse. Cartoons für Mädchen von Irmgard Schaffrin und Dorothee Wolters. Köln 1993
Zartbitter Köln (Hg.): Ey Mann, bei mir ist es genauso. Cartoons für Jungen - hart an der Grenze vom Leben selbst gezeichnet von Rainer Neutzling und Burkhard Fritsche. Köln 1992
Reichling, Ursula / Wolters, Dorothee: Hallo, wie geht es Dir? Gefühle ausdrücken lernen. Merk- und Sprachspiele. Mühlheim a.d.Ruhr 1994

BILDERBÜCHER
Enders, Ursula / Wolters, Dorothee: Schönblöd. Ein Bilderbuch über schöne und blöde Gefühle. Kevelaer 1994
Enders, Ursula / Wolters, Dorothee: Li Lo Le Eigensinn. Ein Bilderbuch über die eigenen Sinne und Gefühle. Kevelaer 1994
Eners, Ursula / Sodermanns, Inge / Wolters, Dorothee: Auf Wieder-Wiedersehn. Ein Bilderbuch über Trennung und Wiedersehn. Kevelaer 1994

Zartbitter Köln wird nur zu etwa 50% von öffentlichen Stellen finanziert (Land und Kommune). Sie können die Arbeit gegen sexuelle Gewalt an Kindern durch eine einmalige Spende unterstützen.

SPENDENKONTO:
Bank für Sozialwirtschaft (BLZ 370 205 00) Konto-Nr.: 81 25 700
Durch die Mitgliedschaft im Förderverein Zartbitter e.V. können sie eine kontinuierliche Unterstützung leisten.

Förderverein Zartbitter e.V.
Stadtwaldgürtel 89
50935 Köln

Gern übersenden wir Ihnen eine Spendenbescheinigung. Bitte schreiben Sie Ihre genaue Anschrift auf den Überweisungsträger und fügen Sie das Stichwort »Spende« hinzu.

BUNDESORGANISATIONEN:

Bundesarbeitsgemeinschaft der Kinderschutz-Zentren
Spichernstr. 55
50672 Köln
Tel 529301
Fax 529678

Die Bundesarbeitsgemeinschaft der Kinderschutz-Zentren ist ein eingetragener gemeinnütziger Verein, Mitglied im Bundesverband des Deutschen Paritätischen Wohlfahrtsverbands (DPWV) und anerkannter Träger der freien Jugendhilfe gemäß 75 KJHG.
▸ 1975 erfolgte die Gründung des 1. Kinderschutz-Zentrums in Berlin
▸ 1980 konstituierte sich die Bundesarbeitsgemeinschaft der Kinderschutz-Zentren
▸ 1986 wurde die Bundesarbeitsgemeinschaft eingetragner Verein
▸ 1993 wurde die Bundesgeschäftsstelle in Köln eröffnet.

Bundesarbeitsgemeinschaft der Kinder- und Jugendtelefone
Domagkweg 8
10787 Berlin
Tel 0202/754465 oder gebührenfrei 0130/811103
Fax 0202/753354

Blick durch einen Sehschlitz auf einen Hof in der JVA Köln

MIGRANTINNEN UND FLÜCHTLINGE

Öffentlichkeit gegen Gewalt e.V. (ÖgG)
Antwerpener Str. 19-29
50672 Köln
Tel 510 18 47
Fax 952 11 26

KÖLNTELEFON -
ANTIRASSISTISCHES NOTRUF- UND BERATUNGSTELEFON 884444
Träger: Öffentlichkeit gegen Gewalt e.V.

»KölnTelefon« nahm im Januar 1993 als Einrichtung des Vereins »Öffentlichkeit gegen Gewalt« den Dienst auf. »KölnTelefon« unterstützt alle Menschen, die wegen ihrer Hautfarbe, Herkunft, Religion oder Kultur Mißachtung und Gewalt zu spüren bekommen und bietet Beratung und Vermittlung konkreter Hilfen im telefonischen und persönlichen Kontakt (nach Terminvereinbarung). In jedem Einzelfall wird mit den Ratsuchenden zusammen eingehend besprochen, welche Möglichkeit er nutzen könnte:
- ob, in Fällen von Diskriminierung, das Angebot der »Antidiskriminierungsstelle« wahrgenommen wird und ob die örtlich zuständige Stadtteilgruppe eingeschaltet werden soll;
- ob die Hilfe eines fremdsprachigen Arztes oder einer psycho-sozialen Beratungsstelle angezeigt ist;
- ob ein Rechtsanwalt gebraucht wird, der sich auf das Ausländerrecht spezialisiert hat;
- ob eine soziale Notsituation vorliegt;
- ob einer der verschiedenen Flüchtlingsorganisationen oder Beratungsdienste für Bürgerkriegsflüchtlinge und Asylsuchende weiterhelfen kann;
- ob es um Deutschunterricht, um Arbeits- oder Wohnungssuche oder Vermittlung in Streitfällen geht.

Frauen und Männer der unterschiedlichsten Alters- und Berufsgruppen beteiligen sich je nach zeitlichen Kräften an der Arbeit - bei der Beratung am Telefon, für die Begleitung bei Behördengängen oder in Nachbarschaftskonflikten, in der Arbeitsgemeinschaft KölnTelefon und / oder einer Stadtteilgruppe.
Auskunft gibt das Büro des Vereins »Öfentlichkeit gegen Gewalt«, seit Sommer 1996 Sitz von »KölnTelefon«.

Aus der Bürgerinitiative gleichen Namens, die im Herbst 1992 von Kölner Bürgerinnen und Bürger unter dem Eindruck zunehmender rassistischer Gewalttaten ins Leben gerufen wurde, entstand Anfang 1993 der Verein »Öffentlichkeit gegen Gewalt«. Er tritt ein für ein friedliches, gleichberechtigtes und tolerantes Miteinander aller hier lebenden Menschen, unabhängig von Ihrer Herkunft, Hautfarbe, Religion und Kultur. ÖgG ist offen für die Zusammenarbeit und Kooperation mit allen demokratischen Organisationen und Initiativen gleicher Zielsetzung. Seine Geschäftsstelle und Aktivitäten finanziert ÖgG überwiegend aus Mitgliedsbeiträgen und Spenden.

Zum einen organisiert ÖgG Einzelfallhilfe und - beratung für MigrantInnen und Flüchtlinge, zum anderen wird über verschiedene, langfristige Projekte und Arbeitskreise versucht, nationalistischen und rechtsextremen Tendenzen entgegenzuwirken sowie die Interessen von MigrantInnen und Flüchtlingen gegenüber Politik, Verwaltung und Mehrheitsbevölkerung zu vertreten und dazu beizutragen, strukturelle Benachteiligungen und Diskriminierung abzubauen.

UMGESETZT WIRD DIES U.A. DURCH:
▸ Regelmäßige Sprechstunden und Beratungszeiten für MigrantInnen und Flüchtlinge, z.B. über die »Antidiskriminierungsstelle«, das »KölnTelefon« und über die Geschäftsstelle (nach Terminvereinbarung).
▸ Regelmäßige, öffentliche Informationsveranstaltungen und (Podiums-) Diskussionen zu verschiedenen Schwerpunktthemen.
▸ Eigene Publikationen und Öffentlichkeitsarbeit in den verschiedensten Formen.
▸ Unterstützung oder Initiierung von Nachbarschaftsinitiativen, z.B. in Stadtteilen mit Flüchtlingswohnheimen.
▸ Kontakte und Gespräche mit Vertreter(innen) aus Politik, Verwaltung , Polizei.
▸ Kooperation mit anderen Initiativen, Organisationen und Beratungsstellen.

Langfristige Projekte des Vereins sind u.a. die im Sommer 1994 geschaffene »Antidiskriminierungsstelle« für MigrantInnen und Flüchtlinge, das Notruf- und Beratungstelefon »KölnTelefon« und das »Infomobil gegen Rassismus« (Gemeinschaftsprojekt mit der VHS Köln). Ein mittelfristiger Schwerpunkt unserer Arbeit ist es, den Aufbaus eines Antidiskriminierungsbüros in Köln mit zu initiieren. Das Antidiskriminierungsbüro soll gemeinsam mit anderen Organisationen, insbesondere den Selbstorganisationen der MigrantInnen, verwirklicht und getragen werden. In Verbindung / Begleitung dieses Aufbauprozesses arbeiten wir an der Konzeption einer regelmäßigen Antidiskriminierungszeitung.

Weitere Informationen über unsere Aktivitäten und Projekte (Dokumentation 1995 »1 Jahr Beschwerdestelle gegen rassistische Diskriminierung durch Ämter, Polizei und Institutionen«, Gesamtdokumentation 1996), insbesondere über die Einsatzmöglichkeiten des »Infomobils gegen Rassismus«, können über die Geschäftsstelle angefordert werden.

ANTIDISKRIMINIERUNGSSTELLE
(Beschwerdestelle) für MigrantInnen und Flüchtlinge
Die Antidiskriminierungsstelle für MigrantInnen und Flüchtlinge wurde im Sommer 1994 gegründet. Es geht uns vor allem um die Diskriminierung durch Ämter, Polizei und Institutionen. Aber auch in Nachbarschaftskonflikten, bei Diskriminierungen am Arbeitsplatz, durch Vermieter usw. schalten wir uns auf Wunsch ein. Ein Schwerpunkt unserer Arbeit ist der Versuch, die Betroffenen in jedem Einzelfall individuell zu beraten und zu unterstützen. Nach einer Schilderung der Vorfälle versuchen wir gemeinsam herauszufinden, welche Möglichkeiten der Intervention und Konfliktlösung vorhanden sind und was die betroffene Person erreichen will und kann. Die oder der Betroffene entscheidet, was unternommen wird. In wenigen Fällen reicht es den Betroffenen, ihr Erlebnis zu schildern, sie wollen aus den verschiedensten Gründen nicht, daß wir tätig werden. In den meisten Fällen nehmen wir nach Absprache (schriftlich) Kontakt mit SachbearbeiterInnen / Polizei / Vermietern usw. auf und bitten um Stellungnahme. Oder wir unterstützen Dienstaufsichtsbeschwerden und Anzeigen bei der Polizei, betreiben Öffentlichkeitsarbeit, organisieren eine persönliche Begleitung z.B. zum Ausländeramt, die Weitervermittlung an spezialisierte Stellen (Anwälte, Ärzte) und vieles mehr. Unser zweiter Schwerpunkt ist, strukturelle und institutionelle Diskriminierung von MigrantInnen und Flüchtlingen zu dokumentieren und in das öffentliche Bewußtsein zu tragen. Da, wo aus der Erfahrung unserer Arbeit Schwerpunkte diskriminierenden Verhaltens deutlich werden (z.B. Ausländeramt), versuchen wir über Öffentlichkeitsarbeit oder im direkten Gespräch mit den betroffenen Stellen, Veränderungen und Umdenkprozesse herbeizuführen. Unser Ziel ist die Initiierung / der Aufbau eines Antidiskriminierungsbüros in Köln.

ARBEITSGEMEINSCHAFT
GEGEN INTERNATIONALE SEXUELLE UND RASSISTISCHE AUSBEUTUNG

agisra e.V.
Niederichstr.6
50668 Köln
Tel 124019
Fax 1390194

Agisra ist die Abkürzung von »Arbeitsgemeinschaft gegen internationale sexuelle und rassistische Ausbeutung e.V.« Träger ist agisra e.V. in Frankfurt. Die Arbeitsgruppe in Köln wurde als regionale Informations- und Beratungsstelle 1993 eröffnet.

Frauen verschiedener Nationalitäten arbeiten gemeinsam in dieser interkulturellen Frauenorganisation. Zielgruppe der Arbeit sind Flüchtlingsfrauen, die aufgrund wirtschaftlicher, sozialer und politischer Not aus ihren Heimatländern fliehen mußten. Unter ihnen sind die illegal eingereisten Frauen in besonderem Maße krassen Ausbeutungsverhältnissen ausgesetzt, wie der Zwangsprostitution, der Zwangsehe und ungesicherten Arbeitsverhältnissen. An diesen und anderen bedrohlichen Lebenslagen von Migrantinnen in Deutschland orientiert sich die Arbeit von agisra.

Mit Informations- und Bildungsarbeit zu Rassismus, Ausbeutung und Gewaltverhältnissen richtet sich agisra an alle interessierte Menschen. Die Beratungs- und Unterstützungsarbeit ist ein gezieltes Angebot für Migrantinnen in bedrohlichen Lebenslagen. Sie erfahren vor allem rechtliche Beratung, Aufklärung und Beistand im Zusammenhang mit ihrem Aufenthalt in Deutschland. Die Beratung kann in mehreren Sprachen organisiert werden: persisch, polnisch, kurdisch, türkisch, russisch und tschechisch. Agisra fördert auch die Stärkung und Vernetzung der Selbsthilfeorganisationen von Migrantinnen.

»DAS GESCHÄFT MIT DEN FRAUEN« VERSUS »FRAUENMIGRATION«

Agisra arbeitet seit mehr als 10 Jahren zum Thema »Frauenhandel« und hat in dieser Zeit - angeregt durch Kritik von Migrantinnen - viele inhaltliche Diskussionen und Perspektivenwechsel vorgenommen. Ein wichtiger Blickwechsel hat auf die Problemlage selbst stattgefunden. Wurden vor 10 Jahren von der Presse, aber auch von agisra selbst immer wieder die Motivationen der »gehandelten« Frauen ins Zentrum der Analyse gestellt, so stehen heutzutage sehr viel stärker die Motivationen der Täter im Mittelpunkt. Der Blick der Gesellschaft jedoch ist nach wie vor weniger auf die Täter, Zuhälter und Freier gerichtet, vielmehr werden die Prostituierten zu eigentlichen Täterinnen gemacht, sie werden kriminalisiert. Dagegen setzt agisra den Schwerpunkt auf die Auseinandersetzung mit den rassistischen und sexistischen Grundlagen der Gesellschaft, die diese Ausbeutung durch »Frauenhandel« erst ermöglichen.

Infolge dieser Schwerpunktsetzung werden die betroffenen Frauen auch nicht mehr einseitig als Opfer wahrgenommen, sondern als handelnde Subjekte. Mit der Reduzierung auf ihren Opferstatus, wie dies in den letzten Jahren oft geschehen ist, wurden die alltäglichen Versuche der Frauen, sich hier ein menschenwürdiges Leben aufzubauen, ihre vielfältigen Widerstandsformen ausgeblendet und unsichtbar gemacht und damit auch die Stereotypen von der gefügigen »ausländischen Frau« noch einmal gestärkt. Diese Stereotypen stellen aber bereits schon eine wesentliche Ursache des Problems dar (NRW Studie 1993).

Die gängigen Bilder von »Frauenhandel«, die von den Medien unterstützt und verbreitet werden, entspricht der allgemeinen Vorstellung von der Frau als Ware. Waren, die angeboten, verkauft, umgetauscht und verbraucht werden können. Frauen lassen sich jedoch nicht allein auf diesen Warencharakter reduzieren, sie sind darüberhinaus Subjekte ihrer eigenen Handlung, Tat. Sie sind Handelnde. Deswegen reden wir auf der einen Seite von Frauen- Handel, das heisst Frauenmigration. Auf der anderen Seite reden wir von Männerhandlung, das heisst Geschäft an den Frauen.

Frauen-»Handel« ist heutzutage Teil der riesigen Migrationsbewegung. Es ist dabei eine frauenspezifische Form der Migration, da Frauen ihren Körper und ihre reproduktiven Fähigkeiten verkaufen müssen, um auf dem internationalen patriarchalen Arbeitsmarkt eine Chance zu haben. Frauen, die sich auf den Weg machen, um ihre Situation zu verbessern, entsprechen also nicht dem klassischen Klischee des passiven Opfers, sondern haben sich im Kontext ihrer strukturellen Benachteiligung für eine eigene Bewältigungsstrategie entschieden. Besonders in der Risikobereitschaft und in der Fähigkeit, die sozio-psychische Gebundenheit an die Familie aufzugeben, zeigt sich die Stärke, der Mut und die Veränderungsbereitschaft der Frauen.

Die Migrationsbereitschaft der Frauen wird genutzt und ausgenutzt, die Bedingungen unter denen Geschäfte gemacht werden, sind durch patriarchale und rassistische Strukturen zugunsten der Händler und Schlepper ausgerichtet. Ausbeutbar werden sie jedoch vor allem durch die rechtliche und soziale Situation in Deutschland. Schon die Einreise ist kaum noch ohne die Hilfe der Schlepper möglich, das Ausländergesetz beschränkt ihre Handlungsmöglichkeiten und Widerstand gegen Zuhälter wird in der Regel mit der Ausweisung der Frau beantwortet. Die Männerhandlung beschränkt sich nicht allein auf die Prostitution, obwohl diese Form die meiste Aufmerksamkeit erreicht. Es gibt verschiedene Bereiche, wo Männer unter den selben Bedingungen die Frauen ausbeuten, wie z.B. in der Unterhaltungsindustrie, bei Heiratshandel oder als Hausangestellte. Im folgenden wollen wir über die Situation von Prostitutionsmigrantinnen berichten, da wir zu diesen Frauen häufig Kontakt haben. Sie sind für uns nur ein Beispiel, stellvertretend für die Bedingungen von handelnden und gehandelten Frauen.

DIE SITUATION VON PROSTITUTIONSMIGRANTINNEN IN DEUTSCHLAND

Prostitution allgemein in Deutschland ist zwar nicht illegal, aber auch nicht als Beruf anerkannt, obwohl die Nachfrage nach Prostitution fortwährend ansteigt, nach einem Spiegelbericht (vgl. Spiegel Nr. 46/1994)) gehen 1,2 Millionen Männer in Deutschland täglich zu Prostituierten. Das bedeutet, Männer finden hier ein Angebot für ihre Macht- und Sexualitätsbedürfnisse, die Frauen jedoch, die dies garantieren, leben in einem rechtlosen und ungeschützten Arbeitsverhältnis.

Für Prostitutionsmigrantinnen ist es illegal, weil sie keine gewerbliche Tätigkeit ausüben dürfen. Wenn sie es praktizieren, kann es zur Ausweisung der Frau führen, d.h. sie sind der Doppelmoral der Gesellschaft noch stärker ausgesetzt als ihre deutschen Kolleginnen. Sie garantieren ebenso das Angebot an Prostitution, werden ebenso in ihrer Arbeit berufsrechtlich nicht geschützt und werden dazu noch kriminalisiert, weil ihnen durch die Bestimmungen des Ausländergesetzes die Arbeitsbefugnis verweigert wird.

Die komplizierte Einreise der Frau und ihre verdeckte Arbeit führt dazu, daß die Prostituierten die »Hilfe« von Händlern und Zuhältern in Anspruch nehmen müssen. Der organisierte Zuhälterdruck, den viele Prostitutionsmigrantinnen so nicht erwartet haben, macht alle zu Abhängigen. Deshalb ist die Unterscheidung zwischen »Zwangsprostitution« und »freiwilliger« Prostitution schwierig. Beide unterliegen den Gewaltverhältnissen der Zuhälter. Die eigenständige selbstorganisierte Arbeit ist kaum möglich. Die Handhabung der Gesetze durch Behörden fördert diese Abhängigkeit. Wenn sich die Prostituierte aus diesen Gewalt- und Abhängigkeitsverhältnissen befreien will, kann sie keine Hilfe von der Polizei und den Behörden erwarten, da als erste polizeiliche Maßnahme meist die Ausweisung der Frau erfolgt. Das Geschäft mit den Frauen aus ehemals sozialistischen Ländern ist in den letzten Jahren drastisch angestiegen. Diese Zunahme resultiert auf der einen Seite aus der verstärkten Migrationsbereitschaft der Frauen und auf der anderen Seite steht die Nachfrage der Männer nach neuen Frauen als Mittel für ihre sexuellen, emotionalen und haushälterischen Ansprüche. Aufgrund ihres Äusseren werden Frauen aus ehemals sozialistischen Ländern nicht sofort als »Ausländerinnen« identifiziert und geraten entsprechend seltener in Polizeikontrollen auf der Strasse. Die Frauen aus Polen, Ungarn, der tschechischen und slowakischen Republik brauchen kein Visum. Die Entfernung zu Deutschland ist geringer und die Reisekosten reduzieren sich somit. Das Bundeskriminalamt gibt an, daß inzwischen 80% der von Menschenhandel betroffenen Frauen aus ehemals sozialistischen Ländern kommen. Sie haben eine hohe Berufsqualifikation und sind sehr jung, 5 % sind unter 18 Jahre. Im folgenden werden Beispiele von drei Frauen, die zur Beratung und Unterstützung bei agisra waren, näher beschrieben; zwei von ihnen waren »Zwangsprostituierte« und eine »freiwillige« Prostituierte.

Aufgrund eines Angebotes in ihrem Heimatland zur Arbeit als Kellnerinnen kamen zwei Frauen nach Deutschland, wurden jedoch gezwungen, als Prostituierte zu arbeiten. Ihre Pässe wurden ihnen weggenommen. Tagsüber mußten sie als Prostituierte arbeiten und nachts wurden sie im Keller eingeschlossen. Durch eine Razzia wurden sie von der Polizei festgenommen und kamen in Abschiebehaft. Als wir die Frauen dort besuchten, erfuhren wir, daß sie zwei Wochen ohne eine Beratung dort verbracht haben. Durch eine Rechtsanwältin konnte wegen des Straftatbestandes der Zwangsprostitution eine Freilassung der beiden Frauen erzielt werden, aber ihr Aufenthalt konnte nicht gesichert werden. Die Frauen waren bereit, als Zeuginnen und Nebenklägerinnen im Prozeß teilzunehmen und auszusagen, doch es fehlten Schutzwohnungen für diese bedrohten Frauen bis zum Prozeß. Die Frauen wurden ausgewiesen und ihre Nebenklage wurde nach 1 1/2 Jahren ebenfalls abgelehnt. Solche Bedingungen ermöglichen Zuhältern weiterhin ihre Geschäfte, während die Frauen lediglich als Zeuginnen zugelassen werden, ohne daß man sie währenddessen vor den Zuhältern schützt und ihnen eine Lebensgrundlage ermöglicht.

Ein weiteres Beispiel handelt von einer 18-jährige Frau, die sich für die Prostitution in Deutschland entschieden hat. Sie sollte laut Versprechungen 15000,- DM monatlich für 4 Tage Arbeit verdienen. Sie erhielt jedoch tatsächlich nur 100,- DM, Essen und einige Kleidungsstücke, um besser auszusehen. Nicht nur wegen diesen falschen Versprechungen, sondern weil sie von ihrem Zuhälter geschlagen wurde, ist sie nach zwei Monaten harter Arbeit zur Polizei gegangen. Nachdem sie sich bei der Polizei gemeldet hatte, verlief der Prozeß wie immer sehr schnell. Sie kam in Abschiebehaft und wurde innerhalb von kurzer Zeit ohne Geld in die Hauptstadt ihres Landes abgeschoben. Geld aus »illegaler Beschäftigung« wird von der Behörde beschlagnahmt. Niemand von den Behörden interessieren sich dafür, wie Frauen ohne Geld von der Hauptstadt ihre weitere Heimreise finanzieren können.

DAS BILD VON FRAUEN-HANDEL IN DEN MEDIEN

Die Bilder von Frauen-Handel in den Medien sind sowohl sexistisch als auch rassistisch. Sie dienen dazu, falsche Bilder zu reproduzieren. Die Prostituionsmigrantinnen werden in den deutschen Medien sehr oft sensationell und aufreißerisch dargestellt. Junge osteuropäische Frauen sind heute besonders davon betroffen. Sie kommen zu Besuch nach Deutschland und werden häufig als illegale Prostituierte angesehen. Durch solcherart diskriminierender Bilder werden diese Frauen somit unmittelbar als Kriminelle identifiziert. Dies ist zum Beispiel Ilona

S. widerfahren. Sie wurde von der Polizei als Prostituierte festgenommen, weil sie keine Dokumente dabei hatte. Sie hat lediglich auf dem Bahnhof auf ihren Freund gewartet. Kommunikationsschwierigkeiten, die sich durch die Sprache ergaben, führten dazu, daß sie »in der Falle landete«, das heißt, sie wurde sofort in Abschiebehaft genommen.

Eine weitere Begebenheit, die die sexistischen und rassistischen Bilder in bezug auf Prostitutionsmigrantinnen widerspiegeln, ist folgende: Ein Fernsehteam ist zusammen mit einer polizeilichen Razzia in ein Bordell gegangen, um dort zu filmen. Sie haben die dort arbeitenden Frauen, die unter Schock standen, ohne ihr Einverständnis nackt gefilmt, während die Zuhälter anonymisiert wurden. Eine solche die Frauen entwürdigende Praxis ist für vieler Berichterstattungen üblich. (so auch im Spiegel Nr. 46/1994). Obwohl die Männer die Täter sind, werden sie geschützt und die Frauen werden dagegen wie Täterinnen behandelt.

**VORSCHLÄGE ZUR VERBESSERUNG
DER LAGE DER PROSTITUTIONSMIGRANTINNEN**
Die bisherige Politik in Deutschland bezüglich Prostitutionsmigrantinnen konzentrierte sich einerseits auf eine Strafverfolgung der Schlepper und Zuhälter (mit geringem Erfolg) und andererseits auf eine scheinbare Beseitigung des Problems durch Abschiebung der Frauen. Dieses Vorgehen stützt den Handel in die Prostitution, da die meisten Frauen mehr Angst vor der Polizei als vor ihren Zuhältern haben.
▸ Eine grundlegende Voraussetzung für eine Verbesserung der Situation der Frauen ist eine Aufhebung ihres »nicht-legalen« Status. Damit würde den Zuhältern eine wichtige Grundlage ihres Gewaltverhältnisses entzogen, und die Frauen hätten die Möglichkeit, unmenschliche Arbeitssituationen bei der Polizei anzuzeigen, ohne selber in die Gefahr zu kommen, ausgewiesen zu werden.
▸ Anerkennung der Prostitution als Beruf
▸ Erweiterung des Beratungsangebotes für Prostitutionsmigrantinnen
▸ Aufbau einer Zufluchtswohnung
von Behshid Najafi

LITERATUR
Agisra (Hg.): Frauenhandel und Prostitutionstourismus, München 1990
Ministerium für die Gleichstellung von Frau und Mann des Landes NRW: »Internationaler Frauenhandel« Düsseldorf, Juli 1993
Sozialwissenschaftliche Forschung und Praxis für Frauen e.V. (Hg): Beiträge zur feministischen Theorie und Praxis: »Europa«, Heft 34, 1993
Weitere Informationen zum Thema MigrantInnen und Flüchtlinge siehe Kapitel Abschiebehaft und Abschiebung:

SCHWULE

Im folgenden zitieren wir ausführlich aus der Schrift »Mann - das geht uns alle an. Perspektiven für eine erfolgreiche Arbeit gegen antischwule Gewalt«. Das ganze Heft und weitere Materialien können bezogen werden bei:
Schwulenverband in Deutschland (SVD)
Landsverband Nordrhein-Westfalen e.v.
Postfach 103414
50474 Köln
Tel 2403111

MANN BRICHT DAS SCHWEIGEN
- Antischwule Gewalt ist alltäglich
- Antischwule Gewalt wird immer brutaler
- Antischwule Gewalt spekuliert auf die Angst der Opfer und die Gleichgültigkeit von Behörden und Öffentlichkeit
- Antischwule Gewalt geht alle an: Haß-Kriminalität ist kein Kavaliersdelikt. Sie bedroht die heute selbstverständlich gewordene Vielfalt der Lebensformen.

DAS AUSMASS ANTISCHWULER GEWALT
Jüngste soziologische Untersuchungen belegen das dramatische Ausmaß der Gewalt gegen Schwule. Über 3000 Schwule wurden im November 1991 nach ihren Erfahrungen mit antischwuler Gewalt befragt.
- 4,7 % der Westdeutschen und 5,3% der Ostdeutschen gaben an, in den letzten 12 Monaten (!) wegen ihrer Homosexualität gewalttätige Übergriffe erlebt zu haben.
- Die Hälfte er Gewaltopfer berichtet von Verletzungen als Folge der Gewalttaten.
- Je nach Delikttyp werden Schwule damit fünf- bis sechsmal häufiger Opfer von Gewaltkriminalität als die erwachsene Allgemeinbevölkerung.
- Auch andere Untersuchungen belegen: Über ein Viertel der Schwulen haben im Laufe ihres Lebens mindestens einmal massive antischwule Gewalt erleben müssen.

Allein aufgrund ihrer sexuellen Orientierung häufiger von Gewalt bedroht zu sein, als der männliche Bevölkerungsdurchschnitt, gehört mit zu den zentralen Merkmalen der kollektiven Situation Homosexueller.

MANN KLAGT AN
WIR WOLLEN, DASS SCHWULE IHR RECHT BEKOMMEN!
Gewalt gegen Schwule ist kein neues Problem. Sie ist so alt wie die staatliche Verfolgung und gesellschaftliche Diskriminierung von Homosexuellen. Über Gewalt gegen Schwule herrscht Schweigen. Ausmaß und Alltäglichkeit antischwuler Gewalt werden ignoriert oder gar geleugnet. Kein Wunder, denn die Fakten erschüt-

tern unser aller Selbstbild von einer aufgeklärten, humanen und modernen Gesellschaft. Der Gewalt und Gewaltbereitschaft muß entgegengesteuert werden. Die Zeit drängt. Der Prozeß gesellschaftlicher Liberalisierung gegenüber Schwulen droht ins Stocken zu geraten. Militante Minderheitenfeindlichkeit, autoritäre und intolerante Lebensstilkonzepte haben Konjunktur. Schon seit einigen Jahren ist eine Zunahme gezielt gegen Schwule gerichteter Gewalttaten zu verzeichnen. Die Gewalttäter sind nur zu einem kleinen Teil organisierte Rechte oder Skinheads, sondern in ihrer Mehrheit »normale« Jugendliche, die Antihomosexualität in ihrem kulturellen Gepäck tragen und sich in einem Ritual der Macht ihre Männlichkeit beweisen, nach dem Motto: »Geh`n wir Schwule klatschen im Park.« Um der Gewalt zu begegnen, reicht es nicht aus, allein sozialpädagogisch an den Symptomen herumzudoktern. Erstens muß den Opfern geholfen werden. Zweitens müssen die Opfer antischwuler Gewalt ermutigt werden, ihr Schweigen zu brechen. Behörden und Öffentlichkeit haben ihnen dabei zur Seite zu stehen. Die gesellschaftlichen Ursachen der Gewaltbereitschaft gegen Schwule müssen aufgedeckt und entschlüsselt werden.

MANN WEHRT SICH JETZT

PILOTPROJEKT SCHWULES ÜBERFALLTELEFON 19 228

Der Schwulenverband in Deutschland (SVD) hat - mit finanzieller Unterstützung der Landesregierung Nordrhein-Westfalen und verschiedener Kommunen - lokale und überregionale Arbeitsansätze gegen antischwule Gewalt entwickelt. Als Pilotprojekt betreibt der SVD seit Oktober 1992 in Köln ein Schwules Überfalltelefon. Die hier gesammelten Erfahrungen sollen Eingang finden in die Weiterentwicklung geeigneter Selbsthilfe- und Schutzmaßnahmen sowie einer breiten Öffentlichkeitsarbeit gegen antischwule Einstellungen.

MANN IST DAS HART

SCHWULENFEINDLICHKEIT - ANTISCHWULE GEWALT: TATSACHEN, TÄTER UND TATORTE

In den letzten 20 Jahren haben sich die Einstellungen zur Homosexualität in der Bevölkerung langsam liberalisiert. Wirkliche Akzeptanz zeigt aber nur eine Minderheit, ermittelte 1991 der Berliner Soziologe Michael Bochow. In seiner Repräsentativerhebung wurden 1200 Westdeutsche und 1000 Ostdeutsche über ihre Einstellungen zu Schwulen befragt. Nur ein knappes Drittel der Deutschen tritt vorbehaltlos für die Gleichberechtigung von Schwulen ein. Ein weiteres Drittel nimmt eine schwankende Haltung ein, hat z.B. nichts gegen die rechtliche Anerkennung schwuler Lebensgemeinschaften, befürwortet aber Berufsverbote für schwule Pädagogen. Bestehen blieb zudem ein Bodensatz an militanter Schwulenfeindlichkeit: Über zwei Drittel der Bevölkerung sehen Homosexualität weiterhin als Krankheit oder Laster an. 13,4 % der Westdeutschen und 9,7% der Ostdeutschen fordern ein generelles strafrechtliches Verbot homosexueller Handlungen. Das ist der Nährboden, auf dem die Gewaltbereitschaft gedeiht.

ANTISCHWULE GEWALT: DIE TÄTER
Der größte Teil der Täter ist zwischen 15 und 23 Jahren alt. Gewalt gegen Schwule ist Männergewalt. Frustrationen und Langeweile schaffen sich ein Ventil, indem Jugendliche auf Menschen einprügeln, die sie in der gesellschaftlichen Rangskala weit unten angesiedelt sehen. Haß gegen Schwule läßt die Hemmschwellen sinken. Solange Unwerturteile über Homosexualität wie »abartig«, »naturwidrig«, »Schweinerei« in den Köpfen spuken und von Politikern und Kirchenfunktionären gebetsmühlenartig aufgegriffen werden, wird antischwule Gewalt immer neu stimuliert. »Köln - Ohne erkennbaren Grund hat ein Unbekannter gestern früh den 54jährigen Horst S. zu Tode getreten. Mitten in der Innenstadt sprang der Täter sein Opfer in Karate-Manier an, trampelte dann auf dem Wehrlosen herum, bis er sich nicht mehr rührte. Horst S. gehörte zur Schwulen-Scene in Köln« (BILD Hamburg)

»An der Bushaltestelle sprachen sie ihn an. Drei Gestalten in schwarzen Lederjacken, Jeans, Cowboystiefel. »Na du schwule Sau, wo soll's denn hingehen?...Sie begannen Thomas herumzustoßen, dann die ersten Tritte. 'Ich wollte wegrennen, stürzte zu Boden - sie traten immer weiter zu.' Thomas spürte einen heftigen Schmerz im Rücken. 'Plötzlich war alles vorbei, um mich herum wurde es dunkel.' Der kurze schreckliche Schmerz in seinem Rücken war ein Messerstich. Sechs Zentimeter tief, nah am zwölften Rückenwirbel vorbei... Der Stich hatten einen Nerv durchgetrennt. Lähmungserscheinungen in den Beinen waren die Folge.«

ANTISCHWULE GEWALT: DIE OPFER
Gewalt wirkt nicht nur äußerlich, sondern trifft die Identität der schwulen Opfer. Die Gewalterfahrungen sind nur schwer zu verarbeiten. Mühsam erkämpftes schwules Selbstvertrauen kann nachhaltig beschädigt werden.
▸ Viele Opfer erleben einen Prozeß »sekundärer Viktimisierung« : Ihre Umwelt lastet ihnen eine Mitschuld an, als ob sie die Gewalt selbst provoziert hätten.
▸ Viele Opfer können noch nicht einmal mit Freunden über ihr schreckliches Erlebnis sprechen. Sie bleiben mit ihren psychischen Verletzungen allein.
▸ Gewaltopfer erfahren in der Bundesrepublik wenig institutionelle Unterstützung. Herkömmliche Opferhilfen können schwulen Betroffenen meist keine adäquate Betreuung bieten.

ANTISCHWULE GEWALT: TATORTE UND TATEN
Gewalt gegen Schwule kann überall geschehen. Die Erscheinungsformen sind vielfältig.
▸ Häufig sind nächtliche Überfälle an Schwulentreffpunkten wie Parks und Klappen (öffentliche Toiletten). In vielen Fällen treten die Täter in kleineren Gruppen auf, die sich gemeinsam auf ein Opfer stürzen. Beute ist dabei meist nur das sekundäre Motiv. Wichtiger ist es, Schwule zu »klatschen«.
▸ Gewalttäter lauern Schwulen vor Schwulenkneipen auf. Immer häufiger kommt

es zudem zu Übergriffen auf offener Straße, z.B. auf Männerpaare. Spontan schlagen die Täter zu, wenn sie meinen, Schwule identifiziert zu haben.
▸ Nicht selten werden Schwule in ihren Wohnungen zusammengeschlagen und ausgeraubt. Die Täter arbeiten mit der Lockvogelmethode.
▸ Gewalt gegen Schwule kann bis hin zu Totschlag und Mord eskalieren.
▸ Die Gewalt richtet sich nicht nur gegen Einzelpersonen. Eine »neue Qualität« bilden organisierte Angriffe auf schwule Einrichtungen wie Kneipen oder Cafés.

ANTISCHWULE GEWALT: EINE BESTANDSAUFNAHME
▸ Gewalt gegen Schwule ist keine Randerscheinung, sondern wurzelt in all ihren Ausformungen und Motiven in den Normen, Wertvorstellungen und Tabus der Gesellschaft.
▸ Antischwule Gewaltbereitschaft äußert sich schon in den alltäglichen Verbalattacken gegen »Arschficker« und »schwule Säue«. Sie manifestiert sich in Raubüberfällen, Erpressung und Körperverletzung bis hin zu Totschlag und Mord.
▸ Antischwule Gewalttäter handeln häufig in der Gewißheit, mit der klammheimlichen Zustimmung der »schweigenden Mehrheit« rechnen zu können. Sie spekulieren auf die durch gesellschaftliche Diskriminierung verursachte relative Schutzlosigkeit der Opfer.
▸ Auch die Mehrheit der Opfer schweigt bisher - nicht zuletzt aus Mißtrauen gegenüber der Polizei und aus Angst vor Nachteilen bei Bekanntwerden ihrer sexuellen Orientierung.
▸ Das Schweigen der Opfer dreht mit an der Gewaltspirale. Solange sich die Täter sicher fühlen, werden sie immer wieder zuschlagen.

MANN MUSS DAS SCHWEIGEN BRECHEN
WIR HELFEN UND BERATEN
Den Opfern antischwuler Gewalt muß geholfen werden. Das Projekt Schwules Überfalltelefon versteht sich als praktische und kompetente Soforthilfe. Darüber hinaus müssen aber auch Wege und Mittel gefunden werden, antischwule Einstellungen und Verhaltensweisen zurückzudrängen. Das Kölner Pilotprojekt Schwules Überfalltelefon verfolgt drei zentrale Stoßrichtungen:
1. Das Schwule Überfalltelefon will Gewaltopfern helfen und ihnen die Angst nehmen. Wir suchen die Zusammenarbeit mit und in der schwulen Gemeinschaft.
2. Das Schwule Überfalltelefon sucht den Dialog. Polizistinnen und Polizisten, Jugendinitiativen und alle, die im pädagogischen Bereich arbeiten, wollen wir dazu bewegen, sich mit dem Thema ernsthaft auseinanderzusetzen.
3. Das Schwule Überfalltelefon entwickelt Ideen, Aktionsvorschläge und Medienkonzepte gegenüber der heterosexuellen Öffentlichkeit. Ein offensives Auftreten soll dazu beitragen, die gesellschaftliche Abwertung, Verdrängung und Tabuisierung von Homosexualität zu durchbrechen.

ERSTE POSITIVE ERFAHRUNGEN:
Die Anti-Gewalt-Arbeit des SVD in Köln kann bereits erste Erfolge aufweisen:
‣ Das Schweigen über die antischwule Gewalt wurde durchbrochen und ein Dialog mit der Polizei eröffnet. Diese Kooperation wird nun Schritt für Schritt vertieft - bis hin zu Konzepten für die Fort- und Weiterbildung der Polizeibeamtinnen und -beamten.
‣ Eine Grundausstattung mit Informationsmaterialien für die Öffentlichkeitsarbeit liegt vor und kann von Initiativen in anderen Städten übernommen werden.
‣ Aber weiterhin gilt: Von nichts kommt nichts. Wir brauchen weiter die Unterstützung der schwulen Gemeinschaft, um Projektidee und Telefonnummer zu verbreiten. Und wir brauchen viele helfende Köpfe und Hände, um die Arbeit bewältigen zu können. Wir suchen die Unterstützung durch Ärztinnen und Ärzte, Psychologinnen und Psychologen, Wissenschaftlerinnen und Wissensschaftler, Rechtsanwältinnen und Rechtsanwälte.

MANN ZEIG'S AN
DEN OPFERN DIE ANGST NEHMEN - DEN TÄTERN DIE SICHERHEIT
90% der antischwulen Gewalttaten werden nicht angezeigt. Die Täter wiegen sich in Sicherheit: Wo kein Kläger ist, ist auch kein Richter. Vorraussetzung für eine effektive Bekämpfung antischwuler Gewalttaten ist daher, daß die Polizei in der schwulen Welt Vertrauen und Glaubwürdigkeit erwirbt. Das Verhältnis zwischen Schwulen und Polizei ist historisch belastet. Durch den 175 mußten Schwule in der Bundesrepublik Polizisten lange als eifrige bis eifernde Verfolger erleben. Das Mißtrauen sitzt tief. Im Polizeidienst sind Vorurteile und Schwulenfeindlichkeit mindestens ebenso weit verbreitet wie in der Gesamtgesellschaft. Vielen Polizeibeamten fehlt auch noch heute weitgehend das Verständnis für schwule Lebensstile und Lebenskultur. Wir plädieren dafür, zielgerichtet mit der Polizei zu kooperieren und vor Ort gemeinsame Gesprächskreise zwischen Polizei und schwulen Selbsthilfeprojekten aufzubauen.

MANN PACKT HEISSE EISEN AN
IN SCHULEN UND JUGENDEINRICHTUNGEN
Eine Mehrheit der Jugend neigt zu einer nichtdiskriminierenden Grundhaltung gegenüber Schwulen. Es liegt uns also fern, in eine allgemeine Jugendschelte mit einzustimmen. Dennoch müssen wir feststellen, daß die überwiegende Mehrzahl antischwuler Gewalttäter »normale« männliche Jugendliche und Heranwachsende sind. Zielgerichtete Prävention unter Jugendlichen tut also not.

AUFKLÄRUNG UND KOOPERATION
‣ Vorurteilsfreie Aufklärung und Enttabuisierung muß also an Orten der Identitätsbildung von Kindern und Jugendlichen stattfinden - in Schulen, Jugendgruppen und Freizeiteinrichtungen.

115

▸ Lehrerinnen und Lehrer, Aktive in der Jugendarbeit, Medienleute und andere Interessierte müssen für diese Pionierarbeit den Kontakt mit Schwulenprojekten suchen. Und wir zu ihnen.

ZIEL: ANERKENNUNG STATT DULDUNG

Nicht die Gewalt ist dabei das eigentliche Thema, sondern wir wollen die Homosexualität enttabuisieren und uns der Herausforderung einer vorurteilsfreien Aufklärung und Sexualerziehung stellen. Einiges ist in den vergangenen zwei Jahrzehnten ins Rollen gekommen. In einem Prozeß gesellschaftlicher Liberalisierung konnten antischwule Vorurteile zurückgedrängt werden. Doch dies bedeutet weder das Ende gesellschaftlicher Diskriminierung noch das Verschwinden von Ängsten, Unkenntnis, Vorurteilen und Klischees gegenüber schwulen Lebensstilen. In Lehrmaterialien und Unterrichtseinheiten darf Homosexualität nicht mehr lebensfremd ausgeblendet werden. Schwule Lebensweisen müssen angemessen berücksichtigt und positiv erfahrbar werden.

MANN RÄUMT AUF

MIT VORURTEILEN UND UNKENNTNIS

Hoyerswerde und Mölln, Gewalt gegen Frauen, gegen Behinderte oder Schwule - die Aggressivität kommt nicht von ungefähr. Fachleute bestätigen den Zusammenhang zwischen einem von Vorurteilen geprägten Mehrheitsdenken und den Taten gewaltbereiter Minderheiten. Den Tätern fehlt jedes Unrechtsbewußtsein. Sie meinen, das auszuführen, was ohnehin alle denken. Die Schwelle zur Gewalt wird durch zustimmende, positive Signale der Gesellschaft gesenkt. Rechtliche Diskriminierung, Ächtung durch die katholische Amtskirche, Stimmenfang mit antischwuler Stimmungsmache und billige Stammtischwitze drehen mit an der Gewaltspirale. Die Ursachen der latenten Schwulenfeindlichkeit, der tiefwurzelnden Vorurteile und der realen gesellschaftlichen Diskriminierung gilt es zu thematisieren und zu bekämpfen - in Worten und Taten.

Beraubt und schwer verletzt
Brutale Schläger lauerten Jungen in der Groov auf

Mit schweren Verletzungen mußten zwei Jungen (14, 15) ins Krankenhaus, nachdem sie am Montag von Jugendlichen zusammengeschlagen worden waren. Die Opfer hatten auf der Freizeitinsel Auf der Groov in Porz Basketball spielen wollen, als plötzlich drei Jugendliche zwischen 16 und 17 Jahren auftauchten und ihnen zehn Mark abnehmen. Anschließend stellten die Täter den Jungen in Aussicht, daß sie die Beute zurückbekämen, wenn sie beim Basketballspiel gewinnen würden. Als die Jüngeren beim Spiel tatsächlich gegen die Täter erfolgreich waren, forderten sie das Geld zurück. Darauf aber gingen die Räuber nicht ein. Sie schlugen ihre Opfer zusammen. Am Abend wurden die Täter von der Polizei gefaßt. (t.l.)

Kölner Stadt-Anzeiger vom 11.6.1996

JUGENDLICHE STRAFTÄTER ALS OPFER VON STRAFTATEN

An dieser Stelle kann nicht die ganze Diskussion um die Ursachen von Kriminalität wiedergegeben werden. Aber mit ein paar Hinweisen wollen wir darauf aufmerksam machen, daß die allermeisten, die in den Gefängnissen landen, weil sie Straftaten begangen haben, sehr häufig auch in ihrer Kindheit und Jugend selbst Opfer von Gewalt, von anderen Straftaten und von sozialen Benachteiligungen waren. Damit wollen wir bestimmte strafbare Handlungen nicht entschuldigen, sondern verstehbar machen, wie es dazu kommen kann. Wenn z.b. über 80% der inhaftierten Jugendlichen zu der Zeit arbeitslos waren, als sie ihre Taten begingen, kann man die Arbeitslosigkeit nicht einfach als die Kriminalitätsursache identifizieren. Denn tatsächlich wird ja nicht jeder Arbeitslose zum Straftäter. Aber es liegt auf der Hand, daß die Arbeitslosigkeit mitwirkt, wenn es zu einer Entwicklung kommt, an deren Ende die strafbare Handlung steht. Dasselbe gilt auch für die Gewalt, die Kinder erfahren: nicht jedes Kind, das sexuell mißbraucht wird, wird zwangsläufig selbst zum Vergewaltiger oder zur Drogensüchtigen. Aber es gibt gewisse Gewaltkreisläufe, und man muß sie verstehen lernen, um sie unterbrechen zu können. Dazu gehört wesentlich, Kinder davor zu bewahren, Opfer von Gewalt und anderen Verbrechen zu werden.

Die Jugendlichen, die im Gefängnis landen, werden oft auch deshalb selbst Opfer von Straftaten, weil sie sich in Milieus bewegen, in denen es gewalttätig zugeht oder in denen mehr Geld gebraucht wird, als man als Jugendlicher üblicherweise in der Tasche hat. Wenn es in einem Stadtteil z.B. nur ein Jugendzentrum, aber 20 Spielhallen gibt, dann wird ein Teil der Jugendlichen im Stadtteil nahezu automatisch in die Spielhallen gelenkt.

Es kann als wissenschaftlich gesichert gelten, daß es einen Zusammenhang zwischen der Gewalterfahrung in der Kindheit und der späteren Täter-Werdung gibt. Am Ende des Buchs »Jugendkriminalität« von Prof. Michael Walter wird eine entsprechende Untersuchung vorgestellt. Danach gaben 70% aller jungen Täter an, auch Opfer von Straftaten gewesen zu sein. Und 54% der jugendlichen Opfer gab an, daß sie selbst auch Straftaten begangen haben. Und die sogenannten Mehrfachtäter waren häufig Mehrfachopfer.

Auch Untersuchungen, die zum Medien-Mode-Thema »Gewalt in den Schulen« gemacht wurden, haben das bestätigt. Zwar hat sich herausgestellt, daß im Alltag der meisten Schulen keineswegs ein Anwachsen von Aggressionen und Gewalt »auf breiter Front« festzustellen ist und die mediale Dramatisierung der »Gewalt in den Schulen« nicht gerechtfertigt werden kann. Aber es wurde festgestellt, daß es eine Gruppe von Schülern gibt, die in Gewalthandlungen deutlich häufiger als andere involviert ist. Dabei handelt es sich um 13 und 14jährige Haupt- und Gesamtschüler, seltener um Gymnasiasten desselben Alters. 50% der

Opfer von Gewalt dieser Jahrgänge sind auch Täter - und umgekehrt. Diese Kinder fühlen sich am meisten bedroht und sie bedrohen andere am meisten - und häufig sind sie es auch, die sich bewaffnen. Wer sich weniger bedroht fühlt, ist weit seltener bewaffnet und ist auch weit seltener Opfer oder Täter.

Zellenhaus in der JVA Köln

ALLGEMEINE OPFERHILFS-ORGANISATIONEN

WEISSER RING - Gemeinnütziger Verein zur Unterstützung von Kriminalitätsopfern und zur Verhütung von Straftaten e.v.

WEISSER RING, Bundesgeschäftsstelle
Weberstraße 16
55130 Mainz
Tel 06131/83030

Kontakte zum WEISSEN RING in Köln
rechtsrheinisch Tel 668555
linksrheinisch-Nord Tel 7604353
linksrheinisch-Süd Tel 229-3175
Tagsüber und am Wochenende Tel 449188

KRIMINALITÄTSOPFER FINDEN HILFE

Immer mehr Menschen werden zu Opfern zunehmender Gewalt und Kriminalität. Und nur zu häufig bleiben sie in ihrer Not auf sich allein gestellt. Der WEISSE RING hat es sich als gemeinnütziger Verein zur Aufgabe gemacht, Kriminalitätsopfern mit Rat und Tat zur Seite zu stehen. Jede Straftat, auch das oft verharmloste Eigentumsdelikt, bedeutet für das Opfer, seine Angehörigen oder Hinterbliebenen einen schweren Eingriff in die persönlichen Lebensumstände. Meist sind neben den körperlichen und materiellen Schäden auch psychische Ausnahmesituationen unmittelbare Folgen der Straftat. Opfern von Kriminalität und Gewalt hilft der WEISSE RING auf vielfältige Weise. Schon ein Gespräch, ein erster Trost gibt den Betroffenen neuen Mut und neue Hoffnung.

UNSERE HILFEN FÜR KRIMINALITÄTSOPFER:

- menschlicher Beistand und persönliche Betreuung nach der Straftat,
- Hilfestellung im Umgang mit den Behörden,
- Erholungsprogramme für Opfer und ihre Familien,
- Übernahme der Kosten für einen Rechtsbeistand
- Begleitung zu Gerichtsterminen
- finanzielle Unterstützung in Notlagen, die durch die Straftat ausgelöst wurden.
- Vermittlung von Hilfen anderer Organisationen,
- Opfer-Notruf: 0130/3499. Bundesweit. Kostenfrei.

Seine Finanzmittel für die Opferbetreuung erhält der WEISSE RING aus Mitgliedsbeiträgen, Spenden und Zuweisungen von Geldbußen. Der WEISSE RING ist ein Gesprächspartner für alle, die durch ein Verbrechen unverschuldet in Not geraten sind. Die Hilfe des Vereins ist weder an eine Mitgliedschaft noch an sonstige Verpflichtungen gebunden. Kriminalitätsopfer können sich über bundesweit rund 300 Außenstellen an die ehrenamtlich tätigen Helferinnen und Helfer des WEISSEN RINGS wenden.

Im Unterschied zum WEISSEN RING, der mit seinem Konzept mehr auf die Bekämpfung von Straftätern, als zum friedlicheren Zusammenleben beiträgt, scheint sich mit dem »Haus der Opferhilfe Köln« eine Alternative zu entwickeln, die die gesellschaftlichen Zusammenhänge nicht aus dem Blick verliert:

HADOK E.V. - HAUS DER OPFERHILFE KÖLN

Postfach 101736
54457 Köln

Mit dem Aufbau des Projekts »Haus der Opferhilfe Köln e.V.« (HadOK) sollen die bestehenden Mißstände bei der Opferbetreuung abgebaut werden. HadOk steht demzufolge allein Personen mit seinem Angebot offen, die »Opfer« oder »Zeuge« einer Straftat geworden sind. Dabei ist die Deliktart, das Ausmaß der psychisch/physischen Schädigung sowie der Tatort für die Inanspruchnahme der Hilfe unerheblich.

Der »opferorientierte« Ansatz ist Schwerpunkt unserer Arbeit und Ausgangspunkt unseres Selbstverständnisses. Die Inanspruchnahme unseres Hilfsangebotes steht auch solchen Bürgern/Innen offen, die eine innerfamiliäre oder nachbarschaftliche Konfliktsituation weder selbständig, noch über den Rechtsweg lösen können oder wollen. Eine Anzeigenerstattung ist generell nicht Voraussetzung für eine Beratung durch den Verein HadOK.

Die Zielsetzung von HadOK
- Hilfe bei der Bewältigung von Viktimisierungsfolgen bei Opfern und Zeugen
- Befriedung zwischenmenschlicher Konflikte zur Vermeidung gerichtlicher Auseinandersetzungen
- Verbesserung der gesellschaftlichen und individuellen Situation der Opfer, ihrer Angehörigen sowie der Zeugen
- Vermittlung zwischen Tätern und Opfern in geeigneten Fällen
- Förderung von Bestrebungen, die auf Verhinderung bzw. Verminderung von Kriminalität und Kriminalisierung ausgerichtet sind
- Aus- und Fortbildung für relevante Berufsgruppen

Sozialpolitische Ziele
- Verbesserung des Umgangs mit den Opfern durch Aufklärung und Sensibilisierung für die besondere Situation der Geschädigten
- Verbesserung der Lebenssituation der Opfer durch Bereitstellung niedrigschwelliger Hilfsangebote
- Gewaltprävention mit Opfern von Gewalttaten durch Stärkung von Verhaltensweisen, die durch ihren präventiven Charakter einen erneuten Rückfall in die Opferrolle vorbeugen sollen

Kriminalpolitische Ziele
- Verhinderung einer weitergehenden Schädigung des Opfers durch die strafverfahrensmäßige Ermittlungsarbeit sowie gerichtlicher Verfahren
- Entwicklung von Ansätzen und Strategien für einen Abbau und einer zukünftigen Verhinderung/Verminderung von Straftaten durch praktische Feldforschung
- Förderung von Toleranz und Akzeptanz gegenüber gesellschaftlichen Minderheiten im Hinblick auf eine dadurch erzielte Gewaltvorbeugung

‣ Leistung von Aufklärungsarbeit zur Erhörung der Akzeptanz und Sensibilität bei den Strafverfolgungsorganen für die Opferinteressen und -bedürfnisse

GESUNDHEITSPOLITISCHE ZIELE

Behandlungen von psychischen/psychosomatischen Symptomen von Opfern bleiben oft deshalb erfolglos, weil die Ursache des Krankheitsbildes in einer unerkannten Opfertraumatisierung liegt. Die Opfer- und Zeugenberatungsstelle HadOK wird einen direkten Beitrag zur Versorgung von Opfern und deren Begleitung bei der angemessenen Aufarbeitung des Opfererlebnisses leisten. Dadurch werden Fehlbehandlungen vermieden bzw. Behandlungen abgekürzt oder überflüssig. Die Begleitung und/oder Beratung bei allen anfallenden juristischen Schritten senkt dabei die psychische Belastung der Opfer.

DIE ANGEBOTE UND AUFGABEN VON HADOK E.V.:

Beratungsangebot
‣ psychosoziale Beratung von Opfern und Zeugen
‣ Zeugenberatung
‣ Informationen zur rechtlichen Situation
‣ Hilfe in Krisensituationen

Weiterführende Angebote
‣ Beratung über staatliche Opferentschädigung nach dem OEG
‣ Aufklärung über Möglichkeiten der Einforderung finanzieller Schadensersatzleistungen über den zivilrechtlichen Weg, im Adhäsionsverfahren oder den Weg der außergerichtlichen Schadenswiedergutmachung
‣ Täter-Opfer-Ausgleich (TOA) in Zusammenarbeit mit bereits bestehenden TOA-Einrichtungen

Begleitende Angebote
‣ Vorbereitung und Begleitung zur Vernehmungen und Gerichtsverhandlungen
‣ Nachbereitung von Vernehmungssituationen
‣ Konfliktschlichtung

Jugendliche gaben Überfälle zu

Insgesamt 24 Raubüberfälle soll eine Bande jugendlicher Straßenräuber in Kalk binnen vier Monaten begangen haben. Die Masche, nach der sie vorgingen, war immer die gleiche: die Täter im Alter zwischen 14 und 16 Jahren umstellten ihre Opfer und nahmen ihnen Geld sowie Uhren ab. Vor der Polizei haben alle elf Jugendliche jetzt die Überfälle zugegeben. (xl)

Kölner Stadt-Anzeiger vom 26. 6.1996

TÄTER-OPFER-AUSGLEICH

Service-Büro für Täter-Opfer-Ausgleich und Konfliktschlichtung des DBH
Mirbachstr. 2
53173 Bonn
Tel 0228/359724
Fax 0228/361617

EINE CHANCE FÜR OPFER UND TÄTER

Opfer
Opfer von Straftaten wollen hinsichtlich des Verfahrens auf dem laufenden gehalten werden. Aber sie wollen nicht nur informiert werden. Opfer von Straftaten wollen auch reden, fragen, ihren Ärger kundtun sowie ihren Interessen an Wiedergutmachung und Schadensersatz Ausdruck verleihen. Über einen möglichen spontanen Affekt hinaus ist das auf den Täter bezogene Bestrafungsbedürfnis von Opfern nach dem Ergebnis von Befragungen eher gering.

Täter
Für einen Menschen, der eine Straftat begangen hat, sollte es Wege und Möglichkeiten geben, seine Einsicht in begangenes Unrecht durch Wiedergutmachungsleistungen und Entschuldigung zum Ausdruck zu bringen. Die Erfahrung zeigt, daß viele Täter bereit sind, sich mit ihrer Tat in der Begegnung mit dem Opfer auseinanderzusetzen, obwohl ihnen diese Entscheidung nicht leicht fällt.

Strafjustiz
Die Gerichte sind bekanntermaßen stark belastet, wenn nicht gar überlastet. Der formale Gerichtsprozeß beschäftigt sich mit Vergangenem, ist langwierig, teuer und anonym. Für viele Rechtsgebiete werden Verfahrensformen gesucht, die die Zukunft stärker einbeziehen, kostenschonend und befriedigend sind, im Ergebnis billiger, schneller und freundlicher. Dies gilt auch für einen Teil der Problemlösungen im Strafrecht.

Täter-Opfer-Ausgleich
Täter-Opfer-Ausgleich bietet für Opfer und Täter eine Gelegenheit, außergerichtlich unter Beteiligung eines unparteiischen Dritten eine befriedende Regelung von Konflikten herbeizuführen. Häufig haben Opfer und Täter schon vor der Straftat miteinander zu tun gehabt, häufig ist die Tat der vorläufige Höhepunkt eines Streits. Aber auch wenn sie zuvor nicht miteinander bekannt waren, ist durch die Ereignisse ein Konflikt zwischen ihnen entstanden. Die Auseinandersetzung in der persönlichen Begegnung ermöglicht Information, Aussprache, Entschuldigung und Bemühungen um Wiedergutmachung. Das Gespräch wirft oftmals ein neues Licht auf die Rollen von Opfer und Täter und kann dadurch nachhaltig zur Verarbeitung der entstandenen Probleme beitragen.

TÄTER-OPFER-AUSGLEICH UMFASST REGELMÄSSIG
- Konfliktberatung und/oder Konfliktschlichtung
- eine Vereinbarung über die Wiedergutmachung,
- Leistungen des Täters zur Wiedergutmachung und
- die Berücksichtigung der Täterbemühungen im Strafprozeß.

In der Strafrechtspflege ist der Täter-Opfer-Ausgleich eine neue Form, mit Kriminalität umzugehen, weil diese Regelung nicht an der Person bzw. an der Straftat, sondern an der Autonomie der Parteien ansetzt. Als Konfliktbearbeitung bei Straftaten steht der Täter-Opfer-Ausgleich in engem Zusammenhang mit anderen Vermittlungskonzepten, die sich seit einem guten Jahrzehnt unter dem Begriff »Mediation« entwickelt haben und in verschiedenen Bereichen Anwendung finden. Insbesondere im Bereich von Trennung und Scheidung, aber auch bei Auseinandersetzungen in Nachbarschaftskonflikten sowie etwa im Arbeits-, Umwelt- oder Wirtschaftsrecht besteht eine deutlich zunehmende Tendenz zu außergerichtlichen Regelungen von Streitfällen. Diese Form der Bearbeitung gewinnt an Bedeutung in dem Maße, wie persönliche und soziale Beziehungen betroffen sind und im Hinblick auf sozialen Frieden einer Gestaltung bedürfen.

WER IST ZUSTÄNDIG FÜR EINEN TÄTER-OPFER-AUSGLEICH?

Die Auswahl unter den anhängigen Strafverfahren und die Berücksichtigung der Ergebnisse im Strafverfahren fallen in die Zuständigkeit der Staatsanwaltschaften und Gerichte. Die Vereinbarung über die Wiedergutmachung ist Sache der Beteiligten selbst. Ihnen hierbei zu helfen und die Konfliktbereinigung in Gang zu bringen, ist Aufgabe der Konfliktberater. Die Organisation des Täter-Opfer-Ausgleichs erfordert eine Abstimmung zwischen den beteiligten Stellen - der Staatsanwaltschaft, der Konfliktschlichtungsstelle (z.B. Gerichtshilfe, Jugendgerichtshilfe, freier Träger) und der Polizei. Bei der Auswahl müssen sowohl Gesichtspunkte des Strafverfahrens wie auch der Konfliktberatung berücksichtigt werden. Dies setzt abgestimmte Zusammenarbeit voraus. Bei der praktischen Durchführung des Täter-Opfer-Ausgleichs klärt die Konfliktschlichtungsstelle zunächst die Bereitschaft von Täter und Geschädigtem zur Teilnahme sowie die Voraussetzungen für Möglichkeit und Umfang von Wiedergutmachung. Dies geschieht zumeist in getrennten Gesprächen mit den Betroffenen.

WAS GESCHIEHT IM TÄTER-OPFER-AUSGLEICH?

Täter-Opfer-Ausgleich ist die Angelegenheit von Opfer und Täter. Vorrangig ist beider Interesse und beider Entscheidung für eine Teilnahme. Von seiten der Konfliktschlichtungsstelle wird über die Möglichkeit informiert und eine persönliche gegebenenfalls angeregt. Opfer und Täter können das Angebot annehmen oder ablehnen. Ansatz für einen Ausgleich ist der bestehende Konflikt zwischen ihnen. Der Ablauf einer Konfliktberatung und ggf. Konfliktbereinigung ist ein strukturierter Prozeß mit Kommunikationsregeln, die der Vermittler einführend erklärt. Im Mittelpunkt der Gespräche stehen die Aufarbeitung der Tat und ihre Folgen sowie die Vereinbarung der Wiedergutmachungsleistungen des Täters an den Geschädigten. Unter methodischen Gesichtspunkten durchläuft das Gespräch verschiedene Phasen, in denen - unter Berücksichtigung von zum Teil starken Emotionen - Unterschiede und Annäherungen herausgearbeitet werden. Nicht weniger wichtig als die Aufarbeitung der Tat sind Verhandlungen über Wiedergutmachungsleistungen des Täters. Im Anschluß an die Aufarbeitung sind die Betroffenen erfahrungsgemäß in der Lage, selbst angemessene Lösungen zu finden. Das Ergebnis wird im allgemeinen schriftlich fixiert. Der Vermittler kontrolliert später die Einhaltung der Absprachen.

Was ist, wenn der Täter kein Geld für Wiedergutmachungsleistungen hat? Bei vielen Konfliktschlichtungsstellen steht ein sogenannter Opferfonds zur Verfügung, aus dem zinslose Darlehen an Schädiger gewährt werden können, um auf diese Weise eine sofortige Wiedergutmachung zu ermöglichen. In manchen Fällen können Wiedergutmachung und Schadensersatzleistungen für ein Opfer nur dadurch erreicht werden, daß der Täter für gemeinnützige Arbeit aus dem Opferfonds bezahlt wird.

WAS BIETET EIN TÄTER-OPFER-AUSGLEICH DEN OPFERN?

Opfer von Straftaten werden im Strafprozeß zumeist als Zeugen funktionalisiert, erfahren sich zu ihrer Überraschung als Person gar nicht gefragt und überdies durch mangelhaft Information noch in ihren Interessen mißachtet. Die Erfahrung der Opferwerdung ist eine erhebliche Beeinträchtigung des Lebensgefühls, die allerdings unterschiedlich zum Ausdruck kommt. Verstärkt wird eine solche Beeinträchtigung, wenn der Betroffene den Ereignissen ohnmächtig gegenübersteht, wenn er nichts tun kann. Die Folgen sind zumeist heftige Gefühle von Angst oder Ärger und Zorn. Nicht selten wird Opfern von Straftaten zudem auch noch Schuld zugewiesen, häufig aus der näheren Umgebung, auf deren Unterstützung und Hilfe ein Opfer eigentlich angewiesen wäre.

Während gerichtliche Verfahren gegenüber solchen Beeinträchtigungen keine Hilfe bringen können, hat das Opfer im Wege außergerichtlicher, kommunikativer Rechtsfindung die Möglichkeit, Angst und Ärger hinter sich zu lassen und seine ganz persönlichen Interessen an Ausgleich und Wiedergutmachung zum Ausdruck zu bringen. Erfahrungsgemäß und insbesondere bei mittellosen Tätern sind Wiedergutmachungsleistungen durch Täter-Opfer-Ausgleich eher zu realisieren als über einen gerichtlichen Titel.

WAS BIETET EIN TÄTER-OPFER-AUSGLEICH DEN TÄTERN?

Der Täter hat die Möglichkeit, sich den Konsequenzen seiner Handlung zu stellen und soweit möglich, zu ihrer Bereinigung beizutragen. Auch wenn die persönliche Begegnung mit dem Opfer ihm zunächst Angst macht, so muß er aber Abwehr nicht gegenüber Bestrafung mobilisieren, sondern kann im Verlauf der

Auseinandersetzung seinen Teil anschauen, Verantwortung übernehmen und lernen. Möglicherweise beeinflußt diese Erfahrung auch das zukünftige Verhalten des Täters. Von dieser Annahme wird im allgemeinen bei einem Täter-Opfer-Ausgleich ausgegangen. Darüber hinaus hat der Täter-Opfer-Ausgleich einen Einfluß aus das weitere Verfahren (Strafmilderung oder Verfahrenseinstellung).

WELCHE BEDEUTUNG HAT TÄTER-OPFER-AUSGLEICH FÜR DIE SOZIALE GEMEINSCHAFT?

Tagtäglich lösen Menschen ihre aus unterschiedlichen Interessen entstandenen Konflikte außerhalb der Gerichte und ohne formelle Prozesse. Täter-Opfer-Ausgleich knüpft an die Fähigkeiten und Methoden der Menschen an, mit divergierenden Interessen umzugehen. Täter-Opfer-Ausgleich relativiert auf diese Weise die häufig problematische Trennung in kriminelles und nichtkriminelles Verhalten zugunsten des sozialen Friedens. Eine gelungene Kommunikation zwischen den unmittelbaren Koflktgegnern auch in Strafsachen wirkt als Beispiel für Verständnis und Toleranz, baut Vorurteile ab und hat eine befriedende Wirkung auf das Zusammenleben. Darüber hinaus ist Wiedergutmachung eher geeignet, dem Rechtsfrieden zu dienen als Strafe.

Zu welchem Zeitpunkt kann eine Täter-Opfer-Ausgleich eingeleitet werden? Gesetzlich ist die Einleitung eines Täter-Opfer-Ausgleichs im Vorverfahren, im Zwischen- und im Hauptverfahren vorgesehen, zumeist aber wird die Überleitung an eine Konfliktschlichtungsstelle im Vorverfahren von der Staatsanwaltschaft vorgenommen.

WER SIND DIE VERMITTLER?

Vermittler sind im Umgang mit Konflikten erfahrene und/oder geschulte Sozialpädagogen. Ihre Rolle als unbeteiligter Dritter mit dem Gebot der Unterstützung jeder Partei gehört neben der Freiwilligkeit der Beteiligung und der Parteiautonomie bei den Ausgleichsverhandlungen zu den konstituierenden Rahmenbedingungen des Täter-Opfer-Ausgleichs. Der Konfliktschlichter ist zugleich Garant für die Einhaltung der Regeln, die sich auf die Kommunikation als »fair trial« beziehen und insbesondere den Schutz der Opferinteressen beinhalten soll. Er darf auch andere Prinzipien der Rechtsstaatlichkeit nicht aus den Augen verlieren (etwa die Aufrechterhaltung der Unschuldsvermutung, das Verbot von Druckmitteln zur Klärung des Sachverhalts, das Verbot des Zwangs zur Selbstbezichtigung, das Verbot von Schuldvorwürfen).

HAT DER TÄTER-OPFER-AUSGLEICH EINE ZUKUNFT?

Täter-Opfer-Ausgleich gibt es seit zehn Jahren. Er wurde wissenschaftlich begleitet, seine Brauchbarkeit ist erwiesen und kriminalpolitisch wird er äußerst positiv bewertet. Gegenwärtig wird die Praxis des Täter-Opfer-Ausgleichs vorrangig von engagierten Staatsanwälten und Richtern und insbesondere von vielen in der Praxis stehenden und um Fallzuweisungen werbende Mitarbeiter von Täter-Opfer-Ausgleichs-Einrichtungen getragen. Der Fortbestand des Täter-Opfer-Ausgleichs hängt vorwiegend von deren Ausdauer bei Überzeugungs- und Motivationsarbeit ab. Durch die am 1.12.1994 erfolgte Einfügung eines § 46 a in das Strafgesetzbuch (StGB), aufgrund dessen nach erbrachten Schadenswiedergutmachungsleistungen oder nach erfolgtem Täter-Opfer-Ausgleich Strafmilderung und unter bestimmten Voraussetzungen das Absehen von Strafe materiell-rechtlich im Erwachsenenstrafrecht geregelt wird, hat sich ein weiteres Mal das Fachinteresse auf das Institut des Täter-Opfer-Ausgleichs gerichtet. Des weiteren intensivierten auch Landesjustizverwaltungen ihre Anstrengungen, den Täter-Opfer-Ausgleich durch Verwaltungsvorschriften einerseits und durch Fortbildungsmaßnahmen für Mitarbeiter des sozialen Dienstes andererseits abzusichern. Die bisherigen Erfahrungen mit dem Täter-Opfer-Ausgleich sind gut, aber Akzeptanz und Anwendung nicht ausreichend. Die Gesellschaft und die Justiz brauchen mehr an schnellen und opferbezogenen Reaktionen, mehr Mittel und Weg der Wiedergutmachung, mehr vom nichtstigmatisierenden Umgang mit Alltagskriminalität.

DIE WAAGE KÖLN

Verein zur Förderung des Täter-Opfer-Ausgleichs e.V.
Roonstr.5
50674 Köln
Tel 23 50 68
Fax 23 50 69

Was ist die Waage Köln?

Die WAAGE KÖLN ist eine gemeinnützige Einrichtung, die in freier Trägerschaft, insbesondere nach Straftaten junger Menschen, zwischen Täter und Opfern vermittelt. Die WAAGE KÖLN ist Mitglied im Deutschen Paritätischen Wohlfahrtsverband.

Was ist ein Täter-Opfer-Ausgleich (TOA)?

Täter-Opfer-Ausgleich bemüht sich nach Straftaten um Aussprache, Entschuldigung, Versöhnung und Wiedergutmachung zwischen Täter und Opfer

Wann ist ein Täter-Opfer-Ausgleich möglich?

Ein Ausgleich ist möglich, wenn
▸ der Täter die Straftat gestanden hat, und zu einer Wiedergutmachung bereit ist.
▸ das Opfer mit einem Täter-Opfer-Ausgleich einverstanden ist.
▸ der zuständige Richter oder Staatsanwalt einem Ausgleich zustimmt.

Wem nutzt Täter-Opfer-Ausgleich?

Die Interessen und Ansprüche des Opfers können angemessen berücksichtigt werden. Das Opfer kann unbürokratisch Schadensersatz erhalten. TOA kann dem Opfer helfen, materielle und psychische Folgen der Tat zu beseitigen oder zu verringern. Die persönliche Begegnung mit dem Opfer macht dem Täter die Folgen der Tat bewußt. Er muß sich seiner Verantwortung stellen. Die Wiedergutmachung des Schadens und das Bemühen um Entschuldigung und Versöhnung sind für den Täter erste Schritte zu einem zukünftig sozialverträglichen Verhalten. Die Gerichte werden durch Vermeidung von Strafverfahren entlastet. Die Gesellschaft spart Kosten. TOA ist billiger als Strafverfahren und Haftplätze. Die Verarbeitung des Täter-Opfer-Konflikts durch die unmittelbar Beteiligten kann Versöhnung statt Rache bedeuten und kann dazu beitragen, daß Aggressionspotential in der Gesellschaft abgebaut wird.

WIE ARBEITET DIE WAAGE KÖLN?

Die WAAGE KÖLN wird in der Regel vom Gericht oder der Staatsanwaltschaft mit der Durchführung des Täter-Opfer-Ausgleichs beauftragt. Wir klären zunächst in Einzelgesprächen mit dem Täter und dem Opfer, ob die Voraussetzungen für einen TOA vorliegen. Wir sind bei der Suche nach Wegen zur Versöhnung und Wiedergutmachung behilflich. Wenn beide Beteiligten dem zustimmen, versuchen wir, einen persönlichen Kontakt zwischen Täter und Opfer herzustellen.

Beispiele für einen Ausgleich können sein:
- Entschuldigung des Täters
- Ein gemeinsames Gespräch über die Folgen der Straftat für das Opfer
- Wiedergutmachung des Schadens
- Zahlung eines Schmerzensgeldes

Wir überprüfen die Einhaltung der zwischen Täter und Opfer getroffenen Vereinbarungen. Nach Abschluß des Ausgleichs regen wir bei Gericht oder Staatsanwaltschaft die Einstellung bzw. den Abschluß des Strafverfahrens an.

DIE WAAGE KÖLN ARBEITET FÜR TÄTER UND OPFER KOSTENLOS.

Das Projekt wird finanziert vom Justizminister des Landes Nordrhein-Westfalen, der Stadt Köln, aus Mitteln der Arbeitsverwaltung, durch Geldbußen und Spenden. Zur Finanzierung der WAAGE KÖLN muß der Trägerverein neben der Unterstützung durch die öffentlichen Geldgeber jährlich einen Eigenbedarf aufbringen. Deshalb ist die WAAGE KÖLN bei der Durchführung ihrer Arbeit auf Spenden angewiesen.

VEREINS- UND SPENDENKONTO:

Verein zur Förderung des Täter-Opfer-Ausgleichs e.V., Postgiroamt Köln, BLZ 370 100 50, Konto-Nr. 247265-506

TÄTER-OPFER-AUSGLEICH IM JUGENDSTRAFVERFAHREN

Gemeinsamer Runderlaß des Justizministeriums (4210 III A. 86 »A«), des Ministeriums für Arbeit, Gesundheit und Soziales (IV B 2 - 6150) und des Innenministeriums vom 14. März 1995 (Justizministerialblatt für das Land Nordrhein-Westfalen 1995, S. 97).
Durch das 1. JGG-ÄndG (Jugendgerichtsgesetz- Änderungsgesetz, d.Red.) vom 30.August 1990 hat der Gesetzgeber das herkömmliche Sanktionensystem in § 10 Abs 1 Nr. 7 und § 45 Abs. 3 JGG um das Institut des Täter-Opfer-Ausgleichs erweitert. Mit der Weisung, sich zu bemühen, einen Ausgleich mit den Opfern zu erreichen (Täter-Opfer-Ausgleich), soll Jugendlichen und Heranwachsenden die Folgen ihrer Tat verdeutlicht und oft vernachlässigte Opferbelange der Geschädigten berücksichtigt werden.

Der Täter-Opfer-Ausgleich kann als erzieherische Maßnahme zur Vorbereitung einer Diversionsentscheidung nach Maßgabe der Richtlinien zur Förderung der Diversion im Jugendstrafverfahren (Diversionsrichtlinien) - gemäß Runderlaß des Justizministeriums, des Ministeriums für Arbeit, Gesundheit und Soziales und des Innenministeriums und des Kultusministeriums vom 01.01.1992 - MBl.NW S.451 - in Betracht kommen.

1. ANWENDUNGSBEREICH

1.1 Ein Täter-Opfer-Ausgleich soll grundsätzlich nur in Fällen mit persönlich geschädigtem Opfer eingeleitet werden. Er kommt bei immateriellen und materiellen Schäden in Betracht, auch in Fällen, in denen es beim Versuch verblieben ist. Beim Opfer muß in der Regel ein noch regelungsbedürftiger Schaden vorliegen. Soweit ein materieller Schadensersatz angezeigt ist, ist die wirtschaftliche Leistungsfähigkeit des Beschuldigten zu berücksichtigen.
1.2 In Betracht kommen insbesondere folgende Deliktsarten, sofern der Einzelfall nicht als Bagatellstraftat anzusehen ist, in dem das Verfahren ohnehin nach § 45 JGG eingestellt würde:
- Hausfriedensbruch, § 123 StGB
- Beleidigung, § 185 StGB
- vorsätzliche Körperverletzung, § 223 StGB, auch leichtere Fälle der gefährlichen Körperverletzung, 223 StGB
- Nötigung, § 230 StGB
- leichtere Fälle des Raubes im Grenzbereich zum Diebstahl (z.B. Handtaschenraub), § 249 StGB
- Sachbeschädigung, § 303 StGB
- Diebstahl, Unterschlagung und Betrug, §§ 242, 246, 263 StGB

Diese Aufzählung ist nicht abschließend, sondern soll lediglich eine Orientierungshilfe geben. Maßgeblich sind die jeweiligen Umstände des Einzelfalles.
1.3 Ein Täter-Opfer-Ausgleich darf nicht zu einer Einschränkung der Unschuldsvermutung und von Verteidigungsrechten des Beschuldigten führen; er setzt daher ein glaubhaftes Geständnis des Beschuldigten voraus.
1.4 Voraussetzung für die Durchführung eines Täter-Opfer-Ausgleichs ist, daß der oder die Beschuldigte und das Opfer zu einem Ausgleich auf freiwilliger Basis bereit sind. Bei jugendlichen Beschuldigten oder Opfern ist die Zustimmung der Personensorgeberechtigten erforderlich.
1.5 Der Täter-Opfer-Ausgleich wird als eine die Erziehung fördernde Maßnahme vom zuständigen Träger der Jugendhilfe durchgeführt.

2. VERFAHREN

2.1 Bei den Ermittlungen klärt die Polizei ab, ob zwischen den Beteiligten ein informeller Ausgleich bereits stattgefunden hat oder angebahnt wurde. Das Ergebnis ist aktenkundig zu machen. Fällt das Ergebnis negativ aus, und gewinnt die Polizei aufgrund des persönlichen Kontakts zu den Beschuldigten und dem Opfer den Eindruck, daß sich ein Täter-Opfer-Ausgleich anbietet, so spricht sie eine dahingehende Anregung gegenüber der Staatsanwaltschaft aus und unterrichtet zugleich das Jugendamt.
2.2 Hält die Staatsanwaltschaft die Durchführung des Täter-Opfer-Ausgleichs für angezeigt, so übermittelt sie die hierfür notwendigen Informationen dem zuständigen Träger der Jugendhilfe.
2.3 Werden Beschuldigte und /oder Opfer von einem Rechtsanwalt oder einer Rechtsanwältin vertreten, so soll die Staatsanwaltschaft diese rechtzeitig über das beabsichtigte Ausgleichsverfahren unterrichten.
2.4 Der Träger der Jugendhilfe, der den Täter-Opfer-Ausgleich durchgeführt hat, unterrichtet die Staatsanwaltschaft über den Verlauf und das Ergebnis dieses Verfahrens.
2.5 Die Staatsanwaltschaft sieht von der Verfolgung ab und stellt das Verfahren nach § 45 JGG ein, wenn der Täter-Opfer-Ausgleich erfolgreich durchgeführt wurde und eine weitere erzieherische Maßnahme nicht angezeigt erscheint. Als Erfolg kann auch das ernsthafte Bemühen des Beschuldigten um einen Täter-Opfer-Ausgleich gewertet werden. Der zuständige Träger der Jugendhilfe wird entsprechend unterrichtet.

Eingang Polizeipräsidium Köln am Waidamrkt

POLIZEI

Der Hamburger Kriminologe Fritz Sack sieht in der Polizei das entscheidende Scharnier zwischen Staat und Gesellschaft. Das heißt, daß entscheidende Weichenstellungen für die Entwicklung von Staat und Gesellschaft über die Polizei laufen. Eine Polizei, die weniger repressive Formen der Konfliktlösung anwendet, kann zur Humanisierung von Staat und Gesellschaft beitragen, wie umgekehrt: Eine an »Law and Order« orientierte Polizei trägt zur Brutalisierung der Gesellschaft bei.

KONFLIKTSCHLICHTUNG STATT ANZEIGEN
»Sich Vertragen ist besser als Klagen«

Im vergangenen Jahr kam eine Türkin in das Büro des Kölner Appell, weil sie seit Monaten von einem Nachbarn immer wieder beleidigt wurde. Alle ihre Bemühungen, eine friedliche Lösung zu finden, waren gescheitert, Einladungen zu einem Gespräch wurden schroff zurückgewiesen. Sie wußte sich nicht mehr anders zu helfen, als mit Hilfe der Polizei gegen den Nachbarn vorzugehen. Deshalb bat sie uns, sie zum zuständigen Revier in Ehrenfeld zu begleiten und ihr dabei behilflich zu sein, dort eine Anzeige zu stellen. Angesichts all ihrer bisherigen Versuche war sie auch nicht bereit auf unser Angebot einzugehen, Pfarrer Iffland oder Bürgermeister Rombey als Vermittler einzuschalten. Sie wollte die Polizei. Ihre Verzweiflung rührte von der bevorstehenden Entlassung ihres Mannes, der zu dieser Zeit noch in Haft war. Er sollte auf Bewährung entlassen werden, und sie war fest davon überzeugt, daß ihr Mann ausrasten würde, wenn er nach der Entlassung von der eskalierten Situation im Haus erfährt. Deshalb wollte sie die Polizei. Also gingen wir mit ihr zum Revier. Der diensthabende Polizeibeamte hat sofort verstanden, worum es der Frau ging, aber er konnte sie davon überzeugen, daß sie erst noch mal einen Vermittlungsversuch starten sollte. Und dabei erfuhren wir von den Schiedsstellen, die es hier in Köln für solche Fälle gibt.

Der Schiedsmann, der für das Viertel zuständig ist, in dem die Türkin wohnt, die zu uns kam, hat den Nachbarn zu einem Vermittlungsgespräch eingeladen, er kam, und das Gespräch verlief so, daß seither Ruhe herrscht. Wir waren beeindruckt.

Seit 1879 gibt es die Schiedsmänner und Schiedsfrauen. So alt wie diese Einrichtung ist, so unbekannt ist sie auch, und sie wird in der Millionenstadt Köln relativ wenig genutzt: jährlich nur rund 800 mal. Es könnten und sollten wesentlich mehr sein. Die Erfolgsquote liegt bei über 50%, d.h. wenigstens jeder zweite Streitfall wird durch die Schiedsleute geschlichtet.

Köln ist in 48 Schiedsbezirke eingeteilt, hat also 48 Schiedsfrauen (seit der letzten Ernennung sind es mehrheitlich Frauen) und Schiedsmänner. Auf jedem Polizeirevier können die Adressen der zuständigen Schiedsstellen eingesehen werden.

Um noch mehr zu verdeutlichen, daß es besser sein kann, nicht gleich zur Polizei zu gehen, um eine Anzeige zu stellen, sondern um sich dort die Adresse und Telefonnummer der zuständigen Schiedsfrau oder des zuständigen Schiedsmannes geben zu lassen, drucken wir im folgenden weitere Informationen über die Schiedsstellen aus einem Informationsblatt des Justizministeriums ab. Leider ist darin meist vom »Schiedsmann« und von der »Schiedsmannsordnung die Rede - obwohl es mehrheitlich Frauen sind, die dieses Amt ausüben.

Zunehmend werden Streitigkeiten - auch in Bagatellsachen - ohne vorhergehenden Versuch einer Streitbeilegung vor die Gerichte gebracht und dort bis in die letzte Instanz ausgetragen. Mancher steht am Ende dieses Weges trotz des im wahrsten Sinne des Wortes »erstrittenen« Urteils vor einem Scherbenhaufen: Die Rechtsfrage ist zwar zu seinen Gunsten entschieden, die menschliche Beziehung mit dem anderen Beteiligten aber oftmals für immer zerstört. Hinterher fragt er sich dann, ob Gesprächsbereitschaft und ein wenig Entgegenkommen nicht für beide besser gewesen wäre. Viele Bürger teilen deshalb die Auffassung, daß Sich-Vertragen besser als Klagen ist. Zur Beilegung von bürgerlich-rechtlichen Streitigkeiten bietet die Schiedsmannsordnung des Landes Nordrhein-Westfalen die Hilfe des Schiedsmanns an, der sich seit Jahrzehnten als Schlichter bewährt hat.

Falls Sie also in eine Auseinandersetzung verwickelt werden, deren Schlichtung zu den Aufgaben eines Schiedsmannes gehört, sollten Sie sich vertrauensvoll an einen Schiedsmann wenden. Er wird sicherlich einen Weg wissen, wie sich eine Einigung kostengünstig ohne Gericht und Papierkrieg zur beiderseitigen Zufriedenheit erreichen läßt.

AMT UND AUFGABE

Schiedsmänner und Schiedsfrauen nehmen das Amt des Schiedsmannes wahr. Sie werden vom Rat der Gemeinde auf die Dauer von fünf Jahren gewählt und nach der Wahl von dem Direktor (Präsidenten) des Amtsgerichts bestätigt. Ihr Amt versehen die Männer und Frauen, die regelmäßig zwischen 30 und 70 Jahren alt und ihrer Persönlichkeit nach zur Streitschlichtung besonders befähigt sind, ehrenamtlich. Meistens findet die Güteverhandlung in ihrer Privatwohnung statt.

Durch ihre Anteilnahme an den zu verhandelnden Sachen, durch die Bereitschaft, den Beteiligten zuzuhören und auf ihr Vorbringen einzugehen und durch die Herstellung einer ruhigen und entspannten Atmosphäre schafft der Schiedsmann die Voraussetzungen dafür, daß die Parteien sich einigen und den sozialen Frieden wiederherstellen.

WANN KANN DER SCHIEDSMANN HELFEN?

Der Gang zum Schiedsmann ist nicht immer vorgeschrieben, aber oft der schnellste Weg, um eine Auseinandersetzung unbürokratisch und kostensparend beizulegen.

In bestimmten Streitfällen müssen Sie, ehe Sie sich an das Gericht wenden können, zum Schiedsmann: in den sog. Privatklagesachen. Das sind Straftaten, bei denen der Staatsanwalt Anklage nur dann erhebt, wenn er ein öffentliches Interesse an der Strafverfolgung bejaht. Sieht er ein solches öffentliches Interesse nicht, verweist er den Bürger, welcher Strafanzeige -z.B. wegen einer »dummen Gans« oder einer ausgerutschten Hand- erhoben hat, auf den Privatklageweg. Das heißt, der Betroffene muß sich selbst mit seiner Klage an das Strafgericht wenden, wenn er den Täter bestraft wissen will. Dies kann er aber nur, wenn er vorher versucht hat, sich mit dem anderen Beteiligten außergerichtlich zu versöhnen. Die Stelle, vor der diese notwendig durchzuführende Güteverhandlung stattfindet, ist der Schiedsmann. Solche Privatklagedelikte sind:
- Hausfriedensbruch
- Beleidigung
- Verletzung des Briefgeheimnisses
- leichte Körperverletzung
- gefährliche Körperverletzung
- Bedrohung
- Sachbeschädigung

Der Schiedsmann ist aber auch die berufene Stelle, mancherlei bürgerlich-rechtliche Streitigkeiten zu regeln, die im Falle einer gerichtlichen Auseinandersetzung von den Zivilgerichten zu entscheiden wären. Hier ist die Anrufung des Schiedsmanns nicht vorgeschrieben, sie geschieht vielmehr freiwillig. Gerade wenn es Ihnen bei Streitigkeiten des täglichen Lebens nicht in erster Linie um die Durchsetzung eines Rechtsstandpunktes, sondern um die Wiederherstellung guter Beziehung zu den anderen Beteiligten geht, sollten Sie sich an den Schiedsmann wenden.
Wenn Sie zum Beispiel
- sich mit anderen Hausbewohnern um die Benutzung der Waschküche,

- mit dem Grundstücksnachbarn wegen der Höhe der Gartenhecke,
- mit dem Handwerker von nebenan wegen der schlecht ausgeführten Rasenmäherreparatur,
- mit dem Hauswirt wegen eines von dessen Sohn verursachten Kratzers an Ihrem Auto oder
- mit Ihrem Kaufmann wegen der Lieferung verdorbener Lebensmittel streiten,

versuchen Sie es mit dem Schiedsmann, ehe Sie an eine förmliche Austragung des Streits mit Rechtsanwalt und Gericht denken.

DER PAPIERKRIEG FINDET NICHT STATT

Das Verfahren beim Schiedsmann ist denkbar unbürokratisch. Es wird eingeleitet durch einen Antrag, der den Namen und die Anschrift der Parteien sowie den Gegenstand der Verhandlung enthält. Er kann dem Schiedsmann schriftlich eingereicht oder von ihm mündlich zu Protokoll gegeben werden. Der Schiedsmann setzt einen Termin fest, zu dem beide Parteien erscheinen müssen. Bleiben sie ohne genügende Entschuldigung aus, kann der Schiedsmann ein Ordnungsgeld verhängen. Vor dem Schiedsmann wird ausschließlich mündlich verhandelt. Die Parteien haben Gelegenheit, sich auszusprechen. Der Schiedsmann nimmt sich Zeit und hört ihnen genau zu, er versucht, die bestehenden Spannungen abzubauen. Ist man sich einig, wird ein Vergleich aufgesetzt, den beide Parteien unterschreiben. Damit ist er rechtswirksam. Dieses unkomplizierte Verfahren hat einen großen Vorteil gegenüber den meisten Prozessen: kurze Verfahrenszeiten.

DIE KOSTEN DES VERFAHRENS

Die Gebühr für eine Güteverhandlung beträgt 20.-DM, wird ein Vergleich geschlossen: 40.-DM. Diese Gebühr kann vom Schiedsmann unter besonderen Umständen bis auf 75.-DM erhöht werden. Außerdem können noch Auslagen (z.B. Portokosten) des Schiedsmanns anfallen.

Bund deutscher Schiedsmänner und Schiedsfrauen e.V.
Wagenfeldstr.1
Postfach 100452
44704 Bochum
Tel 0234/66960
Fax 0234/18171

Bund deutscher Schiedsmänner und Schiedsfrauen e.V.
Bezirksvereinigung für den Landgerichtsbezirk Köln
Geschäftsführer Gerd Bochem
Heinrich-Hoerle-Str.15
50737 Köln
Tel 744992

In einer Millionenstadt wie Köln, in der jährlich über 100.000 Anzeigen gestellt werden, ist es ganz bestimmt möglich, mehr als ein paar Hundert Konflikte ohne Anzeige, mit Hilfe der Schiedsstellen, zu schlichten. Wenn die Medien sich diesem Thema so annehmen könnten, daß die Schiedsstellen allen Bürgerinnen und Bürgern zum festen Begriff werden, wäre viel gewonnen. Handlungen, die heute noch als »Kriminalität« in der polizeilichen Kriminalstatistik auftauchen, würden als soziale Konflikte, die sie sind, behandelt und einer angemesseneren Art von Regelung zugeführt. Die Polizei ist dem Legalitätsprinzip verpflichtet, d.h. Straftaten, die den Polizistinnen und Polizisten bekannt werden, werden auch zur Anzeige gebracht und zum Fall für den Staatsanwalt. Dieses Legalitätsprinzip ist aber durch die »Kronzeugen-Regelung« längst durchlöchert. In spektakulären Prozessen im Bereich Terrorismus, Spionage und Drogenhandel, sind längst Straftäter, die schwerste Straftaten begangen haben, nicht nur mit niedrigsten Strafen davongekommen. Ihre »Resozialisierung« wurde durch die Ausstattung mit einer neuen Identität und mit Starthilfen für ein neues Leben im Ausland in Höhe von mehreren Hunderttausend DM staatlich organisiert.

Wenn man sich wirklich klar macht, was das bedeutet, dann kann niemand sagen, daß es undenkbar ist, mit Kriminalität anders umzugehen, als auf die zur Zeit vorgegebene Weise. In einem Gespräch über den Täter-Opfer-Ausgleich mit dem Kölner Stadtanzeiger erklärte die Jugendrichterin Ruth Herz: »Juristen verlieren leider oft den Blick dafür, daß der Strafanspruch des Staates hinter der Aussöhnung der Parteien zurücktreten kann.«

In der Polizei gibt es inzwischen viele Beamtinnen und Beamte, die ähnlich denken. Herrmann Wessling, Leiter der Fortbildung im Kölner Polizeipräsidium: »Unser Beruf muß sich in den nächsten Jahren grundlegend wandeln. Denn die Polizei produziert Vorbestrafte, mit häufig schlimmen Folgen für die Jugendlichen - wie zum Beispiel den Arbeitsplatzverlust.«

Aber noch werden die Täter von der Polizei zu häufig als Gegner gesehen. Möglichst viele zu fassen und in den Knast zu bringen, gilt als Erfolg. Dabei geraten die Opfer, die durch den Knast programmierte Rückfälligkeit und die Kosten für die Gesellschaft aus dem Blick.

Damit sich das ändert, wurde 1995 in Köln beschlossen, Polizistinnen und Polizisten so zu schulen, daß sie bei der Aufnahme einer Anzeige feststellen können, ob sich der zur Sprache kommende Konflikt bzw. die Tat, um die es geht, für den Täter-Opfer-Ausgleich eignet. Zur Zeit sind es gerade mal 0,1 % der Jugendstrafverfahren, die durch den Täter-Opfer-Ausgleich einer anderen Lösung zugeführt werden. Es könnten aber 20 - 30% sein, so die Expertenschätzung.

Wir schätzen, daß die Zahl der für eine außergerichtliche Konfliktschlichtung in Frage kommenden Fälle dreimal höher ist. Wir stützen uns dabei auf Untersuchungen, die Prof. Walter in seinem Buch über Jugendkriminalität referiert. So wurde herausgefunden, daß nur 25% der Geschädigten, die die Polizei informiert hatten, »punitive Anzeigemotive« hatten, also in erster Linie eine Bestrafung des Täters wollten. Die allermeisten Geschädigten sind vor allem an einem materiellen Ersatz und weit weniger an Bestrafungen interessiert. Sie gehen zur Polizei, weil sie keine andere Instanz zur Konfliktschlichtung sehen.

Wie sähe wohl die Entwicklung der Kriminalität aus, wenn jede Polizistin und jeder Polizist eine finanzielle Prämie für alle die Fälle erhielte, die durch ihre Vermittlung mit einem Ausgleich geregelt wurde? Damit wäre nicht nur das Dauerthema der zu niedrigen Gehälter für die PolizistInnen vom Tisch. Die Finanzierung dieser Zulagen bedarf keiner zusätzlichen Mittel, im Gegenteil, denn dadurch würde dem Staatshaushalt mehr Geld gespart, als für diese Prämien auszugeben wäre. Man kann auch sicher sein, daß sämtliche Schreibtischhengste aus ihren Büros auf die Straße drängen würden, um zu peilen, wo es etwas zu schlichten gibt.

Etwas Ähnliches wird seit Jahren im Bereich der Finanzverwaltung gefordert, weil die Vermehrung des Personals voraussehbar so viele Steuerhinterziehungen aufdecken oder verunmöglichen würde, daß alle zusätzlichen SteuerprüferInnen ihre eingerichteten Arbeitsplätze mehrfach selbst finanzieren könnten. Aber es ist politisch nicht gewollt, diese indirekten Subventionen derjenigen, die schon mehr als genug haben, abzubauen.

Für einen Wandel in der Polizeiarbeit muß es auf jeden Fall auch neue Belohnungen geben. Wenn einzelne Polizei-Reviere Personalzuweisungen nach der Zahl der Straftaten in ihrem Bereich erhalten, muß man sich nicht wundern, wenn z.B. Straftaten so gezählt werden, daß der Anschein entsteht, in dem Bereich bestimmter Reviere »explodiere« die Kriminalität. Als in Schleswig-Holstein 1995 das Zustandekommen der Anzahl von Straftaten in ausgewählten Revieren untersucht wurde, stellte sich heraus, daß der Diebstahl von sechs Feuerlöschern aus einem Parkhaus in der Statistik als sechs Diebstähle auftauchte oder die Belästigung von zwei Frauen durch einen anonymen Anrufer als 72 Beleidigungen/Körperverletzungen, obwohl nur zwei Fälle anrechenbar waren. Insgesamt wurde festgestellt, daß aus 5.027 Fällen 6.865 gemacht wurden. Das war keine repräsentative Untersuchung, aber immerhin eine Erhebung mit denkwürdigen Ergebnissen.

Zum Standard-Repertoire der Diskussion um die Polizeiliche Kriminalstatistik gehört mittlerweile das Lüchow-Dannenberg-Syndrom: in diesem kleinen Landkreis waren unverhältnismäßig viele PolizeibeamtInnen abkommandiert worden, weil große Anti-Atom-Proteste erwartet wurden. Als diese ausblieben, weil sich die AKW-Betreiber für Wackersdorf in Bayern entschieden, fingen die unterbeschäftigten PolizeibeamtInnen an, sich intensiv mit der im Landkreis anfallenden Kleinkriminalität zu befassen. Die Folge war die »Explosion der Kriminalität« auf dem flachen Lande. Bei einer Berufsauffassung, die die Erfolgserlebnisse nicht aus dem Anzeigenaufkommen bezieht, wäre das nicht passiert.

FESTNAHME, VERHAFTUNG UND VERHÖR

Festnahme und Verhaftung sind in den §§ 127 und 128 der Strafprozeßordnung (StPO) geregelt.

§ 127. (Vorläufige Festnahme)
(1) Wird jemand auf frischer Tat angetroffen oder verfolgt, so ist, wenn er der Flucht verdächtigt ist oder seine Identität nicht sofort festgestellt werden kann, jedermann befugt, ihn auch ohne richterliche Anordnung vorläufig festzunehmen. Die Feststellung der Identität einer Person durch die Staatsanwaltschaft oder die Beamten des Polizeidienstes bestimmt sich nach § 163b Abs.1.
(2) Die Staatsanwaltschaft und die Beamten des Polizeidienstes sind bei Gefahr im Verzug auch dann zur vorläufigen Festnahme befugt, wenn die Voraussetzung eines Haftbefehls oder eines Unterbringungsbefehls vorliegen.
(3) Ist eine Straftat nur auf Antrag verfolgbar, so ist die vorläufige Festnahme auch dann zulässig, wenn ein Antrag noch nicht gestellt ist,. Dies gilt entsprechend, wenn eine Straftat nur mit Ermächtigung oder auf Strafverlangen verfolgbar ist.

§ 127a (Absehen von der Festnahme)
(1) Hat der Beschuldigte im Geltungsbereich dieses Gesetzes keinen festen Wohnsitz oder Aufenthalt und liegen die Voraussetzungen eines Haftbefehls nur wegen Fluchtgefahr vor, so kann davon abgesehen werden, seine Festnahme anzuordnen oder aufrechtzuerhalten, wenn
1. nicht damit zu rechnen ist, daß wegen der Tat eine Freiheitsstrafe verhängt oder eine freiheitsentziehende Maßregel der Besserung und Sicherung angeordnet wird und
2. der Beschuldigte eine angemessene Sicherheit für die zu erwartende Geldstrafe und die Kosten des Verfahrens leistet.
(2) § 116a Abs.1 und 3 gilt entsprechend. (dabei geht es um die Aussetzung des Vollzugs eines Haftbefehls)

§ 128 (Vorführung vor den Richter)
(1) Der Festgenommene ist, sofern er nicht wieder in Freiheit gesetzt wird, unverzüglich, spätestens am Tage nach der Festnahme, dem Richter bei dem Amtsgericht, in dessen Bezirk er festgenommen worden ist, vorzuführen. Der Richter vernimmt den Vorgeführten gemäß § 115 Abs. 3.
(2) Hält der Richter die Festnahme für nicht gerechtfertigt oder ihre Gründe für beseitigt, so ordnet er die Freilassung an. Andernfalls erläßt er auf Antrag der Staatsanwaltschaft oder, wenn ein Staatsanwalt nicht erreichbar ist, von Amts

wegen einen Haftbefehl oder einen Unterbringungsbefehl. § 115 Abs.4 gilt entsprechend.
Die Voraussetzungen für einen Haftbefehl werden in § 12 Strafgesetzbuch (StGB) erklärt:

§ 12 VERBRECHEN UND VERGEHEN.

(1) Verbrechen sind rechtswidrige Taten, die im Mindestmaß mit Freiheitsstrafe von einem Jahr oder darüber bedroht sind.

(2) Vergehen sind rechtswidrige Taten, die im Mindestmaß mit einer geringeren Freiheitsstrafe oder die mit Geldstrafe bedroht sind.

(3) Schärfungen oder Milderungen, die nach den Vorschriften des Allgemeinen Teils oder für besonders schwere oder minder schwere Fälle vorgesehen sind, bleiben für die Einteilung außer Betracht.

Ein Richter kann danach einen Haftbefehl ausstellen, wenn z.B. ein jugendlicher Flüchtling in einem Kiosk Süßigkeiten im Wert von nur wenigen Mark geklaut hat. Das geschieht leider auch - »damit sich in Rumänien nicht rumspricht, in Deutschland könne man umsonst einkaufen«. Der Richter kann aber genausogut auf den Haftbefehl verzichten und zwar aus vielerlei Gründen. Das ist im § 116 StPO festgehalten:

§ 116 (AUSSETZUNG DES VOLLZUGS DES HAFTBEFEHLS)

(1) Der Richter setzt den Vollzug eines Haftbefehls, der lediglich wegen Fluchtgefahr gerechtfertigt ist, aus, wenn weniger einschneidende Maßnahmen die Erwartung hinreichend begründen, daß der Zweck der Untersuchungshaft auch durch sie erreicht werden kann. In Betracht kommen namentlich
1. die Anweisung, sich zu bestimmten Zeiten bei dem Richter, der Strafverfolgungsbehörde oder einer von ihnen bestimmten Dienststelle zu melden,
2. die Anweisung, den Wohn- oder Aufenthaltsort oder einen bestimmten Bereich nicht ohne Erlaubnis des Richters oder der Strafverfolgungsbehörde zu verlassen,
3. die Anweisung, die Wohnung nur unter Aufsicht einer bestimmten Person zu verlassen,
4. die Leistung einer angemessenen Sicherheit durch den Beschuldigten oder einen anderen.

(2) Der Richter kann auch den Vollzug eines Haftbefehls, der wegen Verdunkelungsgefahr gerechtfertigt ist, aussetzen, wenn weniger einschneidende Maßnahmen die Erwartung hinreichend begründen, daß sie die Verdunkelungsgefahr erheblich vermindern werden. In Betracht kommen namentlich die Anweisung, mit Mitbeschuldigten, Zeugen oder Sachverständigen keine Verbindung aufzunehmen.

(3) Der Richter kann den Vollzug des Haftbefehls, der nach § 112a erlassen worden ist, aussetzen, wenn die Erwartung hinreichend begründet ist, daß der Be-

schuldigte bestimmte Anweisungen befolgen und daß dadurch der Zweck der Haft erreicht wird.
(4) Der Richter ordnet in den Fällen der Absätze 1 - 3 den Vollzug des Haftbefehls an, wenn
1. der Beschuldigte den ihm auferlegten Pflichten oder Beschränkungen gröblichst zuwiderhandelt,
2. der Beschuldigte Anstalten zur Flucht trifft, auf ordnungsgemäße Ladung ohne genügende Entschuldigung ausbleibt oder sich auf andere Weise zeigt, daß das in ihn gesetzte Vertrauen nicht gerechtfertigt war, oder
3. neu hervorgetretene Umstände die Verhaftung erforderlich machen.
Dem Ratgeber »Nimm's in die Hand. Information für Jugendliche im Umgang mit Polizei und Justiz« des österreichischen Vereins für Bewährungshilfe und Soziale Arbeit entnahmen wir die folgende Information aus dem Kapitel »Einvernahme durch die Polizei«:
»Beim Einvernehmen werden Dich die Beamten fair behandeln. Nach der Aufnahme Deiner Personalien werden sie Dir erklären, welche Tat Dir vorgeworfen wird, und Dir Gelegenheit geben, Dich zu äußern. Frag immer, was Dir vorgeworfen wird, wenn Dir etwas unklar ist. Zur Sache mußt Du nicht aussagen, bedenke aber, daß Du damit auf eine Chance verzichtest, Deine Sicht der Dinge darzustellen.«
Vielleicht sollte es so sein, aber die Realität sieht leider anders aus. Wir wollen keineswegs den Eindruck erwecken, daß PolizistInnen Jugendliche und Heranwachsende bei Festnahmen regelmäßig verprügeln. Wir haben von vielen Jugendlichen gehört, daß sie sich korrekt behandelt fühlten. Aber wir hören auch immer wieder von Jugendlichen, daß sie rassistisch beleidigt und mehr als ruppig angefaßt wurden - auch von Schlägen, als sie schon die Handschellen anhatten, wurde uns berichtet.
Und viel zu viele fühlen sich nach den polizeilichen Vernehmungen hereingelegt und keineswegs »fair behandelt«. Sie gehen so uninformiert in die Konfrontation mit der Polizei, daß wir immer wieder auch von 20jährigen gefragt werden, ob es für sie von Nachteil sei, wenn sie keine Aussagen machen. Und sie werden reihenweise hereingelegt, und ewig mit diesem Spruch »Wenn Du ausgesagt hast, kannst Du nachhause gehen.«
Hier müssen Eltern, die Schule und die Jugendzentren ganz dringend intervenieren und aufklären, daß die Jugendlichen nicht nur das Recht auf Aussageverweigerung haben, sondern sich immer einen Anwalt schon bei der ersten polizeilichen Vernehmung holen sollen. Immer.
Untersuchungen über die Bereitschaft von PolizistInnen, Anzeigen aufzunehmen, haben ergeben, daß diese vorwiegend deliktsabhängig ist. Danach werden Eigentums- und Vermögensdelikte - selbst bei kleinen Schäden - viel entgegen-

kommender aufgenommen, Delikte gegen die Person jedoch eher mit Zurückhaltung. Und da, wo die Polizei nicht nur Anzeigen entgegen nimmt, sondern aktiv wird, liegt ihr Schwerpunkt nicht in den Wohnvierteln der Reichen und Mächtigen, sondern in den »sozialen Brennpunkten«.

Bezüglich der Täter wird eher gegen die jüngeren ermittelt. Sie sind ehrlicher und geständnisfreudiger. Das Geständnis wiederum führt regelmäßig zur Verurteilung. Und wenn die Jugendlichen schon vorbestraft sind und aus den unteren sozialen Schichten kommen, erhöht sich das Verurteilungsrisiko noch einmal. Und gerade wenn sie arm und ungebildet sind, verfügen sie nur über eine geringe sprachliche Kompetenz und sind kaum mit bestimmten Verteidigungsstrategien vertraut. Zusammenfassend kann festgestellt werden, daß es die Polizei ist, die »Herrin des Ermittlungsverfahren« ist, und letztendlich bestimmt, wann, wo und wie intensiv ermittelt wird. Das Ergebnis kann in der U-Haft besichtigt werden, wo die Benachteiligten dieser Gesellschaft unter sich sind.

Polizei sucht Graffiti-Opfer

Der Polizei sind drei Graffiti-Sprayer ins Netz gegangen. Auf frischer Tat ertappte eine Streife in Kalk einen 22jährigen, der gerade einen Entlüftungsschacht dekorierte. Am Nikolaustag hatten Passanten einen 14jährigen Schüler so lange festgehalten, bis die Polizeibeamten eintrafen. Mit einem Freund hatte er in Weiß Garagen besprüht. Sein Komplize erschien wenig später mit seiner Mutter auf der Wache. In beiden Fällen bittet die Sonderkommission „Graffiti" Geschädigte, sich zu melden. (xl)

Kölner Stadt-Anzeiger vom 13.12.1996

DIE POLIZEILICHE KRIMINALSTATISTIK

Jedes Frühjahr erleben wir das gleiche Spiel: das Polizeipräsidium in Köln, das Landeskriminalamt in Düsseldorf und das Bundeskriminalamt stellen nach und nach die Statistik der zur Anzeige gekommenen Straftaten des Vorjahres vor. Das macht jede Behörde zu einem anderen Zeitpunkt und das zieht sich von Februar bis Mai hin. Oft versuchen dann die Sprecher der Gewerkschaft der Polizei noch schneller zu sein und mit den bekanntgewordenen Daten ihre Forderungen nach mehr Personal, besserer Besoldung und weiteren Kompetenzen zu untermauern. Und wenn mal die Kriminalität gesunken ist - 1994 gab es in Köln sechs Prozent weniger Straftaten als 1993 und 1995 ging die Zahl der Straftaten um weitere 3,88% zurück - dann heißt es, es gäbe keinen Grund zur Beruhigung. Dann werden aus dem Spektrum der Delikte diejenigen aufgezählt, die im Unterschied zum allgemeinen Trend eine Steigerung erfahren haben. Dabei ist dann meistens von Kindern, Jugendlichen und Heranwachsenden die Rede. Ein sich selbst tragender Kreislauf - mehr Polizei, mehr Kriminalität, mehr Polizei, mehr Kriminalität....So als wollte die Wirklichkeit diesen Konfirmanden-Spruch für kriminalisierte Jugendliche einholen: »Der eine langsam, der andere schnell, bald sind wir alle kriminell.«

Von vielen Politikern und einem großen Teil der Medien werden die Alarmmeldungen begierig aufgenommen und der Öffentlichkeit auf eine Weise serviert, die dazu geführt hat, daß Deutschland zum Weltmeister in Sachen Kriminalitätsfurcht geworden ist. Inzwischen gibt es auch Stimmen aus der Polizei, die sich gegen diese von den Medien und von Politikern geschürten Hysterien wenden.

Was ist nun die Polizeiliche Kriminalstatistik? Sie ist eine Tätigkeitsstatistik der Polizei. Es werden darin alle registrierten Straftaten gesammelt und geordnet nach Delikten zusammengezählt. Zu über 90% wird der Polizei auf eine Straftat durch Anzeigen bzw. Alarmierung durch Bürger, Kaufhausdetektive, Verkehrsbetriebe usw. hingewiesen. Alle nicht-angezeigten Straftaten, das sogenannte Dunkelfeld, bleiben außen vor. Wenn es folglich in einem Deliktbereich mehr Anzeigen gibt, dann kann meistens nicht mit Sicherheit gesagt werden, ob es in diesem Bereich tatsächlich mehr Straftaten gegenüber dem Vorjahr gegeben hat oder ob nur mehr Straftaten bekannt geworden sind.

Über die Größe des Dunkelfeldes wird spekuliert, aber alle ExpertInnen sind sich darin einig, daß es um ein Vielfaches größer ist, als die angezeigte Kriminalität. Prof. Hans-Joachim Plewig von der Fachhochschule Emden schrieb in der Zeitschrift »Neue Kriminalpolitik«, daß man im Bundesjustizministerium davon ausgeht, daß es jährlich 100 Millionen Gesetzesverstöße in der Bundesrepublik gibt. Da in der Bundesrepublik 80 Millionen Menschen leben, halten wir das immer noch für untertrieben. Und das kann jede/r durch eigene Umfragen im

Freundes- und Bekanntenkreis überprüfen. Offiziell gezählt werden in der Bundesrepublik z.Zt. ca. 7 Millionen Straftaten. Nach der Schätzung aus dem Bundesjustizministerium kommen also 93 Millionen Gesetzesverstösse nicht zur Anzeige. Wenn jeder alles anzeigt, was er so mitkriegt, könnte die Polizei mit Anzeigen so zugedeckt werden, daß sich Schlangen vor den Revieren bilden würden, und es würde der Polizei auch bei Personalverdopplung nicht gelingen, alles aufzunehmen. Die Gesellschaft würde aufhören zu funktionieren.

Prof. Jürgen Habermas geht davon aus, daß es in der Bundesrepublik jährlich in den Familien zu an die 500.000 Kindesmißhandlungen und zu vier Millionen Mißhandlungen von Frauen kommt. Er nennt dies »den verbreitetsten Typus der Gewaltkriminalität«. Natürlich ist es grauenhaft, was sich an Leid hinter diesen Zahlen verbirgt, und ohne jede Frage müssen Maßnahmen entwickelt werden, damit das aufhört. Aber was wäre denn, wenn all diese Gewalttaten zur Anzeige kämen und alle Männer und Frauen, die sich an ihren Partnern und Kindern vergangen haben, in den Knast kämen? In Deutschland gibt es »nur« 60.000 Haftplätze. Die Gerichte kommen schon jetzt nicht mit den Verfahren nach. Und die Polizei? Sie hat durch ihr Einschreiten bei Familienkonflikten schon viele Leben gerettet, aber dieses Problem ist von einer Dimension, das sich jeder Form polizeilicher Regelung entzieht.

Was bei der Auseinandersetzung mit der Polizeilichen Kriminalstatistik noch beachtet werden muß, ist die Tatsache, daß sie eben nur das registriert, was nach unserem Strafgesetzbuch strafbar ist. Wer z.B. zum nächsten Revier geht, um eine Anzeige gegen für die Drogenpolitik zuständigen PolitikerInnen zu stellen, weil es immer noch zu Drogentoten kommt, obwohl längst bekannt ist, daß eine nicht-repressive Drogenpolitik die Zahl der Drogentoten senken könnte, wird vielleicht die Empfehlung bekommen, sich mal in Merheim untersuchen zu lassen. Für die Drogentoten ist mit dem Strafgesetzbuch niemand verantwortlich zu machen. Dasselbe gilt für viele andere harte Tatsachen, unter denen Menschen in unserer Gesellschaft sehr zu leiden haben: Arbeitslosigkeit, Wohnungslosigkeit, Gesundheitsschäden - bestenfalls heißt es »selber schuld«. Amnesty International hat 1995 die »institutionalisierte Gewissenlosigkeit« in Deutschland angeprangert - Rüstungshilfe, Polizeihilfe und Technologie-Lieferungen in diktatorischen Folter-Regimes.

Seriös kann der Umgang mit der Polizeilichen Kriminalstatistik nur sein, wenn man weiß, wie sie zustandekommt, wenn man sich jeden Alarmismus verbietet, die Entwicklung der letzten Jahrzehnte überschaut und über die sozialen Veränderungen nachdenkt, die zur Steigerung der angezeigten Delikte beigetragen haben.

Dabei sollte nie aus den Augen verloren werden, daß es sich um eine Tatverdächtigenstatistik handelt. Was daraus vor Gericht wird, sieht man an der Verur-

teiltenstatistik, die vom Statistischen Bundesamt veröffentlicht wird. Da diese Statistik erst erstellt werden kann, wenn die angezeigten TäterInnen verurteilt worden sind, ist sie nicht so aktuell wie die Polizeiliche Kriminalstatistik. Ihre Bilanz ist aber deutlich weniger dramatisch und daher spielt sie in den Medien und den Reden von PolitikerInnen eine vergleichsweise unbedeutende Rolle.
Wer an diesen Statistiken interessiert ist, wende sich an das
Statistische Bundesamt
>   Gustav-Stresemann-Ring 11
>   65189 Wiesbaden
>   Tel 0611/75-1
>   Fax 0611/72-4000

Wir haben in diesem Zusammenhang zwei Forderungen an das Kölner Polizeipräsidium:
1. Die besondere Ausweisung einer »Kriminalität der Nicht-Deutschen« muß endlich aufhören. Zwar gibt es keine Polizeiliche Kriminalstatistik mehr, weder auf Stadt-, noch auf Landes-, noch auf Bundesebene, in der nicht ausdrücklich betont und versichert wird, daß die Nichtdeutsche Bevölkerung keinesfalls krimineller als die deutsche Bevölkerung ist, aber das nützt alles nichts. Alle Unterteilungen der Bevölkerung in Deutschland nach diesen Kategorien führt dazu, daß sich der Blick auf die MigrantInnen und Flüchtlinge zu einer Bedrohungsperspektive verengt. Solange es Rassismus in unserer Gesellschaft gibt, ist dieses Konstrukt »Ausländerkriminalität« als aktiver Beitrag zur Gefährdung von Leib und Leben aller Menschen zu sehen, die die Rassisten »weg haben« wollen.
Statt dessen sollten die sozialen Merkmale der Täterinnen und Täter hervorgehoben werden, wie Bildung und Einkommen. Da es Kriminalität in allen Schichten der Gesellschaft gibt, aber in den Gefängnissen die Menschen ohne Arbeit, ohne Wohnung, ohne Schulabschluß, ohne Berufsausbildung und ohne feste soziale Bindungen extrem überrepräsentiert sind, erhoffen wir uns, daß es zu einer gesellschaftlichen Debatte kommt, durch die sich das polizeiliche Handeln verändert. Armut und Wohnungslosigkeit sind keine »Kriminalitätsursachen« - der Skandal ist, daß diese Menschen stärker kriminalisiert werden, als alle anderen.
2. Die Kategorie »Kinderkriminalität« hat in der Polizeilichen Kriminalstatistik ebenfalls nichts zu suchen. Wie dieses Unwort von der »Ausländerkriminalität« muß die Rede von der »Kinderkriminalität« aus unserem Wortschatz verschwinden. In der Bundesrepublik sind erst die Jugendlichen ab 14 Jahren strafmündig. Die Handlungen von Kindern, die in die Rechte von anderen Menschen eingreifen, sollte man als Ärgernis, Problem, Schwierigkeit oder als Lebenskatastrophen bezeichnen. Sie sind ein Fall für das Amt für Kinderinteressen, für das Jugendamt,

für die Sozialen Dienste, für die Freien Träger der Jugendhilfe, aber keinen Fall für die Polizei.

Die Rede von der »Kinderkriminalität« und die Rede von einer »wachsenden Kinderkriminalität« ist eine Barriere gegen die von uns angestrebte Heraufsetzung des Strafmündigkeitsalters auf 18 Jahre. Und natürlich zeigt dieses Unwort längst politische Folgen. Im Frühjahr 1996 hat der erste CDU-Bundestagsabgeordnete schon die Herabsetzung des Strafmündigkeitsalters gefordert. Das gab es in Deutschland schon mal, 1944.

DIE JAHRESBERICHTE BZW. DIE JEWEILIGEN KRIMINALSTATISTIKEN SIND ZU ERHALTEN BEI:

Polizeipräsidium Köln
Waidmarkt 1
50676 Köln
Tel 229-3456 oder 3436
Fax 229-3432

Landeskriminalamt NRW
Völklinger Str.49
40025 Düsseldorf
Tel 0211/939-5
Fax 0211/939-6941

Bundeskriminalamt
Thaerstr.11
65193 Wiesbaden
Tel 0611/55-1
Fax 0611/55-2141

Gitter in der JVA Köln

POLIZEIGEWAHRSAM (PG)

In den Polizeigewahrsam hier in Köln werden jährlich über 12000 Menschen »eingeliefert«:

	1993	1994	1995
insgesamt	13.483	13.897	12.593
davon			
▸ männliche	11.553	11.533	9.907
▸ weibliche	1930	2.364	2.632
davon männl.und weibl. Jugendliche und Heranw.	2.158	2.218	1.878
insgesamt wurden dem Haftrichter vorgeführt	2.244	2.452	1.963
In die JVA wurden »eingeliefert«	2.834	3.035	2.643

IM FOLGENDEN EINE KLEINE SCHILDERUNG EINES INHAFTIERTEN AUS DER JVA ÜBER DEN POLIZEIGEWAHRSAM:

Ich bin 20 Jahre alt und in der JVA-Ossendorf inhaftiert. Ich bin von Amtsgericht Köln zu 3 Jahren Haft verurteilt. Hiermit möchte ich erklären, wie ich mehrfach straffällig in Erscheinung getreten bin.

Ich bin in Köln groß geworden und bin in einer Gegend aufgewachsen, wo die meisten Jugendlichen wie Raben gestohlen haben. Ich war noch ziemlich jung, als ich angefangen habe zu klauen, so ungefähr 11, so gesagt noch ein Kind. Also ich hatte mir sehr viel erlaubt und bin auch oft erwischt worden. Solange ich unter 14 war, war das ja nicht so schlimm. Die Polizei hatte mich nach Hause gebracht und hatte das meiner Mutter gemeldet. Ich hatte dann auch Schläge bekommen. Wenn ich draußen mit meinen Freunden zusammen war, hatte ich wieder alles vergessen und natürlich weiter gemacht. Wir haben gelernt, wie man einer Frau ihre Brieftasche aus ihrer Handtasche klaut, ohne das sie es merkt; und wie man Autos stehlen kann oder das Autoradio. Aber wie ich dann schon 14 Jahre alt war, bin ich bei einem Diebstahl erwischt worden und die Polizei vom Kalker Revier hat mich verhaftet. Von dort aus haben sie mich zum Polizeipräsidium am Waidmarkt gebracht, daß ich auch dort in Gewahrsam bleiben sollte. Als wir eingetroffen sind, hat der Beamte direkt vor einem großen Tor geparkt. Das Tor ging auf und die Polizisten haben mich reingebracht. Dann kam ich an so einer Leinwand, wo sie mich dann von Kopf bis Fuß durchsucht haben und mir meine ganzen Wertsachen abgenommen haben; sogar meinen Gürtel haben sie mir genommen, damit ich mich in der Zelle nicht erhängen kann. Dann haben sie mich in einen leeren Raum gebracht. Dort mußte ich mich von Kopf bis Fuß ausziehen, ja dann durfte ich mich wieder anziehen. Ich kam in eine Zelle und da waren 4 Bänke aus Holz, die auch ziemlich hart waren. Später haben sie mich aus der Zelle geholt, um von mir Fingerabdrücke zu nehmen und auch Fotos. Dann haben sie mich wieder in die Zelle gebracht. Wie es spät wurde, mußte ich aus der Zelle raus und direkt rechts rüber zu einem Polizisten, der mir dann eine Decke gegeben hat. Dann mußte ich die Treppe hoch, wo ich mich dann zur Nachtruhe legen sollte. Am nächsten Morgen um 6 Uhr haben sie mich aufgeweckt und ich mußte dann voll müde wieder runter in die kalte Zelle. So gegen Mittag kam die Kripo, um mich zu vernehmen. Ich hatte gestanden, dann bekam ich meine Sachen wieder und durfte nach Hause.

Dann bleibt jedem selber, was er in Zukunft macht. Heute bin ich mittlerweile älter und bin zum zweiten Mal im Knast. Ich habe schon 2 Jahre Knast hinter mir. Jetzt bin ich wieder hier, muß noch weiter sitzen und warte auf meine Entlassung.

Pacino, JVA Köln 19.07.96

Schon 200mal beim Stehlen erwischt

Zwei minderjährige Diebinnen hat die Polizei am Samstag auf der Domplatte gestellt. Die Mädchen — nach eigenen Angaben zehn und 13 Jahre, nach Auffassung der Polizei aber 13 und 16 Jahre alt — hatten im Gedränge einer Straßentheater-Aufführung versucht, einer Frau die Geldbörse aus der Handtasche zu stehlen. Polizisten hatten sie jedoch beobachtet und festgenommen, bevor sie zur Tat schreiten konnten. Wenig später meldete sich ein Zeuge, der die Mädchen beim Diebstahl beobachtet, ihnen die Beute aber wieder abgenommen und der Besitzerin zurückgegeben hatte. Nach Angaben der Polizei ist das jüngere Mädchen für sie eine „alte Bekannte". Seit 1993 beging es mehr als 200 Taschendiebstähle. Die Ältere war der Polizei in den vergangenen Wochen viermal aufgefallen. (pf)

Kölner Stadt-Anzeiger vom 18.2.1997

JUGENDKRIMINALITÄT IN KÖLN 1995
von Frau Hupe, Kriminalhauptkommissarin

1995 wurden in Köln 31.830 (1994 waren es 30185) Tatverdächtige ermittelt. Davon waren 7.928 (7.096) Tatverdächtige in der Altersgruppe der bis zu 21jährigen. Das entspricht einem Anteil von 24,8% (23,5%). D.h., daß sich die Gesamtzahl der als Tatverdächtige ermittelten Kinder, Jugendlichen und Heranwachsenden, gemessen an ihrem Anteil an den Tatverdächtigen insgesamt, kaum verändert hat. Anteil der 21jährigen Tatverdächtigen in den letzten Jahren:

1990	1991	1992	1993	1994	1995
26,0%	25%	25,7%	23,6%	23,5%	24,8%

Von den 7.928 (7.096) ermittelten Tatverdächtigen der bis zu 21jährigen waren
1.501 (1.270) Kinder
3.322 (2.849) Jugendliche
3.105 (2.977) Heranwachsende.

Auch für die nichtdeutschen Tatverdächtigen in der Altersgruppe der bis zu 21jährigen haben sich keine gravierenden Veränderungen ergeben.
Aufstellung deutscher und nichtdeutscher Tatverdächtiger bis zu 21 Jahren:

deutsche Tatverdächtige		nichtdeutsche Tatverdächtige	
Kinder	863 (713)	Kinder	638 (557)
Jugendl.	1.950 (1.376)	Jugendl.	1.372 (1.473)
Heranw.	1.558 (1.415)	Heranw.	1.547 (1.562)
insges.	4.371 (3.504)	insges.	3.557 (3.592)
zusammen	7.928 (7.096)		

Um das Ausmaß und die Erscheinungsformen von Jugendkriminalität transparent zu machen, müssen neben der Gesamtzahl die Tatverdächtigenzahlen bestimmter Delikte betrachtet werden.

GEWALTKRIMINALITÄT
1995 wurden bei Delikten der Gewaltkriminalität 2.488 (2.260)Tatverdächtige ermittelt, 10,1% mehr als 1994. Davon waren 872 (820) Tatverdächtige unter 21 Jahren. Davon nichtdeutsche Tatverdächtige unter 21 Jahren 452 (439). Das entspricht einer Steigerung von 6,3%. 35% (36,1%) der ermittelten Gewaltstraftäter sind unter 21 Jahre.
Der Anstieg der Tatverdächtigenzahlen teilt sich wie folgt auf:
Kinder   Zunahme von 34,1%
Jugendliche   Zunahme von 16,1%
Heranwachsende   Abnahme von 11,7%
Es zeichnet sich der Trend ab, daß die Täter der Gewaltkriminalität jünger werden. Die Altersgruppen der bis 14jährigen und der bis 18jährigen haben höhere

Zunahmen zu verzeichnen. Der Anteil nichtdeutscher Tatverdächtiger an der Gewaltkriminalität liegt gerade bei den Kindern und Jugendlichen auf hohem Niveau.

STRAFTATEN GEGEN DAS LEBEN

1995 wurden 4 Jugendliche als Tatverdächtige wegen Mordes und 2 Heranwachsende als Tatverdächtige wegen Totschlags ermittelt. (1994 waren es 2 Heranwachsende wegen Mordes und 4 Heranwachsende wegen Totschlags).

Wegen der geringeren Fallzahlen lassen sich keine sinnvollen Angaben zu bestimmten Tendenzen machen. Sie werden lediglich der Vollständigkeit halber im Hinblick auf die Gewaltkriminalität angeführt.

SEXUALSTRAFTATEN

Die Zu- und Abnahme sind hier aufgrund kleiner Zahlen ebenfalls nicht sinnvoll zu bewerten. Der Anteil von Jugendlichen und Heranwachsenden liegt hier allerdings deutlich unter ihrem Anteil an der Gesamtkriminalität. 1995 wurden 6 Jugendliche und 7 Heranwachsende als Tatverdächtige von Vergewaltigungen ermittelt. (1994 waren es 7 Jugendliche und 12 Heranwachsende).

RAUB - INSGESAMT -

Der Anteil der Tatverdächtigen bis 18 Jahre sank von 38,9% im Jahre 1991 auf 36,7% im Jahr 1995. Bei der Betrachtung der Altersgruppe bis 21 Jahre ist ein Rückgang von 1991 mit 60,1% auf 51,5% im Jahr 1995 festzustellen. In den durch die Raubdelikte besonders stark belasteten Altersgruppen der 16-18jährigen und der 18-21jährigen ist ein Rückgang zu verzeichnen. Während 1994 der Anteil der 16-18jährigen noch 17,5% betrug, ist er 1995 auf 15,8% gesunken. Ebenso bei den 18-21jährigen, deren Anteil sich von 18,2% im Jahr 1994 auf 14,8% im Jahr 1995 reduzierte. Die nichtdeutschen Tatverdächtigen (gesamt) sind beim Raub und besonders beim nachfolgend dargestellten Straßenraub mit 47,1% im Jahr 1994 und 50,7% im Jahr 1995 deutlich überrepräsentiert. Das gilt auch für die Altersgruppe der nichtdeutschen Tatverdächtigen bis 21 Jahre, die mit einem Anteil von 29,3% im Jahr 1994 und mit einem Anteil von 30,2% im Jahr 1995 festgestellt wurden.

STRASSEN- HANDTASCHEN- UND ZECHANSCHLUSSRAUB

Hier stellen die ermittelten Tatverdächtigen bis 21 Jahre nach wie vor den Großteil der Tatverdächtigen. Der Prozentanteil ist aber im Zeitraum von 1991 bis 1995 von 72,8% auf 63,7% gesunken. Auffallend ist die Steigerung des Tatverdächtigenanteils bei den Personen über 25 Jahre von 16,3% im Jahr 1991 auf 24,4% im Jahr 1995. Der Anteil der nichtdeutschen Tatverdächtigen hat sich vom

Jahr 1991 mit 58,4% auf 50,7% verringert. Der Rückgang ist besonders bei der Altersgruppe der bis zu 21jährigen nichtdeutschen Tatverdächtigen von 49,2% im Jahr 1991 auf 38,0% im Jahr 1995 bemerkbar.

KÖRPERVERLETZUNG - INSGESAMT -

Die Tatverdächtigenzahlen sind bei den Körperverletzungsdelikten insgesamt über die Jahre kontinuierlich gestiegen. Allein von 1994 auf 1995 ist eine Steigerung von 15,1% festzustellen .Der Anteil der Tatverdächtigen bis 18 Jahre hat sich im Vergleich von 1994 mit 9,4% auf 15,6% im Jahr 1995 gesteigert. Die Altersgruppe der Tatverdächtigen bis zu 21 Jahre verzeichnet einen Anstieg von 1994 mit 17,0% auf 25,5% im Jahr 1995. Das entspricht einer Zunahme von 50%. Bei der Altersgruppe der bis zu 18jährigen nichtdeutschen Tatverdächtigen liegt der Anteil im Jahr 1994 bei 6,7% und 1995 bei 6,5%. Bei der Altersgruppe der bis zu 21jährigen nichtdeutschen Tatverdächtigen fiel der Anteil von 1994 mit 12,5% auf 11,2% im Jahr 1995.

DIEBSTAHLKRIMINALITÄT

DIEBSTAHL - GESAMT -

Im Bereich des Diebstahls ist festzustellen, daß sich die Anteile der Altersgruppen über die letzten Jahre nur unwesentlich geändert haben. Bei sinkenden Fallzahlen ist eine Tendenz zu jüngeren Tätern erkennbar. Der Anteil der bis 18jährigen stieg von 21,1% im Jahr 1994 auf 24,4% im Jahr 1995. Die Zahl der 18-21jährigen Tatverdächtigen ist mit 10,3% im Jahr 1994 und 9,8% im Jahr 1995 nahezu gleich geblieben. Der Anteil der bis zu 21jährigen betrug dagegen 31,4% im Jahr 1994 und stieg auf 34,2% im Jahr 1995. Die Entwicklung bei den nichtdeutschen Tatverdächtigen zeigt keine auffallenden Tendenzen. Die Altersgruppe der bis zu 21jährigen nichtdeutschen Tatverdächtigen lag 1994 bei einem Anteil von 13,9% und 1995 bei einem Anteil von 14,1%.

LADENDIEBSTAHL

Der Ladendiebstahl ist kein typisches Jugenddelikt. Allein 60% der Tatverdächtigen sind älter als 25 Jahre. Der Anteil der bis zu 21jährigen ist allerdings von 1994 mit 27,2% auf 30,1% im Jahr 1995 gestiegen.

Der Anteil der Nichtdeutschen an den Tatverdächtigen beim Ladendiebstahl ist von einem »Hoch« im Jahr 1993 mit 39,1% bis zum Jahr 1995 auf 29,1% gesunken. Der Anteil der bis zu 21 Jahre alten nichtdeutschen Tatverdächtigen betrug 11,5% im Jahr 1994 und fiel auf 11,0% im Jahr 1995.

DIEBSTAHL AUS KRAFTFAHRZEUGEN

Beim Diebstahl aus Kraftfahrzeugen ist auffallend, daß die Täter »älter« werden.

Waren 1991 noch 26,5% der Tatverdächtigen bis 18 Jahre alt und 25,1% über 25 Jahre alt, so haben sich die Werte 1995 fast umgekehrt. 21,6% der Täter sind 18 Jahre und jünger und 32,6% über 25 Jahre. Die gleiche Tendenz ist auch bei den nichtdeutschen Tatverdächtigen erkennbar.

TASCHENDIEBSTAHL

Der Taschendiebstahl ist insbesondere bei den Kindern und Jugendlichen von reisenden nichtdeutschen Tätergruppierungen ausgeprägt. Bemerkenswert ist die Steigerung bei den bis 14jährigen Tatverdächtigen von 13,7% im Jahr 1991 auf 35,1% im Jahr 1995. Die Anzahl der älteren Tatverdächtigen ging in diesem Zeitraum um fast 10 Prozentpunkte zurück. Beim Taschendiebstahl ist der Anteil nichtdeutscher Tatverdächtiger mit über 80% sehr hoch. Während in der Gesamtzahl der nichtdeutschen Tatverdächtigen und ihrem Anteil an allen Tatverdächtigen im Jahresvergleich keine großen Schwankungen festzustellen sind, ist eindeutig ein Trend zu immer jüngeren Tätern erkennbar. 1991 waren von den Tatverdächtigen bis 18 Jahre 26,7% Nichtdeutsche. 1995 sind es aber schon 49,4%. Bei den über 25jährigen ging der Anteil von 26% auf 16% zurück.

BETÄUBUNGSMITTEL (BTM) - DELIKTE
ALLGEMEINE VERSTÖSSE GEGEN DAS BTM-GESETZ

Am interessantesten ist die Untersuchung im Bereich der allgemeinen Verstöße gegen das BTM-Gesetz, den »Konsumenten«. Waren 1991 noch 4,1% aller ermittelten Tatverdächtigen bis 18 Jahre alt, so waren es 1995 schon 8,9%, bei allerdings insgesamt gestiegenen Tatverdächtigenzahlen. Der Anteil der bis zu 21jährigen lag (bei Handel und Konsum) 1994 bei 24,6% und 1995 bei 25,7%.

Die nichtdeutschen Tatverdächtigen stellen mit 45% der Tatverdächtigen gerade beim illegalen Handel mit BTM einen großen Anteil. Zu 1994 ist er aber um 6,1 Prozentpunkte gesunken. Beim illegalen Handel mit BTM lag der Anteil der Altersgruppe der bis zu 21jährigen nichtdeutschen Tatverdächtigen 1994 bei 12,2% und 1995 bei 13,2%. Bei Handel und Konsum war die Gruppe der bis zu 21jährigen nichtdeutschen Tatverdächtigen 1994 mit 10,7% und 1995 mit 10,6% beteiligt.

ALLGEMEINE HINWEISE

1995 wurden keine Jugendbanden, Gruppierungen wie Skinheads o.ä. bei der Polizei bekannt.
Köln, 03.05.1996

PRÄVENTION

Die klassische polizeiliche Vorbeugungsarbeit war eher technisch orientiert und bestand aus Informationen, wie man die Türen der Wohnungen besser schützen kann, in Auseinandersetzungen mit der Automobilindustrie um den Einbau von Wegfahrsperren und in öffentlichen Warnhinweisen z.B. vor Taschendieben. Wenn »die Kriminalpolizei rät« hat sie damit auch öfter mal zu erkennen gegeben, wie weit sie von der Realität entfernt war. So z.b. bei den Anzeigen, in denen Kindern erklärt werden sollte, sich von »Fremden« fernzuhalten. Da hat sich einiges getan und inzwischen kann auch in Infoblättern der Polizei nachgelesen werden, daß die Mehrheit der Täter, die sich an Kindern vergehen, keine »Fremden« sind, sondern ganz vertraute Menschen aus der eigenen Familie und der Nachbarschaft.

Der Stellenwert der Präventionsarbeit wächst. 1994 wurde im Polizeipräsidium Köln das Kriminalkommissariat Vorbeugung (KK Vorbeugung) mit über 20 BeamtInnen eingerichtet. Ihre neuen Aufgabengebiete: Jugendschutz, Dorgenprävention, Verbeugung von Gewalt gegen Frauen, Kinder, SeniorInnen, Minderheiten und sonstige gesellschaftliche Gruppen und die Verhinderung von fremdenfeindlichen Straftaten im Bereich von Köln. Im Rahmen des Jugendschutzes sind MitarbeiterInnen des KK Vorbeugung in mehreren städtischen Arbeitskreisen wie Jugendhilfeausschuß, Stadtarbeitskreis Jugendschutz, Arbeitskreis das mißhandelte Kind, Arbeitsgemeinschaft Kinder- und Jugendschutz, sowie im Arbeitskreis Prostitution.

Auf dem Gebiet der Drogenprävention wurde in Räumen des Vereins »Stop Crime« in der Hohen Pforte 9 eine Ausstellung eröffnet, die nicht auf Abschreckung setzt, sondern durch aktives Mitarbeiten von Kindern, Jugendlichen, Eltern, LehrerInnen und anderen MultiplikatorInnen Gefährdungen bewußt machen will. Dabei werden besonders auch Alkohol, Nikotin und andere legale Suchten herausgestellt.

Bei den Präventionsbemühungen gegen Gewalt findet auch die Auseinandersetzung mit der Kriminalitätsfurcht statt. Obwohl SeniorInnen und Frauen in den meisten Deliktbereichen als Opfer erheblich unterrepräsentiert sind, herrscht bei diesen Personengruppen eine erhebliche Kriminaltätsangst. Dies führt dazu, daß sich ältere Menschen häufig isolieren und sich wie auch Frauen und Mädchen abends nicht mehr auf die Straße trauen. Durch intensive Aufklärungsarbeit hat das KK Vorbeugung versucht in Verbindung mit den Seniorenvertretungen in den Bezirksverwaltungen, dem Frauenamt der Stadt Köln, kirchlichen Organisationen und diversen anderen Institutionen, dieser Furcht entgegenzuwirken. So wurden mit dem Stadtsportbund und Sportvereinen Selbstverteidigungs- und Selbstbehauptungsveranstaltungen durchgeführt. Es fanden in Seniorenclubs und Frauengruppen eine Vielzahl von Veranstaltungen statt.

Zur Verhinderung fremdenfeindlicher Straftaten wurde eine Kampagne gestartet, die das Ziel hatte, das Umfeld potentieller Täter positiv zu beeinflußen und eine Aktivierung der inaktiven aber handlungsbereiten Mehrheit zu erreichen. Bei einzelnen Bürgern sollte Zivilcourage gefördert werden und die Bereitschaft, sich aktiv gegen Gewalt und für den Abbau von Vorurteilen einzusetzen. Das hört sich alles sehr sympathisch an, und als wir im KK Vorbeugung mit Frau Hupe und Herrn Ohlbrich diskutierten, wurden wir mit Vorstellungen und Ideen konfrontiert, die wir so bei der Polizei nicht erwartet hätten. Deswegen sind wir auch in unserer Kritik weit davon entfernt, diese positiven Ansätze verächtlich machen zu wollen. Es wäre auch unzulässig, angesichts der kurzen Zeit, in der dieses Kommissariat arbeitet, ein abschließendes Urteil zu fällen.

Wenn man die Jahresberichte der Kölner Polizei in Händen hält, dann hat man es mit Publikationen zu tun, die an die 200 Seiten dick sind - für das KK Vorbeugung belegt darin jeweils nur ein paar Seiten. Und entsprechend differenziert muß man sehen, was das KK Vorbeugung über das Jahr hin leistet, und was gleichzeitig - aus unserer Sicht - mit ihren Anliegen durch ganz andere polizeiliche oder politische Maßnahmen geschieht.

EIN PAAR BEISPIELE SOLLEN DAS VERANSCHAULICHEN:
BEISPIEL JUGENDSCHUTZ:
In Kalk spielen Polizisten mit Jugendlichen »Midnigth-Basketball«. Jugendliche sprayen aber auch gern und dagegen wurde vom Polizeipräsidium eine Sonderkommission gebildet, die Ermittlungsgruppe (EG) Graffiti. Bis zum 31.12.1995 hat diese Ermittlungsgruppe im Stadtgebiet 182 Vorgänge ermittelt. 156 Straftaten wurden von der EG Graffiti bearbeitet. Es entstand ein Sachschaden von 340.000 DM. Nach unserer Schätzung sind die finanziellen Sach- und Personalkosten für die EG Graffiti höher als die genannten Sachschäden. Dramatisch dürften allerdings die Folgen der polizeilichen Behandlungen ihrer Lust am Sprayen für die Jugendlichen sein. Insgesamt gelang es der Ermittlungsgruppe, 56 Personen der Graffiti-Szene zu ermitteln. Dabei handelt es sich in der Regel um Jugendliche und Heranwachsende.

Und im Jahresbericht für 1995 heißt es dazu weiter: »Durch die inzwischen gewonnenen Erkenntnisse über die Szene konnten in der Folge weitere Straftaten aufgeklärt werden. Die Ermittlungserfolge stellen sich aufgrund der zentralen Bearbeitung und Auswertung der Vorgänge und der konsequenten Durchführung strafprozessualer Maßnahmen ein. Insbesondere sind hier Vernehmungen, Durchsuchungen von Personen und Wohnungen sowie erkennungsdienstliche Behandlungen zu nennen. Darüber hinaus führt die Ermittlungsgruppe operative Maßnahmen, überwiegend im Nachtdienst, durch. Hierbei werden vornehmlich Deliktbrennpunkte observiert. Die Subkultur Graffiti gehört inzwischen zum Stadtbild von Köln. Es ist davon auszugehen, daß mit einer weiteren Zunahme des Anzeigeaufkommens zu rechnen ist.« Wer den Kölner Stadt-Anzeiger liest, kann das nur bestätigen. Und wenn man sie lange genug läßt, sind bald ein paar Hundert Jugendliche in Köln wegen Graffiti-Sprühereien kriminalisiert. Wir finden, diese Jugendlichen gehören davor geschützt. In anderen Städten, z.B. in Bonn, gibt es längst Ansätze einer Lösung dieses Problems, z.b. durch die Schaffung legaler Wände zum Sprayen.

BEISPIEL DROGEN:
Durch die famose Vertreibungskampagne der Junkies vom Neumarkt, sind sie jetzt über die ganze Stadt bis hin nach Wesseling verteilt. Wir glauben zwar den Versicherungen der PolizeibeamtInnen, daß sie gegen ihren Willen - angeblich auch gegen den Willen der Polizeiführung von Köln - tätig werden mußten, aber das wird dadurch nicht besser. Wir können es nicht oft genug betonen, wie sehr wir die Initiative der Kölner Polizei für die medizinisch kontrollierte Abgabe von Heroin an die Schwerstabhängigen begrüßen. Aber wenn die Polizei selbst erklärt, daß die Abhängigen Kranke sind und nicht länger kriminalisiert werden sollen, wieso ist sie nicht fähig, danach zu handeln? Angesichts der Zahl der Drogentoten in Köln in den letzten Jahren könnte man verrückt werden. Köln und Duisburg sind die Städte mit den meisten Drogentoten in NRW und deren Zahl ist 1996 auf 411 gestiegen - gegenüber 380 Drogentoten im Jahre 1995. Und eine der Aufgaben der KK Vorbeugung ist die Förderung von Zivilcourage unter den Bürgern. Sind denn PolizistInnen keine Bürger? Sie alle wissen längst, daß die meisten Drogentoten Ergebnis der repressiven Drogenpolitik sind über 20.000 Menschen.

BEISPIEL PRÄVENTION GEGEN GEWALT:
Ein Ergebnis der Armutsforschung wie der Kriminologie ist, daß ein Großteil der Kriminalitätsfurcht aus der Zukunftsangst vor Rentenkürzung, Arbeits- und Ausbildungsplatzverlust ist und der Sorge um die Gesundheit, angesichts von wachsenden Umweltproblemen. Je stärker Menschen verarmen, desto weniger entfernen sie sich von ihren Wohnungen. Untersuchungen haben ergeben, daß sich die Ärmsten - und dazu zählen die SeniorInnen und alleinerziehenden Frauen - nur noch in einem Radius von 200 m um ihre Wohnung bewegen. Mit dieser Information wollen wir nicht sagen, daß sich die Polizei jetzt auch noch den Kampf gegen die Armut schultern soll. Aber es wäre bitter notwendig, daß sie aufhört, die Armen zu bekämpfen, die immer häufiger kontrolliert und verhaftet werden. Wenn das Selbstbewußtsein einiger SeniorInnen und jüngeren Frauen durch die Teilnahme an einem Selbstverteidigungskurs wächst, ist das in Ordnung. Aber man muß doch vermitteln, daß das ein Tropfen auf den heißen Stein ist, angesichts der Selbstbedienungsmentalität oben und der wachsenden Verelendung unten.

BEISPIEL VERHINDERUNG FREMDENFEINDLICHER STRAFTATEN:
Wie viele andere Organisationen auch haben wir in den letzten Jahren immer wieder gegen das Verbot der PKK protestiert und gegen die unverhältnismäßig harten, ja brutalen Polizeieinsätze gegen ihre Mitglieder. Und das nicht, weil wir die PKK lieben, sondern weil alle Erfahrung sagt, daß sich der Konflikt mit den Kurden in der Türkei nicht lösen läßt, ohne daß sich die verfeindeten Parteien an einen Tisch setzen. Die Bundesrepublik aber verbaut aktiv diesen Weg mit dem PKK-Verbot und den Waffenlieferungen in die Türkei. Wir haben immer auch die gewalttätigen Formen des Protests von PKK-Mitgliedern und von Mitgliedern linker türkischer Organisationen verurteilt, aber zugleich gefordert, sie nicht zum Feindbild Nr.1 aufzubauen, sondern ihnen durch legale öffentliche Auftritte die Möglichkeit zu geben, die demokratischen Spielregeln - auch im innerparteilichen Rahmen - beachten zu lernen. Was die BeamtInnen des KK Vorbeugung gegen »fremdenfeindliche« Stimmungen und Vorurteile unternommen hat, wurde durch die Bekämpfung der PKK hinweggefegt.

Gang in der JVA Köln

STOP CRIME E.V.

Hohe Pforte 9
50676 Köln
Tel 2293400 · 2298972
Fax 2298974

(Der Vereinssitz befindet sich in den Räumen der Drogenprävention der Kölner Polizei.)

Vereinsgeschichte:

Im Jahre 1991 wurde der als gemeinnützig anerkannte »Anti-Drogen e.v.« gegründet, der es sich zur Aufgabe gemacht hatte, Projekte der Drogenprävention zu unterstützen und hierfür in erster Linie Sponsoren zu vermitteln. Es wurde im Laufe der Vereinsarbeit aber sehr schnell deutlich, daß von seiten der Sponsoren auch ein Interesse an der Unterstützung anderer Präventionsprojekte besteht, so z.B. Aktionen zur Verhütung von Gewaltdelikten. Diesem Umstand wurde 1994 Rechnung getragen, indem der Vereinszweck auf die Prävention aller Straftaten erweitert und der Vereinsname geändert wurde in STOP CRIME e. V.

Vereinsziele:

Der Verein initiiert konkrete Präventionsprojekte und gewährt ideelle und finanzielle Unterstützung bei Fremdprojekten. Er stellt Kontakte her zwischen Trägern der Präventionsarbeit und Sponsoren und arbeitet in seiner Vermittlertätigkeit kostenlos und gemeinnützig. Wenn Sie sich hier engagieren wollen, bieten wir Ihnen unsere Unterstützung an. Wir sind der festen Überzeugung, daß die Verhütung von Straftaten kein Monopol oder Privileg von Institutionen oder Berufsgruppen ist. Sie ist eine gesamtgesellschaftliche Aufgabe. Nicht allgemeingehaltene, bundesweit aufgelegte Hochglanzbroschüren erzeugen optimale Wirkung, sondern örtliche, zeitliche und deliktische Nähe verursachen Betroffenheit. Wir wollen alle in unserer Stadt, in unserem Wohnviertel sicher leben und uns sicher fühlen. Wir ärgern uns über höhere Versicherungsprämien, weil die Schäden durch Straftaten zunehmen. Wir sind fassungslos über Berichte von teilnahmslosen Mitfahrern in der U-Bahn und ungehörte Hilferufe.

Der Verein STOP CRIME e.V. möchte durch seine Initiativen bei den Bürgerinnen und Bürgern ein realistisches Gefährdungsbewußtsein erzeugen und sie von der Notwendigkeit eines eigenen aktiven Beitrages zur Gefährdungsreduzierung überzeugen.

Spendenkonto:

Stadtsparkasse Köln (BLZ : 370 501 98) Konto-Nr..: 100 538 2625

POLIZEIBEIRAT

Das Gesetz über die Organisation und die Zuständigkeit der Polizei im Lande Nordrhein-Westfalen - Polizeiorganisationsgesetz (POG NW) - vom 22.10.1994 regelt unter anderem die Einrichtung, Aufgaben, Wahl und Sitzungen der Polizeibeiräte bei den Kreispolizeibehörden und Bezirksregierungen. Der Polizeibeirat ist Bindeglied zwischen Bevölkerung, Selbstverwaltung und Polizei. Er soll das vertrauensvolle Verhältnis zwischen ihnen fördern, die Tätigkeit der Polizei unterstützen sowie Anregungen und Wünsche der Bevölkerung an die Polizei herantragen. Am 25.11. 1994 hat der Rat der Stadt Köln die Mitglieder und stellvertretenden Mitglieder des Polizeibeirates bei der Kreispolizeibehörde Köln für die Dauer seiner Wahlzeit gewählt.

Dem Polizeibeirat gehören an:

- Karl-Heinz Schmalzgrüber (SPD, er ist der Vorsitzendes Polizeibeirats),
- Heinrich Lohmer (CDU- Mitglied, er ist stellvertretender Vorsitzender des Polizeibeirats)
- Götz Bacher (SPD)
- Bernhard Ensmann (CDU)
- Ossi Helling (Bündnis 90/Die Grünen)
- Kurt Holl (vom Rom e.V., kein Ratsmitglied, für Bündnis 90/Die Grünen im Beirat)
- Josef Jansen (SPD)
- Dr. Hans Koerdt (CDU)
- Claudia Nußbauer (SPD)
- Wolfgang Simons (CDU)
- Hans-Dieter Trogemann (SPD)

Im jeweiligen Jahresbericht der Kölner Polizei wird über die Arbeit des Polizeibeirats im Vorjahr berichtet. 1995 hatte der Beirat fünf Sitzungen. Dabei wurden verschiedene Polizeidienststellen des Polizeipräsidiums Köln besichtigt und man setzte sich mit den polizeilichen Maßnahmen auseinander, die in der Öffentlichkeit besonderes Aufsehen erregt haben:

- die Durchsuchung der Wohnung der Familie Gün am 28.12.1994
- die Fahndung nach der Mutter, die ein Kind am Poller Holzweg ausgesetzt hat, in deren Verlauf alle Roma-Frauen aus dem Flüchtlingsheim am 13.4.1995 zum Waidmarkt gebracht wurden
- die Geiselnahme in Köln-Deutz am 28.7.1995
- die polizeilichen Maßnahmen aus Anlaß von verbotenen Demonstrationen am 18. und 26.11.1995
- die Maßnahmen der Polizei zur Bekämpfung der offenen Drogenscene im Stadtgebiet

Auf Initiative von Polizeipräsident Roters hat der Polizeibeirat in seiner Sitzung am 5.12.1995 eine Erklärung zur medizinisch kontrollierten Abgabe harter Drogen an Schwerstabhängige verabschiedet. Die Verwaltung der Stadt Köln wird darin gebeten, auf der Grundlage der entsprechenden Regelungen des Betäubungsmittelgesetzes, einen Antrag auf Zulassung eines wissenschaftlich begleiteten Modellprojekts zur medizinisch kontrollierten Abgabe von sogenannten harten Drogen an Schwerstabhängige zu erarbeiten. Daß auch die Ratsmitglieder der CDU im Beirat gegen die Linie der eigenen Partei diese Initiative mitgetragen haben, finden wir ausgesprochen anerkennenswert.

Wer sich aus welche Gründen auch immer über polizeiliche Maßnahmen beschweren will, sollte wenigstens eine Durchschrift auch den Polizeibeirat oder seine einzelnen Mitglieder schicken.

Polizeibeirat
Polizeipräsidium Köln
Waidmarkt 1
50676 Köln

Bundesarbeitsgemeinschaft
Kritische Polizistinnen und Polizisten
(Hamburger Signal e.V.)
c/o Bernward Boden (Bundessprecher)
Eugen-Sänger-Str.18
50739 Köln
Tel/Fax 5994489

Die Bundesarbeitsgemeinschaft (BAG) ist eine partei- und gewerkschaftlich unabhängige Gruppe und versteht sich als Teil der Bürgerrechtsbewegung. Sie will eine Anlaufstelle für Kolleginnen und Kollegen sein, die vergleichbare Ansprüche an ein neues Berufsbild haben. Wir möchten dazu motivieren, Kritik auch innerhalb der Polizei zu äußern. Auch wenn die BAG in der Polizei nur begrenzten Zuspruch findet und dieses sich im Wachstum unserer Mitglieder ausdrückt, muß sich die Institution Polizei darauf einrichten, daß wir als »Stachel im Fleisch« leben. Demokratie lebt von Beteiligung, Einmischung und auch Widerspruch. Dieses Engagement darf nicht durch autoritäre Führungsstile der Polizei behindert werden, denn dadurch wird eine innere Demokratie unmöglich gemacht. Durch erweiterte Mitspracherechte müssen autoritäre Führungsstile aufgebrochen werden.

Die persönliche Verantwortung darf uns PolizistInnen nicht abgenommen werden. Dieses muß auch bei den neuen Polizeigesetzen beachtet werden. Wir dürfen nicht aus der Widerspruchspflicht entlassen werden und fordern darüber hinaus das Recht, in existentiellen Gewissensfragen Diensthandlungen abzulehnen, ohne dabei gegen Dienstpflichten zu verstoßen.

Mit Sorge betrachten wir die Zusammenarbeit von Polizei und Geheimdiensten. Durch den sogenannten Polizeibrief der Alliierten sollte auf Grundlage der Erfahrungen des deutschen Faschismus die Arbeit der Polizei und Geheimdienste strikt getrennt werden. Dieser Verfassungsgrundsatz wurde seit den 50er Jahren nach und nach aufgehoben. Wir lehnen eine Zusammenarbeit mit diesen Behörden ab, da sie zu einer undemokratischen, unkontrollierbaren Machtkonzentration führt und fordern darüber hinaus eine Auflösung der Geheimdienste, insbesondere die Auflösung der Landesverfassungsschutzämter und des Bundesamtes für Verfassungsschutz.

Weitere Forderungen sind:
▸ Kontrolle der Polizei unter anderem durch Einführung von Namensschildern, uneingeschränkte Akteneinsicht der Bürger, Einrichtung unabhängiger Polizeikontrollbehörden.
▸ Aufarbeitung der Polizeigeschichte, da auch in der heutigen Polizei die Beteiligung an den Massenmorden des NS-Staates geleugnet wird. Bei der Neugründung der Polizei 1945 gelangten Kriegsverbrecher in verantwortliche Positionen.
▸ Öffnung und Herauslösung der Aus- und Fortbildung aus dem polizeilichen Bereich und Verlagerung in den universitären oder öffentlichen Hochschulbereich mit juristischen und sozialwissenschaftlichen Schwerpunkten.
▸ Aktive Beteiligung von PolizeibeamtInnen an der politischen Auseinandersetzung in Bürgerinitiativen, politischen Parteien und Gewerkschaften, um Interessenkonflikte zu erkennen.

Verfahren gegen Graffitisprüher

Mitarbeiter der polizeilichen Ermittlungsgruppe „Graffiti" haben eine Serie von Sachbeschädigungen aufgeklärt, bei denen seit Sommer 1995 durch Farbschmiereien ein Schaden von rund 26 000 Mark entstanden ist. Bei Ermittlungen im Zusammenhang mit einem Fall, bei dem ein Reisebus an der Houdainer Straße in Zündorf beschmiert und schwer beschädigt worden war, waren die Beamten auf umfangreiches Beweismaterial gestoßen. Anhand der bei Hausdurchsuchungen entdeckten Gegenstände konnten zwei der Verdächtigen im Alter von 17 bis 20 Jahren zehn Taten nachgewiesen werden. Gegen die jungen Männer wurde inzwischen ein Strafverfahren eingeleitet. Außerdem drohen ihnen erhebliche Schadensersatzforderungen der Geschädigten. (pf)

Kölner Stadt-Anzeiger vom 15.2.1997

INSTITUT FÜR BÜRGERRECHTE UND ÖFFENTLICHE SICHERHEIT E.V.

Verlag CILIP
c/o FU Berlin
Malteserstr. 74-100
12249 Berlin
Tel 030/7792-462; Fax 030/7751073

Das 1991 gegründete Institut will eine von öffentlichen Mitteln unabhängige Einrichtung sein, die sich mit den Fragen Innerer Sicherheit aus bürgerrechtlicher Perspektive beschäftigt.
Aufgabe des Instituts ist es,
▸ die einschlägigen Entwicklungen zu dokumentieren
▸ die Öffentlichkeit über Veränderungen zu informieren
▸ Forschungsprojekte auszuführen.
Ein mit internationalen und nationalen PolizeiexpertInnen besetzter Beirat begleitet die Arbeit des Instituts. Vorsitzender des Vereins ist Prof. Dr. Wolf-Dieter Narr.

INFORMATIONS- UND DOKUMENTATIONSSTELLE
Die Dokumentationsstelle erschließt seit 1978 polizeiliche, juristische und bürgerrechtliche Fachliteratur. Derzeit gehören zum Bestand:
▸ 75 in- und ausländische Zeitschriften
▸ Fachbücher
▸ Parlamentaria, Loseblattsammlungen
▸ Datenschutz- und Verfassungsschutzberichte
▸ 7 Tages- und 2 Wochenzeitungen
Literatur- und Pressedokumentation sind anhand eines hierarchischen Thesaurus erschlossen, der aus ca. 2.400 Deskriptoren besteht. Seit 1988 wird der Dokumentationsbestand mit Ausnahme der Presseauschnitte (ca. 170.000) elektronisch erfaßt. Dieser Bestand erfaßt z.Zt. 22.300 Dokumente (jährlicher Zuwachs ca. 3000). Ca. 14.000 Dokumente sind auf Karteikarten verzeichnet. Für Außenstehende steht ein Recherche-Service zur Verfügung.

INFORMATIONSDIENST BÜRGERRECHTE & POLIZEI/CILIP
Seit 1978 dokumentiert und analysiert der Informationsdienst Bürgerrechte & Polizei/CILIP kontinuierlich die gesetzlichen Veränderungen innerer Sicherheitspolitik und die damit verbundenen organisatorischen und taktischen Änderungen der Sicherheitsapparate in der Bundesrepublik.

Schwerpunkte der letzten zwei Jahre waren z.B.:
- Polizei und Ausländer
- Rekrutierung und Ausbildung
- Bundesgrenzschutz
- Operative Polizeimethoden

Daneben liefert Bürgerrechte & Polizei/CILIP überwiegend Berichte, Nachrichten und Analysen zur
- Polizeientwicklung in Europa
- Polizeihilfe für Länder der sogenannten Dritten Welt
- Arbeit von Bürgerrechtsgruppen

Mit nunmehr 50 Ausgaben ist Bürgerrechte & Polizei/CILIP in der Bundesrepublik ein bislang einzigartiges Projekt und im europäischen Vergleich zugleich das älteste.

Lageplan Amtsgericht, Landgericht, Staatsanwaltschaft

RechtsanwältInnen

Das Bild vom Rechtsanwalt, das mancher Bürger hat, ist häufig von Film- oder Pressedarstellungen eines Verteidigers in spektakulären Strafprozessen geprägt. Die Mehrzahl der mehr als 17.000 Rechtsanwälte in Nordrhein-Westfalen ist jedoch bei der tagtäglichen Arbeit nicht in Strafsachen, sondern in Zivilsachen tätig; auch bei Richtern ist das nicht anders. Der Rechtsanwalt ist ein unabhängiges Organ der Rechtspflege (§ 1 der Bundesrechtsanwaltsordnung). Er übt einen freien, nicht gewerblichen Beruf aus und unterliegt der Standesaufsicht durch die zuständige Rechtsanwaltskammer. Eine Dienstaufsicht durch die Justizbehörden besteht nicht. Sein berufliches Handeln wird nur durch die Interessen seiner Mandanten und die Berufsordnung bestimmt.

§ 3 der Bundesrechtsanwaltsordnung regelt außerdem das Recht zur Beratung und Vertretung:

»(1) Der Rechtsanwalt ist der berufene unabhängige Berater und Vertreter in allen Rechtsangelegenheiten.

(2) Sein Recht, in Rechtsangelegenheiten aller Art vor Gerichten, Schiedsgerichten oder Behörden aufzutreten, kann nur durch ein Bundesgesetz beschränkt werden.

(3) Jedermann hat im Rahmen der gesetzlichen Vorschriften das Recht, sich in Rechtsangelegenheiten aller Art durch einen Rechtsanwalt seiner Wahl beraten und vor Gerichten, Schiedsgerichten oder Behörden vertreten zu lassen.«

Zulassung zur Rechtsanwaltschaft

Rechtsanwälte werden im Land Nordrhein-Westfalen nach Anhörung der Rechtsanwaltskammer von dem örtlich zuständigen Präsidenten des Oberlandesgerichts zur Rechtsanwaltschaft zugelassen. Sie haben die Befähigung zum Richteramt, nachdem sie dieselbe Ausbildung wie Richter oder Staatsanwälte durchlaufen haben. Sie haben grundsätzlich am Ort des Gerichts, an dem sie zugelassen sind, eine Kanzlei einzurichten (Kanzleipflicht).

Im Rahmen des Europäischen Binnenmarktes dürfen deutsche Anwälte auch in anderen Staaten Kanzleien einrichten und unterhalten. Anwälten aus anderen Mitgliedstaaten der Europäischen Union ist es im Gegenzug gestattet, sich unter der Berufsbezeichnung ihres Herkunftslandes in der Bundesrepublik niederzulassen und hier auf dem Gebiet des ausländischen und internationalen Rechts tätig zu werden. Für sie besteht auch die Möglichkeit, nach Ablegung einer besonderen Prüfung sich als »Rechtsanwalt« niederzulassen. Sie haben dann die gleichen Rechte und Pflichten wie deutsche Rechtsanwälte. Darüber hinaus ist es Anwälten aus EU-Mitgliedstaaten möglich, für einzelne Geschäfte im Rahmen der Europäischen Union unter bestimmten Voraussetzungen grenzüberschreitend tätig zu werden. Entsprechendes gilt für Anwälte aus Mitgliedstaaten des Abkommens über den Europäischen Wirtschaftsraum.

Die Rechtsanwaltskammern können Rechtsanwälten mit besonderen Kenntnissen z.b. auf dem Gebiet des Arbeitsrechts, Sozialrechts, Steuerrechts oder Verwaltungsrechts die Bezeichnung »Fachanwalt« gestatten. In Einzelfällen können Rechtsanwälte gleichzeitig die Funktion von Notaren ausüben. Über die Tätigkeit von Notaren kann man sich im Faltblatt des Justizministeriums NRW »Was Sie über das Notariat wissen sollten« informieren.

Aufgaben der Rechtsanwälte

Die zugelassenen Rechtsanwälte sind zur umfassenden Beratung sowie zur gerichtlichen und außergerichtlichen Vertretung in allen Rechtsangelegenheiten berufen. Jeder Bürger ist berechtigt, sich in Rechtsangelegenheiten aller Art durch eine Rechtsanwältin oder einen Rechtsanwalt beraten und vor Gerichten, Behörden oder Schiedsgerichten vertreten zu lassen. Die Rechtsanwältin oder den Rechtsanwalt seines Vertrauens kann er frei wählen; dieses Recht ist jedoch durch den sog. Anwaltszwang (s.unten) teilweise eingeschränkt.

Pflichten der Rechtsanwälte

Mit der Zulassung werden für die Rechtsanwälte nicht nur Rechte, sondern auch Pflichten begründet, so vor allem die Pflicht
▸ zur gewissenhaften Berufsausübung,
▸ zur Übernahme der Beratung oder Prozeßvertretung nach den Beratungshilfe- oder Prozeßkostenhilfegesetzen,
▸ zu Mandatsübernahme bei Bestellung zum Pflichtverteidiger,
▸ zur Ablehnung eines Mandats, falls Berufspflichten verletzt würden (z.B. Beratung von Prozeßgegnern des eigenen Mandanten = sog. Parteiverrat).

Vertragsverhältnis

Die Rechtsanwältin oder der Rechtsanwalt wird aufgrund eines zivilrechtlichen, jederzeit widerrufbaren Dienstvertrages für den Mandanten tätig. Hierzu wird eine Vollmacht des Mandanten benötigt, die im Regelfall auch das Recht zur Prozeßvertretung und zu Maßnahmen der Zwangsvollstreckung umfaßt. Bei einigen Gerichten haben die Anwaltsvereine einen sogenannten Kartelldienst eingerichtet. In diesem Fall können vereinsangehörige Rechtsanwälte Kollegen vor Gericht vertreten. Dies kann den Vorteil haben, daß ein Berichtstermin bei Verhinderung nicht verlegt werden muß und der Mandant jederzeit anwaltlich beraten und vertreten bleibt. Rechtsanwälte sind berechtigt, ihre Tätigkeit erst nach Zahlung eines angemessenen Vorschusses aufzunehmen. Für vom Gericht beigeordnete Rechtsanwälte (z.B.Pflichtverteidiger) gelten abweichende Bestimmungen. Auch Rechtsanwälten können bei ihrer oft schwierigen Arbeit Fehler unterlaufen. In solchen Fällen tritt ihre Berufshaftpflichtversicherung in Kraft (allerdings nicht in unbegrenzter Höhe).

ANWALTSZWANG

Hierunter versteht man die Verpflichtung der Bürger, sich in manchen Prozessen durch Rechtsanwälte vertreten zu lassen. Der Anwaltszwang wird in den Prozeßordnungen geregelt, er besteht zum Beispiel
- in der Zivilprozeßordnung (ZPO) für Zivilsachen vor den Landgerichten, Oberlandesgerichten oder dem Bundesgerichtshof sowie in Familiensachen vor den Amtsgerichten (z.B.Ehescheidung und Folgesachen wie Unterhalt, Sorgerecht für Kinder)
- in der Strafprozeßordnung (StPO) für die Fälle der notwendigen Verteidigung (z.b. die zur Last gelegte Tat ist mit einer Mindestfreiheitsstrafe von einem Jahr bedroht.).
- Der Anwaltszwang ist kein Selbstzweck. Der sachkundige Rat der Rechtsanwälte soll die Bürger in schwierigen oder bedeutsamen Rechtssachen vor Fehlentscheidungen bewahren und darüber hinaus die Arbeit der Gerichte fördern.

GEBÜHRENRECHNUNG

Die Rechtsanwälte haben ihre Honorare - unabhängig vom Erfolg - nach der Bundesgebührenordnung für Rechtsanwälte zu ermitteln und hierüber eine nachprüfbare Abrechnung zu erteilen. Für die Gebührenberechnung sind regelmäßig die Höhe des Streitwertes (Zivilsachen) oder der Umfang der Tätigkeit (Strafsachen) maßgebend. Es kann auch eine »Gebührenvereinbarung« getroffen werden, wonach die gesetzlichen Gebühren überschritten werden können. Die Rechtsanwälte können die Herausgabe der Handakten oder einzelner Schriftstücke an ihre Mandanten verweigern, bis sie Gebühren und Auslagen erstattet bekommen haben.

STANDESRECHT UND STANDESAUFSICHT

Die Rechtsanwälte sind an bestimmte standesrechtliche Pflichten gebunden, die in einer Berufsordnung festgelegt sind. Die Erfüllung dieser Pflichten überwacht der Vorstand der für den Zulassungsort zuständigen Rechtsanwaltskammer. Die Rechtsanwaltskammer erteilt auf Anfrage auch Auskünfte und überprüft eingehende Beschwerden. Auf Antrag haben sie bei Streitigkeiten zwischen Mitgliedern der Kammer und ihren Auftraggebern zu vermitteln. In der Bundesrechtsanwaltsordnung ist bestimmt, welche Maßnahmen (durch den Vorstand der Rechtsanwaltskammer oder die Anwaltsgerichtsbarkeit) bei standeswidrigem Verhalten gegen Rechtsanwälte verhängt werden können. Diese reichen von einer Rüge über Geldbußen bis zum Ausschluß aus der Anwaltschaft.

WIDERRUF DER ZULASSUNG ZUR RECHTSANWALTSCHAFT

Gefährdet ein Rechtsanwalt die Interessen von Rechtsuchenden dadurch, daß er z.B. in Vermögensverfall gerät, wo wird seine Zulassung nach Anhörung der Rechtsanwaltskammer von dem örtlich zuständigen Präsidenten des Oberlandesgerichts widerrufen. In diesem Fall - wie auch beim Tode eines Rechtsanwalts - kann für die Kanzlei ein Abwickler bestellt werden. Dessen Aufgabe ist es, die schwebenden Angelegenheiten zum Abschluß zu bringen.

DIE RECHTSANWALTSKAMMERN
Für jeden Oberlandesgerichtsbezirk in Nordrhein-Westfalen ist eine Rechtsanwaltskammer eingerichtet, und zwar
▸ für den Bezirk des Oberlandesgerichts Düsseldorf: die Rechtsanwaltskammer Düsseldorf, Scheibenstraße 17, 40479 Düsseldorf
▸ für den Bezirk des Oberlandesgerichts Hamm: die Rechtsanwaltskammer Hamm, Ostring 15, 59065 Hamm
▸ für den Bezirk des Oberlandesgerichts Köln: die Rechtsanwaltskammer Köln, Reiher Str. 30, 50668 Köln, Tel 973010-0, Fax 973010-50

Im folgenden geben wir die Namen und Anschriften von eine Reihe von RechtsanwältInnen wieder, die in Köln Jugendliche und MigrantInnen und Flüchtlinge verteidigen.

Clemens Grebe, Reinhard Schön
Roonstr. 71
50674 Köln
Tel 210591

Dr. Heinrich Comes
Boisseree Str. 3
50674 Köln
Tel 210133

Edith Lunnebach, Franz Hess, Christoph Meertens, Anna Lütkes, Wolfgang Bröcker
Brüsselerstr. 89-93
50672 Köln
Tel 9529550
Fax 95295555

Eva Hausmann
Chlodwigplatz 7
50678 Köln
Tel.9318390
Fax 380892

Gerd Nogossek
Barbarossaplatz 10
50674 Köln
Tel 233442
Fax 231522

Gunter Christ
Hohe Str. 138-140
50667 Köln
Tel 2580392
Fax 2580393

Günter Teworte
Blumenthalstr. 23
50670 Köln
Tel 728070

Gülsen Kücük-Ratzlaff
Bonner Str. 35
50677 Köln
Tel 315600
Fax 325846

Harry Steiger
Mittelstr. 15-17
50672 Köln
Tel 2570261
Fax 256124

Hanswerner Odendahl, Reinhard Bauer, Burkhardt Zimmer, Michael Verhoeven
Venloer Str. 310-316
50823 Köln
Tel 5101786
Fax 9522826

Heike Krause
Lenauplatz 3
50825 Köln
Tel 551060
Fax 551020
**Joachim Schmitz-Justen,
Lukas Pieplow, Wolfram Esche,
Lother Schlegel**
Neusser Str. 224
50733 Köln
Tel 728028
Fax 724346
Jörg Reuffurth, Detlev Hartmann
Leyendecker Str. 6a
50825 Köln
Tel 544077
Fax 541823
**Jürgen Crummenerl, Sven Mühlens,
Horst Reichelt**
Brüsseler Str. 21
50674 Köln
Tel 236071
Fax 236073
Karin Rist
Salierring 6
50677 Köln
Tel 3100636
Fax 3100542
Kerstin Müller, Reinhard Bergmann
Lindenstr. 19
50674 Köln
Tel 9232902
Fax 9232900
Klaus Tervooren, Dietmar Müller
Venloer Str. 30
50674 Köln
Tel 511077
Fax 529647

**Markus Becker, Andreas Schmack,
Oliver Witzel**
Hohe Str. 73-75
50667 Köln
Tel 2581035
Fax 2574397
Martin Schleicher
Riphahnstr. 9
50769 Köln
Tel 703076
Fax 7002448
Peter Christian Ratzlaff
Stolberger Str. 315
50933 Köln
Tel 4996515
Ralf Kleinjans
Vorgebirgstr. 35
50677 Köln
Tel 372062-63
Fax 381185
Thomas Grüner
Engelbertstr. 32
50674 Köln
Tel 2111179
Fax 234613
Wolfgang Schild
Justinianstr. 16
50679 Köln
Tel 427494
Fax 810640

Weitere Angaben zum Thema Rechtsanwälte/Verteidiger finden sich in den Kapiteln Jugendgericht und Untersuchungshaft und Strafvollzug in Köln.

Hof in der JVA Köln

EHRENAMTLICHE DOLMETSCHERINNEN UND ÜBERSETZERINNEN

Bei der Polizei, bei Gericht, im Gefängnis und bei anderen Behörden gibt es Listen der staatlich anerkannten DolmetscherInnen. Da es bei den unabhängigen Initiativen und den Wohlfahrtsverbänden oftmals zu Gesprächen mit MigrantInnen und Flüchtlingen kommt, wo auch ehrenamtliche DolmetscherInnen zur Verständigung ausreichen, haben wir eine Liste von einigen Vereinen und Organisationen erstellt, bei denen man sich in den angegebenen Sprachen Auskunft holen kann und die weitere Informationen über Kontaktadressen, über Dolmetscher, Übersetzer usw. für die entsprechenden Landessprachen geben können.

INTERKULTURELLE INITIATIVEN

Bei den folgenden Organisationen treffen sich verschiedene Gruppen von MigrantInnen oder es gibt dort MitarbeiterInnen, die die angegebenen Sprachen beherrschen und zu denen man Kontakt aufnehmen kann:

Allerweltshaus
Körnerstraße 77-79
50823 Köln
Tel 5103002, 5103044
Sprachen: Englisch, Französisch, Spanisch, Türkisch, Amharisch, nigerianische Sprachen (Haussa, Ibo, u.a.), Kongolesische Sprachen (Lingala u.a.) Zaire-Sprachen (Swahili, Lingala u.a.)

Interkulturelles Flüchtlingszentrum
Turmstraße 3-5
50733 Köln
Tel 737032
Sprachen: Tigrinya (Eritrea), Bosnisch, Persisch, Arabisch, Vietnamesisch und angolan. Sprachen

Kölner Appell
Körnerstraße 77-79
50823 Köln
Tel 9521199
Sprachen: Englisch, Französisch, Portugiesisch, Bosnisch/Serbokroatisch, Marathi (Indische Sprache), Kurdisch, Türkisch

Öffentlichkeit gegen Gewalt
Antwerpener Straße 19-29
50672 Köln
Tel 5101847
Sprachen: Arabisch, Griechisch, Russisch, Polnisch, Rumänisch, Niederländisch, Flämisch, Finnisch, Tschechisch, Französisch, Spanisch, Portugiesisch, Italienisch, Türkisch, Kurdisch, Persisch, Kroatisch, Thai

Migrantenorganisationen und Sozialdienste

1. Afrikanische Sprachen und Arabisch

Arabisch
GHUP
Gesellschaft zur Humanitären Unterstützung der Palästinenser
Siegstr. 2
50859 Köln
Tel 02234/71730

Irakische Gruppe im Interkulturellen Flüchtlingszentrum
Turmstr. 3-5
50733 Köln
Tel 737032

Angola (portug., Kikongo u.a.)
Angolanische Hilfsorganisation e.V.
ANVE
Venloer Str. 360
50823 Köln
Tel 556889

Äthiopien (Amharisch, Oromo, Geez)
Äthiopisch Orthodoxe Kirche in Deutschland
Postfach 710126
50741 Köln
Tel: 705869
Äthiopische Gruppe
Tel 593619 - 708578

Elfenbeinküste (frz., Baule, Dyula, Senufo u.a.)
FDIA
Tel 420667 - 5509701

Eritrea (ital., Tigrinya)
Eritrea-Hilfswerk in Deutschland e.V.
Marktstr. 8
50968 Köln
Tel 3404012

Kongo (Lingala, Kitubana u.a.)
Association der Kongolesen
Tel.: 515965
Nigeria (engl., Haussa, Ibo u.a.)
Nigerian centre
Tel 0169-535730148 - 5505793

Tansania (Swahili)
Dt.-Tansanische Freundschafts-Gesellschaft
Tel 02504/77305

Zaire (frz.,Swahili u.a.)
Solidarität Zaire Auguste Okita
Gerh.-Hauptmann-Str. 4
51067 Köln
Tel 6803844

2. Asiatische Sprachen

Afghanistan (Paschtu)
Paschtunische Kultur Verein
Piccolominstr. 266
51067 Köln
Postfach - 860252
51024 Köln
Tel 6320443

Afghanisches Kultur Zentrum
Köln Str. 1
53111 Bonn
Tel 0228/698082

Armenisch
Verein armenischen Frauen St.. Kaputikian
Deutzer -Kalker Str. 64
Postfach 190107
50679 Köln
Tel 883268

Armenische Apostholiche Kirchengemeinde
Allensteiner Str. 5
50735 Köln
Tel 71 26223

Chinesisch
Dt. China Gesellschaft e.V.
Arnulfstr.3-5
50937 Köln
Tel.: 415791
Dt. Chinesisch Freundschaft Gesellschaft
Gilbachstr. 3
50672 Köln
Tel 523291

Indische Sprachen (Hindi u.a.)
Indisches Zentrum
An Groß St. Martin 9
50667 Köln
Tel 2577925

Indonesisch
Dt. Indonesische Gesellschaft e.V.
Lortzingstr. 72
50931 Köln
Tel 401797

Japanisch
Dt. Japanische Gesellschaft e.V.
Rather Mauspfad 7
51107 Köln
Tel 862379

Koreanisch
Caritas Sozialdienst für Koreaner
Georg Str. 7
50676 Köln
Tel 2010127

Persisch (Farsi)
Runder Mond e.V.
Mühlenstr. 20
50321, Brühl
Tel (Priv.) 02233 74724

Iranisches Flüchtlingshilfswerk e.v.
Weyerthal 9
50937 Köln
Tel 418079

Iranische Frauengruppe
c/o Allerweltshaus
Körnerstrasse 77 -79
50823 Köln
Tel 5103002 / 5103044

Iranisches Kulturhaus
Im Sionstal 25
50678 Köln
Tel 3318218

Iranische Flüchtlingskinderhilfe e.V.
Herwarth Str. 12
50672 Köln
Tel 5102463 / 5102471

Philippinen (Tagalog)
ASIANA
c/o BAF
Melchiorstr. 3
50670 Köln
Tel 7391919

Caritas Sozialdienst für Philippinos
Georgstr. 7
50676 Köln
Tel 2010124

Ak Phlippinen d. ESG
Bachemer Str. 27
50931 Köln
Tel 94052215

Vietnamesisch
Vereinigung der Vietnamesen in Köln
Palmstr. 20
50672 Köln
Tel 253631

3. OSTEUROPÄISCHE SPRACHEN
Bosnisch
Medica Mondiale e.V.
Weisenhausgasse 67
50676 Köln
Tel 9318980

Bosnische Gruppe im
Interkulturellen Flüchtlingszentrum
Turmstraße 3-5
50733 Köln
Tel 737032

Polnisch
IGNIS
Elsa-Brandström-Str. 6
Tel 725105

Rumänisch
Rumänisches Forum Köln
Elsa-Brandström-Str. 6
Tel 725105

Russisch
IGNIS
Elsa-Brändström-Str 6
50668 Köln
Tel 725105

Serbokroatisch
Kroatische Katholische Mission
Am Rinkenpfuhl 10
50676 Köln
Tel 242816

Caritas Kroatisches Zentrum
St. Urban 2
51063 Köln
Tel 811368

Caritas-Sozialdienst für Ex-Jugoslawien
St. Urban 2
51063 Köln
Tel 811368

Tschechisch
Dt. tschechisch u. slowakische
Gesellschaft. f. die BRD
Barbarossaplatz 2
50674 Köln
Tel 239801

4. WEITERE EUROPÄISCHE SPRACHEN
Finnisch
Dt. Finnische Gesellschaft e.V.
Herr Fassnacht
Tel 462728

Griechisch
Griechische Gemeinde Köln
Probsteingasse 44-46
50670 Köln
Tel 132530

Caritas Griechisches Begegnungszentrum
Siebachstr. 96
50733 Köln
Tel 725036

Dt. Griechisches Kulturzentrum
Mühlenstr. 40
51143 Köln
Tel 02203/55208

Italienisch
Instituto Scolasticoltaliano
Steinkopfstr. 11-13
51065 Köln
Tel 962567-0

Caritas Casa Italia / Sozialdienst f. Italiener
Meister-Gerhard-Str. 10-14
50674 Köln
Tel 211610 / 92157110

Kurdisch
Kurdische Gemeinde e.V.
Hansaring 37a
50670 Köln
Tel 1301459

Komkar
Hansaring 28-30
50670 Köln
Tel 123376

Portugiesisch
Circulo Brasileiro de Colonia
Palanterstr. 2-4
50446 Köln
Tel, Fax 415743

Deutsch Portugiesische Gesellschaft e.V.
Weyerstr. 48-52
50676 Köln
Tel 20703-10

Caritas Sozialdienst für Portugiesen / Portugiesisches Zentrum
Palanterstr. 2-4
50937 Köln
Tel 414070

Romanes
Rom e.V.
Bobstr. 6-8
50676 Köln
Tel 242536
Fax 2401715

Sinti-Union Köln e.V.
Postfach: 103224
50472 Köln
Tel 02202/56297
Fax 02202/54725

Spanisch
Caritas Casa Espana
An Groß St. Martin 9-11
50667 Köln
Tel 210967

Kulturhaus Lateinamerika
c/o BAF
Melchiorstr. 3
50670 Köln
Tel 725061
Fax 731720

Dt.-Spanische Zentrum
Friedrichsstr.4
51143 Köln
Tel 02203/52335

Aqui Nostras
Tel 633983 - 631516

Türkisch
AWO Ausländerzentrum
Rubenstr. 7-13
50676 Köln
Tel 204070

AWO Ausländerzentrum
AnnoStr. 37b
50678 Köln
Tel 326766

AWO Sozialdienst für Türken
Dünnwalderstr.5
51107 Köln
Tel 645087

Diakonie-Sozialberatung
f. christliche Türken
c/o EKG
Pariser Platz 32
50765 Köln
Tel 708365

Tüday
Solidaritätsverein für Menschenrechte in der Türkei
c/o BAF, Melchiorstraße 3
50640 Köln
Tel 724077

Zelle in der JVA Köln

JUGENDGERICHTSHILFE UND DIVERSION

In Köln gibt es die Jugendgerichtshilfe (JGH) beim Jugendamt und die vom Jugendamt finanzierte Jugendgerichtshilfe bei der Arbeiterwohlfahrt (AWO), die für die Jugendlichen türkischer Herkunft zuständig ist.

Jugendgerichtshilfe des Jugendamts
Leitung: Gisela Strauff
Johannisstr. 66-80
50668 Köln
Tel 221-4865/-4854

AWO-Jugendgerichtshilfe,
Leitung: Georg Schumacher
Rubenstr.7-13
50676 Köln
Tel 2040715

Wie der Name schon zum Ausdruck bringt, ist die Jugendgerichtshilfe (JGH) einerseits Jugendhilfe und andererseits Hilfe für das Jugendgericht. Wenn sich die zuständige Richterin oder der zuständige Richter selbst für Hilfe vor Strafe entscheidet, muß das kein Widerspruch sein. Da ein Teil der Richterschaft immer noch davon überzeugt ist, durch (Haft-) Strafen erziehen zu können, stellt sich dieser Widerspruch aber immer wieder. Umgekehrt gilt das allerdings auch: es gibt Richterinnen und Richter, die mehr auf Hilfe setzen, als einige JugendgerichtshelferInnen. Aus der Forschung sind viele Fälle bekannt, in denen Jugendgerichtshelferinnen eingriffsstärkere und schwerere Sanktionen vorgeschlagen haben als die zuständigen RichterInnen - davon unbeeindruckt - schließlich ausgesprochen haben. Ein Gefängnisseelsorger hat uns den Fall eines Jugendgerichtshelfers geschildert, der von sich aus die Ausweisung eines Jugendlichen beantragt hat. Aus Köln sind uns solche Fälle nicht bekannt geworden. Alle JugendgerichtshelferInnen, mit denen wir gesprochen haben, gehen davon aus, daß Jugenddelikte in der Regel normal und episodenhaft sind und die beste Hilfe durchaus darin bestehen kann, gar nicht zu helfen, d.h. gar nicht zu intervenieren. Allerdings haben Kölner Rechtsanwälte kritisiert, daß sie schon mal JugendgerichtshelferInnen erleben, die stärker zu »ihrem« Jugendrichter, als zu den angeklagten Jugendlichen halten.

Das jugendhilfespezifische Mandat der Jugendgerichtshilfe leitet sich aus dem § 1 des Kinder- und Jugendhilfegesetzes ab:

§ 1. RECHT AUF ERZIEHUNG, ELTERNVERANTWORTUNG, JUGENDHILFE.
(1) Jeder junge Mensch hat ein Recht auf Förderung seiner Entwicklung und auf

Erziehung zu einer eigenverantwortlichen und gemeinschaftsfähigen Persönlichkeit.
(2) Pflege und Erziehung der Kinder sind das natürliche Recht der Eltern und die zuvörderst ihnen obliegende Pflicht. Über ihre Betätigung wacht die staatliche Gemeinschaft.
(3) Jugendhilfe soll zur Verwirklichung des Rechts nach Absatz 1 insbesondere
1. junge Menschen in ihrer individuellen und sozialen Entwicklung fördern und dazu beitragen, Benachteiligungen zu vermeiden oder abzubauen,
2. Eltern und andere Erziehungsberechtigte bei der Erziehung beraten und unterstützen,
3. Kinder und Jugendliche vor Gefahren für ihr Wohl schützen,
4. dazu beitragen, positive Lebensbedingungen für junge Menschen und ihre Familien sowie eine kinder- und familienfreundliche Umwelt zu erhalten oder zu schaffen.

Das verlangt eindeutig mehr, als über die oft von schweren Benachteiligungen gezeichnete Lebensgeschichte angeklagter Jugendlicher den RichterInnen zu berichten. Die Schaffung »positiver Lebensbedingungen für junge Menschen« verlangt ein Engagement, das über die Einzelfallhilfe hinaus die Veränderung der sozialen Verhältnisse thematisiert, die immer mehr Jugendliche extrem benachteiligen. »Erziehung durch Strafe« hat darin keinen Platz. Die Jugendgerichtshilfe ist im gesamten Strafverfahren gegen Jugendliche und Heranwachsende eingeschaltet. Sie leistet Haftentscheidungshilfe, nimmt an Haftprüfungsterminen teil und versucht, Schadenswiedergutmachungen oder Täter-Opfer-Ausgleich einzuleiten. Im Verfahren vor den Jugendgerichten bringt die JGH die erzieherischen, sozialen und fürsorgerischen Gesichtspunkte zur Geltung, die bei der Urteilsfindung berücksichtigt werden sollen.

Im Berichtsjahr 1995 wuden von der Jugendgerichtshilfe 4.373 Termine vor dem Kölner Jugendgericht wahrgenommen. 1994 waren es 4.231 Termine. Die Zahl der Hauptverhandlungstermine vor auswärtigen Gerichten blieb mit 159 gegenüber dem Vorjahr gleich. Entsprechend der Geschäftsverteilung bei den Jugendrichterinnnen und Jugendrichtern, die jeweils für Jugendliche und Heranwachsende zuständig sind, deren Familienname mit bestimmten Buchstaben des Alphabets beginnt, so sind auch die JugendgerichtshelferInnen nicht für die Jugendlichen eines bestimmten Stadtteils zuständig, sondern für bestimmte Buchstabengruppen, sie haben es also mit Jugendlichen aus allen Teilen Kölns zu tun.

Zu den weiteren Aufgaben der Jugendgerichtshilfe gehört u.a. die Vorbereitung von Betreuung durch die Bewährungshilfe, der Kontakt während der Strafverbüßung und Hilfe bei der Wiedereingliederung in die Gesellschaft. Betreuungsweisungen und Sozialdienste, die als richterliche Weisung angeordnet werden, leitet die Jugendgerichtshilfe an die »Brücke Köln e.V.« weiter, ebenso den »Täter-Opfer-Ausgleich« an die »Waage Köln e.V.«. Daneben führt die Jugendgerichtshilfe soziale Trainingskurse in Zusammenarbeit mit der Arbeiterwohlfahrt Köln durch. Nach Abschluß des Gerichtsverfahrens leistet die Jugendgerichtshilfe Beratung und Vermittlung in einzelnen persönlichen und sozialen Lebensfragen.

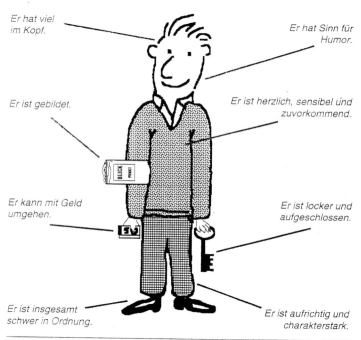

... denn er ist durch die harte Schule von Ossendorf gegangen. Deshalb ist er unbeirrbar. Es gibt wenig Situationen, die ihn aus der Ruhe bringen. Nach der Entlassung ist er pflegeleicht und zutraulich. Bei gutem Zuspruch ist er sogar arbeitsam! Sprechen Sie ihn ruhig mit seinem Namen an und Sie werden überrascht sein.

Aus der Gefangenenzeitung Blickpunkt der JVA Hamburg-Fullsbüttel

Auf den folgenden Sciten zeigt die Statistik einen Überblick über die Arbeit der Kölner Jugendgerichtshilfe im Jahre 1995

STATISTIK 1995

D = Deutsche; T = Türken; A = Andere Nationalität; G = Gesamtzahl

Personenkreis	D	T	A	G
männliche Jugendliche	772	361	204	1337
männliche Heranwachsende	869	459	294	1622
weibliche Jugendliche	153	34	74	61
weibliche Heranwachsende	142	24	60	226
insgesamt	1936	878	632	3446
Termin der Hauptverhandlung bei				
Vorverfahren gemäß §76 JGG 28	2	0	30	
Jugendgericht	1371	556	432	2359
Jugendschöffengericht	532	317	194	1043
Jugendstrafkammer-Erstinstanz	53	6	14	
Jugendstrafkammer-Berufung §17	16	12	45	
Deliktart				
Eigentum	1108	404	375	1887
Verkehr	326	140	54	520
Gewalt	359	270	122	751
BTM-Verstoß	123	80	36	239
Sonstige	165	72	86	423
Maßnahme				
Freispruch	80	44	29	153
Urteil	940	444	339	1723
Einstellung gem. §§ 45, 47, JGG	306	130	84	520
Einstellung gem. mit Auflage/Weisung	316	113	85	514
Erziehungsmaßnahme				
Sozialdienst	551	193	115	859
Betreuungsweisung	52	15	13	80
Sozialer Trainingskurs	15	15	1	31
Täter-Opfer-Ausgleich	31	11	2	44
Sonstige Weisungen	16	3	1	20
Zuchtmittel				
Verwarnung	437	151	118	706
Geldbuße	154	75	41	270
sonstige Auflage	5	2	4	11
Freizeitarrest	49	28	11	88
Dauerarrest	50	43	75	168
Jugendstrafe				
Schuldfeststellung gem. §27 JGG	37	19	13	69
Jugendstrafe mit Bewährung	91	53	40	184

Jugendstrafe ohne Bewährung	34	18	14	66
Allgemeines Strafrecht				
Geldstrafe	108	77	42	227
Freiheitsstrafe mit Bewährung	9	5	17	31
Freiheitsstrafe ohne Bewährung	1	2	8	11
Sonstiges	7	8	6	21
Berufung				
Urteil bestätigt/ verworfen/zurückgenommen	12	6	8	26
nach oben abgeändert	0	0	0	0
nach unten abgeändert	5	10	4	19
Vorbelastungen				
das erste Mal vor Gericht	1068	379	349	1796
	(55,2%)	(43,2%)	(55,2%)	(52,1%)
das zweite Mal und mehr vor Gericht	868	499	283	1650
	(44,8%)	(56,8%)	(44,8%)	(47,9%)
Wiederholungstäter	287	167	120	574
	(14,8%)	(19%)	(19%)	(16,7%)
Delikte überwiegend				
als Einzeltäter	1053	443	316	1812
	(54,4%)	(50,5%)	(50%)	(52,6%)
als Gruppentäter	883	435	316	1634
	(45,6%)	(49,5%)	(50%)	(47,4%)
Anwendung des §105 JGG				
männlich nach Jugendrecht	408	193	117	718
	(79,4%)	(68,9%)	(65%)	(73,7%)
männlich nach Erwachsenenrecht	106	87	63	256
	(20,6%)	(31,1%)	(35%)	(26,3%)
weiblich nach Jugendrecht	59	6	31	96
	(75,6%)	(54,5%)	(75,6%)	(73,8%)
weiblich nach Erwachsenenrecht	19	5	10	34
	(24,4%)	(45,5%)	(24,4%)	(26,2%)
Untersuchungshaft				
14/15jährige	8	1	6	15
sonstige Jugendliche	15	17	24	56
Heranwachsende bzw. Erwachsene	59	32	70	161
Haftentscheidungshilfe	43	13	31	87
Vertagungen	416	183	175	774

Erläuterung: Der §105 JGG erlaubt RichterInnen, Heranwachsende nach dem Jugendrecht zu verurteilen, wenn ihre Entwicklung dem eines Jugendlichen entspricht.

AUF SCHLUSS

NO. 12
JUNI-JULI 96

GEFANGENENZEITUNG DER JVA KÖLN

INHAFTIERT - ABSERVIERT
UNGENIERT - VOLL ZENSIERT

JUGENDLICHE KÖNNEN AUCH OHNE ABITUR GLÜCKLICH WERDEN

GMV-INFO
IN VOLLER BREITE

BOXPROJEKT
RING FREI

ENTENTEICH
LIEB UND TEUER

GEDICHTE
HERZ UND SCHMERZ

KÜHLSCHRÄNKE
COOLE ZELLEN

LESERBRIEFE
WER SCHREIBT, BLEIBT

GRUSSECKE
KNAST-FAX

SOZIALDIENST
WER, WIE, WO, WAS ?

SUIZIDE
DIE REALITÄT

FRAUENHAUS
DER ALLTAG

KNAST IN DER TÜRKEI
DIE ALTERNATIVE

WITZE
MIT UND OHNE TRÄNEN

DAS WETTER
(IM NÄCHSTEN HEFT)

Titel der Gefangenenzeitung der JVA Köln

DIVERSION

Diversion heißt wörtlich übersetzt Ablenkung oder Umleitung. Der Begriff wurde aus der US-amerikanischen Strafrechtsdiskussion übernommen und meint die »formlose« Erledigung eines Verfahrens. Gemeint sind damit alle Reaktionsformen, die neu formelle, durch Urteil zustandegekommene Sanktion durch neu informelle, im Wege der Einstellung erreichte Reaktion ersetzen.

Dies ist eine Konsequenz aus der kriminologischen Forschung. Im Gegensatz zu dem, was in der Öffentlichkeit und insbesondere im Bereich der Strafjustiz geglaubt wird, hat die Sanktionsforschung ergeben, daß die harten Sanktionen nicht zu einem straffreien Verhalten führen, sondern im Gegenteil, oft Ursache dafür werden, daß ein Verurteilter wieder straffällig wird. Aus der Rückfallforschung wissen wir, daß die Chancen dafür, daß ein Verurteilter nicht mehr rückfällig wird, um so größer sind, je weniger einschneidend die Justiz auf strafbares Verhalten reagiert. In den Worten des Kriminologen Prof. Heinz: »Frühzeitige und einschneidende Eingriffe sind nicht besonders wirkungsvoll, sondern besonders schädlich.«

Diversions- und Weisungsprojekte im Rahmen des Jugendgerichtsgesetzes sind die Arbeitsweisung, der soziale Trainingskurs, die Betreuungsweisung, der Täter-Opfer-Ausgleich und Projekte zur Vermeidung von Untersuchungshaft.

Bei der Arbeitsweisung nach § 10 Jugendgerichtsgesetz (JGG) wird dem Jugendlichen per Beschluß oder Urteil auferlegt, eine bestimmte Anzahl von Arbeitsstunden unentgeltlich in einer gemeinnützigen Einrichtung abzuleisten. Diese Arbeitsweisung ist inzwischen zu einem breit genutzten Sanktionsinstrument für Jugendliche geworden, die keiner gezielten pädagogischen Betreuung bedürfen. Im Gegensatz zum Arrest fordert sie das aktive Engagement des Jugendlichen und beläßt ihn in seinem sozialen Umfeld.

Die sozialen Trainingskurse sind eine Form der Gruppenarbeit, die den Jugendlichen ermöglichen sollen, soziale Verhaltensweisen einzuüben. Inhalte, Gestaltung und Organisation sozialer Trainingskurse sind unterschiedlich. Die Dauer der Maßnahmen reicht von einem Wochenende bis zu wöchentlichen Treffen über mehrere Monate. An den Gruppen nehmen die Jugendlichen meist für drei bis sechs Monate teil. Sie arbeiten überwiegend problemorientiert, d.h. es werden Themen wie Schule, Arbeit und Ausbildung bzw. Arbeitslosigkeit, Wohnverhältnisse, Freizeit und Partnerschaft behandelt.

Die Betreuungsweisung nach § 10 JGG bedeutet für den Jugendlichen in der Regel eine 6 - 12monatige intensive Betreuung durch einen Sozialarbeiter oder eine Sozialarbeiterin einer Jugendhilfeeinrichtung. Im Rahmen dieser Betreuungsweisung wird versucht, mit den Jugendlichen deren persönliche Verhältnisse zu ordnen, ggf. seine Konflikte im sozialen Umfeld (z.B. Elternhaus) zu klären und den Jugendlichen in eine Ausbildungsmaßnahme zu integrieren. Ziel ist es, die schwierige Lebenslage der Betroffenen zu verändern, ihnen darüber hinaus Verantwortungsbewußtsein, Durchhaltevermögen, Selbständigkeit und Entscheidungsbewußtsein zu vermitteln.

Sehr engagiert in Köln sind auf diesem Gebiet die im folgenden dargestellten Projekte. Aber nicht allein - den Verein »Die Waage« haben wir schon im Kapitel »Opfer« vorgestellt und die Selbstdarstellung des Vereins »Maßstab e.V.« ist im Kapitel Straffälligenhilfe abgedruckt.

BRÜCKE KÖLN E.V.
Leiterin: Frau Lier-Steffny
Beethovenstr.6
50674 Köln
Tel 23 37 85
Fax 215510

Die Brücke Köln ist ein eingetragener und als gemeinnützig anerkannter Verein für Jugendhilfe. Seit 1980 arbeitet der Verein als Bindeglied zwischen Jugendhilfe- und Jugendstrafrecht.

ENTSTEHUNG

Bis 1980 fehlte es in Köln an ausreichenden Angeboten, ambulante pädagogische Möglichkeiten als Reaktion auf Straftaten von Jugendlichen/Heranwachsenden anzubieten. So mußten die Jugendrichter häufiger als gewollt auf Geldbußen und Jugendarrest zurückgreifen. Um mehr ambulante Möglichkeiten nutzen zu können, wurde im Sommer 1979 die Brücke Köln als zweites Projekt dieser Art in der BRD gegründet und ist inzwischen zum unverzichtbaren Bestandteil der Jugendgerichtsbarkeit im Amtsgerichtsbezirk Köln geworden.

ZIELE

Das Jugendgerichtsgesetz sieht vor, daß Jugendliche und Heranwachsende (14-21 Jahre), die Straftaten im unteren/mittleren Bereich begehen, vom Jugendrichter eine Weisung erhalten können. Dies kann unter anderem die Ableistung gemeinnütziger Arbeit sein oder die Betreuung des Jugendlichen/Heranwachsenden über einen bestimmten Zeitraum. Bei weniger gravierenden Delikten und Ersttätern kann auf eine Hauptverhandlung vor dem Jugendrichter verzichtet werden. Hier ist es ausreichend, wenn der Staatsanwalt eine Ermahnung erteilt und/oder eine Weisung (z.B. Arbeitsweisung) anregt. Durch dieses Verfahren reduziert sich der Zeitraum zwischen Straftat und strafrechtlicher Reaktion. Es kommt nicht zur aufwendigeren und kostenintensiveren Hauptverhandlung vor dem Jugendgericht. Zielsetzung der Brücke war und ist es, die Voraussetzungen dafür zu schaffen, die Möglichkeiten solcher Weisungen intensiver als bisher auszuschöpfen und mehr ambulante pädagogische Angebote zu schaffen. Stationäre Maßnahmen wie Arrest als Reaktion auf Straftaten von Jugendlichen/Heranwachsenden müssen zurückgedrängt werden und sollten nur als »letzte Möglichkeit« angeordnet werden. Aus pädagogischen Gründen, aber auch aus Kostengründen, müssen ambulante Maßnahmen Vorrang haben. Dies setzt ein entsprechendes Angebot seitens der verschiedenen Träger von Jugendhilfe voraus.

ARBEITSSCHWERPUNKTE

1. Arbeitsweisung (Sozialdienst) im Vorverfahren und als jugendrichterliche Weisung

Die Brücke Köln vermittelt jährlich ca. 1.800 Jugendliche und Heranwachsende in gemeinnützige Einrichtungen zur Ableistung des Sozialdienstes. Dabei werden der Brücke ca. 400 Jugendliche und Heranwachsende von der Staatsanwaltschaft geschickt und ca. 1400 durch die Jugendrichter. Vor der Vermittlung in eine geeignete Einsatzstelle wird mit den Betroffenen ein intensives Informations- und Beratungsgespräch geführt, bei dem die Modalitäten des Sozialdienstes abgeklärt werden. Oft ergeben sich in diesem Gespräch oder bei späteren Besuchen Problemfelder, die eine intensivere Betreuung notwendig werden lassen. Der Sozialdienst wird im allgemeinen in einer von ca. 180 verschiedenen Einrichtungen abgeleistet, mit denen die Brücke zusammenarbeitet. Zu diesen Einrichtungen gehören Altenheime, Kindergärten und -horte, Jugendzentren und gemeinwesenorientierte Initiativen und Projekte.

Darüber hinaus kann der Sozialdienst auch in Arbeitsgruppen mit Brücke-Mitarbeitern abgeleistet werden. In einer solchen Gruppe werden in der Regel 6-8 junge Leute eingesetzt. In Frage kommen beispielsweise Sonderaktionen wie Renovierung in einem Bürgerzentrum, Instandsetzungsarbeiten auf Kinderspielplätzen. Seitdem die Brücke eine ehemalige Kiesgrube - die jetzt unter Naturschutz steht - von der Stadt Köln angepachtet hat, finden solche Arbeitskreise schwerpunktmäßig im Bereich des Umwelt- und Naturschutzes statt. Für Schwangere und junge Mütter besteht die Möglichkeit, im Rahmen des Sozialdienstes an einer Mutter-Kind-Gruppe mitzuarbeiten.

2. Betreuungsweisung

Jährlich sprechen die Kölner Jugendrichter ca. 50-60 Betreuungsweisungen für besonders gefährdet erscheinende Jugendliche und Heranwachsende aus, die zunächst für den Zeitraum eines halben Jahres von einem Mitarbeiter der Brücke intensiv betreut werden. Hierbei handelt es sich um Hilfen zur Bewältigung lebenspraktischer Probleme, wie z.B. Wohnungs- oder Arbeitssuche als auch um persönliche Konflikte, z.B. im Familienbereich. Entsprechend der individuellen Problemlagen der Jugendlichen und Heranwachsenden verfügt die Brücke über ein breit gefächertes Informations- und Hilfsangebot. Dieses Angebot wird auch von denen genutzt, die nicht unmittelbar strafrechtlich in Erscheinung getreten sind.

ZUSAMMENARBEIT
Die praktische Arbeit der Brücke Köln geschieht mit Unterstützung der Mitarbeiterinnen und Mitarbeiter der Jugendgerichtshilfe, des Jugendgerichts und der Jugendstaatsanwaltschaft sowie Einrichtungen der freien Wohlfahrtspflege und gemeinnütziger Initiativen.

BEGLEITFORSCHUNG
In der wissenschaftlichen Begleitforschung sollen die Auswirkungen der Brücke-Arbeit auf die Sanktionspraxis des Jugendgerichts und der Jugendstaatsanwaltschaft sowie auf die Jugendlichen selbst untersucht werden.

UNSERE BITTE
Um die Jugendlichen und Heranwachsenden weiterhin sinnvoll einsetzen zu können, hoffen wir auf Ihre Mitarbeit bei der Suche nach neuen Einsatzmöglichkeiten. Weiteres Informationsmaterial senden wir Ihnen auf Anfrage gerne zu. Gemäß der letzten Bescheinigung des Finanzamtes Köln-Altstadt vom 07.08.90 dient der Verein gemeinnützigen Zwecken im Sinne des 51 ff AO und ist berechtigt, Spendenbescheinigungen für steuerliche Zwecke auszustellen.

SPENDENKONTO:
Bank für Sozialwirtschaft (BLZ 37020500), Konto-Nr.: 7032600

HANS IM GLÜCK E.V.
Projekt zur Vermeidung von U- und Strafhaft für junge Menschen
Anschrift:
Hans im Glück e.V.
Hauptstraße 194
51503 Rösrath-Hoffnungsthal
Tel 02205/2025
Fax 02205/83691

»Hans im Glück« ist eine Wohn- und Arbeitsgemeinschaft für 7-9 junge Menschen - eine echte Alternative zur Untersuchungs- und Strafhaft. Hier lernen junge Männer soziale Verantwortung für sich und andere innerhalb des Gruppengeschehens. Ziel ist die Entwicklung der Fähigkeit, ein eigenverantwortliches und selbstbewußtes Leben zu führen. Junge Menschen, die im Gefängnis eingesperrt waren, werden zu über 90% rückfällig. Wir wollen die jungen Menschen vor den negativen Folgen der Straf- und Untersuchungshaft bewahren. Zugleich sehen wir darin einen Beitrag zur Verhinderung von Kriminalität. Wir wollen eine Alternative zu dem Kreislauf Arbeitslosigkeit - Wohnungslosigkeit - Knast bieten. Wir suchen nach angemessenen Lösungen, die den Bedürfnissen der jungen Menschen entsprechen. Die meisten zugrunde liegenden sozialen Benachteiligungen sollen ausgeglichen werden. Um ein Leben in Freiheit innerhalb der Gesellschaft führen zu können, ist ein »Zuhause«, sowie eine Möglichkeit, sich an den Arbeitsprozeß zu gewöhnen, von grundlegender Wichtigkeit. Ohne diese existentielle Grundsicherung ist jede pädagogische Arbeit und soziale Hilfe sinnlos. Die von Haft bedrohten jungen Menschen kommen meist aus einem zerrütteten Elternhaus. Viele haben schon eine Heim- oder Knastkarriere hinter sich. Ein sozial stützendes Netzwerk fehlt. Der Hauptabschluß ist nicht erreicht worden, die Berufsausbildung meist nach kurzer Zeit abgebrochen worden. Eigener Wohnraum fehlt. Die Chancen auf dem Arbeits- sowie Wohnungsmarkt sind denkbar gering. Defizite im Sozialen können in unserer Gemeinschaft aufgearbeitet werden. Stetigkeit und Durchhaltevermögen können in unseren Arbeitsprojekten erübt werden.

Unsere Initiative ist ein Netzwerk einbezogen, welches über den »Maßstab« e.V. in Köln entstanden ist und sich weiter ausdehnt. Der Verein »Maßstab« hat »Hans im Glück« mitgegründet und ist in vielfältiger Weise in der Straffälligenhilfe tätig.
▸ Unsere Initiative wendet sich vorwiegend an junge Menschen im Alter von 16 - 23 Jahren aus Nordrhein-Westfalen, die von Haft bedroht sind oder bereits inhaftiert sind.
▸ Ausnahmen in bezug auf die Altersbegrenzung sind möglich.
▸ Unsere Initiative ist eine konkrete Alternative zum Gefängnis.
▸ Die jungen Menschen kommen vorwiegend aufgrund richterlicher Weisung zu uns.
▸ Dies ist eine wichtige Entscheidungshilfe für den Richter und den Staatsanwalt. Die Verhängung von Untersuchungshaft, wie auch die Verhängung von Strafhaft kann durch einen Aufenthalt in unserer Einrichtung vermieden werden.
▸ Unsere Ziel ist es, für diese jungen Menschen eine Lebenssituation zu schaffen, in der individuelle Entwicklung möglich ist. Durch die Lebens- und Arbeitsgemeinschaft können neue Erfahrungen gemacht und Perspektiven eröffnet werden.
▸ Die Dauer des Aufenthaltes beträgt ca. 12 Monate. Auch hier sind Ausnahmen möglich.
▸ Für die sich auf der Suche befindenden jungen Menschen bietet die Arbeit in mehrwöchigen Projekten ein breites Angebot, die eigenen Fähigkeiten und Vorlieben zu erkennen und zu entwickeln. Hierbei bildet die Renovierung und Aus-

gestaltung unseres Hauses den Schwerpunkt. Die Motivation hierzu erfolgt aus dem eigenen Erkennen der Notwendigkeit heraus. Die Gewöhnung an regelmäßige Arbeit kann so entstehen. Aber auch künstlerische Aktivitäten, sowie Arbeiten in der Natur, gemeinsame Unternehmungen und Reisen sollen den Raum geben, sich selbst kennenzulernen und sozial weiterzuentwickeln. Nach 3-4 Monaten werden konkrete Zukunftsperspektiven in Angriff genommen. Ein Konzept für die individuelle Lebenssituation des einzelnen Menschen entsteht mit ihm zusammen. Im Vordergrund steht dann eine stärkere Orientierung nach »außen«. In Zusammenarbeit mit anderen Trägern und Einrichtungen, kann vor allem auch eine schrittweise Integration in das Arbeitsleben erreicht werden. (Lehre, Beruf oder Schulbildung.) Durch das von unterschiedlichen Einrichtungen gebildete Netzwerk entsteht eine Angebotsvielfalt, so daß auf die vielen unterschiedlichen Lebenssituationen eingegangen werden kann. So können z. B. in den Zweckbetrieben des Vereins »Maßstab«-Praktikas zum Kennenlernen der Arbeitsbereiche absolviert werden, sowie die Angebote der Beschäftigungsinitiativen der Stadt Köln wahrgenommen werden.

Ein weiterer wichtiger Bestandteil des gemeinsamen Lebens ist der zweimal wöchentlich stattfindende Gruppenabend: Hier finden Gespräche zur Konfliktbewältigung, Wochenplanung und Freizeitgestaltung statt.

▸ Ein nächster Schritt zur Selbständigkeit ist durch zwei separate Wohnungen (für maximal zwei Personen möglich).
▸ Durch interdisziplinäre Zusammenarbeit mit Richtern, Staatsanwälten, Jugendgerichtshilfe, Bewährungshilfe, Jugendamt, Drogenhilfe u.a. wird das Projekt von vielen Seiten getragen und unterstützt.
▸ Die laufenden Kosten des Projekts werden durch Pflegesätze abgerechnet. Rechtsgrundlagen hierfür sind §41 KJHG (Kinder- und Jugendhilfegesetz), sowie §72 BSHG (Bundessozialhilfegesetz). Der Verein ist dabei, mit dem Landschaftsverband Rheinland, sowie dem örtlichen Jugendamt zu verhandeln.

Der Verein hat am 30.12.1991 ein Grundstück mit drei Gebäuden in der Nähe von Köln, in 51503 Rösrath-Hoffnungsthal gekauft. Hier sind optimale Voraussetzungen für das Projekt gegeben: Zum einen hat des Objekt eine optimale Anbindung an Köln (22 Minuten Fahrzeit mit der Citybahn), zum anderen bieten die Gebäude genügend Wohnraum für die jungen Menschen. In Planung sind auch Werkstätten, für die genügend Raum zur Verfügung steht.

SPENDENKONTO:
Bank für Sozialwirtschaft (BLZ 370 205 00), Konto-Nr.: 708 75 01

»Man kann eigentlich keine Strafe gerecht, das heißt notwendig, nennen, solange nicht das Gesetz das zweckmäßigste Mittel, das bei vorkommenden Umständen einer Nation möglich ist, angewandt hat, dem Verbrechen vorzubeugen.«
CESARE BECCARIA, 1764

JUGENDGERICHT

DAS JUGENDSTRAFRECHT

Da »die Jugend« erst Ende des 19.Jahrhunderts »entdeckt« wurde, ist auch die Geschichte des Jugendstrafrechts vergleichsweise jung. In fast jedem älteren schriftlichen Strafrecht war die Jugend nicht von dem Recht der Erwachsenen ausgenommen; allenfalls fanden sich entsprechende Milderungsmöglichkeiten im Rahmen der Strafzumessung. Als selbständiger Rechtsbereich ist das Jugendstrafrecht erst um die Jahrhundertwende entstanden. Speziell für das Jugendstrafrecht entstand in Deutschland mit dem Jugendgerichtsgesetz (JGG) von 1923 nach langen und heftigen Auseinandersetzungen das erste Spezialstrafrecht für Jugendliche.

Es wird häufig als Kompromiß zwischen einem fortschrittlichen Jugendhilferecht und einem repressiven Strafrecht bezeichnet. Das trifft bestenfalls formal zu. Denn das Ziel des Jugendstrafrechts - einschließlich des Fürsorgerechts - war und ist die sogenannte proletarische Jugend. 1923 waren das fast ausschließlich deutsche Jugendliche, heute sind es hauptsächlich die ausländischen Jugendlichen.

Im Faschismus erlebte das Jugendgerichtsgesetz 1943 seine erste Reform. Es kam zur Herabsetzung des Strafmündigkeitsalters bei sogenannten »Volksschädlingen« auf 12 Jahre und zur programmatischen Ausrichtung auf Toleranz gegenüber »typischen« Jugenddelikten und kompromißloser Härte gegenüber »Minderwertigen« (z.B. Wiederholungstätern). Die von den Nazis vorgenommenen Veränderungen wurden mit der Änderung des JGG in der Bundesrepublik 1953 nur zum Teil zurückgenommen. Mit dem 1. Jugendgerichts-Änderungsgesetz von 1990 wurde es in die heute noch gültige Form gebracht. Es ist wie davor von der Zweigleisigkeit von Strafe und Erziehung geprägt. Während man Strafe als unfreiwillige Übelzufügung leicht definieren, fällt es schwer zu definieren, was das JGG und die damit befaßten SozialarbeiterInnen und JuristInnen unter Erziehung verstehen.

Trotz vielfältiger Erwähnung im JGG ist der Begriff Erziehung im Gesetz nicht definiert und entsprechend umstritten. Traditioneller Auffassung nach wird unter Erziehung nach dem JGG die Weckung der Einsicht in die sozialethischen Grundwerte und der Fähigkeit, ihnen entsprechend zu handeln, verstanden. Der Jugendliche soll die Normbefolgung lernen und auch die Fähigkeit zur Selbstzucht. Die konkrete Tat wird zum Anlaß genommen, in die Lebensführung des

185

Jugendlichen einzugreifen und eine Persönlichkeitsveränderung herbeizuführen. Diesem Ziel dient als ein Mittel auch die Haft. Solche vom Anspruch her intensiven Eingriffskonzepte sind zunehmend auf Kritik gestoßen.

Wo in einigen Stadtteilen schon über 20% der Jugendlichen - bei steigender Tendenz - nicht mehr in den traditionellen Arbeitsmarkt integriert werden können, und ein politischer Wille zur Verteilung von Arbeit nicht besteht, wächst die Jugendarbeitslosigkeit und die Kinder- und Jugendverarmung zur alles bestimmenden Kategorie heran. Wer da noch ein Erziehungsmodell im Sinne von »Führen, Ziehen, und Zucht« vertritt, ist am Ende. Und entsprechend haben sich in der Kriminalpädagogik die Ohnmachtserfahrungen ausgebreitet.

Die fortschrittlichen SozialarbeiterInnen und JuristInnen stehen vor einem weiteren Dilemma: bei ihnen ist zwar angekommen, daß die Jugendkriminalität weitgehend normal und vorübergehend ist, aber in ihrem Alltag gehen sie - angeleitet vom Jugendgerichtsgesetz - von der individuellen Verantwortung des Straftäters aus und suchen die Gründe für sein Verhalten in Defiziten seiner Person, seiner Entwicklung und Umgebung. Die Konsequenzen aus dem Stigmatisierungs-Ansatz müßten sein, nicht einzugreifen, keine strafrechtlichen Reaktionen mitzutragen. Das gelingt allenfalls bei Bagatelldelikten, manchmal auch bei der mittelschweren Delinquenz. Und so wird eben dann aus Anlaß der Straftat »zum Wohle des Täters« irgendwie »erzieherisch« interveniert. Der Begriff Erziehung ist dann nur noch eine Chiffre von Möglichkeiten der Einwirkung mit Hilfe dieses »Titels«, d.h. überhaupt nicht mehr ernstgemeint.

Tatsächlich sind die Voraussetzungen der Anpassungserziehung längst zerbrochen. Arbeitslosigkeit, illegale Drogen und Alkohol bestimmen in wachsendem Maße das Leben der strafrechtlich registrierten Jugendlichen. Zu den ausländischen Jugendlichen fehlt vielen JuristInnen der Draht. Sie sind mit den alten Methoden immer weniger erreichbar und werden entsprechend wahrgenommen: als unansprechbar und unverbesserlich. Die Gesellschaft ist gut, die SozialarbeiterInnen sind gut, die JuristInnen sind gut, das Jugendgerichtsgesetz ist gut - ungeeignet und schlecht sind nur die Jugendlichen. Auch das wird vom JGG begünstigt. So schreibt der §17 JGG die Verhängung von Jugendstrafen vor, wenn »wegen der schädlichen Neigungen...Erziehungsmaßregeln oder Zuchtmittel zur Erziehung nicht ausreichen«. Knast als Heilmittel gegen »schädliche Neigungen«.

Das Jugenstrafrecht ist für die betroffenen Jugendlichen nicht durchschaubar, wird willkürlich gehandhabt und ist deshalb schwer für sie zu verstehen. Beabsichtigte »erzieherische Wirkungen« können schon allein deshalb nur selten und zufällig gelingen. Im Sinne der offenbar angestrebten Lerneffekte muß von kontra-produktiven Folgen ausgegangen werden.

Dennoch bleibt festzuhalten, daß wir in Ossendorf immer wieder Jugendliche getroffen haben, die von einzelnen Richterinnen und Richtern mit Respekt gesprochen haben - weil sie ihnen immer wieder eine Chance gegeben haben und weil sie sich verstanden fühlten. Das sagt allerdings gar nichts über das Jugendgerichtsgesetz.

Daher nochmal in aller Deutlichkeit ein längeres Zitat des Hamburger Kriminologen Fritz Sack zum Scheitern des Strafrechts bezüglich seiner selbst gesteckten Ziele: »Um ein Bild aus der Welt der Literatur und der Dichtung anzuwenden, könnte man sagen, daß die Wohltat des Jugenstrafrechts mittlerweile zur Plage der Jugend geworden ist.

Am Jugendstrafrecht - seinen Annahmen über die Wirklichkeit des Gegenstands wie seinen daraus gezogenen Schlußfolgerungen - stimmt fast alles nicht, wenn man es mit dem Bild vergleicht, das sich aus sozialwissenschaftlichen und kriminologischen Befunden herleiten läßt. So stimmt die Unterstellung nicht, die das Jugend- mit dem Erwachsenenstrafrecht teilt, daß nämlich Kriminalität und Rechtsverletzung auf eine kleine Minderheit beschränkt sind, die die Ausnahme von der Regel darstellt. Das Gegenteil kommt der ausweisbaren Wirklichkeit näher. Es stimmt die Annahme nicht, daß nur die öffentliche, gar staatliche Reaktion den Weg zurück in die Gesetzestreue ebnet oder garantiert. Auch hier ist man besser beraten von der konkreten Annahme auszugehen: das Ausmaß der - wie es manchmal etwas angestrengt wissenschaftlich heißt - Spontanremission übersteigt wohl alle das Jugendstrafrecht legitimierenden Schwellen. Und es stimmt vor allem nicht die Grundgleichung des Jugendstrafrechts, wonach alles, was in seinem Namen geschieht, die Vermutung der Richtigkeit verdient und jeder, der sich ihr nicht gleich unterwirft, die Beweis- und Rechtfertigungslast seines bösen Glaubens aufgebürdet kriegt. Nirgends vielleicht wie auf diesem Gebiet staatlichen und gesellschaftlichen Handelns läßt sich eine derartige Fülle ›perverser Effekte‹, kontraproduktiver Wirkungen und systematischer Verkehrungen des guten Willens historisch und aktuell belegen.«

MENSCHENBILDER

Bei unseren Recherchen haben wir von Menschen, die keineswegs zu den Reaktionären, sondern zum Reformflügel in der Jugendkriminalrechtspflege gehören, im Hinblick auf ausländische Jugendliche Äußerungen anhören müssen, auf die wir nicht gefaßt waren. Es hat sich einmal mehr bestätigt, was Prof. Michael Walter in seinem Buch über Jugendkriminalität schrieb: »Inzwischen ist deutlich geworden, daß Stigmatisierungen hauptsächlich aus einer sozialen Distanz heraus erfolgen. Stigmatisiert wird am ehesten von Behörden, die relativ wenig Information über den jungen Menschen besitzen, zuletzt hingegen von Menschen, die zum persönlichen Beziehungsgeflecht des Jugendlichen gehören.«

1. VORURTEIL:

»In gewissen Ausländerkreisen« würde den Jugendlichen von den Eltern auf die Schultern geklopft, wenn sie aus dem Knast kommen. Daher würden die Haftstrafen »bei denen« nicht mehr fruchten. Selbst wenn diese in Juristenkreisen kursierende Vorstellung darauf beruht, daß das jemand tatsächlich beim Besuch in einer nicht-deutschen Familie selbst gehört haben sollte - es ist keinesfalls eine »ausländerspezifische« Bewältigung des Vorbestraften-Makels.

Menschen haben verschiedene Möglichkeiten, mit einem Stigma umzugehen, man kann es verdrängen, vergessen, verbergen - und eine offensive Form ist eben die Identifikation mit dem als schlecht angesehenen Merkmal. »Aus der Not eine Tugend machen«, wie das rumänisch-türkisch-marrokanische Sprichwort sagt. Als die amerikanische Bürgerrechtsbewegung der Schwarzen mit Martin Luther King an der Spitze immer selbstbewußter und erfolgreicher wurde, kam der Slogan »Black is beautiful« auf. Entsprechendes gibt es unter deutschen Gefangenen und Ex-Gefangenen ohne Ende, z.B. »Ein Mann ohne Knast, ist wie ein Baum ohne Ast.« Im badischen Ländle im Umkreis des Hochsicherheitsgefängnisses Bruchsal heißt es: »Wer nichts riskiert, kommt nicht nach Bruchsal«, und im heiligen Köln hieß es sogar schon im Stadt-Anzeiger ganz ohne Häme, daß in der Stadt ein Spruch die Runde macht, wonach mehr Kölner den Klingelpütz von innen gesehen haben, als den Dom.

2. VORURTEIL:

»In gewissen Ländern« würde man Jugendlichen Fotos von unseren Gefängnissen zeigen und ihnen sagen, daß sie in »so ein schönes Heim« kommen würden, wenn sie z.B. beim Transport von Drogen geschnappt werden sollten. Da man gerade im Zusammenhang mit der Globalisierungsdiskussion zur Vorbereitung weiterer Lohnsenkungen ständig hört, wie wenig die meisten Menschen auf dieser Erde täglich verdienen - und bei den Juristen heißt es dann sofort »da verdienen ja unsere Gefangenen mit 10 DM am Tag viel mehr« - wird dieser Bockmist in ihren Augen scheinbar noch von der objektiven Lage in den Elendszonen dieser Welt belegt.

Für uns, die wir uns seit Jahren mit den unerfreulichen Erscheinungen des Rassismus auseinandersetzen, war es trotzdem eine Überraschung, zu erfahren, daß es Leute gibt, die für die Inhaftierung ausländischer Jugendlicher zuständig sind, sich vorstellen, daß die sich in »unseren Gefängnissen« wohl fühlen. Das wird geglaubt. Vor dem Hintergrund der deutschen Geschichte und in Kenntnis der Tatsache, daß selbst die unschuldigen Menschen in den Vernichtungs-KZ noch irgendwie versucht haben zu leben, Witze zu reissen, zu lachen, Bilder zu malen, Gedichte zu schreiben, für eine Stelle im Chor oder im KZ-Orchester zu kämpfen.

Sie können sich einfach nicht vorstellen, daß Jugendliche oder auch Erwachsene, die gar kein oder kaum deutsch sprechen, in ihren Zellen nächtelang in ihre Kissen heulen und bis zum Verrücktwerden verzweifelt sind. Sie nehmen für bare Münze, wenn ihnen mal ein Verurteilter im Trotz entgegenschleudert: »Was, nur 10 Jahre, die reiße ich auf der linken Arschbacke ab.«

Es gibt gerade im Bereich der Jugendgerichte selbstverständlich viele RichterInnen und StaatsanwältInnen, die ihren Beruf mit sehr viel Verständnis für die Jugendlichen ausüben. Wir wollen allerdings auch nicht, daß Jugendliche mit Verständnis in den Knast gesteckt werden.

Seit Jahren wächst auch die Zahl der deutschen Gefangenen, deren Leben in Freiheit härter war, mehr von Gewalt und Elend geprägt, als es das Leben im Gefängnis ist. Auch wenn sie sich über den Abschluß einer Lehre oder den nachgemachten Schulabschluß freuen, über den Auftritt einer Rockgruppe oder den Besuch von Mitgliedern einer Kirchengemeinde - sie freuen sich ums Verrecken nicht darüber, ihre Freiheit verloren zu haben.

HAFTRICHTER

In Köln sind eine Haftrichterin und zwei Haftrichter für die Haftbefehle zuständig. Diese drei Richter heißen, richtig bezeichnet, Ermittlungsrichter. Die Ausfertigung von Haftbefehlen ist nur eine ihrer Aufgaben. Als Ermittlungsrichter sind sie neben den Haftsachen für alle Zwangsmaßnahmen im Ermittlungsverfahren zuständig. Das sind hauptsächlich Durchsuchungen von Personen und Räumen, Beschlagnahmungen und Vorführungen von Zeugen, die nicht freiwillig erscheinen wollen. Alle drei Ermittlungsrichter treffen im Jahr jeweils rund 4.500 Entscheidungen dieser Art. Davon sind ca. 600 Haftsachen und von diesen wiederum betreffen 10% Jugendliche und Heranwachsende. Über den Daumen gepeilt gibt es in Köln jedes Jahr ca. 150 bis 200 Haftbefehle gegen Jugendliche und Heranwachsende. 14 und 15jährige sind dabei die Ausnahme.

An drei Beispielen soll deutlich gemacht werden, wie es zur Vorführung vor den Haftrichter kommen kann:
1. Die Polizei macht eine Razzia gegen die offene Drogenscene und findet bei einigen Personen verbotene Stoffe. Sie werden vorläufig festgenommen.
2. In einem umfangreichen Wirtschaftsstrafverfahren hat die Staatsanwaltschaft aufgrund von Zeugenaussagen konkrete Belege für Straftaten in einer Firma. Die Polizei durchsucht diese Firma mit einem Durchsuchungsbefehl und verhaftet die belasteten Personen aufgrund einer staatsanwaltlichen Order.

3. Ein Täter wird von der Polizei beim Einbruch in ein Haus ertappt und vorläufig festgenommen.
Die Polizei legt aufgrund ihrer Feststellungen einen Vorführbericht für den Haftstaatsanwalt an. Dieser entscheidet aufgrund der Aktenlage, ob er einen Haftbefehl beantragt. Der Betroffene befindet sich zu diesem Zeitpunkt in der Gewahrsamsstelle des Polizeipräsidiums am Waidmarkt. Dort gibt es auch ein Gerichtszimmer. Jeden Tag, auch an den Wochenenden, ist dort um ca. 14 h eine Richterin oder ein Richter und entscheidet aufgrund der vorliegenden Ermittlungen, ob Haftbefehl erlassen wird oder nicht. An den Wochenenden sind es in der Regel nicht die drei offiziellen Ermittlungsrichter, sondern Richterinnen und Richter, die normalerweise für einen anderen Bereich zuständig sind. Voraussetzung für ihren Vertretungsdienst in Haftsachen ist, daß sie Erfahrungen in Strafsachen gesammelt und eine spezielle Schulung für die Haftsachen durchlaufen haben.

Die Polizei hat die Aufgabe, bei der Festnahme von Jugendlichen und Heranwachsenden die Jugendgerichtshilfe zu verständigen. Das klappt nicht sonderlich gut. Bei nur ca. jeder zweiten Eröffnung eines Haftbefehls ist eine Jugendgerichtshelferin oder ein Jugendgerichtshelfer anwesend.

Rechtsanwälte müssen bei der Eröffnung des Haftbefehls von Jugendlichen bestellt werden. Bei Heranwachsenden besteht die Möglichkeit erst nach drei Monaten U-Haft einen Pflichtverteidiger zu erhalten. Es gibt Ermittlungsrichter, die bereit sind, sofort einen Anwalt zuzuordnen, wenn dies der Gefangene wünscht. Dabei werden auch die Anwälte als Pflichtverteidiger beigeordnet, die der Gefangene genannt hat. Wer keinen Anwalt kennt, dem wird die Liste der Verteidiger vorgelegt, die sich bereit erklärt hatten, auch Pflichtverteidiger-Mandate zu übernehmen.

Zuständig sind die Haftrichter für Gefangene bis zur Erhebung der Anklage. Zu diesem Zeitpunkt werden die Richter zuständig, die das Verfahren führen. Bis dahin ist der Ermittlungsrichter für die Genehmigung von Besuchen bei den Untersuchungsgefangenen und die Zensur ihrer Post zuständig. Sie entscheiden bei den Gefangenen, die in der JVA Ossendorf in Haft sind, ob die Besuche in dem großen Besuchsraum stattfinden, wo sie nur noch optisch überwacht werden, oder in einem kleinen Besuchsraum, wo sie auch akustisch überwacht werden. Bei den ausländischen Gefangenen wird dadurch jeweils auch entschieden, ob der Besuch mit oder ohne Dolmetscher stattfinden kann, wenn Besucher oder Gefangene nicht richtig deutsche sprechen.

Die Ermittlungsrichter werden wie andere Richter jedes Jahr durch die Erstellung des Geschäftsverteilungsplans der Abteilung zugeordnet, in der sie tätig sind. In der Regel wird alle drei bis sechs Jahre gewechselt. D.h. ein Richter ist maximal sechs Jahre für die Ermittlungssachen zuständig. Am Beispiel des hohen

Anteils von Menschen ohne deutschen Paß in der Untersuchungshaft, stellt sich die Frage, wer dafür die entscheidenden Weichen gestellt hat: die Haftrichter, die die Haftbefehle unterschreiben oder die Polizei, die die Vorführberichte verfaßt, die Geschädigten oder Zeugen, die Anzeige gestellt haben oder die MigrantInnen und Flüchtlinge selbst durch ihre Straftaten.

Mit der Abfassung ihrer Berichte versuchen die PolizistInnen, Haftbefehle zu erwirken. D.h. sie sind die entscheidende Instanz, die sozusagen auswählt, wer verhaftet wird und wer nicht. Andererseits ist kein Haftricher gezwungen, z.b. einen Haftbefehl gegen einen ausländischen Jugendlichen ohne festen Wohnsitz auszusprechen, nur weil er irgendwas im Wert von 50 Mark geklaut hat.

DIE RECHTLICHEN GRUNDLAGEN FÜR VORLÄUFIGE FESTNAHMEN UND VERHAFTUNGEN BEFINDEN SICH IN DER STRAFPROZESSORDNUNG (STPO)

§112 Voraussetzungen der Untersuchungshaft. Haftgründe.

§112 a Weiterer Haftgrund

Über 90% der Haftbefehle stützt sich auf den Haftgrund Fluchtgefahr. Weitere Haftgründe sind die Verdunkelungsgefahr, der Verdacht der Begehung eines Sexualdeliktes und die Wiederholungsgefahr.

FÜR JUGENDLICHE GILT §72 JUGENDGERICHTSGESETZ (JGG)

§72 UNTERSUCHUNGSHAFT.

(1) Untersuchungshaft darf nur verhängt und vollstreckt werden, wenn ihr Zweck nicht durch eine vorläufige Anordnung über die Erziehung oder durch andere Maßnahmen erreicht werden kann. Bei der Prüfung der Verhältnismäßigkeit (§112 Abs.1 Satz 2 der Strafprozeßordnung) sind auch die besonderen Belastungen des Vollzugs für Jugendliche zu berücksichtigen. Wird Untersuchungshaft verhängt, so sind im Haftbefehl die Gründe anzuführen, aus denen sich ergibt, daß andere Maßnahmen, insbesondere der einstweiligen Unterbringung in einem Heim der Jugendhilfe, nicht ausreichen und die Untersuchungshaft nicht unverhältnismäßig ist.

(2) Solange der Jugendliche das sechszehnte Lebensjahr noch nicht vollendet hat, ist die Verhängung von Untersuchungshaft wegen Fluchtgefahr nur zulässig, wenn er

1. sich dem Verfahren bereits entzogen hatte oder Anstalten zur Flucht getroffen hat oder
2. im Geltungsbereich dieses Gesetzes keinen festen Wohnsitz oder Aufenthalt hat.

(3) Über die Vollstreckung eines Haftbefehls und über die Maßnahmen zur Ab-

wendung seiner Vollstreckung entscheidet der Richter, der den Haftbefehl erlassen hat, in dringenden Fällen der Jugendrichter, in dessen Bezirk die Untersuchungshaft vollzogen werden müßte.
(4) Unter denselben Voraussetzungen, unter denen ein Haftbefehl erlassen werden kann, kann auch die einstweilige Unterbringung in einem Heim der Jugendhilfe (§71 Abs.2) angeordnet werden. In diesem Falle kann der Richter den Unterbringungsbefehl nachträglich durch einen Haftbefehl ersetzen, wenn sich dies als notwendig erweist.
(5) Befindet sich ein Jugendlicher in Untersuchungshaft, so ist das Verfahren mit besonderer Beschleunigung durchzuführen.
(6) Die richterlichen Entscheidungen, welche die Untersuchungshaft betreffen, kann der zuständige Richter aus wichtigen Gründen sämtlich oder zum Teil einem anderen Jugendrichter übertragen.

§ 72A Heranziehung der Jugendgerichtshilfe in Haftsachen.
Die Jugendgerichtshilfe ist unverzüglich von der Vollstreckung eines Haftbefehls zu unterrichten; ihr soll bereits der Erlaß eines Haftbefehls mitgeteilt werden. Von der vorläufigen Festnahme eines Jugendlichen ist die Jugendgerichtshilfe zu unterrichten, wenn nach dem Stand der Ermittlungen zu erwarten ist, daß der Jugendliche gemäß §128 der Strafprozeßordnung dem Richter vorgeführt wird.
Der Inhaftierte hat die Möglichkeit, Antrag auf Haftprüfung bei der zuständigen Staatsanwaltschaft zu stellen. Diese soll den Antrag des Gefangenen innerhalb von drei Tagen dem Haftrichter zur Entscheidung vorlegen.

Die gesetzliche Frist zum Haftprüfungstermin beträgt zwei Wochen.
Bei dem Haftgrund Fluchtgefahr (ohne festen Wohnsitz, keine sozialen Bindungen u.ä.) kann die Aussetzung des Haftbefehls durch
1. Änderung der äußeren Bedingungen erfolgen.
Hier liegt die Chance der Straffälligenhilfe. Denkbar sind Wiederaufnahme in der Familie, Beschaffung einer Wohnung, Leben in einer Wohngruppe u.ä. Die Beschaffung eines festen Wohnsitzes führt natürlich nicht automatisch zur Entlassung - der Haftrichter muß den Inhaftierten auch für geeignet und fähig halten, so ein Hilfsangebot nicht nur pro forma, sondern wirklich anzunehmen.
2. Die Sicherheitsleistung durch Hinterlegung in Bargeld (Kaution) führt in der Praxis nur bei Wirtschaftsdelikten zur Aussetzung des Vollzuges des Haftbefehls.

Rechtsanwälte beklagen immer wieder, daß die U-Haft auch für andere Zwecke, als im Gesetz vorgesehen sind, mißbraucht wird. Bei diesen nicht im Gesetz festgeschriebenen Haftgründen folgen RichterInnen der Ideologie des »sharp short shock«, des kurzen harten Schocks, mit der auch immer wieder der Jugendarrest gerechtfertig wird. Empirische Untersuchungen belegen auch hierzu, daß damit keinesfalls ein »erzieherischer Effekt«, sondern den Jugendlichen geschadet wird. Oft täuschen sich die RichterInnen auch über andere negative Folgen der Untersuchungshaft. Denn obwohl alle, die in U-Haft sind, als unschuldig zu gelten haben, werden Jugendlichen um so eher zu einer Strafe verurteilt, wenn sie in U-Haft waren. »U-Haft schafft Rechtskraft«.

In Köln gibt es zuwenig Einrichtungen für betreutes Wohnen. Würde es mehr dieser Einrichtungen geben, könnte auf mehr Haftbefehle verzichtet werden. Das betrifft auch besonders auf Therapieplätze zu. Die Wartezeiten sind oft 6 Monate und länger - für Suchtkranke, die dringend Hilfe brauchen, zu lange. Gerade bei den Drogenabhängigen gibt es daher auch Gefangene, die froh sind, im Knast gelandet zu sein - einige sagen direkt, daß sie glauben, durch die Inhaftierung gerade noch mal dem Tod von der Schippe gesprungen zu sein.

In einem Gespräch mit Dr. Altpeter, einem der drei Kölner Ermittlungsrichter, fanden wir bestätigt, was wir auch durch unsere Arbeit in der JVA Ossendorf wahrnehmen: es gibt keinen besorgniserregenden Anstieg der Straftaten von Jugendlichen. Dr. Altpeter fiel auf, daß die Zahl der Anzeigen gegen Kindesmißhandlungen gewachsen ist. Dabei wird nicht von einer Zunahme von Kindesmißhandlungen und sexuellem Mißbrauch von Kindern ausgegangen, sondern von einer durch die öffentliche Diskussion bewirkten erhöhten Anzeigebereitschaft. Mit anderen Worten: was die Kinder zu erleiden haben, ist so ins öffentliche Bewußtsein gerückt, daß die Hemmung, jemanden aus der Nachbarschaft oder gar der Verwandtschaft anzuzeigen, gesunken ist. In diesem Deliktbereich kommen Jugendliche als Täter äußerst selten vor.

Besorgniserregend fand Dr. Altpeter eine Tendenz unter jugendlichen Straftätern, gerade auch unter ausländischen Jugendlichen, sich zu bewaffnen Aber auch hier kann keineswegs von einer »Explosion der Gewalt« gesprochen werden.

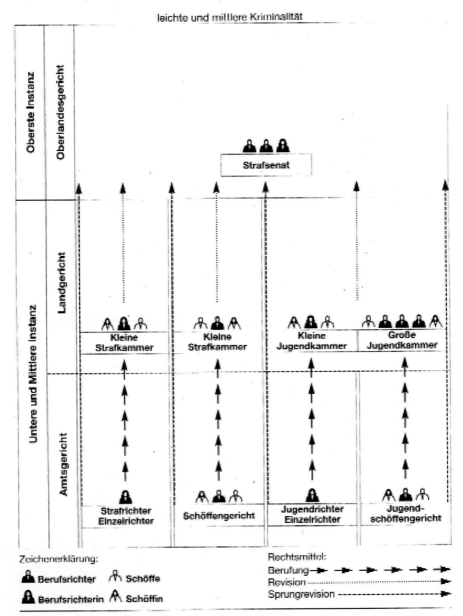

Schautafeln aus der Broschüre »Das Recht ist für alle da.«, herausgegeben vom Justizministerium des Landes NRW

Strafgerichtsbarkeit

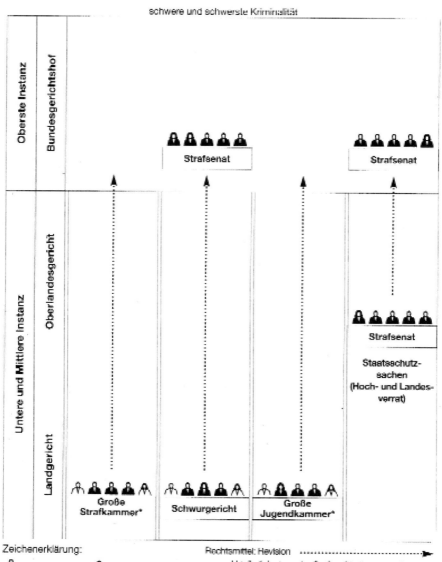

DIE JUGEND(STRAF)GERICHTSBARKEIT

Amtsgericht Köln
Luxemburger Str.101
50939 Köln
Tel 477-0
Fax 477-3333 und -3334
▸ Jugendrichter (ein Berufsrichter) :
Es entscheidet ein Einzelrichter bei weniger schweren Verfehlungen. Die mögliche Jugendstrafe darf ein Jahr nicht überschreiten.
▸ Jugendschöffengericht (ein Vorsitzender Richter und zwei Schöffen) :
Verhandelt werden alle mittelschweren Verfehlungen, für die der Einzelrichter nicht mehr zuständig ist. Die Schöffinnen und Schöffen haben das gleiche Stimmrecht wie der Richter.

Landgericht Köln
Luxemburger Str.101
50939 Köln
Tel 447-0
Fax 447-3333

▸ Jugendkammer (drei Berufsrichter und zwei Schöffen) :
Verhandelt werden vor allem sehr umfangreiche Strafsachen (z.B. große Bandendelikte) und besonders schwere Delikte (z.B. Mord, Totschlag, Raub mit Todesfolge).
In Verfahren über Berufung gegen Urteile des Jugendrichters mit dem Vorsitzenden und zwei Jugendschöffen besetzt. (2. Instanz)

Oberlandesgericht Köln
Reichensperger Platz 1
50670 Köln
Tel 7711-0
Fax 7711-700
▸ Strafsenat (drei Berufsrichter)
Revision 2. Instanz. In Verfahren über Revision gegen Urteile des Amtsgerichtes.

RECHTSMITTEL GEGEN ERGANGENE URTEILE

Gegen die erstinstanzlichen Urteile der Amtsgerichte (Jugendrichter, Jugendschöffengerichte) gibt es wahlweise das Rechtsmittel der Berufung oder Revision.

BERUFUNG

Bei der Berufung handelt es sich um eine Beschwerde gegen das ergangene Urteil, mit ihr wird von den Verurteilten ein milderes Urteil oder ein Freispruch angestrebt. In der Strafprozeßordnung (StPO) wird das Thema Berufung in den §§312 - 332 abgehandelt. Gegen die Urteile des Strafrichters und des Schöffengerichts ist Berufung zulässig. Sie muß bei dem Gericht des ersten Rechtszuges binnen einer Woche nach Verkündung des Urteils zu Protokoll der Geschäftsstelle oder schriftlich eingelegt werden. Die Berufungsinstanz ist die beim Landgericht eingerichtete Jugendkammer. Wird die Berufung zugelassen, kommt es zu einer neuen Verhandlung, der Berufungsverhandlung. Um die strafrechtlichen Folgen der Tat möglichst schnell wirksam werden zu lassen, ist das Rechtsmittelverfahren im Rahmen des Jugendstrafverfahrens eingeschränkt. Wer gegen ein Urteil Berufung eingelegt hat, kann nicht mehr Revision einlegen.

REVISION

In der StPO wird die Revision in den §§333 - 358 abgehandelt. Die Revision ist gegen die Urteile der Strafkammern und der Schwurgerichte sowie gegen die im ersten Rechtszug ergangenen Urteile der Oberlandesgerichte zulässig. Sie kann nur darauf begründet werden, daß das Urteil auf einer Verletzung der Gesetze beruhe. Verletzt wurde ein Gesetz in der Verhandlung, wenn eine Rechtsnorm nicht oder nicht richtig angewendet worden ist. Auch hier beträgt die Frist, binnen der die Revision eingelegt werden muß, eine Woche.

Eingang zu den Gerichten in der Luxemburger Strasse

JUGENDSTAATSANWALT

Staatsanwaltschaft
Am Justizzentrum 13
50939 Köln
Tel 477-0
Fax 4774050

ÜBER DIE JUGENDSTAATSANWÄLTE STEHT IM JUGENDGERICHTSGESETZ:

§36. Jugendstaatsanwalt. Für Verfahren, die zur Zuständigkeit der Jugendgerichte gehören, werden Jugendstaatsanwälte bestellt.
§37. Auswahl der Jugendrichter und Jugendstaatsanwälte. Die Richter bei den Jugendgerichten und die Jugendstaatsanwälte sollen erzieherisch befähigt und in der Jugenderziehung erfahren sein.

FÜR STRAFTATEN VON JUGENDLICHEN SIND IN KÖLN ZUSTÄNDIG:

1.) Die Jugendstaatsanwaltschaft mit 2 Abteilungen von jeweils fünf Staatsanwältinnen und Staatsanwälten und einem leitenden Staatsanwalt.
2.) Ein Sonderdezernat für größere Verfahren
3.) Zwei Dezernate für Jugendverkehrssachen
4.) In der Betäubungsmittelabteilung der Staatsanwaltschaft Köln werden Straftaten von Jugendlichen und Erwachsenen bearbeitet.

Straftaten werden bei der Staatsanwaltschaft durch die Polizei und durch direkte Anzeigen bekannt. Die Staatsanwälte prüfen zuerst die Prozeßvoraussetzungen:
▸ ist der Verdächtige strafmündig? Verfahren gegen Verdächtige unter 14 Jahren werden direkt eingestellt.
▸ liegt ein Strafantragserfordernis des Geschädigten vor? z.B. werden bei Körperverletzungen oder Beleidigungen die Staatsanwälte nicht tätig, wenn der Geschädigte keine Anzeige stellt.
▸ die Zuständigkeit wird geprüft. Bei Erwachsenen gibt es die sogenannte Tatortzuständigkeit, d.h.- die Kölner Staatsanwaltschaft wird tätig, wenn Straftaten in Köln begangen worden sind. Bei Jugendlichen gibt es die Wohnortzuständigkeit, d.h. die Jugendstaatsanwaltschaft in Köln ist zuständig, wenn Kölner Jugendliche Straftaten begehen - egal, ob die Tat in Köln oder außerhalb von Köln stattfand.

Sind die Prozeßvoraussetzungen erfüllt, dann wird die Jugendgerichtshilfe eingeschaltet. Im nächsten Schritt wird geprüft, ob eine strafbare Handlung nachgewiesen werden kann. Ist dies nicht der Fall, wird das Verfahren sofort eingestellt. Andernfalls wird geprüft, ob ein Gerichtsverfahren eingeleitet werden soll. Bei leichter Kriminalität, wie bei Nachbarschaftsstreitigkeiten oder einmaligem kleinen Ladendiebstahl, wird in der Regel auf ein Gerichtsverfahren verzichtet.

Staatsanwältinnen und Staatsanwälte haben die Möglichkeit, Verfahren mit und ohne Auflagen einzustellen. Bei den Auflagen handelt es sich um:
‣ die Ermahnung
‣ Sozialdienst und Betreuungsweisung
‣ Täter-Opfer-Ausgleich
‣ Geldauflagen
Handelt es sich beim angezeigten Delikt um ein schweres Delikt, oder ist der Beschuldigte schon mehrfach mit kleineren Delikten aufgefallen, dann wird eine Anklageschrift verfaßt und dem zuständigen Richter übermittelt. Die Zuständigkeit des Richters ergibt sich nach dem Geschäftsverteilungsplan nach dem Anfangsbuchstaben des Familiennamens des Beschuldigten.

Bei Verfahren gegen Jugendliche und Heranwachsende, bei denen der Erziehungsgedanke eine primäre Rolle spielt, ist zu beachten:
Nachdem die Tat des Jugendlichen oder Heranwachsenden rechtlich gewürdigt worden ist und bevor das Strafmaß erörtert wird, ist
‣ bei Jugendlichen (§1 Abs. 2 JGG) festzustellen, ob sie gem. §3 JGG strafrechtlich verantwortlich sind.
‣ bei Heranwachsenden (§1 Abs. 2 JGG) darzustellen, ob von dem Regelfall der Anwendung des Erwachsenenstrafrechts gem. § 105 Abs. 1 JGG abzuweichen und Jugendstrafrecht anzuwenden ist.

Ist der Angeklagte ein Jugendlicher oder ein nach dem Jugendstrafrecht, das als Sanktionen gem. §31 nur die Einheitssanktion kennt, zu beurteilender Heranwachsender, so kommen nur folgende Anträge in Betracht:
a) Einstellung gem. §47 Abs.1, Nrn. 1 - 3, Abs. 2 JGG. Es sind dies die Fälle des § 45 Abs. 1 und Abs. 2 JGG sowie der Fall der mangelnden strafrechtlichen Reife des Jugendlichen.
b) Erziehungsmaßregeln (§§ 9 ff. JGG), meistens in der Form von Weisungen (§10 JGG), die über die im Gesetz genannten Beispiele hinausgehen können, aber durch Verfassung und Sittengesetz begrenzt sind und dem Jugendlichen einleuchten müssen.
‣ Heilerzieherische Behandlung und Entziehungskur (§10 Abs. 2 JGG).
‣ Nur für Jugendliche, nicht für nach Jugendrecht zu verurteilende Heranwachsende (§§10, 105 JGG)
‣ Erziehungsbeistandschaft,
‣ Fürsorgeerziehung.
c) Zuchtmittel (§§13 ff. JGG), wie
‣ Verwarnung (§14 JGG),
‣ Erteilung von Auflagen (§15 JGG) :
‣ Wiedergutmachung des durch die Tat verursachten Schadens;
‣ persönliche Entschuldigung beim Verletzten, wenn der Täter dazu bereit ist;
‣ Zahlung eines Geldbetrages zugunsten einer gemeinnützigen Einrichtung, wenn

erzieherisch vertretbar und die Buße aus Mitteln gezahlt werden kann, über die der Jugendliche selbständig verfügen darf.
- Jugendarrest (§ 16 JGG):
  - Freizeitarrest (1 - 4 Freizeitarreste, meist jeweils an einem Wochenende),
  - Kurzarrest (2 - 6 Tage),
  - Dauerarrest (1 - 4 Wochen).

d) Aussetzung der Verhängung einer Jugendstrafe (§ 27 JGG). Es wird die Schuld des Jugendlichen festgestellt, aber die Verhängung einer Jugendstrafe ausgesetzt, wenn nicht mit Sicherheit beurteilt werden kann, ob in der Straftat schädliche Neigungen in einem Umfang hervorgetreten sind, daß eine Jugendstrafe erforderlich ist. Für die Bewährungszeit (vgl. § 28 JGG) wird der Jugendliche der Aufsicht und Leitung eines Bewährungshelfers unterstellt. Neben dieser Sanktion sind gem. § 27 JGG Weisungen und Auflagen möglich.

e) Jugendstrafe (§ 17 ff. JGG). Sie wird verhängt, wenn Erziehungsmaßregeln oder Zuchtmittel nicht ausreichen oder wegen der Schuldschwere Jugendstrafe erforderlich ist.
- Jugendstrafe bestimmter Dauer (§ 18 JGG), mindestens 6 Monate und im Regelfall höchstens 5 Jahre Jugendstrafe. Bei Verbrechen, die nach allgemeinem Strafrecht im Höchstmaße von mehr als 10 Jahren Freiheitsstrafe bedroht sind, kann bis auf 10 Jahre Jugendstrafe erkannt werden.
- Jugendstrafe unbestimmter Dauer (§ 19 JGG); es handelt sich um eine bewegliche Rahmenstrafe mit Begrenzung im Mindestmaß von 6 Monaten Jugendstrafe und im Höchstmaß von 4 Jahren Jugendstrafe; der Unterschied zwischen Mindest- und Höchstmaß soll nicht weniger als 2 Jahre betragen.

f) Maßregeln der Besserung und Sicherung (§ 7 JGG). Hier kommen in Betracht:
- Unterbringung in einem psychiatrischen Krankenhaus zur Sicherung der Rechtsgemeinschaft,
- Unterbringung in einer Entziehungsanstalt,
- Führungsaufsicht,
- Entziehung der Erlaubnis zum Führen eines Kraftfahrzeugs.

g) Schließlich kann auch noch auf Nebenstrafen und Nebenfolgen erkannt werden (§ 8 Abs. 3 JGG). Zulässig sind Fahrverbot, Einziehung, Unbrauchbarmachung, Verfallserklärung, Mehrerlösabführung, Jagdscheineinziehung sowie die Abschöpfung von deliktischen Gewinnen.

Von der Auferlegung von Kosten und Auslagen (§ 74 JGG) kann abgesehen werden.

Es liegt auf der Hand, daß in Verfahren gegen Jugendliche und Heranwachsende der Frage der Beurteilung der Persönlichkeit des Angeklagten, seiner psychischen und sozialen Situation, der voraussichtlichen Wirkung der gegen ihn zu verhängenden Sanktionen sowie der Sozialprognose noch größere Bedeutung zukommt als in Verfahren gegen Erwachsene. Gerade hier, bei der einfühlsamen

Analyse der Persönlichkeit des Jugendlichen, seine Psyche, seiner Motive und seiner Erziehbarkeit, hat sich der Sitzungsvertreter zu bewähren.

Staatsanwaltschaft Köln

JUGENDRICHTER

In Köln gibt es sieben Jugendrichter und Jugendrichterinnen. Über seine Kolleginnen und Kollegen und sich sagte uns Dr. Dries: »In Köln sitzen die Richter über Mitbürger zu Gericht, in anderen Städten sitzen Richter über Straftäter zu Gericht.« Das Ergebnis dieser Haltung im Unterschied zum Rest der Republik: weniger Verurteilte, geringere Strafen und weniger Rückfälle.

Da uns Dr. Dries bei diesem Gespräch auch noch berichtete, daß er seit Jahren mit ehemaligen »Kunden« im Rahmen seiner Mitarbeit im Verein Kellerladen e.V. bei Hilfstransporten nach Polen und Rußland mitfährt, hatten wir einen Grund mehr zu bedauern, daß solchen Juristinnen und Juristen von unserem Parlament kein besseres Jugendgerichtsgesetz an die Hand gegeben wird - ein Gesetz ohne Strafen, vor allem ein Gesetz ohne Haftstrafen. Wir brauchen ein Jugendkonfliktrecht, das die sozialwissenschaftlichen Einsichten aus der Sanktionsforschung reflektiert, Konsequenzen aus dem sattsam bekannten schädlichen Folgen der Inhaftierung Jugendlicher zieht, und Hilfe statt Strafe zur Maxime allen staatlichen und gesellschaftlichen Handelns macht.

EINSTELLUNG DES VERFAHRENS DURCH DEN RICHTER

Wenn die Anklage erhoben ist, kann der Richter das Verfahren unter folgenden Voraussetzungen einstellen:
- wenn die Schuld des Täters als gering anzusehen ist und kein öffentliches Interesse an der Strafverfolgung besteht (§153 StPO),
- wenn eine erzieherische Maßnahme im oben genannten Sinn bereits durchgeführt oder eingeleitet wurde,
- wenn der Jugendliche geständig ist und der Richter eine richterliche Maßnahme nach §45 JGG (Ermahnung, Weisung oder Auflage) erteilt,
- wenn der Jugendliche mangels Reife strafrechtlich nicht verantwortlich ist.

Die Einstellung des Verfahrens bedarf der Zustimmung des Jugendstaatsanwalts (§47 JGG).

HAUPTVERFAHREN

Wird das Verfahren nicht eingestellt, findet gegen den Jugendlichen das Hauptverfahren statt. Die Hauptverhandlung gegen Jugendliche ist nicht öffentlich (§48 JGG). Gesetzliche Vertreter und Erziehungsberechtigte haben ein Recht auf Anhörung, insbesondere in der Hauptverhandlung. Ferner wirkt die Jugendgerichtshilfe mit, um die erzieherischen, sozialen und fürsorgerischen Gesichtspunkte zu Geltung zu bringen. Dr. Dries: »Die besten Plädoyers hält die Jugendgerichtshilfe«. Im vereinfachten Jugendverfahren kann auf Grund eines Antrages der Staatsanwaltschaft ohne Anklage im Urteilsverfahren entschieden werden, wenn nur

Weisungen, Erziehungsbeistandsschaft, Zuchtmittel, Fahrverbot, Entziehung der Fahrerlaubnis und eine Sperre von nicht mehr als zwei Jahren zu erwarten sind (§76 JGG).

RECHTSANWÄLTINNEN

Im Frühjahr 1990 wurden alle am Amtsgericht Köln zugelassenen Anwälte von der Krimininologischen Forschungsstelle der Universität Köln zur Verteidigung junger Beschuldigter befragt. Von der Gesamtheit der Anwälte (1849) antworteten 617 = 33%. Von diesen waren lediglich 34 Rechtsanwältinnen und Rechtsanwälte in nennenswertem Umgang mit der Verteidigung von Jugendlichen und Heranwachsenden befaßt. Die Wahrnehmung des Mandats entsprach dabei weitgehend dem Vorgehen und Verhalten bei Erwachsenen. Besondere erzieherische Gesichtspunkte oder Aktivitäten spielten im Verteidigerverhalten keine maßgebliche Rolle. Die Verteidigung junger Menschen ist eine wenig geliebte und kaum ertragreiche Angelegenheit.

Ein anderes Ergebnis der Befragung war, daß nur jeder vierte der vom Jugendrichter angeklagten Jugendlichen, aber fast 60% der beschuldigten Erwachsenen im Verfahren einen Rechtsanwalt hatte.

Die Kriminologen: »Das muß schon deshalb erstaunen, weil gerade junge Menschen des besonderen Schutzes und der Beratung bedürfen, womit eine verfahrensrechtliche Schlechterstellung schwerlich vereinbar erscheint. Die ersten Kontakte junger Menschen mit der Strafjustiz liefern zudem Schlüsselerlebnisse zur praktischen Rechtsstaatlichkeit und Fairneß. Auch deshalb muß der Justiz und letztlich uns allen daran gelegen sein, ein Vorbild im positiven Sinne zu vermitteln.«

Die meisten Jugendlichen kennen keine Anwälte und viele besorgen sich erst einen, wenn sie schon in der JVA sind, also in einer Situation, wo sie nicht groß wählen können. Sie nehmen sich dann oft die Anwälte, die gerade zufällig an dem Tag die vom Anwaltsverein organisierte kostenlose Erstberatung wahrnehmen oder sie schreiben einen Anwalt an, der ihnen von Mitgefangenen empfohlen wurde. Die überwiegende Anzahl der Jugendstrafverteidiger, die an der Untersuchung teilnahmen, steht schon während des Ermittlungsverfahrens mit dem Gericht oder der Staatsanwaltschaft, aber auch mit Polizisten, der Jugendgerichtshilfe und Drogenberatern in Verbindung.

Die Regel ist so ein Engagement leider nicht. Wir haben in Ossendorf immer wieder Jugendliche getroffen, die ihren Pflichtverteidiger am Tag der Verhandlung zum ersten Mal gesehen haben und dann auch den Eindruck hatten, daß er sie nicht richtig verteidigte. Manchmal spielen dabei auch Vorurteile der Jugendlichen eine Rolle, z.B. wenn sie erwarten, daß sich ihr Anwalt wie in manchen amerikanischen Kriminalfilmen aufs heftigste mit dem Richtern und dem Staatsanwalt anlegt. Jugendliche haben manchmal auch den Eindruck, daß sie nicht verteidigt werden, weil der Anwalt den Mund nicht aufmacht. Jugendrichter Dr.Dries: »Das muß nicht verkehrt sein, da können sich die Jugendlichen schon mal irren. Wenn der Anwalt merkt, daß alles optimal läuft, hat er keinen Grund, etwas zu sagen und verteidigt gerade dadurch gut.« Von diesen Ausnahmen aber abgesehen, gibt es Rechtsanwälte, die sich zur Verteidigung von Jugendlichen verpflichten lassen, aber ihre Aufgabe nicht ernst nehmen. Es gibt aus der Verteidigerperspektive allerdings auch ganz andere Erfahrungen - sie haben den Eindruck, daß es Richterinnen und Richter gibt, die der Auffassung sind, daß es auch ohne Verteidigung geht. Die Untersuchung der Kölner Kriminologen hat dies bestätigt - die Gerichte verfahren bei der Bestellung von Pflichtverteidigern bei Jugendlichen und Heranwachsenden sehr zurückhaltend.

Forderungen aus der Sicht der auch in Jugendstrafverfahren engagierten Rechtsanwältinnen und Rechtsanwälte: Pflichtverteidiger sollten nicht nur bei Jugendlichen im Alter von 14 - 17 Jahren vom ersten Hafttag an bestellt werden, sondern auch für die Heranwachsenden. Bei den 18 - 20jährigen muß ein Pflichtverteidiger erst nach 3 Monaten U-Haft bestellt werden.

Aufgrund ihrer Erfahrung in vielen Jugendstrafverfahren fordern diese Anwälte auch, daß schon bei der Eröffnung eines Haftbefehls, möglichst schon bei den ersten polizeilichen Vernehmungen, ein Anwalt dabei ist. In ihrer Naivität und Ehrlichkeit lassen sich Jugendliche bei polizeilichen Vernehmungen zu Aussagen verführen, deren Folgen sie nicht übersehen, und die sie spätestens dann bereuen, wenn die Zellentür hinter ihn zugeht und sie dann noch erfahren, daß aufgrund ihrer Aussagen Freunde verhaftet wurden. Der Schaden, der dadurch angerichtet wird, kann größer sein, als der Schaden den die Jugendlichen angerichtet haben.

SCHÖFFINNEN UND SCHÖFFEN

Die Zahl der Schöffinnen und Schöffen in Deutschland wird auf ca. 80.000 geschätzt. Rund 25% aller Schöffinnen und Schöffen sind Jugendschöffen. Nach dem Gerichtsverfassungsgesetz soll die Vorschlagliste für die Schöffen alle Gruppen der Bevölkerung nach Geschlecht, Alter, Beruf und sozialer Stellung angemessen berücksichtigen. Die Gesetzeslage schreibt eine Altersstruktur von 25 bis 75 Jahren vor. Derzeit ist die Altersgruppe der 40-60jährigen im Vergleich zur Gesamtbevölkerung geringfügig überrepräsentiert. Bei der Geschlechtsverteilung ist zu berücksichtigen, daß für Jugendschöffen schon bei den Wahlvorschriften vorgesehen ist, daß die Liste paritätisch mit Frauen und Männern besetzt sein soll.

Die Vorschlagliste für die SchöffInnenwahl wird beim Jugendamt öffentlich ausgelegt. Bei der Wahl entscheidet ein Wahlausschuß unter Vorsitz einer Jugendrichterin oder eines Jugendrichters.

Insgesamt sind Frauen im Schöffenamt im Vergleich zu ihrem Anteil an der Gesamtbevölkerung mit 44% leicht unterrepräsentiert. Im Vergleich zu den ehrenamtlich Tätigen in anderen Bereichen ist eine Entschädigung von Schöffen gesetzlich geregelt. Neben dem Verdienstausfall werden eine Aufwandsentschädigung gezahlt und die Fahrtkosten erstattet. Die Sätze sind im Juli 1994 angepaßt worden, wobei vor allem auch der Satz für Nichtberufstätige erhöht wurde. Die gesellschaftliche Anerkennung für das Ehrenamt wird von der Deutschen Vereinigung der Schöffen und Schöffinnen (DVS) als zu gering bewertet. Die Schöffen fühlen sich häufig isoliert, und es fehlt an Möglichkeiten regelmäßigen Austausches.

Deutsche Vereinigung der Schöffinnen und Schöffen -
Bundesverband ehrenamtlicher Richterinnen und Richter
Rheinweg 76
53129 Bonn
Tel 0228/549314
Fax 0228/549314

ZEUGINNEN

Zeugin oder Zeuge kann jeder von uns mal werden. Dann nämlich, wenn man etwas wahrgenommen hat, was später in einem gerichtlichen Verfahren von Bedeutung sein kann. Andererseits kann man selbst auch mal Zeugen brauchen: Dann nämlich, wenn man selbst mit Hilfe der Gerichte sein Recht durchsetzen will.

Nach dem Gesetz ist grundsätzlich jedermann, der als Zeuge geladen wird, verpflichtet, als Zeuge vor Gericht zu erscheinen. Die Richterin oder der Richter muß sich selbst einen Eindruck von den Zeugen und ihren Aussagen machen.

Wenn Zeugen hereingerufen werden, befragt das Gericht sie erstmal zur Person: Name, Vorname, Alter, Beruf und Wohnort. Es belehrt sie darüber, daß sie ihre Aussagen nur in den vom Gesetz bestimmten Fällen verweigern dürfen. Dann geht es »zur Sache«. Die Zeugen werden über das Beweisthema unterrichtet; sie müssen dann wahrheitsgemäß und vollständig aussagen. Hat die Richterin oder der Richter oder sonst ein Beteiligter dann noch Fragen, können diese gestellt werden.

Im Anschluß daran haben Zeugen in einem Strafverfahren ihre Aussagen grundsätzlich zu beeiden. Ausnahmen bestehen für Kinder und Jugendliche unter 16 Jahren und für Personen, die verdächtigt sind, an der dem Angeklagten zur-

Last gelegten Tat beteiligt gewesen zu sein. Auch wer mit dem Angeklagten verwandt oder verlobt ist, muß nicht aussagen.

Wenn Zeugen vereidigt werden, stehen alle im Gerichtssaal auf. Danach spricht die Richterin oder der Richter die Eingangsformel des Eids. Die Zeugin oder der Zeuge hebt die rechte Hand und sagt: »Ich schwöre es, so wahr mir Gott helfe.« Der Eid kann auch ohne die religiöse Beteuerung geleistet werden. Wer aus Glaubens- oder Gewissensgründen keinen Eid leisten möchte, hat die Wahrheit der Aussage zu bekräftigen.

Der Zeuge kann dann gehen. Auslagen (Verdienstausfall, Fahrtkosten) werden erstattet.

Karrikatur zum Artikel »Arrest nützt nichts« in der Zeitschrift »Neue Kriminalpolitik«

JUGENDARREST

Der Jugendarrest gehört nicht zum Jugendstrafvollzug. Jugendarrest gilt nicht als Strafe (was natürlich kein Jugendlicher versteht), sondern ist nach dem § 13 des Jugendgerichtsgesetzes ein »Zuchtmittel«, das angewandt wird, wenn, so der Gesetzestext, »Jugendstrafe nicht geboten ist, dem Jugendlichen aber eindringlich zum Bewußtsein gebracht werden muß, daß er für das von ihm begangene Unrecht einzustehen hat.«

Historisch entstanden ist der Jugendarrest 1940 durch eine Verordnung. 1943 haben die Nazis den Jugendarrest in das seit 1923 existierende Jugendgerichtsgesetz übernommen. Die Bundesrepublik Deutschland hat das beibehalten.

In der DDR war der Jugendarrest zunächst als faschistisches Gedankengut abgelehnt worden, aber 1968 wurde eine Variante davon eingeführt - die Jugendhaft. Sie dauerte 1 - 3 Monate.

In der Bundesrepublik gab es in den 80er Jahren lange Diskussionen und jede Menge Plädoyers für die Abschaffung des Jugendarrests, aber in das geänderte Jugendgerichtsgesetz von 1990 wurde er doch wieder aufgenommen. Dabei gab es schon seit Anfang der 80er Jahre, z.B. in Bremen, positive Erfahrungen mit arrestvermeidenden Projekten. Aus diesem Grund wurde die einzige Jugendarrestanstalt in Bremen zum 31. März 1989 geschlossen. Der Senator für Justiz und Verfassung der Freien Hansestadt Bremen hatte daher bei der Beratung es Entwurfes zur Änderung des Jugendgerichtsgesetzes im Rechtsausschuß des Bundesrates den Antrag auf Abschaffung des gesamten Jugendarrestes gestellt. Er fand wie gesagt keine Mehrheit.

§ 16 JUGENDGERICHTSGESETZ (JGG). JUGENDARREST

(1) Der Jugendarrest ist Freizeitarrest, Kurzarrest und Dauerarrest.
(2) Der Freizeitarrest wird für die wöchentliche Freizeit des Jugendlichen verhängt und auf eine oder zwei Freizeiten bemessen.
(3) Der Kurzarrest wird statt des Freizeitarrests verhängt, wenn der zusammenhängende Vollzug aus Gründen der Erziehung zweckmäßig erscheint und weder die Ausbildung noch die Arbeit des Jugendlichen beeinträchtigt werden. Dabei stehen zwei Tage Kurzarrest einer Freizeit gleich.
(4) Der Dauerarrest beträgt mindestens eine Woche und höchstens vier Wochen. Er wird nach vollen Tagen oder Wochen bemessen.

Die Delikte, weswegen Jugendliche in Arrest genommen werden, kommen aus dem Bereich mittelschwerer Delinquenz. Dabei handelt es sich z.B. um
- Körperverletzungen mit erheblichen Folgen
- nächtliche Einbrüche in Kioske
- Automatenaufbrüche
- Alltagsraub unter jungen Leuten an Schulen und in Lehrwerkstätten

Aus unserer Sicht sind das alles Delikte, die für den Täter-Opfer-Ausgleich und andere ambulante Maßnahmen in Frage kommen.

	Freizeitarrest	Dauerarrest	
D	49	50	D = Deutsche,
T	28	43	T = Türken (und Kurden) ,
A	11	75	A = andere Nichtdeutsche,
G	88	168	G = Gesamtzahl

1995 waren in Köln insgesamt 88 Jugendliche und Heranwachsende in den Freizeitarrest und insgesamt 168 in den Dauerarrest von 1 - 4 Wochen geschickt worden. Davon waren : Von diesen Jugendlichen, die im Arrest landen, ist ca. jeder zweite in den Arrest gekommen, weil er Weisungen nicht erfüllt hat. D.h. sie sind nicht von Jugendrichtern direkt in den Arrest geschickt worden, sondern erst nachdem eine andere Maßnahme nicht funktioniert hat - daher auch der Begriff »Ungehorsamsarrest« für diesen Teil der Arrestmaßnahmen. Auch hierfür sind andere Formen der Reaktion längst erprobt. Für den Vollzug von Jugendarrest stehen neben besonderen Freizeitarresträumen bei einer Reihe von Amtsgerichten - in Köln ist das im Keller des Amtsgerichts in der Luxemburger Straße - in Nordrhein-Westfalen derzeit vier Jugendarrestanstalten mit zusammen 140 Plätzen zur Verfügung. Grundlage für die Gestaltung des Jugendarrestvollzugs ist die Jugendarrestvollzugsordnung. Danach soll der Jugendarrest nicht nur der bloßen Freiheitsentziehung dienen und der dadurch erhofften Selbstbesinnung. Die Bediensteten dieser Jugendarresteinrichtungen sollen in dieser Zeit auch auf die Jugendlichen erzieherisch einwirken. Daher sind Aussprachen mit dem Vollzugsleiter - einem Jugendrichter -, Gruppenarbeit, Unterricht und Sport vorgesehen. Oft wird dieser richterlich angeordnete Arrest mit der Weisung verbunden, nach der Arrestzeit an einer Nachbetreuung durch die Jugendgerichtshilfe teilzunehmen.

FÜR WEIBLICHE JUGENDLICHE GIBT ES IN NRW NUR EINE ARRESTANSTALT:
Jugendarrestanstalt Wetter (Ruhr)
Gustav-Vorsteher-Straße 1
58300 Wetter
Tel 02335/ 5031, 4953
Fax 02335/ 1388

Wie wir von einem Strafverteidiger gehört haben, werden wegen der unmöglichen Zustände dort von Kölner Jugendrichterinnen und Jugendrichtern keine weiblichen Jugendlichen und Heranwachsenden nach Wetter geschickt, seit sich ein Kölner Jugendrichter einmal diese Einrichtung angesehen hat und seinen Kolleginnen und Kollegen davon berichtete.

MÄNNLICHE JUGENDLICHE AUS KÖLN,
DIE ZU EINEM DAUERARREST VERDONNERT WERDEN, KOMMEN IN DIE

Jugendarrestanstalt Remscheid
Freiheitsstraße 178-180
42853 Remsheid
Tel 0291/9756-0
Fax 0291/9756-20

oder in das
Nebenhaus Solingen
Wupperstr. 32a
42651 Solingen
Tel 0212/207903

Obwohl der Arrest offiziell keine Strafe ist, sind die Jugendlichen in einem Zellengebäude untergebracht. Im Unterschied zur U-Haft und zur Jugendstrafhaft gibt es keine Fernseher. Die »erzieherischen Wirkungen«, die in der kurzen Zeit des Arrests erreicht werden sollen, bestehen hauptsächlich darin, daß die Jugendlichen in Werkstätten an »das Arbeitsleben herangeführt« werden. Aufgelockert wird das mit Erlebnisfreizeiten, einer Art Abenteuerurlaub: Wander- oder Fahrradtouren und eine dreitägige Kanu-Fahrt auf kleinen Flüssen stehen auf dem Programm. Daneben gibt es kreative Freizeitangebote wie Malen und Zeichnen, soziale Trainingskurse und Gesprächsrunden. Dazu werden auch KriminalbeamtInnen, BewährungshelferInnen, JugendrichterInnen und JugendstaatsanwältInnen eingeladen. Obwohl sich das nach einem Intensivprogramm anhört, das die Jugendlichen von morgens bis abends auf irgendeine Weise einspannt, wird eingestanden, daß es noch jede Menge Leerlauf gibt - »eine konzeptionelle Verdichtung wäre möglich«.

An eine ganz andere Konzeption im Umgang mit den Jugendlichen, die sogenannte mittelschwere Delikte begangen haben, wird leider nicht erwogen. Wie Herr Koepsel, Leiter des Vollzugsamtes Rheinland, auf einer Veranstaltung der Deutschen Vereinigung für Jugendgerichte und Jugendgerichtshilfen e.V. (DVJJ) am 30. Januar 1997 in der Universität Köln erklärte, ist daran gedacht, die Zahl der Arrestplätze in Remscheid um 12 zu erhöhen.

JVA-Köln Ossendorf **A 41**-Richtung Kreuz Köln-West

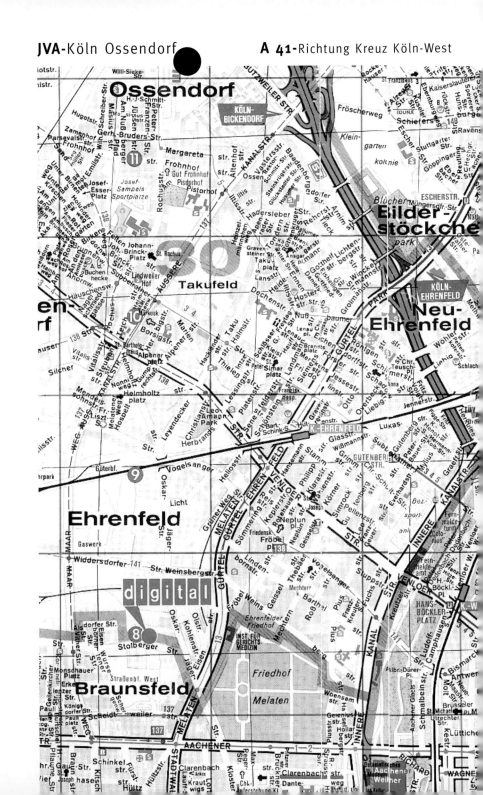

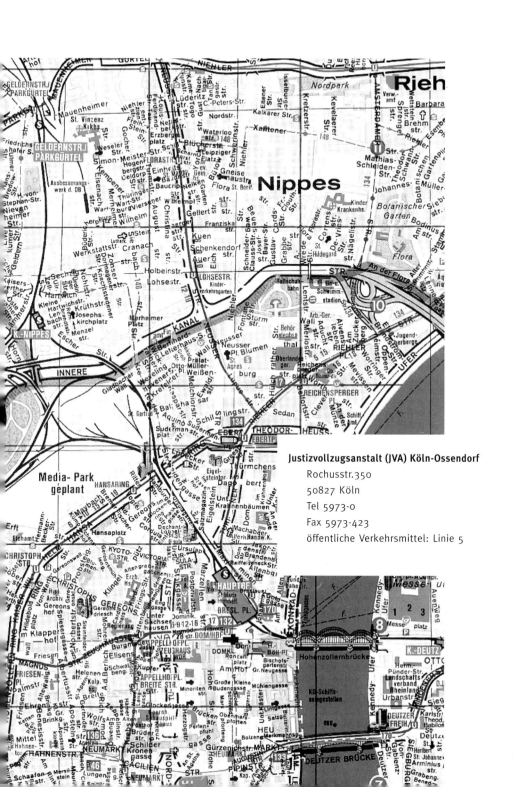

Justizvollzugsanstalt (JVA) Köln-Ossendorf
Rochusstr. 350
50827 Köln
Tel 5973-0
Fax 5973-423
öffentliche Verkehrsmittel: Linie 5

Gang vor den Zellen in der JVA Köln

Untersuchungshaft und Strafvollzug in Köln

DIE GESCHICHTE

Der Beginn der Geschichte des homo sapiens sapiens, also unsere menschliche Geschichte, liegt irgendwo zwischen 100.000 und 50.000 Jahre vor unserer Zeitrechnung. Die Geschichte der Gefängnisse liegt weniger im dunkeln und ist sehr jung. Jahrtausendelang davor regelten unsere Vorfahren ihre Probleme ohne Gefängnisse. Und keineswegs nur durch Folter und Hinrichtungen. So wie heute viele Menschen ihre Probleme ohne Polizei und Justiz regeln, so geschah das schon in früheren Zeiten durch direkte Konfliktregelung im Gespräch mit der Aushandlung irgendeiner Art von Wiedergutmachung. Aber wie heute auch, gab es Konfliktaustragungen, die zu Mord und Totschlag führten.

Im Jahre 1550 wurde das erste europäische Zuchthaus in London errichtet, es folgten 1588 Nürnberg und Amsterdam und 1613 Lübeck, 1615 Hamburg. Nicht zufällig waren es die damaligen Handelsmetropolen, in denen die ersten Zuchthäuser entstanden. Aus der Perspektive der Besitzer der damals entstehenden vorindustriellen gewerblichen Großbetriebe, die auf Handarbeit beruhten (Manufakturen), war es schiere Verschwendung, z.B. einen jungen Mann, der beim Diebstahl erwischt wurde, hinzurichten, statt ihn zur Arbeit zu zwingen.

So war das Zuchthaus im wesentlichen eine Verbindung von Armenhaus, Arbeitshaus und Strafanstalt. Seine Hauptaufgabe bestand darin, die Arbeitskraft »unwilliger Menschen« nutzbar zu machen.

Im Verlauf des 18. Jahrhunderts hatte sich das Zuchthaussystem durchgesetzt und parallel zu dieser Entwicklung wurde die Folter abgeschafft: in Preußen 1754, in Baden 1767, in Sachsen 1770 und 1806 in Bayern. Die Abschaffung der Todesstrafe folgte erst 150 Jahre später mit der Gründung der Bundesrepublik im Jahre 1949.

Die Geschichte des Strafens in den Jahrhunderten nach der Völkerwanderung (4.- 6. Jahrhundert n.Chr.), als sich im ehemals römisch besetzten Europa wieder Städte und Staaten zu bilden begannen, ist zwar in unseren Schulen kein Unterrichtsthema, aber durch viele Berichte über die besondere Grausamkeit der Foltermethoden und Hinrichtungsarten ist uns bekannt, was Strafen damals bedeutete: Verbrennen, Hängen, Blenden, Rädern, Auspeitschen, Enthaupten, Handabschlagen - um nur einige der wichtigsten Strafen jener Zeit zu nennen.

Die heute in der Kindererziehung noch weit verbreiteten gewalttätigen Abstrafungen und die öffentlichen Rufe nach der Wiedereinführung der Todesstrafe nach besonders spektakulären Verbrechen machen deutlich, daß wir mit dieser Tradition des Strafens noch nicht gebrochen haben. Der Glaube an die Besserung der menschlichen Verhaltensweisen durch Härte, Grausamkeit und Todesstrafe spiegelt wider, daß es mit den tatsächlichen Auswirkungen dieser Strafgeschichte in unserer Gesellschaft nie eine systematische allgemeine Auseinandersetzung gab. Dieser Glaube lebt auch in der Justiz fort: die vielen Begriffe, in denen das Wort Strafe vorkommt, wie z.b. in Strafprozeßordnung, Strafanstalt, stehen dafür. Selbst in der Festschrift zum 100jährigen Bestehen des Kölner Gefangenen-Fürsorgevereins finden sich Sätze wie diese: »Der Strafgefangene hat die Rechtsordnung der Gesellschaft gebrochen. Dafür hat er für mehr oder minder lange Zeit die Freiheit, jedenfalls die äußere, verwirkt. Es ist indessen ein Gebot der christlichen wie auch der immanent-humanistischen Ethik, ihm den Rückweg in die Gesellschaft nicht zu verlegen, sondern zu erleichtern. Dabei kann und darf es sich nicht um eine Beseitigung des Strafübels handeln, nicht um eine Begünstigung und nicht um ein pseudo-humanitäres Bemühen, das in Wirklichkeit inhuman ist, weil es den Strafvollzug unwirksam macht und damit den Keim zu neuer Delinquenz legt, mit allen Folgen für Opfer und Täter.«

Dabei gab es längst auch in den Reihen der Justiz selbst Einsichten in die Wirkungen der Strafgefängnisse, die zu ganz anderen Schlüssen führten. So erklärte der Rechtsgelehrte Friedrich von Liszt 1902: »Wenn ein Jugendlicher oder auch ein Erwachsener ein Verbrechen begeht, und wir lassen ihn laufen, so ist die Wahrscheinlichkeit, daß er wieder ein Verbrechen begeht, geringer, als wenn wir ihn bestrafen.«

DIE ENTSTEHUNG DES GEFÄNGNISSES IN KÖLN

Die Opfer der Hinrichtungen im Mittelalter wurden vor der öffentlichen Abstrafung in Kerkern festgehalten und gefoltert. Dabei handelte es sich um Kellerräume, Verließe oder Turmzimmer.

In mittelalterlichen Köln waren Kerker im Severinstor, im Bayenturm, in der Kunibertstorburg (heute steht nur noch ein kleines Türmchen) und im Frankenturm (Ecke Trankgasse/Johannisstraße)

1776 wurde vom Rat der Stadt ein Zucht- und Arbeitshaus am Perlengraben geschaffen. Die Insassen wurden hauptsächlich mit Spinn- und Webarbeiten beschäftigt. Im Jahre 1800 erfolgte der Umzug in das säkularisierte Minoritenkloster. Von 1794 bis 1814 waren die linksrheinischen Gebiete von Frankreich besetzt. Die Franzosen waren bestrebt, die schaurigen Kerker in den Stadtmauertürmen zu schließen und menschenwürdige Haftstätten zu errichten. Da für Neubauten kein Geld da war, wurden Klöster zu Gefängnissen umgebaut, so z.B. das Clarissenkloster »Zu den Schutzengeln« an der Schildergasse. Es hatte 86 verschließbare Räume für 320 Gefangene sowie Werkräume für eine Schneiderei und eine Leinenweberei. Nach der Fertigstellung des Klingelpütz wurde dieses Gefängnis zur »Weiberanstalt«. Es diente bis 1904 als Frauengefängnis. Über dem Eingang des Hauses Schildergasse 120 erinnert eine Gedenktafel daran.

Das erste große Zellengefängnis der Welt entstand in den Jahren von 1818 bis 1825 in Pittsburgh in Pennsylvania. Es wurde »Western Peniteniary« = »westliches Bußhaus« genannt. Pennsylvanien (Penn's Wald) war eine Gründung der Quäker. Diese 1647 in England gegründete Religionsgemeinschaft wurde in den USA zur Vorkämpferin der Sklavenbefreiung, der Gleichberechtigung der Frauen und der Gefängnisreform. Sie sah den wichtigsten Zweck der Strafe in der sittlichen Besserung der Inhaftierten. Daher führten die Quäker die Einzelzellen-Haft ein. Das lange Alleinsein in der Zelle erwies sich als krankmachend. Als Alternative zur 24stündigen Einzelhaft entstand in Auburn im Staate New York ein Gefängnis, wo die Gefangenen nur nachts in Einzelhaft kamen, tagsüber aber gemeinsam in Werkhallen arbeiten konnten.

Anfang des 19. Jahrhunderts entstanden in Deutschland die ersten »Gefängnisvereine«. Ihr Anliegen war es, den Gefangenen Hilfestellungen nach ihrer Entlassung zu geben. Darüber hinaus forderten sie auch Verbesserungen der Lebens- und Arbeitsbedingungen innerhalb der Gefängnisse. Der evangelische Pastor Theodor Fliedner gründete 1826 die »Rheinisch-Westfälische Gefängnisgesellschaft«, die bald aus über 100 verschiedenen Hilfsvereinen bestand. Die Tochtergesellschaft in Köln wurde am 12. April 1829 gegründet, nannte sich »Kölner Gefängnis-Gesellschaft« und war für die Kölner Gefängnisanstalten und die Arbeitsanstalt Brauweiler zuständig.

DAS GEFÄNGNIS »KLINGELPÜTZ«

In den Jahren 1834 - 1838 wurde in Köln auf dem Grundstück des ehemaligen Augustinerklosters »Herrenleichnam« in der nordöstlichen Stadt ein Gefängnis erbaut, das seinen Namen von einem Kölner Bürger namens Clingelmann erhielt, der an dieser Stelle einen Brunnen (= Pütz) hatte: »Clingels Pütz«. Vorbild für den Bau war das gerade fertiggestellte Gefängnis im ostpreußischen Insterburg. Damals fanden Kritiker das Gefängnis für 800 Häftlinge zu groß, weil für soviele Gefangene keine erzieherische Betreuung möglich sei, aber es war schon sehr bald überfüllt Die Severinstorburg (54 Haftplätze) und der Bayenturm (90 Haftplätze) wurde daraufhin vorübergehend wieder als Gefängnis benutzt.

Für kurze Strafen gab es in der Spinnmühlenstraße von 1860 bis zur Jahrhundertwende ein Munizipal- (=Gemeinde)-Gefängnis. Neben einem kleinen Gefängnis für Soldaten in der Schnurgasse wurde in der Vorgebirgsstraße im Gelände des ehemaligen Forts III das Festungsgefängnis für Militärgefangene gebaut. Ab April 1843 gab es einen katholischen Gefängnispfarrer im Klingelpütz, der vom Innenministerium bezahlt wurde. Für die wenigen evangelischen Gefangenen wurde ein Jahr später ein evangelischer Prediger mit der Seelsorge beauftragt und alle zwei Wochen kam ein jüdischer Lehrer für die Gefangenen jüdischen Glaubens in das Gefängnis.

Die vielen Kinder (bis zur Jahrhundertwende konnten Eltern ihre Kinder auf Antrag ins Gefängnis stecken lassen), die damals im Gefängnis lebten, wurden von einem Lehrer unterrichtet, wie auch erwachsene Gefangene. Aus den alten Jahresberichten der Rheinisch-Westfälischen Gefängnisgesellschaft geht hervor, daß damals Gefangene durch befähigte Mitgefangene unterrichtet werden durften. Seit 1840 gab es im Klingelpütz einen Gefangenenchor.

Der Hamburger Theologe Johann-Hinrich Wichern hatte nicht nur eine »Rettungsanstalt für verwahrloste Kinder« gegründet, die als »Rauhes Haus« ein fester Begriff wurde, er entwickelte auch die ersten Schulen zur Ausbildung des Aufsichtspersonals für den Strafvollzug. Bis dahin waren die Gefängnisaufseher meist ehemalige preußische Unteroffiziere. Sie hatten täglich 14 Stunden Dienst zu leisten und durften nur alle drei Wochen einen Sonntag zuhause verbringen. Da in der preußischen Armee keine Frauen dienten, war es nicht möglich, aus ihren Reihen weibliche Aufseherinnen zu rekrutieren. Auch hier sprang die Kirche ein. Seit 1889 bildete die Innere Mission Aufseherinnen im Magdalenenstift zu Berlin-Plötzensee aus. Das Leben in den Gefängnissen war allerdings nicht von den Kirchen sondern vom Militär geprägt. Die Gefängnisdirektoren waren meist ehemalige Offiziere. Die paramilitärischen Formen hielten sich bis Ende der 60er Jahre des zwanzigsten Jahrhunderts. Wenn die Tür aufging mußten die Gefangenen stramm unter dem Fenster stehen, die »Haltung« annehmen und ihren Namen, ihre Straftat und die Strafdauer sagen. Die Uniformen der Beamten hatten Schulterstücke und silberne und goldene Sterne, die Auskunft über ihren Rang gaben. Kein Beamter wäre auf die Idee gekommen, ohne Mütze im Gefängnis rumzulaufen.

REFORMEN IN DER WEIMARER REPUBLIK

Wie überall in den Großstädten nach dem ersten Weltkrieg, so wurden auch in Köln durch die Revolutionäre am 8. November 1918 alle Gefangenen befreit, die Gefangenen des Klingelpütz genauso wie die Gefangenen des Militärgefängnisses. Im Klingelpütz waren damals 455 Männer und 286 Frauen inhaftiert. Leider gibt es keine Untersuchung über das weitere Schicksal der durch die Novemberrevolution »blitzamnestierten« Menschen. Bei allem was einzelne in ihrer neugewonnenen Freiheit getan haben mögen - die eigentliche Gefahr für die Weimarer Republik ging wahrlich nicht von den befreiten Gefangenen aus. Bis 1917 unterstanden die Gefängnisse dem Innenministerium, erst danach wurden sie dem Ministerium der Justiz unterstellt. Die Verwaltung der Gefängnisse und Zuchthäuser ging ab 1923 an die dafür geschaffenen Strafvollzugsämter.

Auch in der Weimarer Republik gelang es nicht, dem Strafvollzug eine gesetzliche Grundlage zu geben. Am 1.August 1923 trat die »Dienst- und Vollzugsordnung für die Gefangenenanstalten der Justizverwaltung Preußens« in kraft, die Vorstufe zu dem Strafvollzugsgesetz der Bundesrepublik von 1977.

1923 wurde auch ein Jugendgerichtsgesetz geschaffen. Ein besonderes Jugendstrafrecht gab es bis dahin nicht. Die Strafmündigkeit begann jetzt mit dem 14. Lebensjahr, davor lag sie bei 12 Jahren. Der Gesetzgeber bekannte sich mit der Einführung eines besonderen Gerichtsgesetzes für Jugendliche zur Vorrangigkeit des Erziehungsgedankens.

Ohne gesetzliche Grundlage gab es in Köln schon 1908 in der Streitzeuggasse, also außerhalb des Gerichtsgebäudes am Appellhofplatz, ein besonderes Jugendgericht. Es folgte die Einrichtung eines eigenen Jugendgefängnisses in Wittlich.

Im Innern der Gefängnisse wurde der Stufenvollzug zur wesentlichen Reform. Sein Prinzip bestand darin, die Haftbedingungen von der guten Führung abhängig zu machen.

NATIONALSOZIALISMUS

Im Nationalsozialismus wurden die Reformen der Weimarer Zeit wieder abgeschafft. Die regionalen Vollzugsämter wurden aufgelöst, die Aufsicht über den Strafvollzug zentralisiert. Die Jugendgerichtshilfe wurde zur »Ermittlungshilfe«, ihre Aufgabe sollte Hilfe für die staatlichen Ermittlungsorgane sein, und nicht länger Hilfe für den Beschuldigten vor Gericht. Im Krieg war der Klingelpütz zentrale Hinrichtungsstätte für die durch Sondergerichte im Westen Deutschlands Verurteilten. Für über 40 »Delikte« gab es die Todesstrafe. Schätzungsweise wurden 1000 - 1500 Menschen im Klingelpütz hingerichtet.

Die Geheime Staatspolizei (Gestapo) in Köln hatte im Klingelpütz einen eigenen Flügel. Ihre Schergen ermordeten über 2000 Menschen in Köln, darunter viele Kriegsgefangene und Zwangsarbeiter aus den von der Reichswehr besetzten Ländern. Die Hinrichtungen fanden meist im Hof des El-De-Hauses statt. Im Westfriedhof gab es ein besonderes »Gestapo-Feld« für die Ermordeten. Viele Tote wurden nach dem Kriege in ihre Heimatländer überführt. Heute kann man auf dem Westfriedhof noch die Gräber von 792 Gestapo-Opfern sehen.

Im November 1944 wurde das Gefängnis von der Justiz geräumt, weil die Gebäude durch Bomben stark beschädigt waren. Bei Luftangriffen waren die Gefangenen der Justiz und die Gefangenen der Gestapo nicht aus ihren Zellen herausgelassen worden. Die Gestapo blieb bis zum Kriegsende mit ihren Gefangenen im Klingelpütz. 1933 bis 1945 waren die Justiz und die Polizei nationalsozialistisch - nennenswerte Widerstandshandlungen oder Widerstandskreise in ihren Reihen sind nicht bekannt geworden. Erst jetzt, 50 Jahre nach Kriegsende, beginnt man in der Polizei und der Justiz, sich mit der eigenen Rolle und Verantwortung im und für den Nationalsozialismus auseinanderzusetzen. Die Frage, ob Strafe für die nationalsozialistischen Verbrechen, die von Juristen verübt wurden, sein müsse, hat die Justiz für sich selbst mit einem klaren Nein beantwortet.

BUNDESREPUBLIK

Am 6.März 1945 befreiten die amerikanischen Truppen das linksrheinische Köln. Sie setzen einen ehemaligen Tanzbarbesitzer als Gefängnisdirektor ein, der bis zur Ablösung der amerikanischen durch die britische Besatzungsmacht im Frühsommer 1945 im Amt blieb. Die eigentliche Arbeit wurde von erfahrenen Strafanstaltsbeamten getan, die als politisch Unbelastete ihren Dienst wieder aufnehmen durften. Der Wachdienst wurde von der britischen Armee übernommen. 1946 fiel die allgemeine Strafrechtspflege an die deutsche Justiz zurück.

Dem Strafvollzug wurde zu dieser Zeit in der Stadt keine besondere Aufmerksamkeit geschenkt. Nur wenn Gefangene ausbrachen, dann richtete sich das öffentliche Interesse auf die Kölner Strafburg. Und in den sechziger Jahren geschah das öfter: 27 Gefangene brachen in den letzten Jahren des alten Klingelpütz aus, das waren mehr Ausbrecher als in ganz Nordrhein-Westfalen insgesamt.

1965 deckte der Kölner Journalist Hans Wüllenweber von der Zeitung Express auf, daß Prügelkommandos aus Gefangenen und Beamten kranke Gefangene in der psychiatrischen Beobachtungsstation mißhandelt hatten. Der Deutsch-Russe Anton Wasilenko und der Türke Ali Tok starben unter ungeklärten Umständen. Die Ermittlungen in beiden Todesfällen wurden eingestellt. Zwei Aufseher wurden zu Gefängnisstrafen von 8 und 12 Monaten wegen Gefangenenmißhandlung verurteilt. Einer beging vor der Verhandlung Selbstmord.

Der damalige Vorsitzende Richter Schmitz-Justen in der Urteilsverkündung: »Natürlich haben der Gefängnisdirektor, der Generalstaatsanwalt, das Justizministerium und die Parlamentarier keine Gefangenen mißhandelt, aber sie hatten durch ihre mangelhafte Aufsicht die Pein der Opfer und die Schuld der Angeklagten mitverursacht.« Und: »Das Verhalten der Ärzte hat mit zu den negativen Verhältnissen beigetragen. Dr. Schramm habe gar zu Prügelmethoden aufgefordert, als er Beamte und Hausarbeiter animierte: 'Erzieht euch die Gefangenen, es gibt ja noch den Heiligen Geist'.« In der Lokalpresse wurden dann Gerüchte dementiert, wonach der Richter Schmitz-Justen nach diesem Prozeß und seinen Äußerungen in der Justiz nichts mehr werden könnte. Schon in den 50er Jahren war im Justiz- und Bauministerium des Landes Nordrhein-Westfalen ein neues Gefängnis geplant worden. Die sanitären Einrichtungen in »Klingelpütz« (Kübelsystem) und die schlechte Bausubstanz waren bestimmend für den Beschluß zu einer Neuplanung am Stadtrand. Der 45 Millionen DM teure Neubau war Ergebnis eines Architektenwettbewerbs in den Jahren 1958/59. Der endgültige Entwurf war 1960 fertig und 1961 wurde mit den Erschließungsmaßnahmen begonnen. Am 1.Oktober 1968 wurde der Gefängnisneubau in Ossendorf dem damaligen Klingelpütz-Chef, Regierungsdirektor Georg Bücker, übergeben. Ein Jahr nach dem Bezug des neuen Gefängnisses, das als »modernste Anstalt Europas« bei seiner Einweihung Schlagzeilen machte, fragte der Redakteur des Kölner-Stadt-Anzeigers, Dieter Ratzke, verschiedene Untersuchungsgefangene nach ihrer Meinung über das neue Gefängnis. Einer für viele: »Noch ist es bei uns U-Häftlingen gar nicht entschieden, ob wir schuldig sind oder nicht. Andererseits wird einem jedoch keine Möglichkeit gegeben, sich sowohl körperlich als auch geistig entsprechend seinen Fähigkeiten während des langen Wartens auf den Prozeß fit zu halten.« Regierungsdirektor Bücker hielt diese Beschwerden nicht für unbegründet: »Wir könnten alles machen, was vorgeschlagen wird, wenn wir ausreichend Personal hätten. Das mehr an Personal, das wir durch die neuartige Anordnung der einzelnen Hafthäuser benötigen, haben wir nicht bekommen.«

Über Selbstmorde von Gefangenen wurde in den ersten Jahren des neuen Klingelpütz regelmäßig auf den ersten Seiten des Express und in großen Artikeln im Kölner Stadt-Anzeiger berichtet. Der erste Gefangene überhaupt, der sich im neuen Klingelpütz im Mai 1969 tötete, war wegen »Unzucht gleichgeschlechtlicher Art in erschwerter Form« in Haft genommen worden. In seinem Abschiedsbrief erklärte der 40jährige, daß er den Tod der Schmach und Schande vorziehe, als »175er« (Homosexuellen-Paragraph) vor Gericht gestellt und verurteilt zu werden. Es gab auch damals schon Gefangene in Abschiebehaft, die sich töteten, weil sie nicht abgeschoben werden wollten, so 1973 die 22jährige Jugoslawin Ljubica Skeldar und der 43jährige Ungar Lajos Varadi. Wenn sich heute eine Gefangene oder ein Gefangener selbst tötet, wird das nur noch in einer kleinen Meldung registriert. Und die Erklärungen der Anstaltsleiter sind genauso hilflos wie damals: »Wir haben es nicht kommen sehen.« 1972 geriet der Klingelpütz durch die Haftbedingungen von Ulrike Meinhof in die Schlagzeilen der überregionalen Presse. Ulrike Meinhof war in den 60er Jahren eine bekannte Journalistin, sie gehörte 1970 zu den Gründungsmitgliedern der »Rote Armee Fraktion« (RAF) und wurde im Juni 1972 verhaftet und in Ossendorf inhaftiert. Sie wurde in der psychiatrischen Abteilung des Gefängnisses untergebracht, war dort die einzige Gefangene und lebte in einem sozialen und akustischen Vakuum. Dieser Ort der Isolierung wurde als »Toter Trakt« bezeichnet. Aufgrund nationaler und internationaler Proteste wurde sie im April 1974 vorzeitig nach Stuttgart-Stammheim verlegt. Wider alle Erwartungen und Prophezeiungen gelang es auch immer mal wieder Gefangenen, aus dem »modernsten Gefängnis Europas« auszubrechen. 1989 mußten sogar fast alle Fenstergitter erneuert werden, weil sie marode waren.

Wenn in den 90er Jahren in der Lokalpresse vom Klingelpütz berichtet wird, dann nicht mehr nur über Skandale, Ausbrüche und Selbstmorde, sondern auch über sportliche und kulturelle Veranstaltungen.

Pforte JVA Köln

DAS GEBÄUDE

Die Justizvollzugsanstalt (JVA) Köln ist ein Gefängnis für Untersuchungs- und Strafgefangene.
Ca. 2/3 der Zellen sind für Untersuchungsgefangene, ca. 1/3 der Zellen für Strafgefangene.
In vier der 16 Hafthäuser sind weibliche Jugendliche und Frauen untergebracht (Häuser 13 - 16), in drei Hafthäusern männliche Jugendliche (Häuser 8 - 10) und in allen anderen Häusern erwachsene Männer. Das Haus 17 dient dem Wohngruppenvollzug.
Das Gefängnis wurde in den Jahren 1961 bis 1968 im Kammsystem gebaut. Vorbild war das schwedische Hochsicherheitsgefängnis Kumla. Die Zellen waren für 884 männliche und 190 weibliche Gefangene gedacht. Im Mai 1994 war die JVA mit 1102 Männern und 246 Frauen deutlich überbelegt. Fast ein Drittel der Gefangenen mußten zu zweit in einer Einzelzelle leben.
Da der neue Klingelpütz hauptsächlich für Untersuchungsgefangene gebaut wurde, war auch die Hauptaufgabe, nämlich die Sicherung der Verhandlung, Gegenstand der Zeitungskommentare anläßlich der Eröffnung. Es wurde auch daran erinnert, wie lebhaft die Verständigung zwischen »drinnen und draußen« beim alten Klingelpütz war. Da wurden von der Straße her oder von den gegenüberliegenden Häusern regelrechte Unterhaltungen geführt - die gesamte Nachbarschaft vom Klingelpütz konnte mithören. Es wurden sogar Dachfenster vermietet, wie mal der Gefängnisdirektor empört dem Polizeipräsidenten gemeldet haben soll.
Der Grundgedanke der Planung war nicht nur diese Verständigungsmöglichkeit zwischen »drinnen und draußen«, sondern auch unter den Inhaftierten zu verhindern, gegen die dasselbe Ermittlungsverfahren eingeleitet worden war, damit Aussageabsprachen nicht getroffen werden können. Außerdem sollten die drei Gruppen Frauen, Männer und männliche Jugendliche getrennt voneinander untergebracht werden.
Alle Häuser, mit Ausnahme des dreigeschossigen Hauses 11, in dem die erwachsenen männlichen Strafgefangenen untergebracht sind, sind zweigeschossig. Für die Erbauer des Gefängnisses sollte »der menschliche Maßstab« einer solch großen Anstalt durch die überschaubare Zahl von Haftplätzen in jedem Haus (45 bis 60) erhalten bleiben. Heute finden selbst Leute, die darin arbeiten, den ganzen Bau unmenschlich. Um die Kontaktmöglichkeiten zwischen den verschiedenen Häusern auf ein Minimum zu reduzieren, hat jedes Haus einen eigenen Freistundenhof (Spazierhof) und ein eigenes Bad. Die Zellenfenster gehen alle auf diesen

Hof und der Blick aus dem Fenster endet auf der fensterlosen Rückseite des nächsten Zellenhauses, das die gegenüberliegende Hofseite begrenzt. Da das Essen in den Zellen eingenommen wird, braucht der Gefangene »sein Haus« nur zu verlassen, wenn er Besuch hat, wenn er auf die Kammer muß, wenn er am Sport teilnimmt, am Wochenende zur Kirche geht oder sich zur ambulanten Behandlung ins Lazarett meldet. Inzwischen finden eine ganze Reihe von Ausbildungen, Kurse und Gruppentreffen statt, an denen Gefangene aus unterschiedlichen Häusern teilnehmen, soweit es bei Untersuchungsfangenen vom zuständigen Haftrichter keine Einwände gibt. In der Planungs- und Bauphase war diese Entwicklung überhaupt nicht vorgesehen. Daher gibt es heute für die gewachsene Zahl von SozialarbeiterInnen, PsychologInnen und LehrerInnen weder ausreichenden Büroraum noch für die Gruppenangebote eine genügende Anzahl großer Räume.

In der Anfangsphase wurde fast euphorisch behauptet, daß die Hafthäuser für die Frauen, die Männer und die männlichen Jugendlichen für sich kleine Anstalten bildeten, die nur in den Versorgungseinrichtungen ein gemeinsames Zentrum haben. Dieses Zentrum wird gebildet vom Verwaltungsgebäude, der Küche, der Wäscherei, der Heizung, der Bücherei, dem Mehrzwecksaal und der Kirche. Am Tag der Offenen Tür in der JVA am 17. November 1996 war von seiten der Anstaltsleitung ein ganz anderes Urteil zu hören. Danach würde heute eine Justizvollzugsanstalt in dieser Größe nicht mehr gebaut werden und dafür eher drei selbständige Einzelanstalten. Das hat sehr viele verschiedene Gründe. Der neue Anstaltsleiter Jörn Foegen z.B. würde gerne alle Mitarbeiterinnen und Mitarbeiter persönlich kennenlernen, bei einer Zahl von über 500 geht das nicht. Lehrerinnen und Psychologinnen, hätte gerne einen Jugendvollzug, der nicht vom hohen Sicherheitsstandard des Erwachsenenvollzugs geprägt wäre. Und ansonsten hört man die Kritik, die auch schon beim Bau des Alten Klingepütz vor über 150 Jahren laut wurde. Damals sagten die Kritiker, daß mit 800 Gefangenen keine erzieherische Betreuung möglich sei und heute geht es manchmal schon fast um die doppelte Anzahl von Gefangenen. Angehörige und Freunde von Gefangenen ist die Besuchszeit in dem Riesenknast zu kurz - dreimal eine halbe Stunde im Monat.

Die JVA hat einen eigenen Sanitätstrakt mit allen medizinischen Einrichtungen, die für die Behandlung und Betreuung kranker Gefangener gebraucht werden: ein Operationsraum mit Röntgeneinrichtung, ein Behandlungsraum, eingeteilt in Gipsraum, Bestrahlungskabinen, Inhalierkabinen, ein Raum für den Hals-Nasen und Ohrenarzt mit den notwendigen Geräten, Räume für EKG, EEG und Grundumsatz, ein Zahnarztzimmer, medizinische Bäder und eine Apotheke. Im früheren Bettenhaus sind heute drei Wohngruppen für Frauen, erwachsene Männer und männliche Jugendliche. Vom sogenannten Spiegel, der Halle, von wo aus hinter dem Verwaltungsgebäude die Gänge zu den verschiedenen Haftbereichen

(Frauen, U-Haft Männer, Strafhaft Männer) abgehen, sind auch die Zugänge zur Bücherei, zur Kirche, zum Mehrzwecksaal und zur Küche.

Der Mehrzwecksaal ist ein unterirdischer Saal mit rund 300 Plätzen in steigenden Reihen. Er eignet sich für Filmvorführungen, Vorträge, Theateraufführungen und Musikveranstaltungen. Der Kirchenraum liegt direkt über diesem Saal. Da dieser Raum nur für die Gottesdienste und andere kirchliche Veranstaltungen ist, sind Altar, Sakramentsteele, Kanzel, Kirchenbänke und Orgel darin fest installiert. Der Christus-Corpus ist eine Dauerleihgabe der Pfarrei St.Aposteln.

In der Bücherei, die sich neben der Kirche befindet, sind über 10.000 Bände registriert. Bei der Vielzahl von Gefangenen, die kaum deutsch sprechen, geschweige denn deutsch lesen können, ist ein ständiger Bedarf nach fremdsprachiger Literatur gegeben. Bücherspenden können direkt an die Bücherei der JVA, Rochusstr.350, 50827 Köln geschickt werden.

Für den Sport im Gefängnis gibt es eine Turnhalle und verschiedene Sportplätze. Die für den Sport zuständigen Beamten nehmen jederzeit Spenden entgegen: Bälle für die verschiedensten Spiele, Trikots, Leibchen und Fußballschuhe, um nur einiges zu nennen. In diesem Riesengefängnis fehlt es nicht nur an Platz, es fehlt längst auch an Geld an allen Ecken. Nur ca. 10 % der Gesamtkosten für den Strafvollzug werden in Nordrhein-Westfalen (knapp 1 Milliarde DM) durch die Einnahmen aus der Gefangenenarbeit gedeckt. Diese Arbeiten finden in Ossendorf in Eigenbetrieben, wie der Wäscherei oder der Schlosserei und in sog. Fremdbetrieben, statt. Die neueste Werkhalle ist das Haus 60: dieser 13 Millionen teure Neubau für Arbeit und Ausbildung wurde erst 1994 fertiggestellt. Er hat eine Nutzfläche von 3.600 Quadratmetern und besteht aus sieben Werkhallen, 16 Arbeits- und Sozialräumen. Das Gefängnis, mit einer Gesamtfläche von 108 000 qm, wird von einer 1300 m langen Mauer umgeben, die außen über 3,5 m und innen über 5 m hoch ist. D.h. alle Gebäude im Gefängnis liegen 2 m tiefer, als die Häuser der Beamten, die um die JVA herum gebaut wurden. Rund um das Gefängnis gibt es sieben Wachtürme, die mit ihrer Rundumverglasung den Blick nach innen und außen ermöglichen. Neben dem Gefängnis gibt es seit Januar 1992 eine Außenstelle für den offenen Frauenvollzug mit 32 Plätzen für jugendliche und erwachsene Frauen.

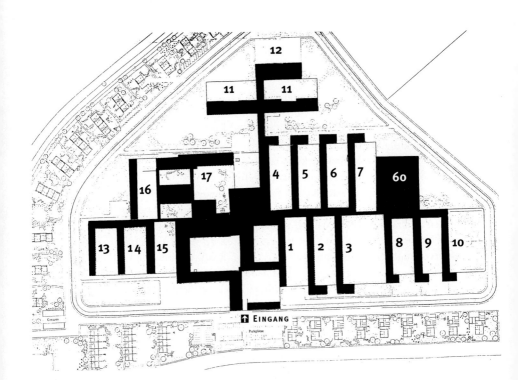

GRUNDRISS

Pforte und Wartehäuschen
Besuchsräume und Kasse
Haupttor für Transporte und Lieferungen bzw. Betriebsverkehr
Kantine für Bedienstete
Verwaltungstrakt
Spiegel
Kirche
Turnhalle
17 Häuser:
1: Zugang Männer
2: U-Haft Männer
3: U-Haft Männer

4: Sicherheitsabteilung
5: U-Haft Männer
6: U-Haft Männer
7: U-Haft Männer

8: U-Haft Jugendliche
9: U-Haft Jugendliche
10: U-Haft Jugendliche

11: Strafhaft Männer. Sie besteht aus sechs Abteilungen mit jeweils 50 Plätzen.
12: Werkstätten, wie Schlosserei
13: Frauen: U-Haus Nicht-Drogen
14: Frauen: U-Haus Drogen
15: Frauen: Strafhaus Drogen
16: Frauen: Strafhaus Nicht-Drogen
17: Drei Wohngruppen: für therapiewillige drogenhängige Frauen, für männliche Jugendliche und eine für erwachsene männliche Erst- und Affekttäter
60: Ausbildung

Planung:
Dort wo heute noch die Küche ist, sollen Langzeitbesuchsräume gebaut werden, wie es sie auch schon in einer ganzen Reihe von Gefängnissen in der Bundesrepublik gibt. Die alte Küche soll durch eine neue ersetzt werden.

225

Zelle mit offener Tür in der JVA Köln

DIE ZELLE

Alle Hafthäuser wurden in konsequenter Vorfertigung errichtet. Die Zellen (die Architekten sprachen von 1200 »Raumeinheiten«) sind in der in Schweden entwickelten »Corpus-Bauweise« hergestellt worden. D.h. jede einzelne Zelle ist in einer Feldfabrik gegossen, ausgeschalt, angestrichen und komplett ausgestattet worden, einschließlich der Elektro- und Sanitärinstallation. Mit Tiefladern wurden sie dann zum Standort des jeweiligen künftigen Hafthauses gefahren und dann mit Kranen auf ihren Platz gesetzt.

Denkbar ist, daß mit derselben Bautechnik eine ganz andere Art der Unterbringung herzustellen gewesen wäre, z.b. eine Art SOS-Kinderdorf für Jugendliche und Erwachsene mit einem Zaun drumherum - eine kleine Siedlung aus richtigen Häusern mit richtigen Zimmern. Damit wäre der § 3 des Strafvollzugsgesetzes, in dem es um die »Gestaltung des Vollzuges« geht, immerhin umsetzbar gewesen. Dieser Paragraph lautet:
»(1) Das Leben im Vollzug soll den allgemeinen Lebensverhältnissen so weit als möglich angeglichen werden.
(2) Schädlichen Folgen des Freiheitsentzuges ist entgegenzuwirken.
(3) Der Vollzug ist darauf auszurichten, daß er dem Gefangenen hilft, sich in das Leben in Freiheit einzugliedern.«

Sich vorzustellen, weniger Menschen einzusperren und mit dieser kleineren Zahl von Gefangenen, etwas Vernünftigeres anzufangen, als es hier in der Bundesrepublik geschieht, bedarf dazu nichtmal viel Phantasie. Ein Blick über die Grenze nach Holland zeigt schon eine Alternative. In den Niederlanden werden pro 100.000 Einwohner über 50% weniger Menschen inhaftiert als in der Bundesrepublik. 1988 gab es in den Niederlanden insgesamt 5827 Gefangene, aber im Bundesland Nordrhein-Westfalen, das nur etwas mehr Einwohner als die Niederlande hat, gab es 17495 Gefangene. Es scheint logisch, daß es Gefangene um so leichter wieder in das Leben in Freiheit eingegliedert werden können, je geringer sie zuvor ausgegliedert worden sind. Dazu ist es bekanntlich nicht gekommen: im alten Klingelpütz saßen die Gefangenen in Zellen und im neuen Klingelpütz ebenfalls.

Die Zelle ist ein Raum von acht Quadratmetern, 4,05 m lang und 2,14 m breit. Alle Gefangene lernen im Verlaufe ihrer Haftzeit, daß der Zwinger eines Schäferhundes nach dem Tierschutzgesetz fast doppel so groß sein muß. In dieser Zelle sind ein Tisch, ein Stuhl, ein Bett, ein Spind, ein Waschbecken, darüber ein Spiegel, und in der Ecke neben der Tür ist ein Klo. Die Zelle ist ein Wohnklo. Der Gefangene, der zum ersten Mal in eine Zelle gesperrt wird und sich damit vertraut machen muß, vielleicht jahrelang darin leben zu müssen, nimmt direkt nach dem Zuschlagen der Tür wahr, daß sie innen weder eine Türklinke noch ein Schlüsselloch hat. Dagegen befindet sich in der Mitte der Tür in Augenhöhe ein Spion, durch den man von außen hineinsehen kann. Diese Spione haben Weitwinkelobjektive - der Gefangene kann auch gesehen werden, wenn er in der Zellenecke neben der Tür auf dem Klo sitzt. In Ossendorf haben die Beamtinnen und Beamten in der Regel nichts dagegen, wenn Gefangene diesen Spion zukleben.

Neben der Tür befindet sich ein Schalter, den der Gefangene drücken muß, wenn er sich bemerkbar machen will. Draußen auf dem Gang leuchtet dann eine Lampe über der Zellentür auf. Alle Gefangenen machen mal die Erfahrung, daß sie sehr lange warten müssen, wenn sie »die Ampel« gedrückt haben. Etwa wenn man nachts Zahnschmerzen bekommt und eine Schmerztablette benötigt. Wer noch keine Platzangsterfahrung in seinem Leben gemacht hat, kann diese schrecklichen Gefühle dann kennenlernen. Innerhalb von Minuten.

Die Dauer der Untersuchungshaft ist bei den abgeurteilten Personen bekannt: von den 8018 in ganz Nordrhein-Westfalen inhaftierten Untersuchungsgefangenen, die 1994 abgeurteilt wurden, saßen 21,9 % weniger als einen Monat in Haft, 29,9% mehr als einen und weniger als drei Monate, 27,5 % saßen mehr als drei Monate und weniger als sechs und 15,8 % mehr als sechs bis einschließlich zwölf Monate und 5,2% saßen länger als 1 Jahr. Und diese Dauer des zwangsweisen Aufenthalts in einer Zelle ist genau das, was am wenigsten in der Kürze einer Schilderung des Gefängnislebens zu vermitteln ist. Die Dauer, die Monotonie, die Wiederkehr des immergleichen Trotts ist das, worunter die Gefangenen am meisten leiden.

Nirgendwo in unserer demokratischen Gesellschaft ist die Erfahrung von Ohnmacht ausgeprägter als in der Gefängniszelle. Dieses Verhältnis von Macht und Ohnmacht sollte einem bewußt sein, wenn man sich mit dem Ziel des Strafvollzugs auseinandersetzt. Deshalb sei der Wortlaut des 2 des Strafvollzugsgesetzes noch einmal wiederholt: »Im Vollzug der Freiheitsstrafe soll der Gefangene fähig werden, künftig in sozialer Verantwortung ein Leben ohne Straftaten zu führen (Vollzugsziel). Der Vollzug der Freiheitsstrafe dient auch dem Schutz der Allgemeinheit vor weiteren Straftaten.« Und über zwei Drittel der Gefangenen in Ossendorf sind Untersuchungsgefangene, keine verurteilten Strafgefangenen. Für sie gilt die Unschuldsvermutung bis zur rechtskräftigen Verurteilung. Aber in der Realität sind ihre Haftbedingungen noch härter als die von Strafgefangenen.

Wer anderen »soziale Verantwortung« beibringen will, sollte in der Wahrnehmung der Betroffenen selbst auch als »sozial verantwortlich« wahrgenommen werden. Angesichts der Länge der Untersuchungshaft und der Art der Haftbedingungen in dieser Zeit, fühlen sich aber die meisten Gefangenen sehr schnell als Opfer eines Staates, der etwas anderes tut, als er sagt. Und das nicht etwa, weil die meisten Gefangenen denken, sie seien zu Unrecht aus dem Verkehr gezogen werden. Gefangene sind da durchaus so konservativ oder im Schnitt noch konservativer als der Bevölkerungsdurchschnitt. Kaum einer verlangt die Abschaffung der Gefängnisse. Fast alle meinen, daß Maßnahmen gegen jeden ergriffen werden müssen, der anderen etwas antut.

Gefangene, die in alten Gefängnissen inhaftiert sind, können in einer Zelle sitzen, die vier Staatsformen gesehen hat: Kaiserreich, Weimarer Republik, Nazi-Diktatur und Bundesrepublik. Die »moderne Zelle« hat sich in der Regel nur in der Austattung geändert: neben der Zentralheizung gibt es jetzt das Wasserklosett, manchmal auch einen Wasserhahn am Waschbecken für heißes und kaltes Wasser. In den alten Gefängnissen waren die Fenster 2 m über dem Boden und in den Neubauten, sind sie so, daß ein Gefangener normal stehend aus ihnen hinaussehen kann. Die Tür ist geschlossener: statt der eisenbeschlagenen Holztür des alten Zuchthauses finden sich in den neuen Gefängnissen Stahltüren, die so hermetisch abschließen, daß sich nichtmal ein Blatt Papier unter ihr durchschieben läßt. Wieso kann ein Raum, der im Kaiserreich geeignet schien, Untertanen einzusperren und »zu erziehen«, geeignet sein, in einer Demokratie gleichberechtige Bürgerinnen und Bürger einzusperren und »zu erziehen«? Wieso kann eine asoziale Einrichtung wie die Zelle geeignet sein, jemanden soziales Verhalten zu lehren? Wieso man gerade von denjenigen, die man einsperrt, weil man sie problematisch für sich und andere hält, erwartet, daß sie unter Bedingungen, die von einem extrem einseitigen Machtverhältnis geprägt sind, Gegenseitigkeit lernen, also soziale Verantwortlichkeit, ist kein Geheimnis. Diese Einseitigkeit ist Ausdruck einer Demokratie, die noch nicht wirklich bei sich angekommen ist.

Die vielen und zum Teil sehr anerkennenswerten Bemühungen, das abzumildern, ändern daran nur wenig. Der Hohn in Berichten über den sogenannten »Hotelvollzug« ist nur die Kehrseite des noch nicht vollständig überwundenen feudalistischen Mittelalters, das von einer Rache- und Vergeltungsjustiz geprägt war.

WOHNGRUPPENVOLLZUG

Unter dem Aspekt von Sicherheit und Ordnung ist die Untergliederung eines Gefängnisses in voneinander abgeschottete Behandlungseinheiten (=Wohngruppen) von maximal 20 Zellen eine Organisationsform, die im Innern des Gefängnisses mehr Übersichtlichkeit schafft. Im Hinblick auf das Behandlungsgebot des Strafvollzugsgesetzes soll die auch für den einzelnen Gefangenen überschaubare Zahl von Mitgefangenen, mit denen er in der Wohngruppe zusammenleben muß, den sozialen Raum schaffen, in dem er ein vernünftiges Miteinander einüben soll. Dies soll überwiegend in der Freizeit geschehen und dadurch gefördert werden, daß innerhalb dieser Wohngruppe die Zellen - abgesehen vom Nachtverschluß - offen sind, so daß sich die Gefangenen morgens bis zum Beginn der Arbeitszeit, in der Mittagspause und abends jederzeit besuchen können. Außerdem soll die

Selbständigkeit dadurch erhalten bzw. gefördert werden, daß es in den Wohnbereichen eigene Teeküchen, Waschmaschinen, Gruppenräume und Duschen gibt, die ein etwas selbstbestimmteres Leben zulassen sollen, als es im Normalvollzug mit seiner Totalversorgung nach vorgegebenen Regeln und Zeiten gegeben ist.

So unterschiedlich die Gefangenen sind, so verschieden wird auch diese neue Haftvariante erlebt und bewertet. Es gibt Gefangene, die sich in diesen Wohngruppen wohl fühlen, weil sie es mit nur wenigen Mitgefangenen zu tun haben und es gibt andere, die sich darin noch mehr eingeengt vorkommen, als im normalen Knast, und die darunter leiden, ständig mit denselben wenigen Leuten konfrontiert zu sein.

DIE B-ZELLE

Wer in Freiheit Gesetze bricht, kann das Gefängnis von innen kennenlernen. Wer sich im Gefängnis nicht an die Regeln hält, kann zeitweise von anderen Gefangenen getrennt in strenge Einzelhaft genommen werden oder sogar in der sogenannten Beruhigungszelle landen.

Diese Zelle heißt in der Justizsprache »besonders gesicherter Haftraum«. 1996 wurden rund 50 Gefangene in einer der drei in Ossendorf vorhandenen B-Zellen untergebracht, d.h. monatlich im Schnitt fünf Gefangene. Angeordnet und durchgeführt wird diese Maßnahme bei Gewalttätigkeiten von Gefangenen gegen Mitgefangene oder Sachen, bei Selbstmordgefahr oder Selbstbeschädigung und bei Angriffen auf Beamte. Angriffe auf Beamtinnen und Beamte kommen am wenigsten vor (1996 vier mal), Gewalttätigkeiten gegen Sachen und gegen Mitgefangene passieren am häufigsten. Die Dauer des Aufenthalts in diesen »besonders gesicherten Hafträumen« geht von wenigen Stunden bis zu mehreren Tagen. In einigen Fällen wird zusätzlich zur Verbringung in die B-Zelle die Fesselung angeordnet. Wenn ein Gefangener länger als drei Tage in dieser besonderen Zelle bleiben soll, dann muß die Aufsichtsbehörde verständigt werden. In der B-Zelle kann der Gefangene mittels einer Video-Kamera überwacht werden.

In jedem Gefängnis gibt es psychisch kranke Gefangene, die normalerweise im Gefängnis nichts zu suchen haben. Darüber sind viele Gefangene und viele Beamte völlig einer Meinung, im Gegensatz zu den zuständigen Haftrichtern. Wenn z.B. ein Gefangener, der unter einem Verfolgungswahn leidet, jede Gelegenheit nutzt, um mit dem Kopf voran an eine Wand zu springen - um »weg zu sein« -, kann oft nicht anderes als mit Fesselung in der B-Zelle gehindert werden, daß er sich schwer verletzt oder gar tötet. Aber wenn man weiß, daß in den Psychiatrien mit solchen Menschen manchmal nichts anderes gemacht wird, als sie mit Medikamenten vollzudröhnen, kann es unter Umständen sogar humaner sein, ihn im Gefängnis zu fesseln und zu warten, bis der Schub vorbei ist, als ihn einer Psychiatrie zu überlassen, die nur mit »Betonspritzen« reagiert. Wo es schon für die normalen Suchtkranken nicht genügend Therapieplätze gibt, ist es bei der derzeitigen Personal- und Finanzsituation nur das öffentliche Bewußtsein, die politisch engagierte Öffentlichkeit, die diese Exremsituationen verändern könnte, die darauf hinwirken könnte, daß genügend Fachpersonal und ausreichende finanzielle Mittel bereitgestellt werden.

DIE AUSSTATTUNG DER NORMALEN ZELLE

Jede normale Zelle verfügt über eine Grundausstattung aus Bett mit Matratze, Tisch und Stuhl, einem Spind und einer Bilderleiste an einer Seitenwand. Der technische Fortschritt hat dafür gesorgt, daß es ein Waschbecken mit fließendem Wasser und ein Wasserklosett gibt und daß in jeder Zelle elektrisches Licht ist und eine Steckdose. Die Ansätze von Demokratisierung des Strafvollzugs haben es ermöglicht, daß davon auch rund um die Uhr Gebrauch gemacht werden kann. Noch in den siebziger Jahren ging in allen Gefängnissen um 10 Uhr das Licht aus.

Der Gefangene ist für all diese Dinge wie für die Sauberkeit und Unversehrtheit der Wände verantwortlich. Für vorsätzlich oder fahrlässig verursachte Schäden werden die Gefangenen voll haftbar gemacht, d.h. sie müssen die Schäden oder Renovierungen bezahlen. Bilder dürfen nur an eine dafür vorgesehene Bilderleiste befestigt werden. Die Wand, in der das Fenster ist und die Wand mit der Tür müssen frei bleiben. Neben der von der Justiz gestellten Grundausstattung, kann der Gefangene auch private Gegenstände besitzen:
- ein Gedeck
- ein Haarfön (bis 1000 Watt)
- ein Tauchsieder (max. 300 Watt)
- eine aufschraubbare Thermoskanne
- ein elektrischer Rasierapparat
- bis zu drei privaten Fachbüchern
- private Bettwäsche
- Privatfotos (allerdings keine Polaroid-Fotos) und Poster
- eine Uhr und Schmuck (bis zu einem Wert von 400 DM)
- einen Tischventilator (bis zu 20 Watt)
- einen Fernseher
- ein Radiogerät oder einen Radiorecorder mit bis zu 10 Kassetten

Für die folgenden Dinge müssen sich die Gefangenen die Genehmigung vom Inspektor für Sicherheit und Ordnung oder vom zuständigen Haftrichter besorgen:
- ein Schachspiel und andere Gesellschaftsspiele
- einen Schachcomputer (max. 30 mal 30 cm)
- mit Wasser oder Sand zu füllende Plastikhandeln und einen Expander ohne Metallöse
- eine Leselampe (bis zu 10 Watt)
- eine dreier-Steckdose

- eine Gitarre oder eine Flöte
- eine Schreibmaschine mit Filzunterlage

Auf der Kammer gibt es für alle Gefangenen Karteikarten mit ihrem Eigentum, das von der JVA verwahrt wird. Damit schützt sich auch die JVA bei Verlusten vor Regreßforderungen. Alles, was genehmigt wird, kann auch wieder entzogen werden. Dazu kommt es vor allem, wenn man sein Eigentum verkauft oder tauscht. Erlaubt ist nur die Weitergabe und die Annahme von Dingen bis zum Wert von maximal 5 DM. Immerhin wird inzwischen geduldet, daß Gefangene, die entlassen werden, ihre Sachen nicht alle mitnehmen. So kann man z.b. seinen Fernseher einem mittellosen Mitgefangenen hinterlassen.

ZELLENKARTE

Die Zellenkarte ist der knastinterne Personalausweis. Auf ihm stehen Name und Alter der Gefangenen, ihr Geburtsdatum und das Haus und die Zelle, wo sie untergebracht sind. Auf der Rückseite steht als Hinweis für die Gefangenen ihr Aktenzeichen und die Anschrift ihres zuständigen Gerichts. Wer sein Hafthaus z.B. für den Sport oder den Besuch verläßt, muß diese Zellenkarte immer bei sich führen.

GEMEINSCHAFTSZELLEN

Jeder Gefangene hat das Recht, in einer Zelle allein zu leben. In Zeiten der Überbelegung werden Einzelzellen zu Gemeinschaftszellen umfunktioniert: Es kommt ein zweistöckiges Bett hinein, ein zweiter Stuhl, ein zweiter Spind. Auf jeder Abteilung gibt es aber auch reguläre Gemeinschaftszellen: sie sind größer als die normalen Einzelzellen und werden in der Regel auch zur Unterbringung der Gefangenen genutzt, die man wegen nicht auszuschließender Selbstmordgefahr nicht allein lassen will.

LANGZEITBESUCHSZELLEN

Langzeitbesuchszellen gibt es seit Jahren in vielen Bundesländern und sie sind längst nicht mehr umstritten. In den Jahren davor war die Sexualität der Gefangenen im Gefängnis ein Tabu-Thema. Im Klingelpütz sind die Langzeitbesuchszellen in Planung. Da wo heute noch die Küche ist, soll ein Bereich mit Langzeitbesuchszellen geschaffen werden. Diese Zellen sind eingerichtet wie ein einfaches Hotelzimmer mit einem Duschraum und WC. Paaren soll dadurch ermöglicht werden, sich ungestört wenigstens vier Stunden zu treffen. Ob diese Besuchsmöglichkeit für alle Paare gelten wird, für verheiratete wie für unverheiratete, für heterosexuelle wie für homosexuelle, wird man sehn.

Von den erwachsenen Männer im Strafvollzug sind ca. 80% unverheiratet (ledig, geschieden oder verwitwet) und nur etwas mehr als 20 % verheiratet. Bei den

Frauen sind fast doppelt so viele verheiratet und entsprechend weniger ledig. Viele Partnerschaften und Freundschaften gehen im Laufe der Inhaftierung kaputt. Das ist nicht nur eine Frage der Dauer der Haft. Männer verlassen ihre inhaftierten Frauen schneller und häufiger als Frauen ihre inhaftierten Männer.

In Gefängnissen für Langzeitinhaftierte ist es keine Seltenheit, daß über 50% der Gefangenen keine Besuche bekommen. Und das eben nicht nur, weil durch die lange Haft Beziehungen kaputtgehen. Beim Straffälligwerden hat bei vielen mitgewirkt, daß sie ohne wirkliche Freunde waren und unfähig gewesen sind, eine Liebe zu leben. Vor diesem Hintergrund sind die Einrichtung von Langzeitbesuchszellen ein Versuch des Strafvollzugs, dem Zerfall der wenigen vorhandenen Partnerschaften zu begegnen.

B-Zelle in der JVA Köln. Im Vordergrund eine Matratze mit Handschellen. In der hinteren Ecke das Klo.

DAS PERSONAL

Gefangene werden zunehmend psychologisch untersucht und getestet. Da die im Gefängnis arbeitenden Menschen, sei es mit oder ohne Uniform, sei es in leitender Funktion oder »an der Basis« in den Werkbetrieben und Hafthäusern, dafür bezahlt werden, daß sie Gefangene im Sinne des 2 StVollzG behandeln, wäre es angemessen, sie auch regelmäßig dahingehend zu »untersuchen«, inwieweit sie dieser Aufgabe gerecht werden. Da die Gefangenen, mit denen sie direkten oder indirekten, täglichen oder sporadischen Umgang haben, ein Gespür dafür haben, ob ihnen jemand menschlich begegnet oder von oben herab oder schlimmer, wäre eine Beurteilung durch die Gefangenen sinnvoll. Und das sollte auch Konsequenzen haben. Aber vermutlich ist es einfacher, die Gefängnisse abzuschaffen, als in ihrem Rahmen Verhältnisse herzustellen, in denen die Gefangenen als gleichwertige Subjekte vorkommen. Das soll kein Witz sein: wenn man Menschen dazu bringen will, »künftig in sozialer Verantwortung ein Leben ohne Straftaten zu führen«, geht man davon aus, daß es sich bei den Gefangenen um Menschen handelt, die wissen, was das heißt. Insofern macht dieser Vorschlag nichts anderes, als das Strafvollzugsgesetz in diesem Punkt wörtlich zu nehmen. Ohne ein Minimum von Gegenseitigkeit ist die Rede von »sozialer Verantwortung« bloße Rhetorik. Da es diese aber nicht gibt, ist die »Resozialisierung« nur ein Worthülse.

Zu Recht wehren sich die Beamtinnen und Beamten, von den Medien als »Wärter« bezeichnet zu werden. Immer wieder wird dann darauf verwiesen, daß die Gefängnisse kein Zoo, die Gefangenen keine Tiere und sie als Vollzugsbedienstete keine Wärter sind - die gibt es schließlich nichtmal mehr im Zoo, weil auch dort durch das Bemühen um die artgerechte Tierhaltung längst nur noch Tierpflegerinnen und Tierpfleger arbeiten.

Das Eingesperrtsein entwertet objektiv und subjektiv, und dem können sich viele Gefangene nicht und auch viele derjenigen nicht entziehen, die für ihre Behandlung zuständig sind. Wenn die einen sich aufgeben und sich im Gefängnis wie im »Mülleimer der Gesellschaft« vorkommen, und die anderen sich als selbstgerechte Aufpasser über den »Abschaum der Gesellschaft« aufführen, wer oder was soll dann besser werden können?

PERSONALÜBERSICHT

ANSTALTSLEITUNG

Sie besteht aus dem Anstaltsleiter und vier Abteilungsleiterinnen und Abteilungsleiter für die Bereiche Frauen, männliche Jugend, Untersuchungshaft Männer und Strafvollzug Männer. Alle sind Juristinnen und Juristen.

Verwaltung

Sie ist zuständig für die Geschäftsstelle, für Personalfragen, die Wirtschaftsverwaltung, die Arbeitsverwaltung, die Bauverwaltung, die Zahlstelle und für Sicherheit und Ordnung. Sie besteht aus 36 Stellen des mittleren und gehobenen Vollzugs- und Verwaltungsdienstes.

- Allgemeiner Vollzugsdienst: 334 Beamtinnen und Beamte
- Werkdienst: 6 Beamtinnen und Beamte
- Medizinisch-technischer Dienst: 2
- Technischer Dienst: 13 (Elektriker, Schlosser, usw.)
- Ärztlicher Dienst: 3 Ärztinnen und Ärzte
- Pädagogischer Dienst: 6 Lehrerinnen und Lehrer
- Psychologischer Dienst: 5 Psychologinnen und Psychologen
- Seelsorgerlicher Dienst: 4 Pfarrerinnen und Pfarrer
- Sozialer Dienst: 13 SozialarbeiterInnen und Sozialarbeiter

Ausbildungskräfte:

- 6 SozialarbeiterInnen im Anerkennungsjahr
- 76 AnwärterInnen für den allgemeinen Vollzugsdienst und den Verwaltungsdienst

DER ALLGEMEINE VOLLZUGSDIENST

Seit den sechziger Jahren hat sich die Zahl der LehrerInnen, PsychologInnen und SozialarbeiterInnen im Strafvollzug vervielfacht. Ihre Arbeit im sogenannten Behandlungsvollzug kann nach Auffassung derjenigen, die ihn konzipiert haben, nur einen Sinn machen, wenn sie von den Beamtinnen und Beamten unterstützt werden, die täglich bei der Arbeit und in den Hafthäusern mit den Gefangenen zu tun haben. Daher werden seit 1968 die Bewerber für den Vollzugsdienst in einem Auswahlverfahren gesiebt. Jeder zweite Bewerber wird wegen fachlicher und/oder charakterlicher Gründe abgelehnt.

Nach dem Auswahlverfahren steht eine zweijährige Ausbildung an. Dafür zuständig ist die Justizvollzugsschule in Wuppertal-Barmen. Dort werden auch Fächer wie Kriminologie, Psychologie, Sozialkunde und Vollzugspädagogik gelehrt. Für den gehobenen Vollzugs- und Verwaltungsdienst ist die Fachhochschule für Rechtspflege in Bad Münstereifel gegründet worden.

Die Beamtinnen und Beamten sind im Bund der Strafvollzugsbediensteten Deutschlands e.V. (BSDB). bzw. in der Gewerkschaft Öffentliche Dienste, Transport und Verkehr (ÖTV) und in der Deutschen Angestellten-Gewerkschaft (DAG) organisiert. Ihre Interessen im Gefängnis werden wie in jedem Betrieb vom Personalrat vertreten, in den in Köln bei den Wahlen 1996 die Wählerinnen und Wähler zu 68,7% für den BSDB stimmten. Das Hauptproblem der Beamtinnen und Beamten aus der Sicht ihres Personalrats ist, daß es in der JVA angesichts der vielen Aufgaben, die ein behandlungsorientierter Vollzug an sie stellt, zu wenig Stellen gibt. Leicht zu veranschaulichen ist das durch den riesigen Überstundenberg, den die Bediensteten regelmäßig vor sich herschieben. In Spitzenzeiten hat die JVA bis zu 1500 Gefangene - ohne Stellenvermehrung auf seiten der Bediensteten. Aufgrund des im Land Nordrhein-Westfalen verfügten Einstellungsstops ist kein Ende dieser Misere in Sicht. Ein anderes Problem der Bediensteten ist die Bezahlung. Besonders finanziell benachteiligt ist eine Gruppe älterer Bediensteter. Die von der Personalvertretung geforderten Beförderungsstellen sind bisher am Landtag gescheitert.

Bezüglich der Gefangenen ist eines der Hauptprobleme aus der Sicht der Beamtinnen und Beamten, die Inhaftierung der Drogenabhängigen. Sie gehören nach ihrer Auffassung nicht in den Strafvollzug sondern in Therapieeinrichtungen. Dabei geht es um eine Größenordnung von bis zu 40% der Inhaftierten. Ein anderes Problem für die Bediensteten ist die große Zahl von Gefangenen, die kaum oder gar nicht deutsch sprechen. Bisher gibt es in Köln nur einen Beamten türkischer Herkunft und auf ABM Basis wurde eine russisch und polnisch sprechende Pädagogin polnischer Herkunft eingestellt. Denkt man an andere Gefängnisse, könnte man versucht sein »immerhin« zu sagen. Tatsächlich ist es ein Skandal, daß die Beamtinnen und Beamten von den zuständigen und verantwortlichen politischen Instanzen mit einer zunehmenden Zahl von Menschen umgehen sollen, mit denen sie sich nicht mal sprachlich verständigen können. Eine Politik und eine Gesellschaft, die »den Knast« damit allein läßt, ist einmal mehr sozial unverantwortlich und schafft damit Bedingungen, die genau das verunmöglichen, was Auftrag des Strafvollzugs ist. Die schnelle Forderung nach »Abschiebung der ausländischen Kriminellen« ist ein billiger Selbstbetrug und demagogisch obendrein.

Im rechtspolitischen Arbeitsprogramm der rot-grünen Regierungs-Koalition für die 12.Legislaturperiode heißt es dazu:»Mit Rücksicht auf den hohen Ausländeranteil unter den Gefangenen, namentlich im Jugendvollzug, und wegen der erheblichen sprachlichen Probleme, mit denen der Vollzug zu kämpfen hat, ist ein erhöhter Anteil von Bediensteten ausländischer Herkunft mehr als wünschenswert. § 155 Abs.1 Strafvollzugsgesetz sieht vor, daß die Aufgaben der Justizvollzugsanstalten von Vollzugsbeamten wahrgenommen werden. Da die Vollzugsbeamtinnen und -beamten im Rahmen ihrer Tätigkeiten hoheitliche Befugnisse ausüben, können nach geltendem Beamtenrecht grundsätzlich nur Deutsche im Sinne des Artikels 116 des Grundgesetzes eingestellt werden. Für Mitbürgerinnen und Mitbürger ausländischer Herkunft bedarf es einer entsprechenden Ausnahme durch das Innenministerium. Sobald die bereits erbetene generelle Ausnahme zugelassen wird, sind die Präsidenten der Vollzugsämter und die Leiterinnen und Leiter der Justizvollzugsanstalten aufgerufen, in ihren Werbemaßnahmen auf die

Gewinnung geeigneter ausländischer Mitbürgerinnen und Mitbürger hinzuwirken.«

Selbst innerhalb der Justiz ist der Strafvollzug ein Randthema, dem nur Aufmerksamkeit gewidmet wird, wenn etwas passiert - wenn es zu Ausbrüchen kommt, wenn es zu Selbstmorden in Haft kommt oder zu anderen Aufsehen erregenden Ereignissen. Dem Alltag und der Verbesserung der Arbeits- und Lebensbedingungen im alltäglichen Strafvollzug wird von der Politik im Bund, im Land und in der Stadt zuwenig Interesse und zuwenig Geld gewidmet.

Diese Ignoranz der Politik, des Parlaments, findet sich aber auch bei den Interessenvertretern der Beamtinnen und Beamten. So konnte man 1996 im Septemberheft der Zeitschrift »Der Vollzugsdienst«, die vom Bund der Strafvollzugsbediensteten herausgegeben wird, lesen: »Im Strafvollzug sei Sicherheit längst nicht mehr gegeben. Geiselnahmen, Vergewaltigungen, Ausbrüche, Meutereien und brutale tätliche Angriffe auf Bedienstete stünden auf der Tagesordnung.« So der Vorsitzende des Bundes der Strafvollzugsbediensteten Deutschlands, Franz Hellstern, in einer Rede gegen den Personalabbau im Strafvollzug. Man kennt das. Nach demselben Strickmuster versuchen die Vertreter der Polizei ihre Interessen nach mehr Personal und besseren Gehältern durchzusetzen. Es werden Horrorscenarien gemalt, extreme Ausnahmetaten werden als Normalität behauptet - und alles mit der Absicht Geld »zum Schutz der Allgemeinheit« locker zu machen. Wo ist da eigentlich der Unterschied zur Argumentation von mafiosen Schutzgelderpressern?

Wer den Alltag in einem Gefängnis als Ausnahmezustand definiert, in dem »Geiselnahmen, Vergewaltigungen, Ausbrüche, Meutereien und brutale tätliche Angriffe auf Bedienstete« auf der Tagesordnung sind, macht die Gefangenen zu einem Feindbild, zu einer bösartigen Menschenmasse, die nur noch mit Gewalt in Schach gehalten werden kann.

In der JVA Köln kam es 1996 zu vier tätlichen Angriffen auf Beamte. Bei rund 5000 Gefangenen, die jedes Jahr dieses Gefängnis »durchlaufen«, bei dem Streß auf seiten der Gefangenen wie auf seiten der Bediensteten ist das eigentlich kaum erwähnenswert.

Umgekehrt sieht es ähnlich aus: es wird im neuen Klingelpütz nicht mehr systematisch geprügelt. Wenn es dazu mal kommt, dann funktioniert in der Regel der Korpsgeist und kein Beamter sagt gegen einen anderen aus, d.h. die Gefangenen, die eine Anzeige stellen, haben keine guten Karten. Aber da die Anstaltsleitung solchen Beschwerden nachgeht und alle wissen, daß Gewalt gegen Gefangene nicht geduldet wird, ist der Alltag in Ossendorf längst nicht mehr von tätlicher Gewalt geprägt. Das war mal anders.

In der Sprache der Juristen heißt es, der Gefangene ist einem »besonderen Gewaltverhältnis unterworfen«. Der Alltag im Gefängnis ist zwar weit entfernt von den Horrorszenarien, die von den Interessenvertretungen der Beamten gemalt werden. Aber unterhalb dieses Niveaus offener Gewalt ist das Leben im Gefängnis davon geprägt. In vielerlei Hinsicht ist die Situation im Gefängnis von Anforderungen an die Beamten und Gefangenen geprägt, die beide Seiten überfordern und rational, also menschlich vernünftig, nicht zu handhaben sind.

An zwei Beispielen sei dies verdeutlicht: wenn rund 50% der Gefangenen als süchtig gelten, kann sich jeder ausmalen, daß es ein Hauptinteresse und eine Hauptbeschäftigung wenigstens eines beachtlichen Teil dieser Gefangenen ist, sich Alkohol, Tabletten oder illegale Drogen zu beschaffen. Da es dabei nicht um Kisten voller Schnapsflaschen geht, die unübersehbar wären, sondern teilweise gar nicht sichtbare oder tablettengroße Dinge, ist klar, daß der Auftrag an die Beamten, das Gefängnis drogenfrei zu halten, nicht erfüllbar ist. Trotzdem sind sie gehalten zu suchen und sie suchen und sie haben die Aufgabe jeden und alles, was in die JVA kommt, als potentielle Drogeneinschleusung im Auge zu haben. Wie soll das gehen?

Gefangene haben in der Regel das Interesse, ihre Zelle so wohnlich wie es geht einzurichten. Jugendliche z.b. würden gerne alle vier Wände und die Decke mit Poster zukleben. Die Beamten ihrerseits haben die Aufgabe, die Zellen zu kontrollieren, und damit das überhaupt möglich ist und nicht pro Zelle mehrere Tage dauert, dafür zu sorgen, daß die Zelle übersichtlich ist. Optimal für die Beamten im Sinne dieser Vorschrift wäre, daß der Gefangene nackt in einer absolut leeren Zelle sitzt. Da das unmenschlich wäre und allenfalls in besonderen Ausnahmesituationen kurzfristig vorkommt, ist alles ein Sicherheitsrisiko: der Gefangene mit seinem Körper, seine nicht zu lesenden Gedanken, seine Körperöffnungen, seine Kleidung, das Mobiliar in der Zelle, jeder andere Gestand in der Zelle bis hin zu den Zellenwänden.

Und das sind nur zwei Beispiele. Wie sollen Gefangene zu Menschen Vertrauen haben, deren Aufgabe es ist, sie ständig mißtrauisch und argwöhnisch zu bewachen? Wer in diesem System Paranoia bekommt, ist nicht verrückt, sondern gibt zu erkennen, daß er verstanden hat, worum es geht.

Was es mit den Bediensteten macht, wenn sie nichtlösbare Aufgaben lösen sollen, läßt sich an den Frühpensionierungen ablesen: obwohl es finanzielle Einbußen bedeutet, geht jeder zweite vorzeitig in den Ruhestand.

Experimente in der Sozialpsychologie haben längst gezeigt, was dieses Arrangement - Bewacher, Zelle, Gefangener - mit denen macht, die den Schlüssel tragen: es verleitet zum Ausspielen der Macht, und die Gefangenen mit allem, was ihnen fehlt, werden ständig zum Tarnen und Täuschen animiert, um sich unter den Augen der Bewacher dies oder das zu beschaffen. Als man an der Stanford-Universität mit ausgesuchten »normalen« Studenten »Gefängnis« in einem sozialpsychologischen Experiment simulierte, mußte dieser Versuch vorzeitig abgebrochen werden, da die Atmosphäre dermaßen gefängnisähnlich geworden war und die Verhaltensauffälligkeiten der Testpersonen so groß wurden, daß eine Fortsetzung des Experiments unvertretbar erschien.

Wenn die Situation im Gefängnis so großen Einfluß auf das Verhalten der Bediensteten und der Gefangenen nimmt, begegnen sich beide nicht als freie Menschen, sondern als Bewacher und als Gefangene. Das mag sich banal anhören, hat aber großen Einfluß auf alles, was hinter den Gefängnismauern geschieht, und führt immer wieder dazu, daß die normale menschliche Verständigung nicht zustandekommt oder mißlingt. Und das hat eben nicht nur etwas mit den Fähigkeiten und dem guten oder bösen Willen der einzelnen zu tun, sondern eben mit dieser Situation, die nicht wirklich menschlich zu handhaben ist.

Mit diesen nicht in Einklang zu bringenden Grundanforderungen, denen sich die Beamtinnen und Beamten konfrontiert sehen, nämlich gleichzeitig für Sicherheit und Ordnung und für die »Resozialisierung« der Gefangenen zuständig zu sein, gehen sie so um, wie das überall der Fall ist, wo Menschen so widersprüchliche Anforderungen bewältigen sollen - es wird eine neue, handhabare Grunddifferenz gesucht. Und die heißt im Gefängnis angepaßt - nicht angepaßt. Reibungslose Anpassung an die Gefängnismaschinerie ist das, was dann auch wirklich zählt - alles andere ist weniger wichtig. Nachts tragen die Beamtinnen und Beamten auf den Türmen und in den Zellenhäusern Waffen. Zellen dürfen dann auch nicht mehr von einem Beamten allein geöffnet werden und jedes Öffnen einer Zelle muß in einem Wachbuch eingetragen werden.

Neben dem Werkdienst, d.h. der Arbeit der Bediensteten in den Gefängnisbetrieben und der Arbeit in den Hafthäusern, gibt es eine kleine Zahl von Beamtinnen und Beamten, die für den Gefangenensport zuständig sind, die den zuständigen Sozialarbeitern beim Umgang mit den Drogensüchtigen helfen und bei der Arbeit mit den ausländischen Gefangenen.

FACHDIENSTE

Bei den Fachdiensten handelt es sich um »helfende Berufe« und daher sei wiederholt und noch mal betont, daß Gefangene sehr empfindlich registrieren, ob ihnen die Medizin als Strafe begegnet oder die Pfarrerin als Hilfssherif oder der Psychologe als Haftverschärfungsinstanz.

Aber auch die von ihrer Verständigungsfähigkeit mit teilweise sehr problematischen Gefangenen her am besten geeigneten Helferinnen und Helfer haben es mit objektiv kaum vernünftig zu handhabenden Problemen zu tun. Da die SozialarbeiterInnen, die LehrerInnen und die PsychologInnen bei der Entscheidung mitwirken, ob ein Gefangener vorzeitig entlassen wird, ob er und wann er in Urlaub kommt, ist auch hier, wo es unmittelbar um Hilfe gehen soll, ein Macht-Ohnmachts-Verhältnis etabliert worden, das beiderseitiges Vertrauen unendlich erschwert. Eine alte Forderung von Strafvollzugsreformern ist es denn auch, all diese helfenden Berufe aus dem Justizdienst herauszunehmen und in die Gefängnisse nur freie ÄrztInnen, SozialarbeiterInnen, PädagogInnen, PsychologInnen und SeelsorgerInnen zu lassen.

Es gibt aber auch von Teilen der einfachen Beamten bis in die höheren Ränge der Justiz eine reaktionäre Kritik an den helfenden Berufen im Strafvollzug - für die ist das alles Schnickschnack. Sie glauben an die Abschreckung und meinen, daß es ohne diesen »Sozialklimbim« viel besser liefe: ein harter Strafvollzug würde, wenn er nur hart genug wäre, die Gefangenen schon davon abhalten, in Zukunft nicht mehr straffällig zu werden. Auch das ist Teil der Realität des sogenannten modernen Behandlungsvollzugs, daß Menschen darin arbeiten und dafür zuständig sind, die innerlich überhaupt nichts davon halten.

Wie pervers der Widerspruch zwischen Helfen auf der einen Seite und der Sicherheit und Ordnung der JVA auf der anderen Seite letztlich sein kann, zeigen die Fälle von Gefangenen, die mit den PsychologInnen und SozialarbeiterInnen nicht so gut können und ihr Heil nicht in einer positiven Prognose durch diese Fachleute sehen, sondern im Verrat von Mitgefangenen. Eines der trübsten Kapitel im sogenannten Behandlungsvollzug. Weil die Realität der Gefängnisse von der Sicherheit bestimmt wird, sind diejenigen, die dafür verantwortlich sind, auf Informationen angewiesen. Und in der Regel werden diejenigen, die diese Informationen über ihre Mitgefangenen liefern, dafür belohnt. Bis hin zur Belohnung mit Freiheit. Im Gegensatz zur Kronzeugenregelung bei der Aufdeckung von Straftaten vor der Hauptverhandlung ist diese Art von »Kronzeugenregelung« ohne gesetzliche Grundlage. In den Gefängnissen, in denen das Verzinken von Mitgefangenen durch die Administration belohnt und bekannt wird, wird der immanente Zynismus des »modernen Behandlungsvollzuges« nur deutlich.

ÄRZTLICHER DIENST

»Draußen« hat jeder freie Arztwahl, im Gefängnis wird die medizinische Behandlung von den Gefängnis-Ärztinnen und - Ärzten durchgeführt. Neben den Beschwerden der Gefangenen über die Preise und das Angebot beim Einkauf sind in den vergangenen Jahren beim Beirat der JVA zu keinem anderen Thema so viele Beschwerden von Gefangenen eingegangen. Viele Klagen betreffen die lange Wartezeiten und die verweigerte Behandlung bei einem Arzt der eigenen Wahl oder die Unzufriedenheit mit der Art der Behandlung. Da die Organisation der freien Arztwahl in einem Riesengefängnis wie Ossendorf gar nicht denkbar ist, wird sich das auch kaum ändern.

Daneben gibt es Beschwerden gerade auch von nicht-deutschen Gefangenen, die sich falsch oder schlecht behandelt fühlen. Sie fühlen sich oft auch gar nicht verstanden. In der Stadt Köln wurde wegen den besonderen Problemen der MigrantInnen und Flüchtlinge 1995 ein Gesundheitszentrum für MigrantInnen gegründet. Und nicht nur wegen der sprachlichen Probleme und anderen Zugangsbarrieren zur Gesundheitsversorgung. Aufgrund der Migrationserfahrung und den Lebensbedingungen hier treten für die betroffenen Menschen besondere körperliche und psychische Belastungen auf, die teilweise auch auf Diskriminierung und Ausgrenzung beruhen.

In die JVA kommen Fachärzte (Augenärzte, HNO-Ärzte, Hautärzte, Nervenärzte, Frauenärzte, Zahnärzte), bei denen es jährlich zu insgesamt rund 3000 Vorstellungen von Gefangenen kommt. Einige Dutzend Gefangene werden jedes Jahr zur Behandlung vorübergehend in das Justizkrankenhaus Fröndenberg verlegt, in ein Psychiatrisches Krankenhaus oder in ein Krankenhaus in Köln. Neben über 5000 Labortests wegen aller möglichen Zwecke lassen sich auch jedes Jahr rund 1000 Gefangene auf HIV (AIDS) untersuchen. Um die 50 Gefangene lassen sich Tätowierungen entfernen. Die Anstaltsärzte sind auch für die Begutachtung der Qualität des Essens der Gefangenen zuständig. Für Fragen der Hygiene ist auch der medizinische Dienst zuständig. Das Gesundheitsamt der Stadt Köln führt Kontrollen durch. Medikamente werden von den Sanitätern an die Gefangenen ausgegeben. Kopf- und Zahnschmerztabletten sind in begrenzten Mengen in den Hafthäusern von den diensthabenden Hausbeamten zu bekommen. Die jährlichen Kosten für Medikamente liegen in der JVA Köln regelmäßig über 200.000 DM. Dieser Kostenfaktor bleibt natürlich sowenig ohne Einfluß auf das Arzt-Patient-Verhältnis in Gefangenschaft wie draußen.

Vorgesehen ist, daß sich jeder Gefangene einmal in der Woche zum Arzt melden kann. Tatsächlich sind die Arztvisiten oft nur 14tägig. Um zum Arzt vorgelassen zu werden, muß der Gefangene am Sonntagmorgen vor dem Arzttermin den Hausbeamten Bescheid geben und er wird dann in das Arztbuch eingetragen. Der Arzt trägt die vorgetragenen Beschwerden wie draußen auch in eine Krankenakte ein. Gefangene haben das Recht, diese Krankenakte einzusehen.

Das Justizvollzugskrankenhaus NRW, Hirschberg 9, 58730 Fröndenberg wurde 1979 erbaut und ist von der Justiz 1984 für den Strafvollzug erworben worden. Es dient der ambulanten und stationären Behandlung akut kranker Gefangener. Es stehen 180 Betten für männliche und 28 Betten für weibliche Gefangene zur Verfügung.

Darüber hinaus ist dem Krankenhaus eine im ehemaligen Schwesternwohnheim eingerichtete Mutter-Kind-Abteilung angegliedert, die über 11 Plätze für straffällig gewordene Mütter und bis zu 14 Plätzen für deren Kinder verfügt.

PÄDAGOGISCHER DIENST

Im Stellenplan der JVA Köln werden für den pädagogischen Dienst sechs Lehrerinnen und Lehrer ausgewiesen. Während wir dieses Buch schreiben ist uns allerdings bekannt geworden, daß die Zahl der Lehrerinnen und Lehrer in den Gefängnissen im Rheinland um 12 Stellen gekürzt werden soll. Welche Anstalt das im einzelnen wie trifft ist nicht endgültig entschieden. Es wird vermutet, daß die Zahl der LehrerInnen-Stellen in Köln um 50% gekürzt werden soll.

Wenn man weiß, daß Gefangene selten Abitur, dafür um so häufiger gar keinen Schulabschluß haben, könnte man denken, die Gymnasiasten sind schlau genug, um sich nicht so oft erwischen zu lassen, und kommen deshalb nicht so häufig ins Gefängnis. Das mag sogar hier und da mal zutreffen, aber tatsächlich ist es doch so, daß die Jugendlichen, die die beste Schulausbildung haben, für die damit verbundenen Berufsperspektiven einiges tun und mehr zuhause über den Büchern sitzen, als gelangweilt auf der Straße rumzustehen. Auf der Straße rumzuhängen ist nicht strafbar, obwohl Jugendliche immer wieder erleben allein schon deswegen von Erwachsenen »krumm« angesehen zu werden, aber auf der Straße ist der Schritt zur Möglichkeit und Gelegenheit, etwas Strafbares zu tun geringer als am Schreibtisch voller Schulbücher.

Behandlung aus pädagogischer Sicht heißt folglich, den Inhaftieren zu ermöglichen, Schulabschlüsse und eine Ausbildung nachzuholen. Das funktioniert auch. Wir haben in den Jahren, in denen wir einen Gesprächskreis in der Jugendabteilung anbieten, immer wieder erlebt, wie stolz die Jugendlichen waren, wenn sie den Hauptschulabschluß nachgeholt haben. Das veränderte sichtbar ihr Selbstwertgefühl.

Wer daher die Idee hat, die Zahl der Stellen für Pädagoginnen zu verringern, könnte das vernünftigerweise nur dadurch rechtfertigen, daß die Zahl der Gefangenen abnimmt oder die Hilfe für bildungsbenachteiligte Schülerinnen und Schüler in Freiheit gleichzeitig enorm ausgebaut wird. Tatsächlich ist das Gegenteil der Fall. Die Zahl der Inhaftierten steigt und am 20. Januar 1997 war im Kölner Stadt-Anzeiger zu lesen, daß die Öffnungszeiten vieler Hortgruppen gekürzt werden, daß der Schulpsychologische Dienst der Stadt Köln noch in diesem Jahr dem Rotstift zum Opfer fallen wird und daß die Zuschüsse für die Schülerhilfe zusammengestrichen werden. Überdies müssen auch die Volkshochschule und anderweitige freie Träger von Bildungsmaßnahmen in Haftanstalten - so auch in Köln - ihre Maßnahmen kürzen. Die Kassen leeren sich überall. Damit führt die ursprüngliche Absicht, Bildungsangebote an externe Kräfte zu delegieren und die hauseigenen Kräfte zu reduzieren, in einen Totalverlust von Bildungsangeboten in einigen Bereichen der Haftanstalten. Das nicht zuletzt auch deshalb, weil die Maßnahmen der externen Anbieter von der JVA teilfinanziert werden. Bei sich leerenden Kassen wird man wohl kaum noch zusätzliche externe Angebote finanzieren können und wollen.

Wer das billigt und zuläßt, hat jedes Recht verloren, über die wachsenden Zahlen von straffällig gewordenen Jugendlichen zu klagen. Und es ist offenkundig, daß diese Kürzungen nicht nur unmenschlich sind, sie werden sich auch nicht bezahlt machen. Die Haftplätze sind teurer als Schülerhilfe. Die Haftkosten zu senken, indem man die Lehrer aus den Gefängnissen nimmt, setzt diesem Skandal noch die Krone auf.

Als Herr Pfläging, Lehrer an der JVA, im Januar 1996 untersuchte, wieviele der damals inhaftierten 869 erwachsenen Männer ohne Berufsabschluß waren, kam er auf 71%. Bei den Jugendlichen und Heranwachsenden tendiert die Zahl der Jugendlichen ohne Ausbildung noch weit mehr gegen 100%.

Unterstützt von externen Kräften (z.B. von der Volkshochschule) wurde vom Pädagogischen Dienst in den vergangenen Jahren - auch in der Untersuchungshaft - ein Angebot von Kursen entwickelt, mit denen versucht wird, Bildungsdefizite abzubauen. Föderungsunterricht für Analphabeten, Elementarunterricht für Deutsche, Deutsch für Ausländer, deutsche Rechtschreibung, schulische Aufbaukurse zur Vorbereitung auf den Hauptschulabschluß und Hauptschulabschlußklassen. Im Bereich der Berufsausbildung gibt es verschiedene dreimonatige Kurse, eine Sonderform der Vorklasse zum Berufsgrundschuljahr im Berufsfeld Holz und im Berufsfeld Metall.

Da die Inhaftierten in der Regel eine negative Bildungsgeschichte hinter sich haben, d.h. mit dem schulischen Lernen hauptsächlich Mißerfolgserlebnisse verbinden, müssen die Lehrerinnen und Lehrer den einzelnen Schülerinnen und Schülern im Gefängnis besonders viel Aufmerksamkeit widmen. Das beginnt schon im Vorfeld der eigentlichen Bildungsmaßnahme durch ihre Vorbereitung in Einzelgesprächen und durch eine gezielte Bildungsberatung. Damit der Unterricht erfolgreich absolviert werden kann, muß den Inhaftierten ausreichend Zuwendung geboten werden. Unterricht im Sinne reiner Wissensvermittlung kann die Schülerinnen und Schüler nicht fördern.

Die Untersuchungshaftvollzugsordnung verneint zwar einen Behandlungsauftrag, da der Gefangene als unschuldig zu gelten hat, solange er nicht von einem Gericht schuldig gesprochen wurde, sie bejaht aber ausdrücklich einen Handlungsbedarf und sieht auch für erwachsene U-Gefangene Bildungsmaßnahmen vor (Nr. 46 der UVollzO). Für Jugendliche U-Gefangene gibt es neben der Arbeitspflicht auch die Schulpflicht ((Nr.80 UVollzo). Viele Gefangene nehmen die Angebote der Lehrerinnen und Lehrer gerne wahr und sehen darin keine zwangsweise auferlegte Pflicht. Diejenigen, die zu einer Freiheitsstrafe verurteilt werden, können dann in den Jugendstrafanstalten, z.B. wenn sie in Ossendorf den Hauptschulabschluß gemacht haben, weiterführende Schulabschlüsse nachholen oder gut vorbereitet eine Berufsausbildung beginnen.

Gemessen an dem, was in den vergangenen 15 oder 20 Jahren in der schulischen Entwicklung versäumt wurde, können natürlich auch sechs Lehrerinnen und Lehrer nicht in wenigen Monaten unter der Bedingung des Inhaftiertseins

Wunder bewirken. Bei gleichbleibender Zahl der Inhaftierten wäre es daher notwendig, den Pädagogischen Dienst wie die anderen Dienste (PsychologInnen, SozialarbeiterInnen, ÄrztInnen, SeelsorgerInnen) auszubauen.

Bei denjenigen, die immer wieder nach Ossendorf kommen und mehrfach vorbestraft sind, handelt es sich in der Regel um mehrfach benachteiligte Menschen, die unverhältnismäßig sozial und beruflich entwurzelt sind. Wenn man ihnen trotz der Resozialisierungsrhetorik im Knast keine Chance gibt, sich zu bilden, müßte man anständigerweise darauf verzichten, sie bei einem Rückfall noch härter zu verurteilen.

1993 hatten 70% der inhaftierten Jugendlichen und Heranwachsenden, die in Nordrhein-Westfalen am Auswahlverfahren teilgenommen hatten, keine abgeschlossene Schulausbildung; 15% von ihnen waren Sonderschüler, über eine abgeschlossene Berufsausbildung verfügten 2% von ihnen. Damit haben die inhaftierten Jugendlichen und Heranwachsenden weit größere schulische Defizite als die erwachsenen Gefangenen.

45% der insgesamt 206 in den Jahren 1981/82 entlassenen Jugendstraftäter, die eine berufliche Ausbildung absolviert hatten, wurden rückfällig. Wenn die Ausbildung im Vollzug zu einer Arbeitsplatzvermittlung nach der Entlassung führte, waren es nur noch 33%, die wieder zu einer Straftat ohne Bewährung verurteilt wurden.

Der Schluß, den wir daraus ziehen: solange es die Jugendstrafe gibt, ist es sinnvoll, die Jugendlichen und Heranwachsenden möglichst gut auszubilden. Es hat sich auch bestätigt, daß die Rückfallquote um so geringer ist, je höherwertiger die in der Haft vermittelte berufliche Qualifikation ist. Die Höhe der dennoch verbleibenden Rückfallquote macht allerdings auch deutlich, wie notwendig eine gute schulische und berufliche Ausbildung für alle Kinder und alle Jugendlichen in Freiheit ist.

Es genügt sicher nicht festzustellen, daß das Gefängnis nicht alles korrigieren kann, was in der Kindheit und Jugend schiefgelaufen ist - auch die beste Ausbildung kann nicht verhindern, daß ein Teil der Jugendlichen durch die Inhaftierung aus der Bahn geworfen wird. Und immer wieder ist die Frage zu stellen, wieso wir eine Gesellschaft haben, in der Jugendliche erst in den Knast kommen müssen, um einen Schulabschluß zu absolvieren oder einen Ausbildungsplatz zu finden. Da es um so mehr Spaß macht, etwas Vernünftiges zu lernen, wenn das von der Möglichkeit der sinnvollen Freizeitgestaltung begleitet wird, ist eine Lehrerin für die Freizeitkoordination in der JVA zuständig. Auch diese Arbeit müßte ausgebaut werden, wenn man ernstlich darin interessiert ist, Jugendliche neue Erfahrungen machen zu lassen. Dazu gehört wesentlich auch die Aktivierung für eine Freizeitgestaltung jenseits von TV und Gammel. Dazu gehört aber auch, daß aus der Gesellschaft heraus das Engagement wächst und den Fachdiensten in der JVA geholfen wird, interessante Freizeitangebote zu schaffen, die die kreative Fähigkeiten entwickeln helfen, die Phantasie anregen, das Selbstwertgefühl steigern und auch etwas Freude in den langweiligen Knastalltag bringen. Langeweile macht destruktiv. Daher ist den vielen Kölner Künstlerinnen und Künstlern zu danken, die kostenlos in der JVA auftreten und den Gefangenen vermitteln, daß sie nicht abgeschrieben sind.

PSYCHOLOGISCHER DIENST

Die Psychologinnen und Psychologen in Ossendorf haben fünf Hauptaufgaben: die Mitwirkung bei der Organisation der JVA, die Beteiligung bei der Einstellung von neuen Beamtinnen und Beamten, die Fortbildung der Bediensteten und die psychologische Beratung der Gefangenen und die Mitwirkung bei der Entscheidung über Lockerungen und der vorzeitigen Entlassung von Gefangenen. Gefangene, die ein Gespräch mit den PsychologInnen wünschen, melden sich zu Einzelgesprächen, weil sie Probleme mit der Inhaftierung haben, weil sie eine Therapie wollen (wegen Alkohol-, Drogen- und Spielsucht). Im Strafhaftbereich geben sie gutachterliche Stellungnahmen ab zu Fragen der Flucht- und Mißbrauchsgefahr bei Lockerungen (Ausgang, Urlaub) von suchtgefährdeten Inhaftierten bzw. bei Gefangenen, die wegen Gewalt- oder Sexualdelikten verurteilt worden sind.

SEELSORGERLICHER DIENST

Die Seelsorgerinnen und Seelsorger in der JVA sind die einzigen in der JVA, die nicht in das Sanktionsystems eingebunden sind: sie entscheiden nicht, wann ein Gefangener entlassen wird, sie wirken nicht bei Bestrafungen mit. Was vom Knastpfarrer früher zu holen war - daher der Spitzname »Pater Batavia«, war Tabak. Den sammeln die Pfarrer zwar immer noch, aber sie geben ihn an die Hausbeamten zur Verteilung an mittellose Gefangene weiter. Daher muß sich in Ossendorf niemand mehr zu den Seelsorgern melden, um nach langem hin und her rauszulassen, daß er einen Schmachter hat und eigentlich nur gekommen ist, um den Pfarrer um ein Pack Tabak zu bitten.

Wachturm der JVA Köln

»KIRCHE IST EIN FREIO!«*

von Herbert Scholl, Pastoralreferent in der JVA Köln

Als SeelsorgerInnen möchten wir den gefangenen Frauen und Männern Wegbegleitung anbieten und sie bei der Suche nach Lebensperspektiven unterstützen. Wir verstehen unsere Arbeit im ökumenischen Sinne, was in gemeinsamen Dienstbesprechungen der Seelsorgerinnen und Seelsorger aller Konfessionen, gemeinsamen Planungen von Aktionen und ökumenischen Gottesdiensten zu besonderen Anlässen deutlich wird. Um die Arbeit besser zu strukturieren, ist jeweils eine SeelsorgerIn für ein bestimmtes Hafthaus zuständig. Alle Gefangenen haben aber das Recht, mit einer SeelsorgerIn des eigenen Bekenntnisses zu sprechen. Schwerpunkte unserer Arbeit sind a) Einzelgespräche, b) Gesprächsgruppen, c) Gottesdienste und d) Außenkontakte/Öffentlichkeitsarbeit.

a Einzelgespräche:
Kontakte zu den Gefangenen kommen meist dadurch zustande, daß diese per Antrag um ein Gespräch mit uns bitten. Dabei geht es um ein konkretes Anliegen oder um ein längeres Gespräch. Die gefangenen Frauen und Männer wünschen zum Teil ein einmaliges Gespräch, mehrere Gespräche in unregelmäßigen Abständen oder Gespräche über Monate, in Einzelfällen Jahre. Die Gespräche können sämtliche Bereiche des persönlichen Lebens berühren: Bewältigung der Inhaftierung, Familien- und Partnerschaftsprobleme, Fragen des Glaubens, Krisensituationen (Krankheit bzw. Tod von Angehörigen), Perspektiven für die Zukunft. In Einzelfällen ergibt sich aus dem Gesprächskontakt die Begleitung bei einer Ausführung oder die Durchführung eines Sonderbesuches.

b Gesprächsgruppen:
Um einer durch die Haft bedingten Vereinzelung entgegenzuwirken und um einen gegenseitigen Erfahrungs- und Meinungsaustausch zu ermöglichen, bieten wir Gesprächsgruppen an. In diesen Gruppen kommen bis zu acht Gefangene entweder aus einem oder aus mehreren Hafthäusern zusammen. Die Gruppen sind entweder thematisch offen und zeitlich unbegrenzt oder sie beschäftigen sich eine befristete Zeit mit einem vorgegebenen Thema.

---

* Kommentar eines Gefangenen zu den Gottesdiensten.
»Freio bedeutet: Wenn in Köln Kinder nachlaufen spielen, hört man es: Freio! Die kindlich naive Lösung eines der ältesten philosophischen Probleme überhaupt. Es wird Freio gerufen, einer springt auf eine vorher abgemachte Stelle und schon sind Zeit und Raum aufgehoben, jedenfalls im Spiel.« (BAP)

c **Gottesdienste:**

Die Gottesdienste in der JVA Köln sind ein lebendiger vielfältiger Raum, in dem Menschen mit ihren unterschiedlichen Wünschen, religiösen und lebensgeschichtlichen Hintergründen für circa eine Stunde zusammenkommen. An jedem Wochenende finden 7-8 Gottesdienste statt, für die Frauen wöchentlich, für die Männer vierzehntägig. Meistens ist jeweils ein Hafthaus zum Gottesdienst eingeladen. Von ca. 70 eingeladenen Gefangenen nehmen etwa 40 am Gottesdienst teil. Die Gottesdienstgruppen bereiten ein bestimmtes Thema bzw. biblischen Text vor. Dazu werden eigene Texte geschrieben, fremde Texte ausgesucht, Lieder ausgewählt, Bilder gemalt, Musiker bringen sich live ein. Uns ist wichtig, daß alle Anwesenden durch Wortbeiträge, Lieder und im Predigtgespräch direkt am Gottesdienst teilnehmen können. Ziele unserer Gottesdienste sind, daß die Gefängniskirche als Ort erfahrbar wird, wo Menschen mit ihrem Leben vorkommen, Gott spürbar werden kann und daß Menschen zum Hören des Evangeliums eingeladen werden in Toleranz und Respekt anderer Religionen gegenüber.

d **Aussenkontakte/Öffentlichkeitsarbeit:**

Wir bemühen uns, das Thema Gefängnis in Kirche und Öffentlichkeit wach zu halten und diese auf ihre Verantwortung anzusprechen. Dies geschieht z.B. durch Teilnahme an der regelmäßig stattfindenden Mahnwache gegen Abschiebehaft, durch Vorträge bzw. Teilnahmen an Gesprächsrunden in Kirchengemeinden und Schulen, als AnsprechpartnerInnen für Besuchsgruppen im Gefängnis, durch die Mitwirkung an Aktionen in Zusammenarbeit mit Initiativen und Einrichtungen der Straffälligenhilfe.

ANSPRECHPARTNERINNEN

Claudia Malzahn, Pfarrerin	evangelisch
Dieter Bethkowski, Pfarrer	evangelisch
Eva Schaaf, Pfarrerin	evangelisch
Herbert Scholl, Pastoralreferent	katholisch
Fred Schmitz, Pfarrer	katholisch
Hildegard Himmel	katholisch

Die evangelischen und katholischen SeelsorgerInnen sind bundesweit in Konferenzen für Gefängnisseelsorge organisiert. Diese Bundesorganisationen sind sehr aktiv in der Diskussion um die Gefängnisreform. Bei ihnen gibt es auch viele Veröffentlichungen zum Strafvollzug und zur Opfer- und Straffälligenhilfe.

**Evangelische Konferenz
für Gefängnisseelsorge in Deutschland**
Auguststraße 80
10117 Berlin
Tel 030/28395-119
Fax 030/28395-180
**Konferenz der katholischen Seelsorge
bei den Justizvollzugsanstalten in der Bundesrepublik Deutschland**
Spitalstr. 5
35516 Münzenberg
Tel 06004/3022
Fax 06004/2864

BERATUNG UND HILFE

**Über 150 Gefangene in der JVA Köln sind Muslime.
Die für sie zuständigen Geistlichen kommen von der DITIB-Moschee:**
DITIB-Türkisch-Islamische Union des
Ministeriums für religiöse Angelegenheiten
Venloer Str. 160
50823 Köln
Tel 5798-238

DITIB wurde 1985 in Köln gegründet und ist im Gegensatz zu den anderen islamischen Dachorganisationen eine Institution des Ministeriums für religiöse Angelegenheiten der Türkei. Ähnlich wie die anderen Zentralen verfügt DITIB neben einer großen Moschee mit besonderen Andachtsräumen für Frauen über Büroräume, Werkstätten zur Berufsausbildung für Jugendliche, ein Lebensmittelgeschäft, einen Friseurladen, ein Café und eine Buchhandlung. Die Amtsgeistlichen, die hier ihren Dienst tun, werden durch das Religionsministerium der Türkei gestellt. Sie vollziehen Trauungen, leiten das Namaz (Freitagsgebet), halten religiöse Ansprachen und erteilen Koranunterricht.

Die Decke der B-Zelle in der JVA Köln mit Videokamera (hinter dem dunklen Glas)

SOZIALER DIENST

Die Sozialarbeiterinnen und Sozialarbeiter der JVA sind jeweils für ein oder zwei Hafthäuser zuständig. Einige von ihnen haben zusätzlich noch eine Querschnittsaufgabe: Koordination der gesamten Sozialarbeit, Drogenberatung, AusländerInnen-Beratung, Soziales Training, ehrenamtliche Helferinnen und Gremienarbeit, wie z.b. die Teilnahme am Arbeitskreis Straffälligenhilfe, Arbeitskreis AIDS.
Menschen, die überraschend verhaftet und in das Gefängnis gebracht worden sind, haben jede Menge Probleme, die durch die Verhaftung entstanden sind:
▸ Die Verständigung der Familie und Freunde von der Haft.
▸ Die Benachrichtigung des Rechtsanwalts oder die Suche nach einem Verteidiger.
▸ Bei denen, die eine eigene Wohnung hatten, die Frage, was aus der Wohnung wird - kann sie gehalten werden, muß sie aufgelöst werden? Was geschieht dann mit den Möbeln und dem sonstigen Eigentum? Auf der Kammer der JVA können höchstens zwei Koffer abgestellt werden.
▸ Was wird mit dem Arbeitsplatz, soweit vorhanden?
▸ Was wird aus der Familie, den Kindern?
▸ Was wird mit der Schule oder der Berufsausbildung?
▸ Was wird mit laufenden finanziellen Verpflichtungen?
▸ Was wird mit der Krankenversicherung?
▸ Wer eine Bewährung offen hatte, muß die Bewährungshilfe verständigen.
Für alle diese Probleme ist der Sozialdienst zuständig.
In der Entlassungsvorbereitung ist es Aufgabe der SozialarbeiterInnen, den Gefangenen bei der Arbeits- und Wohnungssuche behilflich zu sein.

Norbert Linden, der als Sozialarbeiter auch für die Drogenabhängigen in der JVA zuständig war, mußte erleben, daß Gefangene mit dem mühsam ergatterten Therapieplatz nichts anfangen konnten, d.h. die Therapie abbrachen, weil sie nicht auf die dort stattfindenden Gruppensitzungen vorbereitet waren. Sie hatten nie gelernt, vor anderen über ihre Probleme zu sprechen. Auch um das zu beheben, hat er das Soziale Training in der JVA eingeführt. Hier sein Bericht:

SOZIALES TRAINING ALS SCHWERPUNKT IN DER JVA KÖLN
von Norbert Linden

Soziales Training ist zielorientierte Gruppenarbeit. Es ist ein Gruppentrainingsprogramm für Gefangene zum Erlernen und Einüben von nicht kriminellen, rückfallvermeidenden, prosozialen Verhaltensweisen zur Bewältigung von Problemsituationen in und mit Hilfe einer Trainingsgruppe.
Das Soziale Training versteht sich als begleitende Behandlungsmaßnahme von schulischen, beruflichen und sonstigen Maßnahmen des Strafvollzugs und setzt in Problembereichen an, von denen eine Rückfallgefährdung ausgeht. Es bietet le-

benspraktische Hilfen zur Bewältigung des Alltages an. Der Gefangene soll Techniken erwerben und Lernerfahrungen machen, die ihm bei der Bewältigung von Alltagsproblemen helfen und üblicherweise in Familie und Schule hätten erreicht werden sollen. Das Soziale Training soll Straffällige durch themen- und problembezogene Kursangebote zur Behebung ihrer typischen Alltagsschwierigkeiten über den Erwerb von Alltagswissen, Einübung sozialen Verhaltens und lebenspraktische Erfahrung zu sozialer Kompetenz und sozialer Verantwortung führen. Soziales Training greift Schwierigkeiten in der Lebensbewältigung auf. Zu den Trainingsbereichen gehören insbesondere:
a) Alkohol und Drogen
b) Soziale Beziehungen
c) Arbeit und Beruf
d) Rechte und Pflichten
e) Geld und Schulden
f) Freizeit
Als Methode werden vor allem Wissensvermittlung, das themenzentrierte Gruppengespräch und das Rollenspiel unter Verwendung von Einstellungskarten (Otto, 1986), anderen Unterrichtsmaterialien und Video eingesetzt. Im Bereich soziale Beziehungen bzw. Drogen und Alkohol haben sich außerdem gruppendynamische Übungen (z.B. Vopel 1984) bewährt. Soziales Training ersetzt keine Psychotherapie. Soziales Training ist jedoch auch keine Freizeitmaßnahme bzw. Freizeitbeschäftigung oder die nur sprachliche Bewältigung von Konflikten (wie z.B. in Gesprächsgruppen). Soziales Training zielt auf Veränderungen im Verhalten der Gefangenen ab. Es wird nicht nur über Verhalten gesprochen, sondern neues Verhalten eingeübt. Im Rahmen der Methoden des sozialen Trainings kommen dem Rollenspiel und dem Lernen am Modell (Nachahmungslernen) bzw. Lernen durch Rückmeldung (Belohnen, Bestrafen) zentrale Bedeutung zu.

METHODEN:
Das allgemeine methodische Vorgehen in den Gruppensitzungen orientiert sich an vier Grundsätzen:
1) Sprechen fördert Nachdenken und regt zur gedanklichen Verarbeitung von Sachverhalten und Problemen an.
2) In der Runde Angesprochenes gewinnt an Bedeutung und Verbindlichkeit für das eigene Handeln.
3) Nicht nur reden, sondern auch danach handeln - vom Besprechen von Verhaltensabsichten und Meinungen zur Verhaltenserprobung.
4) Gelingt es, daß sich Teilnehmer entgegen ihrer Einstellung in einer kritischen Situation angemessen verhalten und wird dieses Verhalten verstärkt, so kann sich auch ihre Einstellung verändern.

AUSWAHL UND ANWENDUNG DER METHODEN RICHTEN SICH DANACH, WELCHES LERNZIEL ERREICHT WERDEN SOLL:

LERNZIEL 1:

Bewußtmachen von Problemen, Defiziten, Bedürfnissen, Änderungswünschen, Stärken etc. Bewußtmachen wird vor allem durch Rückmeldung erreicht, d.h. im Gruppengespräch werden eigene und fremde Einstellungen und Verhaltensweisen bewertet. Als förderlich haben sich auch Videoaufnahmen erwiesen, die als »Feedback« vorgespielt werden.

LERNZIEL 2:

Wissenserwerb. Diese Sitzungen orientieren sich an schulischen Konzepten, und zwar am Erarbeitungsunterricht und am Begriffslernen.

LERNZIEL 3:

Entwickeln von Perspektiven und Lösungsmöglichkeiten. Hier wird auf sozialpsychologische bzw. kognitive Lösungsmodelle zurückgegriffen. Dieses Lernziel wird durch Konfrontation der Gruppenteilnehmer mit möglichst schwierigen Alltagssituationen angestrebt. Dazu können Anweisungen aus dem modellunterstützten Rollentraining einbezogen werden.

LERNZIEL 4:

Probehandeln im Rollenspiel/Verwirklichung. Rollenspiele mit Zielvorgaben unter Zuhilfenahme von Video- und Tonband-Erprobung in Zweier-, Klein- und Gruppengesprächen. Im Rollenspiel werden unbekannte und bekannte Situationen dargestellt und eingeübt. (Hilfe eventuell durch Vorgabe einer Modellszene bzw. durch Fernsehaufzeichnungen). Anschließend wird durch die Video-Rückmeldung der Rollenspieler nochmals mit der Situation konfrontiert - dies fördert die kognitive Verarbeitung. Lernen durch Rückmeldung und Nachahmungslernen. Soziales Training ist eine zukunftsweisende Behandlungsmaßnahme, die für viele Gefangene geeignet ist. Soziales Training trainiert in Gruppen; es fördert die Gemeinschaft und macht Einzelne nicht zu Außenseitern. Es vermittelt praktische überprüfbare Hilfen, die im direkten Bezug zu Problemen nach der Entlassung stehen. Soziales Training verändert Anstaltsstrukturen, in dem es Fachdienste und allgemeinen Vollzugsdienst zusammenbringt und den Umgang mit Gefangenen und den der Bediensteten untereinander positiv beeinflußt. Um Soziales Training auf Dauer erfolgreich im Justizvollzug durchführen zu können, müssen Anstaltsleiter und Aufsichtsbehörden für Rahmenbedingungen Sorge tragen, die es erlauben, nicht nur gute Konzepte für Soziales Training zu entwickeln, sondern auch den Trainern und Co-Trainern den zeitlichen Rahmen ermöglichen, diese Konzepte wirksam in die Praxis umzusetzen.

Baskettballplatz in der JVA Köln

ÜBERSICHT DER HILFSANGEBOTE FÜR NICHTDEUTSCHE INHAFTIERTE IN DER JVA KÖLN

von Wolfgang Reif

Wolfgang Reif ist als Sozialarbeiter in der JVA für die besonderen Probleme der ausländischen Gefangenen zuständig. Er ist sozusagen der Ausländerbeauftragte der JVA.

1. ALLGEMEINES

Ausländerinnen und Ausländer mit Beratungswünschen können sich innerhalb der JVA Köln an den Sozialdienst wenden. Für einige Nationalitäten stehen sprachkundige interne und externe Mitarbeiter zur Verfügung, die auf Antrag den Beratungswünschen nachkommen. Bis auf die Anträge an Frau Semenovicz, Herrn Boll und Herrn Reif, die direkt anzuschreiben sind, sind alle anderen Anträge über den Sozialdienst zu stellen.

1.1. ALLGEMEINE BETREUUNG

1.1.1 für türkisch sprechende Inhaftierte
interner Mitarbeiter: Herr Boll
externer Mitarbeiter: Herr Aydogan (AWO)
1.1.2 für polnisch und russisch sprechende Inhaftierte
interne Mitarbeiterin: Frau Semenocicz
1.1.3 für spanisch sprechende Inhaftierte
externe Mitarbeiterin: Frau Simon (Caritas Verband Köln)
1.1.4 für italienisch sprechende Inhaftierte
externe Mitarbeiterin: Frau Brezzo-Horsch (Caritas Verband Köln)
1.1.5 für griechisch sprechende Inhaftierte
externer Mitarbeiter: Herr Papas (Caritas Verband Köln)
1.1.6 für Inhaftierte aus dem ehemaligen Jugoslawien
externer Mitarbeiter: Herr Taras (Caritas Verband Köln)

1.2.1 SPEZIELLE BETREUUNG

interner Mitarbeiter: Herr Reif
Herr Reif steht bei Bedarf für spezielle Fragen, die in Zusammenhang mit der Inhaftierung und dem ausländerrechtlichen Hintergrund stehen, als Ansprechpartner zur Verfügung.

1.2.2 INFORMATION UND BERATUNG VON ABSCHIEBEHÄFTLINGEN

extern: Amnesty International Köln (ai)
Abschiebehäftlinge können sich an »ai« mit der Bitte um Beratung und Hilfe wenden. Der Sozialdienst händigt auf Antrag einen Fragebogen von »ai« aus. Sofern erforderlich, besuchen BeraterInnen von »ai« Hilfesuchende in der JVA Köln. Dieser Besuch wird nicht auf die Besuchszeit angerechnet.
1.2.3 Gruppenarbeit mit ausländischen und deutschen jungen Inhaftierten
extern: Kölner Appell e.V. Der Kölner Appell bietet für junge Untersuchungs-

häftlinge eine »Anti-Rassismus-Gruppe« an. Jeweils donnerstags kommen Mitglieder des Kölner Appell von 15 - 17 Uhr in die JVA und treffen sich mit den Jugendlichen.

1.3 RECHTSBERATUNG

1.3.1 anwaltliche Rechtsberatung
Der Kölner Anwaltsverein e.V. bietet für nichtdeutsche Inhaftierte eine kostenlose Rechtsberatung in ausländerrechtlichen Angelegenheiten an. Interessierte Inhaftierte, die noch keinen Rechtsbeistand haben, können auf Antrag dieses Angebot wahrnehmen. Die Anträge auf diese kostenlose Rechtsberatung liegen in den Hafthäusern aus. Neben der ausländerrechtlichen Beratung besteht schon seit langem die Möglichkeit der kostenlosen Rechtsberatung des Kölner Anwaltsvereins e.V. in Straf- und Zivilsachen.

1.3.2 Familienberatung für türkische Inhaftierte und Vermittlung von Rechtsberatung
Als Hilfestellung zur Lösung der Probleme der in der JVA einsitzenden Inhaftierten und ihrer Familien bietet der Kölner Appell e.V. jeden Dienstag zwischen 16 und 18 Uhr im »Allerweltshaus« in der Körnerstr.77-79 in Köln-Ehrenfeld eine Beratung für Freunde und Familienangehörige von türkisch sprechenden Gefangenen an. Rechtsberatung kann vermittelt werden. Die dafür notwendigen Kontakte innerhalb der JVA Köln werden durch Herrn Boll und Herrn Reif vermittelt.

In der JVA haben Sozialarbeiterinnen und Sozialarbeiter der Wohlfahrtsverbände und des Vereins Maßstab e.V. eigene Büros. In Zusammenarbeit mit dem Sozialen Dienst der JVA bieten sie den Inhaftierten ihre Hilfe an.

»Lieber Heiliger Nikolaus, bewahre uns vor Knast und Arbeitshaus.« (Spruch aus dem alten Klingelpütz - heute ist in Vergessenheit geraten, daß der Heilige Nikolaus auch der Schutzheilige der Gefangenen ist)

DIE GEFANGENEN

Von Menschen, die im Gefängnis arbeiten, ist oft zu hören, daß sie eine »besondere Klientel« zu beaufsichtigen hätten. Damit meinen sie, daß sie es mit besonders gefährlichen Leuten zu tun haben. Richtig ist sicher, daß ein Teil von denen, die in den Zellen sitzen, für andere gefährlich waren und es vielleicht auch wieder sind, wenn sie rauskommen. Teilweise werden sie auch schon in der Haft für Mitgefangene und das Aufsichtspersonal zu einer Gefahr. Aber weil das so ist, sollte sich niemand einbilden, es handele sich dabei um einen »besonderen Menschenschlag«. Für jeden, der in einer Zelle sitzt, gibt es draußen Tausende mit denselben persönlichen Eigenheiten und Merkmalen.

Von Beginn der Verfolgung von »Verbrechern« an, war es ein Traum derjenigen, die das beruflich taten oder wissenschaftlich untersuchten, Wege zu finden, den »Verbrecher« möglichst schon vor der Tat zu erkennen und zu kontrollieren, - um damit Straftaten zu verhindern.

Heute weiß man, daß es den »geborenen Verbrecher« nicht gibt. Heute weiß man, daß man selbst als Frau oder Mann nicht geboren wird, sondern dazu gemacht wird.

In der Frühzeit der »Verbrecherjagd«, als man an den »geborenen Verbrecher« glaubte, gab es Wissenschaftler, die der interessierten Öffentlichkeit vorführten, wie der »geborene Verbrecher« aussah. Das geschah zu der Zeit, als alle möglichen Theorien über menschliche »Rassen« aufgestellt wurden. Körper wurden beschrieben, vermessen und seziert. Herauskam, daß die äußerlichen Merkmale, Haut- und Haarfarben, Kopf-, Augen-, Nasen- und Mundformen, Körperlänge und Körperumfang, in denen sich Menschen offensichtlich unterscheiden, von viel kleinerer Zahl sind, als die Merkmale, in denen sich die unterschiedlichsten Menschen ähneln. Der Glaube an die verschiedenen »Rassen« ist ein Wahn. Es gibt keinen Zusammenhang zwischen äußerlichen Merkmalen und Charakter.

Im nationalsozialistischen Deutschland mußten Millionen Menschen wegen dieses »Rassenwahnsinns« ihr Leben lassen: völlig unschuldige Kinder, Frauen und Männer. Die Hunderttausende, die daran aktiv mitwirkten und die Millionen, die das duldeten, waren »normale Menschen«. Sie hatten weder besonders ausgeprägte Kinnladen, noch besonders an den Neandertaler erinnernde Augenwülste, noch besonders böse Blicke, noch sonstige Besonderheiten.

Ralph Giordano sprach davon, daß es nach dem größten Verbrechen in der Geschichte der Menschheit in Deutschland das größte Resozialisierungswerk der Weltgeschichte gegeben hat: nur eine ganz kleine Zahl der Täterinnen und Täter wurden nach 1945 vor Gericht gestellt und abgeurteilt. Viele wurden später mit dem Bundesverdienstkreuz ausgezeichnet.

Das sollte man sich vor Augen halten, wenn man sich dem Gefängnis nähert: man kann niemandem ansehen, was er oder sie getan hat und die Menschen, die in den Zellen sitzen, sind Menschen, wie es sie draußen auch gibt. Sie unterscheiden sich nicht. Selbst wenn sie ganz einmalige besonders verabscheuungswürdige unmenschliche Taten begangen haben.

Dennoch kann man nicht sagen, daß sich die Gesellschaft in den Zellen der Gefängnisse, wie in einem Spiegelbild, wiederfindet. Es ist ein Zerrbild. Und zwar ein Zerrbild deshalb, weil diejenigen, denen es in Freiheit besonders schlecht ergangen ist, im Gefängnis überrepräsentiert sind: Arme, Ungebildete, Unausgebildete, Arbeitslose, Menschen aus kaputten Familien, Angehörige von Minderheiten wie Zigeunern, Ausländer und Suchtkranke. Und gegen die allgemeine Selbstgerechtigkeit kann man es - bei aller Verabscheuungswürdigkeit bestimmter Taten und ohne jeden Funken Verständnis für die Taten, die nicht wieder gutzumachen sind - man kann es nicht oft genug wiederholen: diese Menschen sind nicht schlechter als viele draußen, sondern nur schlechter dran.

Was die Gefangenen in den Augen eines Teils der Bevölkerung und eines Teils der im Gefängnis beruflich Tätigen allenfalls zu etwas Besonderem macht, sind die besonderen Bedingungen, unter denen sie im Gefängnis leben müssen: »Stecke einen Menschen hinter Gitter, und Du siehst ein Tier.« Wer Tiere sieht, wo es sich um Menschen handelt, sollte sich daher an die eigene Nase fassen und sich nach der Entstehung solcher Fehlwahrnehmung fragen. Auch Gefangene beginnen mit der Dauer der Inhaftierung sich anders zu sehen.

Wer Gefangene, die längere Zeit inhaftiert waren, beim ersten Ausgang begleitet, kann es hin und wieder feststellen, daß es einige selbst glauben, man könne ihnen ansehen, daß sie aus dem Gefängnis kommen. Erst die längere Erfahrung der Begegnung mit den Menschen draußen, vermittelt ihnen, macht sie sicher, daß es ihnen niemand ansieht, woher sie kommen.

Wer eine Straftat begangen hat, ein Gesetz gebrochen, der wird üblicherweise Straftäter oder Verbrecher genannt oder differenzierter nach dem Delikt bezeichnet, dessen er angeklagt oder verurteilt worden ist: Dieb, Betrüger, Kinderschänder, Vergewaltiger, Mörder usw. Wer aber nur das in einem Menschen sieht, was er getan hat, verstellt sich leicht den Blick darauf, wie er oder sie dazu kommen konnte. Jeder Mensch tut gut darin, sich für die eigenen Handlungen und die Gesellschaft, in der er lebt, verantwortlich zu machen. Aber wer nicht verstehen will, wie es zu bestimmten Taten kommen konnte, hat keine Alternative, kann nicht sehen, wie es zu einer Neuorientierung kommen kann. Kein Mensch ist nur Dieb, Betrüger, Kinderschänder, Vergewaltiger oder Mörder. Er ist immer auch irgend jemandens Kind, Vater oder Mutter, Nachbarin oder Nachbar, Klassenkamerad,

Kollegin oder Kollege. Er ist immer auch ein menschliches Wesen mit all den Wünschen und Interessen, Beschädigungen und Hoffnungen, die Menschen haben. Nur vor diesem Hintergrund läßt es sich verstehen, daß Kriminalität ein soziales Phänomen ist, das sich durch die Art, wie in der Gesellschaft damit umgegangen wird, verringern läßt oder vermehrt wird.

Ein anderer Mythos vom Gefängnis ist der von der Gemeinschaft der Gefangenen, die wie Pech und Schwefel gegen ihre Bewacher zusammenhalten. Was die Gefangenen zusammenhält sind nur die Gefängnismauern. Da jeder das Interesse hat, so schnell wie möglich rauszukommen und für die Dauer der Haft möglichst Haftbedingungen zu haben, die erträglich sind, gibt es hin und wieder gemeinsame Aktivitäten eines Teils der Gefangenen. Das sind Ausnahmen. Im alten Zuchthaus war das etwas anders, da waren die Haftbedingungen für alle gleich schlecht, der Druck, der auf allen lastete, gleich groß und die Gefangenen mußten mehr zusammenhalten, um darin zu bestehen. Heute sind die Haftbedingungen nicht mehr so beschwerlich und sehr differenziert und jeder sieht zu, wie er möglichst schnell seine Lockerungen erhält, Ausgang, Urlaub und die vorzeitige Entlassung. Wer eine längere Strafzeit durchzustehen hat, tut sich leichter, wenn er unter den Mitgefangenen jemanden kennenlernt, mit dem er sich anfreunden kann. Das sind die Ausnahmen und sie überdauern oft nicht die Haftzeit. Freundschaft und Liebe sind Kinder der Freiheit. Knastfreundschaften und und Knastlieben sind Kinder der Unfreiheit. Nur ganz wenige bleiben auch in der Zeit nach dem Gefängnis bestehen.

Es ist schwer zu sagen, was bei einer Umfrage herauskäme, in der man von den Gefangenen wissen will, unter wem sie in der Haftzeit am meisten zu leiden hatten - unter bestimmten Beamten oder unter bestimmten Mitgefangenen. Es könnte durchaus sein, daß in einer einigermaßen menschlich geführten JVA die Mehrheit der Gefangenen äußern würde, daß sie mehr Probleme mit Mitgefangenen als mit den Beamtinnen und Beamten hatten. In Ossendorf wie in anderen Gefängnissen kann man erleben, wie sich Gefangene am Tag ihrer Entlassung gleichermaßen von einigen Mitgefangenen wie von einigen Beamtinnen und Beamten per Handschlag verabschieden.

Fast alle Gefangenen haben Vorstellungen, wie der Knast geändert gehört, aber nur wenige können sich eine Gesellschaft ohne Gefängnisse vorstellen. Viele sind sogar für Todesstrafe. Wenn draußen ein Kind ermordet wird, wächst auch im Gefängnis die Stimmung gegen die Mitgefangenen die wegen Kindesmißhandlungen und sitzen. Und selten bleibt es dann bei Stimmungen. Die Gefängnisleitung hat dann jede Menge Probleme damit, diese Gefangenen vor tätlichen Angriffen zu schützen.

Konflikte, die die Athmosphäre unter den Gefangenen vergiften, gibt es reichlich. Es gibt Gefangene, die durch ihre Aussagen andere in den Knast gebracht haben und es gibt Gefangene, die nur sitzen, weil sie niemand anderen belasten wollen. Es gibt Gefangene, die froh sind, daß sie in den Knast gekommen sind, wie z.B. Heroin-Abhängige, weil sie so noch mal die Kurve kriegen und dem Tod von der Schippe springen konnten. Daneben gibt es Gefangene, die durch ihre Taten und durch die Haft so verzweifelt sind, daß sie sich selbst töten. Es gibt einsame Gefangene und sehr kontaktfreudige. Es gibt brutale, verrohte Kerle und sehr sanfte Männer. Es gibt sehr reiche und ganz arme, die nichts und niemanden mehr haben. Es gibt Schwule und solche, die durch die Umstände schwul geworden sind, und andere, die die Homos hassen, als seien sie die Pest. Es gibt Gefangene, die rücksichtslos Mitgefangene ausnehmen, und es gibt sehr hilflose Gefangene, die sich dagegen nicht zur Wehr setzen können. Es gibt diejenigen, die eine gute berufliche oder schulische Ausbildung haben und die weniger oder gar nicht Gebildeten als Dummschüler herabwürdigen. Es gibt Alkoholiker, die gar nicht oft genug betonen können, daß die Junkies und die »Hasch-Brüder« den »guten, alten Knast« kaputt gemacht hätten. Es gibt Deutsche, die ausländische Mitgefangene hassen, und es gibt Angehörige der zugewanderten Minderheiten, die die Auseinandersetzungen in ihren Herkunftsländern auch im Knast fortführen.

Ein Unterschied im Zusammenleben der Gefangenen ist altersbedingt: bei vielen Jugendlichen und Heranwachsenden knallen die Sicherungen leichter durch, weil sie noch nicht so wie die meisten Erwachsenen gelernt haben, sich zu beherrschen. Daher gibt es sogar Heranwachsende, die darum bitten, in ein ruhigeres Erwachsenenhafthaus verlegt zu werden, obwohl es dort in der Regel nicht so viele Freizeitangebote wie in den Jugendhäusern gibt.

Und weil das alles so wie im wirklichen Leben ist, gibt es auch solche Gefangenen, die in all diesen Auseinandersetzungen zu schlichten versuchen, die sich für ihre Mitgefangenen einsetzen und an der Verbesserung der allgemeinen Situation arbeiten.

ZUGANG
HAUS 1
Das Haus 1 der JVA ist das sogenannte Zugangshaus der JVA. Es hat Platz für 50-60 Gefangene. Alle männlichen Jugendlichen und Erwachsenen, die in Untersuchungshaft kommen, werden zunächst dort hingebracht. Außerdem kommen dort Gefangenentransporte aus anderen Gefängnissen an, mit Gefangenen, die in Köln einen Gerichtstermin haben. Sie werden »Überstellungen« genannt. »Durchgänge« sind Gefangene, die in Köln auf der Reise an andere Bestimmungsorte nur ihr Mittagessen einnehmen. Diejenigen, die von Köln aus auf Transport gehen, werden auch vor dem Transport nach Haus 1 verlegt. Im Schnitt gibt es im Haus 1 täglich 20 bis 25 Aufnahmen. Aufnahme bedeutet zunächst, daß die Gefangenen körperlich durchsucht werden und ihre gesamte Habe, also ihre Klei-

der und alles, was sie sonst bei sich haben. Es wird eine Akte für sie angelegt. Da rein kommt auch das Foto, das im Verlauf der Aufnahme-Prozedur von ihnen gemacht wird.

Die ankommenden Gefangenen werden von den sie in Empfang nehmenden Beamten gefragt, ob Angehörige über die Verhaftung bzw. Inhaftierung benachrichtigt wurden. Sollte dies nicht der Fall sein, werden Angehörige benachrichtigt. Wenn jemand nur wegen einer Geldstrafe eingeliefert wurde, können Angehörige oder Freunde auf der JVA Kasse den Betrag einzahlen und dann wird der Gefangene umgehend entlassen. Wenigstens jeder 20. Gefangene sitzt in der Bundesrepublik eine »Ersatzfreiheitsstrafe« ab, d.h. er ist nur im Gefängnis, weil er eine Geldstrafe nicht bezahlt hat.

ANHAND EINES FRAGEBOGENS WIRD DANN FOLGENDES ERFRAGT:
1. Selbstmordgefahr   JA - NEIN
2. Erkrankung   JA - NEIN
3. Alkoholabhängigkeit   JA - NEIN
4. Drogenabhängigkeit   JA - NEIN
5. Hilfsbedürftige Angehörige   JA - NEIN
6. Unversorgte Haustiere   JA - NEIN

Auf dem entsprechenden Vordruck für diese Befragung der neuangekommenen Gefangenen muß dann vermerkt werden, was zu den einzelnen Punkten veranlaßt wurde, die mit JA beantwortet wurden. 6 von 10 Gefangenen haben Alkohol- oder Drogenprobleme. Alle Gefangenen, die auf Entzug sind, müssen dem Sanitätsdienst vorgestellt werden. Sie erhalten die entsprechenden Medikamente.

ZUR HAFTSITUATION IM HAUS 1

Wenn man sich über die Haftsituation im Gefängnis oder in einem Bereich des Gefängnisses erkundigt, erhält man ganz unterschiedliche Auskünfte. Es unterscheiden sich nicht nur die Angaben von Beamten und Gefangenen, auch die Informationen von Gefangenen untereinander oder von Beamten untereinander unterscheiden sich. Unter dem Strich bleibt dennoch festzuhalten, daß »das härteste« für viele Gefangene dieses Zugangshaus 1 ist.

In der Regel haben die Gefangenen, die im Haus 1 ankommen, nur die Dinge bei sich, die sie zum Zeitpunkt der Verhaftung bei sich hatten. Wer kein eigenes Geld hat und sich keine Zigaretten ziehen lassen kann, kann von den Beamten Tabak bekommen, den die Beamten im Haus 1 monatlich vom Pfarrer erhalten. Angesichts der Vielzahl von mittellosen Gefangenen sind diese 10 Päckchen Spenden-Tabak viel zu wenig. Im Haus 1 sind auch ein paar Radio- und Fernsehgeräte, die an Gefangene ausgeliehen werden können. Dasselbe gilt für den Lesestoff. Wer sich Wasser heiß machen will für Kaffee oder Tee, kann sich von den Beamten einen Tauchsieder ausleihen. Vom Anstaltsbeirat sind 1996 für diesen Zweck 30 Tauchsieder gespendet worden.

ZU IHRER EIGENEN INFORMATION
WIRD FOLGENDES INFO-BLATT AN DIE GEFANGENEN AUSGEHÄNDIGT:
Kurzinformationen für Zugänge in der JVA Köln

ANTRÄGE:
Für alle Fragen und Probleme sind zunächst die Hausbeamten/Hausbeamtinnen als Ansprechpartner vorhanden. Sollte dort die gewünschte Hilfe nicht gegeben werden können, sind Anträge an die entsprechenden Zuständigkeitsbereiche der JVA zu stellen. Jeder Zuständigkeitsbereich ist einzeln anzuschreiben. Die Anträge müssen begründet sein.

ARBEIT:
In der JVA Köln sind begrenzt Arbeitsplätze vorhanden. Strafgefangene und Untersuchungsgefangene bis zum 21. Lebensjahr sind zur Arbeit verpflichtet. Wer von diesen unverschuldet ohne Arbeit ist, kann einen Antrag auf Taschengeld stellen. Entsprechende Anträge gibt es bei den Hausbeamten/Hausbeamtinnen. Ein Arbeitseinsatz bei erwachsenen Untersuchungsgefangenen kann erst folgen, wenn eine Genehmigung vom Richter oder Staatsanwalt vorliegt. (Weitere Informationen. siehe auch Taschengeld)

ÄRZTLICHE VERSORGUNG:
Wer den Arzt sprechen möchte, kann sich sonntags (14-tägig) bei der Frühkostausgabe bei dem Hausbeamten/ Hausbeamtin anmelden. Er wird dann im Laufe der folgenden Woche dem Arzt vorgestellt. Eine Vorstellung zum Sanitätsdienst ist täglich möglich. Die entsprechende Anmeldung ist jeweils morgens zur Frühkostausgabe abzugeben. Bei Notfällen ist der Hausbeamte/die Hausbeamtin sofort zu informieren.

BESUCH:
In der JVA Köln kann man 3 x im Monat (jeweils 2 Stunde) besucht werden. Die Besucher für Untersuchungsgefangene benötigen eine Besuchserlaubnis vom zuständigen Richter oder Staatsanwalt. Der Besuchstermin ist mit der JVA Köln (Tel.: 5973-246) vorher abzusprechen. Der Personalausweis/Paß für jeden Besucher (bis 3 Personen pro Besuch) ist mitzubringen. Besuchszeiten: montags - donnerstags von 8.00 - 17.00 Uhr (Einlaßschluß: 16.00 Uhr) und für Berufstätige mit entsprechender Bescheinigung zusätzlich: mittwochs + donnerstags von 18.00 - 20.00 Uhr (Einlaßschluß 19.00 Uhr).

BÜCHER
Bücher können über Bestellungen aus dem Bücherkatalog bei der Anstaltsbüche-

rei ausgeliehen werden. Fachbücher kann man sich nach Genehmigung durch den Richter oder Staatsanwalt und einer Genehmigung der hiesigen Abteilung für Sicherheit und Ordnung mitbringen oder zusenden lassen.

BRIEFMARKEN:
Gefangene, die über kein eigenes Geld verfügen, erhalten nach Antragstellung je Kalendermonat 5 Briefmarken.

DUSCHEN:
Man kann hier 2 x pro Woche duschen. Die Zeiten sind in den einzelnen Hafthäusern unterschiedlich geregelt.

EINKAUFEN:
Erwachsene Untersuchungsgefangene können 3 x im Monat für 120,-DM einkaufen. Junge Gefangene (bis zum 21. Lebensjahr) können 3 x im Monat für 95,-DM einkaufen. Strafgefangene können einmal im Monat vom Hausgeld einkaufen. Vor dem Einkaufstermin wird ein Einkaufschein ausgehändigt, auf dem die einzelnen Artikel der Einkaufsliste aufgeschrieben werden. Das Geld für den Einkauf muß spätestens eine Woche vor dem Einkauf bei der Zahlstelle eingezahlt sein.

FERNSEHER (CASSETTENREKORDER, CD-PLAYER, GAME-BOY):
Diese Geräte kann man sich mitbringen lassen oder über die Bücherei kaufen. Mitgebrachte Fernseher dürfen maximal eine Bildschirmgröße von 42 cm aufweisen. Des weiteren darf das Gerät nicht höher als 40 cm und breiter als 50 cm sein. Radios dürfen folgende Maße nicht überschreiten: Breite 40 cm, Tiefe 25 cm, Höhe 26 cm. Alle Geräte müssen verplombt werden. Kosten: TV und Radio je 22,-DM, Antenne 5,-DM. Das Geld für die Verplombung muß vorher auf dem Konto bei der Zahlstelle vorhanden sein.

FACHDIENSTE:
Bei persönlichen Anliegen, Problemen und Schwierigkeiten stehen Lehrer, Psychologen, Sozialarbeiter oder Pfarrer zum Gespräch zur Verfügung (Weitere Informationen: siehe auch Anträge).

FRISEUR:
Wer zum Friseur möchte (Häuser 1 - 10), kann sich jeden Montag bei der Frühkostausgabe melden. In Hafthaus 11 ist eine Vormeldung täglich möglich. Im Frauenhaus sind die Termine für die jeweiligen Hafthäuser unterschiedlich geregelt (siehe Aushang).

GELD (ZAHLSTELLE):
Das Geld wird auf der Zahlstelle verwaltet. Es kann auf das folgende Konto eingezahlt werden: Zahlstelle der JVA Köln, Konto-Nr. 109 40-507. Unter Verwendungszwecks ist einzutragen: Name, Vorname und Geburtsdatum des Empfängers.

Haftbescheinigung:
Haftbescheinigung zur Vorlage bei anderen Behörden können bei der Vollzugsgeschäftsstelle beantragt werden.
Herausgabe von Gegenständen:
Mit Genehmigung des Richters oder Staatsanwalts können bei Besuch persönliche Gegenstände (z.B. Schlüssel, Papiere, Ausweis) herausgegeben werden.
Pakete:
Es können 3 Pakete mit Nahrungsmittel (Weihnachten, Ostern, beliebiger Zeitpunkt) empfangen werden. Hierzu sind entsprechende Paketmarken beim Kammerverwalter zu beantragen. Bitte den Absender des Paketes auf den Antrag schreiben.

Post:
Sämtliche eingehende und ausgehende Post von Untersuchungsgefangenen wird von dem zuständigen Richter oder Staatsanwalt kontrolliert. Ausgenommen sind Briefe an Volksvertretungen des Bundes und der Länder, sowie Briefe an die Europäische Kommission für Menschenrechte.
Unkontrolliert kann man auch an seinem Rechtsanwalt oder Bewährungshelfer schreiben. Diese müssen sich jedoch vorher hier eintragen lassen.

Rechtsberatung (Anwaltsverzeichnis):
Für den, der keinen Rechtsanwalt hat, bietet der Anwaltsverein für Zivil- oder Strafverfahren eine einmalige kostenlose Rechtsberatung an.
Vordrucke hierzu gibt es bei den Abteilungsbeamten. Ein Verzeichnis über Rechtsanwälte kann bei den Abteilungsbeamten ausgeliehen werden.
Anspruch auf einen Pflichtverteidiger hat man in der Regel erst nach 3 Monaten Untersuchungshaft.

Telefonate:
Telefonate mit Personen außerhalb der Anstalt sind nur in besonderen Ausnahmen möglich und bedürfen einer Genehmigung durch den Leiter der Abteilung Sicherheit und Ordnung in der JVA Köln. Bei Untersuchungsgefangenen ist zuvor auch eine Genehmigung durch den zuständigen Richter oder Staatsanwalt erforderlich. Telefonate müssen grundsätzlich selber bezahlt werden.

Taschengeld:
Erwachsene Untersuchungsgefangene, die kein Geld haben, können bei ihrem zuständigen Sozialamt einen Antrag auf Taschengeld stellen (Weitere Informationen: siehe auch Arbeit).

Verhalten:
Auch im Gefängnis ist ein geordnetes Zusammenleben nur möglich, wenn bestimmte Regeln eingehalten werden. Man muß auf einem begrenzten Raum mit vielen anderen Menschen auskommen. Man sollte daher auf andere Rücksicht nehmen und den Anordnungen der Bediensteten Folge leisten.

WÄSCHETAUSCH:
Untersuchungsgefangene können sich beim Besuch Wäsche mitbringen lassen und Schmutzwäsche wieder herausgeben. Diejenigen, die keinen Besuch bekommen, können sich nach Antrag an die Kammer ein Wäschepaket zusenden lassen. Auf dem Antrag muß die Anschrift des Absenders vermerkt sein.

ZELLENKARTE:
Die ausgehändigte Zellenkarte ist bei jedem Verlassen des Hafthauses als Ausweis mitzuführen.

Seit Ende 1995, Anfang 1996 gibt es diese Zugangsinformation auch in englisch, französisch, italienisch, polnisch, rumänisch, russisch, serbokroatisch und türkisch.

Für weitere Fragen können sich die Gefangenen auch an die Sozialarbeiter der JVA wenden, von denen täglich einer im Haus 1 sein muß.

INFORMATIONEN FÜR ANGEHÖRIGE
Merkblatt für Angehörige von Untersuchungsgefangenen (Stand: 01.10.1994)

Die für den Vollzug der Untersuchungshaft erforderlichen Maßnahmen ordnet der Richter an. Soweit dieser im Einzelfall nichts anderes bestimmt, gilt für den Verkehr des Untersuchungsgefangenen mit der Außenwelt folgendes:

BESUCHE:
Der Gefangene kann z.Z. dreimal im Monat Besuch empfangen. Zusätzliche Besuche können zugelassen werden, wenn es wegen unaufschiebbarer Angelegenheiten unumgänglich ist, die nicht vom Gefangenen schriftlich erledigt oder durch Dritte wahrgenommen werden können. Für jeden Besuch ist eine schriftliche Erlaubnis bei dem zuständigen Richter oder Staatsanwaltschaft einzuholen. Die Original-Besuchserlaubnis (kein Telefax) ist bei der Anstalt vorzulegen; dabei muß sich der Besucher über seine Person durch Bundespersonalausweis oder Reisepaß ausweisen.

Die Besuchserlaubnis berechtigt zu einem Besuch von 30 Minuten. Zum Besuch werden mehr als drei Personen gleichzeitig nicht, und Minderjährige unter 14 Jahren nur in Begleitung Erwachsener zugelassen.

Der Besuch wird in der Regel akustisch und optisch überwacht. Mit Zustimmung des Richters oder Staatsanwalts kann auf die akustische Überwachung verzichtet werden. Die Unterhaltung mit dem Gefangenen ist in deutscher Sprache zu führen, es sei denn, daß der Richter oder Staatsanwalt die Zuziehung eines Dolmetschers regelt oder eine von der Besuchsüberwachung durch Anstaltsbeamte abweichende Anordnung trifft. Aus den Automaten im Besuchsraum dürfen Nahrungs- und Genußmittel (Tabakwaren, Süßwaren) im Werte von 15.-DM dem Gefangenen durch den mit der Überwachung beauftragten Beamten übergeben werden. Im übrigen darf der Gefangene ohne schriftliche Erlaubnis beim Besuch weder etwas annehmen noch etwas übergeben.

BESUCHSZEITEN:
Besuchszeiten sind von Montag bis Donnerstag (außer an Feiertagen) von 8.00 Uhr bis 17.00 Uhr (Einlaßende: 16.00 Uhr)
Für berufstätige Angehörige werden zusätzlich folgende Besuchszeiten angeboten:
Mittwoch und Donnerstag von 16.00 bis 20.00 Uhr (Einlaßende: 19.00 Uhr) Die Vorlage des Arbeitsnachweises ist erforderlich.
Wichtig!
Bei Besuchen, bei denen eine optische und akustische Besuchsüberwachung erfolgt, ist eine vorherige Terminabsprache mit der Terminstelle des Besuchsraumes erforderlich.

Die Terminstelle ist telefonisch unter der Ruf-Nr. 0221/5973-246 von montags bis donnerstags von 8.30 Uhr bis 16.00 Uhr zu erreichen. Der Termin sollte frühzeitig vor dem Besuch abgestimmt werden. Am Besuchstag selbst empfiehlt es sich 30 Minuten vor dem Besuch hier zu erscheinen.

Die Anstalt ist erreichbar: Ab Hauptbahnhof mit der Straßenbahnlinie 5 bis Haltestelle Rektor-Klein-Straße.

Autobahnanschlußstelle: BAB-Kreuz Köln-Nord, Richtung Zentrum bis Abfahrt Köln-Bickendorf/Ossendorf.

SCHRIFTWECHSEL:

Der Gefangene darf ohne Beschränkung Schreiben absenden und empfangen, falls der Richter nichts anderes anordnet. Es wird gebeten, mit Kugelschreiber oder Tinte zu schreiben und Briefen weder Geld noch Briefmarken oder dergleichen beizufügen.

Der Schriftwechsel wird vom Richter (Staatsanwalt) überwacht.

PAKETEMPFANG:

Der Gefangene darf zu Weihnachten, zu Ostern und zu einem von den Gefangenen zu wählenden weiteren Zeitpunkt (z.b. Geburtstag) ein Paket mit Nahrungs- und Genußmitteln empfangen.

Pakete werden angenommen, wenn sie mit einer hier ausgegebenen Paketmarke versehen sind, die dem Gefangenen auf Antrag mit einem besonderen Merkblatt zur Information des Absenders ausgehändigt wird.

Gefangene, die am Ort der Anstalt keine Angehörigen haben, dürfen regelmäßig Wäschepakete von auswärts empfangen, denen außer einer Inhaltsangabe keine schriftlichen Mitteilungen beiliegen dürfen.

GELDVERKEHR:

Geld für den Gefangenen kann bei der Anstaltszahlstelle dienstags, mittwochs und donnerstags von 8.00 - 15.00 Uhr bar eingezahlt oder durch Zahlkarte (vorbereitete Vordrucke sind an der Außenpforte und im Besuchsraum erhältlich) auf das Postscheckkonto Köln 109 40-507 (BLZ 370 100 50) der Zahlstelle der Justizvollzugsanstalt Köln überwiesen werden. Zur Erleichterung des Geschäftsverkehrs ist die Überweisung erwünscht.

Köln, den 30.09.1994   *Der Leiter der Justizvollzugsanstalt Köln*
Thönnessen

ANGEHÖRIGENBESUCHE FÜR
NICHTDEUTSCHE UNTERSUCHUNGSGEFANGENE IN DER JVA KÖLN
von Wolfgang Reif (Sozialarbeiter in der JVA Ossendorf)

Immer wieder wird berichtet, daß Besuche zwischen nichtdeutschen Inhaftierten und deren Angehörigen nicht stattfinden können oder sogar abgebrochen werden müssen, weil die Besucher und/oder der Besuchte nicht oder nicht in ausreichender Weise die deutsche Sprache beherrschen.

Die Betroffenen vermeiden es offensichtlich, sich in solchen Situationen der Hilfe eines Gerichtsdolmetschers zu bedienen, weil sie fürchten, die entstandenen Kosten selbst tragen zu müssen. Es herrscht offenkundig Unsicherheit darüber, wer die Dolmetscherkosten trägt, ob in jedem Fall ein Dolmetscher überhaupt erforderlich ist und falls nein, in welchen Fällen nicht. (...)

Zu der Problematik ist folgendes zu bemerken: fremdsprachige Inhaftierte im Strafverfahren müssen in der Regel nicht (mehr) damit rechnen, daß ihnen Dolmetscherkosten auferlegt werden.. Die seit dem 26.4.1994 geänderte gesetzliche Grundlage hierzu ist in Nr. 9005 des Kostenverzeichnisses zum Gerichtskostengesetz zu finden. Dies betrifft jedoch ausschließlich Dolmetscherkosten, die zur Vorbereitung und Durchführung des Strafverfahrens anfallen, also z.B. Gespräche mit dem Verteidiger oder während der Hauptverhandlung. Diese Kosten interessieren in diesem Zusammenhang jedoch weniger.

Die Frage, inwieweit hiervon auch Dolmetscherkosten betroffen sind, die anläßlich von Besuchs- oder Telefongesprächsüberwachung anfallen, bedarf somit einer gesonderten Klärung. Es ist nach § 119 III StPO (Strafprozeßordnung) in Verbindung mit § 7 I IRG (Gesetz über die internationale Rechtshilfe in Strafsachen) zulässig, daß die Hinzuziehung eines Dolmetschers als Voraussetzung der Gewährung eines Besuches gerichtlich angeordnet wird. Eine solche Maßnahme ist also vom Grundsatz her nicht zu beanstanden. Sofern es in diesem Zusammenhang aber zur Auferlegung der Kosten auf den Inhaftierten kommt, wäre diese Maßnahme jedoch geeignet, den Besuch faktisch zu verhindern, wenn es die finanzielle Leistungsfähigkeit des Betroffenen übersteigt. Dies trifft vermutlich auf nahezu alle in Frage kommenden Inhaftierten zu. Kaum ein Untersuchungsgefangener dürfte in der Lage sein, diese Kosten (im Einzelfall oder auf Dauer) zu tragen. Eine Kostenübertragung auf die ausländischen Inhaftierten würde, insbesondere bei Angehörigenbesuchen, dem auch für ausländische Familien grundgesetzlich garantierten Schutz von Ehe und Familie (Art. 6 I Grundgesetz) sowie dem Grundsatz, daß niemand wegen seiner Herkunft und Sprache benachteiligt werden darf (Art. 3 III Grundgesetz) zuwiderlaufen. Die Dolmetscherkosten sind folglich von der Staatskasse zu tragen. Dieser Handhabung wird durch einen Erlaß des Justizministers Nordrhein-Westfalen vom 18. Dezember 1984 (4420-IV

B.32) Rechnung getragen, der in Absatz 1.1. besagt, daß zur »Entschädigung von Übersetzern und Dolmetschern, die bei der Überwachung des Schriftverkehrs und der Besuche Untersuchungsgefangener zugezogen werden«, das »Gesetz über die Entschädigung von Zeugen und Sachverständigen sinngemäß anzuwenden ist«.

Was bedeutet dies nun für die Praxis? Zunächst etwas Grundsätzliches. Häufiger als bei deutschen Untersuchungsgefangenen bildet bei Ausländern der Haftgrund »Fluchtgefahr« (§ 112 Abs.2 Nr.2 StPO) und weniger der »Verdunkelungsgefahr« (§ 112 Abs.2 Nr.3 StPO) die rechtliche Grundlage der Inhaftierung. Der Haftgrund ist in jedem Fall im Haftbefehl ausgewiesen. Folgten die Haftrichter dem Grundsatz, daß sie den Untersuchungsgefangenen nur solche einschränkenden Maßnahmen auferlegten, die zur Erreichung des Haftzwecks erforderlich wären, wäre beispielsweise eine akustische Überwachung nur in den Fällen erforderlich, in denen Verdunkelungsgefahr bestünde oder die Sicherheit und Ordnung der Justizvollzugsanstalt gefährdet wäre. Dolmetscher wären dann nur in diesen, nicht aber in solchen Fällen erforderlich, in denen z.B. Fluchtgefahr angenommen wird und Sicherheits- und Ordnungsaspekte der Justizvollzugsanstalt nicht berührt werden!

Betroffene Inhaftierte, die die deutsche Sprache nicht beherrschen, sollten sich aus diesem Grund folglich nicht scheuen, beim zuständigen Haftrichter eine Besuchsgenehmigung mit der Erlaubnis zu beantragen, in der jeweiligen Heimatsprache reden zu dürfen. Sollte dies der Richter ablehnen ist die Hinzuziehung eines Gerichtsdolmetschers auf Gerichtskosten oder eine nur optische Besuchsüberwachung zu beantragen. Sollte dies auch durch den Haftrichter abgelehnt werden, besteht die Möglichkeit, diesen Anspruch mit Hilfe des Verteidigers durchzusetzen.

Um die Beantragung der Besuchserlaubnis zu erleichtern, habe ich als Anlage einen Musterantrag beigefügt, mit dessen Hilfe Interessierte eine Besuchsgenehmigung beim Haftrichter beantragen können.

MUSTER EINES ANTRAGES AN DEN HAFTRICHTER
(Name des Inhaftierten)   Köln, den (Datum)
Rochusstraße 350
50827 Köln

An
(Anschrift des Gerichts)

Betr.:   Erteilung einer Besuchserlaubnis für (Namen der Angehörigen)

Ich bitte für die oben genannten Angehörigen um Erteilung einer Besuchserlaubnis. Gleichzeitig beantrage ich, für die Dauer des Besuchs mit den Besuchern in meiner Heimatsprache reden zu dürfen, da weder ich noch die Besucher ausreichend deutsch sprechen können. Sollte dies nicht möglich sein, beantrage ich die Beiordnung eines Gerichtsdolmetschers auf Gerichtskosten oder Reduzierung der Besuchsüberwachung auf optische Überwachung.
Ich bitte, die Genehmigung während des Besuchs in meiner Heimatsprache reden zu können, auf dem Besuchsschein zu vermerken.
Mit freundlichen Grüßen

(Unterschrift)

(Zitiert aus: »Ausschluß - Die Zeitung für den Einschluß«, Gefangenenzeitung der JVA Ossendorf)

Wartehäuschen für BesucherInnen an der Pforte der JVA Köln

PFLICHTEN UND (BESCHWERDE-) RECHTE DER GEFANGENEN

VERHALTENSREGELN UND DISZIPLINARMASSNAHMEN
Im Strafvollzugsgesetz werden die Themen Sicherheit und Ordnung, Unmittelbarer Zwang und die Disziplinarmaßnahmen in den Paragraphen 81 - 107 abgehandelt. Da in den Worten des Gesetzgebers auf eine andere Weise als durch unsere Schilderungen vermittelt wird, was Strafvollzug ist, zitieren wir diese Paragraphen in ihrem Wortlaut. Für die Untersuchungshaft gibt es in der Bundesrepublik noch kein Gesetz. Es gilt die Untersuchungshaftvollzugsordnung, in der zu den folgenden Punkten ähnliches steht.

SICHERHEIT UND ORDNUNG
§ 81 Grundsatz.
(1) Das Verantwortungsbewußtsein des Gefangenen für ein geordnetes Zusammenleben in der Anstalt ist zu wecken und zu fördern.
(2) Die Pflichten und Beschränkungen, die dem Gefangenen zur Aufrechterhaltung der Sicherheit oder Ordnung der Anstalt auferlegt werden, sind so zu wählen, daß sie in einem angemessenen Verhältnis zu ihrem Zweck stehen und den Gefangenen nicht mehr und länger als notwendig beeinträchtigen.

§ 82 Verhaltensvorschriften.
(1) Der Gefangene hat sich nach der Tageseinteilung der Anstalt (Arbeitszeit, Freizeit, Ruhezeit) zu richten. Er darf durch sein Verhalten gegenüber Vollzugsbediensteten, Mitgefangenen und anderen Personen das geordnete Zusammenleben nicht stören.
(2) Der Gefangene hat die Anordnungen der Vollzugsbediensteten zu befolgen, auch wenn er sich durch sie beschwert fühlt. Einen ihm zugewiesenen Bereich darf er nicht ohne Erlaubnis verlassen.
(3) Seinen Haftraum und die ihm von der Anstalt überlassenen Sachen hat er in Ordnung zu halten und schonend zu behandeln.
(4). Der Gefangene hat Umstände, die eine Gefahr für das Leben oder eine erhebliche Gefahr für die Gesundheit einer Person bedeuten, unverzüglich zu melden.

§ 83 Persönlicher Gewahrsam. Eigengeld.
(1) Der Gefangene darf nur Sachen in Gewahrsam haben oder annehmen, die ihm von der Vollzugsbehörde oder mit ihrer Zustimmung überlassen werden. Ohne Zustimmung darf er Sachen von geringem Wert von einem anderen Gefangenen annehmen; die Vollzugsbehörde kann Annahme und Gewahrsam auch dieser Sachen von ihrer Zustimmung abhängig machen.
(2) Eingebrachte Sachen, die der Gefangene nicht in Gewahrsam haben darf, sind

für ihn aufzubewahren, sofern dies nach Art und Umfang möglich ist. Geld wird ihm als Eigengeld gutgeschrieben. Dem Gefangenen wird Gelegenheit gegeben, seine Sachen, die er während des Vollzugs und für seine Entlassung nicht benötigt, abzusenden oder über sein Eigengeld zu verfügen, soweit dieses nicht als Überbrückungsgeld notwendig ist.
(3) Weigert sich ein Gefangener, eingebrachtes Gut, dessen Aufbewahrung nach Art und Umfang nicht möglich ist, aus der Anstalt zu verbringen, so ist die Vollzugsbehörde berechtigt, diese Gegenstände auf Kosten der Gefangenen aus der Anstalt entfernen zu lassen.

§ 84 DURCHSUCHUNG.
(1) Der Gefangene, seine Sachen und die Hafträume dürfen durchsucht werden. Bei der Durchsuchung männlicher Gefangener dürfen nur Männer, bei der Durchsuchung weiblicher Gefangener nur Frauen anwesend sein. Das Schamgefühl ist zu schonen.
(2) Nur bei Gefahr im Verzuge oder auf Anordnung des Anstaltsleiters im Einzelfall ist es zulässig, eine mit einer Entkleidung verbundene körperliche Durchsuchung vorzunehmen. Sie muß in einem geschlossenen Raum durchgeführt werden. Andere Gefangene dürfen nicht anwesend sein.
(3) Der Anstaltsleiter kann allgemein anordnen, daß Gefangene bei der Aufnahme nach Absatz 2 und nach jeder Abwesenheit von der Anstalt zu durchsuchen sind.

§ 85 SICHERE UNTERBRINGUNG.
Ein Gefangener kann in eine Anstalt verlegt werden, die zu seiner sicheren Unterbringung besser geeignet ist, wenn in erhöhtem Maße Fluchtgefahr gegeben ist oder sonst sein Verhalten oder sein Zustand eine Gefahr für die Sicherheit oder Ordnung der Anstalt darstellt.

§ 86 ERKENNUNGSDIENSTLICHE MASSNAHMEN.
(1) Zur Sicherung des Vollzugs sind als erkennungsdienstliche Maßnahmen zulässig
1. die Abnahme von Finger- und Handflächenabdrücken
2. die Aufnahme von Lichtbildern,
3. die Feststellung äußerlicher körperlicher Merkmale.
4. Messungen.
(2) Die gewonnenen erkennungsdienstlichen Unterlagen werden zu den Gefangenenpersonalakten genommen. Sie können auch in kriminalpolizeilichen Sammlungen verwahrt werden.

§ 87 FESTNAHMERECHT.
Ein Gefangener, der entwichen ist oder sich sonst ohne Erlaubnis außerhalb der Anstalt aufhält, kann durch die Vollzugsbehörde oder auf ihre Veranlassung hin festgenommen werden und in die Anstalt zurückgebracht werden.

§ 8. Besondere Sicherheitsmassnahmen.

(1) Gegen einen Gefangenen können besondere Sicherungsmaßnahmen angeordnet werden, wenn nach seinem Verhalten oder auf Grund seines seelischen Zustandes in erhöhtem Maße Fluchtgefahr oder die Gefahr von Gewalttätigkeit gegen Personen oder Sachen oder die Gefahr des Selbstmordes oder der Selbstverletzung besteht.

(2) Als besondere Sicherungsmaßnahmen sind zulässig:
1. der Entzug oder die Vorenthaltung von Gegenständen,
2. die Beobachtung bei Nacht,
3. die Absonderung von anderen Gefangenen,
4. der Entzug oder die Beschränkung des Aufenthalts im Freien,
5. die Unterbringung in einem besonders gesicherten Haftraum ohne gefährdende Gegenstände und
6. die Fesselung.

(3) Maßnahmen nach Absatz 2 Nr.1, 3 bis 5 sind auch zulässig, wenn die Gefahr einer Befreiung oder eine erhebliche Störung der Anstaltsordnung anders nicht vermieden oder behoben werden kann.

(4) Bei einer Ausführung, Vorführung oder beim Transport ist die Fesselung auch dann zulässig, wenn aus anderen Gründen als denen des Absatzes 1 in erhöhtem Maße Fluchtgefahr besteht.

(5) Besondere Sicherheitsmaßnahmen dürfen nur soweit aufrechterhalten werden, als es ihr Zweck erfordert.

§ 89 Einzelhaft

(1) Die unausgesetzte Absonderung eines Gefangenen (Einzelhaft) ist nur zulässig, wenn dies aus Gründen, die in der Person des Gefangenen liegen, unerläßlich ist.

(2) Einzelhaft von mehr als drei Monaten Gesamtdauer im Jahr bedarf der Zustimmung der Zustimmung der Aufsichtsbehörde. Diese Frist wird nicht dadurch unterbrochen, daß der Gefangene am Gottesdienst oder an der Freistunde teilnimmt.

§ 90 Fesselung.

In der Regel dürfen Fesseln nur an den Händen oder an den Füßen angelegt werden. Im Interesse des Gefangenen kann der Anstaltsleiter eine andere Art von Fesselung anordnen. Die Fesselung wird zeitweise gelockert, soweit dies notwendig ist.

§ 91 Anordnung besonderer Sicherheitsmassnahmen.

(1) Besondere Sicherungsmaßnahmen ordnet der Anstaltsleiter an. Bei Gefahr im Verzuge können auch andere Bedienstete der Anstalt diese Maßnahme vorläufig anordnen. Die Entscheidung des Anstaltsleiters ist unverzüglich einzuholen.

(2) Wird ein Gefangener ärztlich behandelt oder beobachtet oder bildet sein seeli-

scher Zustand den Anlaß der Maßnahme, so ist vorher der Arzt zu hören. Ist dies wegen Gefahr im Verzug nicht möglich, wird eine Stellungnahme unverzüglich eingeholt.

§ 92 Ärztliche Überwachung.

(1) Ist ein Gefangener in einem besonders gesicherten Haftraum untergebracht oder gefesselt (§ 88 Abs.2 Nr. 5 und 6), so sucht ihn der Anstaltsarzt alsbald und in der Folge möglichst täglich auf. Dies gilt nicht bei einer Fesselung während einer Ausführung, Vorführung oder eines Transportes (§ 88Abs.4).

(2) Der Arzt ist regelmäßig zu hören, solange einem Gefangenen der tägliche Aufenthalt im Freien entzogen wird.

§ 93 Ersatz von Aufwendungen.

(1) Der Gefangene ist verpflichtet, der Vollzugsbehörde Aufwendungen zu ersetzen, die er durch eine vorsätzliche oder grob fahrlässig Selbstverletzung oder Verletzung eines anderen Gefangenen verursacht hat. Ansprüche aus sonstigen Rechtsvorschriften bleiben unberührt.

(2) Bei der Geltendmachung dieser Forderungen kann auch der den Mindestbetrag übersteigende Teil des Hausgeldes (§ 47) in Anspruch genommen werden.

(3) Für die in Absatz 1 genannten Forderungen ist der ordentliche Rechtsweg gegeben.

(4) Von der Aufrechnung oder Vollstreckung der in Absatz 1 genannten Forderungen ist abzusehen, wenn hierdurch die Behandlung des Gefangenen oder seine Eingliederung behindert würde.

UNMITTELBARER ZWANG

§ 94 Allgemeine Voraussetzungen.

(1) Bedienstete der Justizvollzugsanstalten dürfen unmittelbaren Zwang anwenden, wenn sie Vollzugs- und Sicherungsmaßnahmen rechtmäßig durchführen und der damit verfolgte Zweck auf keine andere Weise erreicht werden kann.

(2) Gegen andere Personen als Gefangene darf unmittelbarer Zwang angewendet werden, wenn sie es unternehmen, Gefangene zu befreien oder in den Anstaltsbereich widerrechtlich einzudringen oder wenn sie sich unbefugt darin aufhalten.

(3) Das Recht zu unmittelbarem Zwang aufgrund anderer Regelungen bleibt unberührt.

§ 95 Begriffsbestimmungen.

(1) Unmittelbarer Zwang ist die Einwirkung auf Personen oder Sachen durch körperliche Gewalt, ihre Hilfsmittel und durch Waffen.

(2) Körperliche Gewalt ist jede unmittelbare körperliche Einwirkung auf Personen oder Sachen.

(3) Hilfsmittel der körperlichen Gewalt sind namentlich Fesseln.

(4) Waffen sind dienstlich zugelassene Hieb- und Schußwaffen sowie Reizstoffe.

§ 96 Grundsatz der Verhältnismässigkeit.
(1) Unter mehreren möglichen und geeigneten Maßnahmen des unmittelbaren Zwanges sind diejenigen zu wählen, die den Einzelnen und die Allgemeinheit voraussichtlich am wenigsten beeinträchtigen.
(2) Unmittelbarer Zwang unterbleibt, wenn ein durch ihn zu erwartender Schaden erkennbar außer Verhältnis zu dem angestrebten Erfolg steht.

§ 97 Handeln auf Anordnung.
(1) Wird unmittelbarer Zwang von einem Vorgesetzten oder einer sonst befugten Person angeordnet, sind Vollzugsbedienstete verpflichtet, ihn anzuwenden, es sei denn, die Anordnung verletzt die Menschenwürde oder ist nicht zu dienstlichen Zwecken erteilt worden.
(2) Die Anordnung darf nicht befolgt werden, wenn dadurch eine Straftat begangen würde. Befolgt der Vollzugsbeamte sie trotzdem, trifft ihn eine Schuld nur, wenn er erkennt oder wenn es nach dem ihn bekannten Umständen offensichtlich ist, daß dadurch eine Straftat begangen wird.
(3) Bedenken gegen die Rechtmäßigkeit der Anordnung hat der Vollzugsbedienstete dem Anordnenden gegenüber vorzubringen, soweit das nach den Umständen möglich ist. Abweichende Vorschriften des allgemeinen Beamtenrechts über die Mitteilung solcher Bedenken an einen Vorgesetzten (§ 38 Abs.2 und 3 des Beamtenrechtsrahmengesetzes) sind nicht anzuwenden.

§ 98 Androhung.
Unmittelbarer Zwang ist vorher anzudrohen. Die Androhung darf nur dann unterbleiben, wenn die Umstände sie nicht zulassen oder unmittelbarer Zwang sofort angewendet werden muß, um eine rechtswidrige Tat, die den Tatbestand eines Strafgesetzes erfüllt, zu verhindern oder eine gegenwärtige Gefahr abzuwenden.

§ 99 Allgemeine Vorschriften für den Schusswaffengebrauch.
(1) Schußwaffen dürfen nur dann gebraucht werden, wenn andere Maßnahmen des unmittelbaren Zwanges bereits erfolglos waren oder keinen Erfolg versprechen. Gegen Personen ist ihr Gebrauch nur zulässig, wenn der Zweck nicht durch Waffenwirkung gegen Sachen erreicht wird.
(2) Schußwaffen dürfen nur die dazu bestimmten Vollzugsbediensteten gebrauchen und nur, um angriffs- oder fluchtunfähig zu machen. Ihr Gebrauch unterbleibt, wenn dadurch Unbeteiligte mit hoher Wahrscheinlichkeit gefährdet würden.
(3) Der Gebrauch von Schußwaffen ist vorher anzudrohen. Als Androhung gilt auch ein Warnschuß. Ohne Androhung dürfen Schußwaffen nur dann gebraucht werden, wenn das zur Abwehr einer gegenwärtigen Gefahr für Leib und Leben erforderlich ist.

§ 100 Besondere Vorschriften für den Schusswaffengebrauch.
(1) Gegen Gefangene dürfen Schußwaffen gebraucht werden,
1. wenn sie eine Waffe oder ein anderes gefährliches Werkzeug trotz wiederholter Aufforderung nicht ablegen,
2. wenn sie eine Meuterei (§ 121 des Strafgesetzbuches) unternehmen oder
3. um ihre Flucht zu vereiteln oder um sie wiederzuergreifen.
Um die Flucht aus einer offenen Anstalt zu vereiteln, dürfen keine Schußwaffen gebraucht werden.
(2) Gegen andere Personen dürfen Schußwaffen gebraucht werden, wenn sie es unternehmen, Gefangene gewaltsam zu befreien oder gewaltsam in eine Anstalt einzudringen.

§ 101 Zwangsmassnahmen auf dem Gebiet der Gesundheitsfürsorge.
(1) Medizinische Untersuchung und Behandlung sowie Ernährung sind zwangsweise nur bei Lebensgefahr, bei schwerwiegender Gefahr für die Gesundheit des Gefangenen oder bei Gefahr für die Gesundheit anderer Personen zulässig; die Maßnahmen müssen für die Beteiligten zumutbar und dürfen nicht mit erheblicher Gefahr für Leben oder Gesundheit des Gefangenen verbunden sein. Zur Durchführung der Maßnahmen ist die Vollzugsbehörde nicht verpflichtet, solange von einer freien Willensbestimmung des Gefangenen ausgegangen werden kann.
(2) Zum Gesundheitsschutz und zur Hygiene ist die zwangsweise körperlich Untersuchung außer im Falle des Absatzes 1 zulässig, wenn sie nicht mit einem körperlichen Eingriff verbunden ist.
(3) Die Maßnahmen dürfen nur auf Anordnung und unter Leitung eines Arztes durchgeführt werden, unbeschadet der Leistung erster Hilfe für den Fall, daß ein Arzt nicht rechtzeitig erreichbar und mit einem Aufschub Lebensgefahr verbunden ist.

DIZIPLINARMASSNAHMEN
§ 102 Voraussetzungen.
(1) Verstößt ein Gefangener schuldhaft gegen Pflichten, die ihm durch dieses Gesetz oder auf Grund dieses Gesetzes auferlegt sind, kann der Anstaltsleiter gegen ihn Disziplinarmaßnahmen anordnen.
(2) Von einer Disziplinarmaßnahme wird abgesehen, wenn es genügt, den Gefangenen zu verwarnen.
(3) Eine Disziplinarmaßnahme ist auch zulässig, wenn wegen derselben Verfehlung ein Straf- oder Bußgeldverfahren eingeleitet wird.

§ 103 Arten der Disziplinarmassnahmen.
(1) Die zulässigen Disziplinarmaßnahmen sind:
1. Verweis,

2. die Beschränkung oder der Entzug der Verfügung über das Hausgeld und des Einkaufs bis zu drei Monaten,
3. die Beschränkung oder der Entzug des Lesestoffes bis zu zwei Wochen sowie des Hörfunk- und Fernsehempfangs bis zu drei Monaten,
4. die Beschränkung oder der Entzug der Gegenstände für eine Beschäftigung in der Freizeit oder der Teilnahme an gemeinschaftlichen Veranstaltungen bis zu drei Monaten,
5. die getrennte Unterbringung während der Freizeit bis zu vier Wochen,
6. der Entzug des täglichen Aufenthalts im Freien bis zu einer Woche,
7. der Entzug der zugewiesenen Arbeit oder Beschäftigung bis zu vier Wochen unter Wegfall der in diesem Gesetz geregelten Bezüge,
8. die Beschränkung des Verkehrs mit Personen außerhalb der Anstalt auf dringende Fälle bis zu drei Monaten,
9. Arrest bis zu vier Wochen.
(2) Arrest darf nur wegen schwererer oder mehrfach wiederholter Verfehlungen verhängt werden.
(3) Mehrere Disziplinarmaßnahmen können miteinander verbunden werden.
(4) Die Maßnahmen nach Absatz 1 Nr. 3 bis 8 sollen möglichst nur angeordnet werden, wenn die Verfehlung mit den zu beschränkenden oder zu entziehenden Befugnissen im Zusammenhang steht. Dies gilt nicht bei einer Verbindung mit Arrest.

§ 104 Vollzug der Disziplinarmassnahmen. Aussetzung auf Bewährung.

(1) Disziplinarmaßnahmen werden in der Regel sofort vollstreckt.
(2) Eine Disziplinarmaßnahme kann ganz oder teilweise bis zur sechs Monaten zur Bewährung ausgesetzt werden.
(3) Wird die Verfügung über das Hausgeld beschränkt oder entzogen, ist das in dieser Zeit anfallende Hausgeld dem Überbrückungsgeld hinzuzurechnen.
(4) Wird der Verkehr des Gefangenen mit Personen außerhalb der Anstalt eingeschränkt, ist ihm Gelegenheit zu geben, dies einer Person, mit der er im Schriftwechsel steht oder die ihn zu besuchen pflegt, mitzuteilen. Der Schriftwechsel mit den in § 29 Absatz 1 und 2 genannten Empfängern, mir Gerichten und Justizbehörden in der Bundesrepublik sowie mit Rechtsanwälten und Notaren in einer den Gefangenen betreffenden Rechtssache bleibt unbeschränkt.
(5) Arrest wird in Einzelhaft vollzogen. Der Gefangene kann in einem besonderen Arrestraum untergebracht werden, der den Anforderungen entsprechen muß, die an einem zum Aufenthalt bei Tag und Nacht bestimmten Haftraum gestellt werden. Soweit nicht anders angeordnet ruhen die Befugnisse des Gefangenen aus den §§ 19, 20, 22, 37, 38 68 bis 70.

§ 105 Disziplinarbefugnis.

(1) Disziplinarmaßnahmen ordnet der Anstaltsleiter an. Bei einer Verfehlung auf

dem Wege in eine andere Anstalt zum Zwecke der Verlegung ist der Leiter der Bestimmungsanstalt zuständig.

(2) Die Aufsichtsbehörde entscheidet, wenn sich die Verfehlung des Gefangenen gegen den Anstaltsleiter richtet.

(3) Disziplinarmaßnahmen, die gegen einen Gefangenen in einer anderen Vollzugsanstalt oder während einer Untersuchungshaft angeordnet sind, werden auf Ersuchen vollstreckt. § 104 Absatz 2 bleibt unberührt.

§ 106 Verfahren.

(1) Der Sachverhalt ist zu klären. Der Gefangene wird gehört. Die Erhebungen werden in einer Niederschrift festgelegt; die Einlassung des Gefangenen wird vermerkt.

(2) Bei schweren Verstößen soll der Anstaltsleiter sich vor der Entscheidung in einer Konferenz mit Personen besprechen, die bei der Behandlung des Gefangenen mitwirken. Vor der Anordnung einer Disziplinarmaßnahme gegen einen Gefangenen, der sich in ärztlicher Behandlung befindet oder gegen eine Schwangere oder eine stillende Mutter ist der Anstaltsarzt zu hören.

(3) Die Entscheidung wird dem Gefangenen vom Anstaltsleiter mündlich eröffnet und mit einer kurzen Begründung schriftlich abgefaßt.

§ 107 Mitwirkung des Arztes.

(1) Bevor der Arrest vollzogen wird, ist der Arzt zu hören. Während des Arrestes steht der Gefangene unter ärztlicher Aufsicht.

(2) der Vollzug des Arrestes unterbleibt oder wird unterbrochen, wenn die Gesundheit des Gefangenen gefährdet würde.

RECHTSANWALT, ANWALTSLISTE, RECHTSBERATUNG

Jugendliche im Alter von 14 - 18 Jahren haben vom ersten Hafttag an das Recht auf einen Pflichtverteidiger, d.h. auf einen Anwalt, der vom Staat bezahlt wird. Heranwachsende und Erwachsene haben erst nach drei Monaten Untersuchungshaft Anspruch auf Pflichtverteidiger.

Wer keinen Anwalt hat und keinen kennt, kann in den einzelnen Hafthäusern Listen der in Köln tätigen Strafverteidiger einsehen und sich einen davon aussuchen. Wer sich von einem Rechtsanwalt außerhalb Kölns vertreten lassen will, kann dies selbstverständlich tun. Gefangene können sich auch zu einer kostenlosen Erstberatung melden, die der Kölner Anwaltsverein in der JVA täglich anbietet. Erfahrungsgemäß wählen viele Gefangene, die diese kostenlose Beratung wahrnehmen, den Rechtsanwalt, der zufälligerweise an diesem Tag für die Beratung in der JVA zuständig ist, zu ihrem Pflichtverteidiger. D.h. sie unterschreiben ihm eine Vollmacht und er beantragt beim zuständigen Haftrichter als Pflichtverteidiger für seinen Mandanten eingesetzt zu werden.

Seit Januar 1997 gibt es für die ausländischen Gefangenen einen besonderen Service des Anwaltsvereins: zu den Gefangenen, die Probleme haben, für deren Lösung die Kenntnis des Ausländergesetzes oder des Asylverfahrensgesetzes wichtig sind, kommen mittwochs um 14 Uhr Rechtsanwälte nach Ossendorf, die mit dieser besonderen Materie vertraut sind.

Alle Anwälte, die sich an der Diensteinteilung für die Gefangenenberatung in der JVA einteilen lassen, rufen Herrn Drechler (Tel 5973-395) an, bevor sie in die JVA fahren, um sich zu vergewissern, daß sich auch Gefangene für Beratung angemeldet haben. Sie müssen ihren Anwaltsausweis dabeihaben..

KÖLNER ANWALTSVEREIN E.V.

Die Beratungsstelle des Kölner Anwaltsvereins erteilt einkommensschwachen Bürgern in allen Rechtsfragen kostenlose Rechtsauskunft.
Inhaftierte in der Justizvollzugsanstalt Köln - Ossendorf können dort täglich durch Mitglieder des Kölner Anwaltsvereins ebenfalls kostenlos beraten werden.

Kölner Anwaltsverein e.V.
Justizgebäude
Luxemburger Str. 101
Zimmer 108
Sprechzeiten   Di, Do   9.00 - 12.00 Uhr
Telefonnotdienst   täglich   18.00 - 8.00 Uhr

HAFTPRÜFUNG UND HAFTBESCHWERDE

Gegen den erlassenen Haftbefehl können Gefangene vorgehen. Zunächst kann eine Haftprüfung beantragt werden. Wenn eine mündliche Haftprüfung beantragt wird, dann wird der Gefangene vom Haftrichter gehört.

Gefangene, die wegen einer Ersatzfreiheitsstrafe sitzen, können direkt gehen, wenn jemand für sie den zu zahlenden Betrag einzahlt. Gefangene, die nur in Haft genommen worden sind, weil sie keinen festen Wohnsitz haben, und die z.B. bei der Verhaftung gesagt haben, sie hätten keinen Wohnsitz, weil sie nicht wollten, daß ihre Eltern gleich wieder von der Verhaftung erfahren, können auch sofort entlassen werden, wenn sie nachweisen können, daß sie bei den Eltern wohnen und die das bestätigen.

Wenn deutlich gemacht werden kann, daß die U-Haft in keinem Verhältnis zu der zu erwartenden Strafe steht, kann es zur Aufhebung des Haftbefehls kommen

Falls diese Haftprüfung abgelehnt wird, kann Haftbeschwerde eingelegt werden. Wenn Gefangene keinen Antrag auf Haftprüfung stellen, dann führt das Gericht von sich aus nach drei Monaten eine Haftprüfung durch. Gefangene, die noch keinen Anwalt haben, bekommen nach drei Monaten Haft einen Pflichtverteidiger.

HAFTVERMEIDUNG BZW. HAFTKÜRZUNG

Seit Ende 1996 arbeitet eine Sozialarbeiterin des Vereins Maßstab e.V. in der JVA und sie prüft, wo eine Haftentlassung - z.B. durch Vermittlung eines festen Wohnsitzes - möglich ist. Ein ähnliches, aber personalstärkeres Projekt in der JVA Düsseldorf hat gezeigt, daß durch diese Arbeit vielen Gefangenen zur Freiheit verholfen werden kann.

DIENSTAUFSICHTSBESCHWERDE

Alle Gefangenen, die sich von Beamten schlecht behandelt sehen, können dagegen bei seinen Vorgesetzten eine Dienstaufsichtbeschwerde schreiben. Die Dienstaufsichtsbeschwerde ist ein sogenanntes formlose Rechtsmittel, d.h. es muß nicht in einer bestimmten Form oder zu einer bestimmten Frist eingelegt werden. Die vorgesetzte Stelle bzw. die Aufsichtsbehörde muß eine Dienstaufsichtsbeschwerde entgegennehmen und in einem Bescheid mitteilen, daß die Beschwerde geprüft wurde und was gegebenenfalls aufgrund der Beschwerde veranlaßt wurde.

Wie für alles gibt es natürlich auch bei den Beschwerden einen festgelegten Beschwerdeweg. Man kann also nicht beim ersten Ärgernis im Hafthaus eine Beschwerde beim Bundesverfassungsgericht einreichen, sondern muß sich zunächst mal an die Leitung des Hafthauses wenden bzw. an die Leitung des Teilanstaltsbereiches.

Gegen Maßnahmen und Entscheidungen des Anstaltsleiters kann Widerspruch eingelegt werden. Diese Beschwerde ist an die unmittelbare Dienst- und Fachaufsicht über die JVA Köln zu richten, das Justizvollzugsamt Rheinland. Zu beachten ist hier, daß dieser Widerspruch innerhalb einer Woche nach Bekanntwerden der Entscheidung eingelegt werden muß.

Justizvollzugsamt Rheinland
Blaubbach 9
50676 Köln
(Postanschrift: Postfach 101926, 50459 Köln)
Tel 20791-0
Fax 207917o.

Die zwei Justizvollzugsämter als Behörden zwischen den 38 Gefängnissen und den vier Jugendarrestanstalten und den Justizministerien in NRW sind eine Ausnahme. In den meisten Bundesländern liegt die Aufsicht über die Gefängnisse direkt im Justizministerium. Für die Wahrnehmung ihrer Aufgaben stehen diesen Ämtern Beamte der besonderen Fachrichtungen, also Ärzte, Psychologen, Pädagogen und Sozialarbeiter zur Verfügung. Die oberste Fachaufsicht liegt aber dennoch wie in allen anderen Bundesländern beim Justizministerium, wo es eine besondere Strafvollzugsabteilung gibt.

Wenn der Beschwerde durch das Justizvollzugsamt nicht entsprochen wird, kann die Entscheidung durch die Strafvollstreckungskammer gerichtlich überprüft werden.

Strafvollstreckungskammer
Landgericht Köln
Luxemburger Str. 101
50939 Köln
Tel 477-0
Fax 477-3333

Mit dem § 109 des Strafvollzugesetzes wird den Gefangenen das Recht eingeräumt, gegen sie ergangene Entscheidungen gerichtlich vorzugehen.
»(1) Gegen eine Maßnahme zur Regelung einzelner Angelegenheiten auf dem Gebiet des Strafvollzugs kann gerichtliche Entscheidung beantragt werden. Mit dem Antrag kann auch die Verpflichtung zum Erlaß einer abgelehnten oder unterlassenen Maßnahme begehrt werden.
(2) Der Antrag auf gerichtliche Entscheidung ist nur zulässig, wenn der Antragsteller geltend macht, durch die Maßnahme oder ihre Ablehnung oder Unterlassung in seinen Rechten verletzt zu sein.

(3) Das Landesrecht kann vorsehen, daß der Antrag erst nach vorausgegangenen Verwaltungsvorverfahen gestellt werden kann.«

Mit dem letzten Satz ist gemeint, daß erst einmal Beschwerde bei der Anstaltsleitung eingelegt werden muß und erst dann, wenn ihr nicht stattgegeben wird, die Strafvollstreckungskammer anzurufen ist. Wird der Beschwerde von der Strafvollstreckungskammer nicht stattgegeben, kann sie in die nächsthöhere Instanz, das Oberlandesgericht gehen.

Leider gibt es nur kaum Rechtsanwälte, die sich gründlich mit dem Strafvollzugsgesetz auseinandergesetzt habe. Oft gibt es aber Mitgefangene, die sich mit dieser besonderen Materie vertraut machen konnten und einen gut begründeten Schriftsatz mit Aussicht auf Erfolg schreiben können. Erlaubt ist leider nicht, daß Gefangene ihren Mitgefangenen diese Art von Rechtshilfe geben.

In Köln gibt es keine feste Strafvollstreckungskammer. Bei Bedarf, d.h. bei vorliegenden Beschwerden, tritt eine Kammer zusammen, die aus Richterinnen und Richtern besteht, die im normalen Justizalltag in anderen Abteilungen beschäftigt sind. Damit die Sachkunde und auch das Verständnis für die Situation der Gefangenen innerhalb der Kölner Richterinnen und Richter wächst, wünschen Gefangene wie JVA-Leitung, daß die Strafvollstreckungskammer vor Ort in der JVA tagt und die Anwesenheit im Gefängnis dazu nutzen kann, das, worum es bei den Entscheidungen jeweils geht, persönlich kennenzulernen.

Die Entscheidungen der Strafvollstreckungskammer kann man vom OLG Köln überprüfen lassen.

Oberlandesgericht Köln
Reichensperger Platz 1
50670 Köln
Tel 7711-0
Fax 7711-700

An dieser Stelle eine Zwischenbemerkung: Da wir hier durch die Gerichtsinstanzen führen, und die Leserin und Leser mit einem durchstrukturierten Rechtsschutzsystem vertraut machen, ist zu fragen, wieso dadurch die Rückwärtsentwicklung im Strafvollzug seit den 80er Jahren nicht verhindert werden konnte. Die bittere Antwort von Dr. Ulrich Kamann, Richter am Amtsgericht Werl: »Ein beachtlicher Teil der Rechtsprechung hat unter dem Einfluß informeller Signalgeber an der Stornierung der Reform mitgewirkt, indem einer repressiv handelnden Bürokratie unter Verzicht auf den Richter obliegende Kontrollfunktion Freibriefe ausgestellt wurden.«

Die nächsthöhere Instanz nach dem Oberlandesgericht ist dann der Bundesgerichtshof.:
Bundesgerichtshof
Herrenstr.45a
76133 Karlsruhe
Tel 0721/159-0
Fax 0721/159-830

Die letzte und höchste Instanz der Rechtsprechung der Bundesrepublik ist das Bundesverfassungsgericht. Wer z.b. meint, daß er zulange in Untersuchungshaft ist, kann bis zu dieser Instanz gehen und dann auch Erfolg haben.
Bundesverfassungsgericht
Schloßbezirk 3
76131 Karlsruhe
Tel 0721/9101-0
Fax 0721/9101-382

In dem von Professor Johannes Feest geschaffenen Strafvollzugsarchiv werden Entscheidungen von Strafvollstreckungskammern und Oberlandesgerichten zu Haftfragen gesammelt. Viele Gefangenenzeitungen veröffentlichen fortlaufend einige der für die Mitgefangenen interessantesten Entscheidungen.
Strafvollzugsarchiv
Prof. Dr. Johannes Feest
Universität Bremen
Achterstraße GW 2
28359

Für Gefangene gibt es auch Beschwerdeinstanzen außerhalb der Bundesrepublik Deutschland:
Europäische Menschenrechtskommission
Europarat
Palais de l'Europe
B.P. 431R6
F-67006 Straßburg
Frankreich
Tel 0033/88412000
Fax 0033/88412781, -82,-83

EUROPÄISCHER GERICHTSHOF FÜR MENSCHENRECHTE

Das Bundeskabinett hat am 18.2.1995 der Einrichtung eines ständigen Europäischen Gerichtshofs für Menschenrechte zugestimmt. Damit soll der Rechtsweg für Bürger, die sich in ihren Menschenrechten verletzt fühlen, erheblich verkürzt werden. Bislang mußten sie eine Beschwerde bei der Europäischen Menschenrechtskommission einlegen, die die Zulässigkeit der Beschwerde prüfte und sie dann an das Ministerkomitee des Europarates oder an den Europäischen Gerichtshof für Menschenrechte, der nur unregelmäßig tagte, weiterleitete. Der ständige Gerichtshof soll bei Individualbeschwerden an die Stelle der Kommission, der Ministerkomitees und des bisherigen nicht ständigen Gerichtshofes treten. Mit der Einrichtung dieser zentralen europäischen Instanz soll ein Beitrag zur Transparenz und Effizienz der bislang unübersichtlichen und nicht immer unserem Rechtsverständnis entsprechenden Verfahrensablauf bei Menschenrechtsbeschwerden geleistet werden.

PETITIONEN

Neben diesem Rechtsweg durch die verschiedensten gerichtlichen Instanzen gibt es die Möglichkeit, die Petitionsausschüsse im Landtag von Nordrhein-Westfalen und vom Bundestag anzurufen:

GRUNDGESETZ ARTIKEL 17:

»Jedermann hat das Recht, sich einzeln oder in Gemeinschaft mit anderen schriftlich mit Bitten oder Beschwerden an die zuständigen Stellen und an die Volksvertretung zu wenden.«

Das lateinische Wort Petition bedeutet so viele wie Bittschrift oder Eingabe. Gefangene, die meinen, von den Behörden ungerecht behandelt worden zu sein, können sich wie alle anderen Bürgerinnen und Bürger mit einem Brief an den Petitionsausschuß wenden. Wichtig ist, daß es sich bei Beschwerden an den Petitionsausschuß des Landtags um Dinge handelt, die das Land entscheiden kann. An den Petitionsausschuß können sich alle wenden: Junge wie Alte, Inländer wie Ausländer, Einzelne wie Gruppen.

Die Ausschußmitglieder haben die Pflicht, den Beschwerden nachzugehen. Sie können Zeugen befragen, Unterlagen einsehen oder Sachverständige bestellen. Gerichtsurteile können durch sie allerdings nicht rückgängig gemacht werden. Der Petitionsausschuß versucht zu helfen und teilt die getroffene Entscheidung dem Antragsteller schriftlich mit.

In fast 40% aller Fälle konnte der Petitionsausschuß des Landtags bisher weiterhelfen. Bei Beschwerden von Gefangenen kommen die Mitglieder des Petitionsausschußes auch regelmäßig in die JVA Köln.

Petitionsausschuß des Landtags
Platz des Landtags
402221 Düsseldorf
Tel 0221/884-0
Fax 0221/884-2258

Petitionsausschuß des Bundestags
Bundeshaus
53113 Bonn
Tel 0228/1622767
Fax 0228/1626027

Der Petitionsausschuß des Bundestages wird von 32 Bundestagsabgeordneten gebildet. Im Petitionsbüro sitzen 90 Mitarbeiterinnen und Mitarbeiter. 1995 gingen beim Petitionsausschuß 21.291 Eingaben ein. Näheres kann im Jahresbericht nachgelesen werden, den man sich in Bonn bestellen kann.

Nicht direkt eine Beschwerdeinstanz, aber eine Instanz, bei der man auch persönliche allgemeine Beschwerden loswerden kann, ist der Beirat der JVA Köln.

BEIRAT

Seit 1967 gibt es in Nordrhein-Westfalen Gefängnisbeiräte.
Dem Abbau von Vorurteilen gegenüber dem Strafvollzug und den Gefangenen und der »Öffnung« der Gefängnisse nach außen dient die Bildung von Beiräten bei den Justizvollzugsanstalten. Den Beiräten sollen Personen angehören, die Verständnis für die Ziele und Aufgaben des Strafvollzugs haben und bereit sind, daran mitzuarbeiten, daß Gefangene nach ihrer Entlassung wieder Fuß in der Gesellschaft fassen.

In Köln werden die Beiräte von den im Rat vertretenen Parteien gewählt und vom Leiter des Vollzugsamtes Rheinland ernannt. Im Beirat an der JVA Ossendorf sind mit Frau Ley und Herrn Lenz zwei Landtagsabgeordnete und mit Frau Schmerbach und Herrn Simons zwei Mitglieder des Rates der Stadt Köln. Die anderen Mitglieder arbeiten in sozialen Projekten.

Zu Zeiten des alten Klingelpütz machte in Köln der Spruch die Runde, »unseren Klingelpütz« hätten mehr Kölner schon von innen gesehen als den Dom. Tatsächlich spielt der Knast in Köln und anderswo im Bewußtsein der Stadtpolitik und der städtischen Öffentlichkeit kaum eine Rolle. Daran konnte der Beirat bisher auch nichts ändern. Das hat nichts mit Köln zu tun, sondern ist in fast allen Städten so, die ein Gefängnis haben. Allerdings liegt es an Köln und den Kölnerinnen und Kölnern, ob es dabei bleibt, und natürlich nicht zuletzt an den Mitgliedern des Beirats selbst.

Es wäre schon viel gewonnen, wenn im stadtbürgerlichen Bewußtsein die Tatsache akzeptiert wäre, daß es Mitbürgerinnen und Mitbürger sind, die hinter den

Mauern von Ossendorf einsitzen, und daß niemand die Gewißheit haben kann - mit Ausnahme der Selbstgerechten, die auch im heiligen Köln nicht gerade dünn gesät sind - nicht auch einmal dort zu landen. Und sei es irrtümlich. Viel wichtiger aber als die Vorstellung, man könne selbst mal hinter Gitter kommen, ist die Einsicht in die sozialen Ursachen von straffälligem Verhalten. Auch die allerschlimmsten Taten wurzeln nicht auf dem Mars, sondern hier auf dieser Erde, in diesem Land und in dieser Stadt.

Aus der Geschichte des Strafvollzugs in Köln ist bekannt, daß sich zu Beginn des 19.Jahrhunderts das städtische Bürgertum sehr in der Straffälligenhilfe engagierte.

Für Gefangene hängt in jedem Hafthaus das folgende Info des Beirats.

BEIRAT AN DER JVA

An der JVA Köln besteht ein Beirat aus acht Vertreterinnen und Vertretern der Öffentlichkeit. Sie sind vom Vollzugsamt Rheinland auf Vorschlag des Rates der Stadt Köln für fünf Jahre ernannt worden:
- Friedbert Heidecke
- Volker Menzel
- Klaus Jünschke
- Cornelia Schmerbach
- Friedhelm Lenz
- Wolfgang Simons
- Marie-Therese Ley
- Elisabeth Walterscheid

Der Beirat hat darauf zu achten, daß das Leben in der JVA so gestaltet wird, daß es der Wiedereingliederung der Gefangenen in die Gesellschaft dient. Gegenüber der Öffentlichkeit soll der Beirat Vorurteile abbauen helfen und darauf hinwirken, daß Gefangene nach ihrer Entlassung in der Gesellschaft ohne Diskriminierung aufgenommen werden.

Die Mitglieder des Beirats können Wünsche, Anregungen und Beschwerden von Bediensteten und Gefangenen entgegennehmen. Sie können sich über die Unterbringung, Beschäftigung, berufliche Bildung, Verpflegung, ärztliche Versorgung und Behandlung unterrichten sowie die JVA besichtigen.

Die Mitglieder des Beirats können die Gefangenen in ihren Räumen aufsuchen. Gespräche und der Briefverkehr mit Beiratsmitglieder werden nicht überwacht.

Der Beirat tagt einmal im Monat in der JVA. Gefangene, die den Beirat sprechen wollen, schreiben einen entsprechenden Antrag. Gründe für das Gespräch

müssen nicht angegeben werden. Zwischen den Sitzungen des Beirats kann an die Beiratsmitglieder geschrieben werden. Wenn auf dem Brief »Beiratspost« vermerkt wird, darf er nicht geöffnet werden.
Köln, den 1.11.1996

Friedbert Heidecke   *Elisabeth Walterscheid*
Vorsitzender des Beirats   *Stellvertretende Vorsitzende des Beirats*

BESCHWERDEN GEGEN UNWAHRE BERICHTE IN DEN MEDIEN

Die Kriminalberichterstattung nimmt in allen Medien breiten Raum ein. Nicht immer werden dabei die Rechte von Tatverdächtigen respektiert und nicht immer wird über Verurteilte der Wahrheit gemäß berichtet. Wie Bürgerinnen und Bürger draußen können auch Gefangene mit Hilfe ihrer Anwälte von den jeweiligen Medien Gegendarstellungen verlangen. Außerdem besteht die Möglichkeit der Beschwerde beim
Deutschen Presserat e.V.
Gerhard-von-Are-Str. 8
53111 Bonn
Tel 0228/98572-0
Fax 0228/98572-99

Bild-Zeitung vom 6.12.1996

Ausgang zu einem Hof in der JVA Köln

ÜBER DAS ALLTAGSLEBEN IM GEFÄNGNIS

ALLTAG
Geweckt wird an Werktagen um 6 Uhr morgens. An Wochenenden und an Feiertagen um 9 Uhr. Ca. 15 - 30 Minuten nach dem Wecken wird das Frühstück ausgegeben. Die Arbeitszeit in den Betrieben ist vormittags von 7 - 12 Uhr und nachmittags von 13 - 15.30 Uhr. Das Mittagessen wird ab 11.30 Uhr ausgegeben und das Abendessen um 16 Uhr, an Wochenenden und an Feiertagen auch schon früher. Die Zeit zum Duschen, den Wäschetausch, die Freistunde im Hof und die Freizeitveranstaltungen ist in den einzelnen Hafthäusern unterschiedlich. Der jeweilige Plan mit den besonderen Zeiten hängt in jedem Hafthaus aus. Gottesdienste finden samstags und sonntags für die jeweiligen Hafthäuser statt.

Den folgenden und etwas weniger formaler Bericht über den Tagesablauf fanden wir im Heft 12 der Gefangenenzeitung »Aufschluß« vom Juni/Juli 1996:

EIN TAG IM FRAUENHAUS VON INA L.
In der Regel beginnt ein Tag im Haus 16 mit dem morgendlichen Wecken. Von weitem schon hört man gegen 6.00 Uhr das melodische Klingeln der Schlüssel. Bis die Türe aufgeht und der Beamte mit einem fröhlichen »Guten Morgen« vor der Zelle steht. Also dann, einmal tief durchatmen und raus auf den Flur. Von 6 - 7 Uhr ist Aufschluß und das Programm individuell. Müll raustragen, Frühstück holen, duschen, Kaffee trinken. Die Reihenfolge, was man zuerst macht, ist das Individuelle. Gegen 7 Uhr steht ein Beamter (mit besonders geschulter Stimme) am Eingang und nach kurzem Räuspern schallt (von allen erwartet) der Ruf »Waaaschküüüche« durchs Haus. Die Damen des Waschclubs stehen in den Startlöchern und rennen los. Jede will die erste sein, von wegen guten Plätzen und so. Die Mädels der Kammer und der Schneiderei folgen etwas langsamer. Dann kehrt schlagartig Ruhe ein. Kein Wunder, denn außer der Friseurinnung und dem Hauswirtschaftskurs (die um diese Zeit meist noch schlafen) ist ja keiner mehr da. Die Beamten widmen sich nun ihren vielfältigen Aufgaben, wie der Postkontrolle und dem Frühstück. Ab 11.45 Uhr ist dann der Flur wieder für eine Stunde bevölkert. Es wird zusammen das (mit Liebe zusammengestellte) Mittagessen genossen, die Post gelesen, Eindrücke des recht interessanten, arbeitsreichen Vormittags ausgetauscht. Dann geht's auf zur zweiten Runde und für diejenigen, die nicht mehr ausrücken, beginnt der Einschluß. Die Nachmittage und Abende sind durchsetzt mit Schul- und Arbeitersport, mit verschiedenen Gruppen und dem Aufschluß, wenn er nicht aus »organisatorischen« Gründen in den Umschluß verwandelt wird. Auf der oberen Ebene gibt es eine Küche, die von maximal sechs Frauen gleichzeitig genutzt werden kann. Während des Aufschlusses allerdings

sieht man einen Teil des Mobiliars auf den Flur fliegen, da dann der Urtrieb der Frau freigelegt wird, der Hang zum Putzen. Es beginnt der Run auf Bügeleisen und -brett, damit die vom Hausmädchen gewaschene Wäsche schrankfertig gemacht werden kann. Es wird meist noch mal gemeinsam auf dem Flur Kaffee getrunken, Tips und Erfahrungen ausgetauscht, viel gelacht und es bilden sich hier und da kleine Grüppchen für den Umschluß. Um 21 Uhr ist Nachteinschluß und jede geht, mit dem guten Gefühl, wieder einen Tag geschafft zu haben, auf seine Zelle. Das Programm steht natürlich nicht für die Wochenenden. Da ist im Wechsel Samstag oder Sonntag Aufschluß, ansonsten ist generell um 16 Uhr Popshop und man wappnet sich für die nächste Woche.

ARBEIT
Mit dem Inkrafttreten des Strafvollzugsgesetzes im Jahre 1977 soll die Arbeit nicht mehr als ein Teil der Strafe, sondern als ein Bestandteil der Behandlung der Gefangenen gesehen werden. Ziel ist dabei vor allem, dem Gefangenen Fähigkeiten für eine Erwerbstätigkeit nach der Entlassung zu vermitteln, zu erhalten oder zu fördern.

NRW-weit ist der größte Teil der arbeitenden Gefangenen in Betrieben freier Unternehmer innerhalb und außerhalb der Gefängnisse beschäftigt. Dabei handelt es sich vorwiegend um Betriebe aus dem Metall-, Elektro- und Kunststoffverarbeitungsbereich. Andere arbeiten in justizeigenen Betrieben wie Schreinereien, Druckereien, Bäckereien, Wäschereien. Diese Betriebe sind nicht in jedem Gefängnis. So wird z.B. in der großen Wäscherei in der Frauenabteilung der JVA Köln auch die Wäsche anderer Anstalten gewaschen und in der Druckerei der JVA Geldern werden alle Justizdrucksachen des Landes hergestellt. Jede JVA hat aber zur Eigenversorgung eine eigene Küche, eine Kleiderkammer usw., die 10% aller Arbeitsplätze stellen. Darüber hinaus gibt es für Hilfstätigkeiten wie der Hausreinigung und der Pflege der Anlagen bezahlte Arbeitsplätze.

Jugendliche und heranwachsende Gefangene bis zum Alter von 21 Jahren und erwachsene Gefangene in Strafhaft sind nach § 41 StVollzG zur Arbeit verpflichtet, erwachsene Gefangene in der Untersuchungshaft nicht. Da es im Gefängnis wie draußen auch, das Problem der wachsenden Arbeitslosigkeit gibt, wird die Arbeitspflicht in der Regel nicht erzwungen - eben wegen der fehlenden Arbeit. Gefangene, die ohne Verschulden kein Arbeitsentgelt und keine Ausbildungsbeihilfe erhalten, wird ein Taschengeld in Höhe von ca. 52 DM im Monat gewährt, wenn sie nicht über eigene Mittel verfügen.

Wer ein Jahr regelmäßig gearbeitet hat, hat Anspruch auf 18 Tage Freistellung von der Arbeit. Er kann dann auf seiner Zelle bleiben und die zuletzt gezahlten Bezüge werden für die Zeit dieser Freistellung weitergezahlt. Arbeitende Gefangene erhalten ein Arbeitsentgeld (§ 43 StvollzG), dessen Höhe im § 200 St-VollzG geregelt ist:

§ 200 StvollzG
(1)Der Bemessung des Arbeitsentgelts nach § 43 sind fünf vom Hundert der Bezugsgröße nach § 18 des Vierten Buches Sozialgesetzbuch zugrunde zu legen.*
(2)Über eine Erhöhung des Anteils von dem im Absatz 1 bezeichneten Arbeitsentgelt wird zum 31. Dezember 1980 befunden.

* Die Bezugsgröße im Sinne des § 18 des Vierten Buchs Sozialgesetzbuch beträgt im Januar 1994 47.040 DM jährlich und 3.920 DM monatlich. 5% sind dann 196 DM im Monat.

Auch im Gefängnis werden nicht alle gleich bezahlt. Es gibt 5 verschiedene Gehaltsstufen und zu diesem Grundlohn können auch Leistungszulagen bis zu 30% des jeweiligen Grundlohns gezahlt werden. Das alles ist in der Strafvollzugsvergütungsordnung (StrVollzVergO) geregelt.

ÜBER DEN GRUNDLOHN MIT SEINEN FÜNF STUFEN STEHT IN § 1:

» (1) Der Grundlohn des Arbeitsentgelts (§ 43 Abs 1 des StVollzG) wird nach folgenden Vergütungsstufen festgesetzt:

Vergütungsstufe I
Arbeiten einfacher Art, die keine Vorkenntnisse und nur eine kurze Einweisungszeit erfordern und die nur geringe Anforderungen an die körperliche oder geistige Leistungsfähigkeit oder an die Geschicklichkeit stellen.

Vergütungsstufe II
Arbeiten der Stufe I, die eine Einarbeitungszeit erfordern,

Vergütungsstufe III
Arbeiten, die eine Anlernzeit erfordern und durchschnittliche Anforderungen an die Leistungsfähigkeit und die Geschicklichkeit stellen.

Vergütungsstufe IV
Arbeiten, die die Kenntnisse und Fähigkeiten eines Facharbeiters erfordern oder gleichwertige Kenntnisse und Fähigkeiten voraussetzen.

Vergütungsstufe V
Arbeiten, die über die Anforderungen der Stufe IV hinaus ein besonderes Maß an Können, Einsatz und Verantwortung erfordern.

(2)Der Grundlohn (1996) beträgt in der

Vergütungsstufe I	75 vom Hundert	7,69 DM
Vergütungsstufe II	88 vom Hundert	9,02 DM
Vergütungsstufe III	100 vom Hundert	10,25 DM
Vergütungsstufe IV	112 vom Hundert	11,48 DM
Vergütungsstufe V	125 vom Hundert	12,81 DM

Das sind wohlgemerkt Tagessätze, keine Stundenlöhne! Aber immerhin wird ein Teil des Verdienstes der Gefangenen in die Arbeitslosenversicherung eingezahlt, so daß diejenigen, die gearbeitet haben, nach der Entlassung Anspruch auf Arbeitslosengeld haben - ein Satz, der in der Regel über der Sozialhilfe liegt.

Tarifgemäße Bezahlung gibt es in Nordrhein-Westfalen nur für Gefangene, die im offenen Vollzug sind, und einem freien Beschäftigungsverhältnis nachgehen. Von dem Gehalt werden die Haftkosten einbehalten.

Ein Modellversuch mit tarifgerechter Bezahlung läuft seit 1991 in Hamburg, die nicht freigangberechtigt sind. Die beiden Unternehmen, die sich an dem Modellprojekt beteiligten, stellten Holzlauben sowie Werbeständer und ähnliche Metallprodukte her. Die gezahlten Stundenlöhne lagen um die 15 DM. Wie im Gefängnis üblich, ist die Verfügungsgewalt über dieses Einkommen eingeschränkt. Ungefähr gleich hohe Beträge flossen als Steuern und Sozialabgaben (Arbeitnehmerbeiträge) der Allgemeinheit zu. Ein Teil floß als Haftkostenbeitrag dem Hamburger Haushalt zu. Die Gefangenen konnten Familienangehörige unterstützen und mit der Tilgung von Schulden beginnen. Schwerer als diese Daten über die wirtschaftliche Situation wiegen Aussagen über die Arbeit, aus denen sich erfolgversprechende Perspektiven erkennen lassen. Die Gefangenen betonten, daß ein sie korrekt zahlender und korrekt behandelnder Betrieb auch Anspruch auf entsprechende Gegenleistungen hätte, während sich niemand für den üblichen Lohn wirklich »krumm machen« würde. Auch die Unternehmer sahen deutliche Verbesserungen in der Arbeitsqualität und der Motivation. Das Fazit der diesen Modellversuch auswertenden Stiftung Berufliche Bildung: Fast jede JVA verträgt zumindest einen Hamburger-Modell-Betrieb und kann dadurch die Situation einiger nicht-freigang-berechtiger Gefangener verbessern. Die vollständige Umstellung auf marktorientierte Produktion und leistungsgerechte Bezahlung kann aber nur langfristig angelegt erfolgreich bewältigt werden.

Nähere Informationen gibt es bei Dr. Otmar Hagemann, Stiftung Berufliche Bildung, Wendenstr.493, 20537 Hamburg.

In Frankreich, wo es von staatswegen eine tarifliche Mindestentlohnung für die arbeitenden Gefangenen gibt, ist die Arbeit mit der Entlassung gekoppelt: wer arbeitet, wird auch früher entlassen. Im Parlament der Bundesrepublik Deutschland kann man sich zwar über Milliardenprojekte streiten, die der Bundeswehr oder der Industrie zugute kommen, aber es gibt kaum ein Bewußtsein davon, daß die Entlohnung für die Gefangenenarbeit der Gesellschaft wenigstens soviel wert sein sollte wie ein Transrapid-Projekt. Die meisten Parlamentarier erliegen der Täuschung, daß es billiger sei, immer härtere Strafen zu fordern.

Die arbeitenden Gefangenen sind im Jahre 1997 immer noch nicht in die gesetzliche Krankenversicherung und Rentenversicherung einbezogen, obwohl das im Strafvollzugsgesetz seit 1977 vorgesehen ist. Den einzelnen Bundesländern ist das zu teuer. In Nordrhein-Westfalen würde das im Jahr Mehrkosten von ca. 85 Millionen Mark verursachen.

In der JVA Köln gibt es wie in allen anderen Gefängnissen allerdings nicht nur die Forderung von Gefangenen nach tarifgerechter Bezahlung, sondern das Problem überhaupt für alle Arbeit zu finden. Insofern unterscheiden sich die Probleme in der JVA und in der Stadt Köln, wo es längst auch nicht mehr bezahlte Arbeit für alle gibt, nicht. In der Gefängnisleitung wird es als ein Problem gesehen, angesichts dieser hohen Arbeitslosigkeit in der Stadt, für mehr Arbeitsplätze im Klingelpütz zu werben.

Was wäre in der Öffentlichkeit los, wenn es bei der hohen Arbeitslosigkeit draußen in Köln im Klingelpütz Vollbeschäftigung gäbe? Schon die Tatsache, daß hinter den Mauern Lehrwerkstätten gibt, war der BILD-Zeitung einen ihrer üblichen Skandalartikel wert. Unter der Überschrift »Für seine Häftlinge tut der Staat alles...für die Opfer nichts. Gerecht?«, war in dem Blatt am 20.11.1996 zu lesen: »Während Schulabgänger in der Freiheit um Lehrstellen kämpfen, sich den Meisterkurs vom Mund absparen müssen, wird im Knast für alles gesorgt. In Nordrhein-Westfalen können Häftlinge in rund zwei Dutzend Berufen ihren Gesellen- oder Facharbeiterbrief machen. Clevere legen ihre Meisterprüfung ab oder melden sich zum Fernstudium an.«

Eine Antwort auf diese Demagogie hat man in Baden-Württemberg gefunden. Dort kommen Jugendliche, die keine Straftaten begangenen haben, täglich in die Lehrwerkstatt einer Jugendstrafanstalt, um Seite an Seite mit den jugendlichen Inhaftierten ihre Ausbildung zu absolvieren.

AUSWAHLVERFAHREN

Um die jungen Gefangenen nach Rechtskraft des Urteils zügig der Jugendstrafanstalt zuführen zu können, die für ihre Förderung am besten geeignet ist, wird in Nordrhein-Westfalen bereits während der Untersuchungshaft ein sogenanntes Auswahlverfahren durchgeführt. In diesem Verfahren werden die Persönlichkeit und die Lebensverhältnisse des Gefangenen u.a. durch Erhebungen zur Lebensgeschichte und verschiedene Leistungs- und Persönlichkeitstests erforscht. Die im Rahmen des Auswahlverfahrens durchzuführenden Tests und Gespräche sowie die Erkenntnisse aus Gruppenarbeit und Unterricht bieten Ansatzpunkte - so das offizielle Schrifttum - zur unmittelbaren erzieherischen Einwirkung. Die über die Persönlichkeit der Gefangenen gewonnen Erkenntnisse werden den Gerichten oder Staatsanwaltschaften mitgeteilt, um eine bessere Beurteilung der Gefangenen im Jugendstrafverfahren zu ermöglichen. Die Durchführung des Auswahlverfahrens setzt voraus, daß die Gefangenen zur Teilnahme bereit sind. Im Jahre 1993 haben insgesamt 1.893 Gefangene am Auswahlverfahren teilgenommen, in 563 Fällen wurde das Verfahren mit einer Einweisungsentscheidung abgeschlossen. Prof. Dr. Hans-Joachim Plewig: »Nie zuvor in der Geschichte, auch nicht in der Zeit der Inquisition, sind Verantwortliche so sehr das Intim- bzw. das Seelenleben Betroffener eingedrungen, wie die gegenwärtige Kriminalpädagogik im Auftrag der Justiz. (»Willy muß sich öffnen«...) Die Legitimation holt man sich aus dem Kindeswohl-Denken.«

EINKAUF

Über die Einkaufsmodalitäten steht alles Wissenswerte in der Zugangsinformation für Gefangene. Der Einkauf selbst ist eines der Hauptstreitthemen bei den Gesprächen zwischen den gewählten GefangenensprecherInnen und der Anstaltsleitung. Dabei geht es regelmäßig um die Preise und das Angebot. Die Gefangenen orientieren sich über ihre Zeitungslektüre wie die freien Menschen draußen, wenn sie ihren Einkauf planen, an den Sonderangeboten, und der Geschäftsmann, der den Vertrag für den Einkauf hat, orientiert sich an seinen zusätzlichen Personalkosten, die er für das Einpacken und Anliefern der bestellten Waren benötigt. Da die Einkaufslisten keine fünf Meter lang sind, bieten sie nicht die Auswahl, die draußen der normale Supermarkt in seinen Regalen hat. Das Dilemma der Anstaltsleitung ist, daß sie nicht jeden Monat einen neuen Händler unter Vertrag nehmen kann, die bei ihrer Bewerbung regelmäßig günstige Preise und ein breites Angebot versprechen, aber dann doch das machen, was jeder Händler tut - nehmen, was der Markt hergibt.

Die Geschichte dieses Dauerkonflikts ist voller Lösungsvorschläge, aber eine Alternative ist nicht in Sicht. Nicht daß es keine machbaren Alternativen gäbe - aber es gibt niemand, der sie umsetzt.

ESSEN

Untersuchungsgefangene haben das Recht, sich von einem Restaurant oder einem Hotel das Essen in die JVA bringen zu lassen, aber da das kaum jemand bezahlen kann - die Zahl der einsitzenden Millionäre kann ja der Tagespresse entnommen werden -, werden die Gefangenen von der Gefängnisküche versorgt. Peter Breidbach, ein gelernter Fleischermeister, der sich die Kunst, in dieser Großküche akzeptable Essen zu produzieren, selbst erarbeitet hat, ist der Herr der Kochlöffel und Kochtöpfe im Klingelpütz. Seine Mitarbeiter sind Gefangene, die eine besondere ärztliche Untersuchung durchlaufen müssen, bevor sie in die Küche kommen. Je nach Belegungszahl haben sie täglich für 1200 bis 1500 Mittagessen zu sorgen. Jeden Tag gibt es ein anderes Essen. Und für rund 400 Gefangene gibt es entsprechend ihren Bedürfnissen eine sogenannte Sonderkost. Für die Mohamedaner ist das ein Essen ohne Schweinefleisch und für die Kranken sind es verschiedene spezielle Diäten. Zum Frühstück wird um 6.30 Uhr Malzkaffee und Margarine ausgegeben. Das Brot kommt aus der Bäckerei in einem anderen Gefängnis. Es kann zwischen verschiedenen Brotsorten gewählt werden. Auch für das Frühstück wird das Brot mit dem Abendessen um 16 Uhr ausgegeben. An drei Tagen gibt es zum Frühstück noch ein Stückchen Wurst oder Käse, wie beim Abendessen üblich.

In der Zukunft soll das alles noch besser werden, da die dreißig Jahre alte Küche ausgedient hat und eine neue gebaut wird.

FREISTUNDE

Per Strafvollzugsgesetz steht jedem Gefangenen täglich eine Stunde »Aufenthalt im Freien« zu. Das bedeutet natürlich nicht, daß jeder eine Stunde lang vor dem Knast auf und ab laufen darf.

Zu jedem Hafthaus gehört ein Hof, der jeweils auf der Seite des Hafthauses ist, auf der die Zellenfenster sind. Die meisten dieser Höfe haben einen Rasen und darin verläuft ein Spazierweg. In einigen Höfen gibt es auch einen kleinen Teich und Bäume, Büsche und Blumenbeete. Die Freistundenzeiten sind von Haus zu Haus verschieden, sie werden durch die Lautsprecher bekanntgegeben.

FREIZEIT UND SPORT

Wie draußen, so ist auch im Gefängnis für die meisten die Lieblingsbeschäftigung am Feierabend die Glotze und der Gang durch die fünf oder sechs Programme, die man in Ossendorf über Antenne empfangen kann. Da es inzwischen schon verkabelte Knäste gibt, ist auch das eine der immer wieder vorgetragenen Forderungen der GefangeneninteressenvertreterInnen - Kabel-TV im Klingelpütz. Wenn das Geld für die Verkabelung da wäre, hätte wohl die Anstaltsleitung nichts dagegen, aber dafür gibt es keinen Etat.

Daneben gibt es vier Arten der Freizeitgestaltung in der Zeit nach der offiziellen Arbeitszeit. Das betrifft die Zeit montags bis donnerstags von 18 - 21 Uhr. Für die Zeit von Freitag bis Sonntag gibt es in den einzelnen Häusern unterschiedliche Regelungen.

Hobby: in jedem Hafthaus gibt es den sogenannten Hobbyraum. Dort stehen Bänke, Stühle, eine Tischtennisplatte und ein TV-Gerät. Die Creativ-Gruppe Malen des Vereins Maßstab e.V. hat Gefangenen ermöglicht, die Wände dieser Räume nach eigenen Vorstellung zu bemalen. Ansonsten sind diese Hobby-Räume eher kahle Räume, aber immerhin ein Treff.

Umschluß: das bedeutet, daß man sich in der Freizeit zu anderen Gefangenen in deren Zelle umschließen lassen kann oder andere Gefangene zu einem auf die Zelle zu Besuch kommen dürfen. Die Zahl ist auf drei Gefangene in einer Einzelzelle begrenzt.

Sport: in der JVA gibt es Sportbeamte, die für den Sport in der Turnhalle oder im Freien zuständig sind. Sie haben alle möglichen Trainerlehrgänge besucht und bieten den Gefangenen eine sportliche Betätigung, wie sie draußen auch in den Vereinen angeboten wird. Das nicht alles so wie draußen läuft, liegt eher am Gefängnis, als an ihnen. Für alle Gefangene ist zweimal in der Woche ein Sportangebot geplant. Außerdem gibt es eine Fitness- und in der Jugendabteilung eine Box-Gruppe, die der Sozialarbeiter Ali Cakir vom Quäker-Nachbarschaftsheim leitet.

Die Fußball-Auswahl ist eine Mannschaft, die aus den besten Spielern der JVA gebildet wird und die auch auf dem großen Fußballplatz in der JVA gegen Mannschaften verschiedenster Vereine von draußen spielt. In den letzten Jahren hat sie noch kein Spiel verloren. Der 1.FC sollte sich nicht scheuen und mal antreten.

Für den Sport der Gefangenen gibt es einen ständigen Bedarf an Trikots, Leibchen, Fußballschuhen und Bällen für die verschiedensten Ballsportarten. Angesichts der leeren Kassen sind die Sportbeamten und die Gefangenen auf Spenden von draußen angewiesen.

Eine kleine Gruppe der Gefangenen hält sich auch durch Hantel-Training und Gymnastik auf der Zelle fit und nutzt in der Freistunde den Hof zum Langlauftraining.

Gruppen: von ehrenamtlichen Helferinnen und Helfern für die Gefangenen und von verschiedenen Vereinen werden die unterschiedlichsten Gruppen angeboten - zur Weiterbildung, zur Hilfe (Anonyme Alkoholiker z.B.), zum Diskutieren, zum Spaß an der Freud (so von der Volkshochschule eine Tanz-Gruppe im Frauenbereich). Die Untersuchungsgefangenen brauchen für die Teilnahme die Genehmigung des Richters. Die Zahl dieser Gruppen ist viel zu klein, da an einer Gruppe in der Regel nur bis zu acht Gefangene teilnehmen dürfen. Wenn sich aber jetzt in Köln zehn oder zwanzig Leute oder Vereine fänden, neue Gruppen anzubieten, käme die Anstaltsleitung in Verlegenheit - es fehlt an Gruppenräumen.

GELD

Der Besitz von Bargeld ist im Gefängnis verboten. Dennoch gibt es »Gelder« ohne Ende: was Angehörige und Freunde auf das Konto des Gefangenen einzahlen, ist sein Eigengeld (dafür kann man sich z.B. Bücher bei einer Buchhandlung kaufen); für diejenigen, die arbeiten, gibt es das Arbeitsentgelt, das ihnen monatlich auf ihrem Konto gutgeschrieben wird, zwei Drittel dieses monatlichen Arbeitsentgelts können als Hausgeld zum Einkaufen genutzt werden, das andere Drittel wird als Überbrückungsgeld für die Entlassung gutgeschrieben. Für diejenigen, die unentschuldigt ohne Arbeit sind, gibt es Taschengeld.

Daß der Besitz von Bargeld im Gefängnis verboten ist, bedeutet natürlich nicht, daß es kein Bargeld gibt. Wie alles Verbotene ist es besonders begehrt und die Angeber unter den Gefangenen behaupten dann auch mal gerne, im Knast gäbe es mehr Geld als auf der Bank. Und für was brauchen Gefangene Geld, wo sie doch beim Kaufmann nur bargeldlos einkaufen können? Neben dem offiziellen Markt gibt es drinnen wie draußen einen inoffiziellen - und mit demselben Slogan wird er am Leben erhalten: »Bargeld lacht« - für Glücksspiel, Sex und Drogen. Und wo das floriert, kann man auch auf Schutzgeld stoßen.

Für Gefangene ohne Hilfe von draußen und ohne Arbeit drinnen sind Geschäftemacherei und Eigentumsdelikte in der Haftzeit »normale Wege« zur Beschaffung von Entlassungsgeld. Ca. drei Viertel aller Haftentlassenen treten nach der Entlassung mit weniger als 1.000 DM vor die Gefängnistore. Der gleiche Prozentsatz von Gefangenen hat Schulden von 10 - 50.000 DM.

Bestechungsgelder sind laut Angaben der Vertretung der Beamtinnen und Beamten in Ossendorf bisher weder angeboten noch angenommen worden.

KLEIDUNG UND WÄSCHE

Untersuchungsgefangene haben das Recht, die eigene Kleidung zu tragen. Die Gefangenen müssen allerdings selbst für den Wechsel der Wäsche und die Reinigung sorgen. Die Angehörigen und Freunde können zum Besuch Wäschepakete mitbringen, sie können die Wäschepakete auch mit der Post schicken. Wenn Gefangene Wäschepaket abschicken wollen, müssen sie das dafür nötige Portogeld auf dem Konto haben.

Wer Anstaltskleidung tragen muß, weil er niemanden für den Wäschetausch hat oder wer die Anstaltskleidung tragen will, kann diese Kleidung auf der Kammer erhalten. Diese Kleidungsstücke werden in der JVA-Wäscherei gewaschen und können wie die Bettwäsche regelmäßig getauscht werden.

Für die Gefangenen, die keine sauberen und passenden Kleidungsstücke mehr haben, aber ins Krankenhaus oder zu einem Gerichtstermin müssen, können über den Sozialdienst gespendete Kleidungsstücke erhalten.

KOEDUKATION

(= Gemeinschaftserziehung von Jungen und Mädchen)
von Ursula Maxis (Lehrerin in der JVA) und Margarete Kalscheuer (Psychologin in der JVA)

Koedukativer Unterricht wird seit Januar 1987 in der JVA Köln angeboten. Zunächst wurde versuchsweise in der Berufsschulklasse Holz mit jungen männlichen U-Gefangenen und jungen weiblichen U- und Strafgefangenen gearbeitet. Sukzessive wurden die Berufsschulklassen Metall und Hauswirtschaft, sowie die Hauptschule und die Maßnahme für Schulleistungsschwache koedukativ angeboten.

Hintergründe des koedukativen Gedankens sind zum einen die optimale Nutzung der zur Verfügung stehenden Ausbildungsmaßnahmen. Zum damaligen

Zeitpunkt gab es aufgrund der rückläufigen Gefangenenzahlen sowohl in unserem Bereich als auch im Straf- und U-Haftbereich für jugendliche Frauen vermehrt Schwierigkeiten, die Maßnahmen zu füllen. Um das differenzierte Angebot aufrechterhalten zu können, erschien die Koedukation die geeignete Lösung.

Zum anderen wird dem Gedanken der Chancengleichheit durch die Einrichtung koedukativer Maßnahmen Rechnung getragen. Die Ausbildungsmöglichkeiten für Frauen innerhalb des Vollzuges waren und sind immer noch in der Regel reduziert auf sogenannte frauentypische Berufe. Zwischenzeitlich sind Projekte, die Frauen in handwerklichen Berufen fördern, zahlreicher, und auch der Vollzug hat sich stärker dahingehend orientiert. Zum weiteren wird hier die Forderung nach Angleichung an das Leben draußen umgesetzt. Koedukative Klassen im Allgemeinschul- und Ausbildungsbereich sind der Normalfall. Nicht zuletzt sahen und sehen wir hier die Chance, durch die Auseinandersetzung mit dem anderen Geschlecht erzieherisch wirken zu können. Gedacht war dabei unter anderem an die Auseinandersetzung mit der eigenen Geschlechterrolle und die Auseinandersetzung mit den lebenswichtigen Bereichen Liebe und Sexualität.

Unsere Erfahrungen sind nun 22 Jahre alt. Wir haben verschiedene Organisationsformen ausprobiert und sind nach einer Phase des Nachdenkens erneut zu dem Entschluß gekommen, weiterhin koedukative Maßnahmen anzubieten. Inzwischen ist der Anblick junger männlicher Inhaftierter im Frauenhaus sowie junger weiblicher Inhaftierter im Jugendbereich Männer Alltag.

Die Einschätzungen bezüglich der Sinnhaftigkeit solcher Maßnahmen durch die Mitarbeiter sind abhängig von der Anzahl und Intensität der Störungen, die notwendigerweise durch das Aufeinandertreffen der Geschlechter in der Haftsituation auftreten. Für die Mitarbeiter des Allgemeinen Vollzugsdienstes (AD) sind dies vor allem Störungen im Tagesablauf des Hafthauses; für die Lehrenden sind dies Störungen des Unterrichtsverlaufs. Als Störungen werden insbesondere Erscheinungsformen erlebt, die man schlicht als Kontaktaufnahme zwischen den Geschlechtern, Pärchenbildung, Verliebtheit bezeichnen kann. Dabei scheint die Phantasie zu existieren, nach der Inhaftierte ausschließlich von Sexualität bestimmt sind, so daß das Aufeinandertreffen der Geschlechter nur die Auslebung desselben zum Ziel haben kann. Tatsache ist, daß der Sexualität gerade durch ihre totale Ausgrenzung ein überhöhter Stellenwert verliehen wird. Jede koedukative Gruppe bietet potentiell die Möglichkeit, einen Partner zu finden; sie bietet immer die Möglichkeit über Beziehungen und eben auch über Liebesbeziehungen zu sprechen.

Unter dem Gesichtspunkt Leistung betrachtet, teilen alle Lehrenden die Einschätzung, daß durch das gemeinsame Arbeiten eine größere Bereitschaft sich einzugeben und konstruktiv mitzuarbeiten, zu beobachten ist. In der Regel verfügen die inhaftierten jungen Frauen über eine bessere schulische Bildung als die Jungen. Daneben hat sich gezeigt, daß die jungen Frauen ein hohes Geschick und Können in der Holz- und Metallwerkstatt beweisen. Die Konkurrenz der Geschlechter schlägt als Leistungssteigerung auf beiden Seiten zu Buche. Schwierigkeiten tauchen in dem Moment auf, in dem Liebe und Sexualität durch die Bildung einer Paar-Beziehung öffentlich thematisiert werden.

Liebe und Sexualität sind tabu, gehören nicht in den Haftalltag. Dabei ist es eine Binsenweisheit, daß sich wahrscheinlich nirgendwo sonst so viele Gedanken, Wünsche, Hoffnungen um diese Themen drehen.

Die Gründe, Liebe und Sexualität als Tabu zu behandeln sind vielfältig. Sicher ist, daß sie Angst machen. Es ist die Angst der Mitarbeiter vor allem Außergewöhnlichen; es ist die Angst, die Kontrolle zu verlieren; Gefühle, Sexualität werden als etwas Unkontrollierbares angesehen. Gefühle gehören verdrängt. Das Bild vom »fidelen Knast« wird heraufbeschworen. Der Anblick eines händchenhaltenden, sich verliebte Blicke zuwerfenden Paares scheint peinlich zu berühren. Die Situation ist ambivalent, einerseits ist es peinlich hinzusehen, andererseits besteht das Gebot, kontrollieren zu müssen. Es scheint, daß hier ein Bereich angesprochen wird, der eine persönliche Stellungnahme jedes einzelnen Bediensteten erfordert. Diese Stellungnahme ist nicht erwünscht, da damit Teile von sich selbst preisgegeben und Verletzlichkeiten deutlich würden. Hier spiegelt sich das Verhältnis der Bediensteten untereinander wieder, welches ebenso wie das Verhältnis der Inhaftierten untereinander von Konkurrenz bestimmt ist, in dem offen sein, Blößen zeigen bedeutet.

Für die Inhaftierten bedeutet die gemeinsame Arbeit von Männern und Frauen eine Bereicherung des Lebens in der Haft. Die Schulgruppen zeichnen sich im Vergleich mit gleichgeschlechtlichen Gruppen durch größere Lebendigkeit aus. Auseinandersetzungen in der Gruppe sind nicht immer gleich fruchtbar, aber intensiver, ernsthafter und eher weniger oberflächlich. Dies liegt zum einen daran, daß die jungen Frauen neben oben erwähnter besserer schulischer Bildung auch eine größere Lebenserfahrung und eine größere psychische Reife mitbringen, wie auch eine größere Sensibilität für soziale Phänomene und die größere Bereitschaft, darüber zu sprechen, einbringen. Gefühle sind nicht in dem Maße tabu, wie im Bereich inhaftierter Männer, gleichgeschlechtliche Beziehungen sind erlaubt und werden gelebt.

Die Möglichkeit, Kontakte aufzunehmen bei gleichzeitigem Kontaktverbot, wird als Problem erlebt. Verliebt zu sein, bedeutet insbesondere für den männlichen Jugendlichen eine Erschwernis des Haftalltags. Über die psychische Belastung hinaus, ist er Hänseleien seitens der Mitinhaftierten wie Bediensteten ausgesetzt. Diese Hänseleien sind zum Teil als Neid zu verstehen, zum Teil Reaktionen auf das Zeigen von Schwäche. Seitens der Bediensteten habe jene, auf dem Hintergrund oben beschriebener Ambivalenzen, eher Entlastungsfunktion.

An die Lehrenden in den Maßnahmen wird die Erwartung gestellt, Liebesbeziehungen vorab zu unterbinden bzw. zu sanktionieren. Beziehungen haben unter diesen Bedingungen kaum eine Chance sich zu entwickeln, geschweige denn sich zu vertiefen. In den vergangenen Jahren gab es immer wieder Liebesbeziehungen, sie waren und sind nicht die Regel. Es ist uns keine Beziehung bekannt, die über die Haft hinaus bestanden hat bzw. besteht.

Nach unserer Auffassung ist das Thema Beziehungen, damit sind Beziehungen jedweder Art gemeint, von zentraler Bedeutung für das Leben nach der Haftentlassung. Gestörte Beziehungen ziehen sich nach unseren Beobachtungen wie ein roter Faden durch die Lebensgeschichte jugendlicher Inhaftierter. Von daher erachten wir es als außerordentlich wichtig, während der Haft daran zu arbeiten. Koedukative Maßnahmen eröffnen die Chance, dies im Hier und Jetzt zu tun.

aus: DVJJ (Hg.): Mehrfach Auffällige - Mehrfach Betroffene. Erlebnisweisen und Reaktionsformen. Dokumentation des 21. Deutschen Jugendgerichtstages vom 30.September bis 4. Oktober 1989 in Göttingen. Bonn 1990

MEDIEN

Die Gefangenen haben - soweit die Haftrichter kein Veto einlegen und das nötige Geld dafür vorhanden ist -, Zugang zu allen Medien: Fernsehen, Radio, Zeitschriften und Bücher.

In der JVA gibt es zwei Büchereien, eine für den Männer- und eine für den Frauenbereich. Bücherspenden, insbesondere fremdsprachige Literatur, nehmen beide gern entgegen. Gefangene haben außerdem die Möglichkeit, sich über Buchhandlungen und Verlage Bücher zu bestellen.

Bei der Buchfernleihe für Gefangene, Schweizer Allee 24-25, 44287 Dortmund, können sich Inhaftierte - wie gehabt: nach vorheriger Genehmigung - bis zu vier Bücher kostenlos ausleihen. Zur Zeit hat diese Buchfernleihe einen Bestand von 30.000 Büchern. Gefangene, die kein Geld für das Rückporto haben, erhalten auf Anfrage die dafür notwendigen Briefmarken von der Fernleihe.

Gefangene, die selbst Gedichte und Kurzgeschichten schreiben, können sich um den Ingeborg-Drewitz-Literaturpreis bewerben. Koordination: Inititiativ-Kreis Gefangenenarbeit e.V., Lessingstr.18, 44147 Dortmund. Die von einer Jury ermittelten besten Arbeiten werden in einem Buch veröffentlicht. Die gesamte Gefangenenliteratur und alle Gefangenenzeitschriften werden von der Dokumentionsstelle Gefangenenliteratur gesammelt und archiviert. Adresse c/o Prof. Dr. Helmut Koch, Fliednerstr.21, 48149 Münster. Fast alle Tageszeitungen und Wochenzeitschriften in der Bundesrepublik werben immer wieder mit Anzeigen für Spenden, damit mittellosen Gefangenen ein Freiabonnement gewährt werden kann. Organisiert wird diese Aktion vom Verein Freiabonnements für Gefangene e.V., Eisenbahnstr.21, 10997 Berlin. Dahin können sich alle Gefangenen wenden, die an einem Freiabo interessiert sind. Leider gibt es lange Wartelisten. In Köln haben wir erreicht, daß die Stadtmagazine StadtRevue und Kölner Illustrierte für alle Häuser in der JVA jeweils ein Freiabonnement spenden. Vielen Dank auch an dieser Stelle! Leider ist bisher jede entsprechende Anfrage beim Stadt-Anzeiger und bei der Kölnischen-Rundschau vergebens gewesen. Vielleicht ist es uns auch nur nicht gelungen, zu den richtigen Leuten vorzudringen. Eine ganze Reihe von Beamtinnen und Beamte verschenkt ihre Tageszeitungen an die Gefangenen, nachdem sie sie gelesen haben, aber damit allein kann der Bedarf nicht gedeckt werden.

URLAUB

Da Untersuchungsgefangene fast ausschließlich in Haft sind, weil davon ausgegangen wird, daß sie vor dem nahenden Prozeß fliehen würden oder etwas zu »verdunkeln« haben, gibt es für sie auch keinen Urlaub. Selbst wenn in der Zeit der U-Haft nächste Angehörige sterben, gibt es allenfalls eine streng bewachte Ausführung zur Beerdigung.

Den gesetzlich vorgeschriebenen Urlaub gibt es daher nur bei Strafgefangenen. Nach § 13 des Strafvollzugsgesetzes können Gefangene im geschlossenen Vollzug bis zu 21 Tagen Urlaub im Jahr erhalten, wenn sie wenigstens sechs Monate Haft hinter sich haben. Lebenslängliche müssen mindestens 10 Jahre Haft hinter sich haben.

Karrikatur aus der Dokumentation 1996 von Öffentlichkeit gegen Gewalt

GEFANGENENPROJEKTE

GEFANGENENMITVERANTWORTUNG (GMV)

Die Arbeit der Gefangenenmitverantwortung ist zuletzt durch eine Verfügung im Jahre 1995 geregelt worden. Wir drucken sie ganz ab, um deutlich zu machen, welche Möglichkeiten eine Gefangeneninteressenvertretung in Ossendorf hat. Der mit der folgenden Verfügung gegebene Rahmen kann ganz unterschiedlich ausgefüllt werden - je nach den Fähigkeiten der jeweils gewählten Gefangenen und je nach der Bereitschaft der zuständigen Anstaltsleitung die gewählten Vertreterinnen und Vertreter ernst zu nehmen.

I.
AUFGABEN DER GEFANGENENMITVERANTWORTUNG.

1. Die Gefangenen sollen mitverantwortlich teilnehmen bei Angelegenheiten von gemeinsamen Interesse, die sich ihrer Eigenart und der Aufgabe der Anstalt nach für eine derartige Mitwirkung eignen.
2. Für eine Teilnahme der Gefangenen an der Mitverantwortung kommen insbesondere in Betracht:
2.1. Fragen der Hausordnung
2.2. Fragen der Ausgestaltung des Anstaltsinnern, wie Ausstattung und Instandsetzung von Besuchs- und Gemeinschaftsräumen, Gestaltung der Höfe etc.
2.3. Gestaltung des Speiseplans
2.4. Regelung des Einkaufs für Gefangene
2.5. Gestaltung des Freizeitangebots (z.B. Planung der Programme für Filmvorführungen, kulturelle Veranstaltungen etc.)
2.6. Ausstattung und Benutzung der Gefangenenbücherei.
3. Eine Teilnahme der Gefangenen scheidet aus insbesondere:
3.1. in Personalangelegenheiten und Fragen der Diensteinteilung
3.2. in Angelegenheiten, die die Sicherheit der Anstalt berühren und
3.3. in Fragen, die lediglich einzelne Gefangene betreffen und gemeinsame Interessen nicht berühren.
4. Die Gefangenenmitverantwortung ist berechtigt, Artikel in der Gefangenenzeitung unter dem Namen der GMV zu veröffentlichen.

II
ORGANE DER GEFANGENENMITVERANTWORTUNG SIND:

1. Das Haussprechergremium besteht aus 3-5 gleichberechtigten Sprechern; ausnahmsweise kann das Sprechergremium auch nur aus 2 Sprechern bestehen. In

diesem Fall müssen jedoch Nachwahlen vorbereitet werden (vgl. Abschnitt III Ziffer 3).

Das Sprechergremium erhält einmal wöchentlich Gelegenheit zu einer Zusammenkunft. Diese findet im Hobbyraum des jeweiligen Hafthauses statt und soll die Dauer von 3 Stunden nicht überschreiten. Tag und Uhrzeit der Zusammenkunft wird von den Hausbeamten im Benehmen mit dem Bereichsleiter als Dauertermin festgelegt. Der Zeitpunkt ist so zu wählen, daß die Benutzung des Hobbyraums durch andere Gruppen nicht beeinträchtigt wird. An den Zusammenkünften des Sprechergremiums können Mitarbeiter der Anstalt nach Absprache teilnehmen, sofern ein berechtigtes Interesse besteht. Unmittelbare Ansprechpartner des Sprechergremiums sind die Hausbeamten. Mit diesen sind Termine und sonstige technische Fragen abzustimmen. Das Sprechergremium hat die Möglichkeit, schriftliche Informationen am »Schwarzen Brett« des jeweiligen Hafthauses auszuhängen. Aushänge sind vom Bereichsleiter gegenzuzeichnen. Das Sprechergremium entscheidet durch Mehrheitsbeschluß.

Den Gefangenen ist Gelegenheit zu geben, außerhalb der Freistunde mit den Haussprechern Gespräche zu führen.

2. Die Sprecherversammlung bestehend aus den Sprechergremien eines Bereichs.Die Sprecherversammlung trifft sich einmal wöchentlich. Raum, Tag und Uhrzeit wird vom Bereichsleiter festgelegt. Dieser ist unmittelbarer Ansprechpartner der Sprecherversammlung.

Die Dauer der Versammlung soll 3 Stunden nicht überschreiten. An den Zusammenkünften der Sprecherversammlung können Mitarbeiter der Anstalt nach Absprache teilnehmen, sofern ein berechtigtes Interesse besteht. Die Sprecherversammlung entscheidet durch Mehrheitsbeschluß.

3. Die Sprecherkonferenz bestehend aus je zwei Sprechern der Häuser 2, 3, 5 bis 10 und 17 sowie vier Sprechern des Hauses 11 und je zwei Sprecherinnen der Häuser 13 und 16. Die Teilnahme hat zur Voraussetzung, daß die Zustimmung des Sicherheits- und Ordnungsdienstes vorliegt. Die Sprecherkonferenz tagt einmal wöchentlich im Konferenzraum von Haus 11. Sie wird von Herrn Friedetzky moderiert.

Die Sprecherkonferenz entscheidet durch Mehrheitsbeschluß. Durch Mehrheitsbeschluß wird auch entschieden, wer zur Sprecherkonferenz delegiert wird. An den Zusammenkünften des Sprechergremiums können Mitarbeiter der Anstalt nach Absprache teilnehmen, sofern berechtigtes Interesse besteht.

4. Zusammenkunft von Delegierten der Sprecherkonferenz mit den Sprecherinnen der Häuser 14 und 15 .Diese Zusammenkunft ist 1 Mal wöchentlich in einem Trennscheibenraum der Besuchsabteilung möglich. Als Delegierte der Sprecherkonferenz können entweder nur Frauen oder nur Männer abgeordnet werden.

III.
WAHL DES HAUSSPRECHERGREMIUMS

1. Die Wahl der Sprecher erfolgt nach den Grundsätzen der allgemeinen, freien, gleichen und geheimen Wahl.
2. Die Sprecher werden für 12 Monate gewählt.
3. Es müssen Nachwahlen vorbereitet werden, wenn von den gewählten Sprechern nur (noch) zwei Personen im Amt sind. Daß Nachwahlen anstehen, wird durch Aushang am »Schwarzen Brett« bekanntgegeben. Gleichzeitig wird um Kandidatenvorschläge gebeten. Wenn sich Kandidaten schriftlich bei den Hausbeamten gemeldet haben, werden deren Namen durch Aushang am »Schwarzen Brett« bekanntgegeben. Sobald die hausinterne Zustimmung vorliegt, muß die Wahl stattfinden.
4. Neuwahlen müssen stattfinden, wenn mindestens 50% der Insassen eines Hauses einen Neuwahl schriftlich bei den Hausbeamten beantragen. Daß Neuwahlen anstehen, wird durch Aushang am »Schwarzen Brett« bekanntgegeben. Gleichzeitig wird um Kandidatenvorschläge gebeten. Wenn sich Kandidaten schriftlich bei den Hausbeamten gemeldet haben, werden deren Namen durch Aushang am »Schwarzen Brett« bekanntgegeben.. Sobald die hausinterne Zustimmung vorliegt, muß die Wahl stattfinden.
5. Die unmittelbare Wiederwahl eines Sprechers ist nach 12 Monaten zulässig. Die Gesamtdauer seiner Tätigkeit darf jedoch 24 Monate nicht überschreiten. Danach ist eine Neukandidatur erst nach Ablauf von 12 Monaten möglich.
6. Die Wahlzettel werden mit den in alphabetischer Reihenfolge geordneten Namen der vorgeschlagenen Kandidaten an jeden Gefangenen des jeweiligen Hauses verteilt. Jeder Gefangene hat eine Stimme. Diese wird in der Weise abgegeben, daß auf dem Wahlzettel vor dem Namen des Kandidaten, dem die Stimme zukommen soll, ein Kreuz angebracht wird.

Der Wahlzettel ist im verschlossenen Umschlag beim Hausbeamten an dem per Aushang bekanntgegebenen Tag abzugeben. Wahlen, die ohne oder mit mehr als einem Kreuz versehen sind, sind ungültig. Die Wahl ist nur gültig, wenn sich mindestens 50% der Insassen des Hafthauses an der Wahl beteiligen. Die Kandidaten mit den meisten Stimmen sind gewählt. Dabei muß auf jeden Kandidaten mindestens 5% der abgegebenen Stimmen entfallen. Die Auszählung der Stimmen erfolgt durch den Hausbeamten in Gegenwart von zwei Insassen. Es ist hierüber ein Protokoll zu erstellen, das anschließend der Sachbearbeiterin für Angelegenheiten der GMV zuzuleiten ist.
7. Die Sprecherwahl erfolgt auch dann, wenn die richterliche Zustimmung bei den einzelnen Kandidaten noch nicht vorliegt. Die gewählten Haussprecher dürfen ihre Funktion jedoch erst dann ausüben, wenn die erforderliche richterliche Genehmigung vorliegt.

8. Der/die Abteilungsleiter/in kann Gefangene von der Teilnahme oder der weiteren Teilnahme an der GMV ausschließen,
a) wenn zu befürchten ist, daß sie einen negativen Einfluß ausüben, insbesondere die Erreichung des Vollzugsziels bei anderen Kandidaten gefährden würden
b) wenn dies aus Gründen der Behandlung notwendig ist oder
c) wenn es die Sicherheit oder Ordnung der Anstalt erfordert.

IV.
Sachbearbeiterin für Angelegenheiten der GMV ist Dipl. Psychologin Kalscheuer. Sie organisiert die Sprecherkonferenz und die Zusammenkunft von Delegierten der Sprecherkonferenz mit den Sprecherinnen der Häuser 14 und 15 in Absprache mit dem LAV und dem zuständigen Bereichsleiter. Darüber hinaus hat sie beratende Funktion in allen die GMV betreffenden Angelegenheiten.
    Köln, den 18.04.1995
Der Leiter der Justizvollzugsanstalt Köln
(Thönnessen)

INSASSENVERTRETUNG FÜR FREIZEITKOORDINATION (IVFK)

»Die jetzige Insassenvertretung für Freizeitkoordination« erblickte im September 1994 das trübe Licht der Knast-Welt. Damals trafen sich eine Handvoll Frauen und Männer, die schon bei anderen Aktivitäten erfolgreich zusammengearbeitet haben.« So zwei der Mitgründerinnen in ihrem Bericht für die Gefangenenzeitschrift »Aufschluß«. Die erste große Aktion war die Organisation eines Rockkonzerts: »Am 18.2.1995 haben Haus 14 und 15 sowie 13 und 16 Tingel Foot, Blue Brothers, Revival Band, Tweezers, Klaus den Geiger und Klaus Schiffgen life erleben können.«

Im großen Saal unter der Kirche gibt es die Möglichkeit für Auftritte verschiedenster KünstlerInnen - für Musik- und Kaberettveranstaltungen, für Theaterstücke und Vorträge. In den letzten Jahren gab es Auftritte von Rockgruppen, wie »Brings«, Lesungen, Theateraufführungen, Kabarett oder Konzerte türkischer Musiker. Die auftretenden Künstlerinnen und Künstler sind oft überrascht, weil sie sich vorher nicht vorstellen konnten, wie begeistert die Gefangenen auf diese Angebote reagieren. Alle Künstlerinnen und Künstler, die Lust haben, im Klingelpütz aufzutreten - häufig wird darüber sehr wohlwollend in der Tagespresse berichtet -, können sich bei Frau Maxis, Pädaogischer Dienst, Rochusstr.350, 50827 melden.

SPENDENKONTO
Spenden für die IVFK bitte mit dem Kennwort IVFK an
KAB-St.Josef, 50354 Hürth-Mitte
Raiffeisenbank Frechen-Hürth (BLZ 370 623 65), Konto-Nr.: 103 334 014

»AUFSCHLUSS. DIE ZEITUNG FÜR DEN EINSCHLUSS«

Seit 1993 gibt es Ossendorf die Zeitschrift »Aufschluß«. Bis Ende 1996 sind 13 Nummern erschienen. Sie entstand durch eine Initiative von Gefangenen, die sich auch durch die sich über sechs Monate hinziehenden Anfangsprobleme (»keine Räumlichkeiten, kein Personal«) nicht entmutigen ließen.

Redaktion »Aufschluß«
z.Hdn. Frau Matthes
Rochusstr.350
50827 Köln

AUS DEM VORWORT DER ERSTEN AUSGABE:
»Wer sind wir? Für wen wollen wir eine Zeitung machen? Was ist unsere Botschaft? Fast einstimmige Entscheidung: wir sind eine Gruppe von Knackis, die für die Knackis in der JVA Köln-Ossendorf eine Zeitung machen wollen. Unsere Botschaft: Die herrschenden Mißstände und die fehlende Information (Was ist los in Ossendorf) zum Ausdruck zu bringen. Mittlerweile sind wir soweit, daß wir uns als »Sprachrohr« der Gefangenen verstehen. Wir wollen kritisch und informativ sein und auf die Rechte im Knast hinweisen.«

In den verschiedenen Heften wird über die Bildungs- und sonstigen Gruppenangebote informiert und es wird über das Alltagsleben im Gefängnis berichtet - so schreibt z.B. ein türkischer Gefangener sehr berührend, wie er beim Besuch mitbekommt, wie am Nebentisch eine Beziehung zwischen einem Ehepaar mit Kind zuendegeht. Immer wieder gibt es auch Seiten über die Highlights, wie das Sommerfest. »Zu guter Letzt muß gesagt werden, daß die Bediensteten dem Fest durch diskrete Zurückhaltung eine lockere Atmosphäre ermöglichten.«

Gleich im ersten Heft wurde auch ein Text veröffentlicht - gegen den Müll und den Abfall, den viele einfach aus dem Fenster in den Hof werfen -, der deutlich machte, daß es auch an den Gefangenen selbst liegt, daß das Leben im Knast nicht ganz so beschissen ist, wie es ist. Und dagegen gibt's in allen Hefte jede Menge Witze, Kurzgeschichten und Texte, die einen unweigerlich zum Schmunzeln bringen. »Bleiben Sie drin, ich zähle auf Sie.«

In den Beiträgen über die Gefangenenmitverantwortung und die Hearing-Gruppe wird immer wieder deutlich, wie schwer es unter diesen Bedingungen ist, sich zu engagieren, und wie mühsam es für die verschiedenen Aktivistinnen und Aktivisten ist, ihre Mitgefangenen zu aktivieren.

Auch das Leben draußen spiegelt sich in den Heften: der Krieg im ehemaligen Jugoslawien, die Brandanschläge gegen Flüchtlingswohnheime, die französichen Atomversuche, und natürlich die verschiedenen Aspekte der Kriminalpolitik, ganz besonders die Drogenpolitik Spenden für die Gefangenenzeitung »Aufschluß« sind möglich:

SPENDENKONTO:

Bankverbingung: Postgiro Köln (BLZ 370 100 50), Konto-Nr.: 109 405 07

RADIO-GRUPPEN »DIE BRÜCKE« UND RADIO JVA KÖLN

Die Radio-Gruppe »Die Brücke«, die aus ca. 10 Mitgliedern besteht, gibt es seit Ende 1994. Ihre Aufgabe liegt in der Herstellung und Aufrechterhaltung einer Verbindung zwischen der JVA und der Außenwelt und zwar mit Hilfe des Mediums Rundfunk.

Tatkräftig wird die Gruppe durch den Bürgerfunk FLOK unterstützt, einer Initiative, die über die Sender Radio Köln und Radio Erft sendet. Frau Maxis begleitet die Gruppe. Die erste abgeschlossene Sendung wurde am 30.Mai 1995 zwischen 19.04 und 19.54 Uhr auf der Frequenz 100, 1 Mhz gesendet.

Die Knastradio-Gruppe entstand 1995 und produziert Sendungen für die Mitgefangenen.

HEARING-GRUPPE

Unseres Wissens konnten sich in der Bundesrepublik im Sommer 1989 erstmals Gefangene direkt an die Öffentlichkeit wenden und konkrete Reformvorschläge, aber auch Kritik an den Haftbedingungen, geladenen Journalisten vortragen. Der Ort dieser Premiere war die Berliner JVA Tegel. Organisiert und durchgeführt wurde die Pressekonferenz von der gewählten Gefangeneninteressenvertretung. Genehmigt wurde das vom damaligen rot-grünen Senat. Die Gefangenen forderten die Schaffung von »Familienräumen« für sexuelle Kontakte mit ihren Frauen und Freundinnen, die Einrichtung eines Einkaufszentrums innerhalb der JVA und die sofortige Entlassung aller HIV-Infizierten. Damit sich die HIV-Infizierung durch die Nutzung einer Spritze durch viele Gefangene nicht weiter ausbreite, sollen als Sofortmaßnahme Einwegspritzen bereitgestellt werden. Aufgrund der beklagten katastrophalen Mängel in der medizinischen Versorgung verlangten die Gefangenensprecher die medizinische Versorgung der Justizverwaltung zu entziehen und sie dem Ressort Gesundheit und Soziales zu unterstellen. Außerdem kritisierten sie schwerwiegende Sicherheitsmängel am Arbeitsplatz. Ob Ähnliches danach in einem anderen Gefängnis stattfand, konnten wir nicht feststellen. Die vielen uns aus allen Bundesländern bekannt gewordenen Fälle von Zensur der Gefangenenzeitschriften sprechen eher dagegen. Auch in Nordrhein-Westfalen ist bis heute keinesfalls üblich, daß Fernseh-Redakteure Interview- und Drehgenehmigungen in allen Haftanstalten erhalten. In Köln setzt die Anstaltsleitung auf Öffentlichkeit und läßt Journalistinnen und Journalisten aller Medien in die JVA und dort auch mit Gefangenen sprechen.

Seit Mitte 1993 gibt es im Klingelpütz die Hearing-Gruppe. Ziel der teilnehmenden inhaftierten Frauen und Männer war von Anfang an in einer öffentlichen Anhörung (= Hearing) bestimmte Probleme zu thematisieren, die sich durch den Strafvollzug für sie und ihre Mitgefangenen ergeben. Über zwei Jahre lang haben die Gefangenen mit viel Zeit, Kraft und Ausdauer die folgenden vier Themen für das Hearing vorbereitet:
1. Lebenslange Freiheitsstrafe
2. Ausländer im Vollzug
3. Drogen und Aids
4. Arbeit und Entlohnung

In einer Art Probelauf wurde ein teilöffentliches Hearing am 27.März 1995 mit allen vier Themen im Kinosaal unter der Kirche abgehalten. Eingeladen waren dazu rund 50 Gefangene aus den Bereichen Frauen und erwachsene Männer. Es handelte sich dabei im wesentlichen um Gefangene, die sich in verschiedenen Gruppen innerhalb der JVA engagieren. Von draußen eingeladen waren die Sozialarbeiterinnen und Sozialarbeiter der Wohlfahrtsverbände, die als externe MitarbeiterInnen in die JVA kommen, sowie verschiedene ehrenamtliche Tätige, z.B. vom Anstaltsbeirat, von der AIDS-Hilfe, vom Kölner Appell und von der Rochusgruppe.

Jeweils eine inhaftierte Frau und ein inhaftierter Mann haben zu den einzelnen Themen Thesen vorgetragen und ausführlich erläutert. Es folgte eine lebhafte Diskussion mit dem Publikum.

Da sich gezeigt hatte, daß alle vier Themen in der Kürze der Zeit nicht deutlich genug vermittelt werden können, hatte man sich entschieden, die öffentliche Anhörung auf zwei Themen zu begrenzen: der Mordparagraph und die lebenslängliche Freiheitsstrafe sowie die besonderen Probleme der ausländischen Gefangenen im Vollzug.

Gemessen an der langen Vorbereitungszeit für das Hearing war das Echo für die Gefangenen eher enttäuschend. Von den eingeladenen Politikerinnen und Politikern aus den Rechtsausschüssen von Bundestag und Landtag NRW kam nur Christiane Bainski, Mitglied des Landtags für Bündnis 90/ Die Grünen. Auch das Medienecho war äußerst dürftig. Schade.

Die Hearing-Gruppe hat das erste Hearing in einer Sondernummer der Ossendorfer Gefangenenzeitung »Aufschluß« auf 35 Seiten dokumentiert und das zweite Hearing auf 15 Seiten zusammengefasst. Wir können an dieser Stelle die Ergebnisse ihrer anerkennswerten und unterstützungswürdigen Arbeit nur grob skizzieren:

1. ZUR LEBENSLÄNGLICHEN FREIHEITSSTRAFE

Im Hinblick auf den »Mordparagraphen« § 211 Strafgesetzbuch, haben sie die auch draußen in Freiheit in Fachkreisen geführte Diskussion aufgenommen und dafür plädiert, diesen Paragraphen so zu verändern, daß die Tat, die als Mord qualifiziert werden soll, genau beschrieben wird, und nicht der Täter oder die Täterin mit bestimmten »Gesinnungsmerkmalen«.

Dieser Paragraph lautet:

§ 211 MORD

(1) Der Mörder wird mit lebenslanger Freiheitsstrafe bestraft.
(2) Mörder ist, wer aus Mordlust, zur Befriedigung des Geschlechtstriebes, aus Habgier oder sonst aus niedrigen Beweggründen, heimtückisch oder grausam oder mit gemeingefährlichen Mitteln oder um eine andere Straftat zu ermöglichen oder zu verdecken, einen Menschen tötet.

In allen anderen Paragraphen des StGB wird nicht der Täter charakterisiert, sondern die strafbare Handlung definiert. Um das zu verdeutlichen sei der § 242 StGB, in dem es um den Diebstahl geht, zitiert. Hier werden Tatbestandsmerkmale definiert und nicht eine »Diebstahl-Persönlichkeit«.

(1) Wer eine fremde bewegliche Sache einem anderen in der Absicht wegnimmt, dieselbe sich rechtswidrig anzueignen, wird mit Freiheitsstrafe bis zu fünf Jahren oder mit Geldstrafe bestraft.
(2) Der Versuch ist strafbar.

Die Aufklärungsquote bei Mord liegt deshalb bei fast 100%, weil die meisten dieser Taten zwischen Menschen geschehen, die sich gut kennen. Es sind meistens sogenannte Beziehungstaten. Gerade den inhaftierten Frauen war es in diesem Zusammenhang wichtig, die unterschiedlichen Möglichkeiten von Frauen in Konflikthandlungen deutlich zu machen. Wenn sie einen Lebensgefährten töten, dann werden sie eher wegen Mordes verurteilt, weil sie aufgrund der körperliche Unterlegenheit nicht wie die Männer in direkter Konfrontation zuschlagen oder zustechen, sondern auf andere, indirekte Methoden verfallen müssen. Damit erfüllen sie das »Gesinnungsmerkmal Heimtücke« des Mordparagraphen, aber nicht, weil sie »heimtückisch« sind, sondern weil sie ihren Männern körperlich unterlegen sind. Dem geht in den allermeisten Fällen ein jahrelanges Martyrium voraus, aus dem sie sich nicht anders zu befreien wissen, als durch die Tötung des Mannes.

Der Hauptschwerpunkt dieses Teils des Hearings war allerdings die Forderung nach Abschaffung der lebenslänglichen Freiheitsstrafe. Hier bezogen sich die Gefangenen auch auf die entsprechenden Erklärungen des Komitee für Grundrechte und Demokratie e.v.: Die lebenslange Freiheitsstrafe nützt weder den Opfern noch der Gesellschaft. Wir schlagen statt dessen eine Entschädigung der Angehörigen des Opfers durch die Täter vor (analog Täter-Opfer-Ausgleich). Die lebenslange Freiheitsstrafe dient nicht der Aufarbeitung von Schuld. Die im Jahre 1982 eingeführte Vorschrift § 57a des Strafgesetzbuches, der gemäß die lebenslange Freiheitsstrafe nach 15 Jahren unter bestimmten, sehr engen Voraussetzungen zur Bewährung ausgesetzt werden kann, ist keine Lösung. Die lebenslange Freiheitsstrafe verstößt gegen Grund- und Menschenrechte sowie gegen den Grundsatz der Resozialisierung. Alle lang andauernden Freiheitsstrafen, insbesondere die lebenslangen, schädigen dauerhaft die Täter. Insgesamt ist das Gefüge der langandauernden Haftstrafen wegen ihrer negativen Folgeschäden neu zu ordnen. § 211 des Strafgesetzbuches (Mord) muß neu formuliert werden.

Weitere Informationen über die Kampagne des Komitees für Grundrechte und Demokratie gibt es bei:

Komitee für Grundrechte und Demokratie e.V.
Bismarckstr.40
50672 Köln
Tel 523056
Fax 520559

Projekt »Lotse«
DBH-Bildungswerk - Projekt »Lotse«
Aachener Str.1064
50858 Köln
Tel 94865132
Fax 94865133
e-mail CompuServe 101 502, 1160

Auch vor dem Hintergrund der Diskussion und öffentlichen Empörung über die Kindermorde ist dieser Forderungskatalog nicht falsch. Schon heute gibt es die Möglichkeit, alle, die als psychisch krank und gefährlich definiert werden, unbefristet in den Maßregelvollzug eines psychiatrischen Krankenhauses einzuweisen.

Der oft aus ohnmächtiger Wut und Verzweiflung geborene Wunsch, es möge ein absolutes Mittel gegen Tötungsdelikte geben, der immer wieder zur Befürwortung der Todesstrafe führt, führt zu einem Irrglauben. Die einzig realistische Hoffnung ist, das gesellschaftliche Zusammenleben insgesamt so zu gestalten, daß es sich gerechter und friedlicher leben läßt. Abschreckung funktioniert nicht bei Gewalt- und Tötungsdelikten, zu denen es in Beziehungskonflikten kommt oder die im Bereich der Sexualdelikte geschehen.

Alle Länder, in denen es die Todesstrafe gibt, haben im Gegenteil mehr Morde zu verzeichnen, als die Länder, in denen es nur noch Freiheitsstrafen gibt. In Holland und Schweden sitzt z.Zt. kein einziger Gefangener mit einer lebenslänglichen Freiheitsstrafe - ohne daß es dort zu einem Anstieg von Tötungsdelikten gekommen ist. Während in der Bundesrepublik die durchschnittliche Dauer der lebenslänglichen Freiheitsstrafe bei über 20 Jahren liegt, sind es in Frankreich 12-14 Jahre, in Belgien 10 Jahre und in Großbritannien 9 - 12 Jahre. Die Höchststrafe bei Jugendlichen und Heranwachsenden in der Bundesrepublik liegt bei 10 Jahren, auch bei Tötungsdelikten. Wenn ein Kind ein Tötungsdelikt begeht, wird es nicht bestraft. Aber es wird reagiert und es werden Vorkehrungen getroffen, die sichern sollen, daß es nicht mehr vorkommt. Prof. Christian Pfeiffer, der Vorsitzende der Deutschen Vereinigung für Jugendgerichte und Jugendgerichtshilfen (DVJJ), berichtet in diesem Zusammenhang oft von einem dreizehnjährigen Jungen, der ein Tötungsdelikt begangen hat, und der danach von zwei Sozialarbeitern intensiv betreut wurde. Heute ist aus dem Jungen ein Mann geworden, der verheiratet ist, selbst Kinder hat, und ein »normales« Leben führt. Wir sehen darin auch ein Beispiel dafür, daß es andere Möglichkeiten gibt, als repressiv als Straftaten von Jugendlichen zu reagieren - sie müssen nicht neu erfunden werden.

2. »AUSLÄNDERPROBLEMATIK« IM JUSTIZVOLLZUG

Wir haben diesen so überschriebenen zweiten Teil des Hearings in Anführungszeichen gesetzt, weil wir in unserer Arbeit im Kölner Appell gegen Rassismus zu dem Schluß gekommen sind, daß es keine besonderen »Ausländerprobleme« gibt. Wir leben in einer Einwanderungsgesellschaft und weil das ignoriert wird, lassen sich bestimmte Probleme nicht rational lösen. Sie werden umdefiniert und so kommt es dann zu solchen Unworten wie »Ausländerproblem«. Tatsächlich handelt es sich dabei um ein Demokratieproblem. Und dadurch werden bei uns alle hier lebenden Menschen nicht gleich behandelt, wie es im Grundgesetz vorgesehen ist, sondern ungleich. Vom Staat und von der Landwirtschaft und der Industrie wurden seit Ende der 50er Jahre Menschen aus den Ländern rund um das Mittelmeer angeworben, um Probleme auf dem Arbeitsmarkt der Bundesrepublik zu lösen. Es ist grotesk und infam, diese angeworbenen Menschen, die zur Lösung unserer Beschäftigungsprobleme geholt wurden, als »Ausländerproblem« zu etikettieren.

Die folgenden Forderungen der Gefangenen aus dem Klingelpütz zu diesem Thema sind vor dem Hintergrund der Tatsache zu lesen, daß in Ossendorf fast jeder zweite Gefangene keinen deutschen Paß hat. In der Abteilung der Jugendlichen sind es über zwei Drittel.
a) Wir fordern die Übernahme von interkulturellen Ausbildungsinhalten in die Ausbildungspraxis der Beamtinnen und Beamten und die vermehrte Einstellung von fremdsprachigen Bediensteten.
b) Bessere rechtliche Beratung von inhaftierten Ausländern bezüglich ihrer ausländerrechtlichen Situation.
c) Die Abschiebepraxis der Ausländerämter ist grundsätzlich zu überprüfen. Hier kritisieren die Gefangenen besonders die Fälle, in denen Gefangene erst 24 Stunden vor ihrer Abschiebung überhaupt erfahren, daß sie abgeschoben werden sollen.

d) Die Ausländerämter sollen die ausländerrechtliche Entscheidung unverzüglich zu Beginn der Strafhaft treffen. Damit wollen die Gefangenen erreichen, daß diejenigen, die definitiv nicht abgeschoben werden, mit den deutschen Gefangenen gleichbehandelt werden, was Haftlockerungen angeht.
e) Reduzierung der akustischen Gesprächsüberwachung bei Angehörigen auf das erforderliche Mindestmaß. Hier kritisieren die Gefangenen, daß bei Untersuchungsgefangenen auch dann oft die akustische Gesprächsüberwachung angeordnet wird, obwohl es dafür keine sachlichen Gründe gibt. Der Besuch muß dann nämlich im Beisein eines Dolmetschers stattfinden und wie Besuche stattfinden, wo jedes Wort des Gefangenen und jedes Wort des ihn besuchenden Familienangehörigen übersetzt werden muß, kann man sich vorstellen.

Angesichts der Maßlosigkeit der Hetze von der »Ausländerkriminalität« haben uns die bescheidenen Wünsche der inhaftierten »Ausländer« überrascht.

CHECK-LISTE ENTLASSUNGSVORBEREITUNG

Untersuchungsgefangene werden entweder vor der Hauptverhandlung entlassen, wenn sich herausstellt, daß der Verdacht doch nicht so schwerwiegend ist, daß er eine Untersuchungshaftfortdauer rechtfertigt oder wenn es in der Verhandlung zu einer Bewährungsstrafe kommt oder einer Strafe, die mit der verbüßten Untersuchungshaft abgegolten ist. Oft ist das vorher völlig unklar. Trotzdem sollte vom ersten Hafttag an die Entlassung vorbereitet werden, um draußen möglichst wenig Probleme zu haben. Strafgefangene sollen im Unterschied dazu nicht von heute auf morgen vor die Tür gesetzt werden. Ihnen soll die Möglichkeit gegeben werden, sich durch den Entlassungsurlaub um den Neustart zu kümmern. Die Regel sollte dabei sein, daß die Entlassung nicht aus dem geschlossenen Vollzug, sondern aus dem offenen Vollzug erfolgt, in der Gefangene vorher verlegt werden soll, wenn die Entlassung näher rückt. In Köln gibt es nur für Frauen eine offene Einrichtung dieser Art.

Wir empfehlen allen Gefangenen, Kontakt zu ihrer zuständigen Sozialarbeiterin oder ihrem zuständigen Sozialarbeiter aufzunehmen, um sich bei der Entlassungsvorbereitung helfen zu lassen.

Arbeit
Berater des Arbeitsamtes kommen in die JVA. Antrag stellen.
Führerschein
Wer den Führerschein verloren hat, kann ihn beim zuständigen Bezirksamt neu beantragen.
Führungszeugnis
Wer nach seine Entlassung ein Führungszeugnis benötigt, kann dies beim zuständigen Bezirksrathaus beantragen. Es wird vom Bundeszentralregister in Berlin

angefordert. Im Führungszeugnis sind folgende Daten nicht aufgenommen:
j Der Schuldspruch nach § 27 JGG (also ein Schuldspruch ohne Strafe).
j Die Jugendstrafe bis zu zwei Jahren.
j Die zur Bewährung ausgesetzten Strafen.
j Die Jugendstrafen bei denen der Strafmakel beseitigt ist.

Mit anderen Worten: nur Jugendstrafen, die nicht zur Bewährung ausgesetzt worden sind und Verurteilungen zu einer Jugendstrafe über zwei Jahre sind im Führungszeugnis eingetragen.

Diese Eintragungen, der sogenannte Strafmakel, wird zwei Jahren nach der Strafverbüßung oder zwei Jahre nach Ablauf der Bewährungszeit getilgt. Wer also zum Endstrafenzeitpunkt entlassen worden ist oder wessen Bewährungszeit abgelaufen ist, muß noch zwei Jahre warten, bis es keine Eintragungen mehr im Führungszeugnis gibt, man also nicht mehr als vorbestraft gilt.

Geburtsurkunde

Wer nicht mehr im Besitz eines Personalausweises oder eines Reisepasses ist, muß nachweisen, daß sie bzw. er überhaupt geboren ist. Das gelingt mit einer Geburtsurkunde, die beim Standesamt des Geburtsortes zu erhalten ist. Das Standesamt am Ort der Inhaftierung leistet hier sogenannte Amtshilfe.

Ausnahme: Ab Heiratsdatum 1958 und später wird ein Familienbuch beim Standesamt des Wohnortes ausgestellt. Zieht man um, reist das Familienbuch mit zum neuen zuständigen Standesamt. Damit liegt dann auch die Geburtsurkunde beim Standesamt der letzten Meldeadresse.

Girokonto

Bis 1995 wurde Arbeitslosen, SozialhilfeempfängerInnen und verschuldeten Personen der Zugang zum bargeldlosen Zahlungsverkehr erschwert oder gar verweigert. Damit vergrößerten sich die Probleme, die diese Bevölkerungsgruppen hatten: die fehlende Bankverbindung erschwerte die Suche nach einem Arbeitsplatz ebenso wie nach der neuen Wohnung, und verhinderte damit gerade die Lösung der Probleme, die zur Kontoverweigerung oder Kontokündigung geführt haben. Im Juni 1995 verabschiedete der Zentrale Kreditausschuß (ZKA), in dem die fünf Spitzenverbände der deutschen Kreditwirtschaft vertreten sind, eine Empfehlung, in der alle deutschen Kreditinstitute zur Führung eines Girokontos für jedermann aufgefordert wurden, und zwar unabhängig von der Art und Höhe der Einkünfte oder einer negativen SCHUFA-Eintragung.

Wer dennoch bei einem Kreditinstitut kein Girokonto erhält, kann sich beim Bundesaufsichtsamt für das Kreditwesen beschweren:

Bundesaufsichtsamt für das Kreditwesen
Gardeschützenweg 71 - 101
12203 Berlin

Im Bundestag war im Mai 1995 über eine gesetzliche Regelung einer ungehinderten Teilnahme am bargeldlosen Zahlungsverkehr debattiert worden. Ein verbindlicher Anspruch aller Bürgerinnen und Bürger auf ein Girokonto besteht noch nicht.

Krankenkasse

In Freiheit muß sich jeder selbst krankenversichern. Dafür gibt es verschiedene Möglichkeiten.
▸ Wer Arbeit findet, kann sich bei der Krankenkasse seiner Wahl versichern.
▸ Wer sich arbeitslos melden muß, wird in der Regel bei der Krankenkasse versichert, bei der er zuletzt versichert war.
▸ Wer Sozialhilfe empfängt, wird über das Sozialamt krankenversichert.

Lohnsteuerkarte

Die Lohnsteuerkarte wird für die Beantragung von sozialen Leistungen und für den zukünftigen Arbeitgeber benötigt. Sie wird vom zuständigen Bezirksamt ausgestellt.

Personalpapiere

Als gültige Personalpapiere gelten der Reisepaß und der Personalausweis. Diese sollten rechtzeitig beim zuständigen Einwohneramt beantragt werden. Für die Inhaftierten, die ohne festen Wohnsitz sind, ist in jeder Stadt ein besonderes Bezirksamt für die Ausstellung von Personalpapieren für die Wohnungs- bzw. Obdachlosen zuständig. Die JVA ist kein Wohnsitz.

Benötigte Unterlagen: 1 Paßfoto mit hellem Hintergrund, der alte Personalausweis (soweit vorhanden), eine Bescheinigung von der JVA mit Identitätsnachweis (Geburtsurkunde)

Rentenversicherung

Es ist wichtig, bei Rentenanträgen, Umschulungen, Ausbildung usw. die Versicherungszeiten nachweisen zu können. Hierzu können bei der Landesversicherungsanstalt (LVA) oder der Bundesversicherungsanstalt für Angestellte (BfA) die fehlenden Versicherungsnachweise angefordert werden. Zuständig ist die Stelle, an die der erste Beitrag gezahlt wurde. Durch Haft bedingt Versicherungsfehlzeiten können durch einen Auszug aus dem Strafregister nachgewiesen werden. Dieser kann nur von Rechtsanwälten beantragt werden.

Schuldenregulierung

Möglichst damit gleich im Knast beginnnen. Auf Antrag kommt die Schuldnerhilfe e.V. in die JVA. Auch die Wohlfahrtsverbände haben Beraterinnen und Berater für dieses Problem.

Sozialversicherung

Zur Arbeitsaufnahme und für die Bearbeitung von Arbeitslosengeld-Anträgen wird die Sozialversicherungsnummer benötigt. Wer keine Unterlagen mehr darü ber hat, kann sie bei der zuständigen LVA oder BfA erfragen. Ein Versicherungsnachweisheft erhält man bei der Arbeitsaufnahme über den Arbeitgeber.

WOHNEN
Gefangene erhalten vom zuständigen Wohnungsamt einen Wohnberechtigungsschein mit der höchsten Dringlichkeitsstufe. Benötigte Unterlagen: Personalausweis und die Bestätigung der JVA über den Entlassungszeitpunkt. Da auch der soziale Wohnungsmarkt nicht genügend Wohnungen für alle Berechtigten bereithält, ist es sinnvoll, sich auch auf dem freien Wohnungsmarkt umzusehen. Maklerkosten werden vom zuständigen Sozialamt im Rahmen beantragter Sozialhilfe für Strafentlassene übernommen.

DIE FREIWILLIGE UND PROFESSIONELLE HILFE VON DRAUSSEN

Ehrenamtlich in der Straffälligenhilfe Tätige besuchen Gefangene in Ossendorf, stehen ihnen als GesprächspartnerInnen zur Verfügung und begleiten sie, wenn es gewünscht wird auch in der Zeit nach der Haftentlassung. Diese freiwilligen HelferInnen leisten nicht nur Hilfe für einzelne Gefangene, sondern sie bieten in den Haftanstalten auch Gesprächs- und Freizeitgruppen an. Der Umfang und der Inhalt ihres Engagements richtet sich nach ihren eigenen Fähigkeiten, Bedürfnissen und Zeitkapazitäten. Ehrenamtliche können eine wichtige Brücke zwischen den eingesperrten Menschen und der Gesellschaft draußen bilden. Sie bringen ein Stück soziale Realität von draußen hinter die Mauern und damit auch in den Vollzugsablauf, und sie nehmen ihre Erkenntnisse über die Situation von straffällig gewordenen Menschen mit nach draußen - an ihren Arbeitsplatz, in ihren Freundeskreis, ihre Kirchengemeinde oder ihren Sportverein.

Der Erfahrungsbericht einer freiwilligen Helferin:

»MEIN GOTT, WAS HABEN SIE FÜR EINEN UMGANG!«*
von Ulrike Fäuster, freiwillige Helferin im Strafvollzug

Lange Jahre hindurch war ich ehrenamtliche Betreuerin (so heißt das leider im offiziellen Sprachgebrauch). Ich lernte verschiedene Anstalten kennen, unterschiedliche Formen von Betreuung (Einzelgespräche sowie Kontaktgruppen) und außerdem Vereine, die sich in der Gefangenenhilfe engagieren.

Freiwillige Helfer haben die Möglichkeit, ohne Überwachung und oft (aber leider nicht immer) ohne zeitliche Begrenzung mit den Gefangenen zu sprechen. Im Gegensatz zu allen Mitarbeitern des Strafvollzugs müssen sie die Gefangenen weder beurteilen noch Berichte über sie schreiben; d.h. die Inhaftierten sind nicht abhängig von den Helfern. Das ist wichtig. Was besprochen wird, hängt von den Bedürfnissen der Gefangenen ab und davon, ob ein Vertrauensverhältnis besteht.

Ich führte vorwiegend Einzelgespräche mit Inhaftierten, die eine lange Haftstrafe zu verbüßen hatten. Die meisten Gefangenen, die ich kannte, hatten keinerlei Kontakt mehr zur Außenwelt. Die Familien waren zerbrochen (sofern sie jemals intakt waren), Freunde auf Distanz gegangen, - kurz, niemand war da, mit dem die Gefangenen persönliche Probleme besprechen konnten.

Was konnte ich tun? Beispielsweise ganz Praktisches: Gefangene ermuntern, einen Schulabschluß nachzuholen oder eine Lehre zu beginnen (soweit das in

*Ausspruch eines Polizisten

Haft möglich ist), Kontakte zu Schuldnerberatungen herstellen oder schon vor der Entlassung einen Bewährungshelfer suchen (es ist ja nicht ganz unwichtig, ob der Entlassene mit seinem Bewährungshelfer gut zurechtkommt). Oft habe ich Ausführungen begleitet - z. T. anstelle eines Vollzugsbeamten - und immer ohne Zwischenfälle. In einem Fall konnte ich auf Wunsch der Gefangenen eine unumgängliche Abschiebung vorbereiten. Ich habe mit den Eltern korrespondiert bzw. telefoniert, und tatsächlich haben sie ihre Tochter am Flughafen abgeholt. Auch Trauzeugin war ich einmal.

Vielfach sind Angehörige von Gefangenen dem Strafvollzug bzw. den vielen Regeln gegenüber, die es zu beachten gilt, hilflos. Deshalb war es mir immer wichtig, mit ihnen zu sprechen, ihnen Verfahrensweisen zu erklären oder auch Tips zu geben, z. B. welche Vorschriften es bei einem Weihnachtspaket zu beachten gilt. Oft ließen sich Kontakte neuknüpfen, besonders auch zu Kindern von Inhaftierten, die ja mitbestraft sind.

Mein besonderes Interesse galt immer dem Frauenstrafvollzug. Ich bin ganz in der Nähe von Anrath (heute Willich) aufgewachsen und hatte noch als Schülerin zweimal Gelegenheit, das »Frauenzuchthaus« zu besuchen. Dort - so hatte ich gelernt - saßen die schwerkriminellen Frauen, das Schlimmste, was man sich vorstellen konnte (kurz: die Endstation für Mädchen, die nicht brav waren). Daß Frauen, obwohl sie immer weniger Chancen im Leben hatten und noch haben, ganz erheblich weniger kriminell sind als Männer, lernte ich erst später. Inhaftierte Frauen jedoch (und auch Alkoholikerinnen beispielsweise) werden noch mehr verachtet als Männer und häufig ganz vergessen. Während viele strafgefangene Männer von sich aus Kontakte nach draußen suchen, tun Frauen das sehr viel weniger.

Viele Menschen haben kein Verständnis für die freiwillige Arbeit im Gefängnis. Wie es dort zugeht, wissen sie nicht. Die Medien - durch die die meisten Menschen ihr Wissen über den Strafvollzug beziehen - vermitteln ein völlig falsches Bild. Daß jeder Inhaftierte, gleich wie hoch die Strafe ist, irgendwann entlassen wird, ist aus dem Bewußtsein der meisten Mitbürger völlig ausgeblendet. Wie ein Entlassener ohne Geld, Wohnung und Arbeit fähig sein soll, in »sozialer Verantwortung ein Leben ohne Straftaten zu führen« (wie das Strafvollzugsgesetz es sich wünscht), ist selten einer Überlegung wert.

In den Augen einiger Nachbarn stand ich übrigens schnell auf der gleichen moralischen Stufe, wie die Gefangenen bzw. Entlassenen, nämlich ganz unten. Allerdings haben die Frauen, die mich besuchten, immer so einen guten Eindruck gemacht, daß niemand darauf kam, daß sie es gerade waren, die die längsten Strafen zu verbüßen hatten. Interessanterweise war der ärgste Kritiker ruhig, als ich ihm sagte, falls er mal in Schwierigkeiten käme, könne ich ihn gut beraten. Andere Nachbarn lernte ich erst kennen, weil sie Rat suchten: sie hatten bereits ein

»Problemchen«. Und nach und nach stellte sich mir mein Viertel in völlig anderem Licht dar. Was bringt die Arbeit? Schnelle Erfolge sicher nicht. Tief verwurzelte Verhaltensmuster lassen sich nicht mit ein paar Gesprächen ändern. Romantik ist nicht angesagt, Frustrationstoleranz gefordert. Um so mehr müßte alles daran gesetzt werden, Jugendliche erst gar nicht in eine Knastlaufbahn kommen zu lassen.

PS
Kai, ein alter Freund, in seinem früheren Leben Fassadenkletterer der Meisterklasse, war wieder einmal in ein Hotelzimmer eingestiegen und sortierte in aller Ruhe die Wertgegenstände, während ein Pärchen im Bett friedlich schlief. Plötzlich wurde die Frau wach und stieg wie ein Panther aus dem Bett, legte den Einbrecher mit wenigen Griffen flach und sagte: Bürschchen, ich bin im Ringerverein. Kai bat die Frau, ihn nicht anzuzeigen, was sie auch versprach. Die Frau hielt ihr Versprechen und Kai bedauerte noch nach 15 Jahren, sie nicht wiedergesehen zu haben. Doch die Fassaden hatten von da ab Ruhe, die Resozialisierung nahm ihren Anfang.

WIE WIRD MAN/FRAU EHRENAMTLICHE BETREUERIN IM FRAUEN UND MÄNNERVOLLZUG?

Joachim-Stephan Heimeier und Gerd Meister, beide Sozialarbeiter in der JVA Köln, bieten in der Volkshochschule am Neumarkt einen Kurs an, der allen, die daran interessiert sind, sich für Gefangene zu engagieren, eine Einführung in die Probleme der Gefangenen und den Strafvollzug gibt. In jedem Programm der VHS wird darauf mit dem folgenden Text hingewiesen:

EHRENAMTLICHE BETREUUNG STRAFFÄLLIGER IM FRAUEN- UND MÄNNERVOLLZUG

In dem Seminar können Laienhelfer/-innen, und solche, die es werden wollen, Erfahrungen und Probleme Inhaftierter kennenlernen, auch mit der Möglichkeit, konkrete Fälle zu beraten und Erfahrungen auszutauschen. Lebens- und Eingliederungshilfen werden erarbeitet. VHS-Studienhaus am Neumarkt, Josef-Haubrich-Hof, Raum 309 donnerstags, 17 - 18.30 Uhr , frei

Wer an diesem Kurs regelmäßig teilgenommen hat, erhält von den Sozialarbeitern ein Formular, in das Name und Anschrift, sowie die Adressen der letzten Jahre einzutragen sind. Dieses Formular wird dann an das Innenministerium geschickt, das eine Sicherheitsüberprüfung veranlaßt. Bis Mitte 1996 mußte man dann sechs bis neun Monate auf den Bescheid warten - seither soll es schneller gehen.

Die Mühlheimer Tagung für ehrenamtliche Mitarbeiterinnen und Mitarbeiter und Bedienstete im Strafvollzug in Zusammenarbeit mit der Evangelischen Kirche im Rheinland.

Evangelische Akademie Mühlheim/Ruhr
Uhlenhorstweg 29
45479 Mühlheim an der Ruhr.
Tel 0208/59906-0
Fax 0208/59906-600

Seit 24 Jahren gibt es diese Tagung an der Evangelischen Akademie Mühlheim an der Ruhr. Sie findet an zwei aufeinanderfolgenden Tagen - Freitag auf Samstag - im Frühjahr statt und soll den Ehrenamtlichen sowie den Bediensteten die Möglichkeit der Weiterbildung und der Diskussion und Verarbeitung eigener Erfahrungen geben. Die jeweiligen Themen werden von Jahr zu Jahr von den Anwesenden vorgeschlagen und bei der Vorlage mehrerer Themenschwerpunkte wird darüber abgestimmt.

PROJEKT LOTSE
Aachener Str. 1064
50858 Köln
Tel 94865132

Das Projekt »Lotse«, das im September 1996 seine Arbeit aufnahm, soll die freiwilligen Helferinnen und Helfer »bei den sozialen Diensten der Justiz und in den justiznahen Bereichen« unterstützen. Es ist ein Projekt des Bildungswerks der Deutschen Bewährungs- Gerichts- und Straffälligenhilfe und wird vom Justizministerium des Landes NRW gefördert. Da die Bereitschaft zur ehrenamtlichen Arbeit für Gefangene seit Jahren rückläufig ist, soll mit dem »Lotse«-Projekt versucht werden, dieser Entwicklung gegenzusteuern. Trotz des Rückgangs im Bereich der ehrenamtlichen Straffälligenhilfe wird davon ausgegangen, daß ein Potential an zusätzlichen freien Mitarbeiterinnen und Mitarbeitern aktiviert werden kann. Werbung und Beratung neuer ehrenamtlicher und freier Helfer im Rheinland sowie die Stärkung der ehrenamtlichen Arbeit in der Straffälligenhilfe auf Landesebene sind die Hauptziele des Projekts.

DIE UMSETZUNG DIESER ZIELVORSTELLUNG SOLL ERREICHT WERDEN DURCH:
Die positive Beeinflussung von individuellen Einstellungen zum Ehrenamt; den Abbau von Barrieren zum ehrenamtlichen Engagement in der Straffälligenhilfe; der Verbesserung der gesellschaftlichen Anerkennung ehrenamtlicher Arbeit; und der Förderung der sächlichen Ausstattung.

Arbeitsschwerpunkte

Die »Lotse«-Projektarbeit wird sich - zunächst im Schwerpunkt im Bezirk des OLG Köln sowie landesweit in folgenden Einzelmaßnahmen darstellen:

1. »Lotse«-Kontaktbüro

Durch die Einrichtung eines eigenständigen neuen Projektbüros wurde eine Koordinierungs-, Anlauf- und Beratungsstelle für die Umsetzung der oben genannten Ziele geschaffen. Von hier aus werden die weiteren »Lotse«-Maßnahmen durchgeführt. Insbesondere soll eine Beratungsdienstleistung für die freien Helfer angeboten (z.B. durch die Recherche von konkreten Problemlösungen) und die »Anwerbung« neuer engagierter Bürgerinnen und Bürger realisiert werden. Angebot und Nachfrage im Bereich der Freien Hilfe müssen durch Vermittlung der unterschiedlichen Dienste und persönlichen Möglichkeiten zueinander gebracht werden.

2. »Lotse«-Info-Dienst

Vorgesehen ist mit dem Info-Dienst vor allem die Helferinnen und Helfer im Bereich der Gerichtshilfe, Straffälligenhilfe und Bewährungshilfe und auch die hauptamtlichen Fachkräfte in den entsprechenden Institutionen (Multiplikatoren) über aktuelle Themen in diesem Feld kostenlos zu informieren.

3. »Lotse«-Veranstaltungen

Die Veranstaltungen werden organisiert zum Erfahrungsaustausch und zur Förderung des Aufbaus lokaler Netzwerke sowie zur Vermittlung von Informationen für potentielle ehrenamtliche Helferinnen und Helfer und für die Multiplikatoren in der Straffälligenhilfe.

4. »Lotse«-Öffentlichkeitsarbeit

Die gesamte Projektarbeit soll durch eine professionell aufbereitete Öffentlichkeitsarbeit begleitet werden, die sich sowohl an breite Schichten der Bevölkerung als auch spezielle Zielgruppen richtet.

Neben einigen Dutzend Frauen und Männern, die einzelne Gefangene besuchen, gibt es auch verschiedene Gruppen in Köln, die für Gefangene da sind. Da wir im Kapitel »Straffälligenhilfe« die Arbeit der Wohlfahrtsverbände und des Vereins Maßstab vorstellen, berichten wir hier nur über einige andere Angebote Die Arbeit der Kölner Gruppe von amnesty international (ai) wird im Kapitel über die Abschiebehaft vorgestellt.

AIDS-HILFE KÖLN E.V.
Beethovenstr. 1
50674 Köln
Tel 202030

AIDS-INFO
Informationen für Menschen in Haft

AIDS ist Folge einer Abwehrschwäche des Immunsystems, die noch nicht heilbar ist. Sie wird durch das HIV (Humanes Immundefekt-Virus) hervorgerufen.

HIV- ÜBERTRAGUNGSWEGE:
- beim Sexualverkehr
- intravenösen Drogengebrauch
- Tätowieren

Wenn keine Vorsichtsregeln beachtet werden, kann das Virus HIV durch Blut, Sperma, aber auch durch infektiöses Scheidensekret übertragen werden. Eine Ansteckung mit dem Virus HIV ist nur dann möglich, wenn eine dieser Körperflüssigkeiten in die Blutbahn eines anderen Menschen gelangt.

Frauen mit HIV können das Virus während der Schwangerschaft, bei der Geburt oder auch beim Stillen auf ihr Kind übertragen. Das Virus wird nicht durch Atemluft, Insekten, Speichel oder Tränenflüssigkeit übertragen. Anhusten, Anniesen, Hände schütteln, umarmen, streicheln und küssen oder die Benutzung desselben Geschirrs, derselben Toiletten und Bäder sind ungefährlich!

DU KANNST DICH SCHÜTZEN!
- Kondome benutzen
- beim Oralverkehr nicht in den Mund spritzen
- nur eigenes, sauberes Fixbesteck benutzen. Wer kein eigenes Spritzbesteck hat, muß das vorhandene vor Gebrauch auskochen oder desinfizieren. Am sichersten ist es, keine Drogen intravenös zu spritzen!
- beim Tätowieren nur eigene saubere Nadel benutzen. Sicherer ist es, nicht zu tätowieren!

ANTIKÖRPER-TEST:
Der HIV-Antikörper-Test ist grundsätzlich freiwillig. In einzelnen Bundesländern gibt es Verordnungen, die den Gefangenen verpflichten, den Antikörper-Test machen zu lassen. Du kannst den Test aber ablehnen. Falls Du dadurch Zwangsmaßnahmen ausgesetzt bist, ist dies ein Verstoß gegen Deine körperliche Unversehrtheit. Mach gegebenenfalls sofort von Deinem Beschwerderecht Gebrauch (§ 108 Strafvollzugsgesetz) und beantrage gegebenenfalls eine gerichtliche Entscheidung (§ 109 StVollzG). Laß Dich vor Durchführung des HIV-Antikörper-Tests durch eine Person Deines Vertrauens informieren und beraten (Anstaltsarzt, AIDS-Hilfe-Berater, Drogenberater, Sozialarbeiter, Psychologe, Pfarrer).

TESTERGEBNIS:
Das Testergebnis geht nur Dich etwas an! Egal, ob Du positiv oder negativ bist, die Ansteckungsgefahr bleibt beim Bumsen oder Fixen bestehen, wenn Du Dich nicht schützt.

Du hast ein Recht auf ein Gespräch mit dem Arzt unter vier Augen. Der Anstaltsarzt unterliegt der ärztlichen Schweigepflicht nach § 203, 1 StGB. Weise den Arzt gegebenenfalls darauf hin, daß Du ihn auf keinen Fall von der Schweigepflicht entbindest. Laß Dir dies auch schriftlich von ihm bestätigen.

POSITIV SEIN:
Du erkrankst nicht zwangsläufig an AIDS! Aber wiederholte Infektionen können Dein Risiko zu erkranken erhöhen. Bis heute weiß niemand genau, wie viele der mit dem Virus HIV infizierten Menschen tatsächlich an AIDS erkranken. Laß Dich regelmäßig ärztlich beraten und untersuchen und frage die AIDS-Hilfe, ob sie Dich besuchen kann.

DU KANNST DEINE GESUNDHEIT ERHALTEN DURCH:
- Abbau von Streßsituationen (durch autogenes Training, Gespräche usw.)
- Vermeidung von Rückzug und Selbstaufgabe
- Nutzung von Freistunden
- Teilnahme am Sport
- Teilnahme an Arbeit, auch im Werkstatt- und Küchenbereich
- vitaminreiche Kost

Wenn Dir dies verwehrt wird, mach von Deinem Beschwerderecht Gebrauch!

EINZELHAFTUNTERBRINGUNG:
Obwohl Einzelunterbringung zusätzlich Isolation und Streß verursacht, werden Menschen mit positivem Testergebnis oft abgesondert oder mit anderen »Positiven« in einer Zelle zusammengelegt. Wenn Du »positiv« bist und im Männerknast mit einem Freund, im Frauenknast mit einer Freundin zusammengelegt werden willst, müßt Ihr beide Euer Anliegen an die Anstaltsleitung schicken. Dein(e) Freund/Freundin muß darin schreiben, daß er oder sie von Deinem Testergebnis weiß, aber dennoch mit Dir zusammengelegt werden möchte. Bedenke aber, daß dies kein Grund ist, die Vorsichtsmaßnahmen fallen zu lassen.

AKTENEINSICHT:
Leider hast Du kein Recht auf Akteneinsicht. Die Ärzte sind jedoch verpflichtet, Dich über den Inhalt Deiner Gesundheitsakte zu informieren und die Befunde so zu erklären, daß Du sie verstehst.

DISKRIMINIERUNG:
Wenn Du »positiv« bist, laß Dich nicht durch andere provozieren, die ihre Angst oder ihren Haß loswerden wollen. Drohe selbst keinem anderen mit Deinem »Positiv«-Sein.

ALLGEMEINE RECHTE:
Achte auf einen sorgfältigen und gesetzestreuen Umgang mit der ärztlichen Schweigepflicht. Bestehe auf einer angemessenen sozialen und medizinischen Betreuung. Wenn die Diagnose oder der Krankheitsverlauf schwierig sind, können Ausführungen zu Ärzten außerhalb der Anstalt notwendig sein. Du kannst mit

Zustimmung Deines Anstaltsarztes über Deinen Rechtsanwalt einen Antrag auf Vorstellung bei einem Facharzt außerhalb des Justizvollzugs stellen.
Wer Drogen nimmt, kann unter Umständen einen Therapieantrag nach § 35 Betäubungsmittelgesetz stellen.
Falls Du erkrankst und Vollzugsunfähigkeit eintritt, beantrage eine Verlegung in ein Krankenhaus außerhalb der Strafanstalt (nach § 455 Strafprozeßordnung). Bedenke, daß eine Vollzugsunfähigkeit eventuell nur auf absehbare Zeit besteht.
Laß Dich bei Gnadengesuchen durch einen Rechtsanwalt beraten. Du hast ein Recht auf Betreuung durch einen Vollzugshelfer. Laß Dich nicht entmutigen!

AIDS-Hilfe Köln e.V.
    Büro/Information: Mo-Fr 10.00 bis 17.00 Uhr
    AIDS-Sprechstunde: Mo-Fr 17.00 bis 19.00 Uhr
    AIDS-Telefon 19411:   Mo-Fr 19.00 bis 21.00 Uhr

ANONYME ALKOHOLIKER
Seit dem 1.1.1983 werden bundeseinheitlich in der Polizeilichen Kriminalstatistik Tatverdächtige gesondert ausgewiesen, die bei der Tatausführung unter Alkoholeinfluß standen. Als Grundlage für die Erfassung gilt folgende Definition: »Ein Alkoholeinfluß liegt vor, wenn dadurch die Urteilskraft des Tatverdächtigen während der Tatausführung beeinträchtigt war. Maßgeblich ist ein offensichtlicher oder nach den Ermittlungen wahrscheinlicher Akoholeinfluß.« Nach Angaben des LKA Düsseldorf waren 1995 4,6% der Jugendlichen und 9,1% der Heranwachsenden bei der Tatbegehung alkoholisiert. Die Zahl der Jugendlichen und Heranwachsenden mit Alkoholproblemen dürfte weit höher sein. Vor diesem Hintergrund organisiert die Kölner Gruppe der Anonymen Alkoholiker Gesprächskreise in der JVA.

Anonyme Alkoholiker
    Trajanstr. 37
    50678 Köln
    Tel 312424

GEFANGENEN-BESUCHSDIENST ST. ROCHUS
Im Heft 11 der Gefangenenzeitung »Aufschluß« schildert ein Gefangener diese Gruppe:
Am Montag, den 26.2.1996 hatte ich die große Freude, vom Gefangenenbesuchsdienst St. Rochus besucht zu werden. Gegen 19 Uhr erschienen zwei Männer und eine Frau, sie hatten Kuchen, Kaffee und für jeden der zwölf Gefangenen ein Geschenk dabei.
Nach einer kurzen Vorstellung des Besuchsdienstes kam es zu Gesprächen, die sehr bereichernd waren. Für zwei Stunden hatte man Zuhörer gefunden, die ohne

Vorurteile ein wenig Abwechslung in den Vollzugsalltag gebracht haben. Für mich persönlich war dies ein schönes Erlebnis. Der Besuchsdienst kommt alle vier Wochen, d.h. am letzten Montag im Monat in drei Häuser, Haus 11, 17 und den Frauenbereich. Seit über 20 Jahren gibt es den Gefangenenbesuchsdienst hier in der JVA Köln, der aus ca. 20 Personen besteht. Einmal im Monat findet eine Kollekte in der Pfarrgemeinde statt, aus deren Erlös für uns »Knackis« die Mitbringsel Tabak, Schokolade, Obst und Zeitungen finanziert werden. Ich kann nur sagen, daß dieser Abend eine Bereicherung für mich gewesen ist. Den Damen und Herren des St.Rochus-Kreises und den Mitgliedern der Pfarrgemeinde gilt daher mein Dank für ihre aufopfernde Tätigkeit und die Nächstenliebe, die sie uns entgegenbringen. Bitte weiter so und Gottes Segen für Sie.
Jörg

KÖLNER APPELL E.V.

Seit 1993 gibt es im Jugendbereich den »Gesprächskreis gegen Rassismus«, der von den Jugendlichen in »Anti-Rassismus-Gruppe« umbenannt wurde. Teilnehmen können 8 - max. 10 Jugendliche aus den Häusern 8 - 10 und der Jugendwohngruppe im Haus 17. Wie in der Jugendabteilung insgesamt sind in der Gruppe die deutschen Jugendlichen in der Regel in der Minderheit. In den letzten Jahren sind darunter auch immer wieder jugendliche Aussiedler. Hin und wieder wird dann auch die Geschichte der sogenannten Rußlanddeutschen zum Thema gemacht. Obwohl sie einen deutschen Paß haben, sprechen sie häufig nur ganz wenig deutsch, und ihre Lebensgeschichten und Probleme in der Bundesrepublik ähneln sehr den Erfahrungen der jugendlichen Flüchtlinge oder der jugendlichen Migranten, die von ihren Eltern nachgeholt wurden. Da die meisten Jugendlichen türkischer oder kurdischer Herkunft sind, ist immer wieder auch der Konflikt zwischen Kurden und Türken in der Türkei Gegenstand von Diskussionen.

Da die Fluktuation in der Gruppe relativ groß ist - die meisten sind nur wenige Monate in U-Haft - haben wir im Laufe der Zeit ein paar immer wiederkehrende Inhalte, die auf verschiedene Weise - durch Vorträge von Gästen oder durch Videofilme - in den Mittelpunkt eines der donnerstags von 15 - 17 Uhr stattfindenden Treffen kommen. So besucht uns regelmäßig Heinz Humbach von der Vereinigung der Verfolgten des Nazi-Regimes, der immer sehr anschaulich über die Jugend im Dritten Reich und die Gleichschaltung der damaligen Jugendlichen durch die Hitler-Jugend berichtet. Eine andere Mitarbeiterin ist Natascha Winter von der Sinti-Union Köln e.V., deren Thema die Verfolgungsgeschichte der Zigeuner ist. Und egal woher die teilnehmenden Jugendlichen kommen, ob aus Rußland oder der Türkei, aus Marokko oder Polen, aus Tunesien oder Italien, immer haben sie eigene Erfahrungen aus ihrem oder ihrer Eltern Herkunftsland mit den dortigen Zigeunern und dem Umgang der jeweiligen Mehrheitsgesellschaft mit ihnen beizutragen. Als Anregung einer Diskussion wie Faschismus entstehen kann, zeigen wir regelmäßig den Film »Die Welle«. Daneben gibt es immer Berichte über den Kölner Appell und andere Gruppen in Köln, die daran arbeiten, den Rassismus in unserer Gesellschaft aufzulösen. Auch die eigenen Erfahrungen der Jugendlichen mit Rassismus stehen regelmäßig im Mittelpunkt von Debatten. Die wenigstens waren irgendwann mal in einem Verein oder einer Gruppe. Viele kennen jedoch die Jugendzentren in Köln.

Aber selbst ganz realistische Filme über Neonazis, wie der Film »Kahlschlag« führen nicht zu solchen emotionalen Ausbrüchen, wie wir sie immer wieder erleben, wenn das Thema Homosexualität auf den Tisch kommt. Die dadurch erkennbar werdenden Vorurteile stellen alles andere in den Schatten. Das hat nicht nur was mit der Situation der Jugendlichen zu tun, die im Gefängnis in einer männlich geprägten Welt leben müssen, und unter diesen Bedingungen erwachsen werden sollen. Es spiegelt sich darin, wie weit entfernt unsere Gesellschaft davon ist, Homosexuelle zu akzeptieren. In einem Gespräch mit Mitarbeitern des Schwulenverbandes haben wir daher dafür geworben, in den verschiedenen Abteilungen im Klingelpütz Gesprächsgruppen zu diesem Thema anzubieten.

Immer wieder zeigen wir den Jugendlichen auch Wunschfilme, dabei geht es entweder um harte Action oder um Filme zum Lachen. In den Diskussionen über Action-Filme wird immer wieder deutlich, wie sehr sich die Jugendlichen aus den Mittelmeerländern mit den Jugendlichen aus den Gettos der USA identifizieren. Auch das ein Ausdruck davon, wie sehr sie von unserer Gesellschaft abgeschrieben sind.

Neben den Themen, die von uns den Jugendlichen vorgeschlagen werden, ist natürlich immer auch ihre Situation in der Haft und ihre bevorstehenden Prozesse ein Hauptthema. Oft werden wir auch gebeten, mit den Angehörigen Kontakt aufzunehmen oder zu den Prozessen zu kommen. Wenn sie es wünschen, schreiben wir auch für die Anwälte oder direkt für die Gerichte einen kleinen Bericht über ihre Mitarbeit in der Gruppe. In den Jahren, in denen wir jetzt diese Gruppe machen, haben wir Jugendliche getroffen, die wegen aller möglichen Straftaten in U-Haft sind, vom einfachen Diebstahl bis hin zu den Tötungsdelikten, aber wir haben noch kein einziges Monstrum kennengelernt. Die Rede von den immer unansprechbareren und immer »resozialisierungsunwilligeren« Gefangenen halten wir für völlig ungerechtfertigt. Eine Gesellschaft, die bestimmten Kindern und Jugendlichen immer mehr von dem vorenthält, was für eine menschenwürdige Entwicklung Grundvoraussetzung ist, schafft sich damit eine ganz billige Entschuldigung.

SPENDENKONTO
Bank für Sozialwirtschaft Köln, Konto-Nr. 7042000, BLZ 37020500

DIE ANGEBOTE DER VOLKSHOCHSCHULE KÖLN IN DER JVA:
Die Volkshochschule Köln führt in der Justizvollzugsanstalt Köln-Osssendorf ca. 25 Kurse durch. Die Angebote richten sich an alle Inhaftierten.

In den Männerhäusern:
- Berufsfindungsmaßnahmen
- Kochkurse
- Bildnerisches Gestalten
- Deutsch als Fremdsprache
- Rechnen am Computer
- Englisch
- Gesprächsgruppe »Soziales Lernen«

In den Frauenhäusern:
- Rechtskunde
- Meditation
- Yoga
- Kochkurse
- Deutsch als Fremdsprache
- New Dance

Die Auswahl erfolgt über den Pädagogischen Dienst (z.Zt. Herr Gede und Frau Maxis) Nähere Informationen erhalten Sie bei:

Herrn Johannes Mertens
VHS-Köln-Ehrenfeld
Rothehausstr. 2
50823 Köln
Tel. 5488-416 bzw. 5488-459

VERLEGUNG IN STRAFHAFT

Männliche Jugendliche, deren Urteil rechtskräftig ist, werden von Köln weg in eine Jugendstrafanstalt verlegt. Weibliche Jugendliche bleiben in Köln in der Frauenabteilung. Sie können auch in das Freigängerhaus für Frauen neben dem neuen Klingelpütz verlegt werden. Die 5 Jugendstrafanstalten in NRW für männliche Jugendliche und Heranwachsende haben insgesamt 1561 Haftplätze.

Die Verlegung in die einzelnen Jugendstrafanstalten erfolgt nach verschiedenen Kriterien. Dabei sollen Alter der Gefangenen und die Nähe zu ihrem Wohnort Berücksichtigung finden, damit der Kontakt zu den Angehörigen und anderen Bezugspersonen nicht durch zu weite Entfernungen behindert wird. Da es in den verschiedenen Anstalten unterschiedliche Möglichkeiten der Berufsausbildung und schulischen Bildung gibt, soll auch der Wunsch der Jugendlichen nach einer bestimmten Ausbildung respektiert werden.

▶ JVA Heinsberg, Wichernstrass 5, 52525 Heinsberg
Dieses Jugendgefängnis wurde 1978 fertiggebaut. Es gibt dort 230 Plätze im geschlossenen Vollzug und 20 Plätze im offenen Vollzug.
▶ JVA Siegburg, Luisenstr.90, 53721 Siegburg
Siegburg wurde am Ende des vorigen Jahrhundert erbaut. 1965 wurde diese Anstalt um ein Hafthaus erweitert. Von den insgesamt 653 Plätzen in dieser JVA sind 419 Plätze für den geschlossenen Jugendvollzug und 234 Plätze für den geschlossenen Erwachsenenvollzug.
▶ JVA Herford, Eimterstrass 15, 32049 Herford
Dieses schon 1882 als Kreuzbau errichtete Gefängnis dient dem geschlossenen Jugendvollzug für 373 Gefangene.
▶ JVA Höfelhof, Staumühler Strass 284, 33161 Hövelhof
Die 1936 errichteten Gebäuden werden seit 1948 von der Justiz genutzt. 227 Gefangene im offenen Vollzug können aufgenommen werden.
▶ JVA Iserlohn, Heidestrass 41, 58640 Iserlohn
Die Jugendvollzugsanstalt ist 1972 erbaut worden. Sie dient dem geschlossenen Vollzug, hat aber auch eine offene Abteilung und ein Übergangshaus. Im geschlossenen Vollzug gibt es 248 Haftplätze, in den anderen Bereichen 44.

VERLEGUNG IN DEN MASSREGELVOLLZUG

Für psychisch kranke Jugendliche, die straffällig geworden sind und verurteilt wurden, gibt es keine speziellen Jugendeinrichtungen. Sie kommen in eine der Einrichtungen des Maßregelvollzuges in NRW. Wie wir gehört haben, ist es ziemlich zufällig, wo sie landen - es gibt zuwenig Plätze und da wo gerade ein Platz frei ist, kommen sie hin, damit Wartezeiten vermieden werden.
▶ Westfälisches Zentrum für Forensische Psychiatrie
Eickelbornstr. 21, 59556 Lippstadt, Tel 02945/80002, Fax 02945/800555
▶ Westfälisches Therapiezentrum Bilstein
Mühlenstr.26, 34431 Marsberg, Tel 02992/60102, Fax 02992/601399
▶ Westfälisches Klinik Schlosshaldem Fachkrankenhaus für Suchtkranke -
Haldem 201, 32351 Stemwede, Tel 05474/690, Fax 05474/69234
▶ Westf.Klinik für Psychiatrie
Marktplatz 2, 34431 Marsberg, Tel 02992//60101, Fax 02992/601399
▶ Westfälische Klinik für Psychiatrie
Im Hofholz 6, 59556 Lippstadt, Tel 02945/80003, Fax 02945/800615
▶ St.Johannes Stift Marsberg
Bredelaerer Straße 33, 34431 Marsberg, Tel 02992/6080, Fax 608465
▶ Rheinische Landesklinik
Schmelenheide 1, 47551 Bedburg-Hau, Tel 02821/810, Fax 0282/812898

▶ RHEINISCHE LANDESKLINIK
Meckerstraße 15, 52353 Düren, Tel 02421/400, Fax 02421/402998
▶ RHEINISCHE LANDESKLINIK
Kölner Straße 82, 40764 Langenfeld, Tel 02173/1020, Fax 02173/1022099
▶ RHEINISCHE LANDESKLINIK
Johannisstraße 70, 41749 Viersen, Tel 02162/9631, Fax 02162/80642

FREISPRUCH - HAFTENTSCHÄDIGUNG

Grundsätzlich hat jeder Inhaftierte, der später freigesprochen wird, Anspruch auf Entschädigung. Voraussetzung dafür ist jedoch, daß er die Strafverfolgung nicht selber vorsätzlich oder grob fahrlässig verschuldet hat. Für jeden Tag zu Unrecht erlittener Untersuchungshaft werden 20 DM gezahlt. Wer nicht arbeitslos war, kann zusätzlich den Verdienstausfall oder sonstige entstandene Schäden geltend machen. Dabei geht es schonmal um Millionenforderungen, die dadurch zustandekommen, daß z.B. ein Betrieb durch die Inhaftierung seines Eigentümers zusammenbricht. Da die meisten Jugendlichen zum Zeitpunkt der Verhaftung arbeitslos sind, können sie in der Regel nicht mehr als die 20 DM für den Hafttag fordern.

DATENSCHUTZ

Wer wissen möchte, wo welche Daten gespeichert werden, kann sich an die Datenschutzbeauftragten wenden sowie an den Deutschen Vereinigung für Datenschutz e.V. Auch Jahresberichte werden auf Anfrage zugesandt.

Der Landesbeauftragte für Datenschutz Nordrhein-Westfalen
Reichsstr.43
40217 Düsseldorf
Tel 0211/384240
Fax 0211/3842410

Der Bundesbeauftragte für Datenschutz
Riemenschneider Str.11
53175 Bonn
Tel 0228/81995-0
Fax 0228/81995-50

Deutsche Vereinigung für Datenschutz e.V.
Reuterstr.44
53113 Bonn
Tel 0228/222498

ERZIEHUNGSREGISTER

Alle bei Behörden oder vor Gerichten verhandelten Angelegenheiten, die die Erziehung betreffen, sind hier erfaßt. Dazu gehören die Erziehungsmaßregeln und Zuchtmittel sowie alle vormundschaftsrichterlichen Entscheidungen zum Sorgerecht usw. Diese Eintragungen sind nur zugänglich für die Strafgerichte und Staatsanwaltschaften, die Jugendämter und die Vormundschafts- und Familienrichter. Arbeitgeber, andere öffentliche Stellen und Privatpersonen erfahren davon nichts. Die Eintragungen werden mit dem 24. Geburtstag der oder des Betroffenen gelöscht.

Bundeszentralregister
Neuenburger Str.15
10969 Berlin
Tel 030/2596-1
Fax 030/2521-451,-452

Das Bundeszentralregister ist eine Dienststelle der Generalbundesanwaltschaft und erfaßt den Schuldspruch, Jugendstrafen und Maßregeln der Besserung und Sicherung. Es ist zugänglich für Gericht und Staatsanwaltschaft, oberste Bundes- und Landesbehörden, Kriminaldienststellen, Verfassungsschutzämter und noch einige Behörden. Siehe unter Kapitel »Entlassungsvorbereitung auch den Punkt »Führungszeugnis«

Ausländerzentralregister (AZR)
Bundesverwaltungsamt
Barbarastr.1
50735 Köln
Tel 758-0
Fax 758-2823

1953 wurde in Köln das Ausländerzentralregister (AZR) zur Erfassung aller Nicht-Deutschen in der Bundesrepublik eingerichtet. Seit 1959 wird es vom Bundesverwaltungamt geführt.

Im Sinne des alten und neuen Ausländergesetzes werden hier Daten gespeichert, die bis in die Privatsphäre der Betroffenen reichen: Wohnungsgröße, Vollzug der Ehe, Maß der erreichten Integration, Informationen zur Erwerbstätigkeit oder zum Bezug von Sozialleistungen - alle Angaben, die nach dem Ausländergesetz von Bedeutung sind, werden systematisch gesammelt und ausgewertet.

Mit dem »Asylkompromiß« von 1993 ging die informationelle Diskriminierung noch weiter: Daten über Ordnungswidrigkeiten oder begangene Straftaten in den Herkunftsländern können nun uneingeschränkt ausgetauscht und verwendet werden. Die erkennungsdienstliche Behandlung von Nichtdeutschen setzt künftig keinen Asylantrag mehr voraus. Auch an der Grenze abgewiesene Flüchtlinge können seither erkennungsdienstlich behandelt werden.

Der Bundesnachrichtendienst hatte schon immer Zugriff auf die Daten des Ausländerzentralregisters. Bei der EDV-Erfassung durch das Bundesamt werden Namen von Personen, für die sich der Bundesnachrichtendienst und das Bundesamt für Verfassungsschutz interessieren, codiert, um in kürzester Zeit Informationen abrufen zu können und um sie gegebenenfalls an »Partnerdienste«, also Geheimdienste anderer Länder, weiterzuleiten. So gelangen auch Daten von Flüchtlingen und Asylbewerbern an die Geheimdienste ihrer Herkunftsländer.

Inzwischen wurde mit der Konzeption zu einer Neuregelung des AZR begonnen, die den automatisierten Datenaustausch zwischen allen Ausländerbehörden und dem AZR, aber auch zu Asyl-, Polizei-, Arbeits- und Verfassungsschutzbehörden rechtlich ermöglichen soll.

Nach dem Neuentwurf wird das AZR allen Verwaltungs- und Sicherheitsbehörden auf Bundes- und Länderebene zugänglich sein, und es ist unmittelbar eingebunden in alle Bereiche des Sicherheitsapparates, Polizei, Strafverfolgung, Geheimdienste.

Der durch Datenschützer seit Jahren scharf kritisierte Datenmißbrauch wird im Zuge der Kampagnen zur Inneren Sicherheit noch skrupelloser betrieben.

Fotos vom alten Klingelpütz in der JVA Köln

Bewährungshilfe und Führungsaufsicht

Bewährungshilfe	Bewährungshilfe
Apostelnstr. 13	Frankfurter Str. 30
50667 Köln	51065 Köln
Tel 202380	Tel 621001
Fax 20238100	Fax 618302

WAS HEISST EIGENTLICH »BEWÄHRUNG«?

Das Gericht kann bei günstiger Prognose die Vollstreckung einer Freiheits- oder Jugendstrafe von bis zu zweijähriger Dauer oder - wenn bereits ein Teil der Strafe verbüßt ist - die Vollstreckung des Strafrestes zur Bewährung aussetzen. Auch die Vollstreckung von Maßregeln kann das Gericht aussetzen, so zum Beispiel die Unterbringung in einer Entziehungsanstalt oder in einem psychiatrischen Krankenhaus. Die gleichen Entscheidungen können auch im Gnadenwege getroffen werden. Die Aussetzung zur Bewährung soll Gelegenheit geben, sich durch positives Sozialverhalten unter den Bedingungen eines Lebens in Freiheit Straferlaß zu verdienen bzw. die Vollstreckung der Maßregel entbehrlich zu machen. Bei der gerichtlichen oder bei der Gnadenentscheidung wird zugleich eine Bewährungszeit festgelegt, in der Regel zwei bis drei Jahre. Besteht bis zum Ablauf dieser Zeit kein Anlaß, die Aussetzung zur Bewährung zu widerrufen, so wird von dem Gericht (oder von der Gnadenbehörde) die Strafe oder die Reststrafe erlassen bzw. die Maßregel für erledigt erklärt - andernfalls wird sie vollstreckt.

DIE BEWÄHRUNGSAUFSICHT

Das Gesetz geht davon aus, daß nach Jugendstrafrecht verurteilte Personen während der Bewährungszeit auf Rat und Hilfe, aber auch auf Führung und Aufsicht in besonderem Maße angewiesen sind. Daher wird hier ausnahmslos Bewährungsaufsicht angeordnet, d.h. eine Bewährungshelferin oder ein Bewährungshelfer bestellt. Von der Bewährungshilfe (und einer Führungsaufsichtsstelle) werden auch solche Personen betreut, die kraft Gesetzes oder durch gerichtliche Anordnung unter Führungsaufsicht gestellt sind; Führungsaufsicht sieht das Gesetz für solche Verurteilte vor, die außer der Betreuung der besonders intensiven Beaufsichtigung ihrer Lebensführung bedürfen. Die Bewährungshelferin oder der Bewährungshelfer wird vom Gericht namentlich bestellt und ist bei der Erledigung der Aufgaben allein diesem (dieser) verantwortlich. Die Dienstaufsicht hat die Präsidentin oder der Präsident des Landgerichts.

DIE BEWÄHRUNGSHILFE

Die Umrisse der Bewährungshilfe-Aufgaben sind im Strafgesetzbuch (§ 56 d StGB Bewährungshilfe) und im Jugendgerichtsgesetz niedergelegt. Die dienstlichen und organisatorischen Einzelheiten sind in Nordrhein-Westfalen durch ein Landesgesetz sowie durch Justizverwaltungsvorschriften geregelt. Die Bewährungshilfe kann hauptamtlich oder ehrenamtlich ausgeübt werden. Bei jedem Amtsgericht werden Listen geführt, in denen zur ehrenamtlichen Übernahme einer Bewährungsaufsicht bereite Personen aufgeführt sind. Die weitaus meisten Fachkräfte sind hauptamtlich - im Beamtenverhältnis, gehobener Sozialdienst der Justiz, oder (vor Übernahme in das Beamtenverhältnis) im Angestelltenverhältnis - tätig. Eine gesonderte Ausbildung gibt es nicht.

Wer zur Tätigkeit im Rahmen der ehrenamtlichen Bewährungshilfe bereit ist, kann sich an das Amtsgericht bzw. Landgericht des Wohnortes oder an einen der Fördervereine für Bewährungshilfe oder Straffälligenhilfe wenden. Auskunft über Einstellungsmöglichkeiten als hauptamtliche Bewährungshelferin oder als hauptamtlicher Bewährungshelfer erteilen die Verwaltungen der Landgerichte oder der Oberlandesgerichte.

Fachliche Voraussetzung für die Einstellung ist die staatliche Anerkennung nach einem Studium der Fachrichtung Sozialarbeit oder Sozialpädagogik an einer Fach- oder Gesamthochschule und einem anschließenden einjährigen Berufspraktikum.

Zu Beginn der Berufstätigkeit besteht die Möglichkeit, an einem Lehrgang zur Vorbereitung auf die Besonderheiten der beruflichen Aufgaben teilzunehmen. Neu eingestellte Fachkräfte werden von berufserfahrenen beraten. Das Justizministerium veranstaltet in jedem Jahr mehrtägige Arbeitstagungen auf Landesebene. Diese Tagungen dienen der Fortbildung, dem überregionalen Kontakt und Erfahrungsaustausch sowie der Erörterung wichtiger Verwaltungsangelegenheiten. Auf regionaler Ebene finden mehrmals im Jahr Fortbildungsveranstaltungen zum Zweck des Austausches von Berufserfahrungen statt. Weiterhin wird eine Teilnahme an Fortbildungsveranstaltungen Dritter ermöglicht.

Zur Zeit stehen in Köln 47 Stellen für die hauptamtliche Bewährungshilfe zur Verfügung. Die entsprechenden Dienststellen sind außerhalb von Amtsgebäuden untergebracht, um die Entwicklung einer im Resozialisierungsinteresse wünschenswerten vertrauensvollen Beziehung zwischen der betreuten Person und der Bewährungshelferin oder dem Bewährungshelfer zu erleichtern. Da eine Betreuung vielfach auch außerhalb der üblichen Arbeitszeiten notwendig oder nur dann möglich ist, ist die Tätigkeit nicht an feste Dienststunden gebunden.

DEN RÜCKFALL VERHINDERN

Aufgabe der Bewährungshilfe ist es, die betreute Person durch »Hilfe zur Selbsthilfe« vor dem kriminellen Rückfall nach Möglichkeit zu bewahren. Dazu gehört einerseits die Überwachung und ggf. die Einwirkung auf die Lebensführung, namentlich die Überwachung der gerichtlich erteilten Auflagen (etwa Ausgleich des durch die Straftat verursachten Schadens) und Weisungen (zum Beispiel Unterhaltspflichten nachzukommen). Andererseits gehört dazu die Beratung und Betreuung in allen mit der Resozialisierung zusammenhängenden Fragen und Problemen. Dies geschieht nach bestimmten fachlichen Prinzipien und mit bestimmten Methoden (zum Beispiel Einzelfallhilfe, Gruppenarbeit). Bei der Gewährung materieller Leistungen und bei der Arbeitsplatz- oder Wohnungsbeschaffung kann die Bewährungshilfe lediglich beraten und vermitteln.

In den letzten beiden Jahrzehnten ist der Anteil der vollstreckten Freiheits- oder Jugendstrafen immer mehr zugunsten einer Aussetzung zur Bewährung zurückgegangen. Zugenommen haben jedoch nicht nur die Zahl betreuter Personen, sondern auch - insbesondere infolge anhaltender Massenarbeitslosigkeit und Wohnungsnot - die Zahl von Personen mit besonders schwer zu bewältigenden Problemen. 1996 hatten 2800 Kölnerinnen und Kölner Bewährung. Darunter waren 645 Jugendliche (18,8%).

Die Bewährungshelferinnen und -helfer in Köln beobachten eine zunehmende Verelendung der Menschen, für die sie zuständig sind. Für den gestiegenen Anteil von Alkohol- und Drogensüchtigen gibt es nicht genügend Therapieplätze, nichtmal genügend geeigneten Wohnraum.

Führungsaufsicht
Führungsaufsichtsstelle b. LG Köln
Frau Alterauge, Herr Höfel
Apostelnsstr.13
50667 Köln
Tel 236881; Fax 20238100

Bei bestimmten Straftaten und wenn eine Strafe voll verbüßt wurde, kann Führungsaufsicht angeordnet werden. Sie dauert mindestens zwei und höchstens fünf Jahre. Die Führungsaufsicht wird von einem Richter angeordnet. Der Verurteilte untersteht dann einer Führungsaufsichtsstelle. Vom Gericht wird ein Bewährungshelfer für die Dauer der Führungsaufsicht bestellt. Im Strafgesetzbuch (StGB) stehen im § 68b die Weisungen, gegen die Person, gegen die Führungsaufsicht angeordnet wurde:

»(1) Das Gericht kann den Verurteilten für die Dauer der Führungsaufsicht oder für einen kürzeren Zeitraum anweisen,

335

1. den Wohn- oder Aufenthaltsort oder einen bestimmten Bereich nicht ohne Erlaubnis der Aufsichtsstelle zu verlassen,
2. sich nicht an bestimmten Orten aufzuhalten, die ihm Gelegenheit oder Anreiz zu weiteren Straftaten bieten können,
3. bestimmte Personen oder Personen einer bestimmten Gruppe, die ihm Gelegenheit oder Anreiz zu weiteren Straftaten bieten können, nicht zu beschäftigen, auszubilden oder zu beherbergen,
4. bestimmte Tätigkeiten nicht auszuüben, die er nach den Umständen zu Straftaten mißbrauchen kann,
5. bestimmte Gegenstände, die ihm Gelegenheit oder Anreiz zu weiteren Straftaten bieten können, nicht zu besitzen, bei sich zu führen oder verwahren zu lassen,
6. Kraftfahrzeuge oder bestimmte Arten von Kraftfahrzeugen oder von anderen Fahrzeugen nicht zu halten oder zu führen, die er nach den Umständen zu Straftaten mißbrauchen kann,
7. sich zu bestimmten Zeiten bei der Aufsichtsstelle oder einer bestimmten Dienststelle zu melden,
8. jeden Wechsel des Wohnorts oder des Arbeitsplatzes unverzüglich der Aufsichtsstelle zu melden oder
9. sich im Falle der Erwerbslosigkeit bei dem zuständigen Arbeitsamt oder einer anderen zur Arbeitsvermittlung zugelassenen Stelle zu melden. Das Gericht hat in seiner Weisung das verbotene oder verlangte Verhalten genau zu bestimmen.«
Wer gegen Weisungen während der Führungsaufsicht verstößt kann, mit einer Freiheitsstrafe bis zu einem Jahr oder einer Geldstrafe bestraft werden (§ 145 StGB). Am 1.1.1996 lebten in Köln 463 Männer und 10 Frauen gegen die Führungsaufsicht angeordnet worden war. Davon waren 88 Jugendliche und Heranwachsende.

- 369 waren Vollverbüßer
- 71 kamen aus dem Maßregelvollzug (Sucht, psychisch Kranke)
- 7 waren in der Sicherheitsverwahrung
- 26 Urteil und Unterbringung

VON DEN 88 JUGENDLICHEN WAREN
- 72 Vollverbüßer
- 13 Forensik (aus dem Maßregelvollzug,, süchtig oder psychisch krank)
- 3 Urteil (im Urteil war die anschließende Führungsaufsicht angeordnet worden).

Gefragt nach Stadtteilen, wo die meisten der Leute mit Führungsaufsicht leben, wurden Kalk und Teile von Mülheim genannt. Das wurde auch bekräftigt: »In bestimmten Teilen der Stadt leben zu viele Menschen mit vielen Problemen konzentriert zusammen.« Das Wohnungsamt müßte mit seinem Belegungsrecht daraufhinwirken, daß Menschen mit Problemen verteilt werden. Die Tendenzen zur Verelendung bestimmter Straßen und bestimmter Stadtteile haben auch die Bewährungshelfer als einen der Gründe dafür genannt, warum es für sie immer schwerer wird, wirklich zu helfen.

ABSCHIEBEHAFT

In den Jahren 1993 und 1994 sind zahlreiche Baumaßnahmen zur Bereitstellung von Unterbringungskapazitäten für die Abschiebehaft durchgeführt worden. Hierdurch sind bei den Justizvollzugseinrichtungen in Coesfeld, Gütersloh, Herne, Leverkusen, Moers, Neuss und Wuppertal-Barmen insgesamt rund 600 Plätze bereitgestellt worden.

Bei der Justizvollzugsanstalt Büren, einer für den Vollzug der Abschiebehaft seit September 1993 hergerichteten, ehemals belgischen Kaserne, stehen seit Februar 1994 in zwei Hafthäusern zusätzlich 412 Plätze zur Verfügung. Ab 1994 wurde das dritte Hafthaus mit rund 200 Plätzen in Betrieb genommen, so daß die Justizvollzugsanstalt Büren seit dem Endausbau über rund 600 Plätze für die Abschiebehaft verfügt. Durch die rot-grüne Regierungsbildung in NRW gab es eine kleine Korrektur: die Zahl der Abschiebeplätze wurde von 1200 auf 754 reduziert. Durch die Schließung mehrerer Abschiebehaftanstalten wird es ab 1997 nur noch drei davon geben: Neuss für Frauen, Moers und Büren für Männer, wobei Büren nicht mehr voll genutzt werden soll. Statt der möglichen 600 sollen dort nur ca. 300 Menschen untergebracht werden. Die Bündnisgrünen haben nach wie vor den Anspruch, die Abschiebehaft generell abzuschaffen. Nach Auskunft des Justizministeriums von NRW vom 22.1.1997 gab es zu dieser Zeit in NRW 754 Abschiebehaftplätze in diesem Bundesland: 530 Plätze in der JVA Büren, 144 Plätze im Hafthaus Moers und 80 Plätze im Hafthaus Neuss. Die »modernste und größte Abschiebehaft Deutschland«, die JVA Büren, liegt umgeben von einer 6 m hohen Mauer mitten im Bürener Wald, fernab jeder Ortschaft und ohne Anschluß an den öffentlichen Nahverkehr. Die Abschiebungsgefangenen werden im Justizvollzug auf dem Wege der Amtshilfe für das Innenministerium untergebracht. In den letzten Jahrzehnten war dies für die Justiz »kein Problem«, da die Zahlen gering waren. Für die abgeschobenen Menschen war das von Anfang an schlimm. So haben sich schon Anfang der 70er Jahre Menschen in der Abschiebehaft in Ossendorf in ihrer Verzweiflung selbst getötet.

Seit 1992 ist die Zahl der Abschiebegefangenen sprunghaft angestiegen:
Es befanden sich in den Justizvollzugsanstalten von Nordrhein-Westfalen:
- am 31.1.1987   52 Abschiebungsgefangene, darunter   2 Frauen
- am 31.1.1992   141 Abschiebungsgefangene, darunter   10 Frauen
- am 31.1.1993   350 Abschiebungsgefangene, darunter   28 Frauen
- am 31.1.1994   926 Abschiebungsgefangene, darunter 122 Frauen
- am 31.1.1995   711 Abschiebungsgefangene, darunter   80 Frauen
- am 31.1.1996   549 Abschiebungsgefangene, darunter   81 Frauen
- am 31.12.1996 532 Abschiebungsgefangene, darunter   38 Frauen

WEGGESPERRT ZUM ABTRANSPORT - ABSCHIEBEHAFT IN DEUTSCHLAND

Seit Inkrafttreten der neuen Asylgesetze am 1. Juli 1993 stieg die Zahl der Abschiebungen. Schnellverfahren, erheblich eingeschränkte Rechtsmittel und kurze Rechtsmittelfristen haben dazu geführt, daß »aufenthaltsbeendende Maßnahmen« immer häufiger werden. Wer nicht freiwillig ausreist, wird in der Regel abgeschoben.

Zur Sicherstellung der Abschiebung wird immer häufiger Abschiebehaft angeordnet. Den meisten Abschiebegefangenen ist nicht klar, warum sie im Gefängnis sitzen. Bereits das komplizierte Asyl- und ausländerrechtliche Verfahren haben sie häufig nicht durchschaut. Sie können nicht verstehen, daß sie inhaftiert werden, ohne daß sie eine Straftat begangen haben.

Nach §57 Abs. 2 AuslG soll die Haft nur der Sicherung der Abschiebung dienen. Die Abschiebehaft muß von einem Richter angeordnet werden. Die örtlichen Ausländerbehörden beantragen beim zuständigen Amtsgericht einen Abschiebehaftbeschluß. Darin werden in der Praxis vielfach nur pauschale Gründe dafür vorgetragen, warum eine Inhaftierung erfolgen soll. Das Amtsgericht prüft nun nicht nach asyl- oder ausländerrechtlichen Kriterien die Rechtmäßigkeit der Abschiebung. Der Haftrichter ist allein für die Frage zuständig, ob die Abschiebehaft zulässig ist. Dabei reicht bereits der begründete Verdacht, daß sich der ausgewiesene Ausländer der Abschiebung entziehen will, für die Inhaftierung. Zwar müßten die Amtsrichter nach der Rechtsprechung des Bundesverfassungsgerichts inhaltlich überprüfen, ob die Gründe für die Haft ausreichend sind. Meist wird jedoch die Argumentation der Ausländerbehörde übernommen, die die Abschiebehaft beantragt hat.

Bestehende Einspruchsfristen von 14 Tagen können oft nicht wahrgenommen werden, da vereidigte Dolmetscher oder Rechtsanwälte aus zeitlichen Gründen nicht in der Lage sind, an kurzfristig anberaumten Verhandlungsterminen teilzunehmen. Zudem fehlt in der Regel auch das Geld für Rechtsanwälte, da den Abschiebehäftlingen oft ihr gesamtes Geld abgenommen wird, um Abschiebekosten zu decken.

Zumeist wird die Haft für drei Monate beschlossen. Nach Ablauf dieser Frist muß über die Verlängerung der Abschiebehaft wiederum das Amtsgericht entscheiden. Auch hierbei ordnen Amtsgerichte oft die Fortdauer der Haft an. Dabei wird den Betroffenen beispielsweise zur Last gelegt, ihrer Mitwirkungspflicht bei der Beschaffung von notwendigen Papieren nicht nachgekommen zu sein. Selbst wenn den Gerichten bekannt ist, daß die Botschaften der jeweiligen Länder viele Monate Zeit in Anspruch nehmen, um die notwendigen Reisedokumente auszustellen, wird Abschiebehaft angeordnet. So kommt es dann, daß viele Menschen mehrere Monate, im Extremfall bis zu 18 Monaten, in Abschiebehaft sitzen.

»HAFTHÄUSER« UND VOLLZUGSBEDINGUNGEN

Zwischen den einzelnen Bundesländern gibt es beträchtliche Unterschiede beim Vollzug von Abschiebehaft. In einigen Bundesländern sind Abschiebehäftlinge in normalen Justizvollzugsanstalten inhaftiert, in anderen gibt es besondere Einrichtungen. Vorreiter des Modells einer gesonderten Unterbringung war das Bundesland Nordrhein-Westfalen mit seinen inzwischen flächendeckend eingerichteten »Hafthäusern« für Abschiebehäftlinge.

Die Zustände in den Hafthäusern entsprechen aber nicht einmal dem Minimalstandard deutscher Justizvollzugsanstalten. Obwohl Abschiebehäftlinge keine Straftäter sind, sind die Vollzugsbedingungen ähnlich gestaltet wie in der Strafhaft. Dies bedeutet z.b.: Es gelten Besuchsregelungen wie im Justizvollzug - eine Stunde monatlich - in vielen Anstalten. Dies macht Kontakte zu Verwandten, die oft lange Anfahrtswege haben, schwierig. Um eine Besuchserlaubnis zu erhalten, gibt es lange Wartezeichen. Oft sind Trennscheiben in den Besuchszellen, so daß auch Umarmungen zum Abschied nicht möglich sind.

Freizeit- und Arbeitsangebote existieren vielerorts kaum. Bei der psychischen Situation vieler Abschiebehäftlinge ist das ein zusätzliches Problem. Psychologische Betreuung wird oft nicht geboten, ehrenamtliche Helfer sind überlastet. Die Ausländerbehörden behalten bei der Inhaftierung Bargeld ein. So werden Menschen oft völlig mittellos abgeschoben und können dann, am Zielflughafen angekommen, ihren Heimatort nicht erreichen.

Nur in wenigen Haftanstalten besteht für die Gefangenen die Möglichkeit, so viel wie nötig zu telefonieren. So können Freunde nicht informiert und Gespräche mit dem Rechtsanwalt, Sozialarbeitern usw. nicht geführt werden. Der Verkauf von Waren des täglichen Bedarfs erfolgt zu den in Gefängnissen üblichen Wucherpreisen. Besondere Bedürfnisse können kaum befriedigt werden. Haft-räume sind häufig überbelegt, d.h. Abschiebehäftlinge haben weniger Platz zur Verfügung als Gefangene in Straf- oder Untersuchungshaft.

PSYCHOSOZIALE SITUATION DER MENSCHEN IN ABSCHIEBEHAFT

Die oben geschilderten Zustände führen bei den Inhaftierten zu Gefühlen wie Unsicherheit, Scham über die Haft, Angst vor Abschiebung, Aggression und Depression. Weniger auffällig als Menschen, die sich wehren, wirken die, die sich depressiv zurückziehen und aus Verzweiflung krank werden. Betreuer erleben nicht selten Nervenzusammenbrüche, Weinkrämpfe und schwere Depressionen.

Viele Abschiebehäftlinge sind selbstmordgefährdet. Nur vollendete Selbstmorde werden mit Sicherheit bekannt. Suizidversuche dagegen werden nicht ernst genommen und, wie dies der Justizminister Nordrhein-Westfalens im Landtag am 26.1.1994 formulierte, als »Selbstbeschädigungen mit Demonstrationscharakter« abgetan. Viele Häftlinge wollen unter allen Umständen entlassen werden, auch wenn das die Abschiebung bedeutet. Oft formulieren Gefangene ihre Verzweiflung so: »Lieber sterbe ich zu Hause, als weiter hier drin zu sitzen.«

WAS IST ZU TUN?
Folgende Anregungen gibt Pro Asyl für Aktivitäten gegen Abschiebehaft und die Hilfe für betroffene Flüchtlinge:
  Nutzen Sie die Kontakte von Gefängnisseelsorgern und ehrenamtlichen Betreuungsgruppen zu einzelnen Flüchtlingen und informieren Sie sich über die konkreten Bedürfnisse der Menschen, die an Ihrem Ort in Abschiebehaft sitzen.
  Regelmäßige Besuche bei Flüchtlingen, die das wünschen und oftmals weder Freunde noch Verwandte in Deutschland haben, helfen, einen Kontakt aufrecht zu erhalten. Lassen Sie die Gefangenen in ihrer Verzweiflung nicht allein.
  Kontakt mit Flüchtlingen in Abschiebehaft läßt das Vollzugspersonal auch merken, daß ihr Umgang mit den Inhaftierten nicht unter Ausschluß der Öffentlichkeit erfolgt. So kann eine gewisse Kontrolle der Haftbedingungen gewährleistet werden. Hilfe bei der Klärung, ob alle notwendigen Schritte zur Vermeidung der Haft unternommen wurden und evtl. Antragstellung Unterstützergruppen sollten sich für eine Verbesserung der Verhältnisse und wohnheimähnliche Lebensbedingungen in Abschiebehaft einsetzen. Bitten Sie örtliche Pfarrer darum, das Thema der Menschen in Abschiebehaft zum Thema einer Predigt, eines Gottesdienstes bei einer Mahnwache oder ähnlichen Aktionen zu machen. Veranstalten sie Konzerte mit prominenten Musikerinnen und Musikern vor den Abschiebehaftanstalten, um die Existenz solcher Einrichtungen in das Bewußtsein der Öffentlichkeit zu heben.
  Öffentlichkeit ermöglicht es, auf eine Verbesserung der oftmals schlechten Bedingungen hinzuwirken und auf die Not einzelner Flüchtlinge aufmerksam zu machen. Bitten Sie Journalisten, über die Situation von Abschiebehäftlingen zu berichten. Informieren Sie die Presse über von Ihnen geplante Aktionen.

Diese Anregungen sowie der vorstehende Text wurden in gekürzter Form dem gleichnamigen Faltblatt von Pro Asyl entnommen. Unter Tel. 069/230688 kann der vollständige Text bei Pro Asyl angefordert werden.
Pro Asyl - Bundesweite Arbeitsgemeinschaft für Flüchtlinge
  Neue Schlesingergasse 22
  60311 Frankfurt a.M.
  Tel 069/230688
  Fax 069/330650

Flüchtlinge, die in Köln ankommen, müssen ihren Asylantrag bei der Zentralen Ausländerbehörde stellen. Die Entscheidung über den Asylantrag trifft das Bundesamt für die Anerkennung ausländischer Flüchtlinge.

Bundesamt für die Anerkennung ausländischer Flüchtlinge
Perlengraben 10
50676 Köln
Tel 92426-0

Zentrale Ausländerbehörde
Blaubach 13
50676 Köln
Sprech- und Öffnungszeitungen :
mo bis do 7.30 - 12.00 Uhr
fr 7.30 - 11.00 Uhr

BERATUNG UND HILFE FÜR FLÜCHTLINGE IN KÖLN

Amnesty International
Domstr.56
50668 Köln
Tel 121415
Fax 121563
Die Kölner amnesty international-Gruppe hat eine AG Abschiebehaft JVA Köln-Ossendorf

Auch in der JVA Köln-Ossendorf sitzen Menschen in Abschiebehaft, meist in direkten Anschluß an eine Untersuchungs- oder Strafhaft, z.B. wegen illegalem Aufenthalt oder Urkundenfälschung.

Im Anschluß an unsere öffentliche Informationsveranstaltung zur Abschiebehaft im Mai 1995 in der VHS-Köln bildete sich eine kleine Arbeitsgruppe, die gemeinsam mit einigen Mitgliedern der Amnesty-Asyl-Gruppe Köln Abschiebegefangene in der JVA Ossendorf unterstützen wollte.

Im Oktober 1995 haben wir zu einem ersten Treffen in unsere Geschäftsstelle eingeladen. Mitglieder der Amnesty-Asyl-Gruppe berichteten von den Aufgaben und ihren Erfahrungen. Im Dezember 1995 fand dann eine erste Einführung in das Asyl- und Ausländerrecht statt, hauptsächlich in bezug auf Abschiebung und Abschiebehaft. Zudem trafen wir uns mit einer engagierten Gefängnisseelsorgerin und dem für Ausländer zuständigen Sozialarbeiter der JVA.

Ein Hauptproblem war der etwas komplizierte Zugang zur JVA, die für eine intensive Gesprächsführung schlechten Begleitumstände sowie die Verbreitung unseres Gesprächsangebotes innerhalb des riesigen Systems »JVA-Ossendorf«. Kurz, es ging um eine Erleichterung der Besuchs- und Gesprächsbedingungen.

Nach einem erneuten Gespräch mit der Gefängnisleitung Ende Mai 1996 sind tatsächlich einige Verbesserungen eingetreten. Leider nützt dies momentan wenig, da uns kaum noch Hilfeersuchen von Inhaftierten erreichen. Dies ist aber die Bedingung für einen Besuch. Ein Grund mag die Zentralisierung der Abschiebehaft nach Büren sein, ein weiterer die schlechte Verbreitung unseres Angebots innerhalb der JVA. Die einzigen, die Informationen von innen nach außen weitergeben, sind die Anstaltspfarrerinnen. Durch sie erfahren wir nach wie vor von Abschiebehäftlingen, die dringend Unterstützung benötigen.

Anfang 1997 wollen wir einen erneuten Vorstoß unternehmen. Die AG selber ist mittlerweile auf vier Leute geschrumpft, da in letzter Zeit immer weniger Meldungen kamen und die Anforderungen recht hoch sind (gute Französisch- und/oder Englischkenntnisse, Besuche in der JVA vor- und nachmittags, Einarbeitung und Langfristigkeit).

Trotzdem: Wer Interesse hat und sich eine kontinuierliche Mitarbeit vorstellen kann, erhält gerne ausführliche Informationen über unsere Geschäftsstelle.

BERATUNG UND HILFE

Flüchtlingscafé
jeden Dienstag ab 18 Uhr
im Allerweltshaus
Körner Str. 77-79
50823 Köln

Kölner Flüchtlingsrat
Kartäusergasse 7
50678 Köln
Tel 3382249
Fax 3382237

Interkulturelles Flüchtlingszentrum
c/o Bürgerzentrum Nippes
Turmstr. 3-5
50733 Köln
Tel 737032

Allerwqewltshaus
Körnerstr. 77-79
50823 Köln
Tel 9521199
Fax 9521197

Kölner Appell e.V.
Körnerstr. 77-79
50823 Köln
Tel 9521199
Fax 9521197

Kölner Rechtshilfe gegen Abschiebung von Gefangenen
Körnerstr. 77-79
50823 Köln

Am 28.1.1997 trafen sich 17 Leute aus den Bereichen Strafvollzug, Straffälligenhilfe, Anti-Rassismus und Wissenschaft, zur Gründungsversammlung des Vereins »Kölner Rechtshilfe gegen Abschiebung von Gefangenen«.

Der Verein hat den gemeinnützigen Zweck, einen Geldfonds zu schaffen, um Rechtshilfe für straffällig gewordene MigrantInnen mit Lebensmittelpunkt in Köln und Umgebung zu schaffen.

Neben der Vermittlung und Finanzierung von anwaltlicher Rechtsberatung und Vertretung im Einzelfall verfolgt der Verein auch den weiteren Zweck, durch

Öffentlichkeitsarbeit auf die Verbesserung des rechtlichen Aufenthaltsstatus von Migrantinnen hinzuwirken.
Wieviele Strafgefangene aus Köln abgeschoben werden, konnten wir nicht herausfinden. Menschen die nach der Strafhaft abgeschoben werden, sind in den Abschiebe-Statistiken nicht gesondert berücksichtigt.

SPENDENKONTO:
Bank für Sozialwirtschaft (BLZ) 37020500, Konto-Nr. 7042400

Öffentlichkeit gegen Gewalt (ÖgG) e.V.
Antwerpener Str. 19-29
50672 Köln
Tel.: 5101847
Fax 9521126.

Raphaels-Werk
Georgstr. 20
50676 Köln
Tel 2010225
Fax 2010149

Psychosoziales Zentrum für ausländische Flüchtlinge
Norbertstr. 27
50670 Köln
Tel 137378
Fax 1390272

Beim Raphaels-Werk finden Flüchtlinge Hilfe und Rat, die in der Bundesrepublik nicht bleiben können oder wollen und deren Ziel es ist, in ein überseeisches Land weiterzureisen.

Rom e.V.
Bobstr. 6-8
50676 Köln
Tel 242536
Fax 2401715

Unterstützerkreis für die von Abschiebung bedrohten Kinder und Jugendlichen e.V.
Antwerpener Str. 19-29
50672 Köln
Tel 514057
Fax 514153

DIE HÄRTEFALLKOMMISSION NRW

Die Härtefallkommission ist ein behördenunabhängiges Beratungsgremium, das sich aus insgesamt acht Mitgliedern von Kirchen, Flüchtlingsorganisationen, Sozialverbänden, aus dem Ministerium für Arbeit, Gesundheit und Soziales und dem Innenministerium zusammensetzt. Sie selbst kann keine Abschiebungen aussetzen oder verhindern, aber Empfehlungen an die Ausländerbehörden geben, wenn nach ihrer Ansicht in der bevorstehenden Ausreise ein Härtefall zu sehen ist.
Anträge an die Härtefallkommission können ausreisepflichtige Ausländerinnen und Ausländer stellen, die geltend machen, die bevorstehende Ausreise sei für sie eine besondere Härte. Dritte, wie z.B. Flüchtlingsverbände oder Unterstützer-

kreise, können auch Anträge stellen, wenn sie eine Vollmacht der Betroffenen haben.

DER ANTRAG IST ZU RICHTEN AN:
Geschäftsstelle der Härtefallkommission
c/o Innenministerium des Landes Nordrhein-Westfalen
Haroldstr. 5
40213 Düsseldorf
Tel 0211/8792-1
Fax 0211/8712348

ER SOLL FOLGENDES ENTHALTEN:
- Die persönlichen Stammdaten wie Name, Nationalität, Familienstand, ggf. Religionszugehörigkeit,
- möglichst genaue Darlegung der besonderen Härte, wie z.b. familiäre und soziale Situation, Integration, Gefährdungen durch Ausreise (vorhandene Dokumente in Kopie beifügen),
- ausländerrechtliche Situation, wie insbesondere Ausreisefristen, aktueller ausländerrechtlicher Status,
- Einverständniserklärung zur Einsichtnahme in Akten und sonstige Unterlagen sowie zu der Weitergabe wesentlicher Daten an die Kommissionsmitglieder,
- bei einem Antrag durch einen Dritten, eine Vertretungsvollmacht.

Anträge werden von der Härtefallkommission nicht behandelt, wenn
- ein Petitionsverfahren beim Landtag NRW in gleicher Angelegenheit anhängig oder bereits abgeschlossen ist,
- die Härtefallkommission in gleicher Sache schon einmal angerufen worden ist.

Ein an die Härtefallkommission gerichteter Antrag ist keine Rechtsbehelf. Er hat daher keine aufschiebende Wirkung in bezug auf bereits eingeleitete aufenthaltsbeendende Maßnahmen. Insbesondere ist bei rechtskräftigen Entscheidungen über die Zulässigkeit von aufenthaltsbeendenden Maßnahmen kein rechtlicher Spielraum für eine weitere Duldung (§55 Abs.4 AuslG) durch die Ausländerbehörde gegeben. In allen anderen Fällen bittet das Innenministerium die zuständige Ausländerbehörde, im Rahmen der rechtlichen Möglichkeiten von dem Vollzug aufenthaltsbeendender Maßnahmen abzusehen. Die Ausländerbehörde entscheidet hierüber in eigenen Zuständigkeit.

Werden erst unmittelbar vor der Ausreise die Anträge gestellt, hat die Geschäftsstelle der Härtefallkommission schon aus organisatorischen Gründen keine Möglichkeit mehr, die Ausländerbehörden rechtzeitig um Aufschub zu bitten. Alle beteiligten Stellen werden darauf hinwirken, daß das Verfahren bei der Härtefallkommission möglichst nicht länger als drei Monate in Anspruch nimmt.

Sobald die Härtefallkommission eine Empfehlung ausgesprochen hat, wird das Innenministerium die Ausländerbehörde umgehend unterrichten. Die Ausländerbehörde informiert die Betroffenen, sobald sie ihre Entscheidung getroffen hat.

ÜBERREGIONALE ADRESSEN
**amnesty international
Sektion der Bundesrepublik Dt. e.V.**
Heerstr.178
53111 Bonn
Tel 0228/98373-0
Fax 0228/630036

UNHCR
Der Hohe Flüchtlingskommissar der Vereinten Nationen
Rheinallee 6
53173 Bonn

Zentrale Dokumentationsstelle der Freien Wohlfahrtspflege für Flüchtlinge e.V. (ZDWF)
Postfach 1110
53701 Siegburg
Tel 02241/50001
Fax 02241/50003

BERATUNG UND HILFE

Pro Asyl
Neue Schlesingergasse 22
60311 Frankfurt a.M.
Tel 069/230688
Fax 069/330650

Die ZDWF ist eine Informations- und Dokumentationsstelle für den Bereich des Rechts der Flüchtlinge und Asylbewerber. Sie wurde 1980 von den Wohlfahrtsverbänden gegründet und seither von der Bundesregierung finanziell unterstützt. Die ZDWF soll durch die Erfassung, Erschließung und Bereitstellung asylrechtlich relevanter Informationen eine seriöse und einheitliche Rechtsberatung unterstützen. Sie informiert auf Anfrage über die Rechtsprechung und aktuelle Asylpolitik sowie die Situation in den Herkunftsländern der Flüchtlinge und in den Aufnahmeländern. Sie stellt auf unterschiedlichste Weise Informationen zur Verfügung, z.B. durch die ZDWF-Schriftenreihe.

Jugendbanden rauben hilflose Kinder aus

Polizeipräsident Jürgen Roters

Von W. SCHLAGEHAN

exp Köln - „Rück die Kohle raus, sonst knalle ich Dich ab." Mit diesen Worten drückten drei Jugendliche einem Schüler (11) eine Pistole an den Kopf, raubten dem Jungen sein Taschengeld. Kein Einzelfall: In Köln stieg 1996 die Zahl der Gewaltdelikte von Jugendlichen gegenüber dem Vorjahr um 397 Fälle. „Der Hintergrund ist vermutlich das soziale Umfeld der Jugendlichen, die Arbeitslosigkeit, fehlendes Unrechtsbewußtsein und Befriedigung ihrer Konsumbedürfnisse", sagte gestern Polizeipräsident Jürgen Roters.

Dort wurde die neuesten Zahlen der Kriminalstatistik vorgelegt. 1996 gab es in Köln 123 782 Straftaten (sieben Prozent mehr als im Vorjahr) mit einem Gesamtschaden von 388 Millionen Mark.

Jürgen Roters: „Die Zahl ist zwar erschreckend, aber nicht bedrohlich. Es darf keine Panik aufkommen." Die Straßenkriminalität (42 996 Fälle) verringerte sich zwar um 771 Fälle, dafür stieg die Zahl der Gewaltstraftaten von 3356 (95) auf 3753 im Jahr '96.

Hier ein paar Zahlen: 49 Straftaten gegen das Leben, 27 Anzeigen wegen Kinderpornos, 1839 Raubüberfälle, 14 977 Diebstähle aus KFZ, 8218 Taschendiebstähle, 5401 Wohnungseinbrüche, 6717 Fahrraddiebstähle.

Einen drastischen Anstieg gab es bei der Leistungserschleichung. Allein in Köln wurde mehr als 800 Schwarzfahrer angezeigt. Bei der Drogenkriminalität wurde ein sprunghafter Anstieg im Bereich der Designerdroge „Ecstasy" festgestellt. Waren es 1995 rund 2600 Mengeneinheiten, stieg die Zahl im letzten Jahr auf 4375. Die Zahl der Drogentoten schlug mit 61 zu Buche. 13 weniger als im Vorjahr. Ein Plus: Die Aufklärungsquote aller Straftaten liegt bei 43,59 Prozent. Roters: „Das kann sich sehen lassen."

Express vom 25.2.1997

STRAFFÄLLIGENHILFE

Gabriele Kawamura, Geschäftsführerin der Bundesarbeitsgemeinschaft für Straffälligenhilfe (BAG-S), hat in einer Bestandsaufnahme zum Thema Straffälligenhilfe im Herbst 1996 eindringlich darauf hingewiesen, daß angesichts der immer drängenderen sozialen Probleme Straffälliger heute (wieder) eine stärker politisch orientierte Arbeit von Trägern der Straffälligenhilfe gefordert ist. Diese Forderung stellte sie vor dem Hintergrund einer Entwicklung, die zu Beginn der 80er Jahre einsetzte, als sich die Arbeit der Straffälligenhilfe sowohl in der Ausbildung wie in der Praxis zunehmend zugunsten einer »Therapeutisierung« entpolitisierte. Man setzte auf Persönlichkeitsveränderung statt auf Veränderung der sozialen Verhältnisse.

Unserer Einschätzung nach kann sich die Straffälligenhilfe nicht allein aus sich heraus politisieren. Hier sind alle gefordert, die an der Reform der gesellschaftlichen Verhältnisse und ihrer weiteren Demokratisierung interessiert sind. Wenn es nicht gelingt, die Tendenzen zu einer immer rigider werdenden Kriminalpolitik aufzulösen und das Bewußtsein dafür zu wecken, daß es soziale und nichtrepressive politische Lösungen für das soziale Phänomen Kriminaliät geben muß, wird das öffentliche Klima zunehmend vom Ruf nach immer mehr Härte im Umgang mit Straftäterinnen und Straftätern brutalisiert. Und damit werden alle Voraussetzungen für Reformen zerstört, selbst die Bereitschaft überhaupt zuzuhören.

SELBSTVERSTÄNDNIS FREIER STRAFFÄLLIGENHILFE

Den folgenden Text entnahmen wir einer Schrift der
Bundesarbeitsgemeinschaft für Straffälligenhilfe (BAG-S) e.V.
- Geschäftsstelle -
Oppelner Str. 130
53119 Bonn
Tel 0228/6685-380
Fax 0228/6685-383

Das vielfältige Spektrum sozialer Arbeit in der Straffälligenhilfe reicht von ehrenamtlichen Aktivitäten über die Angebote von Verbänden und Vereinen der Freien Wohlfahrtspflege bis hin zur justitiellen Straffälligenhilfe. Die Spitzenverbände der Freien Wohlfahrtspflege und die Fachorganisationen der Straffälligenhilfe sind um Zuordnung, Abgrenzung und Positionsbestimmung bemüht. Das Selbstverständnis beschreibt Aufgaben, Ziele, handlungsleitende Grundsätze und Praxis der Freien Straffälligenhilfe.

ZIELE UND AUFGABEN

FREIE STRAFFÄLLIGENHILFE BIETET...

Menschen, die strafrechtlichen Eingriffen und deren Folgen unterliegen, Unterstützung an. Sie umfaßt alle Angebote, die geeignet sind, die individuellen Fähigkeiten Betroffener und deren Angehöriger zu erweitern und zu stärken, sowie ihre Lebenssituationen und -bedingungen nachhaltig zu verbessern. Die Intentionen dieser Hilfen sind unabhängig von Zielen und Verfahrenszwecken strafrechtlicher Interventionen und Reaktionen.

FREIE STRAFFÄLLIGENHILFE WILL...

das Selbsthilfepotential straffällig gewordener Menschen auf Dauer so stärken, daß sich soziale und individuelle Faktoren, die Straffälligkeit begünstigen können, verändern. Sie hilft, den stigmatisierenden sozialen Status »Straffälligkeit« zu überwinden und soziale Ausgrenzung zu vermeiden. Klassische Instrumente sind Hilfen zur Existenzsicherung und Maßnahmen zur Verbesserung der psycho-sozialen Lebenslage Straffälliger und ihrer Angehörigen.

FREIE STRAFFÄLLIGENHILFE ZEIGT...

den Zusammenhang von Verschärfung gesellschaftlicher Problemlagen (Arbeitslosigkeit, Wohnungsnot, Armutsentwicklung, Perspektivlosigkeit Jugendlicher u.a.) und Kriminalisierung auf und macht auf die spezifische strafrechtliche Sozialkontrolle innerhalb ohnehin benachteiligter Bevölkerungsschichten aufmerksam. Unübersehbar ist die enge Verquickung von Armutsentwicklung und Kriminalisierung. Chancenlosigkeit insbesondere jüngerer Menschen auf dem Bildungs-, Arbeits- und Wohnungsmarkt begünstigt das Abrutschen in die Kriminalität.

FREIE STRAFFÄLLIGENHILFE ANTWORTET...

auf die Notlagen straffällig gewordener Menschen mit der Formulierung sozial- und kriminalpolitischer Forderungen, deren Umsetzung dazu beitragen kann, die dauerhafte Existenzsicherung betroffener Menschen zu garantieren.

POSITIONEN

FREIE STRAFFÄLLIGENHILFE BETRACHTET...

Kriminalität als gesellschaftliche Realität. Unbestritten ist, daß soziales Umfeld, ungünstige persönliche Lebensumstände und mangelnde individuelle Möglichkeiten und Fähigkeiten einzelner zur Konfliktregulierung die Entstehung abweichenden Verhaltens begünstigen. Strafrechtsrelevantes Verhalten entwickelt sich aber immer im Kontext gesellschaftlicher Rahmenbedingungen: Freie Straffälligenhilfe sieht demzufolge Kriminalität keinesfalls nur als Summe subjektiver Entscheidungen und Handlungen einzelner Personen. Strafwürdiges Verhalten ist vielmehr häufig ein individueller Versuch, belastende und konflikthaft materielle und psycho-soziale Lebenssituationen zu bewältigen und zu überwinden.

FREIE STRAFFÄLLIGENHILFE VERTRITT...
die Forderung nach einer sozialverträglichen Entkriminalisierung bzw. Entpönalisierung von Straftatbeständen. Sie verlangt die strikte Anwendung des Prinzips der Verhältnismäßigkeit bei Verhängung jedweder freiheitsbeschränkender und freiheitsentziehender Maßnahmen und fordert die Entwicklung und Schaffung von Sanktionsalternativen zum Freiheitsentzug.

FREIE STRAFFÄLLIGENHILFE VERURTEILT...
Verletzungen der Menschenwürde bei der Durchführung strafrechtlicher Sanktionen und die Ausgrenzung und Ächtung straffällig gewordener Menschen durch Verweigerung wirklicher Integrationschancen. Sie lehnt die Durchsetzung von Strafverschärfungen und weiteren Eingriffsrechten ab und mißbilligt ausdrücklich die Ausweitung förmlicher und strafrechtlicher Sozialkontrolle.

FREIE STRAFFÄLLIGENHILFE FÖRDERT...
den Gedanken aktiver Wiedergutmachung und eines außergerichtlichen Tatfolgenausgleiches. Sie betrachtet Konfliktregulierung als Alternative zu strafrechtlichen Sanktionen und als konstruktive Möglichkeit zur Wiederherstellung des sozialen Friedens. So bietet Freie Straffälligenhilfe z.B. in Projekten für Täter-Opfer-Ausgleich ihre Dienstleistungen in Form von Vermittlung an, um Opfern und Tätern zur Beilegung ihrer Konflikte zu verhelfen.

FREIE STRAFFÄLLIGENHILFE ARTIKULIERT...
klientenspezifische Not- und Bedürfnislagen. Sie weist auf den Mangel an Entscheidungs- und Entwicklungsmöglichkeiten für Inhaftierte hin. Diese Mängel konterkarieren die gesetzlich verankerten Resozialisierungschancen, die Inhaftierte brauchen und bekommen sollten.

FREIE STRAFFÄLLIGENHILFE KRITISIERT...
die mangelnde soziale Absicherung bei freiheitsentziehenden Strafen und verurteilt das Fehlen tarifgemäßer und leistungsgerechter Entlohnung der Gefangenenarbeit. Die dadurch verursachte Gefahr der Entstehung bzw. Forcierung von Armut und dauerhafter Abhängigkeit von Sozialleistungen birgt auch die Möglichkeit von Rückfälligkeit in sich. Freie Straffälligenhilfe wendet sich gegen soziale Verelendung und gegen die dauerhafte Ausgrenzung von Mitgliedern unserer Gesellschaft.

FREIE STRAFFÄLLIGENHILFE BERÜCKSICHTIGT...
die besondere Problematik straffällig gewordener Frauen: Sie sind aufgrund ihres geringen Anteils an der Gesamtzahl aller Inhaftierten zumeist in Abteilungen von

Männerhaftanstalten - fast immer getrennt von ihren Kindern - untergebracht. In den Biographien dieser Frauen finden sich sehr häufig kontinuierliche Erfahrungen mit Abhängigkeiten in Beziehungen und männlicher Gewalt. Als Angehörige straffällig gewordener Männer sind Frauen und ihre Kinder ebenfalls stark von sozialer Benachteiligung betroffen. Vor diesen Hintergründen müssen mehr frauenspezifische Einrichtungen und Angebote bereitgestellt werden.

FREIE STRAFFÄLLIGENHILFE ERKENNT...
die äußerst schwierige Situation ausländischer Straffälliger und Inhaftierter. Sprachbarrieren, kulturelle und religiöse Besonderheiten erfordern einen sensiblen Umgang mit diesen Menschen. Als besonders problematisch betrachtet die Freie Straffälligenhilfe die Situation in der Abschiebungshaft. Für ausländische Inhaftierte haben die gleichen Haftbedingungen wie für Deutsche zu gelten. AusländerInnen, die in der Bundesrepublik geboren und aufgewachsen sind, hier ihren kulturellen und sozialen Lebensmittelpunkt haben, dürfen nicht abgeschoben werden. Für AusländerInnen, die mit gängigen Resozialisierungskonzepten nicht erreicht werden können, müssen geeignete Hilfe-, Beratungs- und Bildungsangebote bereitgestellt werden.

HANDLUNGSLEITENDE GRUNDSÄTZE
FREIE STRAFFÄLLIGENHILFE ORIENTIERT SICH...
in der Beratungs- und Betreuungsarbeit an dem sozialarbeiterischen/sozialpädagogischen Grundsatz der Freiwilligkeit. Auch wenn die Kontakte zu Einrichtungen der Freien Straffälligenhilfe nicht immer freiwillig aufgenommen werden (z.B. Weisungen und Auflagen nach dem JGG), gilt, daß die SozialarbeiterInnen ihre Handlungsaufträge für die Betreuungsbeziehung nicht von der Justiz, sondern von ihren KlientInnen bekommen.

KlientInnen sind zum einen Schutzbefohlene, die sich der persönlichen Integrität, der professionellen Verantwortung und dem fachlichen Können der MitarbeiterInnen der Freien Straffälligenhilfe anvertrauen. Zum anderen sind sie »KundInnen/AuftraggeberInnen«, die selbst über Art, Umfang und Dauer der Inanspruchnahme von Hilfeleistungen entscheiden.

Freie Straffälligenhilfe sieht ihre Klientel grundsätzlich als entscheidungs-, handlungs- und verantwortungsfähige Persönlichkeiten bezüglich ihrer Lebensgestaltung und -ziele an. Hilfeleistung bedeutet somit Stärkung individueller Fähigkeiten und Kompetenzen.

Diese Grundannahmen vorausgesetzt, werden alle Hilfeformen
- im Konsens mit den KlientInnen,
- orientiert an deren Zielen und
- zeitlich begrenzt angeboten und geleistet.

FREIE STRAFFÄLLIGENHILFE VERLANGT...

von ihren MitarbeiterInnen vor dem Hintergrund wissenschaftlicher Erkenntnisse und praktischer Handlungsformen theoretisches Wissen und fachliches Können. Dies betrifft insbesondere die Fachgebiete:
- Sozialarbeit/Sozialpädagogik
- Recht
- Soziologie
- Psychologie
- Kriminologie

Weitere professionelle Anforderungen sind das Interesse an gesellschafts- und kriminalpolitischen Entwicklungen und Fragestellungen, Kenntnisse in sozialem Management und die Bereitschaft zur Öffentlichkeitsarbeit.

Gegenüber Öffentlichkeit, Finanziers, Organen der Justiz, aber auch gegenüber MitarbeiterInnen, Ehrenamtlichen und Hilfesuchenden sollten verbindliche, transparente und überprüfbare Leitbilder und Organisationsziele entwickelt werden: Mitglieder, Vorstände, GeschäftsführerInnen und MitarbeiterInnen definieren ihr spezifisches sozial- und fachpolitisches Selbstverständnis Freier Straffälligenhilfe. Sie entwickeln auf der Basis der Grundwerte sozialer Arbeit Konzeptionen und Standards sowie Strukturen für die Zusammenarbeit von Haupt- und Ehrenamtlichen.

PRAXIS
FREIE STRAFFÄLLIGENHILFE HANDELT...

in direkter Interaktion mit den betroffenen Menschen. Sie berücksichtigt dabei, daß insbesondere Inhaftierung und Haftentlassung äußerst krisenhafte Lebensereignisse darstellen.

INSTRUMENTARIEN DER FREIEN STRAFFÄLLIGENHILFE:
- Krisenintervention
- Psycho-soziale Beratung
- Begleitung/Betreuung
- Therapie
- Methoden zur Konfliktregulierung
- Vernetzung sozialer Hilfesysteme

Die Angebote umfassen - jeweils von der besonderen Situation der Betroffenen abhängig - notwendige Maßnahmen in materieller Hinsicht und/oder zur psycho-sozialen Unterstützung.
- Hilfen zur Stabilisierung der Lebenslagen straffällig gewordener Menschen:
- Existenzsichernde Hilfen, z.B. bei der Durchsetzung sozialrechtlicher Ansprüche
- Hilfen zur Erhaltung bzw. bei der Beschaffung einer Wohnung/Unterkunft
- Hilfen durch Betreutes Wohnen

- Hilfen zur Aufnahme einer Arbeit
- Organisation von Arbeitsprojekten
- Soziales Training
- Hilfen zur Bearbeitung psychischer Konflikte
- Schuldnerberatung
- Angehörigenarbeit
- Unterstützung beim Aufbau eines haltgebenden sozialen Netzes
- Hilfen im Zusammenhang mit Freiheitsentzug:
- Angebote ambulanter Alternativen zum Freiheitsentzug
- Projekte und Maßnahmen zur (Untersuchungs-) Haftvermeidung bzw. Haftverkürzung
- Beratung und Betreuung während der Inhaftierung
- Spezielle Hilfsangebote für ausländische Inhaftierte
- Hilfen zur Vorbereitung der Entlassung
- Angebote für besonders belastete StraftäterInnen (Drogenabhängige, Sexualstraftäter u.a.)

ORGANISATION

FREIE STRAFFÄLLIGENHILFE ORGANISIERT UND FINANZIERT SICH...

sehr unterschiedlich und in vielfältigen Formen. Die Organisationsstrukturen reichen von der unabhängigen Initiative/dem unabhängigen Träger über den rechtlich eigenständigen Trägerverein, der sich einem der großen Wohlfahrtsverbände angeschlossen hat, bis hin zum unmittelbar einem dieser Verbände zugehörigen Fachbereich.

Die Finanzierung Freier Straffälligenhilfe ist nach wie vor wenig abgesichert. Freie Straffälligenhilfe ist aber eine wichtige gesellschaftliche Aufgabe und bedarf daher einer ausreichenden, gesetzlich verankerten, dauerhaften öffentlichen Finanzierung auf Bundes-, Landes- und Kommunalebene entsprechend den Finanzierungen von Einrichtungen anderer Dienste sozialer Arbeit. Die Ressortzuordnung für das Arbeitsfeld ist verbindlich zu klären.

FREIE STRAFFÄLLIGENHILFE KOOPERIERT...

mit dem Ziel der Vernetzung und Schaffung von Ressourcen mit anderen Trägern der Straffälligenhilfe, den sozialen Diensten der Justiz (Gerichtshilfe, Bewährungshilfe, Sozialarbeit im Strafvollzug) sowie mit Organisationen angrenzender Fachgebiete der Sozialarbeit (Arbeitsprojekte, Drogenhilfe, Schuldnerberatungsstellen usw.) MitarbeiterInnen der Freien Straffälligenhilfe nutzen die Möglichkeiten der Zusammenarbeit mit Kommunalverwaltungen und Arbeitsämtern, Polizei, Gerichten und Staatsanwaltschaften, mit Wohnungsbaugesellschaften, Arbeitgebern etc. in regionalen Arbeitskreisen. Sie bringen Forderungen zur Verbesserung der Lebenslagen ihrer Klientel in entsprechende örtliche und/oder überörtliche Gremien und Ausschüsse ein.

FREIE STRAFFÄLLIGENHILFE ENGAGIERT SICH...
für die Werbung ehrenamtlicher, freiwilliger MitarbeiterInnen: Gerade im Engagement von BürgerInnen für straffällig gewordene Menschen spiegelt sich die Verantwortung einer Gesellschaft für ihre von Ausgrenzung bedrohten Mitglieder wider. Die ehrenamtlichen MitarbeiterInnen nehmen eine in ihrer Bedeutung nicht zu unterschätzende Öffentlichkeitsfunktion wahr. Zum einen können sie die Vorstellungen über Straffällige in der Gesellschaft positiv beeinflussen, zum andern tragen sie Öffentlichkeit in das geschlossene System Strafvollzug hinein.

Ehrenamtliche sollten auf ihre eigenständige Arbeit, die nicht in Konkurrenz zur professionellen Hilfe in der Straffälligenhilfe steht, sondern eine sinnvolle Ergänzung darstellt, durch fachlich qualifizierte Personen vorbereitet und während ihrer Tätigkeit begleitet werden.

FORDERUNGEN
FREIE STRAFFÄLLIGENHILFE SIEHT...
die Notwendigkeit sozialpolitischer Innovationen sowie kriminalpolitischer Entscheidungen zur Verbesserung der Situation straffällig gewordener und von Kriminalisierung bedrohter Menschen. Vor dem Hintergrund wissenschaftlicher Erkenntnisse will sie Tendenzen hin zu rigiderer und repressiverer Kriminalpolitik entgegenwirken. Sie stellt sich im Zusammenschluß mit engagierten BürgerInnen, Gruppen und Institutionen sowie aufgeschlossenen PolitikerInnen dem Abbau des Sozialstaates entgegen.

SOZIALPOLITISCHE FORDERUNGEN:
EINFÜHRUNG EINER SOZIALEN GRUNDSICHERUNG
Förderung des sozialen Wohnungsbaus, Schaffung und Erhaltung bezahlbaren Wohnraums mit sozial verträglichen Mieten sowie Bereitstellung von Wohnraum-Kontingenten für Menschen mit besonderen Schwierigkeiten auf dem Wohnungsmarkt
▶ gesetzliche Grundlagen zur Entwicklung realistischer und umsetzbarer Wege zur individuellen Entschuldung
▶ Ausbildungs- und Arbeitsplatzsicherung für junge Menschen
▶ Abbau der Arbeitslosigkeit durch Umverteilung und Neustrukturierung vorhandener und Schaffung alternativer Arbeitsmöglichkeiten

KRIMINALPOLITISCHE FORDERUNGEN:
▶ Entkriminalisierung von Bagatelldelikten
▶ Entwicklung und Förderung von Alternativen zu strafrechtlichen Sanktionen
▶ Förderung einer nicht-repressiven Drogenpolitik
▶ Vorrang helfender vor strafender Interventionen
▶ Ausbau sozialpädagogischer Hilfen für straffällige junge Menschen

- Förderung von Alternativen zum Freiheitsentzug
- Maßnahmen zur Vermeidung, Verkürzung und gesetzlichen Regelung der Untersuchungshaft
- Tarifgerechte Entlohnung von Gefangenenarbeit

FREIE STRAFFÄLLIGENHILFE LEISTET...
einen wichtigen Beitrag, um der oftmals verkürzten und häufig stark emotionalisierten Diskussion über Kriminalität entgegenzuwirken. Im Interesse einer Gesellschaft, die einen vernünftigen und angemessenen Umgang mit ihrer Kriminalität braucht, sieht sie es als eine ihrer Aufgaben an, mit sachlicher Information und Aufklärung der Diskriminierung und gesellschaftlichen Ausgrenzung Straffälliger entgegenzusteuern. Dazu gehört insbesondere die Skandalisierung des Mißbrauchs von strafrechtsrelevanten Tatbeständen zur Durchsetzung politischer Entscheidungen und die sachliche Information der Medien mit realistischen Fakten zur Krminalitätsentwicklung. Freie Straffälligenhilfe fördert damit einen rationaleren Umgang mit dem Thema Kriminalität in unserer Gesellschaft.

MITGLIEDSVERBÄNDE DER FREIEN WOHLFAHRTSPFLEGE IN DER BAG-S E.V.:
Der Verein wurde vor über 100 Jahren am 31. Juli 1889 unter dem Namen »Kölner Gefängnisverein« gegründet. 1968 wurde der Name in »Kölner Gefangenen-Fürsorgeverein von 1889« geändert, um den Zweck des Vereins nach außen deutlicher zu machen. Der Verein entstand 1889 nicht ohne Vorgeschichte. Schon 1829 war in Köln eine »Kölner Gefängnisgesellschaft« gegründet worden. Dieser Kölner Verein war eine Tochter der »Rheinisch-Westfälischen Gefängnisgesellschaft«, die durch die Initiative des Evangelischen Pfarrers und Diakoniegründers, Theodor Fliedner, 1826 entstanden war. Unter Gefangenenfürsorge wird die Unterstützung der Resozialisierungsaufgabe des Strafvollzuges verstanden. Insbesondere soll den dem Strafzweck zuwiderlaufenden Nebenfolgen der Strafe entgegengewirkt werden. Diese reichen nach dem Selbstverständnis des Vereins von der Arbeitslosigkeit über Ehe- und Familienzerrüttung bis zur Vernichtung der bürgerlichen Existenz des Verurteilten. In Zusammenarbeit mit dem Amt für Diakonie, dem Sozialdienst Katholischer Männer e.V. (SKM), dem Sozialdienst Katholischer Frauen e.V. (SKF) sind die Aufgaben des Vereins:
- Beratung und begleitende Hilfe während der Haft
- Vorbereitung auf die Entlassung einschließlich der Finanzierung von Kursen der Berufshinführung und zur Lebensbewältigung,
- Arbeitsbeschaffung, insbesondere Vermittlung von Arbeitsplätzen, die über den behördlichen Vermittlungsweg meist unerreichbar bleiben,
- Starthilfen zur Entlassung einschließlich der Beschaffung von Kleidung und persönlicher Habe.

Bundesarbeitsgemeinschaft für Straffälligenhilfe (BAG-S)e.V.
- Geschäftsstelle -
Oppelner Str. 130
53119 Bonn
Tel.: 0228/6685-380
Fax: 0228/6685-383

Arbeiterwohlfahrt Bundesverband e.V.
Oppelner Straße 130
53119 Bonn
Tel.: 0228/6685148
Fax: 0228/6685209

ADRESSEN

Deutscher Caritasverband e.V.
Karlstr. 40
79104 Freiburg
Tel.: 0761/200369
Fax: 0761/200572

Deutscher Paritätischer Wohlfahrtsverband-Gesamtverband e.V.
Heinrich-Hoffmann-Str. 3
60528 Frankfurt am Main
Tel.: 069/6706269
Fax: 069/6706209

Deutsches Rotes Kreuz e.V.
Friedrich-Ebert-Allee 71
53113 Bonn
Tel.: 0228/541389
Fax: 0228/541290

Diakonisches Werk der Evang. Kirche in Deutschland e.V.
Stafflenbergstr. 76
70184 Stuttgart
Tel.: 0711/2159258
Fax: 0711/2159288

Zentralwohlfahrtsstelle der Juden in Deutschland e.V.
Hebelstr. 6
60318 Frankfurt am Main
Tel.: 069/2443710
Fax: 069/494817

Kölner Gefangenen-Fürsorgeverein von 1889 e.V.
Große Telefgraphenstr. 31
50676 Köln

Schatzmeister:
Hermann Göhring
Amt für Diakonie
Brandenburger Str. 23
50668 Köln
Tel 16038-45

Schriftführer:
Albert Würtz
SKM Köln
Große Telefgraphenstr. 31
50676 Köln
Tel 2074-126/127

Konto-Nr. 79 129 59 bei der Stadtsparkasse Köln (BLZ 370 501 98)

Ferner wirkt der Verein mit in der
▸ Hilfe für Familien, insbesondere durch Beratung und materielle Unterstützung der in Not geratenen Angehörigen.
▸ bei der »Entschuldungshilfe«, die vom SKM geschaffen wurde.

In Köln haben sich alle in der Straffälligenhilfe beteiligten Vereine, Stellen und Verbände 1980 in der Arbeitsgemeinschaft Entlassenenhilfe zusammengeschlossen. Sie heißt jetzt Zusammenschluß AK Straffälligenhilfe.

GESCHÄFTSORDNUNG DER ARBEITSGEMEINSCHAFT ENTLASSENENHILFE

Die Arbeitsgemeinschaft Entlassenenhilfe befaßt sich mit folgenden Aufgaben: Fragen der Gefangenenhilfe - Bestandsaufnahmen der Hilfsangebote - Erfahrungsaustausch - Feststellung der am Ort auftretenden Bedürfnisse - Abstimmung über Planung und Durchführung von zu schaffenden und ergänzenden Einrichtungen - Vereinbarungen zur Vermeidung von Doppelbetreuungen - Erschließungen und Austausch von Hilfsmöglichkeiten, z.B. Übernachtungen, Bekleidung, Arbeitsvermittlung, Wohnraumbeschaffung - Zusammenarbeit mit anderen Einrichtungen der Gefährdetenhilfe - bei Bedarf Absprache und Zusammenarbeit mit ausländischen Sozialberatern - Absprache und Vereinbarungen mit den Trägern der Sozialhilfe unter besonderer Berücksichtigung des § 72 BSHG - Absprachen und Vereinbarungen mit dem Arbeitsamt - Erfahrungsaustausch mit anderen örtlichen Arbeitsgemeinschaften der Straffälligenhilfe - Öffentlichkeitsarbeit. Folgende Geschäftsordnung ist bindend für alle Teilnehmer und regelt den formellen Ablauf der zukünftigen Sitzungen bis auf Widerruf.

1. Teilnehmer

Teilnehmer des Arbeitskreises sind Vertreter der mit der Straffälligenhilfe befaßten Stellen. Bei Abstimmung ist jeder Träger mit nur 1 Stimme stimmberechtigt. Zu konkreten Themenstellungen können sachkundige Referenten eingeladen werden.

2. Tagungsrhythmus

Der Arbeitskreis trifft in der Regel einmal im Vierteljahr zusammen. Hiervon unberührt sind die Zusammenkünfte der Arbeitsgruppen. Die Dauer der Arbeitskreissitzungen sollte 3 Stunden nicht überschreiten. Am Ende einer Sitzung erfolgt die gemeinsame Terminfestlegung für die nächste Sitzung.

3. Tagesordnung

Die Tagesordnungspunkte werden am Ende einer jeden Sitzung festgelegt. Weitere Punkte zur Tagesordnung können bis spätestens 2 Wochen vor der nächsten Sitzung bei der jeweils federführenden Dienststelle schriftlich eingereicht werden. Die Tagesordnung wird bis spätestens 1 Woche vor der Sitzung an alle Teilnehmer verschickt. Tagesordnungen, die nicht von grundsätzlicher Bedeutung sind, können nur zu Beginn der Sitzung noch in die Tagesordnung aufgenommen werden.

4. Leitung der Sitzung

Die Leitung der Arbeitskreissitzungen erfolgt durch die Verbände der freien

Wohlfahrtspflege, den Justizbehörden und der Stadt Köln im Reihumverfahren in alphabetischer Reihenfolge. Der Wechsel erfolgt nach jeweils 2 Kalenderjahren.

5. Protokollführung

Von jeder Sitzung des Arbeitskreises wird ein Protokoll angefertigt, das allen Teilnehmern des Arbeitskreises spätestens 3 Wochen nach der Sitzung zugestellt werden muß. Das Protokoll muß sämtliche Beschlüsse des Arbeitskreises enthalten und die jeweils wichtigsten Fakten in der Meinungsbildung. Ein Wortprotokoll wird nicht geführt.

6. Arbeitsgruppen

Zu einzelnen Themen kann der Arbeitskreis Arbeitsgruppen bilden. Die Mitglieder der Arbeitsgruppen werden namentlich festgehalten. Es wird ein Verantwortlicher benannt. Über das Arbeitsergebnis wird im Arbeitskreis berichtet.

7. Empfehlungen

Der Arbeitskreis kann Empfehlungen aussprechen.

8. Aufhebung, Änderungen

Die Geschäftsordnung kann nur mit 2/3 Mehrheit aufgehoben und geändert werden.

9. Inkrafttreten

Die Geschäftsordnung in der vorgelegten Form gilt ab 13.2.1980

Die Anschriften der einzelen Mitgliedsorganisationen im AK Straffälligenhilfe

- **Amt für Diakonie**, z.Hdn. Frau Zabée, z.Hdn. Herrn Hagedorn, Brandenburger Str.23, 50668 Köln, Tel 1603821, Fax 1603874
- **Amt für Wohnungswesen**, Abt. Obdachlosenhilfe, z.Hdn. Herrn Krütt-Hüning, Hansaring 97, 50670, Tel 2213649
- **AWO-Jugendgerichtshilfe**, z.Hdn. Herrn Schumacher, Rubenstr.7-13, 50676 Köln, Tel 2040715, Fax 2040723
- **Arbeitsamt Köln**, z.Hdn. Herrn Heitmann, Luxemburger Str.121, 50939, Tel 475-0
- **Arbeitsamt Köln**, Leistungsabteilung, z.Hdn. Herrn Berger, Luxemburger Str.121, 50939 Köln, Tel. 475-0
- **Bewährungshilfe Köln**, z.Hdn. Herrn Addi Bohn, Apostelnstr.13, 50667 Köln, Tel. 202380, Fax 20238100
- **Bewährungshilfe Köln**, z.Hdn. Frau Wegener, Frankfurter Str. 30, 51147 Köln, Tel 621001, Fax 618302
- **Bezirksamt Köln-Ehrenfeld**, z.Hdn. Herrn Herzogenrath, Venloer Str.419-421, 50823 Köln, Tel. 5488220, Fax 5488240
- **Brücke Köln e.V.**. z.Hdn. Frau Lier-Steffny, Beethovenstr.6, 50674 Köln, Tel 233785, Fax 215510
- **DPWV**, z.Hdn. Herrn Peil, Herwarthstr.9, 50672 Köln, Tel 95154218, Fax 95154242

- Elisabeth-Frey-Haus, z.Hdn. Frau Eichner,
Albert-Schweitzer-Str.2, 50968 Köln Tel 384030, Fax 344403
- Förderverein Bewährungshilfe Köln e.V./Haus Rupprechtstraße
Rupprechtstr.7-9, 50937 Köln, Tel 441026, Fax 444992
- Führungsaufsichtsstelle b. LG Köln, z.Hdn. Frau Alterauge, z.Hdn. Herrn Höfel, Apostelnsstr.13, 50667 Köln, Tel. 236881, Fax 20238100
- Gerichtshilfe im Bezirk Köln, z.Hdn. Frau Bichler-Rölke,
Im Justizzentrum 13, 50933 Köln, Tel 4774135
- Hans-im-Glück e.V.
Hauptstr. 194, 51503 Rösrath-Hoffnungsthal, Tel 02205/2025
- Johannesbund, z.Hdn. Herrn Komesker,
Annostr.11, 50678 Köln, Tel 316062
- Jugendgerichtshilfe Köln, z.Hdn. Frau Strauff,
Johannisstr.66-80, 50668 Köln, Tel. 2214865, Fax 2215446
- Kölner Appell e.V., Projekt Haftvermeidung, zHdn. H. Aktülün, K.Jünschke, U.Tekin Körner Str.77-79, 50823 Köln, Tel 9521199, Fax 9521197
- Maßstab e.V., z.Hdn. Herrn Remky,
Luxemburger Str.190, 50937 Köln Tel 417092, Fax 426332
- Männerwohnheim der Heilsarmee,
Marienstr. 116-118, 50825 Köln, Tel 557535
- Sozialamt der Stadt Köln, Obdachlosenhilfe, z.Hdn. Herrn Schultes, Liebigstr.120b, 50823 Köln, Tel 2217796
- Sozialdienst der JVA Köln, z.Hdn, Frau Kuhn,
Rochusstr.350, 50827 Köln, Tel. 5973-0, Fax 5973-223
- Sozialdienst kath.Frauen, z.Hdn. Frau Arens,
Hansaring 20, 50670 Köln, Tel 120421, Fax 124688
- Sozialdienst kath. Männer, z.Hdn. Herrn Noellner,
Große Telegraphenstr.31, 50676 Köln, Tel. 20740
- Stadt Köln, Sozialdezernentin Frau Dr. Christiansen,
Johannis-Str.66-70, Tel 2217551, Fax 2217565
- Die Waage e.V., z.Hdn. Frau Bilko
Roonstr.5, 50674 Köln, Tel 235068, Fax 235069
- Wohnheim für Frauen, z.Hdn. Frau Ben Harusch,
Pallenbergstr.24, 50737 Köln, Tel 746841
- Volkshochschule Ehrenfeld z.Hdn. Herrn Mertens,
Rothehausstr.2a , 50823 Köln, Tel 548444 Fax 5488454
- Zurück in die Zukunft e.V. z.Hdn. Herrn Urbach,
Merheimerstr.92, 50733 Köln, Tel. 7390470

AMT FÜR DIAKONIE DES EVANGELISCHEN STADTKIRCHENVERBANDES KÖLN
Brandenburger Str.23
50668 Köln
Tel 1603821
Fax 1603874

ANGEBOTE DER STRAFFÄLLIGENHILFE DES AMTES FÜR DIAKONIE KÖLN:
- Aufarbeitung persönlicher Schwierigkeiten, ggf. unter Einbeziehung bestehender sozialer und familiärer Bindungen;
- Weitervermittlung an Fachdienste - Sucht-, Schuldner-, Eheberatung u.a.;
- Sicherstellung von Habe, hier auch in Einzelfällen Einlagerung in den Räumlichkeiten des Amtes für Diakonie;
- Entlassungsvorbereitung;
- Durchführung von Urlaubsmaßnahmen, zur Wohnungs- und Arbeitssuche sowie zur Wiederaufnahme familiärer Kontakte;
- Vermittlung von Wohnraum nach Wohnfähigkeit und Betreuungsintensität; Angebote des freien Marktes in Zusammenarbeit mit dem Amt für Wohnungswesen, Sozialamt und Maklern, hier ggf. Möglichkeiten der Vorfinanzierung von Kaution, Provision und Miete;
- Vermittlung in therapeutische Wohngemeinschaften, Wohnheime u.a.;
- Vermietung von möblierten Zimmern und Appartements in enger Kooperation mit dem Arbeitsbereich »Betreutes Wohnen« des Amtes für Diakonie;
- nach der Haftentlassung diverse Angebote im Rahmen der täglichen Sprechstunde innerhalb der Geschäftsstelle.

IM RAHMEN DIESES SPRECHSTUNDENANGEBOTES BESTEHT DIE MÖGLICHKEIT DER
- Rechts- und Lebensberatung, Krisenintervention,
- freiwilligen Geldverwaltung,
- Weitervermittlung an Fachdienste und Facheinrichtungen, teilweise ebenfalls in der Geschäftsstelle ansässig,
- materielle Dienste und Leistungen in Einzelfällen,
- finanzielle Notlagenüberbrückungen in Einzelfällen,
- unentgeltliche Möbel- und Bekleidungsausgabe,
- gemeinsames Wahrnehmen von Außenterminen,
- in Einzelfällen Möglichkeit von »Arbeit statt Strafe«.

Innerhalb der JVA erfolgt die Kontaktaufnahme über den jeweiligen Sozialdienst.

SCHULDNERBERATUNG:
UNSERE HILFE RICHTET SICH NACH IHRER PERSÖNLICHEN SITUATION:
- Unterstützung beim Erhalt der Wohnung und der Energieversorgung
- Klärung der finanziellen Situation
- Überprüfung der Zahlungsverpflichtungen
- Hilfe beim Leben mit den Schulden

- Aufklärung und Beratung über mögliche Sozialleistungen
- Verhandlungen über Ratenzahlungen, Vergleiche, Stundungen oder Zinserlaß
- Beratung in persönlichen Angelegenheiten
- Hinweise auf weitere Beratungs- und Hilfsmöglichkeiten
- Gemeinsame Entwicklung eines Sanierungskonzeptes

SIE SOLLEN BEREIT SEIN:
- Keine weiteren Schuldverpflichtungen einzugehen
- Ihre finanziellen Verhältnisse offenzulegen
- offen, ehrlich und freiwillig mitzuarbeiten
- Termine und Vereinbarungen einzuhalten

Was wir nicht können:
- Es stehen keine Geldmittel zur Umschuldung zur Verfügung
- Es werden keine Bürgschaften übernommen

Die Schuldnerberatung ist kostenlos.
Die Berater unterliegen der Schweigepflicht
Telefonisch erreichbar Mi 8.30 - 11.30

OFFENE SOZIALARBEIT:
- Beratung und Hilfe für alkohol- und tablettenabhängige Menschen
- Beratung und Hilfe für griechische Bürger sowie Trägerschaft eines lokalen Zentrums zur Integrationshilfe
- Beratung und Hilfe für psychisch Kranke und deren Angehörige
- Schuldnerberatung

ANGEBOTE DER »OFFENEN SOZIALARBEIT« (AUSSENSTELLEN):

Evangelische Bahnhofsmission
im Hauptbahnhof Köln
Tel 135600

Amt für Diakonie
Laurentiusstraße 16
51465 Bergisch Gladbach
Tel 02202/43277

Amt für Diakonie
Laurentiusstraße 16
51465 Bergisch Gladbach
Tel 02202/43277

Amt für Diakonie
Am Quirlsberg 8
51465 Bergisch Gladbach
Tel 02202/31097

Amt für Diakonie
Pingsdorfer Straße 8
50321 Brühl
Tel 02232/46924

Amt für Diakonie
An der Vogelrute 8
50374 Erfstadt-Lechenich
Tel 02235/74313

Amt für Diakonie
Karl- Bosch-Straße 25
50827 Köln
Tel 586204

ARBEITERWOHLFAHRT (AWO)
Hilfen für junge Straffällige
Rubensstr. 7/13
50767 Köln
Tel 20407-0
- Jugendgerichtshilfe für türkische Jugendliche bis 21 Jahre
- Betreuung und Beratung bei Strafverfahren
- Betreuungsweisungen

Beratungsstelle für türkische Mitbürger
Rubensstr. 7/13
50676 Köln
Tel 2040759
Beratung und Hilfe bei
- Schwierigkeiten mit der Arbeit, im schulischen, persönlichen oder sozialen Bereich
- finanziellen Problemen
- Rentenproblemen

Hilfen für junge Straffällige
Antwerpener Str.1
50672 Köln
Tel 525259
- Soziale Trainingskurse
- Beratung und Hilfe bei Strafverfahren
- Freizeitangebote

Beratungsstelle für türkische Mitbürger
Hollweghstr.22
51103 Köln (Kalk)
Tel 8702998 / 8703577

CARITASVERBAND FÜR DIE STADT KÖLN E.V.
Große Telegraphenstr. 35
50676 Köln
Tel 2019-0

SOZIALDIENST FÜR AUSLÄNDER:
- Sozialdienst für Italiener, Tel 2019-269
- Sozialdienst für Spanier, Tel 2577925
- Sozialdienst für Portugiesen, Tel 414070
- Sozialdienst für Mitbürger aus dem ehemaligen Jugoslawien, Tel 2406325
- Sozialdienst für Griechen, Tel 2019-263

Maßstab e.V.
Verein für eine soziale Zukunft
Luxemburger Str.190
50937 Köln
Tel 41 70 92
Fax 42 63 32

Möbel- und Bauschreinerei
Dellbrücker Straße 29
51067 Köln
Tel 69 54 97
Fax 69 43 88

Wir kümmern uns um Menschen, die straffällig geworden sind. Wir haben es uns zur Aufgabe gemacht, diesen Menschen eine echte Chance zu geben, ein straffreies Leben in der Gesellschaft zu führen. Dies ist eine Pflicht der ganzen Gesellschaft, denn der Straftäter wird vom Richter »Im Namen des Volkes« hinter Mauern und Gitter geschickt. Diese Strafe macht nur dann einen Sinn, wenn der Mensch nach Verbüßung der Haft vom »Volk«, von der Gesellschaft, also von uns wieder aufgenommen wird.

Doch statt dessen erwartet ihn oft ein wahres »Spießrutenlaufen«, die Strafe hört damit unzulässigerweise nie auf. Der Rückfall ist vorprogrammiert. Ohne soziale Bindungen, ohne sozialen Rückhalt kann ein Mensch in dieser Situation kaum bestehen.

Unsere Erfahrungen und unsere Erfolge bestätigen:
Nur eine faire Chance kann das erneute Begehen von Straftaten verhindern.

Wir wollen eine Lobby für diese Menschen, aber auch für unsere Arbeit schaffen. Vielen Menschen fehlt der Mut, sich überhaupt mit diesem Thema zu beschäftigen. Verständliche, aber teils auch unrealistische Ängste hindern sie daran. Eine Gesellschaft muß sich daran messen lassen, wie sie mit sogenannten Außenseitern umgeht. Der Mut, sich mit diesen Themen und diesen Menschen zu beschäftigen ist ein Gradmesser für Toleranz und Humanität in einer Gesellschaft.

Der »Maßstab«, Verein für eine soziale Zukunft, entstand 1986 durch Menschen, die aufgrund ihrer beruflichen Erfahrungen als Juristen, Sozialarbeiter und Wirtschaftler, sowie ihrer persönlichen Betroffenheit im Umgang mit Straffälligen erkannten, daß eine ganzheitliche Lebenshilfe erforderlich ist.

Wir haben den Verein als unabhängige Eigeninitiative entwickelt. Die Mitarbeiter des Vereins haben ihre Arbeit aufgenommen, ohne daß vorab eine feste Finanzierung gesichert war. Es sind somit von einzelnen Menschen mit vollem Risiko erhebliche Vorleistungen erbracht worden. Mit unternehmerischer Kreativität wurden unter Ausschöpfung der rechtlichen und wirtschaftlichen Möglichkeiten folgende Einrichtungen geschaffen:

Die Beratungsstelle

Die Beratungsstelle befindet sich mit der Geschäftsstelle und dem »Café Malve« in der Luxemburger Str.190. Sie ist Anlaufstelle für Betroffene. Die Mitarbeiter der Beratungsstelle betreuen auch Inhaftierte in verschiedenen Justizvollzugsanstalten in NRW. Wir begleiten die Menschen von »drinnen« nach »draußen«, mit dem Ziel der Integration in unsere Gesellschaft.

Schreinerei

Sechs Mitarbeiter arbeiten unter Anleitung von zwei Schreinermeistern in einer professionell eingerichteten Schreinerei.

INNENAUSBAUGRUPPE
Diese Gruppe führt mit fünf Mitarbeitern, unter Anleitung von zwei gelernten Handwerkern, Renovierungs- und Umbauarbeiten aus.
CAFÉ
Das Café Malve mit drei Mitarbeitern und einem Leiter.
WOHNUNGEN
Der Verein hat ohne Eigenkapital zwei Mehrfamilienhäuser in Köln gekauft, um Wohnungen für haftentlassene Menschen zur Verfügung stellen zu können. Beide Häuser werden von Grund auf modernisiert und ausgebaut. Diese Arbeiten übernehmen unsere eigenen Handwerksbetriebe. Außerdem haben wir verschiedene Wohnungen angemietet.
KÜNSTLERISCHE KURSE
Einen ganz wesentlichen Bestandteil in unserer Arbeit nimmt die künstlerische Arbeit mit Inhaftierten, sowie mit Haftentlassenen ein. In der künstlerischen Arbeit können alte und starre Verhaltensmuster aufgeweicht werden. Der Mensch kann so zu seinem Selbstwertgefühl finden. Neue Ansätze, neue kreative Möglichkeiten eröffnen sich. Diese künstlerische Arbeit halten wir für besonders wichtig, wir betrachten sie als gleichrangig im Verhältnis zur Arbeits- und Wohnraumbeschaffung. Gerade für diese Arbeit ist es unheimlich schwer die finanziellen Mittel zu bekommen. Kunst wir immer noch als »Luxus« angesehen. Der wahre therapeutische Nutzen, die tief wirkenden Veränderungen, die durch die künstlerische Tätigkeit entstehen können, werden verkannt.
INNOVATIVE PROJEKTE
Wir haben andere Vereine und Projekte mitbegründet und betreuen und unterstützen diese Initiativen. So läuft z.B. ein erfolgreiches Projekt zur Haftvermeidung für junge Menschen, der Trägerverein »Hans im Glück« e.V. wird von uns beraten, betreut und organisiert.

Der Verein »Zurück in die Zukunft«, ein Wohn- und Arbeitsprojekt für junge Menschen türkischer Herkunft, das die sensationelle Umwandlung einer berüchtigten Jugendbande zu einer konstruktiven Jugendgruppe bewirkt hat, ist von uns mitbegründet worden. Wir haben für diesen Verein ein Mehrfamilienhaus in Köln-Nippes gekauft, die Ausbau- und Mordernisierungsarbeiten, sowie die bevorstehenden Neubauarbeiten werden durch unseren Verein finanziert. Für alle Bereich unserer Arbeit benötigen wir zusätzliche Gelder, Spenden von privaten Geldgebern sind willkommen.
SPENDENKONTO:
Postbank Köln, Kto.: 237 178 503, BLZ 370 100 50

SOZIALDIENST KATHOLISCHER FRAUEN E.V.
Hansaring 20
50670 Köln
Tel 120421
Fax 124688
Sprechstunden:
Im Büro: freitags 8.30 Uhr bis 12.30 Uhr und nach Vereinbarung
In der JVA: montags, mittwochs und nach Vereinbarung

KONZEPT DER STRAFFÄLLIGENHILFE DES SKF E.V. KÖLN

ENTWICKLUNG DER STRAFFÄLLIGENHILFE FÜR FRAUEN

Hilfen für weibliche Straffällige war das erste soziale Angebot, das Frau Le Hanne-Reichensperger und einige andere engagierte katholische Frauen hier in Köln machten, noch bevor sie im Jahre 1900 den Katholischen Fürsorgeverein für Mädchen, Frauen und Kinder gründeten, der heute Sozialdienst Katholischer Frauen heißt. Ein Erlaß des preussischen Innenministers von 1888 gestattete ihnen den Zutritt zum Gefängnis, in dem sie inhaftierte Frauen und Mädchen besuchten. Die Hilfe, die sie anboten, war durchaus nicht nur materieller Art. Primäres Ziel war die Vorbereitung der Mädchen und Frauen auf die Entlassung und die Versorgung mit Arbeit und Unterkunft, um einem Rückfall vorzubeugen.

So wurden bereits damals interessante Modelle von Prozeßbeistandsschaft, Bewährungshilfe sowie die »Schutzaufsicht« für minderjährige Straffällige entwickelt, aus der später die Erziehungsbeistandsschaft wurde. Die Arbeit wurde im Ehrenamt von Frauen geleistet, die keine Fachausbildung im heutigen Sinne hatten. Sie stellten sich der Aufgabe mit viel Mut, mit Verstand und Lebenserfahrung und persönlichem Engagement. Es war für sie zutiefst praktiziertes Christentum. Wir haben die Arbeit weiterentwickelt und leisten sie mit der heute notwendigen Fachlichkeit, aber auch in der Tradition unseres Vereins und seiner Gründerin.

ZIELGRUPPE FRAUEN

Wir arbeiten mit Frauen aller Altersstufen, die mit dem Gesetz in Konflikt geraten sind. Das Delikt, die Staatsangehörigkeit und die Konfession spielen für uns keine Rolle. Der überwiegende Teil unserer Klientinnen verbüßt eine Haftstrafe und somit arbeiten wir mit ihnen während und nach der Haft. Frauen werden auffallend weniger straffällig als Männer. Ihr Anteil an der Zahl aller Verurteilten beträgt nur 20 %. Lediglich 3,5 % aller Inhaftierten sind Frauen.

Hinter der geringen Zahl inhaftierter Frauen verbergen sich jedoch immense Probleme. Durch die immer noch vorhandene Ungleichstellung der Frauen mit

Männern in unserer Gesellschaft sind erstere anderen Konfliktsituationen ausgesetzt als Männer und entwickeln andere Strategien, ihre Probleme zu bewältigen. Die geschlechtsspezifische Sozialisation führt daher zwangsläufig zu einer unterschiedlichen Verarbeitung von Konflikten bei Frauen und Männern.

Viele Frauen empfinden sich nur als vollwertig, wenn sie als Ehefrau, Mutter und Hausfrau gut »funktionieren«. Ihre Identität finden die Frauen auch heute noch vorwiegend über die Beziehung zu einem Mann. Schwierigkeiten in Partnerbeziehungen und sexuelle Gewalterfahrungen sind bei der überwiegenden Zahl der von uns betreuten Frauen ein Hauptthema. Wenn dieses Lebenskonzept nicht gelingt, reagieren manche Frauen ihre Frustrationen in Tabletten-, Alkohol- und Drogenkonsum ab und richten damit ihre Aggressionen gegen sich. In der familiären und auch gesellschaftlichen Sozialisation erlernen Frauen in erster Linie passive Konfliktlösungsstrategien. Passives abweichendes Verhalten, wie z.B. eine Flucht in die Krankheit oder Tablettenabhängigkeit wird bei Frauen eher toleriert und zum Teil in großem Maße gefördert und unterstützt als aggressives nach außen gegen Umwelt und Mitmenschen gerichtetes Verhalten. Diese geschlechtsspezifische Verarbeitung von Frustrationen führt bei Frauen deshalb zu anderen Deliktformen. Dabei ist auffällig, daß diese häufig in Zusammenhang mit einem Mann stehen (Helferinnen und Zuarbeiterinnen bei Straftaten). Überproportional häufig sind Frauen wegen Drogendelikten, Ladendiebstählen sowie Betrugsstraftaten und in zunehmendem Maße Gewaltdelikten in Haft.

Frauen werden häufiger als Männer von ihren Familienangehörigen »fallengelassen«, wenn sie straffällig geworden sind. Gesellschaftlich sind straffällige Frauen schlechter angesehen als straffällige Männer. Besonders benachteiligt sind Alkohol- und Drogenabhängige, Prostituierte, Nichtseßhafte, Sinti und Roma, Ausländerinnen und psychisch Kranke, da sie in noch größeren Maßen Stigmatisierungsprozessen der Gesellschaft ausgeliefert sind.

Mehr als die Hälfte aller Frauen sind Mütter. Oft war ihre Lebenssituation vor der Haft schon so schwierig, daß die Kinder fremduntergebracht waren und von der Mutter lediglich besucht wurden. Viele Mütter erleben aber auch, daß ihre Kinder aufgrund der Inhaftierung anderweitig untergebracht werden, da der Vater oft nicht bereit oder in der Lage ist, für seine Kinder zu sorgen, was im umgekehrten Fall sonst die Regel ist. Die Trennung und Entfremdung von ihren Kindern ist daher zusätzlich eine hohe Belastung für die Frauen. Zum Rollenbild der Frau gehören Anpassung und Fügsamkeit. Erwartet werden von ihr weniger Verselbständigung und Selbstverwirklichung, wie es für den Aufbau einer stabilen Persönlichkeit unabdingbar ist. Im Strafvollzug werden wieder die gleichen Forderungen an sie gestellt, was eine positive Weiterentwicklung sehr erschwert und damit der Resozialisierung entgegenstehen. Konfliktvermeidung und Anpassungsleistungen, die bis zur Selbstaufgabe gehen, die in der Vergangenheit häufig eine der Ursachen der Straftat war, werden auch im Alltag der Anstalt weiter verstärkt.

UNSERE ARBEIT

Unser Ziel ist es, die straffällig gewordenen Frauen zu befähigen, einen realisierbaren Lebensplan nach der Entlassung zu entwickeln und durchzuführen. Wir fördern die Eigeninitiative und unterstützen die Selbsthilfekräfte der Frauen. Innerhalb der JVA versuchen wir durch Gespräche mit dem Personal, der Anstaltsleitung und dem Vollzugsamt auf die Haftsituation von Frauen und deren Auswirkungen aufmerksam zu machen und Änderungen herbeizuführen. Wir bewegen uns im Spannungsfeld unterschiedlicher und teilweise gegensätzlicher Erwartungen, z.B. von Justizbehörden, dem sozialen Umfeld und von den inhaftierten und haftentlassenen Frauen. Wie bereits in den Zielen beschrieben, beziehen wir Position für die Frauen.

Eine der Voraussetzungen für unsere Arbeit ist die Freiwilligkeit. Nur wenn die Frauen sich freiwillig für die Arbeit mit uns entscheiden, ist die Grundlage für den Aufbau einer positiven tragfähigen Beziehung gegeben, die erst Veränderungen möglich macht. Wir lernen die Frauen in der Regel in der Haft kennen und führen mit ihnen regelmäßig wöchentliche psycho-soziale Beratungsgespräche. Immer orientiert an der Situation der einzelnen Frau, ihren subjektiven Erfahrungen, Bedürfnissen und Wünschen, stecken wir gemeinsam mit den Frauen die Ziele ab. Wir versuchen mit den Frauen eine realistische Lebensperspektive zu entwickeln, indem wir die Faktoren, die sich ungünstig auf die Lebensgeschichte ausgewirkt haben, bewußt machen und dadurch die Möglichkeit der Aufarbeitung der Defizite (mangelnde Ich-Stärke, fehlende Selbstkontrolle, geringe Frustrationstoleranz etc.) geben.

Einige Inhalte unserer Beratungsgespräche sind: Schwierigkeiten mit der Haftsituation, die Auseinandersetzung mit der eigenen Vergangenheit, sexueller Mißbrauch, Beziehungsschwierigkeiten zu Eltern und Kindern, Schwierigkeiten im sozialen Umfeld, ungeklärte Partnerbeziehungen, Sexualität, Delikt, Sucht, Umgang mit Behörden, Arbeit/Arbeitslosigkeit, Wohnung/Obdachlosigkeit, Umgang mit freier Zeit. Die Umsetzung des Besprochenen wird durch die JVA sehr erschwert, weil die Bedingungen in keiner Hinsicht dem Leben draußen gleichen (totale Versorgung, keine Eigenverantwortung u.ä.), so daß die Frauen hier kein Übungsfeld haben. Von daher erleben Frauen die JVA auch häufig als Existenzsicherung (Essen und Schlafen), Schutz vor Anforderungen und Feindseligkeiten.

Auf Wunsch der Frauen begleiten wir sie bei Ausführungen und Ausgängen. Hier wird häufig deutlich, daß sich die Frauen außerhalb der JVA ganz anders verhalten (häufig auslöst durch die Unsicherheit - »Jeder sieht mir an, daß ich inhaftiert bin«). Neben der Arbeit mit inhaftierten Frauen bieten wir auf Wunsch auch weitere Begleitung und Unterstützung nach der Haft an. Hierbei ist in der Regel das Finden einer adäquaten Wohnmöglichkeit das vorrangigste Ziel. Dies ist wegen dem oft Nicht-Vorhandensein von geeignetem Wohnraum sehr problematisch. Um hier ein Abrutschen in die Illegalität abzuwenden, müssen Übergangsmöglichkeiten gefunden werden (Frauenhaus, Freunde etc.), die von den Frauen angenommen werden und die sie in ihrer Lebensrealität unterstützen können. Im Rahmen der einzelnen Betreuungen beziehen wir Freunde und Verwandte der Frauen in die Arbeit mit ein. Wir unterstützen die Frauen bei der Wiederherstellung früherer Kontakte, bei der Auseinandersetzung bzw. Ablösung von destruktiven Beziehungen und beim Aufbau eines neuen sozialen Umfeldes. Wir arbeiten mit anderen Dienststellen wie Staatsanwaltschaft, Gericht, RechtsanwältInnen, JVA, Bewährungshilfe, Sozial- und Arbeitsamt zusammen. Weil die Freiwilligkeit des Miteinanderarbeitens einer unserer Grundsätze ist, übernehmen wir keine Bewährungsaufsicht.

Für mittellose Inhaftierte haben wir die Möglichkeit, über einen Fonds einmalig für einen Einkauf Geld einzuzahlen. Desweiteren können wir ihnen auch aus Spendenmitteln sowohl Lebensmittelpakete wie auch Bekleidung finanzieren. Nach der Entlassung stellen wir gelegentlich, entsprechend der Situation der einzelnen Frau, Hausratsgegenstände und Kleidung zur Verfügung. Unser Arbeitsansatz ist es, diese materiellen Hilfen in unsere psychosoziale Beratungstätigkeit einzubinden.

Seit März 1995 bietet der SKF Köln inhaftierten Frauen, die wegen Sucht- und Gewaltdelikten verurteilt wurden, die erlebnisorientierte Maßnahme des »Therapeutischen Reitens« an. Hierzu liegt ein gesondertes Konzept vor.

ÖFFENTLICHKEITSARBEIT

Es bestehen große Vorurteile gegenüber straffällig gewordenen Frauen. Sie werden mit Mißtrauen und Ablehnung konfrontiert. Die Ursache liegt hauptsächlich in Ängsten gegenüber Menschen, die eine Straftat begangen haben. Durch Bekanntwerden von näheren Umständen der Tat und der gesamten Persönlichkeit der Straftäterinnen kann versucht werden, diese Ängste und Vorurteile teilweise abzubauen. Deshalb versuchen wir durch Öffentlichkeitsarbeit über die Situation dieser verhältnismäßig kleinen Randgruppe die Bevölkerung aufzuklären. Unser Anliegen ist, diese zu sensibilisieren, um eine Integration nach der Haft in die Gesellschaft zu erleichtern.

ALTERNATIVEN

Im derzeitigen Strafvollzug werden die im Strafvollzugsgesetz gezeigten Resozialisierungsmöglichkeiten nur teilweise umgesetzt. Es ist auch nicht abzusehen, ob und wann eine Änderung kommen wird. Wir beobachten vielmehr in der letzten Zeit eine Rückentwicklung zum Verwahrvollzug. Immer weniger Gelder und immer weniger Personal stehen zur Verfügung. Wir spüren auch kaum Interesse, daß diese Situation verändert wird, da der Schuld- und Sühnegedanke bei dem Großteil der Bevölkerung (und deshalb auch in der Politik) immer noch im Vordergrund steht.

VERSCHIEDENE VERÄNDERUNGEN HALTEN WIR FÜR DRINGEND ERFORDERLICH:

1. Aufbau und Ausbau von Wohngruppenvollzug - mit eigener Versorgung - im halboffenen Vollzug bzw. offenen kleinen Einheiten wäre eine wichtige Voraussetzung, um den Frauen Lernmöglichkeiten für ein selbstbestimmtes und eigenständiges Leben nach der Entlassung zu bieten. In einem geschützten Raum könnten Alltäglichkeiten eingeübt werden.

2. Verbunden mit Wohngruppenvollzug oder offenem Vollzug sollten die Frauen in einem freien Beschäftigungsverhältnis die tatsächlichen Erfordernisse und Erwartungen der Arbeitswelt kennenlernen. Um die Arbeitsmotivation zu steigern, müssen die Frauen entsprechend ihren Arbeitsleistungen tariflich entlohnt werden. Außerdem wären sie rentenversichert und hätten somit später einen Anspruch auf Rente oder Teilrente.

3. Ebenfalls verbunden mit dem offenen Vollzug muß die Möglichkeit der Teilnahme an allgemein zugänglichen schulischen und/oder beruflichen Maßnahmen aller Art bestehen, um eine berufliche und soziale Integration zu fördern. Es ist zu verstehen, daß bei der relativ kleinen Zahl von inhaftierten Frauen nicht eigene Angebote gemacht werden können; aber die Teilnahme an Maßnahmen außerhalb der JVA muß und kann weiter gefördert werden, um eine berufliche Qualifikation zu erwerben.

4. Die meisten Frauen, mit denen wir arbeiten, haben Schulden. Schon während der Haft muß mit der Frau das Thema Schulden bzw. Schuldenregulierung besprochen werden.

SOZIALDIENST KATHOLISCHER MÄNNER E.V. KÖLN (SKM)
Große Telegraphenstraße 31
50676 Köln
Tel 2074-0 (Sammelrufnummer)

Der SKM bietet Beratung und Hilfe für jugendliche und erwachsene Inhaftierte (regelmäßig JVA Siegburg, Köln und Rheinbach, bei Bedarf auch andere Anstalten) und für jugendliche und erwachsene Haftentlassene, das bedeutet auch:
- Beratung und Hilfe für Ehefrauen, Lebenspartnerinnen und Kindern von U- und Strafgefangenen
- Entlassungsvorbereitung
- Beratung und Hilfe für Haftentlassene
- Hilfestellung bei der Vermittlung von Arbeit und Unterkunft
- Beratung und Unterstützung bei Anträgen auf Sozialhilfe bzw. anderer Sozialleistungsträger
- Beratung und Hilfe zur Entschuldung
- Mitwirkung in der Jugend- und Erwachsenengerichtshilfe
- Führung von Bewährungsaufsichten und Betreuungsweisungen
- besondere Dienste für Drogen-, Alkohol- und Medikamentenabhängige einschließlich Beratung in der JVA Köln

WEITERE ANGEBOTSSCHWERPUNKTE SIND:
- soziale Brennpunkt-Arbeit: Kindertageseinrichtungen, Jugendclubs u.ä. in sozial belasteten Wohngebieten
- Tagesstätten für behinderte und nichtbehinderte Kinder
- Hilfen für Jugendliche und junge Erwachsene in schwierigen Lebenssituationen
- Familienhilfe
- Schuldnerberatung, Hilfe zur Sicherung des Lebensunterhaltes
- Hilfe für geistig Behinderte und psychisch Kranke, betreutes Wohnen
- ambulante Beratung und Behandlung Alkohol- und Medikamentenabhängiger, Hilfe für Angehörige
- Hilfeverbund für Drogenabhängige, Kontakt- und Notschlafstellen
- Beratung HIV-Infizierter, psychosoziale Betreuung AIDS-Kranker und Wohnhilfen
- Beratung von Zigeunerfamilien
- Hilfeverbund für alleinstehende Personen mit besonderen sozialen Schwierigkeiten (»Nichtseßhafte«)

FOLGENDE FACHBEREICHE UND EINRICHTUNGEN KÖNNEN UNTER DEN ANGEGEBENEN ANSCHLÜSSEN TELEFONISCH KONTAKTIERT WERDEN:

Fachbereich »Beratung und Hilfe«:
Fachbereichsleitung   2074-138
Jugend- u. Familienhilfe   2074-184/183
- Wohnhilfe   oder 5506863

▸ Beratung, Einzelfallhilfe u.a.	2074-201
▸ sozialpäd. Familienhilfe	-122
Beratung und Werbung ehren- amtlicher Helfer	2074-146/112

Sozialberatung	2074-180/146
▸ in persönlichen Angelegenheiten	2074-119
▸ Führung von Betreuungen	- 171/182
▸ bei Behördenangelegenheiten	- 125/172
▸ sozialrechtliche Fragen	- 144/118
▸ Entschuldungshilfe	- 124/112

Hilfe für psychisch Kranke
▸ Kontakt- u. Beratungsstelle
»Telegraphentreff«   2074-159
▸ Beratung, Begleitung, betreutes
Wohnen   2074-145

Gefährdetenhilfe
▸ Kontakt- und Beratungsstelle
Hauptbahnhof, Bhf.-Vorplatz 2a   2074-177
Kontakte, Erste Hilfen (Essen,
Wärmen, Hygiene, med.Versorgung,
und Weitervermittlung
Ambulante Begleitung   2074-115, -153
Wohngruppen   -123
Beschäftigungshilfeprojekt
»De Flo«, Florastr.114-122   732054

Straffälligenhilfe
Ambulante Beratung   2074-168, -166, -176

**Gefangenenbesuche in den
Justizvollzugsanstalten**
Köln, Siegburg, Rheinbach   Di und Do nach Bedarf

FACHBEREICH »DROGENHILFE«
Fachbereichsleitung   2074-154, -155

Beratungs- und Behandlungsstelle
Mauritiussteinweg 66-68   -200

Kontakt- und Notschlafstelle
Bahnhofsvorplatz 2a   1300018 jede Nacht Notschlafstelle

**Kontakt- und Beratungsstelle
in Ehrenfeld**
Schönsteinstraße 12 d   5506363

**Wohnhilfeprojekt für obdach-
lose Drogenabhängige**
Schmalbeinstraße 32   5102783 Tag und Nacht
Klärungs- und Orientierungshaus   02207-3686

**Therapeutische Gemeinschaft
»Tauwetter«**   02222-4168

Reha-Zentrum
Franzstaße 8/10   4009094
▸ Adaption
▸ Nachsorge
▸ Wohnhilfe

Aidsberatung und Wohnhilfe
Glueler Str. 179   4060581

FACHBEREICH »SOZIALE BRENNPUNKTE«
Fachbereichsleitung   2074-128/129

Psychologischer Dienst   2074-132 nach Vereinbarung

(In der Fachbereichsleitung können Kindertageseinrichtungen, Jugendclubs und Offene Türen in den Stadtteilen erfragt werden.)

HAUS RUPPRECHTSTRAßE

Wohnheim für straffällig gewordene junge Männer und Frauen (seit 1.1.1997)
Rupprechtstr. 9
50937 Köln
Tel 44 10 26

WER KANN HIER WOHNEN?
- Männer zwischen 18 und 30 Jahren, die haftentlassen und/oder unter Bewährung stehen.
- nicht aufgenommen werden Drogen- und Alkoholabhängige und psychisch Kranke.
- die Aufenthaltsdauer beträgt höchstens 18 Monate, die Probezeit 6 Wochen.

WIE KANN ICH MICH BEWERBEN?
- kurzes Bewerbungsschreiben mit Lebenslauf.
- anschließend Vorstellungsgespräch und Hausbesichtigung.
- das pädagogische Team entscheidet dann über den Einzug.

WAS KANN ICH HIER ERREICHEN?
Jede Straftat hat ihre Ursache in mehr oder weniger großen Problemen des Einzelnen. Nach der Haftentlassung haben viele Schwierigkeiten in ein geregeltes Leben zurückzufinden.
Angebote:
- Hilfe bei Arbeitssuche, Umschulung, Behördengängen.
- Lebenspraktische Hilfe (z.B. Haushaltsführung, Finanzplanung).
- regelmäßige verbindliche Einzelgespräche um individuelle Probleme zu verdeutlichen und aufzuarbeiten.

HOLZWERKSTATT
Bewohner, die Schwierigkeiten haben, gleich mit einer Arbeit oder Weiterbildung zu beginnen, können unter Anleitung des Schreinermeisters in der Holzwerkstatt halbtags arbeiten. Hier werden Möbel für die eigenen Appartments gebaut und Aufträge für das Haus ausgeführt. Dabei kann man sich die Grundkenntnisse der Holzbearbeitung aneignen. Die Tätigkeit in der Werkstatt ist befristet und verbindlich.

WOHNBEREICH
- jeder Bewohner hat ein möbliertes Appartment mit Küchenecke, WC, Dusche.
- die Kosten betragen 120 DM Miete und einmalig 120 DM Kaution.
- es gibt 4 Wohngruppen mit 5 bis 7 Bewohnern, jede Gruppe wird von einem Sozialarbeiter oder einer Sozialarbeiterin betreut.

BESUCH
Es ist immer Besuchszeit außer vormittags (Arbeitszeit der Werkstatt). Der Besucher oder die Besucherin muß polizeilich gemeldet sein und beim ersten Besuch

kurz einer Sozialarbeiterin oder einem Sozialarbeiter vorgestellt werden. Das ist nur Montag bis Freitag bis 21 Uhr möglich.

FREIZEITMÖGLICHKEITEN
▸ Billiard, Tischtennis, Spiele, Kraftraum, Sport, Fernseher, Fotolabor und Gruppenaktivitäten.

GREMIEN
▸ Hausversammlung
Alle zwei Wochen findet eine Hausversammlung mit Bewohnern und Sozialarbeiterinnen und Sozialarbeitern statt. Dort werden alle wichtigen Angelegenheiten des Hauses besprochen.
▸ Teamsitzung
Täglich findet eine Teamsitzung des pädagogischen Teams statt. Einmal in der Woche können Bewohner teilnehmen.
▸ Konfliktsitzung
Bei groben Regelverstößen durch Bewohner findet eine Konfliktsitzung statt an der jeder teilnehmen kann. Dort wird beraten, unter welchen Bedingungen der Betroffene weiter hier wohnen kann oder ob er ausziehen muß,.

VERBOTE IM HAUS
▸ Gewaltausübung und Gewaltandrohung
▸ Besitz von Waffen
▸ Konsum, Besitz und Handel von Drogen

LIEBE BEWERBER!
Diese Haus ist keine billige Absteige, sondern ein Haus, wo Du Deine Probleme bearbeiten kannst! Also, wenn Du keine Drogen- oder Alkoholprobleme hast und du die anderen Voraussetzungen erfüllst, dann trau Dich doch und melde Dich bei uns.
Die Bewohner   *Sommer 1991*

WIE FINDET MAN UNS?
Vom Hauptbahnhof mit der U-Bahn zum Neumarkt. Dann mit der Straßenbahn Linie 7 Richtung Sülz, Haltestelle Lindenburg. Gegenüber der Haltestelle in die Gustavstraße, die zweite Straße nach rechts ist die Rupprechtstraße.

JVA Köln

D: ALTERNATIVEN

WEITERE INFORMATIONEN

Wer das Buch bis hierher aufmerksam durchgelesen hat, kennt nun schon jede Menge Alternativen zum repressiven Umgang mit Jugendlichen und Heranwachsenden. Im folgenden nennen wir einige Informationsquellen, die es ermöglichen das bisher Gelesene noch gründlicher zu durchdenken.

ZEITSCHRIFTEN

Wer sich von den vier unten genannten Zeitschriften Probeexemplare schicken läßt, ist sofort mitten in der aktuellen Diskussion aller Fragen, die mit unserem Thema zusammenhängen.

DVJJ-JOURNAL.
Zeitschrift für Jugendkriminalrecht und Jugendhilfe
Deutsche Vereinigung für Jugendgerichte und Jugendgerichtshilfe
Lützerodestr. 9
30161 Hannover
Tel 0511/3483640
Fax 0511/3180660

Informationsdienst Straffälligenhilfe
Bundesarbeitsgemeinschaft
für Straffälligenhilfe (BAG-S) e.V.
Oppelner Str. 130
53119 Bonn
Tel 0228/6685380
Fax 0228/6685383

Kriminologisches Journal
Juventa Verlag GmbH
Ehretstr. 3
69469 Weinheim
Tel 06201/61035
Fax 06201/13135

Neue Kriminalpolitik
Nomos Verlagsgesellschaft
Waldseestr. 3-5
76530 Baden-Baden
Tel 07221/2104-0

All diese Zeitschriften - und noch jede Menge mehr - gibt es auch in der Bibliothek der Kriminologischen Forschungsstelle der Universität Köln.

Kriminologische Forschungsstelle
Universität Köln
Albertus-Magnus-Platz
50923 Köln
Tel 4704281
Fax 4705147

BÜCHER
Wer sich intensiver mit dem Thema Jugendkriminalität auseinandersetzen will, findet in den oben genannten Zeitschriften und in unserer Literaturliste am Ende des Buches jede Menge Stoff. Ganz besonders aber wollen wir auf vier Bücher aufmerksam machen, die einen realistischen Einblick in die Lebenswelt von Jugendlichen geben, die kriminalisiert werden:

Metin Gür:
Warum sind sie kriminell geworden? Verlag Neuer Weg, Essen 1990

Hans Jaeckel:
»IBO«, Unionsverlag, Zürich 1996

Hermann Tertilt:
Turkish Power Boys, Suhrkamp-Verlag, Frankfurt 1996

Feridun Zaimoglu:
»Abschaum - die wahre Geschichte von Ertan Ongun«, Rotbuch-Verlag, Berlin 1997

EIN BEISPIEL AUS DEM STADTTEIL

Für einen nicht-repressiven Umgang mit Jugendlichen gibt es in Köln in den Stadtteilen schon eine Reihe von Zentren, wie den Kellerladen e.v. im Bilderstöckchen, die durch ihre Arbeit zeigen, daß es auch ohne Ausgrenzung und Kriminalisierung geht. Über die seit 1972 bestehende Initiative, die aus dem Jugendclub »Lucky's Haus« entstand, heißt es in ihrer Selbstdarstellung: »Diese Gruppe, die sich füreinander eingesetzt hat, in der nie einer ausgestoßen wurde, obwohl es Gesetze gab, wo der einzelne viel gewagt hat, ist zu einer echten Gemeinschaft zusammengewachsen. Das Wilde haben sie heute abgelegt, aber die Aktivität ist geblieben.«

Wir haben uns entschieden, beispielhaft die Selbstdarstellung von »Zurück in die Zukunft e.V.« abzudrucken, weil dieser Verein ein Selbsthilfeprojekt einer Jugendgruppe ist, die Ende der 80er Jahre als »Leipziger Bande« in den Kölner Medien als Gefahr für die öffentliche Sicherheit in der Stadt für Schlagzeilen sorgte.

ZURÜCK IN DIE ZUKUNFT, NIPPES
Zurück in die Zukunft e.V.
    Merheimer Straße 92
    50733 KÖLN
    Tel   Büro   7390470
               Bistro 7325519

TRÄGER
»Zurück in die Zukunft e.V.« ist ein eingetragener und als gemeinnützig anerkannter Verein

ENTSTEHUNG
1990 bestand in Nippes die Jugendbande »die Leipziger«, ein Zusammenschluß von etwa 20 überwiegend ausländischen Jugendlichen, auffällig geworden durch Gewaltdelikte, Einbruch, Diebstähle. Wachsende Perspektivlosigkeit, Orientierungslosigkeit bestimmten den Alltag dieser Jugendlichen und bildeten in der Folgezeit den Hintergrund für Drogenmißbrauch und der damit verbundenen Beschaffungskriminalität.

Versuche von außen, Einfluß auf diese Jugendlichen zu nehmen (Haftstrafe, Bewährungshilfe etc.) waren erfolglos, weil sie auf Einzelne bezogen blieben, strukturelle Gegebenheiten die Entstehung eines Vertrauensverhältnisses zwischen Helfer und Jugendlichem behinderten, darüber hinaus nur Teilbereiche des Jugendlichenalltags (z.B. Schule, Ausbildung, aber nicht auch Freundeskreis, Familie, Wohnort) berücksichtigt wurden.

Auf Initiative des Allgemeinen Sozialen Dienstes der Stadt Köln -Fachbereich Jugend und Familie - kam es zur Kontaktaufnahme mit diesen Jugendlichen, ein

Treffpunkt wurde angeboten. Im Rahmen sozialer Gruppenarbeit kam es zu regelmäßigen Treffen mit allen Bandenmitgliedern auf freiwilliger Basis, in deren Verlauf eine gemeinsame Perspektive thematisiert wurde.

Hieraus entstand 1991 der »Zurück in die Zukunft« e.V., an dessen inhaltlicher Arbeit auch andere bestehende Initiativen im Stadtteil und darüber hinaus wie z.B. Maßstab e.V., Zug um Zug e.V., Ökobau, Jugendwerkstatt Nippes beteiligt wurden.

Umfangreiche intensive Einzelbetreuung stand neben der Verwirklichung vom gemeinsamen Arbeiten und Wohnen im Zentrum der Vereinsarbeit. Es wurden Räumlichkeiten angemietet, in Kooperation mit öffentlichen Stellen wie Sozial- und Arbeitsamt wurden reguläre Arbeitsverhältnisse begründet. In Eigeninitiative wurde am gemeinsamen Projekt gearbeitet.

ERWÄHNENSWERTE ZWISCHENSTATIONEN AUF DEM WEG BIS HEUTE:
1990 erste Treffen der Jugendbande »die Leipziger« in Räumen der Außenstelle des Allgemeinen Sozialen Dienstes der Stadt Köln
1991 Vereinsgründung
1992 Beginn der Umbau- und Renovierungsarbeiten im Haus Merheimer Straße 92. Zustandekommen erster regulärer Arbeitsverhältnisse auf ABM-Basis innerhalb des Bautrupps.
1993 Fertigstellung zweier Kleinstappartements, Vermietung an ehemalige »Leipziger« Einstellung einer Verwaltungsfachkraft auf Hilfe-zur-Arbeit-Basis.
1994 Eröffnung des Bistros »Lichtblick«. Bistroangestellte auf ABM-Basis, Einstellung eines Sozialarbeiters als Geschäftsführer des Vereins.
1995 erneute umfangreiche Umbauarbeiten, 4 ABM-Kräfte, Einstellung eines Sozialarbeiters, Aufbau eines Bereichs »gemeinwesenbezogene Jugendarbeit«.

Heute hat der überwiegende Teil der ehemaligen Bandenmitglieder den Absprung in die legale Bürgerlichkeit geschafft, eine hier teilweise zu verzeichnende Abkehr vom Verein und Verselbständigung ist im Sinne des Konzepts.

Die in den Anfängen des Vereins bestehende Kriminalität im Bereich der den ehemaligen Bandenmitgliedern nachgewiesenen Delikte ist deutlich zurückgegangen, der Einfluß der Vereinsarbeit in diesem Bereich wird von der örtlichen Polizeibehörde anerkannt.

SCHWERPUNKTE DER ARBEIT
▸ Straffälligenhilfe mit jungen Menschen aus Nippes, die zur Zeit in Justizvollzugsanstalten inhaftiert sind
▸ nachgehende Betreuung junger Menschen aus Nippes, die inhaftiert waren und Hilfen bei der Bewältigung ihres Alltags anzunehmen bereit sind
▸ Unterstützung von Jugendlichen aus Nippes, die nach Kennenlernen der Vereinsaktivitäten verschiedene Hilfeangebote anzunehmen bereit sind.

Konkrete Hilfeangebote, die mittlerweile ebenso von jungen Menschen außerhalb der Entstehungsgruppe wahrgenommen werden, waren und sind:
bei Straffälligkeit
▸ intensive Zusammenarbeit mit Rechtsanwälten
▸ Begleitung und mündliche/schriftliche Stellungnahme bei Gerichtsverfahren
▸ Zusammenarbeit mit Jugendgerichtshilfe, Bewährungshilfe, Brücke etc.
▸ ggf. Übernahme von Betreuungsweisungen des Gerichts bzw. Bewährungsauflagen
bei Inhaftierung
▸ Besuche in den JVA's
▸ Regelung persönlicher Angelegenheiten
▸ Intervention bzgl. des Strafvollzugs
▸ Stellungnahme zu Lockerungen (Ausgang/Urlaub) - 2/3 Strafe / Therapie
▸ Vollzugsplanung an: Gericht, Soziale Dienste JVA, Ausländeramt
▸ Vorbereitung der Entlassung: persönliche, berufliche Perspektive und Wohnsituation - ggf. Zusammenarbeit mit Familie - Begleitung bei Haftentlassung - Nachgehende Betreuung

Darüber hinaus
▸ im Rahmen einer dem Strafverfahren oder der Inhaftierung nachgehenden Betreuung
▸ bei Neukontakten zu jungen Menschen aus dem Stadtteil, die (noch) nicht straffällig geworden sind
bei fehlender finanzieller Grundabsicherung
▸ Beratung, Begleitung und Hilfestellung bei Ämtergängen (Sozialhilfe, Wohngeld, Arbeitslosengeld, -hilfe, ausländerrechtlichen Problemen, Jugendamt, Krankenversicherung etc.)
bei Arbeitslosigkeit
▸ Hilfen zur beruflichen Orientierung / Motivationsarbeit / Beratung - Begleitung
▸ Vermittlung:
für schulische Maßnahmen, Ausbildung, Umschulung, ABM - Stellen in eigenem oder anderen Projekten, Hilfe-zur-Arbeit im eigenen Projekt
▸ Zusammenarbeit mit Bildungsberatung, Arbeitsamt, Sozialamt, weiteren Anstellungsträgern
bei Schulden
▸ Sortierhilfe- (Was - Wohin - Wieviel)
▸ Finanzplan erstellen (realistisch- individuell abgestimmt)
▸ Gläubiger anschreiben - Fristwahrung - Ratenvereinbarungen
bei Obdachlosigkeit - latent oder real
▸ Wohnungssuche - Aufzeigen von Wegen und Möglichkeiten
▸ Vermittlung / Zusammenarbeit mit Wohnungsamt
▸ Vermietung von Räumlichkeiten im eigenen Projekt
▸ Elternarbeit

BEI SUCHTPROBLEMEN
- Beratung / Vermittlung in Entgiftung oder Therapie
- Herstellen des Kontakts zur Drogenberatungsstelle
- Zusammenarbeit mit Drogeneinrichtungen
- Elternarbeit
- intensive Begleitung / Unterstützung bei Einzelentgiftung

bei Partnerschaftsproblemen
- Vermittlung, Beratung, Einbeziehen des Beziehungspartners

Im Rahmen der beschriebenen Vereinsaktivitäten haben sich mittlerweile verschiedene Projekte entwickelt

DAS BISTRO »LICHTBLICK«:
- Treffpunkt für Vereinsmitglieder & Freunde, Bekannte aus deren Umfeld
- Möglichkeit der zwanglosen Kontaktaufnahme für andere junge Menschen aus Nippes
- Einmal wöchentlich Sprechstunde, in der ein Sozialarbeiter vor Ort Hilfestellung anbietet
- Veranstaltungen für Menschen aus dem Viertel, die informieren und zur Diskussion anregen sollen

Anlauf- und Beratungsstelle in Nippes, Steinbergerstr. 40 :
- Einmal wöchentlich ein Gruppenabend für junge Menschen aus dem Vereinsumfeld
- schulische Angebote, Bewerbungstraining in Gruppenarbeit
- innerhalb der regelmäßigen Sprechstunden und darüber hinaus Beratungs- und Informationsgespräche für Hilfesuchende
- Büro Verwaltung, Geschäftsführung

Die Baustelle Merheimer Str. 92 :
- junge Leute aus Nippes werden in befristete Arbeitsverhältnisse übernommen
- professionelle Anleitung durch einen Handwerkermeister
- Vermittlung handwerklicher Fertigkeiten
- Gewöhnung an Arbeitsablauf
- sozialarbeiterische Betreuung bei Schwierigkeiten in & außerhalb des Arbeitsalltags

SPENDENKONTO:
Bank für Sozialwirtschaft (BLZ.: 370 205 00), Konto-Nr: 707 9000

ENTKRIMINALISIERUNGEN UND ENTPOENALISIERUNGEN

Eine Entkriminalisierung hat stattgefunden, wenn ein Verhalten, das früher gegen eine Norm des Strafrechts verstoßen hatte, und deswegen mit einer Kriminalstrafe sanktioniert wurde, aus dem Strafgesetzbuch herausgenommen worden ist. Ein Beispiel dafür ist der § 175 Strafgesetzbuch, der homosexuelle Handlungen zwischen Erwachsenen unter Strafe gestellt hatte, und der ersatzlos gestrichen wurde. Der am meisten diskutierte Fall von Entkriminalisierung in der Geschichte der Bundesrepublik war und ist die noch immer andauernde Debatte um den § 218.

Angesichts von über 60% Süchtigen in der Frauenabteilung von Ossendorf und angesichts von fast 50 % Süchtigen in der Männerabteilung ist unser wichtigstes Anliegen die Entkriminalisierung des Drogengebrauchs. In Köln gibt es dafür einen erfreulich breiten Konsens - vom Polizeipräsidenten bis hin zu Ratsmitglieder aus der CDU. Seit über 20 Jahren gibt es Drogentote in der Stadt (seit 1973 wurden bundesweit über 20.000 Drogentote gezählt, die wirkliche Zahl dürfte wesentlich höher liegen), das Elend der Junkies ist unübersehbar - versammelt sah man sie auf dem Neumarkt, jetzt in der ganzen Stadt verteilt. Andere Folgen sind die Beschaffungskriminalität (Kleinhandel mit Drogen, Diebstähle, Raub, Einbrüche) und das Elend der Mädchen und Frauen, die sich das Geld für den Stoff auf dem Straßenstrich besorgen. Hinzu kommt das Leid der Angehörigen und Freunde der Süchtigen. Der internationale Drogenhandel ist ein Milliardengeschäft, eng verwoben mit dem illegalen Waffenhandel, Regierungen und Geheimdienste mischen mit.

Gabriel Garcia Marquez hat zusammen mit 48 anderen lateinamerikanischen Schriftstellern und Künstlern darauf hingewiesen, daß die repressive Drogenpolitik eine Gefahr für die Gesellschaft produziert, die schlimmer ist als alle Drogenwirkungen zusammen: »Eine perversere Droge als alle anderen macht sich in der Gesellschaft breit: das leichtverdiente Geld. Es schuf die Vorstellung, das Gesetz sei ein Hindernis zum Glück, Lesen und Schreiben zu lernen lohne sich nicht, das Leben eines Mörders sei mehr wert als das eines Richters. Kurz, ein Grad von Perversion, wie er jedem Krieg eigen ist.«

Angesichts der Tatsache, daß jährlich 40.000 Alkoholtote gezählt werden und 70.000 Menschen an den Folgen des Rauchens sterben, sollte niemand behaupten, es gäbe eine Lösung des Drogenproblems. Aber es gibt die Möglichkeit, das Leid der Junkies zu beenden und den Drogenhändlern den Markt zu nehmen. Wie das Leid der Junkies beendet werden kann, ist in der Schweiz zu besichtigen. Die medizinisch überwachte Abgabe von Heroin an die Schwerstabhängigen ermöglicht ihnen ein Leben ohne Kriminalität und Prostitution, das Sterben hört auf. Die verbleibenden Probleme um die Fixerstuben werden in Basel am »Drogenstammtisch« diskutiert und einer sozialen Regelung zugeführt.

Der Frankfurter Drogenexperte Henner Hess weist darauf hin, daß es neben dieser gefährdeten Gruppe der Junkies auf der Straße, von der durch die Beschaffungskriminalität auch Gefahren ausgehen, die viel größere Gruppe der Gelegenheitskonsumenten und der »bürgerlichen« Konsumenten gibt, die meist überhaupt keine Eigentums- und Gewalttaten begehen. Diese unauffälligen Konsumenten machen seinen Schätzungen zufolge beim Heroin 60 bis 80 % und bei Kokain und Cannabis über 95% aus. Daher führt letztlich an der Drogenlegalisierung kein Weg vorbei, wenn man die von Garcia Marquez geschilderte viel größere Gefahr für die Gesellschaft, die durch das schnelle Geld entsteht, stoppen will. Weil es um soviel Geld geht, ist es mit noch so vielen Verhaftungen nicht möglich, dem illegalen Drogenhandel Herr zu werden. Die Polizei kann nicht gewinnen.

Angesichts der politischen Machtverhältnisse, angesichts der Bedeutung, die der Wahn von der drogenfreien Gesellschaft für die politische Rechte hat, kann man auf die allgemeine Drogenlegalisierung nicht warten. Trotzdem ist diesen Selbstgerechten immer wieder zu sagen, daß es steigende Leistungsanforderungen ohne Perspektive, zunehmende Entfremdung vom eigenen Tun sowohl in der Arbeit wie in der sogenannten Freizeit und der Verlust einer Zukunftsperspektive sind, bei den Jugendlichen die Bereitschaft fördert, Heroin zu nehmen. Nicht Rausch und Ekstase, sondern Flucht und Verdrängung sind die Hauptmotive der Heroinabhängigen. Wer dieses Risiko auf sich nimmt, an dem dreckigen Heroin zu sterben, lebt in einer elenden Realität.

Alle kleinen Schritte, die das Elend der Junkies beenden und die Beschaffungskriminalität zum Verschwinden bringen, sind Schritte in die richtige Richtung und zu unterstützen: Fixerstuben und ärztlich begleitete Abgabe von Heroin. Dafür lohnt es sich auch auf die Straße zu gehen und die Junkies zu unterstützen. Es lohnt sich aber auch für die Legalisierung von Haschisch und Marihuana auf die Straße zu gehen und das öffentlich klarzustellen, was in der Bundesrepublik 4 Millionen Konsumenten wissen: Cannabis ist kein »Rauschgift«, ist nicht so gefährlich wie Alkohol und Nikotin.

Die Drogensucht ist nur eine Sucht in unserer Gesellschaft. Eßsucht, Spielsucht, Medikamentensucht, Alkoholsucht, Arbeitssucht, Zuckersucht, Kaufsucht, Magersucht und Nikotinsucht sind ganz offensichtlich für viele Süchtige nicht nur oder überhaupt nicht vergnüglich, sie leiden daran. Viele Süchte sind Ausdruck ungelebten Lebens. Das Gefangenensein in diesen Suchtkäfigen sollte als ein verschüttetes Emanzipationspotential wahrgenommen werden, das es freizusetzen gilt. Die Polizei kann die Riegel vor diesen Käfigen nicht entfernen.

Mit der Entpönalisierung (»Entstrafung«) ist eine Maßnahme gemeint, die sich entweder auf die Art der Sanktion auswirkt oder eine Alternative zur bisherigen Praxis der Konfliktregelung darstellt. Entpönalisierungen wären:
- wenn Handlungen, die als Verbrechen gelten nur noch als Vergehen bewertet werden,
- wenn ein mit Freiheitsstrafe bedrohtes Verhalten nur noch mit einer Geldstrafe sanktioniert wird,
- wenn ein Verfahren eingestellt wird, weil der Beschuldigte den Schaden durch Geld oder gemeinnützige Arbeit reguliert hat,
- wenn ein Täter-Opfer-Ausgleich stattfand.

Fast 10% der 1996 in Köln bekanntgewordenen 123.782 Straftaten waren Ladendiebstähle. Das ist keine Kölner Spezialität, auch in der gesamten Bundesrepublik sind 10% der bekannt gewordenen Straftaten Ladendiebstähle. Ganz offenkundig hängt diese Riesenzahl von Ladendiebstählen mit der fehlenden Kontrolle zusammen. Ihre Zahl schoß in dem Moment in die Höhe, in dem nicht mehr über den Ladentisch verkauft wurde. Dieser Zusammenhang ist empirisch abgesichert - mit der wachsenden Zahl von Selbstbedienungsverkaufsflächen wuchs die Zahl Ladendiebstähle. Dasselbe geschah in den öffentlichen Verkehrsmitteln, als die Schaffner abgeschafft wurden: die Zahl der Nutzer ohne Fahrschein stieg rasant an. Seither steigt Jahr für Jahr die Zahl der *Schwarz*-fahrer. In Köln wurde 1996 ein Anstieg von 600 Fällen in der KVB gemeldet.

Weil es so offenkundig ist, daß die offen daliegende Ware Gelegenheit für Diebe schafft, sollte sich der Staat aus der Kontrolle des Ladendiebstahls in Selbstbedienungsläden ganz zurückziehen und diesen Betrieben der Privatwirtschaft den Diebstahlschutz ganz allein überlassen. Nicht nur, um Polizei und Justiz zu entlasten, sondern auch weil nicht einzusehen ist, daß die Allgemeinheit dafür bezahlen soll, daß Privatunternehmer auf ihre Waren nicht aufpassen. Daher sind Gesetzesänderungen angebracht, die aus all diesen Bagatelldelikten einfache Ordnungswidrigkeiten machen.

Als im Bundestag die Entkriminalisierung des Diebstahls diskutiert wurde, erklärte der Parlamentarische Staatssekretär Lintner aus dem Innenministerium: »Es ist notwendig, daß alle gesellschaftlichen Kräfte daran mitwirken, daß der Respekt gegenüber fremdem Eigentum auch bei geringwertigen Gegenständen gewahrt bleibt.« Eine völlig unrealistischer Appell. In einer Gesellschaft, in der weniger zählt, was ein Mensch ist oder wie er sich zu seinen Mitmenschen verhält, sondern was einer hat und welchen wirtschaftlichen Erfolg er vorweisen kann, in solch einer Gesellschaft tickt offenbar ein Mechanismus, der jedes menschliche Maß sprengt. Wo es nur um immer mehr geht, ist die Maßlosigkeit geradezu Programm und Motor allen Geschehens. Die Konsumentenwerbung ist voll darauf abgestellt - kauft, kauft, kauft. Die neuen Kaufhäuser glänzen in einer Pracht, die alles entfaltet, was die moderne Architektur und die Konsumentenforschung zu bieten haben - es sind Einkaufs-Tempel. Die Werbung hat dafür gesorgt, daß schon Kleinkinder ein Markenbewußtsein haben. Wer nicht bestimmte Jeans oder bestimmte Turnschuhe oder Jacken hat, findet keine Anerkennung. Wo aber die Selbstbestätigung über die Markenartikel erworben werden muß, und es keine andere Anerkennung gibt, wird die Beschaffung dieser Konsumgüter wichtiger als das Wie - notfalls eben mit Gewalt.

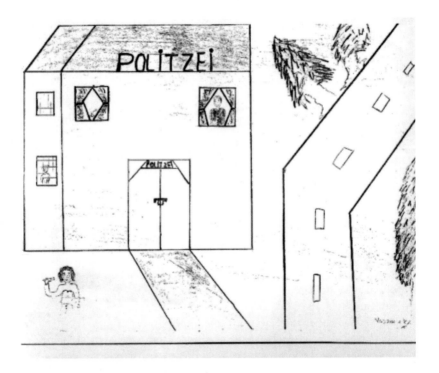

»Mein Traumberuf«, Sammlung Nippes Museum

OFFENE JUGENDARBEIT ALS ALTERNATIVE ZU AUSGRENZUNG UND KRIMINALISIERUNG?

DIE VERANTWORTUNG DER KOMMUNALEN JUGENDPOLITIK AM BEISPIEL DER STADT KÖLN.

von Wolfgang Zaschke

VORBEMERKUNG

Was hat die Jugendhilfe den von Kriminalisierung und Abschiebung bedrohten Jugendlichen zu bieten? Welche Alternativen zu Fürsorge, Vereinzelung und Abschiebung ermöglicht die kommunale Jugendpolitik?

Läßt man die in den vorausgegangenen Kapiteln geschilderten Zustände noch einmal Revue passieren, fällt die Ungleichzeitigkeit zwischen liberalen und autoritären Praktiken in verschiedenen Bereichen des sozialen Rechtsstaats auf. Die von Praktikern des Jugendstrafvollzugs vorgebrachte Kritik spricht dafür, daß sich in diesem Arbeitsfeld Reformansprüche erhalten haben, zu denen die Zurückdrängung der Jugendstrafe, ihre Diversifizierung durch den Aufbau ausgleichender Verfahren, präventive und begleitende Dienste der Jugendhilfe sowie die öffentliche Bekämpfung von Schuldzuschreibungen und Diskriminierung jugendlicher Straffälliger zählen. Prävention und Zusammenarbeit mit sozialen Diensten liegt eine Ordnungsvorstellung jenseits von Strafe, Einschüchterung und Ausgrenzung zugrunde, der sich grundsätzlich auch Jugendrichter, Polizei und Vollzugsbehörden verpflichtet fühlen. Dem widerspricht die Praxis des Strafvollzugs, insbesondere die Ausweisung straffälliger ausländischer Jugendlicher. Somit stellt es nicht mehr als einen Mindeststandard interkultureller Verständigung dar, wenn sich fachliche Kritik und bürgerschaftliches Engagement am Schnittpunkt von Jugend-, Strafrechts- und Ausländerpolitik entzünden und ein hochspezialisiertes Feld der Jugendpolitik öffentlich zur Diskussion stellen.

Die Bedeutung dieser Kritik geht jedoch weiter als die spezielle Behandlung einer besonders benachteiligten Gruppe vermuten läßt. Zu fragen bleibt, ob hier nur ein Widerspruch im Rechtssystem vorliegt, der zum Mißbrauch des Ausländerrechts verleitet, oder ein tiefergehender sozialer Mißstand, ein Defekt der Jugendhilfe selbst, die Inventar, Personal und Infrastruktur des reformierten Vollzugs nicht richtig oder nicht in ausreichendem Maße bereitstellt.

Die Jugendlichen, die in den vorausgegangenen Kapiteln als Fallbeispiele vorgestellt wurden, dürften nicht nur von ihren Erlebnissen mit Justiz, Gefängnis und Abschiebung geprägt sein, sondern weit mehr noch von Erfahrungen in Familie, Nachbarschaft, Clique, Schule, Beruf und Jugendhilfe. Diskriminierung junger Ausländer findet schon im »normalen Leben« und nicht erst bei der Abschiebung statt. Ausgrenzung resultiert aus den alltäglichen Standards für »Normalität«, ihrer institutionellen Gestaltung und Durchsetzung. Alternativen wären demnach zuerst und vor allem bei den für alle Jugendlichen relevanten Institutionen der Erziehung, Plazierung, Gruppenbildung und Verhaltenskontrolle zu suchen. Dazu zählen neben Familien, Schulen, Betrieben und Arbeitsverwaltung auch die sozialen Dienste und Einrichtungen der Jugendhilfe, von denen man zu recht eine Sonderrolle, ein Korrektiv zu den teils autoritären Zumutungen der übrigen Institutionen erwartet. Soll die Kritik von Abschiebepraxis und Vollzug nicht ins Leere gehen, muß sie demnach neben harter Ausländerpolitik v.a. die scheinbar weichen und unspektakulären, fachlichen Standards der Jugendarbeit einbeziehen, die maßgeblich von den Kommunen gestaltet werden.

Reform des Jugendstrafvollzugs und Integrationshilfen für Migranten gehören zur Generallinie reformierter Jugendhilfe, wie sie von den Kommunen seit den 70er Jahren, teils gegen den Trend der Bundespolitik, durchgehalten wurde. Diversion, individuelle und generelle Prävention entsprechen einer in der Jugendhilfe insgesamt verfolgten Gewichtsverlagerung von der Jugendfürsorge zu offenen Ansätzen. Grenzen zwischen Fürsorge, Betreuung, Prävention und offener Jugendarbeit sollten aufgeweicht, soziale Kontrolle durch Zielgruppenförderung ersetzt werden. Neben den klassischen Aufgaben der Heimfürsorge und der Jugendverbandsarbeit wurden zahlreiche Vorfeldmaßnahmen, v.a. spezialisierte erzieherische Hilfen, wie z.B. Erziehungsberatung, Familienpflege und sozialpädagogische Familienhilfe, Angebote zur politischen Bildung, nichtkonfessionelle Kindertagesstätten, Jugendhäuser und kompensatorische Hilfen für von Arbeitslosigkeit bedrohte Jugendliche, Drogenabhängige, Mädchen, Obdachlose und Migranten entwickelt. Methodisch fand eine Stärkung sanfter, partnerschaftlicher Methoden, eine Versachlichung und Spezialisierung der Beratung, eine Öffnung von Einrichtungen für nichtorganisierte Familien und Jugendliche in öffentlicher Trägerschaft und bei kleinen freien Trägern statt.

Öffnung der Jugendhilfe bedeutete - und bedeutet noch heute - v.a. eine Veränderung der professionellen Normen und des Umgangs zwischen Fachkräften und Jugendlichen, Abkehr von Bevormundung, Kontrolle und Strafe zugunsten einer grundsätzlichen Akzeptanz und Dialogbereitschaft gegenüber anderen, gesellschaftlich nicht tolerierten Auffassungen von Normalität, eine Verständigungsbereitschaft, die Kritik konventioneller Normen und Vermittlung wirklicher, d.h. für die öffentliche Einmischung relevanter Bildungsinhalte einschließt. Diese dem Alltagsdenken und dem Selbstverständnis der Kontrollbehörden grundsätzlich zuwiderlaufende, professionelle Auffassung vom Umgang zwischen Jugendlichen und Institutionen steht im Hintergrund, wenn man von Alternativen der offenen Jugendhilfe spricht. Sie stellt einen etablierten Standard in

Ausbildung und Praxis und ein übergreifendes Bewertungskriterium für alle Angebote der Jugendhilfe, keineswegs nur der offenen Türen oder Jugendfreizeitstätten, dar und bildet zugleich die Grundlage für die interkulturelle Verständigung und Sozialarbeit mit Migranten.

Grenzen der Öffnung wurden nicht erst mit Beginn der kommunalen Sparpolitik in den 90er Jahren sichtbar. Schon der Ausbau und die Differenzierung der Angebote ließen den Unterschied von Heim und Jugendhaus, Therapie und Beratung, Knast und Berufshilfe verblassen und führten zur Vereinfachung der Reformziele. »Öffnung der Jugendhilfe« wurde als »Pluralisierung des Angebots« für immer neue Zielgruppen verstanden, zu denen inzwischen auch weniger benachteiligte Gruppen gerechnet werden. Während Kitas, Kulturarbeit und Berufshilfe teils schichtspezifisch genutzt werden, hält die offizielle Theorie an der Ideologie einer Individualisierung der Lebenswelten fest, die zur Verwischung der Qualitätsstandards, insbesondere für die offene Jugendarbeit führt. Bezeichnend ist die Verkürzung des Begriffs offene Jugendarbeit auf das eher unverbindliche Angebot der Jugendfreizeitstätten.

Das Jugendhilfeangebot einer Großstadt wie Köln bietet heute den Eindruck eines pluralistischen Warenhauses, das für jeden etwas und für die meisten das Richtige bietet: Heimplätze, Kitas, Erziehungsberatungsstellen, Jugendfreizeithäuser oder Offene Türen (OTs), Maßnahmen für arbeitslose Jugendliche, Fachberatung zu Drogen, Therapien, familienergänzende Betreuung und Kunstschulen. Eine andere Frage ist es, wem diese Angebote tatsächlich zugute kommen. Die starke Trennung der Jugendlichen nach Bildungsniveau, Einkommens- und Statusgruppen, die von Familien, Arbeitswelt und Schulen ausgeht, wirkt in den Einrichtungen der Jugendhilfe nach oder wird von ihnen sogar verstärkt. Das Bild der pluralistischen Jugendhilfe wird v.a. durch diejenigen Jugendlichen gestört, die Angebote der Jugendhilfe grundsätzlich ablehnen oder nicht aufsuchen, weil sie Unverständnis, Kontrolle, Strafe oder Langeweile befürchten.

Wie fragwürdig und brüchig das offizielle Selbstverständnis der kommunalen Jugendhilfe als pluralistischer Markt der Möglichkeiten geworden ist, erweisen die widersprüchlichen Anforderungen an die Berufspraxis der Jugendarbeiter, die in den neuen, teils hochspezialisierten Zielgruppenangeboten mit fachfremden Zumutungen, sei es der Schule, des Arbeitsamtes oder der Strafverfolgungsbehörden, konfrontiert werden. Der Gegensatz zwischen dem offiziellen, pluralistischen Selbstverständnis der Jugendhilfe und den Lebenslagen der Jugendlichen, die als Arbeitslose, Ausländer oder Kriminelle ausgegrenzt werden, gehört ebenso zur täglichen Erfahrung, wie die Rückwirkung dieser Ausgrenzung auf die große Mehrheit der Unauffälligen, die unter Schulkrise, drohender Arbeitslosigkeit und sozialer Inkonsistenz als Aufsteiger oder Absteiger nicht weniger leiden als die direkt Betroffenen. Wie man die örtliche Jugendhilfe zu bewerten hat, entscheidet sich vor diesem Hintergrund nicht mehr an der einfachen Alternative von Heim oder OT, Knast oder Arbeit. Weder schützt Berufstätigkeit vor Kriminalisierung, noch verhindert offene Jugendarbeit Ausgrenzung im Einzelfall. Die Wirkung der Jugendhilfe ist vielmehr auf der Ebene der öffentlich akzeptierten Grenzziehung und Grenzüberschreitung, der Versprachlichung und Übersetzung zwischen Politik, Verwaltung und sozialer Praxis sowie der Öffentlichkeit der Jugendlichen zu suchen. Die wichtigsten Hebel jugendpolitischer Gestaltung durch die Kommunen stellten demnach die Ermöglichung und Verhinderung fachlicher Konzepte, die Sanktionierung methodischer Feinheiten, die Beeinflussung von Sprache, Verständnis und Konfliktbereitschaft im Umgang zwischen Jugendlichen und Fachkräften als Grundlagen einer gemeinsamen, öffentlichen Äußerung und Einmischung dar. Pragmatismus, Zeithorizont und Legitimationsmuster von Sparpolitik und Verwaltungsreform lassen kaum Gelegenheit, über Qualitätsstandards der Jugendarbeit zu reden. Im Vordergrund stehen die Bewahrung und Verteilung von Besitzständen. Die langfristig entscheidende, fachliche Perspektive der reformierten Jugendarbeit und die Interessen der Jugendlichen werden von dieser, im Hinblick auf Qualitätsstandards extrem unpolitischen Diskussion ausgeblendet. Um zu entscheiden, ob und wie die Jugendhilfe tatsächlich offene Alternativen zu Ausgrenzung und Diskriminierung von Jugendlichen bietet, muß man zuerst die Praxis einbeziehen, das Wissen der Fachkräfte ebenso wie das ihrer Adressaten. Hierzu bietet sich ein Vergleich der Sichtweisen von Jugendlichen, Sozialarbeitern, Verwaltung und Politik an. Die Frage nach der jugendpolitischen Verantwortung lautet dann spezieller: Welche Alternativen zu Kriminalisierung, Ausgrenzung und Abschiebung bietet die örtliche Jugendhilfe aus der Perspektive von Jugendlichen und Fachkräften? Welche der von diesen artikulierten Aufgaben werden auf kommunaler Ebene erfüllt, welche verdrängt? Den Ausgangspunkt bildet ein authentischer Text zweier Kölner Jugendlicher, eine Erzählung, wie sie in Beratungsstellen oder OTs alltäglich vorkommt. Die Jugendlichen K. und M. zeichnen ein Bild von Normalität, das sich teilweise kaum von der Normalitätsvorstellung der Mehrheit unterscheidet, das aber dennoch - oder gerade wegen des naiven Glaubens an die herrschenden Normen - Kriminalisierung ermöglicht (I. Die Perspektive der Jugendlichen: K. an M. und M. an K. - Unglückliche Liebe und Sucht nach Normalität). An die Selbstdarstellung der Jugendlichen schließt sich eine Interpretation aus Praktikersicht, die Grenzen und Freiheiten der praktischen Jugendarbeit beleuchtet. Am Beispiel der Geschichte von K. und M. wird diskutiert, welche Aspekte der Lebenssituation Fachkräfte kennenlernen und welche Grenzen und Möglichkeiten offener Jugendarbeit sie im pluralistischen Netzwerk der Großstadtsozialarbeit erfahren (II. Die Perspektive der Fachkräfte: Zielgruppen als Fiktion und Herausforderung offener Jugendarbeit).

Die Perspektiven der Jugendlichen und der Praktiker werden abschließend mit dem kommunalen Umbau der Jugendhilfe im Zeichen von Sparpolitik und Verwaltungsreform am Beispiel der Stadt Köln verglichen. Hieraus ergeben sich Bedenken hinsichtlich der Verteilung von Besitzständen und die Frage, wie eine Kommune ihren Handlungsspielraum im Sinne offener Jugendarbeit erhalten oder wiedergewinnen kann (III. Die Perspektive der Jugendpolitik: Grenzen und Möglichkeiten am Beispiel der Stadt Köln).[1]

I. DIE PERSPEKTIVE DER JUGENDLICHEN:
K. AN M. UND M. AN K. - UNGLÜCKLICHE LIEBE UND SUCHT NACH NORMALITÄT

BRIEF VON KARLA AN IHREN FREUND METIN[2]

Komm doch, draußen ist es kalt, es ist kalt in meinem Herzen. Kalte Tränen rollen über mein Gesicht.
Meine Augen blicken ins Leere wie zwei Sterne aus Eis. Meine durchgefrorenen Hände schließen sich zu Fäusten.
Und der eisige Wind bläst fürchterlich durch meinen Körper. Ich bin am zittern. Ich friere und nehme nichts mehr wahr. Außen Kälte und innen Kälte, überall ist es mir kalt. Ich suche Wärme, ich suche Dich. Wo bist Du? Komm doch zu mir. Hilf mir aus der Hölle von Eis. Komm doch zu mir.
Endlich bist du gekommen. Du liegst in meinem Bett und ich komme zu dir, und in deine Arme. Jetzt endlich friere ich nicht mehr und ich kann behutsam einschlafen. In deinen Armen.
I love you
Karla

BRIEF VON METIN AN KARLA
Hallo meine kleine Liebe!
Heute am Freitag, den 17.6. habe ich endlich Deinen schönen Brief erhalten. Es hat mich sehr gefreut, von dir was zu hören. Das Gedicht hat mir sehr gut gefallen. Schatz, ich hoffe, dir geht es so gut, wie es mir geht. Heute war mal wieder so ein schöner Tag im Knast. Aber was soll's. Mir macht es nichts mehr aus, hier zu bleiben. Ich habe mich schon an das Leben hier gewöhnt. Im deutschen Knast ist es sehr gut gegenüber der Türkei. Hier habe ich mein Zimmer. Ich muß nicht arbeiten. 5-6 Stunden am Tag dürfen wir die Luft schnuppern. Wir kriegen das tägliche Essen bis zur Türe geliefert. Dreimal im Monat wird eingekauft oder Besuch empfangen. Duschen: Zweimal die Woche. Fußball und Kraftsport: je einmal die Woche; Radio und Fernsehen in der Zelle. So ist es mir wirklich auch scheiß egal, wenn ich hier bin. Mit der Zeit vergeht die Zeit wie im Fluge. Eines Tages werde

ich vor dir stehen, und wir werden uns freuen. Vor Freude werden uns bestimmt die Tränen rauskommen. Ich denke zwar immer: »Haben die überhaupt das Recht dazu, mich hier festzuhalten?« Aber irgendwann im Leben vergeht das Recht, und sie müssen mich rauslassen, ob sie wollen oder nicht, die müssen's einfach.
Metin

Lebenslauf von Karla

Also, mit den Drogen fing das so an: Ich war 17 und ich hab einen Freund kennengelernt. Er ist Türke. Der muß 17 Monate absitzen, der sitzt in Ossendorf. Mit dem hat alles angefangen. Wir waren anderthalb Jahre zusammen. Wir haben viel erlebt, sind in den Discos 'rumgelaufen, hatten wir auch viel Spaß und so. Dann waren wir in Holland. Dort wollten die was holen, Speed oder so. Dann hat der Mann, der das verkauft hat, etwas anderes gegeben. Statt Speed hat der Heroin gegeben. Hat dem das gefallen, und hat der immer weiter geraucht. Der war dann über ein halbes Jahr drauf. Dann hab ich den überredet, daß ich das auch nehme. Hab gesagt: »Komm gib mir.« Der wollte mir nie was geben. Hab ich gesagt: »Komm.« Hab ich auch geraucht. Ein, zwei Wochen später fingen dann meine Schmerzen an. Dann sind wir immer zum Neumarkt gegangen, haben was verkauft. Dann haben wir immer versucht, 300 Mark wieder 'reinzukriegen. Oder er hat das Geld von seiner Mutter genommen oder ich von meiner Mutter. Und dann, eines Tages hat der gesagt: »Geh für mich anschaffen!« Hab ich gesagt: »Ich kann das nicht! Dann such dir eine andere Freundin aus. Ich bin nicht dafür geeignet. Ich hab alles, was ich brauche. Ich hab ein Zimmer, ich hab 'ne Wohnung. Warum soll ich das machen? Nur damit ich mir die Drogen kaufen kann?« Sag ich: »Da hör ich lieber auf!« Und dann sind wir zum Eigelstein gegangen. Mein ich: »Was willst du denn da?« Meint der: »Ja, ich will da was verkaufen, ich kenn da jemanden.« Da hat der auf einmal Männer gefragt, ob ich mit denen mitgehen soll. Und ich fing voll an zu heulen. Dann so: »Warum heulst du? Geh doch mit denen mit.« Und dann schlägt der mich voll zusammen. Da meint der: »Geh.« Bin ich gegangen. Meint der: »Das Heroin, was du hast, kannst du auch behalten.« Ich hab das Heroin genommen und dem an den Kopf geschmissen. »Hier nimm, ich nehm lieber gar nichts mehr und hör auf.« Bin ich weggegangen. Bin ich in die Bahn 'runter, kam der mir hinterher. Sagt der: »Tut mir leid. Ich wollte das nicht und so.« Meinte ich: »Trotzdem, laß mich in Ruhe. Du fängst sowieso immer wieder davon an.« Da meinte der: »Nein, ich mach das nicht mehr.« Sind wir gegangen. Sind wir zu mir gefahren. Und dann ging das immer so weiter, anderthalb Jahre.

BRIEF VON METIN AN KARLA
Mein Bewährungshelfer war neulich bei mir. Er meinte, daß meine Bewährung widerrufen wird. Also kann es bei mir dauern, bis ich hier rauskomme. Trotzdem macht es mir nichts aus, die 12 Monate länger hier zu bleiben. Ich werde nämlich hier so richtig gesund und baue mich wieder sportlich auf. Und ich habe hier drinnen gelernt, wer zuviel daran denkt und hofft, hier wieder so schnell wie möglich rauszukommen, derjenige kommt als Verrückter hier raus. Ich bin noch jung. Das Leben geht weiter. Und, egal wie lange die mich hier festhalten, ich werde irgendwann die Freiheit spüren. So denke ich jetzt. Und diese Gedanken machen mir richtig Mut:
»Was Vergangen ist, ist alt. Ich denke lieber an das Neue, an die Zukunft.«
»Lebe so, wie du im Moment gezwungen wurdest zu Leben.«
Metin

LEBENSLAUF VON KARLA
In Vingst war ich nur ein Jahr auf der Schule. Da war ich in der zweiten Klasse, dann hab' ich es mit den Ohren zu tun bekommen. Und ich war zu groß. Statt die erste Klasse nochmal zu wiederholen, kam ich dann auf die andere Schule, auf die Sonderschule, weil da alles langsamer ging und so, deswegen. Sonst hätt' ich es geschafft, ich hätt' es schaffen können. Meine Mutter meinte immer: »Setzen sie doch dat Kind nach vorne, die versteht nix.« Da meinte meine Lehrerin: »Nein, das geht nicht, die ist zu groß.« In der Sonderschule bin ich dann auch besser geworden, solange ich neben einem Mädchen gesessen habe. R. hieß die, war 'ne Italienerin. Und auf einmal bin ich von der getrennt worden, und da ging es mit mir bergab. Davor? Eigentlich hab' ich da immer mitgemacht. Ich war auch immer ordentlich, brav. Ich hatte immer gute Noten. Dann kam ich mit den drei verrückten Jungs in eine Klasse, in der neunten, bei der Frau Y. Ja, dann ging alles in die Fläche, dann ging es bergab. Bin nicht mehr zur Schule gegangen, gar nix mehr. Meine Eltern haben eigentlich viele Fehler gemacht. Weil meine Eltern meinten, wo se mich geboren haben, meinten die: »Wir erziehen unser Kind frei.« Die haben mich zu frei erzogen. Ich hab' nie Stubenarrest gekriegt, ich hab' meistens immer alles bekommen, was ich haben wollte. Die haben mich zu viel verwöhnt. Ich geb das sogar selber zu. Ist wirklich die Wahrheit. Meine Eltern haben mich nicht richtig erzogen. Mein Vater ist zu streng, meine Mutter ist zu weich. Das ist das Problem. Meine Eltern haben das nie an mir ausgelassen, sondern immer aneinander, also an sich. Die leben auch getrennt. Ich wohne jetzt bei meiner Mutter.

BRIEF VON METIN AN KARLA
Schatz, mach dir wegen mir bitte nicht so starke Gedanken. Aber trotzdem sollst du mich bitte nicht vergessen. Ich werde dich nie vergessen können, auch wenn wir uns erst nach z.B. 20 Jahren sehen würden. Ein Teil von deinem Herzen ist immer bei mir, auch in schlechten Tagen, Wochen, Monaten oder Jahren wie diesen hier. Schatz, hänge nicht so oft alleine zu Hause rum, geh mit deinen Freundinnen doch ruhig öfter aus. Amüsiere dich. Denn dieses Jahr haben wir einen der besten Sommer. Geh also öfters raus, z.B. in die Stadt, in die Discothek, einkaufen, spazieren oder schwimmen. Laß dir einfach was einfallen, wie du den Tag besser verbringen kannst.

LEBENSLAUF VON KARLA
Also in der Schule war ich mal mit einem Freund draußen um zehn Uhr, die ganze Zeit draußen am rummachen und so. Da hat meine Lehrerin einen Brief geschrieben und hat da reingeschrieben, ich würde nie zum Unterricht kommen und ich würde draußen rummachen und so und vor den kleinen Kindern und alles, daß das nicht ginge. .. Ich hab' den Brief genommen und dann zerrissen, damit meine Mutter den nicht kriegt. Auf jeden Fall hat die mir eine Woche Schulverbot gegeben. Und in dem Moment fuhr eine Gruppe von meiner Mutter nach Jugoslawien, 'ne Gebetsgruppe, die, die viel an Gott glauben und alles. Und in dieser Woche bin ich mitgefahren und hab' die Frau, meine Lehrerin, geärgert. Ich kam einen Tag oder zwei Tage später wieder in die Schule. Ich war ganz braun gebrannt so, 'ne. Meint' meine Lehrerin: »Wo warst du denn, warum bist du so spät?« Ich sagte: »Ja, ich war im Urlaub eine Woche. Danke schön, daß Sie mir frei gegeben haben.« Die hat sich so geärgert, eh wirklich, die hat sich so geärgert. Das Schönste fand ich, daß meine Lehrerin sich geärgert hat. Wir haben die Lehrer immer geärgert. Das fand ich am schönsten dabei. Die haben sich alle geärgert.

Wo ich auf die neue Schule gekommen bin, sind wir immer zusammen gegangen, sind wir dann nach Porz gegangen, haben uns die Leute angeguckt. Oder wir sind ins Geschäft reingegangen, haben alles weggefilzt dort oder haben Gyros gegessen. Wir haben uns immer rumgetrieben bis vier, fünf Uhr. Dann hab ich, mein Vater kam erst um sechs Uhr nach Hause, von meinem Vater immer Sachen angezogen, Lederjacke und so, hat der mir verboten gehabt, hab' die immer angehabt. Ja und das meistens jeden Tag, genau dasselbe, nur Scheiße gemacht. Fast überhaupt gar nicht Schule, wirklich. Ich hab' auch meistens nie mitgemacht. Meine Lehrerin sagte was, schrie. Ich hab' den Stift hingelegt. Hab' ich immer gesagt: »Ich hab' keine Lust.« Ich weiß auch nicht. Na ja, wir waren ja viele, wir haben ja immer gelacht und alles. Wir waren fast zwölf Leute. Einmal waren die alle bei mir. Hab' ich gezählt, alle in meinem Zimmer, zwölf Stück. Ich hab' die überall versteckt, als meine Mutter kam. Drei oder vier unterm Bett, die andern alle im

Schrank, einer unterm Tisch, einer hinterm Fernseher. Am Ende kamen sie alle wieder raus. Dann ging das ungefähr ein halbes Jahr so weiter. Vor dem Ende der zehnten Klasse bin ich die letzten drei Monate gar nicht mehr hingegangen.

BRIEF VON METIN AN KARLA
Aber sei vorsichtig damit, was du machst, denn ich bin ja auch noch da. Ich will nichts Schlechtes von dir hören, falls ich rauskommen sollte. Deshalb bleibe mir treu, ansonsten kenne ich dich nicht, falls ich was hören sollte. Ich will dich so haben wie du bist, und nicht wie du warst. Das heißt, wenn ich hier rauskomme, will ich nicht von einem hören: »Die hatte ich im Bett, wo du im Knast warst.« Ansonsten ist es aus zwischen uns. Aber ich wünsche mir, daß es nicht der Fall ist. Oder?

LEBENSLAUF VON KARLA
Die Berufsschule wollte ich nie versäumen. Nie. Ich bin immer hingegangen. Ich weiß auch nicht warum. Aber die Arbeit hab' ich meistens nie mitgemacht. Hier ist sogar noch meine Berufsschulkarte. Da unten, wo krank steht, da haben die mich entlassen. Die mußte ich in der Schule unterschreiben lassen und von denen in der Vorbereitungsmaßnahme, F1 und F2. Ich war in F1. F2 ist glaub' ich der Kurs von denen, die zwei Jahre dableiben. F1 war ein Jahr. Jetzt hab' ich wieder so was gefunden. Heute, nää, gestern war ich da. Ist auch eine Jugendwerkstatt. Da muß man einen BAB - Antrag stellen. Das ist so was wie Hauswirtschaft, ein Jahr auch, da würde man im Monat 880 Mark kriegen ungefähr. Ob das stimmt, weiß ich nicht. Muß ich mich erst noch richtig erkundigen.

BRIEF VON METIN AN KARLA
Schatz, es ist hier drinnen irgendwie doch nicht so schlecht. Aber ohne dich vergehn für mich die Tage wie Jahre. Ich brauch dich jetzt um so mehr.
Metin

LEBENSLAUF VON KARLA
Der Onkel H. und meine Tante, die haben keine Kinder und die haben eine eigene Praxis. Das ist eine Pflegepraxis, irgendwo in der Eifel oder so. Fußpflege, Handpflege und so, Körperpflege und alles. Meine Mutter meinte, die haben auch sehr, sehr viel Geld gespart. Und die sind schon sehr alt, über 50. Mein Onkel ist schon 60. Ich meine, ich will jetzt nicht vom Sterben reden, ne. Aber nehmen wir mal an, wenn meine Oma sterben würde, oh, Gott, nä, meine Oma is' so gut eh. Weil, wenn ich so überlege, wenn meine Tante und mein Onkel nicht mehr da sind, dann würde das entweder ich oder meine Mutter kriegen. Und dann, wenn meine Oma nicht mehr da wäre, dann würde alles mein Vater kriegen. Und wenn meine

Eltern nicht mehr da sind, dann würde alles ich kriegen, so gesagt. Aber wenn ich darüber nachdenke, dann krieg' ich irgendwie Angst. Ehrlich. Weil, warum soll ich mir nicht selber Geld verdienen und alles, eeh, machen können? Ich hab' immer Angst davor. Zum Beispiel jetzt. Ich sage: »Ich will meinen Vater nicht sehen. Ich hasse den und so.« Der ist auch Ausländerfeind. Einmal hat der mir 'ne Frau gezeigt, auf der Straße, und hat gesagt: »Über die bin ich auch schon mal drübergestiegen im Puff.« Aber innerlich liebe ich meine Eltern sehr, ist immer so, auch meine Mutter. Ich hab' immer Angst, daß irgendwas passiert mit meiner Mutter. Weil, die ist schon so alt. Die arbeitet noch irgendwo im Büro, und die fängt so langsam an zu verblöden. Ohne meinen Vater wär' die schon am Ende. Die redet nur noch Driß. Auch wo die damals im Krankenhaus war. War die ein Jahr da. Eeh, ich hab' das kalte Grausen gekriegt, wo ich die gesehen habe. Die ist wie ein Roboter gegangen. So ganz langsam. Die war irgendwie besessen von Gott. Ich sagte zu meiner Mutter: »Mama, geh' nicht mehr in die Bibelstunde da.«

BRIEF VON METIN AN KARLA
»Der Vergangenheit sollte man nicht nachtrauern, sondern neue Projekte in Angriff nehmen.«
»Ich bin ein Mann, doch jeder Mann auf dieser Welt ist ein Dickkopf. Und der läßt sich durch nichts in der Welt umstimmen.«
»Wer im Knast lebt, der weiß wo er angefangen hat, aber nicht wo er enden wird.«
»Ich erkannte, daß ich auf Irrwegen war. Ich erschrak, als mir bewußt wurde, daß ich dem Teufel gefolgt bin und auf seine Schweinangebote hereingefallen bin.«
Immer, wenn diese Sprüche in meine Gedanken kommen, dann ist es mir egal, daß ich hier bin. Denn ich werde schon eines Tages rauskommen und von ganz vorne wieder anfangen. Wenn du das nächste Mal schreibst, dann tue doch bitte ein Bild von meiner Mutter und eins von uns beiden rein. Weil Bilder erwecken Erinnerungen.
Schatz, was in deinen Augen immer am kostbarsten war, habe ich allzu oft am wenigsten wahrgenommen. Das wird sich aber ändern, Baby. Grüße alle von mir, die nach mir fragen. Weißt du eigentlich, daß ich dich jetzt um so mehr mag und gerne habe und liebe, erst recht, Karla? Ich denke, hier öfters an dich. Also mache draußen keinen Ärger und bleibe mir treu. Mach's gut, meine heißgeliebte Karla.
Tschau, bis bald
Von deinem Freund und Mann Metin.

BRIEF VON KARLA AN IHREN FREUND METIN
Komm doch, draußen ist es kalt, es ist kalt in meinem Herzen. Kalte Tränen rollen über mein Gesicht.
Meine Augen blicken ins Leere wie zwei Sterne aus Eis. Meine durchgefrorenen

Hände schließen sich zu Fäusten.
Und der eisige Wind bläst fürchterlich durch meinen Körper. Ich bin am zittern. Ich friere und nehme nichts mehr wahr. Außen Kälte und innen Kälte, überall ist es mir kalt. Ich suche Wärme, ich suche Dich. Wo bist Du? Komm doch zu mir. Hilf mir aus der Hölle von Eis. Komm doch zu mir.
Endlich bist du gekommen. Du liegst in meinem Bett und ich komme zu dir, und in deine Arme. Jetzt endlich friere ich nicht mehr und ich kann behutsam einschlafen. In deinen Armen.
I love you
Karla

»*Wir rauchen gern*«
Sammlung Nippes Museum

»*Mein Arbeitsplatz*«, *Sammlung Museum Nippes*

II. DIE PERSPEKTIVE DER JUGENDARBEIT:
ZIELGRUPPEN ALS FIKTION UND HERAUSFORDERUNG OFFENER JUGENDARBEIT[3]

Bei dem Text »K. an M. und M. an K.« handelt es sich um einen authentischen Auszug aus dem Erzählbuchprojekt »Schwarzfahrerinnen / Die Tasche«, das im Jugendladen Köln - Nippes von straffälligen Jugendlichen durchgeführt wurde. Aufgezeichnet wurden wörtliche Berichte, wie sie Jugendliche auch in anderen Situationen, z.b. in Jugendzentren oder in Beratungsstellen von sich geben. In der Praxis stellen solche Erzählungen die zentrale Quelle der Jugendarbeiter dar, um die Lebenssituation ihrer Adressaten zu verstehen. Sie sagen in der Regel mehr und anderes aus, als die Fachkräfte in der Eile erfassen können. Der eigene Arbeitsauftrag zwingt sie zu pragmatischem Vorgehen. Dennoch ist davon auszugehen, daß alle Fachkräfte ein Verständnis jenseits der alltäglichen Diskriminierung und Ausgrenzung entwickeln. Ihre Kompetenz markiert zugleich die Chancen und Grenzen der reformierten Jugendhilfe, die Möglichkeiten der Kontaktaufnahme, des Vertrauens, der Zusammenarbeit und der gemeinsamen Aktion mit den Jugendlichen. Die Perspektive der Fachkräfte, ihre Interpretation der Lebenssituation von Jugendlichen, stellt zugleich eine starke Quelle zur Bewertung des institutionellen Angebots dar. Wie würden also Fachkräfte die Lebenssituation von K. und M. verstehen, wie würden Sie vor diesem Hintergrund die eigenen Angebote der Jugendarbeit bewerten? Die Wahrscheinlichkeit, mit K. oder M. zusammenzutreffen wäre voraussichtlich am größten in einer Zielgruppenmaßnahme für straffällige oder arbeitslose Jugendliche.

GEGENSATZ ZWISCHEN ZIELGRUPPENARBEIT UND BASISWISSEN DER JUGENDHILFE

K. und M. schildern zahlreiche Situationen, in denen sie selbst Gewalt erfahren oder anderen antun. Soll man sie aber deswegen schon als eine Zielgruppe, z.B. als »gewaltbereite«, »kriminelle« oder »berufsunreife« Jugendliche bezeichnen? Schon der erste Eindruck läßt Zweifel aufkommen, ob derartige Zuschreibungen als Kennzeichen ihrer Lebenssituation ausreichen. Die beiden Jugendlichen leiden, wenn man ihren Liebeserklärungen glauben darf, zunächst und v.a. unter der gewaltsamen Trennung durch die Inhaftierung von M. Alltäglich scheinen daneben Gewalterfahrungen in der Beziehung, v.a. bei der Beschaffung und dem Vertrieb von Drogen gewesen zu sein. Sie reichen vom gemeinsam erlittenen Betrug beim Kauf schlechter Ware über das selbstverständliche Bestehlen der Eltern auf seiten des Mädchens bis zur körperlichen Gewalt M.'s beim Versuch, K. zur Prostitution zu nötigen. Vergleichsweise harmlos nehmen sich dagegen die von K. erlittenen Diskriminierungen in der Sonderschule oder die Belästigung durch Klassenkameraden aus. Wie die Episode mit der Pufferinnerung ihres Vaters zeigt, dürften Ehe und Trennung der Eltern K.'s nicht frei von Gewalteindrücken verlaufen sein. Die Angst K.'s vor der psychischen Gewalt, die ihre Mutter in der Psychiatrie erlebte, ist noch jetzt zu spüren. Eine ideologische Überhöhung, Verklärung oder Ästhetisierung von Gewalt ist bei beiden Jugendlichen nicht zu erkennen. Vom latent gewaltsamen, ausländerfeindlichen Denken des Vaters distanziert sich K. zudem ausdrücklich.

Die beiden jungen Leute verfügen demnach nicht über eine einzige prägende Grenzerfahrung zwischen »Kriminalität« und »Normalität«, sondern über vielfältige Erlebnisse, zu denen sie eine suchende, wechselnde Position einnehmen: einmal als Opfer, dann als Täter; einmal mit großer, dann ohne die nötige Distanz. Der junge Mann steht einer manifest gewaltbereiten Handlungsweise offensichtlich näher als die junge Frau. Fraglich wäre aber selbst bei ihm, ob dieser Umstand zur Kennzeichnung seiner Lebenssituation ausreicht. Immerhin befindet oder befand er sich beruflich, mit einer abgeschlossenen Ausbildung, die in dem wiedergegebenen Auszug nicht erwähnt wird, auf dem Weg einer »normalen Karriere«. Eine eindeutige Zurechnung von Gewaltbereitschaft oder gar krimineller Disposition scheidet offenbar ebenso aus wie die Erklärung seines Handelns als bloße Reaktion auf erlittene Ausgrenzung. Beide Jugendlichen sind nicht ausreichend oder gar in erster Linie als Straftäter oder Opfer zu charakterisieren. Ihre Gewalt- und Ausgrenzungserfahrungen sind so alltäglich und mit anderen Praktiken der Lebensführung selbstverständlich verknüpft, daß eine solche Kategorisierung nichtssagend oder irreführend wäre. K. und M. könnten ebenso als Konsumenten von Jeans, als Schwarzhaarige mit oder ohne Eltern oder als Popfans mit Wohnsitz im Rheinland eingestuft werden, ohne daß dies etwas Erhellendes über ihre Befindlichkeit aussagen würde. Da auch eine Selbststilisierung als gewaltbereite Gruppe nicht vorliegt, erschiene es wenig sinnvoll, diese Jugendlichen als typische Adressaten spezieller Zielgruppenangebote anzusprechen.

Dennoch werden sie als Straffällige automatisch zu Klienten oder Adressaten offener wie restriktiver Maßnahmen der Jugendhilfe. Neben Gefängnis und Jugendgerichtshilfe stehen v.a. verhaltens- oder sozialtherapeutische Angebote bereit. Wie Sozialstunden oder Entzugstherapien würden diese in der Regel unfreiwillig, z.B. als Bewährungsauflage wahrgenommen. Ganz unabhängig vom Zwangskontakt zur Jugendhilfe ist jedoch auch von freiwilligen Kontakten, insbesondere im Feld der offenen Angebote und der Berufshilfe auszugehen.

K. und M. gehören nicht nur der Zielgruppe »straffällige Jugendliche« an. Beim derzeitigen Angebotsspektrum der Jugendhilfe in einer Großstadt kommen für die beiden Jugendlichen mindestens zwölf Angebotsformen in Frage, die sie gezwungenermaßen oder freiwillig aufsuchen könnten. Neben der Jugendgerichtshilfe wären sie als Zielgruppe der Freizeitangebote in OTs, der Jugendberufshilfe, der Schülerhilfe, der Ausbildungsbegleitenden Hilfen, des Allgemeinen Sozialdienstes oder der Drogenberatung zu erfassen. Sie könnten daneben auch mit Straßenarbeit, Wohnungshilfe, Integrationsmaßnahmen der Ausländerförderung, Schuldnerberatung oder Mädchenarbeit in Kontakt kommen. In jedem dieser Angebote würden sie aufgrund einer bestimmten Eigenschaft angesprochen, die objektiv auf sie zutrifft. Zur Zielgruppe würden sie jeweils wegen spezifischer, ihnen zugeschriebener Defizite oder Abweichungen von der Normalität. Als straffällige Drogenkonsumenten mit Beziehungs-, Freizeit- und Berufsproblemen werden K. und M. zu Adressaten einer mehrfachen Klientelisierung. Ihnen bietet die Jugendhilfe scheinbar ein breites Angebot, eine vielseitige Betreuung, die auf alle Schwächen eingeht und ein permanentes Gesprächsangebot.

Trotzdem erweckt die Erzählung der Jugendlichen einen ganz anderen Eindruck, daß nämlich kaum eine der vorhandenen Maßnahmen zu ihrer Lebenssituation paßt, so gut sie auch auf die »objektiven« Defizite oder sonstige von außen zugeschriebene Merkmale, auf ihre funktionelle Existenz zugeschnitten sein mögen. Wie die alltägliche Gewalterfahrung bleiben den Betroffenen auch die übrigen Zielgruppenbeschreibungen äußerlich, solange sie nicht eine Bedeutung in ihrer Wahrnehmung und in ihren Handlungen erhalten. Als Besucher einer OT könnte man sich K. und M. gerade noch in der Disco vorstellen, kaum als regelmäßige Besucher. Das Gespräch würden sie in einer solchen Freizeiteinrichtung sicher nur suchen, wenn eine Tradition oder ein langfristiger Kontakt mit Besuchern oder Mitarbeitern aus früheren Zeiten besteht. Bei K. und M. ist dies offensichtlich nicht der Fall. Auch der Jugendgerichtshelfer dürfte für M. nach der Ablehnung seiner Revision keine ernst zu nehmende Bezugsperson mehr darstellen. Zu gering muß aus Sicht des Inhaftierten sein Einfluß auf die erlittenen Sanktionen erscheinen. Kontakte zur Drogenberatung werden in den Textauszügen nicht angesprochen. Deutlich wird aber, daß die Jugendlichen Erfahrungswerte und Urteile v.a. aus der individuellen Praxis des Konsums, der personenabhängigen Beeinflussung durch Freunde und aus der Szeneöffentlichkeit beziehen.

Die Diskrepanz zwischen den auf K. und M. zugeschnittenen, funktionalen Angeboten und ihrer subjektiven Wahrnehmung verweist auf eine allgemeine Problematik aller zielgruppenbezogenen Maßnahmen. Diese führen zu einer merkwürdigen Verkehrung von Absicht und Wirkung bzw. von Zuschreibung und Selbstverständnis der Adressaten. Subjektiv schildern sich die beiden Jugendlichen völlig anders, als sie in den vorhandenen Maßnahmen, aufgrund der offiziellen Annahmen über die Zielgruppe, wahrgenommen werden müssen. Sie sehen sich als Personen, die gar nicht als defizitär einzustufen sind, die sich überwiegend frei, selbstbestimmt, unter Ausnutzung verfügbarer Sozialkontakte oder »Netzwerke« behaupten, Zukunftsentwürfe entwickeln und praktizieren. Diese Entwürfe mögen in das Bild einer »normalen« Karriere nicht passen, besitzen aber doch ihre eigene, zunächst einmal zu akzeptierende Existenz und Berechtigung. Die scheinbare Abweichung stellt sich aus der subjektiven Perspektive der Jugendlichen als »normal« dar. Dadurch entsteht die für die Jugendhilfe fatale Situation, daß Jugendliche auf den Weg der Normalität geführt werden sollen, die in ihrem Bewußtsein nichts anderes tun und wollen als besonders normal zu sein.

Der erste Eindruck auf Praktiker der Jugendhilfe, auf Lehrer oder andere im Feld tätige Professionelle muß demnach eine tiefgehende Ernüchterung im Hinblick auf den offiziellen, funktionellen Arbeitsauftrag und Anlaß zur Überprüfung der eigenen Vorstellungen von Normalität sein. Hier sprechen zwei klassische Adressaten der Jugendhilfe, die sich nicht als solche verstehen. Es handelt sich sozusagen um Fiktivadressaten der Jugendhilfe, die nichtsdestoweniger zeitweilig in ihren Maßnahmen verweilen.

So werden auch Praktiker in Spezialdiensten allgemeinere, ganzheitliche Aufgaben übernehmen müssen. Auf die Lebenssituation der Adressaten und deren subjektive Sichtweise müssen sie im schlechtesten Falle schon aus pragmatischen Gründen Rücksicht nehmen, um in ihrer Spezialkompetenz akzeptiert zu werden. Andererseits würde die vollständige Zurückweisung des funktionellen Auftrags Jugendliche ausschließen, die tatsächlich spezialisierte Fachberatung suchen oder benötigen. Der Spezialdienst wird also im Idealfall nicht nur Spezialdienst, sondern zugleich offenes Angebot sein. Demnach ist zu erwarten, daß auch die Auseinandersetzung mit Kriminalität als ein Thema unter anderen in jedem der genannten Angebote eine Rolle spielen wird. Die Auseinandersetzung mit Jugendkriminalität wäre dann eine gemeinsame Aufgabe der Mitarbeiter in allen Jugendhilfemaßnahmen. Praktiker, die sich diesem Anspruch stellen, werden die Öffnung oder Sensibilisierung der vorhandenen Zielgruppenmaßnahmen betreiben, den Zielgruppenbezug lockern, ihre Beratung verbreitern und das soziale Umfeld in Stadtteilprojekten ansprechen, statt sich durch die Einführung immer neuer, spezialisierter Angebotsformen der Jugendhilfe wechselseitig in einem bürokratischen Netzwerk zu entlasten.

Nicht alle Zielgruppenmaßnahmen eignen sich gleichermaßen für eine Öffnung, d. h. für eine lebenslagebezogene, ganzheitliche Arbeit. Schon bei den jetzt vorhandenen Spezialdiensten bestehen erhebliche Unterschiede. K. und M. meiden keineswegs alle Angebote der Jugendhilfe. Die Unterstützung des Bewährungshelfers würde M. bei Aussicht auf Haftverschonung sicher akzeptieren. K. drückt Anerkennung in bezug auf berufsbezogene Angebote aus. Man kann sich K. durchaus als Besucherin einer Jugendwerkstatt vorstellen, die dort auch einmal ein Gespräch über Beziehungsfragen sucht. Beruf und Beziehung stellen für sie, auch in dieser Verbindung, relevante Themen dar. Weniger wahrscheinlich ist, daß man sie als Teilnehmerin am Mädchentag einer OT antrifft. Die Tatsache, weiblichen Geschlechts zu sein, stellt für sie subjektiv nur einen selbstverständlichen Nebenaspekt ihrer Auseinandersetzung mit Freund und Szene dar, die sie als ganze Person, und nicht nur in ihrer Eigenschaft als Mädchen führt. Die funktionalen Angebote besitzen demnach aus der Perspektive der Jugendlichen nur dann Bedeutung, wenn sie der Alltagsbewältigung dienen und ihrem Selbstverständnis entsprechen. Sie werden als Angebot gar nicht, taktisch oder nur unfreiwillig wahrgenommen, wenn sie sich auf äußere oder zugeschriebene, sogenannte askriptive Merkmale, wie z.B. Geschlecht oder Nationalität, beziehen. Rein funktionale Sondermaßnahmen würden voraussichtlich von Jugendlichen wie K. und M. gar nicht aufgesucht.

Im Vergleich zum fiktiven, funktionalen Diskurs, sprechen handlungsrelevante Angebote, wie sie etwa in der Jugendberufshilfe vorkommen, nicht nur äußere Verhaltensweisen, sondern die gesellschaftsbezogene Motivation, die Vorstellung vom richtigen Leben ihrer Adressaten direkt an. Die Bereitschaft zur Teilnahme wird jedoch auch in solchen Maßnahmen davon abhängen, ob sie ein für die Adressaten akzeptables Bild von Gesellschaft und Arbeit vermitteln. Von ihm dürfte auch die Wirkung der Maßnahmen im Hinblick auf die allgemeine Lebensbewältigung geprägt sein.

AUSEINANDERSETZUNG MIT SCHULE, ARBEIT UND BERUF ALS HERAUSFORDERUNG OFFENER JUGENDARBEIT

Es stellt einen Gemeinplatz der Arbeitsmarkt- und Berufsforschung dar, daß die instrumentelle, nur auf Gelderwerb oder Sicherung des Arbeitsplatzes gerichtete Motivation nicht mehr zu den Anforderungen der »normalen« Arbeitswelt paßt. Verlangt werden Zielstrebigkeit, sachbezogene oder intrinsische Motivation, Selbständigkeit und Kreativität, Fähigkeiten, die häufig mit dem Schlagwort »postmaterielle Orientierung« umschrieben werden. Ganz anders werden die Anforderungen für benachteiligte, arbeitslose Adressaten der Jugendberufshilfe beschrieben. Muß man nicht froh sein, wenn es gelingt, sie - notfalls mit Druck - überhaupt zur Arbeit zu »motivieren«? Sind Angst und Autorität, die vom Erfolgsdruck auf dem Arbeitsmarkt ausgehen, nicht heilsam, um gefährdete Jugendliche auf den rechten Weg zu bringen? In diese Richtung wird die Jugendberufshilfe zusätzlich durch die Auflagen der Arbeitsverwaltung gedrängt, die Funktionalität der Maßnahmen für die kurzfristige Einschleusung in den Arbeitsmarkt erzwingen.

Folgen wir noch einmal K. und M. auf ihrem fiktiven Spaziergang durch die Jugendhilfemaßnahmen, jetzt in die Angebote der Jugendberufshilfe. In der Großstadt Köln stellen derzeit mehr als 30 Träger 2565 Vollzeitmaßnahmen für arbeitslose oder von Arbeitslosigkeit bedrohte Jugendliche bereit, davon 1116 in berufsvorbereitenden Maßnahmen der Arbeitsverwaltung oder in von Land und Stadt geförderten Jugendwerkeinrichtungen, 420 außerbetriebliche Ausbildungsplätze (ohne Ausbildungsbegleitende Hilfen), 255 Maßnahmen der Arbeitsbeschaffung und 774 Plätze zum nachträglichen Erwerb von Schulabschlüssen. K. würde auf der Suche nach einer Fördermaßnahme vermutlich zunächst in eine der Fachberatungsstellen für arbeitslose Jugendliche gelangen.

Die Mitarbeiter, die sie dort antreffen würde, sind durch Förderauflagen des AFGs, des Landes NRW, durch Kooperationsabsprachen mit der Berufsberatung und teils durch den eigenen Fachdiskurs zu einer speziellen, funktionellen Sicht der Jugendberufshilfe verpflichtet. Die funktionalen Anforderungen werden durch akademische Konzepte unterstützt, die Fachberatung auf funktionales, kognitives Lernen reduzieren. Selbst im praxisnahen Deutschen Jugendinstitut kursieren Typologien, die unterschiedlich kluge Strategien der Jugendlichen im Hinblick auf das funktionale Ziel des Berufseinstiegs unterscheiden. Die Jugendlichen sind dann etwa danach zu klassifizieren, ob sie sich strategisch planend und vorausschauend, experimentierend oder passiv, situationsbezogen oder lethargisch abwartend verhalten. Für die Beratung ergibt sich als Konsequenz, das scheinbar aufgeklärte, vorausschauende, strategische Verhalten zu fördern. Daneben wäre aber auch die Kritik am kognitiven Beratungskonzept zu berücksichtigen, wie sie aus der Praxis selbst der Berufsberatung hervorgeht und die besagt, daß Beratung ohne Bezug zu Motivation und Lebenssituation, Biografie, Familie und sozialem Umfeld ins Leere gehen muß. Daneben müssen die Fachberater die besonderen Zugangsvoraussetzungen der Maßnahmen kennen. Neben den formell vorausgesetzten Abschlüssen werden sie die Defizite der Ratsuchenden benennen, indem sie zwischen »ausbildungsfähigen« und »nichtausbildungsfähigen«, »behinderten« und »nichtbehinderten«, »berufsreifen« und »berufsunreifen«, zur Arbeit »motivierten« und »nichtmotivierten« Jugendlichen unterscheiden. Von diesen oder vergleichbaren Zielgruppenbeschreibungen gehen nicht nur die meisten Förderrichtlinien und Maßnahmebeschreibungen der Arbeitsverwaltung , sondern auch das in Jugendberatungsstellen verbreitete Konzept der »Übergangsberatung Schule / Beruf« aus.

In unserem Fall wird dem Übergangsberater dennoch die deutliche, fast stilisierte Schulmüdigkeit der weiblichen Jugendlichen auffallen. Erinnert sei an die Kernsätze:»Fast überhaupt gar nicht Schule, wirklich«, »Die Berufsschule wollte ich nicht versäumen« und (bezogen auf die Jugendwerkstatt): »Jetzt habe ich wieder so was gefunden.« Die junge Frau hat die Sonderschule besucht, häufig geschwänzt und vorzeitig abgebrochen. Im Anschluß hat sie mehr Zeit mit »Nichtstun« verbracht als in Fördermaßnahmen. Die einzige Maßnahme, die sie offensichtlich längere Zeit besuchte, war eine Jugendwerkstatt des Internationalen Bundes für Sozialarbeit mit begleitendem Berufsschulbesuch. Ihre Schulkritik und ihre ablehnende Haltung gegenüber arbeitsbezogenen Maßnahmen oder gar Arbeit drückt sie sehr pointiert aus.

Stellt man sich vor, diese Frau käme in eine Beratungsstelle zum Übergang Schule/Beruf, so würde ein enger Ansatz der Beratung, z. B. die erwähnte Übergangsberatung, kaum Ansatzpunkte finden. Die Besucherin müßte als demotiviert, beruflich unzureichend orientiert und als voraussichtlich nicht ausbildungsfähig eingestuft werden. Im Unterschied zur Berufsberatung würde ein Jugendarbeiter sicher stärker auf Nebentöne achten. Er würde Brüche in der scheinbaren Negativhaltung von K. entdecken, etwa in der Äußerung: »Die Berufsschule wollte ich nicht versäumen.« Im einzelnen wäre nicht anzugeben, ob es der Berufsschulstoff oder die Situation in der Jugendwerkstatt waren, die »motivierend« gewirkt haben. Der Kontrast zur vollständigen Ablehnung der früheren Schulkarriere und sonstiger in Aussicht stehender Maßnahmen ist dennoch auffällig. Das objektive Dilemma in der Beratungssituation bestünde dann darin, daß eine Wiederholung der Berufsvorbereitung oder eine berufliche Orientierungsmaßnahme zwar fachlich in Frage kämen und möglicherweise auch von K. akzeptiert würden, daß eine solche Maßnahme aber kaum ernsthafte berufliche Fortschritte ermöglichen würde. Bessere Maßnahmen, z.b. außerbetriebliche Ausbildung oder das Nachholen von Schulabschlüssen, wären angesichts unzureichender Bereitschaft und fehlender Voraussetzungen ausgeschlossen. Vermutlich würde ein Übergangsberater trotzdem dazu tendieren, eine neue Orientierungsmaßnahme vorzuschlagen oder die Annahme einer einfachen Arbeit zu empfehlen, auch wenn dafür tarifliche Bezahlung nicht zu erwarten ist. Er könnte seine Hoffnung darauf setzen, daß ein geduldiger Meister in einer geeigneten Firma oder in einer strengen Jugendwerkstatt das Mädchen schon »hinkriegen« könnte. Ein sensibler Berater würde jedoch eher eine Maßnahme mit jugendpflegerischem Anspruch empfehlen. Der Werkstatt mit straffer Arbeitsdisziplin und strengen Ausschlußregeln würde er eine nach Regeln der Jugendhilfe betriebene Einrichtung vorziehen, die Spielraum für freie Gestaltung und Kommunikation läßt. Da solche Einrichtungen selten und in ihren Möglichkeiten begrenzt sind, bliebe die Beratung in jedem Falle unbefriedigend. An die Aufarbeitung der Schulkarriere und eine tiefergehende Rekonstruktion der Lebenssituation wäre im Rahmen einer von sonstigen Angeboten oder offenen Einrichtungen abgetrennten »Beratung im Büro« kaum zu denken. Über den jungen Mann, den Briefpartner im Gefängnis, erfährt man bezüglich seiner Schul- und Ausbildungskarriere wenig. Beruflich ist er als Absolvent einer »Normalkarriere« mit Schulabschluß und anschließender Berufsausbildung einzustufen. Zu überprüfen wäre hier aus der speziellen Sicht berufsbezogener Beratung, welche Qualifizierungsmöglichkeiten im Gefängnis bestehen oder welche ausbildungsbegleitenden Hilfen im Falle eines möglichen Wiedereinstiegs nach der Strafe zu empfehlen sind.

Auch in seinem Fall käme die Aufarbeitung von Schul-, Familien-, Migrations- und Drogenkarriere in einer auf Information und Schulung des strategischen Verhaltens ausgerichteten Beratung zu kurz. Obwohl in der Jugendberatung möglicherweise geringere Zugangsbarrieren bestehen als in der Berufsberatung des Arbeitsamtes, bleibt doch das fade Gefühl, daß alle Maßnahmen und Empfehlungen an der subjektiven Sicht der Betroffenen vorbeigehen und deshalb scheitern müssen.

Die Wahrnehmung durch die Brille rationaler Berufswahl verhüllt den tatsächlichen Zusammenhang zwischen Arbeitsorientierung und Biografie, wie ihn K. und M. schildern. Gemessen an der Typologie rationaler Verhaltensstrategien weist K. erhebliche Defizite auf. Es erscheint aber fraglich, ob das Fehlen einer instrumentellen, traditionellen oder »normalen« Arbeitsorientierung tatsächlich als Defizit ausgelegt werden darf. Unterstellt nicht das Modell einer instrumentellen Arbeitsorientierung Charaktereigenschaften, die von den Fachkräften in einem anderen Zusammenhang abgelehnt würden, weil sie mit emanzipatorischen Zielen der Jugendhilfe nicht vereinbar sind?

Um diese Frage zu beantworten, werden Praktiker eine bewertende Abwägung zwischen den geforderten Normen der Arbeitsorientierung und autonomen, für die Jugendhilfe spezifischen Kriterien einer »gelungenen Sozialisation« vornehmen. Er oder sie wird den »Erfolg der Adoleszenz« oder das »Gelingen der Biografie« nicht am äußeren Erfolg messen, sondern daran, ob und in welchem Maße Jugendliche sich autoritär oder emanzipiert verhalten, ob sie statusorientierte oder sachbezogene Motivation entwickeln, sich zwanghaft oder differenziert auf affektive Gewalt beziehen, ob sie bloß Unterwerfung und spiegelbildliche Antihaltungen gegenüber Autoritäten praktizieren oder differenzierte Begründungen einklagen.

Um die Arbeitsorientierung der Jugendlichen zu verstehen, muß man daher aus Praktikersicht auch unkonventionelle Deutungsmöglichkeiten überprüfen. Möglicherweise verbirgt sich hinter dem Desinteresse an schlechter Arbeit nicht nur eine experimentelle, sondern gegenüber dem »normalen« Arbeitsleben zu recht kritische Sicht. Die Fähigkeit, eine eigene, »abweichende« Normalität zu leben, stellt in anderen sozialen Mileus sogar eine erwartete Leistung oder »Persönlichkeitsdimension« dar. Die Arbeitsorientierung hängt von der subjektiven Auseinandersetzung mit dem persönlichen und gesellschaftlichen Umfeld ab. Eine qualifizierte Interpretation der Lebenslage verlangt deshalb eine systematische Reform der Wahrnehmung. Neben der Klassifizierung objektiver Merkmale oder Verhaltensstrategien muß sie v.a. eine Unterscheidung zwischen autoritätsgebundenem und autonomem Handeln vornehmen, unter Berücksichtigung verschiedener Erscheinungsformen und Intensitäten. Geht man von einem Spektrum starker und schwacher Formen autoritären Denkens aus, dann spiegelt sich in den Äußerungen der Jugendlichen ein Prozeß der Distanzierung und Suche in diesem Spannungsfeld. Ihre Arbeitsorientierung umfaßt zwar die Ablehnung uninteressanter, entfremdeter Tätigkeit, gleichzeitig aber einen positiven Bezug auf produktive Tätigkeit. Als »produktive Tätigkeit« gelten in der subjektiven Perspektive v. a. Freundschaftsbeziehungen, Geselligkeit, gemeinsamer Drogenkonsum, Diebstahl und der spielerische Umgang mit Lebensformen. Diese Leistungen mögen gesellschaftlich nicht als Arbeit anerkannt sein. Subjektiv repräsentieren sie aber für die Jugendlichen genau jene produktiven Momente, die andere im Arbeitsleben als die positive Seite der »Arbeit« erleben.

Bei K. und M. findet man zunächst mehrere Hinweise auf das Vorliegen einer instrumentellen oder durch Autorität bestimmten Motivation: Hierzu muß man K.'s Sachzwangideologie zählen, die in dem Kernsatz ausgedrückt wird: »Lebe so, wie du im Moment gezwungen wurdest zu leben.« Auf seiten der jungen Frau tauchen verschiedene schwächere Formen autoritärer Orientierung auf. Die Vorstellung einer Selbsttherapeutisierung scheint an mehreren Stellen durch, v.a. in der Art und Weise, wie K. über die Erziehungsstrategien ihrer Eltern urteilt. Wenn sie feststellt, daß sie »zu streng« oder »nicht streng genug« behandelt wurde, benutzt sie Gemeinplätze alltäglicher Kommunikation über Erziehung, die sie selbst entlasten und die Verantwortung auf eine Therapie von außen lenken. Autoritätsfixiert wirkt auch die phantasierte »Zukunftsperspektive« eines Aufstiegs durch Erbschaft. Sie paßt nun gar nicht mehr in das Bild der von Kriminalisierung bedrohten, verhaltensauffälligen Jugendlichen, sondern verweist auf eine Bindung an konventionelle, fast spießige Alltagswünsche. In dieser Sequenz entsteht der Eindruck, daß im Hintergrund der aktuell ausgelebten »Freiheiten« Familialismus und Sicherheitsdenken stehen, hinter der »Abweichung« die überstarke »Anpassung«. Die naive Schilderung des Familienlebens und der teilweise gescheiterten Ehe der Eltern deutet auf eine unkritische Übernahme konventioneller Status-, Aufstiegs- und Erfolgsnormen, die realistisch »heruntherdividiert« und auf die eigene soziale Situation projiziert werden. Nicht zuletzt verweist auch die Beschwörung von Aberglauben und Esoterik auf latent autoritäre Denkmuster der jungen Frau. Sie betrachtet zwar den übertriebenen Aberglauben der Mutter, der sie in die Psychiatrie geführt habe, mit Sorge. Tatsächlich ist sie aber nicht so sicher, ob vielleicht doch eine höhere Gewalt am Werke ist. Diese Schicksalsgläubigkeit ist als autoritär einzustufen, weil sie als Sachzwang- oder Ohnmachtsideologie benutzt wird, die Veränderbarkeit und Verantwortlichkeit des eigenen Handelns tendenziell ausschließt. Die Emanzipation als Mädchen oder Frau stellt für sie kein besonderes oder herausgehobenes Ziel dar.

Freund M. äußert seine extreme Sachzwangideologie, die zur Rechtfertigung jeder Verhaltensweise dienen könnte, ganz offen. Ellenbogenmentalität bestimmt sein Handeln selbst bei der Interessensdurchsetzung unter Freunden. Dem stehen

Hinweise auf eine liberale, aufgeklärte Haltung gegenüber. Sein Vergleich zwischen Knast und Wirklichkeit außerhalb der Strafanstalt, der teilweise zugunsten der Haft ausfällt, zeugt nicht nur von Verzweiflung, sondern kann auch als ironischer Realismus oder Fähigkeit zu surrealistischer Wahrnehmung verstanden werden. Das Motiv der Selbsttherapeutisierung im Denken des Mädchens kann zwar, wie gezeigt, als Unterwerfungsritus interpretiert werden, beinhaltet aber auch die alternative Perspektive einer latenten Kritik des Familialismus, eine Distanzierung von den Beziehungsmustern der Eltern bzw. der Älteren und damit ein Moment von Selbstreflexion und hieran anknüpfender autonomer Orientierung. Erwähnt wurde bereits, daß in bezug auf die Berufsschule im Unterschied zur Sonderschule ein Interesse an wirklichen Bildungsinhalten aufscheint.

Beide Jugendliche beziehen sich zudem sehr bewußt und markant auf die informelle Öffentlichkeit der Jugendlichen oder der Straße. In vielen Bewertungen und Handlungen wird sie als Interpretationsfolie, als Feld der Beratung und Legitimation des eigenen Handelns zitiert. Die Öffentlichkeit der Jugendlichen oder der Straße wird als eine Form der Gegenöffentlichkeit benutzt, als Korrektiv für über Macht und Beziehungen vermittelte, autoritäre Einstellungen. Die esoterisch klingende Beschreibung der Liebesbeziehung zwischen K. und M. beinhaltet ebenfalls ambivalente Momente. Die Beziehung dient gleichzeitig als Projektionsfläche kindlicher Zukunftswünsche und als Modell gelingender Interaktion. Beide Jugendliche wären in anderen Zusammenhängen durchaus in der Lage, Liebeskitsch zu erkennen und würden sich von schmalzigen oder schleimigen Beziehungsmustern distanzieren. Vor diesem Hintergrund wäre die Orientierung an klischeehaften Liebesbeziehungen nicht nur als Flucht aus der Realität, sondern als, wenn auch flache, Utopie zu verstehen.

K. und M. äußern zwar keinerlei Ambitionen bezüglich höherer Bildung, Kultur oder Emanzipation der Geschlechtsrollen. Das Fehlen solcher Emanzipationsforderungen kann aber auch als stille Kritik an den teils pseudoliberalen, ästhetisierenden Emanzipationsmodellen »höherer« Bildungsschichten interpretiert werden. Die Projektion sozial fremder Ideale, vor der auch Fachkräfte der Jugendarbeit nicht gefeit sind, würde demnach von den Jugendlichen durchschaut und als abstrakte, quasi rituelle Zumutung ignoriert.

Der subtilste und stärkste Hinweis auf eine offene, aufgeklärte Auseinandersetzung mit der gesellschaftlichen Umwelt findet sich in jenen Textpassagen, in denen ein reflektierter Umgang mit den eigenen Affekten oder den Affekten anderer zum Tragen kommt. Die an zahlreichen Stellen erkennbare Kompetenz, Verhaltensweisen, affektive Reaktionen, Beziehungsmuster zu verstehen, zu interpretieren und zu beeinflussen, verweist auf Distanz zu zwanghaften, extrem autoritätsgebundenen und instrumentellen Verhaltensweisen.

VERSÖHNUNG VON ZIELGRUPPENANGEBOTEN UND OFFENER ARBEIT, VON BILDUNG UND SOZIALARBEIT ALS WICHTIGSTE FACHLICHE AUFGABE

Faßt man die sehr widersprüchlichen Denkweisen der beiden Jugendlichen, wie sie sich aus der Perspektive von Fachkräften darstellen, zusammen, ergibt sich ein von der Alltagswahrnehmung in Presse, etablierter Gesellschaft und Politik deutlich abweichendes Bild. Die Jugendarbeit ist nicht mit Schreckbildern des bürgerlichen Lebens konfrontiert, auch nicht mit bloßen Opfern der Leistungsgesellschaft, sondern mit Jugendlichen, die dazugehören wollen, die in mancher Hinsicht besonders normal und angepaßt wirken, neben Schwächen auch Stärken zeigen. Sie bewegen sich zwar in einem informellen, kriminalisierten, von autoritären Normen geprägten Milieu, eignen sich aber zugleich Flexibilität und Kreativität, Beziehungs-, Durchsetzungs- und Konfliktfähigkeit, organisiertes und geplantes Vorgehen, also Fähigkeiten an, die in Arbeitsleben und Gesellschaft anerkannt und gefragt sind, in Familie, Schule oder Berufsausbildung aber nicht vermittelt wurden. Kriminalisierung erscheint als Lebensphase oder Statuspassage, als Ersatz für eine Jugendphase, die der Ablösung und Verselbständigung dienen soll, d.h. als Moratorium, wie man es den bessergestellten Bevölkerungsgruppen selbstverständlich auch dann zubilligt, wenn es mit Bedürftigkeit einhergeht: sei es den Oberschülern und Studenten, den sozialhilfebedürftigen Berufsanfängern, oder den um Verselbständigung ringenden geschiedenen Frauen. Das Denken der Jugendlichen unterscheidet sich trotz ihres scheinbar abweichenden Verhaltens grundsätzlich nicht von den vorherrschenden Leistungsstandards und Werten. Problematisch erscheint vielmehr die subjektive Erhöhung oder autoritätsfixierte Übernahme von Konkurrenz, Ellbogenmentalität und Erfolgsdenken, also derjenigen sozialen Normen, die maßgeblich zur eigenen Randständigkeit und sozialen Isolierung beitragen. Der Widerspruch deutet weniger auf eine persönliche, individuelle Marotte als auf ein Sektierertum der Ausgegrenzten, das aus dem Versuch resultiert, widersprüchliche soziale Normen miteinander zu vereinbaren. Die gedankliche Spaltung beinhaltet, trotz aller Brechungen und Korrektive ein Moment der Selbstaggression, das die Möglichkeit der körperlichen Selbstzerstörung vorwegnimmt. Die Fiktion des möglichen Erfolgs beruht jedoch nicht einfach auf subjektiv fehlendem Realitätsbewußtsein, sondern auf einer undurchschauten ideologischen Gewalt, die ein Tabu über die Wahrnehmung der eigenen Lebenslage verhängt. Daß hier eine Aufgabe der politischen Bildung vorliegt, wird vollends deutlich, wenn man nach dem Sinn der Fiktion oder Realitätsverdrängung fragt. Wenn Jugendliche, die ihrem Sozialstatus nach dem Hilfsarbeitermilieu oder der sogenannten Randbelegschaft zugerechnet werden müssen, sich teils spielerisch, teils zwanghaft an Normalitätsstandards und Selbstbildern orientieren, wie sie institutionell von Facharbeitern oder Mittelschichtsangehörigen zu erwarten wären, stellt dies aus der gesellschaftlichen Sicht eine Anmaßung dar, die scheinbar sogar das Recht zu Beziehungsabbruch und Kriminalisierung gibt. Der Verstoß gegen das Tabu wiegt deshalb so schwer, weil die Jugendlichen die vorweggenommene Plazierung, den vorweggenommenen Sozialstatus nicht hinnehmen, sondern ihr eigenes Milieu, ihre eigene »freie Schule« organisieren.

Aus Sicht der Jugendarbeit ist diese Tabuisierung nicht akzeptabel. Das Dilemma zwischen Arbeitsauftrag und professionellem Verständnis erzeugt jedoch für die Fachkräfte einen Double-bind zwischen dem Anspruch der Kompensation oder Normalisierung und dem Wissen um die Erzeugung der Abweichung durch Überanpassung. Der Konflikt kann von den Fachkräften zuungunsten der Jugendlichen interpretiert werden. Dann ergibt sich der Befund übersteigerter Ansprüche und unrealistischer Lebensziele. Geht man dem Widerspruch nach, ohne ihn psychologisch oder systemisch zu rationalisieren, ergibt sich eine Öffnung der Deutung und eine Chance praktischer Alternativen. Die Jugendarbeiter werden dann nicht ausschließlich anstreben, den Jugendlichen die Normen der Arbeitsgesellschaft beizubringen, weil sie diese bereits verinnerlicht haben, sondern ihnen zu einem aufgeklärten, distanzierten Umgang mit ihnen verhelfen. Dazu kann die Aufarbeitung oder nachträgliche Analyse ungünstiger Schullaufbahnen ebenso gehören wie der bewußte Umgang mit sozialer Inkonsistenz und dem Widerspruch zwischen Gleichheitsversprechen und real erlebten Auf- und Abstiegskarrieren. Findet dieser Perspektivenwechsel von Kontrolle auf Bildung nicht statt, muß die Sozialarbeit selbst Ausgrenzung betreiben. Ignorierte oder unverstandene Stärken dienen dann fatalerweise als Rechtfertigung für Ausgrenzung. Die Grenzen der Fachlichkeit werden demnach nicht von den schwierigen Jugendlichen diktiert, sondern hängen von der Bereitschaft und dem Mut zur institutionellen Einmischung ab, von der Auseinandersetzung mit fachlich anders ausgerichteten Institutionen ebenso wie mit dem eigenen Arbeitsauftrag. Grundsätzlich dürfte die zweite, liberale Auflösung die für die offene Jugendarbeit typische Sichtweise wiedergeben, eine Perspektive, die auch von den Fachkräften in restriktiven sozialpädagogischen, kontrollierenden Maßnahmen oder funktionalen Zielgruppenangeboten eingenommen werden kann und in der Regel auch auf restriktiven Arbeitsstellen als schlechtes Gewissen nachwirkt.

Damit eröffnet sich schließlich eine aus der großen, systemischen Betrachtung der Jugendhilfe nicht erkennbare politische Perspektive. Wenn Qualitätsstandards der Jugendhilfe in dem skizzierten Umfang von Professionalisierungsformen, konkreter Ausgestaltung der Jugendarbeit durch Einrichtungen und Fachkräfte abhängen, muß und kann die Alternative nicht mehr in einer groben Gegenüberstellung von offenen und geschlossenen Einrichtungen gesucht werden. Öffnung der Jugendhilfe ist vielmehr als Orientierung in allen, auch in den funktional und restriktiv angelegten Angeboten für privilegierte oder benachteiligte Zielgruppen nötig. Die Grenzen dieser in der Vereinzelung von Spezialmaßnahmen zu führenden Auseinandersetzung mit Klientelisierung, Therapeutisierung und Psychologisierung wären dann allerdings um eine neue Ebene der Einmischung zu erweitern, durch den Entwurf anderer Einrichtungstypen, die Suche nach neuen Formen von Jugendhäusern, die Spezialkompetenz für Zielgruppen mit Öffentlichkeit und Rücknahme der Vereinzelung ihrer Adressaten ermöglichen, ein Reformprozeß, der sich zaghaft und ohne Programm andeutet, wenn OTs Fachberatung übernehmen, Stadtteilzentren kompensatorische Angebote mit Gemeindeaktivitäten verbinden, Kulturarbeit mit schicht- und altersübergreifender Begegnung einhergeht, Jugendarbeit sich als Bildungsinstitution versteht. Sollen die entsprechenden großen Ziele der Kooperation von Schule und Jugendhilfe, Jugendhilfe und Arbeitsverwaltung, Jugendhilfe und Jugendgerichten eingelöst werden, verlangt dies neben Vernetzung und zentraler Steuerung v.a. Methodenrevision und Reform sämtlicher Angebote von unten und - bei aller Spezialisierung - eine Besinnung auf Basisqualifikationen der offenen Arbeit, in der individuellen Laufbahnplanung von Fachkräften ebenso wie in Ausbildung und Jugendpolitik.

III. DIE PERSPEKTIVE DER JUGENDPOLITIK: GRENZEN UND MÖGLICHKEITEN AM BEISPIEL DER STADT KÖLN

Welche Bedingungen müssen institutionell erfüllt sein, damit Lebenslagen, wie die zuvor skizzierten, von Fachkräften, Behörden und Politik verstanden werden können? Wie die Diskussion der Sozialarbeitersicht ergab, setzt offene Jugendarbeit eine Fülle spezialisierter Kompetenzen und eine prekäre Balance zwischen Zielgruppenarbeit und öffentlicher Einmischung, ein kritisches Berufsverständnis der Praktiker und autonome Entscheidungsmöglichkeiten der Jugendhilfe in der Kooperation mit Schulen, Arbeitsverwaltung oder Vollzugsbehörden voraus. Die Handlungsspielräume der Kommunen im Hinblick auf offene Jugendarbeit hängen dementsprechend nicht nur von der absoluten Höhe des Jugendhilfetats ab, sondern auch von der internen Verteilung der Mittel zwischen verschiedenen Abteilungen und Ämtern, von der Fachlichkeit der Programme, den lokalpolitisch definierten Leistungsstandards und der örtlichen politischen Willensbildung.

Eine besondere Verantwortung der Kommunen für reformierte Jugendhilfe ergibt sich schon aus ihrer institutionellen Stellung im Sozialstaat. In der vertikalen Politikverflechtung konkretisieren sie die gesetzlichen Pflichtaufgaben gemäß Kinder- und Jugendhilfegesetz (KJHG) sowie die Abgrenzung von den sogenannten freiwilligen Leistungen. Sie fungieren zudem als wichtigster Anstellungsträger sozialer Fachkräfte, beeinflussen das Verhalten der freien Träger und Wohlfahrtsverbände durch Anreize und Kontrollen, nehmen Programmplanungen zu Zielgruppen oder Problemfeldern wie Jugendarbeitslosigkeit, Obdachlosigkeit und Ausländerintegration vor und stellen institutionelle Verfahren zur Beteiligung von Parteien, Bürgern und Adressaten der Jugendhilfe bereit.[4]

Diese starke Position der Kommunen in der Politikverflechtung erklärt, warum sich reformierte Jugendhilfeansätze lange Zeit auch entgegen einem anders gerichteten Trend restriktiver Sozialpolitik und Ausländerpolitik behaupten konnten, zumindest solange sich das Interesse an Selbsterhaltung der örtlichen Bürokratie mit den Konzepten reformierter Jugendhilfe vereinbaren ließ. Dazu war ein politischer Kompromiß erforderlich, der die Besitzstände der restriktiven Jugendhilfe nicht antastete, wie dies beim Ausbau der Zielgruppenmaßnahmen der Fall war, die nach einem Schema der Zuwachsspezialisierung verliefen. Auch die sogenannte Pluralisierung der Angebote trug zunächst zur politischen Legitimation und Absicherung bei, ohne daß dies die Angebote für benachteiligte Jugendliche in jedem Falle stärkte. Das Ausmaß der Einsparungen in den 90er Jahren könnte diesen Kompromiß, v.a. das Schema der Zuwachsinnovation, ab absurdum führen. Besitzstandswahrung und Reformfähigkeit geraten in Gegensatz, wenn die Fähigkeit zu Neuerung und Sensibilisierung für Lebenslagen durch eine einseitige, ökonomisch-administrative Verwaltungsreform verloren geht. Wie sich Sparpolitik und Verwaltungsreform auf die kommunale Jugendhilfe auswirken, läßt sich in einer Stadt wie Köln besonders anschaulich studieren, die sich von den früheren Standards noch nicht ganz verabschiedet und die neuen noch nicht verbindlich definiert hat.

AUSDIFFERENZIERUNG UND REFORM DER OFFENEN JUGENDHILFE IN KÖLN

Vergleicht man den Jugendhilfehaushalt der Stadt Köln[5] von 1997 mit dem von 1975, so fällt noch immer die erhebliche Ausweitung und Ausdifferenzierung des Leistungsspektrums seit den 70er Jahren ins Auge, die zudem mit einer internen Gewichtsverlagerung von restriktiven, fürsorgerischen zu offenen Angeboten verbunden war. Heim- und Kindergartenerziehung nach dem alten Jugendwohlfahrtsgesetz verbrauchten 1975 noch mehr als die Hälfte aller städtischen Zuschüsse, während offene Einrichtungen in städtischer Trägerschaft nur 11%, die freien Träger der Jugendhilfe nur 24% aller Zuschüsse erhielten.

Im Jahre 1991 hatte sich der Gesamtbetrag der Zuschüsse, trotz einer ersten Sparphase 1982 / 83, von 88,7 Mio. DM jährlich auf 243,3 Mio. DM verdreifacht. Der Anteil der Zuschüsse gemäß JWG war auf 25% gesunken, der für städtische Jugendeinrichtungen auf 24% und der für freie Träger auf 30% gestiegen. Auch im Anstieg der Verwaltungskosten von 12 auf 17% spiegelt sich das in der Zwischenzeit gewachsene Aufgabenspektrum und die Ausdifferenzierung der zu betreuenden Programme und Trägerlandschaft. Zur quantitativen Erweiterung der offenen Jugendhilfe sind v.a. der Ausbau der städtischen OTs auf 21 Einrichtungen, die Einführung von jugendpflegerischen Maßnahmen für die Zielgruppe ausländische Jugendliche und der jugendpflegerische Anteil der Maßnahmen zur Jugendberufshilfe zu zählen.

Das Ausmaß der Verlagerung von Fürsorge zu offener Arbeit wird in der alten Haushaltssystematik jedoch überzeichnet. Erst die mit dem neuen KJHG von 1991 eingeführte neue Aufgabengliederung der örtlichen Jugendhilfe verdeutlicht, daß der Ausbau der Kölner Jugendhilfe zu einem erheblichen Teil den erzieherischen Hilfen zugute kam. Im neuen KJHG werden, um das individuelle Leistungsrecht von Eltern und Jugendlichen gegenüber dem obrigkeitlichen Eingriffsrecht aufzuwerten, die freiwilligen Kann- und Solleistungen Jugendarbeit, freie Jugendhilfe, Jugendberufshilfe oder Jugendsozialarbeit, Jugendschutz, Erziehungsberatung, sozialpädagogische Familienhilfe, sonstige Hilfen zur Erziehung und Hilfen für junge Volljährige jeweils gesondert beschrieben, die früher nur in einer unverbindlichen Generalformel zusammengefaßt waren. Bei diesem gesetzlich möglichen Spektrum mehr oder weniger offener erzieherischer und jugendpflegerischer Aktivitäten (KJHG 5 und 11-41) handelt es sich jedoch um Angebote, die für sich weder eindeutig restriktiv noch offen sind, die vielmehr den alten Gegensatz von Jugendfürsorge und Jugendpflege in sich selbst reproduzieren und daher gestaltungsbedürftig bleiben. So können etwa die Maßnahmen der Jugendberufshilfe weder als eindeutig fürsorgerisch, klientelisierend oder restriktiv noch als durchweg offen im Sinne von Standards der offenen Jugendarbeit klassifiziert werden. Die Offenheit einer Jugendwerkstatt hängt von ihrem Konzept ab, das von restriktiver Arbeitserziehung bis zum jugendpflegerischen Treffpunkt reichen kann. Diese am Kölner Beispiel zu studierende institutionelle Differenzierung der erzieherischen Hilfen steht im Hintergrund der an die Basis verlagerten Konflikte um Offenheit und Restriktion in Zielgruppenmaßnahmen, wie sie in der Sozialarbeitersicht deutlich wurden. Neben der Doppeldeutigkeit der neuen erzieherischen Hilfen gingen Grenzen der Öffnung auch vom funktionalistischen Konzept der offenen Türen selbst aus. Die Beschränkung dieser Einrichtungen auf die Funktion von Jugendfreizeitstätten verhinderte, mit wenigen Ausnahmen, die nötige Reintegration und Methodenveränderung der hinzukommenden erzieherischen Hilfen, Fachberatungsstellen, Berufshilfemaßnahmen und Angeboten der Ausländerintegration im Sinne einer offenen Zentren- und Jugendarbeit. Nicht zuletzt waren Grenzen der Zuwachsreform am unkritischen Ausbau der konzeptionell unveränderten, teils konfessionell, teils schichtspezifisch genutzten Kitas und bei der Stagnation der Horterziehung festzustellen.

Qualitative Verbesserungen gingen insgesamt weniger von einer Veränderung oder Erweiterung des Vorhandenen, sondern von hinzukommenden Einrichtungen, Angeboten und ihrer Vernetzung durch teils ämterübergreifende Maßnahmenprogramme aus. Zugunsten von Migranten wurde nicht in erster Linie die gewöhnliche Beratung im Allgemeinen Sozialdienst (ASD) verändert, sondern der ASD für Ausländer, der kleine Zentren- oder Kursaktivitäten aufnehmen konnte. Förderung ausländischer Kinder erfolgte weniger durch Öffnung der konfessionellen Kitas als durch zusätzliche Stellen in städtischen Kitas und OTs.

Hausaufgabenhilfen entwickelten sich bei teils neuen oder spezialisierten kleinen Trägern und Migrantenorganisationen oder in Migrantenzentren. Desgleichen leben die Zielgruppenmaßnahmen für arbeitslose Jugendliche, Drogenabhängige und straffällige Jugendliche vom Nebeneinander und vom informellen Wettbewerb zwischen Methoden und Herangehensweisen in einem pluralistischen Netzwerk, an dem neben den Jugendhilfemaßnahmen im Fachbereich des Jugendamts auch fachlich anders ausgerichtete Institutionen wie Schulamt, Ausländerreferat, Kulturamt, Volkshochschule oder gänzlich fachfremde Institutionen wie Betriebe, Strafverfolgung oder Arbeitsverwaltung beteiligt sind. Mit den sozialen Initiativgruppen entstand in den 80er Jahren eine zusätzliche Struktur kleiner freier Träger, die von der Stadt toleriert und - wenn auch äußerst restriktiv - zur Erweiterung des fachlichen Spektrums und der erreichten Zielgruppen gefördert wurden.

Übersicht: Jugendberufshilfe in Köln 1985-1996[6]

	1996	1992	1985
Berufsvorbereitung	1116	919	964
Ausbildung	420	491	1324
Arbeitsbeschaffung	255	170	100
Schulabschlüsse	774	691	730
Summe	2565	2271	3118

So stellt der Aufbau der Jugendberufshilfe in Köln einerseits eine erhebliche Leistung dar, da er mehr als 30 Träger in einem Verbundsystem zusammenführte, das Übergänge aus der Berufsvorbereitung in Ausbildung und Arbeit, teils in Verbindung mit dem Nachholen von Schulabschlüssen ermöglicht. Andererseits begünstigt das Fördersystem selektiv dem ersten Arbeitsmarkt nahestehende Jugendliche, während Ausbildung für Straffällige, Ausländer und Jugendliche ohne Abschluß trotz Berufsvorbereitung häufig nicht erreicht werden.[7] Fachliche Grenzen und die Zielverschiebung auf kurzfristige Einschleusung in den Arbeitsmarkt bewirkten zudem seit Mitte der 80er Jahre eine Schwerpunktverlagerung von Ausbildung auf Arbeitsbeschaffung und Berufsorientierung (vgl. hierzu die Übersicht 'Jugendberufshilfe in Köln 1985-1996').

Dennoch schufen die - aus Sicht der Beschäftigungsförderung - dysfunktionalen Warteschleifen ein zeitliches Moratorium und einen Aufenthaltsort jenseits der Freizeitstätten auch für benachteiligte Jugendliche, Nischen der Kommunikation und jugendlichen Selbstfindung ohne offizielle Kontrolle und Sanktion, die zugleich als Bindeglied zu den notwendigen informellen Pfaden in einer verschlossenen Arbeitsgesellschaft wirken. Für die Senkung der Schwellen zu Fachberatung und berufsbezogener Förderung war insbesondere die Infrastruktur kleiner Träger mit Stadtteilbezug und der Migrantenzentren von Bedeutung.

Will man die Ausdifferenzierung der Kölner Jugendhilfe in den 70er und 80er Jahren auf einen Nenner bringen, so kann man sie am besten als formellen Ausbau bei qualitativer Beschränkung auf kompensatorische, beschäftigungspolitische und erzieherische Hilfen beschreiben, deren Legitimation und Funktionsfähigkeit von informellen Korrektiven, insbesondere von einem Überhang fachlicher Standards und Kompetenzen in den mit fachfremden Anforderungen konfrontierten Spezialeinrichtungen und von einer grauen Gemeinde-, Träger- und Vereinslandschaft abhing, die moderierende Beratung und Schwellenabbau hinsichtlich der Wahrnehmung des offiziellen Angebots ermöglichte. Neben dem stillen Fortleben und der Erweiterung professioneller Standards durch Anreicherung von Spezialkompetenzen zeichnete sich notwendigerweise auch ein teilweiser Verfall von Basisqualifikationen offener Arbeit ab, deren Symptome sich im Aufgreifen therapeutischer Konzepte durch den ASD, in der Ausweitung klientelsierender Formen der erzieherischen Hilfen, z. B. der sozialpädagogischen Familienhilfe, in der wachsenden Vereinzelung von Zielgruppen der OTs und der Kulturarbeit oder in der begrenzten Autonomie der Jugendsozialarbeit gegenüber Arbeitsverwaltung und Schulen zeigten.

Der Umbau der örtlichen Jugendhilfe seit 1992 legte den ideologischen Kern des pluralistischen Programms frei. Stark wachsende Ausgaben der Stadt für Kindertagesstätten, auch für Betriebskindergärten, und für erzieherische Hilfen stehen inzwischen einem rapiden Abbau der offenen Arbeit in Jugendzentren, der Integrationshilfen für Migranten und sonstiger freiwilliger Leistungen gegenüber, so daß eine einseitige Verteilungswirkung und Entprofessionalisierung zu konstatieren sind, obwohl - oder: weil? - sich die Politik der Besitzstandswahrung hinsichtlich der sogenannten härteren, arbeitsmarktnahen, an Interessen beschäftigter Kerngruppen orientierten Angebote, teilweise behaupten konnte.

Jugendhilfehaushalt der Stadt Köln (Verwaltungshaushalt)
nach Unterabschnitten - Gewinn / Verlust 1992-97

Quelle: Haushaltspläne '93, '94, '95, '96; HH-Entwürfe '94, '95, '96, '97

Zuschüsse (=Ausgaben minus Einnahmen); Veränderung 1992-'97 (+ Zunahme, - Abnahme)

Unterabschnitte - Zuschußgewinner	Ausgaben	Einnahmen	Zuschüsse	Ausgaben '97 (absolut)
4640 Tageseinrichtungen für Kinder	108689049	64185872	44503177	324182700
4550 Hilfe zur Erziehung	33475726	2593898	30881928	106949400
4560 Hilfe f. junge Volljährige, Inobhutnahme	11078120	3087257	7990863	24039600
4070 Verwaltung der Jugendhilfe	13254690	564123	2690570	56105700
4530 Förderung der Erziehung i. d. Familie	881585	67510	814075	1100800
4540 Förderung in Tageseinrichtungen,Tagespflege	621482	-10518	632000	2603700
4650 / 1 Erz.-, Jug.- und Fam.-beratungsstellen	111309	-137809	249118	10485400
Unterabschnitte - Zuschußverlierer				
4580 Mitarbeiterfortbild und sonstige Aufgaben	-44698	100	-44798	-49400
4570 Gerichtshilfen, Amtsvormundschaft u. ä.	-49027	0	-49027	1076200
4520 Jugendsozialarbeit, Jugendschutz	-15819	43106	-58925	6230000
4631 Einrichtung f. Alleinerziehende mit Kindern u. ä.	-188960	0	-188960	390400
Jugendhilfe unter 4100 Sozialhilfe/BSHG	-387592	-177432	-210160	0
4641 Heilpäd. und integrierte Einrichtungen f. Kinder	6591059	6324400	-266659	13302800
4621 Einrichtungen der Fam.- förder.- u. -weiterbild.	-496886	0	-496886	1135700
4510 Jugendarbeit	-1745729	-22174	-1723555	3664100
4661 Städt Kinderheime	4986460	8970471	-3984061	29416700
4601 Einrichtungen der Jugendarbeit	-4720717	-583519	-4137188	21209300
Summe	162040052	84905285	76601512	601942000

Allein in den fünf Jahren von 1992 bis 1997, die aufgrund der seit 1992 geltenden neuen Haushaltsgliederung eindeutig vergleichbar sind, wurden die laufenden Zuschüsse für Kindertagesstätten von 127,9 Mio. DM (215,5 Mio. DM) um 44,5 Mio. DM (108,7 Mio. DM) auf 172,4 Mio. DM (324,2 Mio. DM), die für erzieherische Hilfen von 60,2 Mio. DM (73,4 Mio. DM) um 30,9 Mio. DM (33,5 Mio. DM) auf 91,1 Mio. DM (106,9 Mio. DM) jährlich erhöht. Obwohl in diesem Zeitraum der jährliche Zuschußbetrag (Ausgabenbetrag) für die gesamte Jugendhilfe von 305,5 Mio. DM (439,9 Mio. DM) um 76 Mio. DM (162 Mio. DM) auf 382,1 Mio. DM (601,9 Mio. DM) stieg, sanken die Zuschüsse für offene Jugendeinrichtungen, Familienbildung, Gerichtshilfe und Maßnahmen der Ausländerintegration, z.B. Hausaufgabenhilfe und Ausländerzentren, um rund 9 Mio. DM. Damit wurde der methodische Pluralismus aufgegeben, in dessen Rahmen sich die für die Offenheit des Gesamtprogramms entscheidenden, niedrigschwelligen und innovativen Angebote und die kleinen freien Initiativen und Träger zuvor behaupten konnten, die ein notwendiges Korrektiv zu restriktiven, klientelisierenden

Tendenzen der erzieherischen Hilfen, zu restriktiver Arbeitsorientierung in der Berufshilfe und zur Anstaltserziehung darstellten.

HANDLUNGSSPIELRAUM DER STADT GEGENÜBER LAND UND BUND

Für die Spaltung der Kölner Jugendhilfe in die Gewinner Kitas und Erzieherische Hilfen einerseits und die Verlierer Ausländerintegration und offene Jugendeinrichtungen ist keineswegs nur das neue KJHG verantwortlich zu machen, das mit dem Rechtsanspruch auf einen Kindergartenplatz Mehrausgaben nur zugunsten der Kitas erzwingt. Weniger verbindlich ist das Gesetz hinsichtlich des Ausbaus der erzieherischen Hilfen, ihrer methodischen Gestaltung und Arbeitsteilung oder wechselseitigen Gewichtung mit offenen Angeboten in Zentren und Vereinen.[8]

Die Rechtsgrundlage allein wird auch nicht über die Zukunft der 1997 in freie Trägerschaft überführten städtischen OTs entscheiden, die auf diese Weise eine weitere halbe Million DM zum städtischen Sparprogramm beitragen. Wichtiger erscheint die Frage, wie Finanzierung, Rechtsgrundlage und professionelle Standards sich wechselseitig beeinflussen und welche Handlungsmöglichkeiten für die Kommune im Hinblick auf offene Arbeit verbleiben. Hierbei ist zusätzlich die Wechselwirkung zwischen Landes- und Kommunalpolitik sowie zwischen Kommunalpolitik und freien Trägern zu berücksichtigen.

Daß die offenen Angebote, insbesondere die methodisch ungewöhnlichen und niedrigschwelligen bei kleinen freien Trägern für einen letztlich bescheidenen Finanzierungsbeitrag in ihrer Existenz gefährdet werden, spricht scheinbar für einen konzeptionellen Bruch, für eine fachliche Kehrtwende zu härteren, pflegesatzfinanzierten, erzieherischen Hilfen, während präventive, offene Einrichtungen, Beratungsangebote und Stadtteilarbeit jenseits direkter Verhaltenskontrolle und Arbeitsorientierung als minderwertig diskriminiert werden. Eine entsprechende Dynamik geht tatsächlich vom öffentlichen Anreizsystem aus, das kontrollierende Maßnahmen besser finanziert als offene Einrichtungen, so daß selbst frühere Initiativgruppen ihre Aktivitäten von der offenen Arbeit zur pflegesatzfinanzierten Heimerziehung und erzieherischen Hilfe verlagern.

Die Jugendpolitik des Landes NRW kann die programmatisch beabsichtigte Förderung der offenen Arbeit und sogar der eigenständigen Initiative der Jugendhilfe zur Schulöffnung kaum realisieren, da das Gros der Landesmittel für offene Arbeit in Regie der Kommunen und d.h. zur Besitzstandswahrung in den konzeptionell überholten Jugendfreizeiteinrichtungen verwendet wird. Nicht nur strukturkonservativ, sondern restriktiv ist die Landespolitik im Feld der Zielgruppenmaßnahmen, etwa der Jugendberufshilfe, zu bewerten, die außer Besitzstandswahrung hinsichtlich der Fachberatungsstellen kaum Impulse zur Öffnung der Berufshilfe vermittelt. Symptomatisch für die negative Wirkung des in Landes- und Kommunalpolitik vorherrschenden Rahmenkonzepts 'Beschäftigungsförderung' ist die Art und Weise der Vergabe von Europamitteln für Jugendberufshilfe durch das Landesarbeitsministerium, das sich jenseits aller Standards von Sozialarbeit, Bildung und Gemeinwesenarbeit fast ausschließlich auf Arbeitsmarktorientierung der geförderten Maßnahmen festgelegt hat, und dies selbst bei Programmen, die, wie die Gemeinschaftsinitiative INTEGRA, ausdrücklich der Migrantenförderung und Gemeinwesenarbeit in Stadtteileinrichtungen zugute kommen sollen. Wenn man davon ausgeht, daß die EU-Sozialprogramme an Bedeutung für die lokale Sozialpolitik gewinnen werden, bewirkt diese Praxis nicht nur Entdemokratisierung der Vergabepraxis jenseits der Jugendhilfeausschüsse. Die eng ausgelegte Beschäftigungsförderung zerstört zugleich fachliche Standards der offenen Arbeit und entzieht der sozialen Infrastruktur ihrer Träger den Boden. Umgekehrt hängt der Handlungsspielraum der Kommune offenbar in hohem Maße von lokalpolitisch gesetzten fachlichen Standards ab, von der Entscheidung, ob etwa das Jugendamt oder das Amt für Wirtschaftsförderung für die Auswahl von EU-Projekten mit Jugendlichen zuständig sein soll, von der Aufrechterhaltung oder offensiven Vertretung und exemplarischen Förderung offener Modelle und Methoden.

PERSPEKTIVEN OFFENER JUGENDARBEIT

Die Kölner Jugendhilfe muß sich vor dem Hintergrund widersprüchlicher Gesetzesvorgaben, durch Landespolitik und Verbandsinteressen erschwerter Innovation, zwischen drei Lösungen entscheiden. Sie kann eine Bestandserhaltung oder Aufwertung traditioneller, kompensatorischer Maßnahmen betreiben, bei denen es um das kaum erfolgversprechende Einüben eines marktgängigen Sozialcharakters mit arbeitslosen, straffälligen oder sonstigen benachteiligten Jugendlichen geht. Sie kann auch, scheinbar wertfrei, den Pluralismus der Angebote behaupten, in dem die scheinbar neuen, grundsätzlich auch vermarktbaren mittelschichtsorientierten Therapie- und Kulturtechniken gleichgültig neben fortbestehenden oder wiedereingeführten Maßnahmen der Fürsorge, Familienhilfe und Therapie für Unterprivilegierte stehen. Diese in der Praxis vorherrschende Variante bedingt nicht nur eine erhebliche Ausweitung der Beschäftigung von Sozialarbeitern und Sozialpädagogen in fachfremden Bereichen, sondern auch eine Tendenz zur Vermarktung dieser Dienste und damit eine Zurückdrängung der nicht kommerzialisierbaren Basisqualifikationen sozialer Arbeit. Die dritte, alternative Orientierung muß demgegenüber an die Aufarbeitung der Traumata und Beschädigungen denken, die durch die projektive oder reale Übernahme aufstiegsorientierter

Denkweisen und Abstiegsangst massenhaft entstehen. Zu denken ist auch an die Entwicklung neuer, schichtübergreifender, generationsübergreifender und gemeinwesenbezogener Ansätze, die geeignet sind, Armut und Vereinzelung gleichzeitig oder gar gemeinsam zu überwinden. Als permanente Maßnahmen gegen Fremdenfeindlichkeit werden ebenfalls Maßnahmen benötigt, die eine Kritik pseudoliberaler, aufstiegs- und leistungsorientierter Denkweisen in der Mittelschicht ermöglichen und nicht nur Verhaltenstrainings für straffällige oder manifest gewaltbereite Gruppen. Soll das Ringen um einen aufgeklärten Umgang mit Armut und Armseligkeit jugendlicher Lebenslagen nicht zu weiterer Vereinzelung in Medien und Dienstleistungsmärkten führen, muß es in die öffentliche Arbeitsverwaltung und in die kommunale Jugendpolitik zurückverlagert werden.

Eine Stadt wie Köln kann vor diesem Hintergrund nur dann ihren Handlungsspielraum hinsichtlich offener Jugendarbeit wiedergewinnen, wenn sie ihr Konzept der Absicherung oder Besitzstandswahrung grundsätzlich ändert. Der Erhalt fachlich überholter offener Jugendeinrichtungen stellt für sich keinen Wert dar. Ebensowenig kann Bestandserhaltung der Jugendberufshilfe der Ausgrenzung von Jugendlichen entgegenwirken, wenn die Orientierung der Maßnahmen am ersten Arbeitsmarkt verstärkt wird. Spielraum für offene Jugendarbeit war schon vor der jüngsten Sparphase nicht gleichbedeutend mit den sogenannten offenen Angeboten, sondern mit einer bestimmten Art der Professionalisierung, mit einer informellen Arbeitsteilung zwischen kleinen und großen Trägern, Anstalten und freien Angeboten, die verhinderte, daß der Kreis der von keinem Angebot der Jugendhilfe angesprochenen Jugendlichen ins Unüberschaubare wuchs. Hält man nur das Gerippe der funktionalen Angebote und der etablierten Einrichtungen aufrecht, ohne deren Sensibilität durch Wettbewerb mit alternativen Ansätzen zu pflegen, könnte die Politik der Besitzstandswahrung ihre politische Legitimation gänzlich verlieren.

Wie die keineswegs rückläufigen Ausgaben und Zuschüsse für die gesamte Jugendhilfe belegen, in Köln werden 1997 über 600 Mio. DM oder 1/10 des gesamten Stadthaushalts für Jugendhilfe ausgegeben, stellt die aktuelle Kontraktion der offenen Jugendhilfe v.a. ein Problem bürokratischer Mechanismen dar, die verhindern, daß Mehrausgaben für erzieherische Hilfen und Kitas zugleich zum Erhalt der Infrastruktur offener Jugendarbeit verwendet werden können. Weder gibt es Ansätze zur institutionellen Kooperation zwischen Heimen und offenen Einrichtungen, noch Einrichtungsmodelle, die erzieherische Hilfen oder Fachberatung als nachrangige und fachlich einzubindende, flankierende Angebote in offenen Zentren ermöglichen. Die Absicherung der Bürokratie bewirkt den Ausbau vermittelnder, koordinierender Dienste bei gleichzeitigem Abbau der Stellen mit Klientenkontakt bzw. im offenen Bereich, während gerade die Reintegration von Fachberatung und Sonderqualifikationen in die praxisnahen Einrichtungen anzustreben wäre. Selbst Kitas können grundsätzlich die Rolle einer Stadtteileinrichtung übernehmen, ebenso wie Jugendzentren oder Migrantenzentren. An solchen Innovationen, ihrer modellhaften Ausarbeitung und Durchsetzung, wird sich letztlich auch die Verwaltungsreform messen lassen müssen, die beansprucht, neben der Durchsetzung von Einsparungen auch der fachlichen Verbesserung, der Verkürzung bürokratischer Dienstwege und der Mobilisierung von bürgerschaftlichem Engagement zu dienen.[9]

Stellt man diese Sicht von Verwaltung und Politik noch einmal der Sicht von Praktikern und Jugendlichen gegenüber, ergibt sich ein teils prekärer, teils hoffnungsvoller Befund. K. und M. könnten im Hinblick auf eine sogenannte Normalkarriere, wie sie dem pluralen System der Kölner Jugendhilfe als Idealbild vorschwebt, keine oder nur bescheidene Hilfe erwarten. Gemessen an den Normalitätsstandards der Kerngruppen des Arbeitsmarkts und den offiziellen Zielen der Maßnahmen ist das Scheitern der Jugendlichen vorprogrammiert. Dennoch können sie sich in den Nischen und im Umfeld der institutionellen Angebote sowie im Alltag teilweise behaupten, solange die informelle Wirkung des gesamten Netzwerks intakt, Toleranz und das punktuelle Gespräch auf Grundlage politisch unterstützter fachlicher Standards der offenen Jugendarbeit möglich bleiben. Das Ergebnis, daß die Verfeinerung und Sensibilisierung von Maßnahmen der Jugendhilfe auch und vielleicht vorwiegend wegen ihrer propagandistischen Wirkung, sozusagen als Maßnahme der Erziehung der Mehrheitsgesellschaft, die andere Lebensformen nur auf diesem komplizierten Weg zu erdulden lernt, benötigt wird, mag desillusionierend klingen. Tatsächlich stellt die Einsicht, daß die Jugendhilfe sich auch mit der Zielgruppe der Privilegierten auseinandersetzen muß, die Voraussetzung dafür dar, dem endgültigen Ausschluß und der Diskriminierung ihrer offiziellen Adressaten vorzubeugen.

---

[1] Der Beitrag basiert auf Materialien und Ergebnissen der wissenschaftlichen Begleitung des Jugendladen Nippes / Nippes Museum Köln. Die Einrichtung wurde als Modell der Jugendsozialarbeit und Mädchenarbeit im Bundesjugendplan bis 1996 / 97 gefördert. Teilaspekte dieser Arbeit beruhen zudem auf einer Kofinanzierung der EU-Kommission als Projekt gegen Rassismus und Fremdenfeindlichkeit 1994 / 95. Anschrift: Jugendhilfe und Schule e.V. - Jugendladen Nippes & Nippes Museum - Kempener Str. 95 - 50733 Köln - Tel.: 0221-727275.
[2] Auszüge aus: Jugendhilfe und Schule e.V. - Jugendladen Nippes / Nippes Museum Köln, »Die Tasche« / »Schwarzfahrerinnen«. Buchprojekt mit straffälligen Jugendlichen.
[3] Überarbeitete Fassung eines Vortrags im Jugendladen Nippes / Nippes Museum anläßlich einer Lesung des Texts »K. an M. und M. an K.«
[4] W. Zaschke, Kommunale Sozialpolitik, in: Handbuch der alternativen Kommunalpolitik, Bielefeld 1995².
[5] Quelle: Haushaltspläne der Stadt Köln 1975-1997.
[6] Stadt Köln, Maßnahmeübersicht zur Jugendberufshilfe, Köln 1997; eigene Erhebung.
[7] W. Zaschke, Kommunale Anreiz- und Kontrollpolitik gegenüber freien Trägern - Am Beispiel von Programmplanungen zur Jugendarbeitslosigkeit, in: D. Thränhardt / u.a., Hg., Wohlfahrtsverbände zwischen Selbsthilfe und Sozialstaat, Freiburg 1986; ders., Ausländische Jugendliche als Adressaten lokaler Verbundsysteme, in: Informationsdienst zur Ausländerarbeit 2 / 1987.
[8] W. Zaschke, Relevanz des Stadthaushalts für die soziale Arbeit? in: Blätter für Wohlfahrtspflege 1-2/1996.

LITERATUR

Adorno, Theodor W.:
Erziehung zur Mündigkeit, Frankfurt 1982

Albrecht, Peter-Alexis u. Backes, Otto:
Verdeckte Gewalt, Frankfurt 1990
Albrecht, Peter-Alexis/Pfeiffer, Christian:
Die Kriminalisierung junger Ausländer,
München 1979

Beck-Texte im dtv:
▸ Deutsches Ausländerrecht (AusR)
▸ Jugendrecht (JugR)
▸ Strafgesetzbuch (StGB)
▸ Strafprozeßordnung (StPO)
▸ Strafvollzugsgesetz (StVollzG)

Beck, Ulrich: Die Erfindung
des Politischen, Frankfurt 1993

Boers, Klaus: Kriminalitätsfurcht.
In: Monatsschrift für Kriminologie und
Strafrechtsreform 2/93

Bündnis 90/Die Grünen im Landtag Niedersachen (Hrsg.): Neue Ideen statt neue
Knäste. Untersuchungshaftvermeidung für
Erwachsene, Hannover 1996

Bundesarbeitsgemeinschaft
für Straffälligenhilfe (BAG-S) e.V.:
▸ Adreßbuch Soziale Arbeit u. Strafrecht,
1995
▸ Alternativen im Umgang mit Straffälligen,
Bonn 1993
▸ Kriminalität und Sicherheit, Bonn 1994
▸ Kurzporträt
▸ Selbstverständnis freier Straffälligenhilfe
▸ Straffälligenhilfebericht 1994

Bundesministerium d. Justiz, reihe recht:
▸ Täter-Opfer-Ausgleich, Bonn 1991
▸ Diversion im Jugendstrafverfahren, Bonn 1992
▸ Grundfragen des Jugendkriminalrechts und seiner Neuregelung, Bonn 1992
▸ Das Jugendkriminalrecht als Erfüllungsgehilfe gesellschaftlicher Erwartungen? Bonn 1995
▸ Entwicklung der Untersuchungshaft bei Jugendlichen und Heranwachsenden, Bonn 1996

Delgado, Juan M.: Die Gastarbeiter in der
Presse, Opladen 1972

Goffmann, Erving: Asyle, Frankfurt 1977

Gür, Metin: Warum sind sie kriminell geworden? Verlag Neuer Weg, Essen 1990

Hendel, Helga und Wagner, Marion:
Leitfaden für Gefangene und
Haftentlassene, Frankfurt 1993

Hess, Henner:
Rauschgiftbekämpfung und desorganisiertes Verbrechen. In: Kritische Justiz 2/92

Hess, Henner/Scheerer, Sebastian:
Allgemeine Kriminalitätstheorie.
Eine Skizze, Unveröffentlichtes Manuskript, Hamburg 1996

Hupfeld, Jörg: Jugendrichterliches Handeln. Eine Analyse der Reaktionen auf
Rückfalldelinquenz aus psychologischer
Perspektive, Baden-Baden 1996

419

Jaeckel, Hans: »IBO«,
Unionsverlag, Zürich 1996

Jünschke, Klaus: Spätlese.
Texte zu RAF und Knast, Frankfurt 1988
Jünschke, Klaus u. Meertens, Christoph:
Risikofaktor Innere Sicherheit. Argumente gegen den Law-and-Order-Staat, München 1994

Justizministerium des Landes NRW:
▸ Das Recht ist für alle da
▸ Frauenkriminalität und Strafvollzug in Nordrhein-Westfalen
▸ Justiz in Zahlen 1995
▸ Justiz intern, Heft 1/1996
▸ Gerichtsorganisation in Nordrhein-Westfalen
▸ Rechtspolitisches Arbeitsprogramm für die 12. Legislaturperiode
▸ Strafvollzug in Nordrhein-Westfalen
▸ Was Sie über Beratungs- und Prozeßkostenhilfe wissen sollten
▸ Was Sie über ehrenamtliche Richter wissen sollten
▸ Was Sie über Rechtsanwälte wissen sollten
▸ Was Sie über das Schiedsamt wissen sollten
▸ Was Sie über die Staatsanwaltschaft wissen sollten
▸ Was Sie über den Strafprozess wissen sollten
▸ Was sie über die Rechte und Pflichten des Zeugen wissen sollten

Kaiser/Kerner/Sack/Schellhoss (Hrsg.):
Kleines Kriminologisches Wörterbuch, Heidelberg 1993

Kampmeyer, Eva u. Neumeyer, Jürgen:
Innere Unsicherheit, München 1993

Kawamura, Gabriele:
Sozialpolitik statt Kriminalpolitik.
In: Neue Kriminalpolitik 3/1996

Klein, Adolf: Strafvollzug
und Gefangenenfürsorge, Köln 1989

Kubink, Michael:
Verständnis und Bedeutung von Ausländerkriminalität, Pfaffenweiler 1993

Lüderssen, Klaus und Sack, Fritz:
Seminar: Abweichendes Verhalten,
4 Bde., Frankfurt/M 1974

Maibach, Gerda:
Polizisten und Gewalt - Innenansichten aus dem Polizeialltag,
Reinbek bei Hamburg 1996

Ministerium für Arbeit, Gesundheit und Soziales des Landes NRW:
Jugendkriminalität. Wir diskutieren.
Informationen und Bausteine für Unterricht und außerschulische Jugendarbeit.
7.Auflage 1997

Neu, Axel Dietmar:
Betriebswirtschaftliche und volkswirtschaftliche Aspekte einer tariforientierten Gefangenenentlohnung, Berlin 1995

Obermöller, Bernd/Gosch, Mirko:
Kriminalitätsberichterstattung als kriminologisches Problem. In: Kritische Justiz, 1/95

Ortner, Helmut: Gefängnis.
Eine Einführung in seine Innenwelt,
Weinheim und Basel 1988

Pfeiffer, Christian:
Die polizeilich registrierte Kriminalitätsentwicklung in Niedersachsen, Hannover 1992
Pfeiffer, Christian:
Das Problem der sogenannten »Ausländerkriminalität«, Hannover 1995

Plewig, Hans-Joachim: Ideale des Rechtsstaats? In: Neue Kriminalpolitik 2/1995

Rechtsauskunftsstelle Anwaltskollektiv: Strafuntersuchung was tun? Zürich 1993

Reindl, R./Kawamura, G./Nikolai, W. (Hrsg.): Prävention, Entkriminalisierung, Sozialarbeit, Freiburg 1995

Reuband, Karl-Heinz: Über das Streben nach Sicherheit und die Anfälligkeit der Bundesbürger für »Law and Order«- Kampagnen. In: Zeitschrift für Soziologie 2/92

Sack, Fritz (Hg.): Entkriminalisierung Jugendlicher durch innere Reform des Jugendgerichtssystems, Hamburg 1990
Sack, Fritz/Steinert, Heinz: Protest und Reaktion, Opladen 1984

Schenk, Dieter: BKA. Die Reise nach Beirut, Reinbek bei Hamburg 1990

Scheerer, Sebastian: special:Sucht, Reinbek bei Hamburg 1995

Schuldzinski, Wolfgang: Jugendstrafrecht in der Bundesrepublik Deutschland. In: Jugend(kriminal)recht in Deutschland und Frankreich, Forum Verlag, Bonn 1992

Semrau, Michael/Kubink, Michael/Walter, Michael: Verteidigung junger Beschuldigter aus der Sicht von Rechsanwälten. In: MschKrim 1/1995 S.34-41

Stehr, Johannes: Strafe, Moral und Medien. In: Neue Kriminalpolitik, 3/89

Steinert, Heinz:
Gegen die populistische Kriminologie. In: Neue Kriminalpolitik 4/1996

Tekin, Uğur: Kriminalität ausländischer Jugendlicher unter sozialpädagogischen Aspekten, unveröffentlichte Diplomarbeit, Köln 1991

Tertilt, Hermann: Turkish Power Boys, Suhrkamp-Verlag, Frankfurt 1996

Verein für Bewährungshilfe und Soziale Arbeit: Nimm's die Hand. Information für Jugendliche im Umgang mit Justiz und Polizei, Wien, November 1995

Walter, Michael: Jugendkriminalität, Boorberg 1995

Zaimoglu, Feridun: »Abschaum - die wahre Geschichte von Ertan Ongun«, Rotbuch-Verlag, Berlin 1997

Register

A

Äthiopisch Orthodoxe Kirche in Deutschland	168
Afghanisches Kultur Zentrum	168
Agisra e.V.	106
AIDS-Hilfe Köln	321
AK Philippinen der ESG	170
Allerweltshaus	167, 342
Amnesty International	
▸ Bundesgeschäftsstelle	345
▸ Köln	341
Amt für Diakonie	357, 359, 360
Amt für Kinderinteressen	35
Amt für Statistik	40
Amt für Wohnungswesen	92, 357
Amtsgericht Köln	196
Angolanische Hilfsorganisation e.V. (ANVE)	168
Anonyme Alkoholiker	324
Antidiskriminierungsstelle für MigrantInnen und Flüchtlinge	105
Aqui Nostras	172
Arbeiterwohlfahrt (AWO)	
▸ Köln	361
▸ Bundesverband e.V.	355
Arbeitsamt Köln	357
Arbeitsgemeinschaft der Evang. Jugend in der Bundesrepublik Dt.	31
Arbeitsgemeinschaft Kinder und Jugendschutz (AJS)	23, 32
Armenische Apostholiche Kircheng.	169
ASIANA	169
Association der Kongolesen	168
Aufschluß. Die Zeitung für den Einschluß	307
Ausländerzentralregister	330
Autonomes Frauenhaus	96
AWO Ausländerzentrum	172
AWO Sozialdienst für Türken	172

B

Beirat an der JVA Köln	286
Bewährungshilfe Köln	333, 357
Bezirksamt Köln-Ehrenfeld	357
Bosnische Gruppe im Interkulturellen Flüchtlingszentrum	170
Brücke Köln e.V.	180, 357
Bund der Katholischen Jugend (BDKJ)	31
Bund deutscher Schiedsmänner und Schiedsfrauen e.V.	134
Bundesamt für die Anerkennung ausländischer Flüchtlinge	341
Bundesarbeitsgemeinschaft der Kinderschutzzentren	101
Bundesarbeitsgemeinschaft der Kinder- und Jugendtelefone	101
Bundesarbeitsgemeinschaft für Straffälligenhilfe (BAG-S)	347, 355
Bundesarbeitsgemeinschaft Kinder- und Jugendschutz (BAJ)	30
Bundesarbeitsgemeinschaft Kritischer Polizistinnen und Polizisten	157
Bundesaufsichtsamt für das Kreditwesen	314
Der Bundesbeauftragte für Datenschutz	329
Bundesgerichtshof (BGH)	283
Bundeskriminalamt	144
Bundesministerium für Familie, Senioren, Frauen und Jugend (BMFSFJ)	24
Bundesverfassungsgericht	283
Bundesverwaltungsamt	330
Bundeszentralregister	330

C

Caritas Casa Espana	171
Caritas Casa Italia / Sozialdienst f. Italiener	171
Caritas Griechisches Begegnungszentrum	171

Caritas Kroatisches Zentrum 170
Caritas-Sozialdienst für Ex-Jugoslawien 170
Caritas Sozialdienst für Koreaner 169
Caritas Sozialdienst für Philippinos 170
Caritas Sozialdienst für
Portugiesen / Portugiesisches Zentrum 171
Caritas Verband Köln 361
Circulo Brasileiro de Colonia 171
D
Deutsch-Chinesische
Freundschafts-Gesellschaft 169
Deutsch-Finnische Gesellschaft e.V. 170
Deutsch-Griechisches Kulturzentrum 171
Deutsch-Indonesische Gesellschaft e.V. 169
Deutsch-Japanische Gesellschaft e.V. 169
Deutsch-Portugiesische Gesellschafte.V. 171
Deutsch-Spanisches Zentrum 172
Deutsch-Tansanische
Freundschaftsgesellschaft 168
Deutsch-Tschechische
und Slowakische Gesellschaft 170
Deutsche China Gesellschaft e.V. 169
Deutsche Vereinigung
für Datenschutz e.V. 329
Deutsche Vereinigung
der Schöffinnen und Schöffen 205
Deutscher Bundesjugendring 30
Deutscher Caritasverband e.V. 355
Deutscher Kinderschutzbund 33
Deutscher Kinderschutzbund
▸ Ortsverband Köln 98
Deutscher Paritätischer
Wohlfahrtsverband (DPWV) -
▸ Gesamtverband e.V. 355
▸ Köln 358
Deutscher Presserat e.V. 287
Deutsches Rotes Kreuz e.V. 355
Diakonie-Sozialberatung
für christliche Türken 172
Diakonisches Werk der Evangelischen
Kirche in Deutschland e.V. 355
DVJJ-JOURNAL.
Zeitschrift für Jugendkriminalrecht
und Jugendhilfe 375
E
Elisabeth-Frey-Haus 92, 358
Eritrea-Hilfswerk in Deutschland e.v. 168
Europäische
Menschenrechtskommission 283
Evangelische Akademie Mühlheim 320
Evangelische Konferenz
für Gefängnisseelsorge in Deutschland 249
Evangelischer Arbeitskreis
für Kinder- und Jugendschutz NRW 32
F
FDIA 168
Flüchtlingscafé 342
Frauenamt der Stadt Köln 93
Frauenberatungszentrum 92
Frauen gegen Gewalt e.V. 95
Frauen helfen Frauen e.V. 92, 96
Frauennotruf 95
Führungsaufsichtsstelle
beim Landgericht Köln 335, 358
G
Gerichtshilfe im Bezirk Köln 358
Gesellschaft zur
Humanitären Unterstützung
der Palästinenser(GHUP) 168
Griechische Gemeinde Köln 170
H
Härtefallkommission NRW 344
Hans im Glück e.V. 182, 358
Haus der Opferhilfe Köln (HadOK) 120
Haus Rupprechtstraße 358, 372
Heilsarmee - Männerwohnheim 358
I
Indisches Zentrum 169
Informationsdienst Straffälligenhilfe 375
IGNIS 170

Interkulturelles	
Flüchtlingszentrum	167, 342
Institut für Bürgerrechte	
und öffentliche Sicherheit	159
Instituto Scolastico Italiano	171
Irakische Gruppe	
im Interkulturellen Flüchtlingszentrum	168
Iranische Flüchtlingskinderhilfe e.V.	169
Iranische Frauengruppe	169
Iranisches Flüchtlingshilfswerk e.V.	169
Iranisches Kulturhaus	169

J

Johannesbund	358
Jugendamt der Stadt Köln	39
Jugendarrestanstalt Remscheid	209
Jugendarrestanstalt Wetter	208
Jugendgerichtshilfe Arbeiterwohlfahrt	173, 357
Jugendgerichtshilfe Jugendamt	39, 173, 358
Justizvollzugsamt Rheinland	281
Justizvollzugsanstalt (JVA) Heinsberg	328
Justizvollzugsanstalt (JVA) Herford	328
Justizvollzugsanstalt (JVA) Höfelhof	328
Justizvollzugsanstalt (JVA) Iserlohn	328
Justizvollzugsanstalt (JVA) Köln	211
Justizvollzugsanstalt (JVA)Siegbug	328

K

Katholische Arbeitsgemeinschaft Kinder- und Jugendschutz NRW	32
Kölner Anwaltsverein e.V.	279
Kölner Appell gegen Rassismus e.V.	167, 325, 342, 358
Kölner Flüchtingsrat	342
Kölner Gefangenen-Fürsorgeverein von 1889 e.V.	355
Kölner Opferhilfe Modell (KOM)	86
Kölner Rechtshilfe gegen Abschiebung von Gefangenen	342
Köln-Telefon	103
Komkar	171

Kommission zur Wahrnehmung der Belange der Kinder	28
Konferenz der katholischen Seelsorge bei den Justizvollzugsanstalten	249
Kriminalkommissariat Vorbeugung	93
Kriminologische Forschungsstelle an der Uni Köln	376
Kriminologisches Journal	375
Kroatische Katholische Mission	170
Kulturhaus Lateinamerika	172
Kurdische Gemeinde e.V.	171

L

Der Landesbeauftragte für Datenschutz NRW	329
Landeskriminalamt NRW	144
Landgericht Köln	196
Landschaftsverband Rheinland	30

M

Maßstab e.V.	348, 361
Medica Mondiale e.V.	170
Ministerium für Arbeit, Gesundheit, Soziales (MAGS)	31
Ministerium für Gleichstellung von Mann und Frau	31
Ministerium für Bundesangelegenheiten des Landes NRW	32

N

Neue Kriminalpolitik	375

O

Oberlandesgericht Köln	196, 282
Öffentlichkeit gegen Gewalt (ÖgG) e.V.	103, 167, 343

P

Paschtunische Kultur Verein	168
Petitionsausschuß des Landtags	285
Petitionsausschuß des Bundestags	285
Polizeibeirat	156
Polizeipräsidium Köln	144
Pro Asyl	340, 345
Projekt Lotse	320

Psychosoziales Zentrum
für ausländische Flüchtlinge 343
R
Raphaels-Werk 343
Rechtsanwaltskammer 164
Rheinische Landesklinik 328, 329
Rom e.v. 171, 343
Rumänisches Forum Köln 170
Runder Mond e.V. 169
S
Schwulenverband
in Deutschland (SVD) 111
Service-Büro für
Täter-Opfer-Ausgleich 122
Sinti-Union Köln e.v. 171
Solidarität Zaire Auguste Okita 168
Sozialamt der Stadt Köln 92, 358
Sozialdienst der JVA Köln 358
Sozialdienst
Katholischer Frauen (SKF) 93, 358, 364
Sozialdienst
Katholischer Männer (SKM) 358, 369
Staatsanwaltschaft Köln 198
Statistisches Bundesamt 143
St.Johannes Stift Marsberg 328
Stop crime e.V. 155
Strafvollstreckungskammer 281
Strafvollzugsarchiv 283
T
Tüday-Solidaritätsverein
für Menschenrechte in der Türkei 172
Türkisch-Islamische Union des
Ministeriums für
religiöse Angelegenheiten (DITIB) 249
U
UNHCR 345
Unterstützerkreis für die von
Abschiebung bedrohten
Kinder und Jugendlichen 343

V
Verein armenischen
Frauen St.. Kaputikian 169
Verein Verkehrsopferhilfe e.v. 90
Vereinigung der Vietnamesen in Köln 170
Versorgungsamt Köln 90
Volkshochschule Köln 319
Volkshochschule Ehrenfeld 327, 358
W
Die Waage Köln e.v. 126, 358
Weisser Ring e.v. 119
Westfälische Klinik für Psychiatrie 328
Westfälische Klinik Schloß Halden 328
Westfälisches Therapiezentrum Bilstein 328
Westfälisches Zentrum
für forensische Psychiatrie 328
Wohnheim für Frauen 358
Z
Zartbitter Köln e.V. 99
Zentrale Ausländerbehörde 341
Zentrale Dokumentationsstelle
der Freien Wohlfahrtspflege
für Flüchtlinge e.V. (ZDWF) 345
Zentralwohlfahrtsstelle
der Juden in Deutschland e.V. 355
Zurück in die Zukunft e.V. 358, 377